花鄉沭陽

# 沭阳年鉴

2022

SHUYANG NIANJIAN

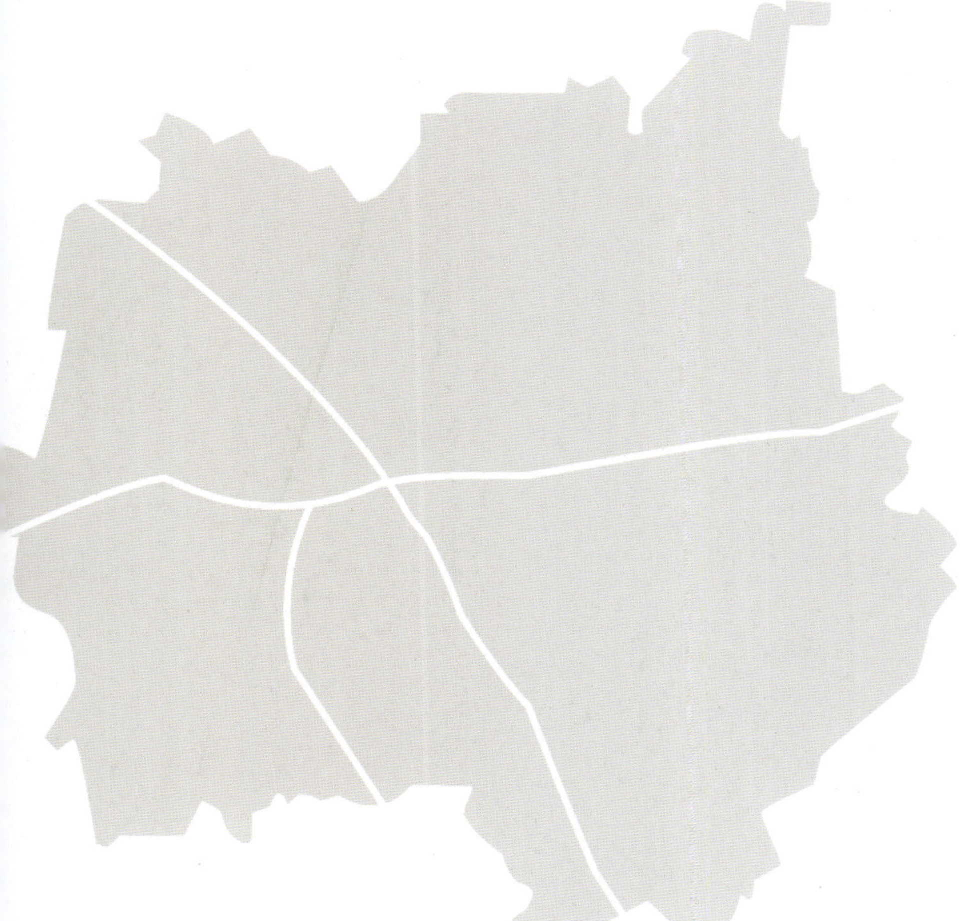

沭阳年鉴编纂委员会 编

方志出版社
Publishing House of Local Records

**图书在版编目（CIP）数据**

沭阳年鉴. 2022 / 沭阳年鉴编纂委员会编. —北京: 方志出版社，2022.12

ISBN 978-7-5144-5542-7

Ⅰ. ①沭… Ⅱ. ①沭… Ⅲ. ①沭阳县－2022－年鉴 Ⅳ. ①Z525.34

中国版本图书馆 CIP 数据核字(2022)第 245960 号

责任编辑：陈菁
责任校对：刘玉霞
责任印制：梅中英
出 版 者：方志出版社
地　　址：北京市朝阳区潘家园东里 9 号（国家方志馆 4 层）
邮　　编：100021
网　　址：http://www.zgfzcb.cn
发　　行：方志出版社图书营销中心（010-67110500）
印　　刷：南京凯德印刷有限公司
开　　本：889 毫米×1194 毫米　1/16
印　　张：24
字　　数：901 千字
版　　次：2022 年 12 月第 1 版
印　　次：2022 年 12 月第 1 次印刷
定　　价：390.00 元

# 沭阳名片

- 中国县域经济百强县
- 全国县域经济品牌化发展百强县
- 全国综合实力百强县
- 全国绿色发展百强县
- 中国科技创新百强县
- 中国创新百强县
- 全国新型城镇化质量百强县
- 全国县域经济与县域基本竞争力百强县
- 全国县域经济综合竞争力百强县
- 中国工业百强县
- 全国制造业百强县
- 中国营商环境百强县
- 全国“两山”发展百强县
- 全国县域经济与县域综合发展百强县
- 中国县域电商竞争力百强县
- 全国县域高质量发展百强县
- 中国数字乡村百强县
- 全国农产品电商百强县
- 全国农产品数字化百强县
- 全国农产品生产贡献力百强县
- 全国县域经济基本竞争力百强县
- 中国投资竞争力百强县
- 全国县级财政管理绩效综合评价百强县
- 全国最大县城
- 全国第二大人口大县
- 全国文明城市提名城市
- 国家卫生县城
- 全国县城新型城镇化建设示范县
- 全国超级产粮大县
- 全国义务教育发展基本均衡县
- 首批中国花木之乡
- 全国休闲农业与乡村旅游示范县
- 全国淘宝集聚地
- 首批全国电子商务进农村综合示范县
- 全国最大农产品淘宝村集群
- 中国板材之乡
- 中国最佳生态康养旅游名县
- 中国最具投资潜力特色魅力示范县
- 全国县域数字农业农村发展先进县
- 全国“互联网 +”农产品出村进城工程试点县
- 中国书法之乡
- 中国淮海戏之乡
- 中国楹联文化县

# 年度荣誉

- 2021 年度全国“返家乡”社会实践重点开展县
- 财政工作连续两年获得全省县（市）第一，荣获国务院和省政府大督查通报激励表彰
- 国家县城产业转型升级示范园区——沭阳经济技术开发区
- 国家现代农业产业园——沭阳县现代农业产业园
- 全国群众体育先进单位
- 全国七五普法先进集体
- 江苏省文明城市
- 全国乡村特色产业十亿元镇 : 颜集镇、新河镇、庙头镇
- 全国乡村特色产业亿元村：庙头镇聚贤村
- 第二批全国乡村治理示范村镇 : 钱集镇槽坊村

# 数说沭阳 2021

**年末户籍总人口**

**198.36 万人**

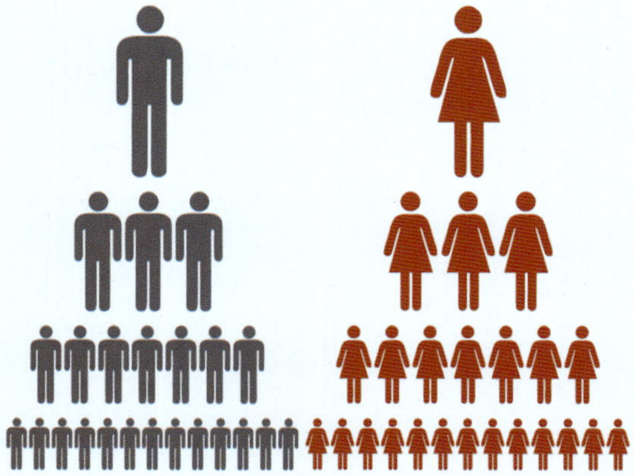

**地区生产总值**

**1062.10 亿元**

**年末规模以上工业企业**

**695 家**

**三次产业结构调整为**

**9.5 ： 42.3 ： 48.2**

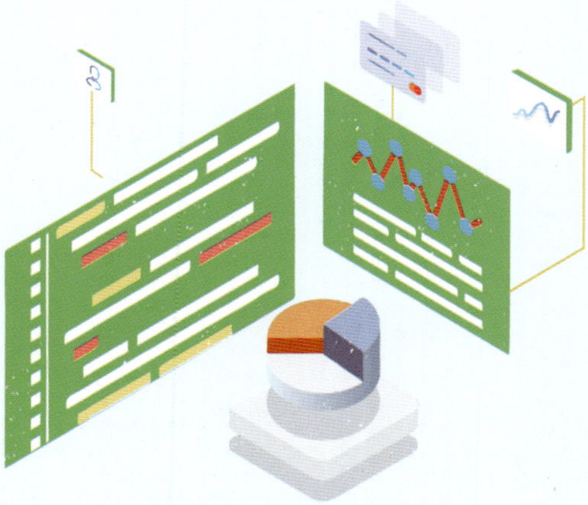

**实现一般公共预算收入**

**62.01 亿元**

**居民人均可支配收入**

**28700 元**

**城区基础设施配套面积**

**85 平方千米**

**城市建成区面积**

**72 平方千米**

# 工业强县

## 最强沭阳
## ——打造“苏北工业强县”

2021 年 7 月 25 日，中国共产党沭阳县第十三次代表大会胜利召开，县委书记彭伟代表第十二届县委常委会作了题为《二次创业整装再出发 全面领先勇当排头兵　以奔跑姿态开启苏北第一县现代化建设新征程》的报告。会议明确了今后五年的奋斗目标是“实现苏北全面领先”，将沭阳打造成苏北工业强县、苏北教育强县、苏北最美县城、苏北最美乡村。2021 年，全县有规模以上工业企业 695 家，全年实现规模以上工业增加值 230 亿元、工业税收 43.1 亿元，均位居苏北县（市）第一；实现工业用电量 48.3 亿千瓦时，位居苏北第二。全年实现工业开票销售收入 1225 亿元，历史性迈上千亿级台阶。

2021 年 6 月 26 日，沭阳县举行重点工业项目集中竣工仪式　　沭阳经开区　供图

2021 年 6 月 26 日，沭阳县举行重点工业项目集中开工仪式　　沭阳经开区　供图

2021 年 4 月 28 日，桐昆集团沭阳项目举行奠基仪式　　沭阳县人民政府网　供图

2021 年 9 月 29 日，2021 中国·宿迁绿色产业洽谈会重大项目集中开工仪式沭阳分会场　沭阳县人民政府网　供图

江苏睿甲金属科技股份有限公司研究制造的全球首台 5500 吨压铸机　　沭阳经开区　供图

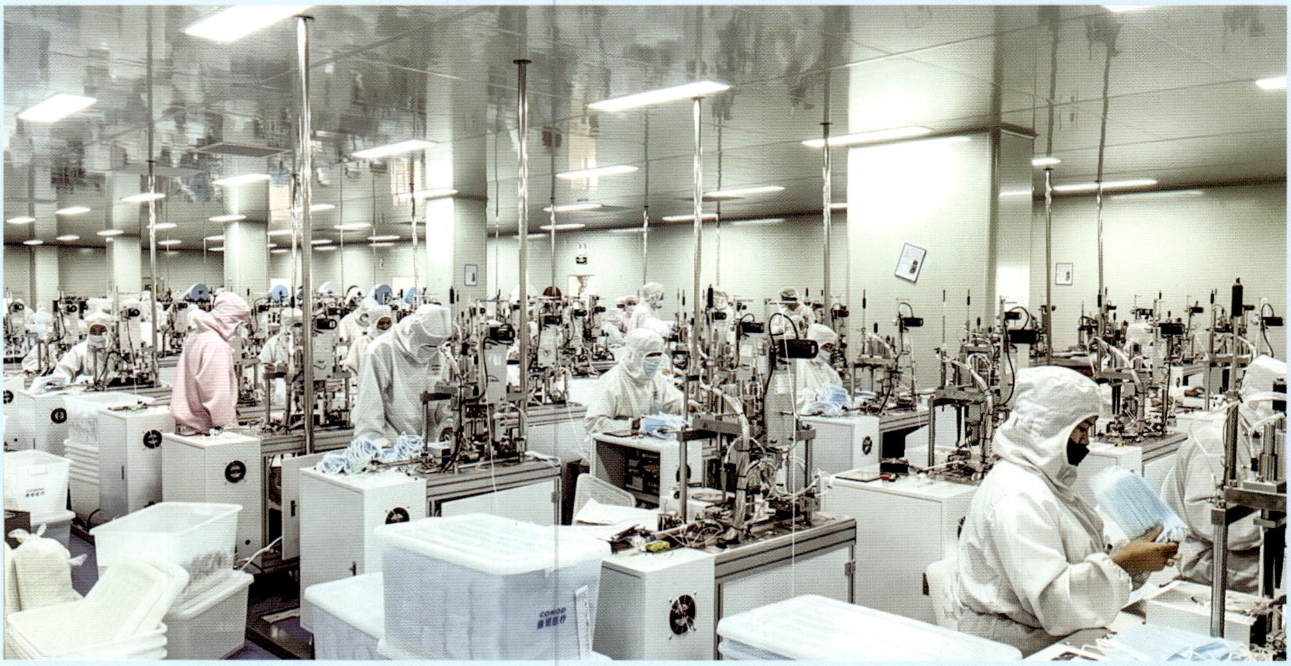

康诺医疗生产车间　　沭阳经开区　供图

瑞声科技生产车间　　沭阳经开区　供图

沭阳康顺磁性器材有限公司生产车间　　昆沭高新园　供图

# 教育强县

## 最强沭阳
## ——打造“苏北教育强县”

2021 年，沭阳县锚定打造“苏北教育强县”目标定位，坚持教育优先、优质发展，纵深推动义务教育均衡化、城乡教育一体化、教育发展现代化，努力让名校、名师、名生“三名工程”成为沭阳教育品牌的独特优势。江苏省沭阳高级中学获评北京大学首批“博雅人才共育基地”，全县新增省市内涵项目学校、特色学校 14 所。沭阳县获准成立省级乡村骨干教师培育站 2 个，名校长、名教师工作室 9 个。2021 年，沭阳县参加高考人数 7726 人，本科达线 5567 人，其中一本达线 2234 人。全市理科前 10 名，沭阳占 4 人，其中江苏省沭阳高级中学学生李少煊以 691 分斩获全省理科第一名。

2021 年 9 月 10 日，沭阳县召开教育工作会议暨庆祝第三十七个教师节大会，奋力开启建设“苏北教育强县”新征程

县教育局　供图

2021年9月10日，县委书记彭伟（前右一）看望教育“三名”工程优秀教师代表

县教育局　供图

2021年4月12日，在江苏省沭阳高级中学举行北京大学博雅人才共育基地授牌仪式

江苏省沭阳高级中学　供图

北京大学

喜报

江苏省沭阳高级中学：

春华秋实，桃李盈香。长期以来，贵校始终坚持先进的办学理念，立德树人，致力于培养高素质创新人才，教育教学成果丰硕，向北京大学输送了一大批目光远大、德才兼备的优秀学生。

考入北京大学后，他们在燕园精进学业，升华思想，砥砺前行，立济世宏志，守责任担当，涵育家国情怀，各方面表现十分优秀，先后获得了多项荣誉。在此诚挚感谢贵校长期以来的支持和悉心教诲培养！

长期以来，贵校始终是北京大学重要的优秀生源基地。我们衷心希望，贵我两校更加紧密地交流合作，激励更多贵校学子考入北大，圆梦燕园，为国家培养更多更优秀的拔尖创新人才！

北京大学招生办公室

2021年5月

附：北京大学2020学年评优评奖获奖名单

| 年级 | 姓名 | 就读院系 | 奖励奖学金 |
|---|---|---|---|
| 2017 | 郭文哲 | 城市与环境学院 | 三好学生标兵 |
| | | | 唐仲英奖学金 |
| 2017 | 李斌 | 新闻与传播学院 | 学习优秀奖 |
| 2017 | 胡云飞 | 考古文博学院 | 三好学生 |
| 2017 | 江明昊 | 政府管理学院 | 实践公益奖 |
| | | | 北京大学三等奖学金 |
| 2018 | 李欣昊 | 考古文博学院 | 学习优秀奖 |
| | | | 优秀库奖学金 |
| 2018 | 孟鼎 | 国际关系学院 | 三好学生 |
| 2018 | 钱炳夫 | 光华管理学院 | 三好学生 |
| | | | 北京大学三等奖学金 |
| 2018 | 张可欣 | 艺术学院 | 实践公益奖 |
| 2019 | 陈龙 | 基础医学院 | 三好学生 |

北京大学招生办公室
ADMISSION OFFICE OF PEKING UNIVERSITY

2021年北京大学喜报

江苏省沭阳高级中学　供图

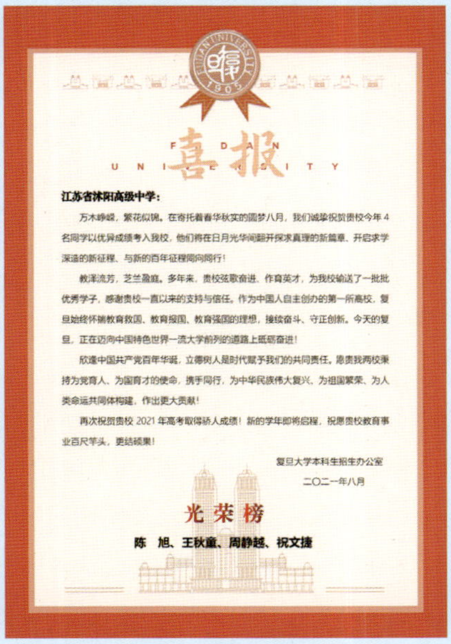

FUDAN UNIVERSITY 1905

喜报

江苏省沭阳高级中学：

万木峥嵘，繁花似锦。在寄托着春华秋实的圆梦八月，我们诚挚祝贺贵校今年4名同学以优异成绩考入我校，他们将在日月光华间翻开探求真理的新篇章、开启求学深造的新征程、与新的百年征程同向同行！

教泽流芳，芝兰盈庭。多年来，贵校弦歌奋进、作育英才，为我校输送了一批批优秀学子，感谢贵校一直以来的支持与信任。作为中国人自主创办的第一所高校，复旦始终怀揣教育救国、教育强国、教育强国的理想，接续奋斗、守正创新。今天的复旦，正在迈向中国特色世界一流大学前列的道路上砥砺奋进！

欣逢中国共产党百年华诞，立德树人是时代赋予我们的共同责任。愿贵我两校秉持为党育人、为国育才的使命，携手同行，为中华民族伟大复兴、为祖国繁荣、为人类命运共同体构建，作出更大贡献！

再次祝贺贵校2021年高考取得骄人成绩！新的学年即将启程，祝愿贵校教育事业百尺竿头，更结硕果！

复旦大学本科生招生办公室

二〇二一年八月

光荣榜

陈　旭、王秋童、周静越、祝文捷

2021年复旦大学喜报

江苏省沭阳高级中学　供图

南京大学 NANJING UNIVERSITY

录取喜报

江苏省沭阳高级中学：

丰盛的果实是对汗水最好的回报，热烈祝贺贵校学子圆梦南大！我们在南大等你来！

| 姓名 | 录取专业 | 姓名 | 录取专业 |
|---|---|---|---|
| 卢克 | 理科试验班类（地球科学与资源环境类） | 刘心语 | 理科试验班（数理科学类） |
| 张天宇 | 理科试验班类（地球科学与资源环境类） | [illegible] | 理科试验班（数理科学类） |
| [illegible] | 理科试验班类（地球科学与资源环境类） | [illegible] | 理科试验班类（化学与生命科学类） |
| [illegible] | 理科试验班类（化学与生命科学类） | [illegible] | 人工智能 |
| [illegible] | 理科试验班类（化学与生命科学类） | [illegible] | 人工智能 |
| 王新宇 | 工科试验班 | 高宇轩 | 社会科学试验班 |
| [illegible] | 经济管理试验班 | [illegible] | 戏剧影视文学 |
| [illegible] | 经济管理试验班 | [illegible] | 戏剧影视文学 |
| [illegible] | 经济管理试验班 | [illegible] | 戏剧影视文学 |

南京大学本科招生办公室

二〇二一年七月

2021年南京大学录取喜报

江苏省沭阳高级中学　供图

2021 年 4 月，沭阳如东中学校长周桂官入选“中国好人榜” 沭阳如东中学 供图

2021 年 10 月，江苏省沭阳高级中学教师朱漫丽荣获“江苏省最美中学教师”荣誉称号

江苏省沭阳高级中学 供图

沭阳教育注重学生动手实践能力培养　　　　县教育局　供图

沭阳如东中学“阳光体育大课间”活动　　　　县教育局　供图

沭阳县北丁集小学开展“剪纸红”活动，打牢学生成长底色　　县教育局　供图

沭阳县南关小学

江苏省沭阳高级中学校史馆　　　　江苏省沭阳高级中学　供图

县教育局　供图

# 最美县城

## 最美沭阳
## ——打造“苏北最美县城”

2021 年，沭阳县按照“是县又高于县”标准，加快副中心城市建设步伐，全力打造“苏北最美县城”。城区重庆南路建成通车，苏北首条县级城区快速路部分通车，苏州路西延跨淮沭新河大桥等 7 项重大交通工程加快建设。城北公园完成改造，从原来的 4.67 万平方米拓展至 12 万平方米，旧貌换新颜，成为网红打卡地；老沭河健身步道获评“2021 江苏最美跑步线路”；南部城区淮海戏旅游休闲街区入选首批省级旅游休闲街区培育单位；高分获评省优秀管理城市。节日氛围营造获得《人民日报》《新闻联播》点赞；城市人行道改造提升、路灯亮化、老旧小区改造赢得群众好评。

鸟瞰沭阳城区　　周东翔　摄

改造后的城北公园　　　　县城管局　供图

改造后的沭阳县青少年广场　　　　汤以方　摄

2021 年 5 月，月季展览园建成开放　　仲崇亮　摄

月季展览园月季花美景　　仲崇亮　摄

京沪高速公路沭阳出入口

沭阳县博物馆、档案馆、图书馆、美术馆先后落成开放　　　　汤以方　摄

周东翔　摄

沭阳南部新城北京南路　　周东翔　摄

沭阳县环城河美景　　汤以方　摄

沭阳县苏州路与火车道下穿工程通车　　汤以方　摄

沭阳县试点居民小区“撤桶并站”　县城管局　供图

迎宾大道春节氛围灯光秀　　县城管局　供图

# 最美乡村

## 最美沭阳
## ——打造“苏北最美乡村”

2021 年，沭阳县围绕《2021 年度全省推进乡村振兴战略实绩考核实施方案》确定的重点目标任务，积极推进乡村振兴战略各项工作落实。在全省乡村振兴实绩考核中，沭阳县获评省乡村振兴进位奖第一等次。截至 2021 年年底，沭阳县累计建成省级特色田园乡村 3 个、美丽宜居村庄 144 个，累计创建国家卫生乡镇 4 个、省级卫生乡镇 5 个、省级卫生村 50 个。新建农村公共厕所 62 座、村级污水处理设施 55 座，建设农村生态河道 284 条。

（县农业农村局　陈月阳）

2021 年 4 月 10 日，江苏乡村振兴智库研究院特邀研究员受聘仪式在沭阳县举行　　沭阳县人民政府网　供图

2021 年 9 月 29 日，第九届沭阳花木节开幕　　县现代农业产业园区　供图

第九届沭阳花木节活动展厅

县现代农业产业园区　供图

第九届沭阳花木节章集菊花展厅

县现代农业产业园区　供图

2021年8月31日，全国脱贫攻坚模范、农业专家赵亚夫（左二）到钱集镇东营社区有机农业“越光”水稻种植基地考察　丁华明　摄

新河镇双荡村特色田园乡村

桑墟镇新农村建设　桑墟镇　供图

新河镇　供图

新河镇龙堰新型社区　　孙玉忠　摄

桑墟镇采莓儿生态农业基地

桑墟镇　供图

耿圩镇农民姜亚华在直播销售多肉

钱集镇高效农业花木基地

丁华明 摄

陇北荡农旅基地　　县农业农村局 供图

县农业农村局 供图

沭阳县优质稻米生产基地　　县农业农村局 供图

# 庆祝中国共产党成立 100 周年专题

## “永远跟党走”——沭阳县庆祝中国共产党成立 100 周年

2021 年是中国共产党成立 100 周年，6 月 24 日，沭阳县在县体育中心隆重举办“永远跟党走”庆祝中国共产党成立 100 周年万人大合唱活动，沭阳县级领导班子成员以及合唱队和观众 1.8 万余人参加了大合唱活动。另外，沭阳县社会各界通过举办歌咏比赛、大型音乐会、“我与党旗合个影”、向老党员颁发“光荣在党 50 年”纪念章等形式开展了丰富多彩的庆祝活动。

2021 年 6 月 24 日，沭阳县在体育中心举行“永远跟党走”——沭阳县庆祝中国共产党成立 100 周年万人大合唱

丁华明　摄

万人大合唱活动现场　　丁华明　摄

2021 年 6 月 19 日，沭阳县在文化艺术中心举行“永远跟党走”——沭阳县庆祝中国共产党建党 100 周年合唱音乐汇　　孙玉忠　摄

2021 年 7 月 2 日下午，沭阳县召开庆祝中国共产党成立 100 周年座谈会暨县“两优一先”表彰会议

沭阳县人民政府网　供图

2021 年 7 月 2 日，县领导与 2021 年全省、全市、全县优秀共产党员、优秀党务工作者和先进基层党组织代表合影

沭阳县人民政府网供图

双荡村全体党员“我与党旗合个影”　　孙玉忠　摄影

2021 年 6 月 23 日，县委县级机关工委领导向老党员颁发“光荣在党 50 年”纪念章　　县委县级机关工委　供图

# 党史学习教育专题

## 沭阳县扎实开展党史学习教育活动

2021 年，沭阳县认真贯彻落实中央和省委、市委决策部署，扎实有序推进党史学习教育。通过党史名师授课、党史读本学习、专题交流研讨等形式，开展各类学习活动 7780 场次，覆盖党员 15.9 万人次。全县围绕党史学习教育积极开展“我为群众办实事”实践活动。全年累计发布“我为群众办实事”公示项目 3088 个，已完成 2995 个；聚焦群众“急难愁盼”问题，在 112 个城市小区试点成立党支部，300 余名党员担任楼栋长，4000 余名机关在职党员深入结对小区，服务群众 1.2 万余人次。

2021 年 3 月 15 日，沭阳县召开全县党史学习教育动员会议　　沭阳县人民政府网　供图

2021年6月8日至9日，中共沭阳县委举办理论学习中心组党史学习教育专题读书班 沭阳县人民政府网　供图

2021年7月16日下午，县委书记彭伟以《百年青春正风华　二次创业谱新篇》为题，为全县广大干群讲授党史学习教育专题党课

沭阳县人民政府网　供图

2021 年 6 月 30 日上午，沭阳县举办焦裕禄精神事迹展和吴印咸红色摄影作品展开展仪式，县委书记、县长彭伟（左二）出席开展仪式并观展
沭阳县人民政府网　供图

沭阳经开区邀请“网红”快板大爷汤承万中走进车间班组，给企业党员送上别开生面的党史课
沭阳县人民政府网　供图

青伊湖镇开设小板凳课堂，请老党员讲党史
沭阳县人民政府网　供图

2021 年 6 月 29 日，沭阳县“百支战队赛党史”知识竞赛总决赛活动现场　　沭阳县人民政府网　供图

新河镇开展“学党史，比先进，找差距，争一流”活动　　孙玉忠　摄

# 抗击新冠疫情专题

## 沭阳县全力抗击新冠疫情

2021年，沭阳县按照“外防输入、内防反弹”总要求，常态化开展新型冠状病毒感染的肺炎疫情防控工作。全年累计排查县外返沭人员11.69万人，对全县19类重点人群检测核酸38.49万份。指定沭阳县第一人民医院为定点救治医院，储备7500名核酸检测采样人员。建成全市第一家标准化集中隔离点蓝领公寓，配有1170个标准化房间。加强疫苗接种工作，截至12月31日，全人群接种329.7860万剂次，加强针接种370453剂次，3～11岁人群接种246605剂次。

2021年7月22日，沭阳县召开疫情防控指挥部工作会议　　沭阳县人民政府网　供图

2021 年 11 月 1 日，沭阳县举办新冠疫情防控工作专题培训会　　沭阳县人民政府网　供图

2021 年 8 月 4 日下午，新冠病毒肺炎局部小规模疫情应急处置暨新冠病毒全员核酸筛查采样实操演练在县体育中心举行　　沭阳县人民政府网　供图

# 编辑说明

一、《沭阳年鉴（2022）》以马克思列宁主义、毛泽东思想、邓小平理论、“三个代表”重要思想、科学发展观和习近平新时代中国特色社会主义思想为指导，坚持辩证唯物主义和历史唯物主义立场、观点和方法，主要记载2021年度全县的经济社会发展情况，为保证内容资料的完整性，根据记述的需要，部分内容适当上溯或下延。

二、《沭阳年鉴》首卷出版于2000年，是系统记述沭阳自然、政治、经济、文化、社会等方面情况的年度资料性文献。编纂宗旨是力求反映沭阳的地方特色，为社会各界认识、了解和研究沭阳提供基本的县情资料。

三、《沭阳年鉴（2022）》依据本行政区域经济社会发展特点，参照有关行业分类标准，对所收录的年度资料进行编排。全书共设图片专题，专记，概览，大事记，中共沭阳县委，沭阳县人民代表大会，沭阳县人民政府，政协沭阳县委员会，纪检监察，人民团体　工商联，军事，法治，综合经济管理，农业，工业　建筑业，花木产业，服务业，开发园区，城市建设与管理，乡村振兴，基础设施，科学技术，教育，体育，文化，卫生，人民生活，应急管理，生态环境，乡镇、街道，人物　荣誉，媒体看沭阳，附录，索引34个部分。全书结构分为类目、分目、条目等层次，以不同字体、字号标识，条目标题统一用黑体加【 】标出。

四、《沭阳年鉴（2022）》文稿由全县各单位、各部门提供，并经主要负责人审核签发，年鉴编辑部负责编辑修改，最后由年鉴编委会审核。本年鉴文稿中的主要数据以县统计部门提供的为准，县委工作报告和政府工作报告中的数据均保持原貌。为完整反映相关领域的发展情况，沭阳年鉴编纂委员会采编和补充了部分内容。

五、《沭阳年鉴（2022）》数字用法、标点符号、计量单位分别执行国家标准《出版物上数字用法》（GB/T 15835—2011）、《标点符号用法》（GB/T 15834—2011）、《国际单位制及其应用》（GB 3100—1993）和《有关量、单位、符号的一般原则》（GB 3101—1993）。

六、《沭阳年鉴（2022）》刊用的稿件，其撰稿人姓名在条目下用圆括号标注，如果分目中的所有条目由同一个人撰写的，撰稿人姓名放在最后一个条目后。书中图片有作者的，标注作者姓名；无法提供作者姓名的，则标注提供的单位名称。所收录图片未标注拍摄时间的均为2021年拍摄。

# 目　录

## 专　记



## 概　览

## 大事记



## 中共沭阳县委

## 沭阳县人民代表大会



## 沭阳县人民政府



## 政协沭阳县委员会

## 纪检监察



## 人民团体　工商联



## 军　　事

# 法　治



# 综合经济管理

## 农　业



## 工业　建筑业



## 花木产业

## 服务业

## 开发园区

## 城市建设与管理



## 乡村振兴



## 基础设施

## 科学技术



## 教　育

## 体 育



## 文 化



## 卫 生

## 人民生活



## 应急管理

## 生态环境



## 乡镇、街道

## 人物、荣誉



## 媒体看沭阳

# 附　录



# 索　引

# 始终保持奔跑的姿态，努力成为苏北现代化建设“展示窗口”

省委十三届十次全会围绕“六个率先走在前列”，以现代化的理念、标准、思路系统谋划推进工作，描绘了“在率先实现社会主义现代化上走在前列”的美好图景，吹响了奔跑新征程、追梦新时代的冲锋号。

省委强调“区域均衡发展，最大的空间在苏北”，拿出更多优质资源要素，给予苏北更大力度的支持，我们必须奔跑起来，用实干回报、用奋斗作答。作为苏北的领跑者，沭阳尽锐出战、全力奔跑，与全省人民一道高水平全面建成小康社会，得到省委以及社会各界的充分肯定，在“全省庆祝中国共产党成立100周年座谈会暨‘两优一先’表彰会议”上作了交流发言。

踏上新征程，百年再出发，我们将锚定“苏北全面领先”奋斗目标，始终保持奔跑的姿态，努力成为苏北现代化建设“展示窗口”。

## 保持“领跑”位次　打造工业经济“升级版”

沭阳领跑的底气在工业，连续六届跻身全国工业百强县，开启新征程，必须坚持工业突破第一抓手不动摇，在更高水平、更高层次的赛道上奔跑，为现代化建设注入源源不断的奔跑动能。

头版头条做大规模总量。聚焦项目招引和建设两大主题，实施“小微企业进规模、规模企业冲亿元、亿元企业上台阶”三大计划，着力构建“百亿航母引领、十亿龙头跟进、亿元企业支撑”企业雁阵，三年内实现千亿级开发区、千亿级产业、千亿级乡镇板块、千个规上工业企业“四千”目标，“十四五”末工业产值达到2600亿元以上。

坚定不移打造产业地标。主导产业是一个城市的产业地标，代表产业发展的积淀和未来方向。突出“6+3+X”产业体系和15条重点产业链，聚焦关键环节谋取重大突破，高端纺织、机电装备等4条产业链工业投资每年增长30%以上，年内百亿级投资项目天能北方总部项目实现部分投产、桐昆集团沭阳项目完成投资35亿元，“十四五”期间高端纺织成长为苏北首个县级千亿级产业集群、机电装备产业产值达到600亿元以上。

着眼长远加速动能转换。发展动力决定着发展速度、效能、可持续性。聚焦产业链与创新链双向深度融合，深入实施“5321”工程、“两化”融合、高新技术企业培育“小升高”行动，重点对头部企业、拟上市企业实行“一企一策”，着力提升社会创新浓度，“十四五”期间，新增国家高新技术企业全市占比提升5个百分点，全社会研发投入占GDP比重达2.5%。

全力以赴做优园区载体。沭阳拥有苏北唯一落户县城的国家级经开区，通过构建“234”园区体系，加快由单引擎向经开区、昆沭高新园双引擎转变，向3个小城市区域工业园、4个道口工业集聚区多动力转变，举全县之力，下好园区建设“一盘棋”，积极打造苏北创业创新高地。深化“一区多园”建设，经开区加快腾笼换鸟，在全省乃至全国范围内找标杆、争位次，全国排名年内上升7位，三年内跻身全国一百强。

## 开启“抢跑”模式　建设区域发展副中心

抢跑更多地体现在抢抓机遇、率先发力的意识。当前，省市大力支持沭阳建设国家县城新型城镇化建设示范县，同时，省国土空间规划也将沭阳定位为Ⅱ型大城市，面对这一最大发展机遇，我县正在以时不我待的紧迫感、只争朝夕的责任感，继续抢跑，加速成长为徐淮连宿城市群重要支点。

打造交通节点城市。无论是当前城市化浪潮，还是融入新格局，都离不开快进快出的交通能力。加快推进京沪高速扩容改建、宿连航道、宿连高速等重大工程，尽快启动新淮铁路建设、新长铁路电气化改造，全力打造江苏交通中轴与苏北东西双向开放大通道交汇点城市。坚持西向发展，加快建设以宿连高速为主的交通轴，以324省道和宿连航道为主的产业轴，以新沂河、淮沭新河、柴米河为主的生态轴，积极融入中心城市半小时经济圈。

打造区域服务高地。高质量的公共服务能够吸引人口集聚，进一步激发城市经济社会活力。大力建设公共服务中心，在率先高质量实现“县有四馆”的基础上，年内建成全省一流的工人文化宫、青少年宫、妇女活动中心、新时代文明实践中心，重点建设华东花木大世界、全国图书交易中心、苏北最大邮政邮件处理中心、区域职业教育中心，持续增强对外辐射能力。发挥城市作为经济发展“火车头”的拉动作用，聚集“食、游、购、娱、体、展”等消费活动，打造一批精品商业街区，全力提升服务业载体品位和档次，打造“有特色、有温度，接地气、聚人气”的夜经济场所，吸引更多市民从家庭客厅走到城市客厅。

建设花园中的城市。紧扣“花木之乡、花园城市”目标定位，更加突出“完善功能、改善民生，丰富内涵、彰显特色”工作理念，按照“300米见绿、500米见园”标准，持续“增花、增绿、增彩、增园”，实现“三季有花、四季常青”向“月月有花、季季有景”转变，年内完成绣球、竹园等主题公园的改造和建设，城北公园建成投入使用，重点推进总投资40亿元的华东花木大世界、沭阳植物园、台州路水环境综合整治，积极打造苏北乃至华东地区富有魅力、宜居宜游的花园城市。

## 享受“畅跑”乐趣　为现代化建设蓄能续航

沭阳是全国经济百强县，也是首批中国花木之乡，是苏北唯一同时拥有国家级经开区、国家级现代农业产业园的县份，奔跑新征程，一路高歌猛进、一路美景花香，是沭阳发展的最大竞争力，也是现代化建设应有之义。

坚持经济生态化。积极践行“两山”理念，打好蓝天、碧水、净土三大保卫战，严格执行污染物排放总量控制，全面落实“一河一策”水质提升方案，建立健全土壤污染责任追溯制度，努力让深呼吸、看碧水、亲绿地成为最好的名片。实施农田生态化改造等“八大行动”，有效降低农业面源污染。

坚持生态经济化。在保持全省第一产粮大县地位的前提下，加快花木产业“六个转型”，积极建设南花北卉全国知名集散地，重点打造全国花木电商连接点，促进花木产业加速蝶变，用“网红成为新农民、手机成为新农具、直播成为新农活、数据成为新农资”新变化，书写农村新生活。积极发展花乡绿道、振兴大道、五彩美道“三条示范带”，加快建设花木片区等“五个片区”，重点打造新河双荡等“五朵金花”“十颗明珠”，开发建设花乡旅游精品线路，努力让“好生态”变成“金饭碗”。

坚持理念低碳化。把实现“碳达峰”“碳中和”贯穿现代化建设全过程，实施碳排放总量和强度“双控”策略，推进绿色产品、绿色工厂和绿色供应链等绿色制造体系建设，确保单位GDP能耗、用水量持续下降。加强生态文明宣传教育，积极倡导绿色生活方式和消费模式，推动绿色低碳生活方式成为新时尚。

## 携手“齐跑”幸福路　描绘共同富裕新画卷

共同富裕，一个也不能少。沭阳将始终坚持以人民为中心的发展思想，幸福路上一起奔跑，初心勾线、匠心施彩，携手在共同富裕的道路上不断取得新进展。

大力支持创业就业。全面实施鼓励返乡创业就业“十条新政”，完善促进中小微企业和个体工商户发展的政策体系，常态化开展就业“春风行动”，积极打造乡村“半日工作圈”，创建省级创业示范基地2个以上、省级优秀创业项目10个以上，确保人均可支配收入增速持续跑赢GDP。推动巩固拓展脱贫攻坚成果同乡村振兴有效衔接，落实好扶贫助学、保险补贴等扶贫政策，重点将低收入农户嵌入产业链条，让他们同步享受产业发展红利，努力实现稳定增收、持续增收。

均衡发展公共服务。推动城乡融合发展，将3个小城市建成县城之外的产业发展承载地、生产要素集聚地、公共服务新高地，深入做好农房改善“后半篇文章”，吸引更多城市元素下沉乡村，努力让农村居民同步享受现代城镇生活。深化“名校、名师、名生”“三名”工程，重点支持沭阳中学、沭阳如东高中创建省高品质示范高中，坚持“小规模、高密度”原则，按照“服务半径小学500米、中学1000米，服务人口小学1万～1.5万人、中学3万～5万人”标准，优化学校布局，提升教育软硬件水平，积极创建“省义务教育优质均衡发展县”。完善县乡村三级医疗卫生服务体系，健全分级诊疗制度，不断满足群众日益增长的多层次就医需求。

织密织牢社会保障。深入推进全民参保精准扩面，不断提高养老保险参保缴费率，扎实推进农民工工伤保险“同舟计划”，实现建筑、交通、水利工程项目工伤保险全覆盖，大力推动居民社会保险与社会救治制度无缝衔接，努力让所有人都过上更有尊严的生活。

### 与时代“并跑”奋进　凝聚砥砺前行精神动力

我们身处最好的时代，人生价值的实现与第二个百年奋斗目标紧紧相连，现代化建设态势强劲、机遇叠加、宏图铺展，要始终与时代并肩奔跑，感悟时代精神，踏着时代节拍，奔跑新征程，追梦新时代。

把稳正确方向。始终坚持以习近平新时代中国特色社会主义思想培根铸魂、定向领航，学深悟透总书记“七一”重要讲话精神，持续提高“政治三力”。大力弘扬伟大建党精神，深入开展党史学习教育，守好红色根脉、传承红色基因，深入开展“两在两同”建新功行动，努力让学史明理、学史增信、学史崇德、学史力行成为思想自觉和行动自觉。

汲取前行力量。推进社会主义核心价值观融入社会发展各方面，积极创建全国文明城市，从群众身边小事做起，重点实施人行道改造提升、小区物业管理提升、民生园林建设“三项重点工程”，让群众在共建共享中增强获得感。加强重大主题、现实题材作品的创作，力争推出一批弘扬主旋律、展现地方特色的原创文艺精品。加快建立“设施完善、覆盖城乡、发展均衡、服务便捷”的现代公共文化服务体系，不断满足人民群众日益增长的精神文化需求。

精塑文化标识。坚持历史传承与城市发展和谐共生，注重延续历史文脉，保护城市肌理，体现到城区道路、居民小区、公园绿地命名等具体细节上，让沉睡的历史文化资源“活”起来、“火”起来。浓墨重彩打造全国书法之乡、淮海戏之乡、楹联之乡等特色文化标识，努力形成具有全国影响的文化。深入挖掘和传承历史文化基因，重点做好以淮海戏为代表的非遗保护和开发，真正让文化资源“串”起来、“特”起来。

### 保持“长跑”韧性　推进社会治理现代化

行百里者半九十，既要拿出跑百米的冲劲，更要有长跑的韧性，我们将全面落实“韧性江苏”建设要求，不断提升社会治理体系和治理能力现代化水平，凝心聚力开新局，行稳致远启新篇。

建设法治沭阳。深入推进依法治县，深入开展法律“六进”行动，加强法律服务，规范执法司法行为，使法治成为广泛的社会共识和基本行为准则，全力争创省级法治政府示范县。持续巩固提升扫黑除恶专项斗争、政法队伍教育整顿成果，建设“绝对忠诚、绝对纯洁、绝对可靠”政法铁军。

建设平安沭阳。紧扣“两个不放松”“务必整出成效”总要求，坚决完成“三年大灶”目标任务，严格落实“牵头部门先行一步、涉及部门各进一步”原则，完善“三级三员联防联动”机制，综合运用信用管理、工业企业安全生产风险报告等举措，全面提升城市整体安全运行和管理水平，积极创建省级安全发展示范城市、国家级食品安全示范县。

建设和谐沭阳。强化基层党建统领作用，积极应对“从村里人到社区人”新变化，探索构建农村新型社区党建模式，不断增强基层党组织政治功能和组织力。深入运用“枫桥经验”，完善“广场夜谈”等基层治理创新措施，让社会既充满活力又和谐有序。加快建设智慧城市，提高数字政府建设水平，在电子政务外网全覆盖基础上，加快建设综合审批一体化服务平台，提高社会治理智能化水平。

新时代，是奋斗者的时代。新起点上再闯新局，我们将以“功成不必在我”的精神境界和“功成必定有我”的历史担当，以抢跑的拼劲、领跑的姿态、长跑的韧性，跑好第一棒，开启新征程，勇做现代化建设的见证者、开创者、建设者，努力为全省发展多做贡献、作出更大贡献！　（中共沭阳县委书记　彭　伟）

（载于2021年10月18日“北京西路瞭望”微信公众号）

## 沭阳县扎实推进党史学习教育开花结果

2021年，沭阳县认真贯彻落实中央和省委、市委决策部署，扎实有序推进党史学习教育。第一时间成立县委党史学习教育领导小组，办公室设在县委宣传部，抽调27名工作人员集中办公、实体化运作。在深入开展调查、会办研究的基础上，3月12日，县委常委会专题听取党史学习教育工作汇报，审议通过《关于开展党史学习教育的实施方案》；3月15日召开全县党史学习教育动员会议，印发《关于开展党史学习教育的实施方案》。县委主要领导带头讲党课，主持召开县委理论学习中心组会议，学习研讨中央和省委、市委党史学习教育会议精神、习近平总书记重要讲话精神、市第六次党代会精神、中共十九届六中全会精神、省第十四次党代会精神和四本指定用书，开展专题调研，示范带动全县党员干部扎实推进“六专题一实践”党史学习教育活动在面上走深走实、开花结果。

**一、专题学习**

全县各单位以支部为依托，制定学习计划，做到学习人员、学习时间、学习内容、学习效果“四明确”。积极组织学习习近平总书记重要讲话精神、市第六次党代会精神、中共十九届六中全会精神和省第十四次党代会精神，用好党史学习教育“三个课堂”和四本指定用书，把党史学习教育作为党员干部集中学习和自主学习的必修课，通过党史名师授课、党史读本学习、专题交流研讨等形式，开展各类学习活动7780场次，覆盖党员15.9万人次。结合实际，开展中期学习成果评估检测活动810余场次，以考促学，以学促行。6月8—9日，举办县委理论学习中心组党史学习教育专题读书班，开展交流研讨，以上率下做好示范。县处级以上党员领导干部深入学习贯彻习近平总书记视察江苏重要讲话指示精神，结合党委政府重点工作，把学习党史与专题调研活动结合起来，深入基层、深入群众，扎实开展调查研究，积极撰写调研报告50篇。

**二、专题培训**

充分利用中国共产党在沭阳陈列馆、淮海抗日根据地陈列馆、淮海区军政大礼堂、吴印咸故居等红色资源，组织党员干部实地瞻仰参观遗址旧址、纪念场馆等，各类红色教育基地累计接待参观590余批次，近9万人。围绕党史学习教育，举办专题培训班30余次。用好“学习强国”学习平台、“宿迁干部学院”“我家学堂”等线上平台，组织开展党史网络培训班、微视频党课等活动，培训覆盖8.7万人次。

**三、专题党课**

7月16日，县委书记彭伟以“百年青春正风华二次创业谱新篇”为题，为全县广大干群讲授党史学习教育专题党课，带领大家重温百年党史、凝聚奋进力量。县级领导班子成员结合分管工作，讲授专题党课31场次；基层党组织书记结合党史学习教育，讲授专题党课1690余场次。

**四、专题宣讲**

邀请省委宣讲团成员举行学习贯彻中共十九届六中全会精神省委宣讲团宣讲报告会，邀请市委宣讲团成员举行党史学习教育市委宣讲团宣讲报告会、习近平总书记“七一”重要讲话精神市委宣讲团宣讲报告会、学习贯彻市第六次党代会精神市委宣讲团宣讲报告会和学习贯彻中共十九届六中全会精神市委宣讲团宣讲报告会8场。组织县委宣讲团围绕党史学习教育、习近平总书记在庆祝中国共产党成立100周年大会上的重要讲话精神（以下简称习近平总书记“七一”重要讲话精神）、市第六次党代会精神和中共十九届六中全会精神，认真备课研讨，开展集中宣讲233场。组建60余支宣讲团集中开展对象化、分众化、互动化的专题宣讲720余场次。以“永远跟党走奋进新征程”为主题，结合学习习近平总书记重要讲话精神和市第六次党代会精神，组织党史专家学者、思政教师、各行各业党员干部、大学生志愿者、“百姓名嘴”和“我家学堂”讲师等开展宣讲活动1480余场次。开设《认真学习贯彻十九届六中全会精神》《贯彻党代会开启新征程》《学习新语》《学习贯彻习近平总书记“七一”重要讲话精神》《党在我心中永远跟党走》等专题专栏，共推出2520余条学习文章；在全县各新媒体平台推送“奋斗正青春　青春献给党”“请党放心　强国有我”等短视频，328万人次参与学习。持续在595个小区（村居）、5800多个点位播放习近平总书记“七一”重要讲话音频，覆盖142万人次。持续更新《学党史悟思想办实事开新局》《学党史悟思想我为群众办实事》《千面党旗飘扬万枚党徽闪耀》等14个专栏，累计推出1700余期，把党的声音带到千家万户。以“云相约·‘艺’周乐”活动为载体，创新“理论+文艺”宣讲形式，围绕习近平总书记“七一”重要讲话精神和学习贯彻中共十九届六中全会精神，创作工鼓锣、快板、苏北琴书等本土文艺作品32个，以鲜活的形式吸引群众台上演、台下学，真正做到政府搭舞台，百姓演节目，群众学理论。《江苏沭阳：传统花船戏推进党史宣讲接地气》《沭阳：“云相约·‘艺’周乐”让群众乐享理论宣讲盛宴》《沭阳县李恒镇：榜样面对面党史宣讲“接地气”》等受到国家级媒体推介，《沭阳经开区“快板宣讲”进车间鼓干劲》《沭阳：“小广播”唱响教育宣讲最强音》等在省级媒体上稿。

**五、专题研究宣传阐释**

各级理论学习中心组围绕“学党史悟思想”“学党史办实事”“学党史开新局”等专题开展学习交流研讨410余场次。利用主题党日、“三会一课”等，组织党员干部观看党史学习教育微纪录片《百炼成钢：中国共产党的100年》《记忆100》等，覆盖16.8万人次。围绕习近平总书记“七一”重要讲话精神和学习贯彻中共十九届六中全会精神，征集论文46篇。各单位组织观看《童年周恩来》《守岛人》等党史学习教育电影115场次，覆盖8360人次。持续开展“永远跟党走”群众性主题宣传教育活动和“云相约·‘艺’周乐”群众文艺系列活动，覆盖172万人次。组织开展“我心向党”系列活动，“我唱心歌给党听”围绕传唱党史经典曲目，在各类场所开展主题快闪活动8场，累计发动党员群众9000余人参与。开展“我和党旗合个影”活动，在全县打造合影打卡点14处，在“爱沭阳”“速新闻”App平台开设“我和党旗合个影”专栏宣传报道活动开展情况。

**六、专题组织生活会**

7—8月，全县1693个基层党支部全面完成党史学习教育专题组织生活会工作。会前，各基层党支部集中学习研讨，深入谈心谈话，广泛征求意见，认真撰写材料。会上，聚焦“学党史、悟思想、办实事、开新局”主题，集体重温入党誓词，进行对照检查，开展相互批评。县委党史学习教育巡回指导组积极对接，加强督导，重点审阅所联系单位党员领导干部参加组织生活会的具体方案和发言提纲，了解基层党组织召开专题组织生活会的情况。

**七、“我为群众办实事”实践活动**

一是紧扣“深”字，公示清单三级联动。为推动项目活动扎实有序开展，组织各乡镇（街道）、县直各单位通过网站、微信公众号、公示栏等方式，对“我为群众办实事”项目进行公示。全年累计发布“我为群众办实事”公示项目3088个，已完成2995个，其他正在有序推进。其中县领导领办项目43个，已全部完成，其中常态推进实施的项目17个。已通过线上新闻发布会的形式，公示5批次“我为群众办实事”项目进展情况，广泛接受群众监督。纳入市重点示范项目2个，已完成2个。二是把握“细”字，实践活动见行见效。组织开展“千面党旗飘扬万枚党徽闪耀”我为党徽添光彩志愿服务活动。累计开展“党员微课堂”“送法进校园”“不动产登记上门服务”等各类志愿服务活动1.5万场次，时长约18.1万小时；《志愿服务情暖花乡》等19篇得到省级媒体关注；《志愿服务铸就文明实践新高地》等5篇受到国家级媒体推介。开展“三亮三比”活动。在“爱沭阳”“速新闻”等媒体平台开设“‘三亮三比’进行时”宣传专栏，全年已宣传报道“情系群众”付路路、“以岗为家”王如成、“‘医’心向党”傅坚等10余名先进典型，通过典型人物的示范带动，引领党员群众学先进、践初心、办实事。推进“大手牵小手一起跟党走”青少年红色基因传承专项行动。实施“梦想改造+”“童心向党”系列教育实践活动等30项为青少年群体办实事项目，《校车开到家门口》等受到国家级媒体推介；《沭阳流动“博物馆”成学生“第二课堂”》《沭阳李恒镇：农家书屋开启“红色旅程”》等在省级媒体上稿。县检察院获评全国“青少年维权岗”。开展“情暖夕阳”为老年人群体办实事项目活动。实施困难家庭老年人适老化改造、老年人智能机使用、居家养老服务送上门等项目77项，让老年人群体有更直接、更实在的获得感、幸福感。《“幸福小院”成留守老人的“幸福乐园”》《“拧紧养老机构安全阀”》《沭阳县残联：“私人订制”让残疾人乐享便利生活》《江苏沭阳启动国家级医养结合服务标准化试点》等受到国家级媒体推介。沭阳县钱集镇“百姓大食堂”入选市级“我为群众办实事”典型案例汇编及市简报。实施“党旗飘扬幸福农房”专项行动。实施青伊湖镇“清香苑”、桑墟镇刘寨小区、钱集镇新桥社区“诗意田园”、陇集镇墩前社区“党建+”等一批民生改造项目，着力破解农房改善“后半篇”堵点痛点，推动基础设施向新农房拓展，优质公共服务向新农房延伸，各类资源向新农房集聚。沭阳县钱集镇、陇集镇、贤官镇、青伊湖镇幸福农房项目得到国家级媒体推介，陇集镇农房改善项目入选省简报。示范推动典型项目。“拒绝‘升学宴’、引领新风尚”主题活动相关做法被“学习强国”学习平台、“新华社”等主流媒体关注报道；县交通运输局“高铁便民车”项目入选“省交通厅十大重点为民办实事项目之一”“2021年市级以上改革创新试点项目”；县行政审批局创新建立全省首个“云踏勘”平台，实现项目勘验“云上见”。三是紧盯“准”字，民生实事落地落细。围绕为民服务主题主线，以实现人员全覆盖、工作无死角、成效高质量为目标，引领全县党员干部深刻领悟践行“两在两同”精神内涵，在现代化新征程上勇建新功。领导带头示范做表率。县处级领导带头，深入联系29个村（社区）、51家企业，通过实地走访、座谈交流，查找短板弱项突出问题240个。支部引领带动强堡垒，建立健全“党委抓牢支部、支部严管党员、党员带动群众”机制，形成“党组织发动、党员带动、群众互动”的一贯到底工作格局。沭阳县积极回应网络舆论关注度高、群众反映强烈的花木种苗市场诚信经营问题，开展了一系列专项整治行动。通过县、乡、村三级组织联动，全县花木种苗经营面貌焕然一新，相关案件投诉率下降42%。党员挺身在前当先锋。组织广大党员干部立足岗位，争当忠诚担当、引领发展、干事创业、制度执行、履职尽责和干净干事“六个先锋”。此外，组织9059名党员志愿者、1509支党员志愿服务队，积极参与到疫情防控、抗洪抢险、文明城市创建等急难险重一线。疫情防控期间，组建1900人“红色代办”党员先锋队，在战“疫”一线为群众提供代办服务，让群众时刻感受到党的温暖；聚焦群众“急难愁”问题，在112个城市小区试点成立党支部，300余名党员担任楼栋长，4000余名机关在职党员深入结对小区，服务群众1.2万余人次。四是落脚“实”字，建章立制问责问效。依托“12345”政府热线、阳光信访、数管中心、“爱沭阳”App等平台广泛搜集涉及民生事项的诉求信息，通过“汇总编号—交办督办—及时反馈”工作流程，按照诉求类型，明确责任单位，限期整改到位，着力破解群众愁事难事。建立项目回访、问卷调查、召开见面会、媒体发布等通报反馈制度，及时向群众通报整改情况，公布“整改成绩单”，对群众不认可的销账、不满意的不放过、满意度不高的及时“返工”“补课”。建立县委党史学习教育巡回指导组巡回指导，县政府督查办、县纪检监察部门联合督查机制，督促相关单位建立起纵向到底、横向到边的责任体系，做到“一个项目、一套措施、一抓到底”。相关工作落实情况纳入领导班子和领导干部考核评价。

（县委宣传部　黄　杰）

# “敢”字当先
## ——“沂涛精神”引领基层改革创新

基层改革创新是推进经济高质量发展的动力源泉，也是推进国家治理体系和治理能力现代化的重要方面。作为江苏人口第一大县，沭阳县传承和发扬“敢”字当先的“沂涛精神”，紧抓经济发展和社会治理两大重点，用系统化改革创新推动高质量发展、提升基层社会治理能力。2020年，沭阳GDP突破千亿元、跃居苏北县市第一，多项经济指标稳居苏北县市前列，两社融合、农村电商、广场夜谈等10余项改革经验被省、市推广。

新华社智库江苏中心调研发现，近年来，沭阳坚持党建引领、系统思维、协同推进、以人民为中心的原则，创立了一套项目审议、部门协作、督查考核、宣传推广“四项机制”，确保改革创新有路径、具体工作有落实、改革创新成效检验有标准，为全省基层改革创新提供了“沭阳方法”。

### 历史凝结，沂涛精神以“敢”字当先

沂涛镇原名太平乡，1944年为纪念抗日英雄朱沂涛烈士更名为沂涛乡，1999年撤乡设镇。“敢为人先、敢想敢干、自强不息、勇于创新”是沂涛一直以来的坚守和传承，也是对“沂涛精神”的最佳诠释。

作为淮海革命老区，沂涛镇具有浑厚的红色文化底蕴。革命战争年代，这里先后有朱沂涛兄弟、赵增荣、陶兴华等200多位革命烈士为民族解放事业献出了宝贵的生命。一个个闪光的名字，一段段英雄史诗，共同铸就沂涛精神的鲜红底色。

新中国成立后，沂涛人民积极搞互助组、办合作社。1955年，时任乡长朱凤楼与其他乡村干部商讨，天马行空般地在全国率先编制了一个乡级两年全面规划——《沂涛乡全面规划》，内容涉及合作化、增产措施、水利、整党整团、文化教育等工作。该规划后来被编入《中国农村的社会主义高潮》一书，时任国家领导人毛泽东写下长篇按语，提出“一个省只要有一两个县、一两个区、一两个乡做出了相当像样的计划，就可以迅速传播开去，叫其他县、其他区、其他乡仿照办理”。

1991年，沂涛遭受洪水灾害，同时出现部分乡村干部“乱摊派、乱收费、乱罚款”等问题，沂涛一度沦为“头号特困乡”。当地农民孙中华、李洪才编写反“三乱”说唱鼓词，用传统淮海锣鼓的形式向上级部门反映，引起中央和江苏省高度重视。1992年，沭阳县选派优秀青年干部陈学平到沂涛担任乡党委书记，整顿加强基层党组织，强化思想作风建设，帮助沂涛改变贫困落后面貌。

短短两年时间，沂涛从江苏“头号特困乡”一跃成为沭阳县“第一先进乡”。1993年，全乡工农业总产值突破1.2亿元，成为当时全县第一个“亿元乡”；财政收入达302万元，比1991年翻两番；农民年人均收入从两年前的375元跃增到700多元。

“新建起股份制企业桐板厂，成品板出口国外质量好。

轧花厂银山雪海吐花絮，运皮棉车辆疾驰来回跑。

还有那后起之秀沂涛酒，夺得金牌奖杯把名标。千家万户脱贫困，全乡处处换新貌……”

1994年，一首《沂涛新歌》唱响沭阳大地，把沂涛改革发展经验一路唱进了中南海。至今，沭阳人民还对此津津乐道。

沂涛镇作为被三任中央领导批示关注过的地方，历史上涌现出了众多的劳动模范，改革创新的精神，深入到沂涛人民的骨子里。

近年来，沂涛镇传承“敢”字当先的“沂涛精神”，围绕高质量发展目标，结合当地资源禀赋特点，着力打造“特色党建”“红色文化”“酒乡沂涛”“瓜蒌小镇”四张名片。2020年，全镇GDP完成12.46亿元，同比增

长3%；一般公共预算收入完成1573万元，同比增长32.9%；工业增值税1980万元，同比增长86%。

## 精神传承，沭阳唱响当代“沂涛新歌”

惟改革者进，惟创新者强。“敢”字当先的“沂涛精神”已成为激励沭阳县不断改革创新的精神内核。近年来，沭阳县紧抓经济发展和社会治理两大重点方面，用系统化改革创新推动高质量发展、提升基层社会治理能力。2020年，该县GDP迈上千亿级台阶、跃居苏北县市第一，多项经济指标稳居苏北县市前列，两社融合、农村电商、广场夜谈等10余项改革经验被省、市推广，继续唱响当代“沂涛新歌”。

### ——探索“两社融合”，打造为农服务“百宝箱”

“两社融合”即发挥供销合作社平台优势，实现供销合作社与农民专业合作社组织融合、业务融合、资本融合、项目融合，提升合作层次和服务水平，推进农业适度规模经营，推动农业高质量发展。

2019年12月，沭阳印发《推进基层供销合作社与农民专业合作社融合发展实施方案》，采取“社社共建、社村共建、社企共建”等方式，实施“壮大实体、提升能力、信息化改造”三大工程，率先探索两社融合发展路径。

一方面，沭阳通过整合资源，构建更加健全的基层组织体系，完成基层社改造21家，改造面达72%，创建全国供销总社基层社标杆社5个、农综社2个、“三体两强”基层社3个。投资450万元，结合全县脱贫攻坚行动，推进服务网点向村级延伸，完成59个村级综合服务社改造提升，建成电商服务站30个。

另一方面，以“两社融合”为载体，培育种养加、产供销以及种苗配供、技术服务一体化的现代农业服务中心。目前，沭阳全县共培育陇集“万盛水产”、湖东“三枝园”、官墩“百汇蔬菜”、西圩“谷晶稻米”、吴集“鸿丰农业”等现代农业服务中心6家；流转土地2.1万亩，托管土地15万亩，打造万亩基地1个、千亩基地4个；年实现农产品销售7000万余元，带动农户1700余人。

沭阳县供销合作总社连续五年入选“全国百强县级社”“全省二十强县级社”，先后被评为全省、全国供销合作社系统先进单位。2020年年底，沭阳供销集体所有者权益突破3000万元，经济实力明显增强。

### ——寻觅转型新路，一花一木撬动产业发展

花木产业是沭阳的重要特色产业。以往花农依靠传统经验种植和管理花木，规模小、品种单一，并以一家一户种植为主。粗放、落后的生产经营方式使沭阳的花木产业始终游走在产业链的底端。

近年来，沭阳依托沭阳县国家现代农业产业园，制定出台《沭阳县国家现代农业项目奖励办法》，引领社会资本和金融机构重点投入绿化苗木标准化生产、造型类和盆栽类苗木项目；引进市场行情好、科技含量高、观赏造型价值高、经济效益强的名特优花木新品种，逐步推进花木产业转型升级。

2020年，沭阳国家现代农业产业园实现总产值92.46亿元，其中花木产值86.92亿元。“桑墟榆叶梅”“沭阳月季”和“沭阳地柏”等先后获批国家地理标志农产品或商标。

随着花木产业的“热岛效应”逐年增强，沭阳县抢抓全国电子商务进农村示范县、“互联网+”农产品出村进城工程试点县契机，坚持以信息化赋能农业现代化，围绕加快乡村产业建设、加强基础设施建设、优化电商发展环境，让花农们率先“触网”，使手机变身“新农具”、直播变成“新农活”、数据变成“新农资”、网红成为“新农民”，实现花木产业结构由一产主导转变为一二三产融合发展，形成花木生产、加工、销售、物流、仓储等协同发展的格局。

“通过夯实农村电商产业基础、特色花木塑造生态风貌，沭阳这座‘花木之乡’正以互联网为载体，逐步迈向乡村振兴的新征程。”沭阳县委书记卞建军说，近年来，沭阳坚定不移引导群众“走花路、念花经”，实现产业规模、产民收入、资产价值、从业年龄、农村活力“五个倍增”，真正让花木产业转化成促振兴、促民富的支柱产业。

创新机制优化发展软环境，出台企业失信惩戒和守信激励实施办法，探索“政府先行赔付，再行追偿”等方式，在全国率先设立县级1000万元网络交易诚信基金，对网络交易纠纷给予“先行赔付”，打造“买好花、信沭阳”诚信品牌，不断净化网络交易环境，激发电商持续转型发展的内生动力。

目前，沭阳已成为全国首批电子商务进农村示范县、全国最大农产品淘宝村集群，拥有各类活跃花木盆景网商4万余家，12个“中国淘宝镇”，86个“中国淘宝村”。花木产品产后处理率达90%，“互联网+花木”覆盖率达85%。

作为全国四大板材基地之一，木材加工是沭阳另一传统支柱性产业。如何推动这一传统制造业转型升级，是沭阳迈向经济高质量发展的重要课题。

沭阳以“发展后劲持续增强、低端产能全面淘汰、集聚能力不断提升、生产安全有效保障”为方向，统筹规模增长和结构优化的关系，推进安全环保水平较高的大中型企业对安全环保水平存在重大安全隐患和整改难度较大的企业实施兼并，并制定退出验收机制确保安全隐患企业有序退出，着力推动木材加工产业高端化、绿色化、集群化发展，实现从“粗”到“精”、由“弱”到“强”的蜕变。

沭阳亚森同汇实业有限公司的中（高）密度纤维

板生产车间内，年产40万立方米中（高）密度纤维板生产线正在高效运行。该生产线生产出来的中（高）密度纤维板广泛应用于家具生产制造、建筑材料产业等领域，并能订制用于高铁、飞机、轮船等高端装修材料。项目建成投产后，年产值可达15亿元。

这是沭阳木材加工产业转型升级的生动缩影。沭阳不断延伸木材行业产业链，支持企业研发生产产品附加值高和市场竞争力强的木材产品，推动传统木材加工向木材家居的整体升级。

2020年，木材家居制造业累计有销售实绩的企业1135家，实现开票销售246.82亿元，同比增长5.84%，占全县开票总量25.65%；实现工业增值税7.53亿元，占全县工业增值税的30.90%。

**——创新“六六四”“广场夜谈”，多元化解基层矛盾**

沭阳县户籍人口约200万，是江苏人口第一大县，如何优质高效地化解基层矛盾纠纷是社会治理中的突出问题。

近年来，沭阳创新构建“六六四”调解体系，推广“广场夜谈”听取民意，促进各类纠纷消除在萌芽状态、化解在基层，着力维护社会安定稳定。

“六六四”即健全完善县级、乡镇场（街道）、村居（社区）三级以及行业性专业性调解组织、区域性调解组织和五老个人调解室“六大调解”平台，实现网格覆盖；强化分级跟进模式、合力联动模式、专家会诊模式、前移延伸模式、分流移送模式、领导包案模式“六大调解”模式，实现简案快结；完善人民调解部门联动机制、人民调解员队伍建设保障机制、律师参与调解制度、人民调解规范运行机制“四大对接”机制，实现规范运行。

依托“六六四”体系，沭阳将矛盾化解的着眼点放到前置防线，守紧矛盾风险源头预防、前端化解、关口把控。数据显示，2020年该县司法局共调处矛盾纠纷11340件，成功调解9270件，调解成功率达81.7%。

“广场夜谈”倾听“民声”，是沭阳破解基层矛盾化解难题的另一“秘籍”。

自2018年起，沭阳在全县推广举办村级问政质询会（即“广场夜谈”），搭起一座与村民沟通的“连心桥”，让群众和村干部面对面谈问题、说事情，群众问政质询，干部释疑解惑、回应需求，提升政策和决策的透明度，保障群众在村级治理中的知情权、参与权和监督权，全方位推动基层党建，为乡村振兴赋能。

在桑墟镇举办的村级问政质询会上，面对群众提出的任何问题，村干部都必须当场表态。“广场夜谈”首创当年，桑墟镇共收集群众意见或建议390多条，现场解决188条。该项举措也获“2018—2019年度江苏基层社会治理创新成果奖”。

“要把人民至上理念贯穿到工作全过程，主动担当、积极作为，尽心尽力为群众排忧解难，切实把工作做到群众心坎上。”沭阳县委副书记、县长彭伟说。

目前，“广场夜谈”已在沭阳每个村居制度化运行、定期举办，成为沭阳推动基层党建的实招之一。

**——擦亮“‘沭’事速办”品牌，实现为民服务“零距离”**

推动经济高质量发展需要持续提升政务服务水平，不断优化营商环境，以优质高效“软环境”激发市场主体活力。

作为全国基层政务公开标准化规范化试点县，沭阳精准细化各级任务分工和“责任田”，明确专人专项负责试点领域及信息更新工作，全面推进决策、执行、管理、服务、结果公开。

2020年，沭阳以“一件事一次办”改革为契机，聚焦企业和群众办事的堵点、痛点、盼点，从精减办事材料、清理证明资料、压缩办理时限入手，梳理办事目录，推出“沭事速办”工作品牌，为企业和群众提供更便利、更高效的行政审批服务。

“码”上知业务是首个推出的“沭事速办”改革举措，旨在落实“一次性告知”服务，解决群众办事“反复问，多次跑”问题。

该业务首批共推出41项高频事项二维码，群众只要长按识别二维码，就可对办事流程、所需材料等信息“码”上全知道。“这项改革把原来的纸质告知变成网上公示和获取信息，既解决纸质办事指南印刷成本高、更新慢等问题，也让群众更直观地获取所需信息，推进窗口服务的数字化、便利化提升。”沭阳县行政审批局局长童长兴说。

据介绍，以前不动产权证办理、企业设立等一些申请材料较多的事项，窗口每天因材料不齐全、不符合要求等原因发生的退件率达30%，“码”上知服务推行以来，各窗口退件率减少到5%以内，大大提高审批效率。

目前，“码”上知业务已经在沭阳30个乡镇（街道）、44个社区、80余个小区宣传推广应用。

## 启示：基层改革创新既要“敢干”，又要“有谋”

当前，我国已进入高质量发展新阶段。江苏被赋予“争当表率、争做示范、走在前列”的重大使命，首要一条就是“在改革创新、推动高质量发展上争当表率”。

基层是改革创新举措的重要来源，也是落实改革创新顶层设计的基础支撑。推动基层改革创新，不仅要“敢干”，即敢于实践，在实践中寻找改革思路、汲取改革经验、验证改革举措；又要“有谋”，即在改革创新中要坚持系统谋划，健全改革创新的体制机制。

新华社智库江苏中心调研发现，沭阳县秉持“敢”

字当先"沂涛精神"，坚持党建引领、系统思维、协同推进、以人民为中心的原则，创立了一套项目审议、部门协作、督查考核、宣传推广"四项机制"，确保改革创新有路径、具体工作有落实、改革创新成效检验有标准，为全省基层改革创新提供了"沭阳方法"。

一是项目审议机制，从改革创新项目立项、实施等环节把牢质量关。

要求各部门对拟出台的改革实施方案认真做好前期调研和政策研究工作，剔除一般性、重复性、工作方法类举措，把更多精力投放到制度性、原创性改革举措上。近两年来，有4份拟上县委深改委会议审议的改革方案被退回原单位重新完善。同时，重大改革方案提交县委深改委会议审议前，由"牵头单位、配合单位、法制部门、信访部门、改革办"进行"五方联审"，做到成熟一个、审定一个，出台一个、推行一个。2020年，该县35份重大改革方案全部履行会前联审。

二是部门协作机制，充分发挥牵头部门、县委改革办、协助单位等各自作用，合力推动改革创新举措尽快从"纸上"落到"地上"。

强调牵头部门"主力军"作用，要求"一把手"围绕相关改革任务，靠前指挥、主动作为，以"踏石留印、抓铁有痕"的精神抓好各项改革任务落实；强化县委改革办"参谋部"，统筹、协调、督查改革创新全过程，对工作中遇到的困难和问题，能立即解决的要立即解决，不能立即解决的及时协调专项小组解决；发挥协助单位"游击队"作用，协助做好改革方案的研究出台、执行落实等工作，始终把服务改革发展大局放在第一位。

三是督查考核机制，由县委全面深化改革委员会牵头，强化考核"指挥棒"作用，以考核督查倒逼改革创新。

建立"县领导督查重点项目、县委改革办督查牵头单位、专项小组督查成员单位、承办单位督查责任科室"的四级督查体系，通过电话提醒、会议表态发言、录入履责平台、年底目标考核扣分等方式压茬推进。以"一项改革、一名领导、一套班子、一个方案、一抓到底""五个一"项目化管理模式，制定"五张清单"（即上级试点、重点改革、自主创新、方案制定、方案落实），建立"报告单、提醒单、交办单""三单"机制，防止改革举措大而化之，改革任务不具体、不聚焦、不配套，真正实现督查"全方位、全领域、全覆盖"。尊重企业和群众意见，把企业、群众满意度评价机制纳入县考核细则，让企业、群众打分，用企业、群众的"满意度"来检验改革的"含金量"。

四是宣传推广机制，争取让更多改革成果获得社会认可、群众满意，减小改革阻力。

一方面，加强经验提炼。县委改革办督促各责任部门及时总结本部门成熟的改革经验做法，扎实做好对上协调，挖掘更多可复制、可借鉴的"沭阳经验"，打响一批在全市立得住、全省叫得响、全国有影响的改革创新品牌。另一方面，重视信息报送和宣传推广。督促各单位加强信息报送，对成熟的改革经验做法，积极向县"两办"、上级主管部门、主流媒体以及内参平台推介改革亮点；由县委改革办会同县新闻宣传部门，排定各项改革创新举措的宣传计划，并将宣传报道纳入改革创新目标考核内容，倒逼各相关单位加强改革宣传工作。

看繁星点点、朵朵浪花，改革创新给沭阳的经济社会发展提供了无穷动力，我们期望大县崛起，能够由苏北第一跃至江北第一。　（朱成林　赵　畅）

（载于2021年4月23日新华社智库）

# "颜色经济"扮靓"最美乡村"
## ——特色花木产业促乡村振兴的沭阳探索

江苏省沭阳县地处中国南北地理分界线，独特的气候条件让这里成为"南花北移之地、北木南迁之所"，并逐步发展成为闻名全国的花木之乡。

新华社智库江苏中心调研发现，近年，沭阳紧紧围绕乡村振兴战略，推进花木特色产业发展，一是大力发展农村电商，吸引更多人才扎根乡村，育植返乡创业热土；二是坚定倡导诚信经营，大力治理花木市场环境，做大做强"颜色经济"；三是积极推动农旅融合，不断丰富"农业+"新业态，打造"苏北最美乡村"。该县一系列举措在联系乡村与城市、连接农民与市场、助推乡村全面发展、助力农民增收致富等方面发挥了积极作用，取得了良好的社会效益和经济效益，对省内各县域推动乡村振兴具有借鉴价值。

### 电商引领，育植返乡创业热土

乡村振兴，重点是产业，关键在人才。2021年9月，国家发展改革委办公厅发布《关于推广支持农民工等人员返乡创业试点经验的通知》，提出结合当地经济发展实际，依托用好各类资源，引进培育发展一批拉动就业能力强、增收效果显著的县乡特色产业集群。其中，沭阳县大力发展“花木电商”的经验在全国范围内进行推广。

电子商务是拉动农村经济增长的重要引擎，也是激发乡村振兴活力的重要抓手。“作为闻名全国的花木之乡，沭阳花木盆景种植总复种面积达60万亩，从业人员约30万人。随着网络消费兴起和繁荣，我们围绕花木特色产业，大力支持鼓励农民‘触网’，让手机成为新农具，让直播成为新农活，让沭阳成为返乡创业就业新热土。”沭阳县委书记彭伟说。

**——强化载体支撑，筑巢引得“雁”归来**

为激发返乡人员扎根家乡创业活力，沭阳县打造淘宝·沭阳直播基地、创业产业园等平台载体，提供配套服务，降低初创成本，为返乡创业主体提供有力支撑。

一是完善创业指导服务网络。沭阳在县级层面成立1个县创业指导服务中心，在乡镇层面成立30个创业指导服务所，在村级层面成立480个创业指导服务站，形成覆盖县、乡（镇）、村三级的创业指导服务网络，为创业者提供创业政策咨询、创业培训报名、创业帮办扶持等服务。

二是加快创业孵化基地建设。沭阳依托沭阳软件产业园、苏奥电商产业园等载体，加快创业孵化基地建设，为创业者和企业提供生产、经营场地支持以及信息咨询、创业指导等服务。

目前，沭阳共有3个省级创业孵化基地、1个市级创业孵化基地、2个市级示范返乡创业园。其中，沭阳苏奥电商产业园作为省级示范创业孵化基地，目前已入驻企业400余家，销售额突破23亿元，带动就业人数达4000人，其中，返乡创业项目176个，成功孵化12家年销售额超千万元创业项目。

**——强化培训服务，为返乡创业聚“能”添“技”**

沭阳县实施培训、孵化、服务“一条龙”帮扶，依托各类技术院校教学平台，定向培养返乡创业人才，帮助返乡人员提升创业技能。

一是培训基地专业化。沭阳依托苏奥电商产业园等载体平台，建设创业培训基地，科学设置培训内容、提高培训教学质量，促进参训学员成功创业。择优选择大型工厂建立创业实训（见习）基地，组织有创业愿望人员到实训（见习）基地进行创业实训（见习），增强创业者对创业过程的直观认识，提高创业成功率。目前，全县共有创业培训基地和职业培训学校13家，2020年累计组织1000余人参与创业实训（见习），200余人成功创业。

二是培训对象普惠化。为吸引更多人返乡入乡，沭阳扩大创业培训范围，面向大学生、退伍军人、妇女等开展多种形式的创业培训，全方位培育创业主体，通过培训引导创业，并带动更多的人实现就业。目前，沭阳全县经过认定的创业定点培训机构9家，拥有创业培训资质教师20人，2020年新增创业培训1903人、同比增长7.6%。

三是培训需求市场化。根据沭阳县产业特点和创业者个人需求，加强电商人才培训，面向创业者免费提供电商初始培训、提升培训和精英培训，为农村电商发展提供人才支撑，助力该县优质、特色农产品上行，促进农民创业增收。

近年来，沭阳县围绕花木产业提档升级，实施花匠千人培训计划，开展多种形式的技能竞赛，重点培养盆景制作及养护，盆景造型培育、插花艺术、编艺等方面的专业技术人才，助推全县盆景产业高质量发展，成为乡村振兴的又一强力引擎。

沭阳也是中国花木盆景主产区之一，“沭派”盆景已经成为沭阳花木特色品种之一。该县因势利导，抓住机遇，以盆景赛事、盆景培训推动人才队伍建设。“中国盆景制作工匠培训班”已经成为国内盆景技师的金字品牌；中国风景园林学会花卉盆景赏石分会将沭阳作为晋升“中国盆景艺术大师”的永久考试基地。

盆景技能竞赛也促进了沭阳盆景产业的高质量发展。目前，沭阳拥有盆景生产基地5万亩，专业盆景企业（园）600个，年销售额超40亿元。盆景产业已形成“公司+基地+农户”“支部+协会+农户”“能人大户带农户”“千家万户”四种盆景发展模式，拥有专业制作人员1万余人，拥有经行业认定的国家、省级盆景大师6人，经过系统培训的专业技术人才5000余人。

目前，沭阳共有15个“中国淘宝镇”，84个“中国淘宝村”，各类活跃电商4.5万家。2020年，该县花木电商销售额约110亿元，电商直播超过100万场，涉农产品网络零售额达60亿元，较上年同期增长30%。

**——强化政策保障，优化返乡入乡创业环境**

融资难、贷款难、审批难……返乡创业热潮兴起，但面临的现实难题也不少。沭阳聚焦返乡人员创业面临的痛点难点，强化政策保障，优化返乡入乡创业环境。

一方面，强化财税扶持政策。沭阳县财政每年安排就业创业扶持资金3300万元，用于扶持劳动者就业创业、技能提升培训、服务平台和创业载体建设等。2020年，该县为569名创业人员发放创业补贴资金268万元，开展创业培训1903人，兑付创业培训补贴190.3万元。另外兑付职业培训补贴184.84万元、社会保险补贴1695.62万元、就业见习补贴53.56万元、高技能人才培训补助22万元、求职创业补贴16.95万元。开展全县第二届高层次人才创新创业大赛，共有9

个项目落地，拨付项目资助资金90万元。

另一方面，优化政务服务环境。推进“不见面”审批，沭阳全县1480余项行政审批事项全部入驻江苏政务服务网，所有入网事项编制标准化办事指南，提供在线咨询、在线办理服务。目前，各事项中即办件占比99%，时限压缩度达97.7%。

如今，“返乡青年”日趋成为沭阳当地创新创业的主力军。35岁的张晓厂以前在常州做物流，每月收入有八九千元，受家乡电商大潮的吸引，他回到了家乡创业。由一部手机开始，他通过直播售卖苗木，“做了有半年时间吧，最高一天收入有五六千元，比在外打工强。”张晓厂说。

数据显示，“十三五”期间，沭阳农村电商销售总额从2016年的85亿元增至2020年的360亿元，农产品网络零售交易额从2016年的49.8亿元增至2020年的196亿元，农村电商户年人均纯收入达4.5万元，带动了35万人直接就业创业。

“电商在沭阳的迅猛发展，不仅点燃了本地青年的创业热情，还吸引大学生、律师、教师等大量年轻人才回流，提升了农村的‘年轻指数’。”沭阳县委副书记、代县长王瑞表示，沭阳正以深入推进返乡入乡创业为契机，持续扩大花木经济影响力和辐射力。

## 诚信为本，做大做强“颜色经济”

伴随网络平台兴起与快速发展，以假乱真、垄断竞争与虚假宣传等违法失信问题也开始抬头，对电商行业监管提出新的挑战。2019年，《电子商务法》正式实施，对电子商务诚信作出重点规范，要求着力建设电商行业诚信体系，营造公平、公正的电商市场生态环境。

沭阳县委书记彭伟表示，电商的诚信建设不仅关系着广大消费者的切身利益，也是社会信用体系建设、网络综合治理体系建设的重要内容，更是沭阳县优化营商环境、打造“花乡”品牌、促进经济高质量发展的重要举措。

**——加强数字治理，构建诚信电商监管体系**

沭阳县创新数字治理手段，从快递源头和市场流通两个环节入手，构建跨部门、跨行业的诚信电商监管服务体系。在快递源头，实施“诚信标贴”。“从我这里卖出去的每一棵花木如果有任何问题，客户都能直接拨打监督电话或扫描诚信标贴反映。”9月27日下午，走进颜集镇堰下村方庄组，花木经营户赵威正在给售出的月季种苗打包，熟练地在包裹上贴上沭阳县花木电商监督投诉标贴。“只有诚信经营，才能长久发展。这不仅是一次对不良商户的大清理，对诚信经营的商户也是一种保护。”赵威说。

“诚信标贴”是沭阳推进花木电商诚信经营的举措之一。今年年初，沭阳县创新在花木电商中推广使用“诚信标贴”，在花木种苗快递包裹上进行张贴。标贴上标注着沭阳县市场监督管理局、沭阳县自然资源和规划局、沭阳县公安局等职能部门监督电话，以及投诉平台的二维码，从“失信”源头对商户进行监督。同时，商户在打包快递包裹时，还要附上产品承诺书，在产品质量、苗木规格等方面作出信用承诺。

在市场流通环节，启动专项整治“春雷行动”。2021年4月，沭阳县启动花木种苗市场专项整治“春雷行动”，县自然资源和规划局、公安局、市场局等职能部门联合执法，线上线下共同发力，严查违法经营行为。截至8月底，该县已累计立案查处花木种苗领域违法违规案件108件。

**——多元共治，培育打造优势特色品牌**

“营造健康良好的市场环境、持续擦亮‘花乡沭阳’的金字招牌，不仅需要重拳出击整治违法失信行为，还需要政府部门、行业协会、电商企业和村民等各方主体共同参与、共同治理。”沭阳县委常委、宣传部部长姜若鸣说。

政府引导，认证诚信网店企业。沭阳创新推出花木电商诚信认证工作，网店通过认证并签订《诚信经营承诺书》后，将被授予“沭阳县花木电商诚信网店”称号。这些“诚信网店”允许在自己的网店、包装箱材料等使用诚信标志，购买认证网店产品的消费者，也将享受沭阳县网络交易诚信专项资金的官方保障。

为强化诚信电商品牌建设，沭阳县相继开展“十大淘宝精英”“花木诚信电商”评选，设立1000万元网络交易诚信专项资金，通过线下“春风”行动、线上“绿盾”行动、花木“亮牌”行动等，持续引导开展网络诚信体系建设。

行业自律，规范电商有序发展。沭阳县拥有活跃网络电商5万余家，主要从事花木种苗、图书、工艺品销售等多个行业。为解决小微电商分散化、运营成本高、组织能力差等问题，实现资源共享，助推小微电商企业发展，该县于2021年9月成立沭阳县网络电商互助联合会，旨在推动电商产业规范化、品牌化和示范化发展。目前联合会已吸纳会员单位近千余家，计划逐步吸纳全县所有网商入会，并将入会作为评先评优的主要条件之一。会员单位通过日常交流、召开行业峰会等交流活动，促进“政产学研用媒”融合互助，促进龙头企业发展壮大，形成标杆示范，也带动更多小微企业发展，实现互助共赢效应。同时联合会还将诚信体系建设作为重要内容写入章程，鼓励会员单位完善内部诚信规范，在业内建立不良诚信行为黑名单机制。2021年，已初步筛查出25家诚信网店和18家不诚信网店，加强对守信行为的表彰激励和对失信行为的惩戒，引导会员企业自觉做到守信用、讲信誉、重信义。开展守法诚信企业授牌活动，引导会员企业坚持质量至上、契约守信至上，自觉接受社会监督。

民商自治，制定诚信经营“村规民约”。2021年9月，颜集镇堰下村举行党群议事会，表决通过了《诚信经营村规民约》，分别从遵守法律法规、合法持证经营、张贴诚信标贴、禁止虚假宣传、服从行业监管、做好售后保障、加强业务学习、维护交易秩序、严格失信惩戒、严格遵守约定等十个方面，对网络电商诚信经营行为进行了明确规定。

“我们制定《诚信经营村规民约》，目的是把诚信经营以村规民约的形式固定下来，通过村民自治来规范、引导网络电商诚信经营，让守法经营、诚信经营融入日常、成为自觉。”沭阳县颜集镇堰下村党总支书记、村委会主任李彦春说。

“堰下村只是个开始。目前，沭阳全县所有涉及花木电商经营的乡镇，都已通过制定村规民约的方式，广泛发动群众，引导和规范花木电商诚信经营，共同推动沭阳县电商产业不断发展壮大。”姜若鸣说。

## 农旅融合，打造苏北最美乡村

“当前，沭阳正以全国花木电商连接点为支撑，推动一二三产融合，努力打造鱼米之乡沭阳样板，建成村强、景美、民富、人和的苏北最美乡村。”沭阳县委书记彭伟说。近年来，沭阳县坚持以“文化”塑魂，以“产业”兴镇，以“生态”涵养，带动新经济、新产业、新商业发展，先后建成休闲农业园区景点253个，年吸引游客470多万人次，年休闲旅游农业综合经营收入、农副产品销售收入均超10亿元，荣获全国休闲农业与乡村旅游示范县称号。

### ——“文化”塑魂：持续20年打造“沭阳花木节”

从2002年至今，“沭阳花木节”已走过20年，记录了沭阳花木产业发展历程。沭阳不断提高花木节规模、档次和效益，扩大品牌影响力，正逐步成为长三角乃至全国交流探讨产业发展热点和趋势、进行交流合作的重要平台，在推进沭阳花木产业特别是提升城市特色品牌方面发挥了重要作用。

花农直播、盆景展示、网红打卡……花木节上处处可见新的参展形式。与往年相比，2021年沭阳花木节期间花卉园艺展首次采取核心展区一体化整体设计，全面展示沭阳“颜色经济”内涵，设置章集菊花、铁线莲、耿圩多肉、蝴蝶兰，扎下庭院景观植物，新河月季，颜集绿植等特色产品展区；举办沭阳“老鹅”美食节，首次将地方美食与花木节相结合，集中展示沭阳老鹅、沭阳扣肉等地域美食；围绕“中国淮海戏之乡”“中国书法之乡”“江苏省楹联文化县”等文化品牌，举办“淮海戏艺术节”、楹联书法展等集中展示地方文化品牌系列活动。

### ——“产业”兴镇：农旅融合拉长花木产业链条

花木产业也促进了旅游业发展。近年来，沭阳高度重视花木产业与文化旅游产业融合发展，全力推进花木产业向规模化、科技化、市场化、网络化方向发展，花木产业对经济发展带动作用更加明显。

重大项目引领。沭阳采取多元化投入、多种形式经营，相继建成苏北花卉、耿圩中闽花海及多肉植物园、沭阳润城花卉、沂河淌油菜花海、钱集花境类植物园、刘集金海棠、沭阳途睿生态农业、桑墟榆叶梅、沭阳缘道蔬菜种植园等一批产业强、质态高的农旅融合重大项目，有力促进了全县现代农业品质提升。

陇北荡藕虾共生基地是由当地民间资本投资、采用“基地+家庭农场”模式建设的农旅融合重大项目，基地内有23家家庭农场，莲藕、龙虾共生生态种养面积8600亩，基地种植养殖、营销加工、配套服务等从业人员2000余人，年产值5700万元。

打造生态旅游示范。根据农业生产实际和产业特色，沭阳县在发展花卉苗木的基础上，进一步优化资源配置，积极做好瓜果蔬菜、稻田混养等优势产业，不仅促进全县农业产业做大做强，也推动了乡村旅游发展，采摘乐、农家乐、垂钓乐蔚然兴起，成为乡村振兴的又一新途径。

在新河、庙头、颜集、扎下等传统花木乡镇，以花木资源为依托，精心打造以扎新路景观带、古栗林生态旅游度假区、新河花木特色小镇、山荡特色旅游村等为主要内容的“一带一区一镇一村”旅游景点，目前已初见成效。同时，桑墟的榆叶梅、章集的鲜切花等越来越多的地方特色产业，也成了花木新秀、旅游新美。

陇集镇农村工作局负责人介绍，镇里将生态高效农业和休闲旅游农业一同打造，依托乡村旅游公路，建设沿线农业大地景观，形成陇北荡农业生态示范园、清水沟家庭农场、金满堂农业合作社等5个旅游打卡点，成为周边城镇居民假日观光目的地之一。

### ——“生态”涵养：建设“苏北最美乡村”

围绕建设“苏北最美乡村”目标，沭阳县以境内324、245、326省道为发展轴，分别打造花乡绿道、振兴大道、五彩美道“三条示范带”。2021年该县重点沿245省道建设花乡绿道，按照政府引导、市场运作的原则，积极发展农旅融合重大项目，通过对具有一定体验价值、观赏价值的农业项目进行包装、提升，着力打造一批集生态、农业、旅游于一体的田园综合体，大力培育农旅融合新产业，推进休闲旅游农业发展壮大，全面激活农业农村发展新动能。

“我们村结合红色旅游，在‘彩虹路’沿线兴建了黄蜀葵花生态种植园、五彩油菜花海、瓜蒌等农旅融合特色产业园，其中由外地企业投资兴办的500亩黄蜀葵中药材基地，花开季节田野一片金黄，极具观赏性，采摘的黄蜀葵花全部销售到大型制药公司，亩均年收入4000元，企业每年将25%的收入返还给村集体。”钱集镇陈圩村党支部书记王永宏介绍，2021年村里已相继举办了五彩油菜花节、“五一”七彩风车节、田园风情灯光节等活动，形成集休闲娱乐、田园观光、红色旅游为一体的基地。（朱成林　王梦丽）

（载于2021年10月19日新华社智库）

# 江苏沭阳：埋头苦干以奔跑姿态开启现代化建设新征程

“作为全市最大的经济板块，经过近几年的跨越赶超，沭阳的GDP、工业增值税、工业销售收入、新增制造业贷款等指标全市占比约三成，入选全国文明城市提名城市，获评全国‘绿水青山就是金山银山’发展百强县等荣誉。”江苏省宿迁市沭阳县委书记彭伟强调，在践行“四化”同步路径遵循时，必须推动做大总量的“稳”、提升质量的“进”相辅相成，才能在现代化建设新征程上更有底气、更有信心，全县必须要以更宽视野、更高站位来理解多作贡献，既为宿迁一域争光，更为江苏高质量发展大局增色添彩。

沭阳县第十三次党代会指出，要以推动高质量发展为主题，以满足人民日益增长的美好生活需要为根本目的，统筹发展和安全，二次创业整装再出发，全面领先勇当排头兵，以奔跑姿态开启“苏北第一县”现代化建设新征程。

美好蓝图催人奋进，千钧重任责无旁贷。沭阳坚持重兵会战，加快工业突破，激活二次创业强劲引擎；坚持以人为本，突出规划引领，打造二次创业活力载体；坚持民生导向，提升获得感，增进二次创业幸福指数；坚持城乡融合，彰显花乡特色，夯实二次创业深厚基础；坚持“绿水青山就是金山银山”理念，推动绿色发展，厚植二次创业生态底色；坚持守正创新，释放二次创业澎湃动能，为全市“走在苏北前列、快于全省平均、领先区域发展、赶超全国梯队”做出更多贡献。

当下，沭阳正以更加开阔的视野、更加昂扬的斗志、更加有效的举措，埋头苦干，砥砺前行，奋力谱写现代化建设的崭新篇章！

## “项目为王”打造工业版图

10月31日上午，沭阳县举行全县第四季度工业项目集中开工仪式。本次集中开工的项目共有24个、总投资163.3亿元。其中，落户沭阳经开区项目8个、投资96.6亿元；落户道口经济产业园项目16个、投资66.7亿元，涵盖了高端纺织、机电装备、绿色家居、新材料、健康医疗等多个产业领域，呈现出体量大、质态优、效益好的特点，对做强主导产业、优化产业结构、提升产业能级具有十分重要的意义。

“项目是扩大有效投资、稳定经济发展的根本保障，也是左右高质量考核的关键所在。”沭阳县委副书记、代县长王瑞要求，全县各乡镇、各部门要始终把项目作为经济工作的重中之重，一着不让抓项目、稳投资、增动能，努力以重大项目建设挺起高质量发展“脊梁”。

2021年以来，沭阳牢固树立“大抓工业、大抓招商、大抓项目”的鲜明导向，始终把招商引资作为一号工程，成立由县委县政府领导领衔的18个招商引资协作组，每个协作组挂钩相关部门，将党员干部推向招商一线。每月都有签约仪式，每月都有现场观摩，每季度都有集中开工，推动形成人人参与招商、人人服务招商的浓厚氛围。数据表明，2021年以来，沭阳县基本实现每三天落户一个亿元项目，招引10亿元项目26个、50亿元项目3个、百亿级项目2个，开、竣工10亿元项目分别为17个、9个。

在沭阳，一大批好项目正集聚发展潜力。2020年12月3日，全国最大涤纶长丝织造企业、全国500强企业、上市公司——桐昆集团投资的150亿元项目正式落户沭阳。建成投产后，可实现年销售收入约300亿元、年纳税约10亿元。

沭阳县还围绕宿迁市“6+3+X”产业体系和15条重点产业链，大力实施“小微企业进规模、规模企业冲亿元、亿元企业上台阶”三大计划，2021年新增10亿元以上销售企业3家、规上工业企业159家，一般公共预算收入总量跃居苏北第一、增速跃居全省第一，工业销售收入首次突破千亿级大关。连续六届跻身全国工业百强县，一批批大项目、好项目正为沭阳现代化建设注入源源不断的动能。当下，沭阳正埋头苦干，以“二次创业”的豪情壮志，高质量谱写现代化建设新篇章。

## 规划引领提升副中心城市能级

11月19日上午10时，作为京沪高速改扩建工程项目之一的京沪高速公路沭阳互通完成扩建施工，正式恢复通车。改建后，原来的双向四车道变为双向八车道，城区市民出行直达京沪高速更加顺畅。

京沪高速公路扩建工程项目是市县重点工程项目，沭阳现有潼阳、沭阳北、沭阳、胡集4个高速出入口，改建后将会变成互通式立交。同时将再新建一处沭阳南互通式立交，移位新建一处沭阳服务区。

围绕打造区域副中心城市定位，2021年以来，沭阳县科学构建外联内畅、协同高效的现代化综合交通运输体系，打造“五纵五横两铁一航两点”外联通道。积极主动对接，加快推进京沪高速扩容改建，启动新淮铁路建设、新长铁路电气化改造，全力打造江苏交通中轴与苏北东西双向开放大通道交会点城市。坚持西向发展，加快建设以宿连高速为主的交通轴，以324省道和宿连航道为主的产业轴，以新沂河、淮沭新河、柴米河为主的生态轴，在服务区域发展中进一步做大做强副中心城市功能。

以精细的管理水平体现副中心城市定位。沭阳城市管理坚持与市级同步，参照市级做法，出台建设管理导则，提升城市建设管理水平。健全“大城管”管理机制，逐步实现“科学、严格、精细、长效”管理。树牢“城市免打扰”建管理念，努力打造一批精品街、示范路、样板区。

以公共服务高地体现副中心城市定位。围绕打造“苏北教育第一县”目标，沭阳大力推进“三名”工程，重点支持沭阳高级中学、沭阳如东高中创建省高品质示范高中，创建“省义务教育优质均衡发展县”。坚持“小规模、高密度”原则，按照“服务半径小学500米、中学1000米，服务人口小学1万～1.5万人、中学3万～5万人”标准，启动南湖高中建设，杭州路高中、县第四实验小学2022年8月底前投入使用，提升学位供给能力。同时，围绕花木交易、图书交易、快递物流、职业教育四个中心，加快建设华东花木大世界、全国图书交易中心、苏北最大邮政邮件处理中心。

以花乡特色体现副中心城市定位。沭阳紧扣“花木之乡、花园城市”目标定位，更加突出“完善功能、改善民生，丰富内涵、彰显特色”工作理念，打造苏北乃至华东地区富有魅力、宜居宜游的花园城市。按照“300米见绿、500米见园”标准，持续“增花、增绿、增彩、增园”，实现“三季有花、四季常青”向“月月有花、季季有景”转变。

## “数字经济”推动乡村振兴

“我们的莲花开出来有三种颜色，还有三种不同的香味……”在七雄街道水上漂水生花卉种植基地，负责人岳统超正通过网络直播销售睡莲等产品。“我们的产品有40多个种类，大多通过网络销售到全国各地，今年销售额将超过500万元。”岳统超信心满满地说。

数据表明，2020年，沭阳县电商直播超过100万场，花木产值突破200亿元，涉农产品网络零售额达60亿元，较上年同期增长30%。

近年来，沭阳县通过“互联网+农业”融合发展，大力推进乡村数字经济。通过政策引导、培训扶持等多种措施，鼓励扶持电商产业做大做强。目前，沭阳共有16个“中国淘宝镇”、104个“中国淘宝村”，各类活跃网商4.5万家，物流企业282家，先后获评“全国首批电子商务进农村综合示范县”“电商示范百佳县”等荣誉称号，电商发展的“沭阳模式”得到全社会的高度认可。

为更好服务花农，推进数字乡村建设，沭阳县依托全县60万亩特色花木产业，结合“我为群众办实事”实践活动，通过“互联网+”大力发展农村电子商务，以大项目为载体，先后建成苏奥电子商务产业园、国际花木城特色示范基地、百盟物流园仓储用房等一批颇具规模体量的电商相关实体产业项目，推动电商产业集群化发展。截至目前，沭阳县已建成“企业+基地+农户”的专业供货生产链，产品涵盖花木、干花、芡实等基地产品以及大米、千张等特色农产品；建成“供销e家乡村电商服务站+线上展厅+店铺+直播”的销售链，全县拥有供销e家乡村电商服务站220个、50个平台线上展厅；建成“县有园区、镇有集中区、村有网点”的物流链，平均每1秒就有15件快递从沭阳发往全国各地。

为建设电商行业诚信体系，营造公平、公正的电商市场生态环境，沭阳不断加强网络电商治理，构建诚信电商监管体系。在村民自治环节，倡导诚信经营村规民约；在快递源头，实施诚信标贴；在市场流通环节，启动专项整治“春雷行动”，依法打击制假、售假、运假、快递跨区揽件等行为。为强化诚信电商品牌建设，沭阳县相继开展“十大淘宝精英”“花木诚信电商”评选，设立1000万元网络交易诚信专项资金，通过线下“春风”行动、线上“绿盾”行动、花木“亮牌”行动等，持续引导开展网络诚信体系建设。不但如此，沭阳还成立沭阳县网络电商互助联合会，推动电商产业规范化、品牌化和示范化发展。

电商不仅点燃本地青年的创业热情，还吸引大学生、律师、教师等大量年轻人才回流做网红，提升农村“年轻指数”。目前，全县返乡就业创业总人数已超过26.5万人。

在沭阳，数字乡村建设给群众带来实实在在的福祉。为切实打通宣传群众、教育群众、服务群众的“最后一千米”，沭阳还创新“云相约·‘艺’周乐”活动载体，将理论宣讲融入文艺作品，广泛组织文艺宣讲志愿者参与其中，每周在城区或乡镇举办一场接地气、入民心的文艺演出，同步进行手机直播，线上线下互动，以群众喜闻乐见的形式宣传宣讲新思想新理论、党史知识、红色文化等，新颖互动的活动方式圈粉了很多群众。截至目前，已举办线下演出28场，线上直播受众150万余人次。

## 营商沃土催开项目之“花”

“真没想到现在为企业服务这么周到，手续办理这么快。”近日，客商张先生想在沭阳开办商贸类企业，于是来到沭阳县政务服务中心咨询开办企业所需准备的材料。得知张先生需求后，沭阳县政务服务中心开办企业“一件事”窗口会同帮办代办窗口主动服务，只用不到2个小时就完成了开办企业手续的所有流程，还赠送了5枚印章。

开设“一件事”服务，是沭阳县坚持以“便民化、智能化、人性化、一体化、标准化”为出发点和落脚点，优化营商环境和为群众提供便利化政务服务的一个重要举措。

2021年以来，沭阳县坚持以“五心”(即投资顺心、服务贴心、创业安心、发展放心、生活舒心）营商环境建设为引领，以争创“营商环境最优县”为目标，进一步完善体制机制，强化统筹调度，细化目标任务，深化改革创新，推动全县营商环境整体水平不断优化。

项目能否高效率推进，企业能否高质量发展，良好的外在环境至关重要。近年来，沭阳县深入推进放管服改革，不断优化发展环境，不见面审批事项排名全省第一，落实减税降费政策，全年减税降费9.13亿元，并推出“双轮驱动帮办”——引资单位亲情帮办、开发区专业帮办，为项目生根抽枝培土施肥，成功上榜“全国营商环境百强县”。

营商环境是招商引资的生命线，沭阳全县上下各单位、各部门各司其职、齐抓共建，在推进项目建设、服务产业发展、促进企业减负等方面出实招、聚合力，以优质高效服务擦亮营商环境新名片，从而赢得市场主体、客商、群众的高度认同和一致好评。

10月27日，沭阳高规格召开作风建设大会，在全县开展作风建设集中整治活动，要求始终以永远在路上的韧劲、刮骨疗毒的决心、壮士断腕的勇气，按照作风建设集中整治活动要求，查摆存在问题，对作风之弊和行为之垢彻底排查整改，坚决摒弃佛系型、小聪明型、木偶型、差不多型、太平官型、打哈哈型“六种类型”干部作风和行为。

（张 峰 吕述谡 李 权
叶春艳 倪亚琼 丁华明）

（载于2021年12月30日“学习强国”学习平台）

## 综 述

西汉时，沭阳县境内始置厚丘县，立阴平、建陵两侯国。北周建德七年（578），定名为沭阳县，县名沿用至今。因治所位于沭河北岸，故名。2021年3月，沭阳县部分乡镇行政区划变更后，全县辖1个国家级经济技术开发区、6个街道、23个镇、1个乡，共137个居民委员会，343个村民委员会。年末户籍人口198.36万人、常住人口167.92万人。2021年，沭阳县财政管理、产业发展等6项工作获得国务院、省政府大督查表扬激励，获得综合实力、工业经济等9个全国“百强县”称号；2021年全县实现地区生产总值（GDP，按“第四次全国经济普查”口径）1162.10亿元，比上年增长8.6%，按年平均常住人口计算，人均地区生产总值69279元，按年平均汇率计算折合10738美元，首次突破1万美元。GDP攀升至全国县（市）第34位，连续两年位居苏北第一。全县三次产业结构调整为9.5：42.3：48.2，与上年相比，第一产业增加值占GDP比重下降1.1个百分点，第二产业增加值占GDP比重提高1.7个百分点，第三产业增加值占GDP比重下降0.6个百分点。全年，共完成财政总收入155.09亿元，增长12.9%；完成一般公共预算收入62.01亿元，增长21.6%，历史性成为“总量苏北县（市）第一、增速全省县（市）第一”的“双料冠军”，其中税收收入51.67亿元，增长22.5%。全体居民人均可支配收入28700元，增长10.1%；其中，城镇居民人均可支配收入34604元，增长9.4%；农村居民人均可支配收入21828元，增长10.6%。

## 地理环境

【区位面积】 沭阳县位于江苏省北部，地理坐标为北纬33°53′至34°25′，东经118°30′至119°10′。东与涟水县、灌南县、灌云县毗邻，北与东海县接壤，西与宿豫区、新沂市接界，南与淮阴区、泗阳县相连，陆域面积2299平方千米。

【地形地貌】 沭阳县地处鲁南丘陵与江淮平原的过渡带，全境西高东低，西部岗地高程10～20米，中部和东部为广阔平原，大部分地面高程在4.5～7米。县境最低处在东北部西圩乡，高程只有3.4米。韩山海拔65.9米，是县内最高点，东西长约400米，南北宽约250米，由前震旦系变质岩组成。万山低矮，面积较小，也为前震旦系变质岩组成，海拔15.9米，相对高度11.5米。大官庄—阴平垅冈分布在县境西北部茆圩、潼阳两乡西部，呈北北东—南南西向展布，地面高程10～20.4米，地势西高东低，地表物质为上更新统含钙的砂黏土，并夹有碎石，沉积物粒度西部较粗、东部较细，显示出冲洪积扇沉积特点，扇顶在西部新沂市境内。悦来—刘集垅冈分布在县境西南部悦来、颜集、耿圩、陇集、刘集等乡镇，地面高程10～20.6米，地表沉积物为上更新统戚咀组，冲洪积相砂礓黏土，地表受流水侵蚀，呈坡状起伏。县境东北部是冲海积平原，分布在包括桑墟、青伊湖、高墟、西圩、吴集等乡镇，地面高程3.2～4.5米，全新世初期海水入侵，沉积了数米厚的海相沉积层，上覆近代冲积相砂黏土。黄泛冲洪积平原分布于县境东南部，新沂河以南地区，包括沂涛、钱集、塘沟、胡集、马厂、李恒、章集、七雄、十字、沭城、耿圩等乡镇，地面高程4.5～11米，大部分在5～9米，地势南高北低，地表沉积物为黄河南徙期间冲洪积物。沂沭河冲洪积平原分布在新沂河以北，包括扎下、龙庙、官墩、韩山、华冲、贤官、庙头等乡镇，地势北高南低，地面高程4.5～6.5米，地表沉积物为沂沭河冲洪积物。沭阳县河网密布，有新沂河、淮沭新河等29条河流纵横县境，境内的自然河流皆由西向东或东北流。新中国成立后，兴修水利，在全县形成纵横交错的平原水网。1949年开凿新沂河，横贯县境东西，西起宿迁市嶂山闸接骆马湖，经颜集入境，流经悦来、新河、耿圩、扎下、沭城、龙庙、七雄、韩山、李恒，从吴集出境，经灌云与灌南两县之间，从灌河口入黄海，全长144千米，县境约65千米，宽1.3～1.4千米，为沂河重要泄洪河道。1958年开挖的淮沭新河，南至洪泽县二河接洪泽湖，是纵贯县境南北的一条人工河道，成于1970年。淮沭河在沭城镇西侧与新沂河交汇，自淮阴杨庄至新沂河，全长约66千米，县境长约20千米，采用两泓两堤形式开凿，堤距1.4千米，每年分泄淮河洪水约5亿立方米，也是沭阳县农田灌溉、航运主要河道。沭新河1958年开挖，上接新沂河，由明庄闸控制，下接蔷薇河，至连云港市由临洪口入海，全长70千米，县境长约30千米，河面宽20～34米，为沭阳、连云港排涝、灌溉河道，且兼有航运功能。

**【交通】** 沭阳地势平坦，交通网络四通八达。京沪高速公路在沭阳有4个出口，新长铁路在沭阳设站。国道205线和省道245、326、344线等干道的通达使得沭阳的交通非常便捷。沭阳北去连云港花果山国际机场40分钟车程，西到徐州观音国际机场1小时车程，南往淮安涟水国际机场40分钟车程。地处淮沭新河的沭阳港口是集货运、物流、仓储为一体的综合性港务码头，年吞吐能力400万吨。

**【气候特点】** 沭阳县属暖温带季风气候。主要特点是气候温暖，雨水较多，日照充足，无霜期较长。冬季寒冷干燥、夏季炎热多雨，形成了寒暑变化显著、四季分明的气候特征。

## 历史沿革

**【历史述略】** 沭阳历史悠久。1987年，考古工作者在沭阳万匹乡万北村发现新石器时代及商代的古文化遗址。随后，马厂遗址、铁架岭遗址的发现都证明五六千年以前的新石器时代，沭阳就有先民生活、繁衍。秦末，跟从项羽的虞姬相传就是沭阳颜集人。西汉高祖时，境内属韩信封地，境内韩山就因韩信而得名，山下曾建有楚王庙。汉武帝时，境内设厚丘县，县治厚镇，是沭阳置县的开始。东汉又设置阴平、建陵二县。两晋南北朝时期，境域属辖屡有变化，先后出现下城、临渣、服武、怀文等县。陈宣帝太建五年（573），占领沭阳郡，将下城、临渣、服武三县并入怀文县。北周建德七年（578），改怀文县为沭阳县，县名沿用至今，因治所位于沭河北岸而得名。北宋时期，著名科学家、政治家和军事家沈括曾主政沭阳，其间，他废除苛政，组织县民疏浚沭河、六塘河，修“百渠九堰”，“得上田七千顷”。明万历五年（1577），境内因连岁水旱灾，人民半数逃荒，地广人稀；万历四十三年（1615）春旱，庄稼枯死，瘟疫流行，死人无算。明万历年间，因为倭寇袭扰，著名的抗倭将领刘綎驻防沭阳吴集、西圩一带，构筑工事72处，分兵把守抗倭，击退了倭寇，海沭一带遂得安宁。明熹宗天启年间，白莲教起义，波及境内，县民入教参军的很多。崇祯十三年（1640），水旱交替发生，岁饥，民多逃亡。清顺治十年（1653），因战乱和灾荒，县民死亡和逃走过半，有的甲仅存一两人，遂将原9乡81里缩编为9乡17里。乾隆八年（1743），知县袁枚领内帑银4800两，修筑北六塘河子堰和前沭河子堰。是年，水灾、旱灾、蝗灾、瘟疫等四害横行，庄稼无收，饥民饿死、病死不计其数，袁枚开仓济民。清道光十三年（1833），水、旱灾，官府发粮赈灾。

1912年，改清代县衙为县公署，知县改称民政长，沭阳和平进入民国时期。1927年，国民党在沭阳建立地方组织。1930年2月6日，中共沭阳县委成立。7月底，中共沭阳县委领导的“八一暴动”被国民党县政府扼杀。1934年4月，国民党沭阳县府开始编保甲，设户长、甲长、保长之职，实行联保连坐法。是年，全县364个乡镇归并为162个乡镇，共辖1242保12675甲。1935年3月，中共沭阳西区区委被破坏后，全县已无共产党组织活动。1939年2月27日，日本侵略军占领县城，国民党沭阳县政府移居杨口。2月，中共沭阳县委在沭阳北龙王庙重建，章维仁任书记。1940年9月，中共苏皖区党委到达沭阳，驻钱集、张圩一带。9月中旬，苏皖区党委在沭阳钱集召开士绅和各界代表座谈会，决定成立淮海区专员公署。1941年5月，苏皖区党委奉命改为淮海区党委。中共领导下的淮海区面积约1.1万平方千米，辖沭阳、泗阳、宿迁、淮阴、灌云、涟水、泗沭、宿北、潼阳、东海、运河特区等十几个县级政区，人口约270万人。黄克诚、李一氓、张爱萍、金明、杨纯、张彦、刘震、覃健、刘瑞龙等老一辈革命家都曾战斗在境内。解放战争期间，中共沭阳县委领导农民进行土地改革，共没收地主土地4.6万公顷，粮食187万千克，耕牛6.3万头，烧毁地主契约3984件，惩办一批恶霸地主。1948年11月，淮海战役打响。为支援淮海战役，沭阳成立由县长任司令的支前司令部，各区乡都成立支前组织，各村建立担架队和运输队，主力部队打到哪里就跟到哪里，全力以赴支援淮海战役。沭阳支前大军从淮海战役开始到结束，一直到大军渡江。1949年4月，沭阳派遣县、区、乡级干部随军南下江南，接管新解放区。

1949年入夏，境内沭河、柴米河等河流决口17处，6.47万公顷中晚秋作物受淹，灾民达38.62万人，占总人口的55%。民主政府拨钱、粮、衣赈灾，救济灾民。9月，全县动员民工4.58万人，抢修柴米河、北六塘河等河决口及险工险段936处。10月，淮阴地区专员公署在沭召开沭阳、新安（今新沂）、宿迁等3县区干部大会，讨论导沂整沭工程方案及拆迁事宜。11月，为加强导沂整沭工作的领导，淮阴地区机关、部队大部分人员移驻沭阳。

**【建置沿革】** 沭阳在夏商时属徐州，周时属青州。春秋末期为鲁国南境，战国时属楚国。秦统一中国后，初属薛郡，后改属郯郡。西汉景帝封卫绾于建陵（今属新沂市），在境内首立侯国。西汉武帝时，始设厚丘县，隶属东海郡。汉成帝封楚孝王子四为阴平侯，阴平始为侯国。东汉除侯国，置阴平、建陵二县。三国魏黄初年间，立东海国，领厚丘、阴平、建陵等11县。西晋武帝裁阴平县，封鲁芝于阴平。阴平由县变为采邑。南朝宋文帝元嘉四年（427）省厚丘，并入襄贲，另置僮县，隶属南下邳郡。刘宋势力在南方，故僮县为侨县。宋孝武帝大明四年（460），南下邳郡并入南彭城郡，僮县遂属南彭城郡。境内古有潼水故以僮名县。南齐复置厚丘县，后废，设置僮县。梁武帝天监五年（506），废僮县，置僮阳郡。普通五年（524），裴邃攻克北魏建陵城，省建陵县。东魏孝静帝武定七年（549），改僮阳郡为沭阳郡，兼置下城、临潼、服武、怀文等4县，复置建陵县。东魏还置临沭郡并县，寻废。陈宣帝太建五年（573），命吴明徹、裴忌领兵10万进攻江北，击溃北齐，占领沭阳郡，下城、临潼、服武三县并入怀文县。北周建德七年（578），改怀文县为沭阳县，县名沿用至今。北周废建陵县。隋文帝开皇年间废沭阳郡，县治迁入郡治，隶属海州。隋炀帝大业十三年（617），“土人反”，改沭阳为沭州。唐高祖武德年初，复置厚丘县，八年（625）废除，入沭阳县。唐高宗总章元年（668），沭阳改属泗州。咸亨五年（674），改属海州。五代、宋、元依唐制。明洪武年间，沭阳从海州析出，隶属淮安府。清顺治、康熙两朝沿袭明制，清雍正二年（1724），改属海州。民国2年（1913），属徐海道。民国17年至37年，属东海专员公署、徐海行政公署。抗日战争时期，淮海区党委对境内区划作较大变动。淮沭路以西、沭河以南，与泗阳部分地区合并，设泗沭县抗日民主政府；县西北置潼阳县抗日民主政府；县北与东海铁路南地区合并，建立东海县（铁路南）抗日民主政府；县东和柴米河以北，划归灌云县抗日民主政府。所置县皆隶属淮海区专员公署、行署。1945年8月至1949年5月，沭阳属苏皖第六行政区。1949年5月，撤销东海（铁路南）、潼阳、泗沭县，原辖区划归沭阳，宿迁部分辖区划给沭阳，隶属淮阴行政专员公署。1983年，实行市管县，属淮阴市。1996年8月，沭阳隶属宿迁市。根据苏发〔2011〕39号江苏省委文件，沭阳、泰兴、昆山为江苏省直管县三个试点。沭阳从2012年10月1日开始，将按照省直管县体制运行，行政区划不变。

**【行政区划】** 2021年3月12日，根据《省政府关于同意变更宿迁市宿城区宿豫区和沭阳县部分行政区划的批复》以及《市政府关于变更宿城区宿豫区和沭阳县部分行政区划的通知》精神，沭阳县人民政府对部分行政区划进行变更：撤销章集街道、东小店乡，设立新的章集街道，以原章集街道、东小店乡的行政区域为新的章集街道行政区域；撤销钱集镇、张圩乡，设立新的钱集镇，以原钱集镇、张圩乡的行政区域为新的钱集镇行政区域；撤销塘沟镇、周集乡，设立新的塘沟镇，以原塘沟镇、周集乡的行政区域为新的塘沟镇行政区域；撤销韩山镇、官墩乡，设立新的韩山镇，以原韩山镇、官墩乡的行政区域为新的韩山镇行政区域；撤销桑墟镇、茆圩乡，设立新的桑墟镇，以原桑墟镇、茆圩乡的行政区域为新的桑墟镇行政区域；撤销李恒镇、汤涧镇，设立新的李恒镇，以原李恒镇、汤涧镇的行政区域为新的李恒镇行政区域；撤销高墟镇、湖东镇，设立新的高墟镇，以原高墟镇、湖东镇的行政区域为新的高墟镇行政区域；撤销耿圩镇、北丁集乡，设立新的耿圩镇，以原耿圩镇、北丁集乡的行政区域为新的耿圩镇行政区域；撤销贤官镇、万匹乡，设立新的贤官镇，以原贤官镇、万匹乡的行政区域为新的贤官镇行政区域；将青伊湖农场划入青伊湖镇行政区域。到2021年年底，沭阳县下辖1个国家级开发区（沭阳县经济技术开发区）、23个镇（高墟镇、马厂镇、贤官镇、耿圩镇、韩山镇、胡集镇、华冲镇、李恒镇、刘集镇、陇集镇、龙庙镇、庙头镇、青伊湖镇、钱集镇、桑墟镇、塘沟镇、潼阳镇、吴集镇、新河镇、颜集镇、沂涛镇、悦来镇、扎下镇）、1个乡（西圩乡）、6个街道（梦溪街道、南湖街道、七雄街道、十字街道、沭城街道、章集街道），共137个居民委员会，343个村民委员会，面积2299平方千米，人口198.36万。

## 沭阳县行政村（居）一览表

表1

| 乡、镇、街道<br>行政区划代码<br>（驻地） | 面积<br>（平方千米） | 人口<br>（人） | 村（居）民委员会 | |
|---|---|---|---|---|
| | | | 数量（个） | 标准名称 |
| 沭城街道<br>321322001<br>（长庄居委会长庄路） | 44 | 233087 | 28 | 居：新桥、西园、河南、古城、南关、健康、圩东、南苑、城南、河东、东园、五里、城北、沂河、建陵、孙巷、城西、东关、长庄、怀文、果园、河西、长安、叶庄、沭河、城东、昭德、府苑 |
| 南湖街道<br>321322002<br>（南湖居委会承晖路） | 41.68 | 48316 | 7 | 居：中心、前巷、湾河、新南、项荡、刘洪、南湖 |
| 梦溪街道<br>321322003<br>（糖坊居委会迎宾大道1106号） | 45 | 50940 | 10 | 居：任巷、杨店、糖坊、任码、徐沭、章塘、团庄、桃园、官西、南岭 |
| 十字街道<br>321322004<br>（十字居委会康居路） | 68.85 | 57747 | 17 | 居：十字、十字果园、龙汪、戴圩、陈陆、王涧、赵解、学宜、蒲荡、孙圩、施圩、周圩、南汤圩、东南、前屯、西张圩、蚕种场 |
| 七雄街道<br>321322006<br>（官田居委会三支渠路） | 42 | 35352 | 9 | 居：官田、夹滩、道口、徐圩、高树、田桥、七雄、官东、双条河 |
| 章集街道<br>321322007<br>（章集居委会沭马路67号） | 97.22 | 74391 | 10 | 村：店西、店北、店东、谢圩、卢房、王圩、张王庄、黄仓庄、桃树园、沈庄 |
| | | | 11 | 居：章集、长兴、老戚庄、跃进、何杨、张刘、葛老、大沈庄、武河、小穆庄、店南 |
| 陇集镇<br>321322101<br>（墩前村委会） | 46.79 | 28291 | 5 | 村：墩前、孟王、李徐、谢桥、丁曹 |
| | | | 2 | 居：陇集、陇东 |
| 胡集镇<br>321322102<br>（胡集居委会） | 68.72 | 56838 | 10 | 村：华光、大徐、新北、新集、德胜、黄庄、梁井、华长、刘河、三新 |
| | | | 6 | 居：胡集、华集、胡北、胡南、胡东、胡西 |
| 马厂镇<br>321322105<br>（厂南居委会） | 84.37 | 71652 | 19 | 村：赵大庄、大单庄、司庄、民主、双圩、古南、马棚、金墩、东场、炳来、葛园、葛荡、青春、王竹园、杨桥、丁大庄、老胡庄、老王圩、大口桥 |
| | | | 5 | 居：马厂、厂南、厂北、厂东、厂西 |
| 沂涛镇<br>321322106<br>（太平居委会） | 94.34 | 75620 | 20 | 村：沈集、东王庙、魏湾、崔庄、二圩、常荡、王团庄、谢庄、秦圩、新沟、古屯、三杰、王魏庄、大王庄、兴陶、陶庄、赵涧、屋基、金葛楼、红旗 |
| | | | 1 | 居：太平 |
| 庙头镇<br>321322107<br>（庙头居委会） | 59.5 | 50955 | 10 | 村：何桥、吕庄、探驾、长探、牛墩、聚贤、古龙、东柳、后圩、赶埠 |
| | | | 3 | 居：庙头、冷庄、后窑 |
| 华冲镇<br>321322109<br>（华冲居委会） | 54.94 | 51987 | 10 | 村：丁庄、官沟、柳口、杨柳、仲林、站墩、东园、汤庄、经堂、伍滩 |
| | | | 2 | 居：华冲、大尖 |

续表 1

| 乡、镇、街道<br>行政区划代码<br>（驻地） | 面积<br>（平方千米） | 人口<br>（人） | 村（居）民委员会 | |
|---|---|---|---|---|
| | | | 数量（个） | 标准名称 |
| 悦来镇<br>321322111<br>（悦来居委会） | 88.51 | 48447 | 11 | 村：大方、沟涯、华新、肖湖、橡佟、薛方、郭湖、叶上庄、双蔡、叶新庄、枣林 |
| | | | 1 | 居：悦来 |
| 刘集镇<br>321322112<br>（刘集居委会） | 72 | 43016 | 11 | 村：大兴、郇河、槐树、西周集、涧西、桥南、育民、南岗庄、张大沟、老小圩、南长庄 |
| | | | 1 | 居：刘集 |
| 扎下镇<br>321322115<br>（分水居委会） | 55.49 | 62349 | 11 | 村：明庄、卢巷、周沟、沈魏、银山、顺河、朱家庄、仲大庄、胡道口、冯徐、丁庙 |
| | | | 2 | 居：沙巷、分水 |
| 颜集镇<br>321322116<br>（方圩村委会） | 68.22 | 60887 | 13 | 村：堰下、沙湾、贯勤、方圩、大庄、丁圩、花晏、虞溪、虞北、司程圩、许房、周项、梁庄 |
| | | | 1 | 居：颜集 |
| 潼阳镇<br>321322117<br>（阴平居委会） | 99.63 | 53794 | 13 | 村：山羊、草村、大宅、后屯、扎埠、窑庄、周庄、马岭、吴滩、潼北、潼西、潼南、朝阳 |
| | | | 2 | 居：阴平、潼东 |
| 龙庙镇<br>321322118<br>（龙庙居委会） | 48.67 | 55038 | 11 | 村：仲湾、朱庄、庄塘、聂湾、兴义、前岔、赵庄、葛巷、沙堰、红河、花厅 |
| | | | 2 | 居：龙庙、联合 |
| 新河镇<br>321322124<br>（新槐居委会） | 49.54 | 46285 | 9 | 村：周圈、堰头、沙河、大营、维新、解桥、巴房、双荡、春生 |
| | | | 1 | 居：新槐 |
| 吴集镇<br>321322126<br>（东埠村委会） | 72.9 | 47352 | 10 | 村：东埠、史跳、大竹园、塔桥、陈许、吴西、魏牌坊、兴杨、航河、范赵 |
| | | | 1 | 居：吴集 |
| 青伊湖镇<br>321322128<br>（滥洪居委会） | 71.19 | 53837 | 11 | 村：戚庄、荣吴、后乡、马场、王场、北槽坊、湖湾、姚沟、高庄、蔷薇、赵集 |
| | | | 1 | 居：滥洪 |
| | | | | 青伊湖农场 5 个分场：蔷薇分场、汪荡分场、垤庄分场、李场分场、下坊分场 |
| 钱集镇<br>321322129<br>（钱集居委会府前路 1 号） | 88.54 | 60123 | 15 | 村：永兴、大南、万庄、西营、新桥、槽坊、漆圩、效佐、陈圩、东营、徐码、石桥、水庄、引河、老严荡 |
| | | | 2 | 居：钱集、张圩 |
| 塘沟镇<br>321322130<br>（塘沟居委会富强路 2 号） | 101.73 | 73962 | 18 | 村：条河园、王华、雷达、塘东、塘北、塘西、东渡、胡塘桥、碾盘、卢圩、塘南、老街、胡庄、谢河、史洼、华帮、周楼、合兴 |
| | | | 2 | 居：塘沟、周集 |
| 韩山镇<br>321322131<br>（韩山居委会 324 省道 2 号） | 121.62 | 80277 | 20 | 村：范圩、刘徐、宋庄、沂兴、顺河集、赵口、石平、桔园、大吕庄、尚庄、姜洼、花圩、尤庙、所房、南庄、郁圩、丰收、先锋、友谊、戴山 |
| | | | 3 | 居：韩山、韩西、官墩 |
| 桑墟镇<br>321322132<br>（桑墟居委会西湖路 300 号） | 125.29 | 101775 | 20 | 村：二兴、元兴、刘厅、舒窑、刘寨、新顺河、友谊河、蔷薇河、条河、北大兴 *、平墩、张湾、和睦、茆圩、大官庄、李圩、厚邱、寇塘、杨兴、桥新 |
| | | | 4 | 居：桑墟、老庄、大河西 *、青坊 |

续表1

| 乡、镇、街道<br>行政区划代码<br>（驻地） | 面积<br>（平方<br>千米） | 人口<br>（人） | 村（居）民委员会 | |
|---|---|---|---|---|
| | | | 数量<br>（个） | 标准名称 |
| 李恒镇<br>321322133<br>（李恒居委会府前路2号） | 122.64 | 85900 | 22 | 村：柴北、柴南、孙洪、江圩、西河、徐庙、曙红、竹湖、刘山、平北、大黄、三黄、范场、张坦、马屯、郝圩、顾洼、大李、藕池、两柴、双窑、汤南 |
| | | | 2 | 居：李恒、汤涧 |
| 高墟镇<br>321322134<br>（高墟居委会建设路10号） | 124.68 | 83746 | 20 | 村：邱谷、马沟、刁夏、三荡、穆庄、古泊、古莲、纲要、龙河、河北、新湖、新钱、孙于、李场、杨湾、木墩、陆口、杨跳、莲河、司杨 |
| | | | 2 | 居：高墟、湖东 |
| 耿圩镇<br>321322135<br>（耿圩居委会沭悦路22号） | 109.37 | 69826 | 18 | 村：郭圩、汪圩、梁荡、闸西、淮西、周庙、孙庄、管桥、沂南、王庙、岗庄、乔王、尚庙、宋宅、吴园、涧东、张胡圩、周王 |
| | | | 2 | 居：耿圩、丁集 |
| 贤官镇<br>321322136<br>（赵集居委会泰安大道1号） | 84.99 | 93992 | 16 | 村：马湖、乔口、万刘、驻丘、禅武、淀湖、官宜、贤北、银杏、下湾、汤圩、丁蒋、大房、杨庄、蔡庄、三圩 |
| | | | 6 | 居：贤官、蒋园、赵集、马庄、沙河寺、万匹 |
| 西圩乡<br>321322205<br>（西圩居委会） | 47.05 | 32660 | 10 | 村：中陈、曹口、汉沟、后车、前庄、三才、范湾、邱庄、郝庄、前车 |
| | | | 1 | 居：西圩 |

说明：1.桑墟镇原桑北居民委员会更名为大河西居民委员会、桑南村民委员会更名为北大兴村民委员会；

2.根据《省政府关于同意变更宿迁市宿城区宿豫区和沭阳县部分行政区划的批复》；

3.根据江苏省民政厅《关于确定部分乡镇街道行政区划代码的通知》，确定章集街道、钱集镇、塘沟镇、韩山镇、桑墟镇、李恒镇、高墟镇、耿圩镇、贤官镇行政区划代码

## 人文风俗

**【人口】** 2021年年末，沭阳县总户数50.55万户，户籍总人口198.36万人。其中，男性103.76万人，女性94.60万人，男女性别比为109.7。户籍人口中，0~17岁人口49.48万人，占24.9%；18~59岁人口114.7万人，占57.8%；60岁及以上人口34.18万人，占17.3%。全年出生人口1.62万人，出生率8.2‰；死亡人口1.12万人，死亡率5.7‰。年末常住人口167.92万人，其中城镇常住人口100.75万人；常住人口城镇化率60.0%，较上年提高1.1个百分点。

**【民俗风情】** 沭阳人最重视的传统节庆是春节，境内习惯称“过年”。除了春节、元宵节、端午节、中秋节、重阳节等中国人的传统节日外，沭阳人还保留自己的特色节日和民俗，如农历二月初二，俗称“二月二”，是个有多种习俗和文化内容的传统节日。一是“打仓囤”，此为“留龙”习俗；二是带出嫁的女儿回家吃“馒头”（馒上塑有龙形），此俗属“送龙”“贺龙升天”习俗，故有“二月二龙抬头，家家带闺吃馒头”之说；三是给耕牛喂一顿以粮为主的食料，因为二月二是牛（含驴、马）的节日，传说天上神牛为助民耕作，于二月初二下界，为纪念和感谢神牛，专门于今日让牛吃顿好的，故有“打一千骂一万，二月二吃顿饭”的谣谚。农历五月初五端午节，境内的风俗是孩子们要用艾叶等煮水洗澡，穿新衣服，在手腕、脚腕或脖颈处系上花绒线。农历六月初六，民间有“晒龙衣”的习俗。各家各户翻晒衣被，消除雨季带来的潮湿和霉气。县内还有此日早上吃炒面的习俗，传说与敬龙有关，也有戏称“吃炒面腰不疼”的说法。农历七月七日，县内民众称“七月七银河织女相会”，是天上的牛郎与织女在银河相会的日子。传说花喜鹊会在六月初六这一天从千家万户的屋顶上衔走孩子们戴过的花绒线（六月初六这天要把孩子们戴的花绒线铰下扔到屋顶）到天上的银河为牛郎和织女搭起一座相会的桥（也叫鹊桥）。县民们有在是日夜晚仰望天空（看牛郎星与织女星相会）的习俗。农历七月十五为中元节，沭阳民间称“鬼节”“烧纸节”，即各家用饺子作祭品，上坟焚纸化箔，磕头祭祖。农历十月初一，俗称“十月朝（读zhāo）”，境内民众用色纸做成衣服状并冥

币去坟前焚烧祭奠，谓之“十月朝送寒衣”。冬至，境内民众称“过冬”，历来很受重视，有“冬大如年”之说。该节为两天，即冬晚（即冬至前一天）和正冬。节日备佳肴好酒，阖家欢聚。冬晚有供品祭祀祖先，正冬则有蒸馒头的习俗，故有“正冬不蒸，扬场没风”之谚。农历十二月二十三日或二十四日为传统祭灶节。相传此日为灶王爷上天述职之日。这一天晚上，各家各户都要“送灶”，做法是：将灶王爷像贴在灶龛里或墙上，画像两旁还有一副对联：“上天言好事，下界保平安。”各家还烙糖馅饼、肉馅饼吃。说是灶王爷吃了饼，想说坏话也无法开口。沭阳各家祭灶的时间不一，有“官三民四王八五”说法，即官宦人家二十三日，普通百姓二十四日，从事“下贱”行业的二十五日，但实际上，并无人在二十五日祭灶。

【方言土语】 沭阳方言属北方方言中的江淮次方言。方言区位于北方话与江淮话分界线的南部边缘，是一个过渡地带。受南北两方的影响，县内各地语音、语调及一些方言词语有所差异，具有鲜明的地方特点。县西部陇集、悦来、颜集一带狭长地区与宿迁毗邻，受其影响，掺杂着北方话语音，俗称“侉子”；钱集、张圩、周集、沂涛靠近涟水、淮阴，受淮涟方言影响，俗称“貊子”；县东北青伊湖、高墟、西圩、吴集与东海、灌云接壤，历史上属海州辖区，受其影响较深，习惯上称为“海灌腔”。最能代表沭阳方言的是沭城镇方言，与之方言相同或相近地区，西起扎下、庙头，北至贤官、龙庙、华冲、韩山，南到胡集、塘沟，东达章集、马厂、沂涛、李恒、汤涧，西南到耿圩，这一地区位于沭阳腹地，土地、人口占其大半。沭阳方言中保留了一部分古入声字读法。语音调类有5个：阴平、阳平、上声、去声、入声。沭阳方言词汇丰富，语法特征与普通话大体一致，个别语法保留地方特色。随着改革开放和社会的不断发展，地区间交往日益频繁，沭阳人对外交往也开始讲普通话，尤其是学生中讲普通话渐成风气。沭阳方言中的谚语和歇后语也很有地方特色，时常出现在生活中的谚语有“蚕老一时，麦老一晌”“先下牛毛（雨）没大雨，后下牛毛不晴天”“处暑萝卜白露菜”“一个馒头蒸熟吃，对独生子女不能娇生惯养）”“刁子看一眼，愣子看顶晚（刁子：机灵人）”“一泡鸡屎涴缸酱（涴wò，弄脏、弄污）”“家有黄金，外有戥秤”“看自己是朵花，看旁人豆腐渣”“三〇钱买毛驴，自夸自骑（〇，表休止，省‘个’）”“看二层不怕局大（不怕事情闹大）”“十层单不如一层棉（单衣多，不如一件棉衣御寒）”等。

【古迹遗存】 7000年前，沭阳先人在此繁衍生息。根据考古发现，境内有万北遗址、马厂遗址、铁架岭遗址、大墩遗址、马墩遗址、小宅子遗址、项树墩遗址、举人圩遗址、大营圩遗址等历史遗存。万北遗址位于贤官镇万北村，面积2万平方米，文化层深度约4.5米，为新石器时期遗址；马厂遗址位于耿圩镇西南2千米处的马厂，外形呈馒头状，面积约3万平方米，文化层深度1.5~3米，中心部位高出地表约3米，地表遗物多为大汶口文化晚期陶片，有部分西周陶片；铁架岭遗址位于潼阳镇东南2.5千米处，外形为东西向的土高岭，面积4万平方米，文化层较单薄，均在2米以下，发现一处相当龙山文化晚期的墓地和一处汉代墓葬；大墩遗址位于颜集镇虞溪村北1.5千米，墩子高出地表2米左右，为新石器、西周、汉代文化遗址；马墩遗址位于桑墟镇厚邱村，外形呈馒头状，面积约1万平方米，中心部位高出地表2.5米，出土文物为西周文化遗存；小宅子遗址位于耿圩镇小宅子北300米，地形为东西向的高阜地，高出地表2~3米，面积为100万平方米，遗址上有大量汉代陶片及砖瓦碎井，遗址上曾出土过汉画像石墓多座；项树墩遗址位于颜集镇北约4千米处的项宅村，面积2.5万平方米，高出地表约4米。地表出土文物除少量新石器时代遗物外，其他皆为汉代遗物；举人圩遗址位于新河镇东3千米处的举人圩，面积2万平方米，高出地表1.5米，文化层2米左右，属于唐代村落遗址；大营圩遗址属于古代土城遗址，四周残垣仍在，夯筑痕迹明显，方圆8万平方米，据传该遗址是太平天国黑旗军所筑。县境内还有厚丘、阴平、怀文等古城遗址，黑鸦墩战国墓、宝墩古墓群、长墩古墓、东埠古墓等。县内的革命遗址和纪念设施有潼阳县政府旧址、淮海抗日根据地陈列馆、沭宿海抗日中学纪念塔、淮海中学纪念碑亭、一一六烈士亭、新河烈士纪念碑亭、口头庄六八纪念碑、沭阳县革命烈士陵园、七英雄烈士陵园、吴苓生革命烈士陵园、潼阳革命烈士陵园、桑墟条河革命烈士陵园、青伊湖革命烈士陵园等。

【非物质文化遗产】 沭阳境内的“僮子戏”“庙头千张”“颜集朝牌”等5个项目被列入宿迁市非物质文化遗产保护名录，“淮海戏”“工鼓锣”两个项目被列入江苏省首批非物质文化遗产保护名录。在非遗项目中对沭阳人影响较大的有农历四月十二的骡马会、淮海戏、工锣鼓等。沭城的骡马会起源于明末清初的昭德庙会，会期从农历四月十二至十四日，3天庙会，香火极盛，各地信男善女远程跋涉，敬香拜佛，外地商人见此良机也云集沭城。那时，人们远行多以畜力代步，一时间，骡马停满沭城各商家门口，有人就想出赛马的办法，选优汰劣，从事经营活动。于是，昭德庙会逐渐演变成以买卖骡马为中心的骡马会，会上踩高跷、跑旱船、唱小戏、玩杂技的，给骡马会增加了不少欢乐气氛。到清朝晚期，赛马项目逐渐失传，而骡马交易仍在，还增加了买卖农具等经营活动，以迎接麦收的到来；解放后，又逐渐演变成物资交流会，20世纪80年代初至90年代，规模逐渐扩大，各类商家云集沭城；到21世纪，物资交流大会的规模已经不如二十世纪八九十年代了。淮海戏是流传于沭阳、泗阳、东海、灌云、海州等地的地方剧种，民间一直以“唱小戏”称呼，1945年才正式命名为“淮海戏”。淮海戏起源于清乾隆、嘉庆年间，出现艺人走村串户“打门头词”的演唱方式。在长期发展过程中，众多的戏班，形成了东北和西南两大流派，东北部艺人以唱功见长，西南部艺人以做功见佳。新中国成立后，重视地方戏曲发展，如今，淮海戏创造了自己的传统剧目32大本、64单出。“工鼓锣”现称“淮海鼓锣”，是苏北淮海地区的主要曲种之一。工鼓锣起源于明代中叶的沭阳，唱腔和道白都是沭阳方言，后流传到灌云、涟水、泗阳、东海、连云港等周边县市。淮海鼓锣唱词合辙押韵，道白平易通俗、形象。演出的有《封神演义》《东周列国》《说唐演义》等书目，也有根据《林海雪原》《野火春风斗古城》等现代小说改编的书目，还有艺人们自己创作的书目和从山东大鼓移植过来的书目。

## 传统美食

**【庙头千张】** 庙头千张是庙头镇农民用传统工艺生产的豆制品，清代诗人袁枚在《随园食谱》中就提到“沭邑西”豆腐与千张。庙头冷庄的曹氏千张以其精薄、柔韧、口感好著称。

**【颜集朝牌】** 朝牌是广受沭阳人欢迎的一种面食（因为形状像过去大臣上朝时用的笏而被沭阳人称为“朝牌”），做法类似于烧饼，以颜集人制作的朝牌最优。朝牌在制作过程中有“和、揉、掷、擀”等功，面要和得匀、揉得韧，发酵好的面要掷得长、擀得薄，有一个环节达不到要求，都会前功尽弃。制作中多由擀面工和贴烤工两名以上人员组成，一人一边擀面一边贴烤。这些手艺多为世袭行业，外人一时难以学会，靠老艺人托付手传口授，代代相传。战争年代，朝牌被做成军粮送到前线，陈毅将军口占一绝：“古时贡皇上，而今卷大江。虞姬好儿女，朝牌当军粮。”

**【钱集老鹅】** 钱集老鹅，也称盐水鹅，选用两年生以上老鹅，经过人工宰杀、腌制后，配以中草药等辅料经草锅清煮而成。其色纯、肉香、不腻，是一道传统而独特的地方风味菜肴。刚出锅的鹅可即食，作为冷菜更佳，每到节日期间，如果不提前预订，一般很难买到。

**【乔氏熏烧】** 熏烧是沭阳人对猪头、猪肠、猪大小肚等卤制肉食的统称，以乔氏熏烧为佳。乔氏熏烧选料新鲜，制作工序极其复杂和精细，多达30道工序。

**【马厂三宝】** 马厂三宝是指产自沭阳马厂镇的五香花生米、季氏馒头和绿豆饼。世代相传的许氏花生米选料严、加工细，食时饱满酥脆，五味俱全。季氏馒头，是马厂老街东头季姓馒头作坊所制作，他们继承祖传工艺，做工独特而又复杂；其馒头白嫩松软，清香扑鼻，一个馒头在手中用劲一攥，便缩成一小团，待一松手，馒头又恢复到原来的一般大小，形状丝毫未变；吃起来舒适可口，味道鲜美，热天可保质三日，冷天可保质1个月。绿豆饼，是马厂汪姓老字号食品。所制的绿豆饼小巧圆润，黄中透绿，惹人喜爱，食用时可采取烩、煎、炸等烹调方法，特别是挂卤绿豆饼更是久负盛名的一道美味佳肴。

## 风景名胜

**【南湖公园】** 南湖公园是国家AAA级旅游景区，占地总面积79.53公顷，园内设有南湖、中国·沭阳花木博物馆、三维立体画艺术馆、儿童游乐园、观景亭、崇孝苑等主要景点，其中南湖面积29.47公顷，由中心湖泊和西侧景观河两大水体组成，中心湖泊是依据低洼地形挖掘而成，水体面积18.13公顷，整个水面及占地2.53公顷的湖心岛均按沭阳版图形状设计，湖心岛上广植沭阳县花——石榴花，同时建有中国·沭阳花木博物馆。

**【苏北花卉园】** 苏北花卉园是国家AAA级旅游景区，位于沭阳县庙头镇境内，占地约106公顷，其中办公科研机构占地约13公顷，绿化覆盖率高达98%。花卉园分为东西两个大区，包括常绿乔木种植区、落叶乔木种植区、花灌木种植区及乡土树种种植区等十多个种植区，含近百个品种。园内现有瓜果采摘、盆景制作、特色烧烤等旅游项目。

**【胡家花园】** 胡家花园原名周圈花园，是国家AAA级旅游景区，位于沭阳县新河镇，由明代进士、抗葡英雄胡琏于明代嘉靖年间建成，至今已有五百年历史，因胡氏家族“一门三进士”而声名远扬，被胡琏外甥、《西游记》作者吴承恩盛赞为“长淮名门第一”。清代康熙初年，花园传到胡琏后人、康熙皇帝的老师胡简敬手中后，再次得到扩建，并新植许多奇花异草。胡家花

2021年10月，胡家花园　　周东翔　摄

园采用徽派传统合院形式，两路三进布局，包含了三进堂、南津书院、洗砚亭、戏台、听雨轩、揽月楼、花神堂等，颇具园林风格，总占地面积2.37万平方米，建筑面积4598平方米。胡家花园曾被老一辈革命家李一氓誉为“淮海第一园”，其中康熙皇帝所赐的“卧牛望月”盆景，成为沭派盆景的起源，与清代嘉庆年间培植的“二龙戏珠”盆景成为胡家花园镇园之宝。

【韩山风景区】 韩山风景区2021年获批国家AAA级旅游景区。韩山古称武都山，位于沭阳县东北部韩山镇镇区的南侧，海拔66.08米，是沭阳县唯一一座天然山体，据说因汉朝大将韩信曾在此练兵习武而得名。沭阳县依托韩山特有的自然历史文化资源，打造韩山主题公园，建设生态旅游景区，内有点将台、朝晖台、金石之交、仙人湖等历史人文景观，还有现代喊泉、七彩旱滑、丛林水滑、玻璃栈道等网红打卡游览项目，是沭阳人休闲游玩好去处，也是游客旅游观光的好景点。

【崇孝苑】 崇孝苑是国家AA级旅游景区、省三星级乡村旅游区，位于龙庙镇沙埝村，以海内外书法名家书写的孝道名言作品为主要内容，让人抬头举足都受到孝文化的熏陶和教育。崇孝苑环境优美，景色宜人。苑内有藏书近万册，先后被省、市、县评为“优秀校外辅导站”“优秀农家书屋”“关心下一代康乐校外教育辅导站”“沭阳县夕阳红俱乐部”“康乐文体中心”“宿迁市生育文化教育基地”“沭阳县青少年德育基地”“沭阳县乡镇特色文化基地”。

【吴苓生革命烈士陵园】 吴苓生革命烈士陵园是国家AA级旅游景区，位于沭阳县吴集镇。吴苓生，又名吴丽石，清光绪二十六（1900）出生于沭阳县颜集乡，是沭阳县最早参加革命的共产党人。1923年，由李大钊介绍去苏联莫斯科东方大学学习，1924年加入中国共产党，1925年学成回国，被中央派往东北开展工作，先后任中共哈尔滨特支书记、中共北满地委书记、中共东北三省特派员、中共满洲省委组织部部长。1929年冬，转赴山东，任中共山东省委书记。1930年2月，被叛徒出卖，1931年4月5日在济南英勇就义，年仅32岁。1952年5月8日，为褒扬烈士，沭阳县人民政府将吴苓生烈士灵柩迁入沭阳烈士陵园。吴苓生烈士塑像使用汉白玉大理石雕刻，高12米，植以松柏为衬，寓意烈士与世长存，吴苓生烈士塑像坐西朝东，一是塑像与东侧烈士碑廊相呼应，形成广场东西主轴线的结构布局；二是烈士以坚定的目光眺望东方，每天看到朝阳从东方冉冉升起，寓意吴苓生烈士满怀对新中国美好未来的无限向往。

【中国·沭阳国际花木城】 中国·沭阳国际花木城是国家AA级旅游景区，坐落于沭阳县扎下镇。花木城围绕花木鉴赏建立多个景观区：花木欣赏区、盆景区、奇石区、根雕区、木屋景观区、科技超市等，以及停车场、餐饮区、住宿区等配套设施一应俱全。该景区是每年一届的沭阳花木节的主要举办地。

【淮海抗日根据地陈列馆】 淮海抗日根据地陈列馆是国家AA级旅游景区，位于沭阳县张圩中心小学院内，占地面积240平方米。淮海抗日根据地是苏北抗日根据地的重要组成部分，是全国抗日历史的一个缩影。从1940年到1945年，金明、李一氓、刘震、张爱萍、刘瑞龙、李干成、张彦、杨纯等革命先辈在以张圩为中心的淮海地区，率领淮海抗日军民同日伪军进行了艰苦卓绝的斗争，在这里发生的大小战斗、战役几百次，牺牲的烈士达3000多人。陈列馆共设淮海抗日根据地的开辟、淮海抗日根据地的巩固和发展、为夺取抗日战争的最后胜利而斗争、革命前辈在淮海、淮海抗战英烈、淮海之子等六个展区，共展出历史图片700余幅，实物50余件。

【沭阳花木生态旅游区】 沭阳花木生态旅游区是江苏省四星级乡村旅游区，位于庙头镇、新河镇境内，坐落在美丽的新沂河畔，距沭城8.3千米。该景区是一个集观光、旅游、休闲、娱乐、健身、科普教育、餐饮、娱乐为一体的生态农业观光园区。整个旅游区总面积约570公顷，花木面积2万公顷，由苏北花卉园、国际花木城、周圈古栗林、普善寺、周圈盆景园、山荡古栗林、胡家花园等景点组成。该区先后被评为全国农业旅游示范点、江苏省第一批自驾游基地、江苏省精品乡村旅游点、四星级乡村旅游区（点）。

**【沭阳海棠花海】** 沭阳海棠花海是江苏省三星级乡村旅游景区，位于刘集镇金海棠农业科技园。景区是沭阳县乃至全国初具规模的海棠苗木基地，占地106.67公顷，是华东地区最大的北美海棠示范推广基地，位于324省道旁，风景优美，交通便利。景区绿化覆盖率达95%以上，海棠花、果、叶形态各异、四季成景。景区集休闲旅游、科技示范于一体，旅游配套设施完备，自然和人文景观特色鲜明，可为游客提供垂钓、采摘、餐饮、农事体验、民俗体验等休闲项目。自2016年以来，该旅游区是每年一届的沭阳海棠节举办地。

**【苏台（沭阳）花木产业示范园】** 苏台（沭阳）花木产业示范园是江苏省三星级乡村旅游景区，位于沭阳县耿圩镇。示范园项目总体规划面积约为200公顷。其中一期占地73公顷，规划建设连栋控温温室24栋，共计10万平方米。园区一期温室区生产花卉品种，主要以观赏类多肉植物、进口彩叶植物，垂吊植物、木本花卉以及球根花卉为主。园区二期主要建设有彩叶类植物示范区、生态休憩区以及餐饮配套等附加设施，增加园区旅游观光功能。

**【中闽花海田园综合体】** 中闽花海田园综合体是江苏省二星级乡村旅游景区，位于耿圩镇，以花卉、现代农业和旅游服务为三大核心，项目总投资约5亿元，占地总面积约333公顷。项目自北向南依次布置红色教育基地（“不忘初心碑”）、果林、高新农业产业园、千亩花海、木瓜种植区、大棚种植区、草坪坡地、半亩地农田家园、湖心岛景观区及田园社区。此外，依托耿圩多肉资源，项目还建有多肉展示馆及绿色家居服务公司等。多肉展示馆集中展示耿圩的多肉产品，定期举办多肉节，集展示、科普、产品展销于一体。绿色家居服务公司，运用互联网，以VR、3D技术为支撑，进行远程家居绿植布置和服务。中闽花海田园综合体是集现代农业、休闲旅游、农事体验、加工生产、教育文化、美丽宜居的专业田园综合体。2019年7月，该旅游点成功举办首届中闽花海田园民俗文化节，取得了较好的经济效益和社会效益。

**【吴印咸故居】** 吴印咸（1900—1994），江苏沭阳县人，摄影艺术和电影摄影艺术家和理论家、电影事业家、艺术教育家，中国摄影艺术创作和理论开拓者之一。从1923年开始从事摄影艺术创作，曾拍摄《马路天使》等著名影片并出版20多部摄影艺术专著，曾任延安电影团负责人和东北电影制片厂副厂长，是红色革命电影事业的开拓者和早期领导人之一，参与了北京电影学院的创建，曾任北京电影学院副院长兼摄影系主任，为中国电影艺术和艺术教育体系的建立做出了突出的贡献。吴印咸故居位于沭阳县沭城街道扬州路北侧，柴沂路东侧，始建于民国初年，由吴印咸父亲吴绍矩初建。后经东南大学精心设计，沭阳县人民政府复原、扩建了吴印咸故居，总占地面积约0.8公顷，建筑面积约1800平方米，投入资金2300万元。故居共分为故居原貌、艺术展厅、三名公园、八角楼、露天电影和游客中心6个部分，是一个集休闲娱乐、游览观光、学习培训于一体的文旅场所。故居通过“儿时记忆”“艺术人生”“家国情怀”“毕生夙愿”等不同主题展示出吴印咸先生作为新中国摄影事业奠基人光辉的一生。

**【沭阳西郊森林公园】** 沭阳西郊森林公园位于耿圩镇境内。该公园以三叶园林为依托，占地面积51.47公顷。主要建设有入口广场、游客中心、生态农庄、天鹅湖、马拉松赛道、农家乐园、亲子乐园、花卉植物园等设施。

**【沭阳油菜花海】** 新沂河始自骆马湖嶂山闸，途经沭阳等县，至燕尾港镇南与灌河汇合后入海，全长

2021年4月，吴印咸故居 周东翔 摄

2021年12月，南山公园 周东翔 摄

146千米，在沭阳境内65千米。河两岸大堤相距约1.5千米，堤内有大片空地，在沭阳人口中，大堤里面的河道被称为“沂河淌”。2019年以后，扎下镇、耿圩镇、沭城街道等单位互相配合，积极做好沂河淌油菜花基地前期打造工作。在沂河淌245省道以东，新长铁路以西区域试点种植油菜花，287公顷油菜长势良好，为沂河淌添上一片新绿。景区新建了停车场、观景平台、旅游厕所、游客服务中心、农家乐等服务功能区域，是游客春季观赏油菜花美景的景区之一。

【周圈古栗林公园】 周圈古栗林公园位于新河镇周圈村境内，是苏北地区保存最为完好的古代板栗林，占地30多公顷，最古老的栗树260多年树龄，百年以上的栗树435株，另有数百年以上的银杏50多株，按易经八卦的图形栽植，具有一定的历史文化价值，2009年被江苏省文物局评为“十大新发现文物”。公园内有“阳光沙滩”供游人游乐、健身，沙河岸边有观光茶楼。公园东侧是普善寺，寺内有虞姬殿。寺内外有百余株古栗树和古银杏树，晨钟暮鼓，古刹幽静，是佛教圣地。

【南山公园】 南山公园位于沭阳县南部新城，东起宿迁大道，西至上海南路，南沿柴沂干渠，北接松江路，面积约16.8公顷。“采菊东篱下，悠然见南山”。南山公园作为城区第一座山体，最高峰海拔38米，围绕三座山峰，打造开放式生态公园。主要采用人工山水师法自然的景观理念，以丰富多彩的地形和变化的植物群落构建山水骨架和空间关系，在满足公园景观绿化效果等基本功能的前提下，赋予城市绿洲新的延伸和内涵。按照景观和功能划分，公园分为五区十二景。五区分别为主入口区、山林生态区、潭瀑观赏区、草坪活动区、滨水休闲区；十二景主要包括地标牌楼、叠泉景墙、樱花潭、塑石瀑布、景观叠水、赏景亭台、登山步道、观景栈道、时光回廊、滨水绿带、梅园、桃园等。通过透水健身步道、青石园路、木栈道等多种不同形式的线条，串联整个公园，营造亲自然、品文化、登南山、悦生活、勇探险的山地自然风光。同时，公园设置儿童游乐场、休闲广场、健身步道、阳光草坪等不同的活动空间，为市民提供一个山环水绕、景观优美、怡然风趣的活动场所，让市民充分感受悠然自得的生活气息。

## 古树名木

【概况】 沭阳县有林业部门挂牌保护的古树名木（古树群）1309株，最为有名的有古栗林、袁枚手植藤、“卧牛望月”地柏盆景等。

【古栗林】 主要位于新河、颜集两个乡镇，多栽植于清代后期。周圈古栗林位于新河镇周圈村境内，是苏北地区保存最为完好的古代板栗林，占地30多公顷，最古老的栗树260多年树龄，百年以上的栗树435株。新河双荡村古栗林位于新河镇双荡村，占地约9公顷，现

2021年8月，新河双荡古栗林 新河镇 供图

存百年以上古栗树1680余株，苍劲古朴，宛若蛟虬，所产板栗颗粒饱满、色泽油亮。新河镇周圈村、山荡村的古栗林已被打造成风光秀丽的公园。颜集镇古栗林主要分布在花晏村、许房村和堰下村，其中花晏村的古栗林约有5.3公顷，许房村共有板栗树约千余株，堰下村古栗林占地约4公顷，有古栗树100多株，最大树龄的板栗栽种于明末清初时期。

**【袁枚手植藤】** 袁枚手植藤又叫“袁公藤”，位于沭城紫藤花园小区（原县政府）院内，是清代大诗人袁枚在沭阳任知县时亲手所植，至今已近300年，树高4.2米，胸围约130厘米，枝叶茂盛，紫花如烟，攀若蛟虬，为市级保护文物。清诗人吴少槎吟《紫藤》诗曰：“随园仙吏剧风流，舄作双凫旧时游。吏解钞书官荷锸，古藤蔓作两蛟虬。”

**【“卧牛望月”刺柏盆景】** 刺柏属柏科刺柏属，该盆景位于新河镇周圈村胡家花园内，沭阳花木之魂、胡家花园镇园之宝。树高1.2米，胸围25厘米，树龄520多年。“卧牛望月”盆景最珍贵之处在于五个词十个字：一是御赐，由康熙皇帝赐予老师胡简敬带回栽植；二是久远，据考证在全国也是年代最久远的地柏盆景之一；三是技绝，它是沭派盆景最古老的起源，其渔网扣的盘扎技艺已属中国盆景造型技术的巅峰之作，盆景整体有较大云片60多个，每个云片有近40个菱形方孔，片片交映，孔孔相连，形似蜂窝，又如渔网。只要手指轻碰盆景某一处，就会全身晃动，所谓“一抖全身抖、一扔铜钱掉”；四是玄妙，造型似卧牛，有头有尾，更奇特的是每逢月圆之时，在月光下形成卧牛回首望月之影，被世人称奇，十分难得；五是意深，勤勉孺子牛，世代福泽深。

**【“二龙戏珠”铺地柏盆景】** 铺地柏属柏科圆柏属，该盆景位于周圈村胡家花园内，有近200年的历史。这株落地盆景的最大特点是古、奇、祥。古，是历史悠久，是沭派盆景最古老的源起。奇，是造型奇巧，二龙约2米长，仅由一根树桩修剪而成，形态栩栩如生。祥，是寓意吉祥，鼓励后人发奋读书，跃龙门、登皇榜。

**【皂荚树】** 皂荚树属云实科皂荚属，位于沭城的沭阳宾馆院内。树高约20米，胸围54厘米，已有190多年历史，树干挺拔，枝繁叶茂，郁郁葱葱。据传此皂荚树是清代道光年间沭阳大地主程震泰从山西买来栽植。民国年间，程家破败，这棵皂荚树得到社会各界的保护。新中国成立以后，专家鉴定该树栽植年代为清道光十年（1830）左右。现列入县级保护文物，属宿迁市范围内的珍贵树木。

**【鲍庄三棵树】** 鲍庄三棵树是指位于贤官镇蒋园居委会鲍庄的银杏、木瓜、松树三株古树。据载，这三棵树已有440多年的树龄，是南朝宋著名诗人鲍照的后人逃荒在这里所植。大约在明万历十五年（1587），鲍氏老祖来的时候，一根扁担一头挑着白果、木瓜、松树三棵小苗，另一头是三个孩子。来到鲍庄后，见这里靠近大沙河，水好土肥，便栽下三棵树，孩子长大以后一家一棵。风霜雪雨，几百年来，这三棵树已像苍老的巨人，仍然耸立在沙河岸边。木瓜树高约10米，两支树干，每杆1尺多粗。较粗一根的侧杆底部有一个洞，洞里经常有小鸟生蛋繁殖，这里变成它们祖辈相传的爱巢，木瓜每年要结三四十斤果子。另一棵是檀香松树，几百年生长茂旺，曾几经雷击使它半身枯朽，另半身却不断遭到折枝。因为当地人在逢年过节、红白喜事时，都要折下松枝，用以扎松门，祭祀供奉，松树膀锯下做檀香木烧。这样，年长日久，老松树的生命终于终结。至今，干枯的松树仍然挺立在鲍庄村头。生长最旺盛的是银杏，屹立在沙河西岸河堤上，树高约30米，胸围约4米，树冠覆盖面积近700平方米，每年结果千余斤。

**【钱集古银杏树】** 钱集古银杏树位于钱集镇大南村，树高约23米，胸围约4米，树龄270多年。

## 历史名人

**【文化名人】** 沭阳县历史悠久，从考古已经发掘的古遗址和古墓葬可以看出，从新石器时代到西周、战国、汉、唐等重要历史时期沭阳境内都留下了人类活动的遗迹。相传秦末沭阳人虞姬，文武兼备，随夫项羽征战南北，留下霸王别姬的千古绝唱。晋末赵伦之起兵协助刘裕建立宋，官至领军将军。明清两代，沭阳文人辈出。胡琏，明末清初沭阳人，胡琏、胡效才、胡应嘉祖孙三代皆进士及第，其他子孙也名重一时，胡琏外甥、《西游记》作者吴承恩称胡家为“长淮名门第一”。胡简敬，顺治年间举人，沭阳新河乡人，康熙十年（1671）冬，回乡奔丧，居丧期间，在沭阳知县张奇抱的力邀下重修《沭阳县志》，该志凡29类，13万言。吴甸华，沭阳人。清乾隆四十五年（1780）庚子科进士及第，在黟县任知县时，筹银8千余两，建碧阳书院，立条规，严课徒，使教育事业兴旺。刘清韵（1842—1915），女，出生于灌云盐商之家，多才多艺，能诗文，擅丹青，精于书法、戏曲，18岁嫁沭阳钱集钱德奎（字梅坡），定居马厂。她一生创作大量诗词，有《小蓬莱仙馆诗抄》和《瓣香阁》。李映庚（1845—1916），沭城马巷人，光绪十五年（1889）己丑科进士第53名，初任卢龙、迁安知县，勤于政务，为民兴利除害，颇有政声；为新军创作的《军乐稿》，充满了反帝爱国激情。

【革命先烈】 沭阳县是革命老区，在新民主主义革命时期和社会主义革命及建设时期，沭阳有4320多名烈士为国捐躯。有影响的烈士有：吴苓生（1900—1931），一名丽实，字松仙，颜集镇人。曾任哈尔滨特委、北满地委书记，后兼任东北三省特派员、《哈尔滨日报》总编辑、山东省委书记。因叛徒出卖，1931年4月5日，吴苓生在济南慷慨就义，年仅31岁。胡寿彭（1904—1930），字坚如，新河镇人。1929年，加入中国共产党，曾担任城西区区委书记。1930年7月初，县委指派胡寿彭发动新河暴动，后党组织又调胡寿彭参加筹备沭阳“八一暴动”，不幸在田间被枪误击牺牲，年仅26岁。李耀晶（1904—1933），汤涧镇前李庄人，曾任中共浦东区委书记、江苏省委执委。1932年年底，李耀晶去江苏省委开会，途遇叛徒告密，被捕，被关押于苏州监狱，虽然遭严刑拷打，李耀晶只字未吐党的机密，翌年牺牲狱中，年仅29岁。张腾龙（1898—1934），青伊湖镇口头庄人。1932年，张腾龙赴江西苏区，在苏区担任红军团长，第四次反“围剿”中不幸牺牲，时年36岁。李嘉林（1907—1941），沭城人。先后在上海反帝大同盟、左联、争自由运动大同盟团体从事革命活动，并担任盟法南区党团书记。后赴皖南新四军军部做政治工作。1941年夏，李嘉林积劳成疾不幸逝世，终年34岁。吕继元（1913—1941），吴集镇塔桥村人。1940年年初，吕继元抗大毕业，到皖东北抗日前线，担任泗五灵凤县委宣传部部长。1941年春节，在与敌伪的交战中，壮烈牺牲。还有地下交通员方寿法、革命烈士吕德恂、“刘胡兰式女英雄”王华、华东一级人民英雄鲁锐、“一级战斗英雄”刘金佐、口头庄十二烈士、仲湾七英雄等。

## 民族、宗教

【少数民族】 2021年，全县共有37个少数族群。其中，纳入户籍管理的有回族、苗族、彝族、布依族、土家族、壮族、傈僳族、满族、白族、蒙古族、侗族、哈尼族、瑶族、水族、傣族、佤族、黎族、朝鲜族、藏族、畲族、拉祜族、仡佬族、怒族、土族、布朗族、景颇族、达斡尔族、仫佬族、纳西族、俄罗斯族、维吾尔族、锡伯族、阿昌族、德昂族、哈萨克族、普米族、塔吉克族等，人口约3600人。全县有少数民族村1个，即马厂镇赵庄村；少数民族组2个，即龙庙镇赵家村河东组和章集街道章集居委会河口组。

【宗教信仰】 沭阳县内信教群众主要信仰佛教、伊斯兰教、天主教、基督教四大宗教。2021年，沭阳县有依法批准的宗教活动场所192处，宗教教职人员113人，拥有信教群众约3.58万人。其中，佛教3处，信教群众约400人；伊斯兰教1处，信教群众约1000人；基督教188处，信教群众约3.4万人。

## 特色农产品

沭阳县是传统的农业大县，稻麦是主要的农产品。20世纪80年代后，随着农业产业结构的调整，一些富有沭阳地方特色的农产品也开始大量上市。

【潼阳西瓜】 潼阳镇独特的种植环境，造就了潼阳西瓜个头大、口感好、品质优的特点。潼阳西瓜呈圆球形，单果重3～4千克；果皮浅绿色，墨绿色条纹清晰；瓜瓤粉红、肉质细嫩、汁多籽少、鲜甜爽口。潼阳镇有近40年的西瓜种植历史，潼阳西瓜是潼阳镇一大特色产业，全镇西瓜种植总面积约1000公顷，有500多个种植大户。近年来，当地瓜农改变传统种植方式，由大众化向精品化发展，以绿色食品的标准要求进行种植，潼阳西瓜在市场上颇受欢迎，供不应求。

【潼阳花生】 潼阳花生米粒外观整齐，含油量高达55%以上，含蛋白质28%左右，且富含17种人体必需的氨基酸。潼阳花生用于榨油出油率高，加工成食品或炒货具有香、酥、脆的突出特点，细腻好吃。

潼阳花生实行春夏两季种植模式，2021年，潼阳花生鲜果产量高达3.8万吨，产值突破亿元，真真切切地让农民看到了小花生的大“钱”途！

【万匹银杏】 银杏又名白果，俗称鸭脚、公孙树，为新生代第四纪冰川时期的孑遗植物，素有活化石之称。万匹乡（2021年3月合并为贤官镇）是全市唯一的银杏之乡，银杏种植已有50多年的历史，全乡有优质“大佛指”银杏160多公顷，其中银杏村的100多公顷银杏进入盛产期，年产银杏150多万千克。

【高墟大米】 高墟镇是江苏省优质粳稻生产基地，有近千年的水稻种植历史，该镇土质具备碱性米种植得天独厚的优越条件，出产的高墟大米色泽晶莹，外形美观，蒸煮的米饭清香爽滑，口感香甜；米粥黏稠、软糯，米汤厚实青白，营养丰富。2018年，高墟大米获批国家地理标志农产品。

【茆圩草莓】 茆圩乡（2021年3月合并为桑墟镇）的草莓基地、草莓生态园远近闻名，被称为“草莓之乡”。茆圩草莓果形端正、饱满，果面着色均匀、光泽亮丽，果肉香味浓郁、汁多味甜，适口性好，果实硬度较大，耐贮运。茆圩草莓种植历史悠久，从20世纪90年代初政府为加快农民增收步伐，高度重视草莓产业的发展，开始规模化种植，草莓种植面积达460多公顷，已进入有序、健康的产业化经营轨道，是当地农民脱贫致富、增加经济收入的主要产业。

【茆圩花生】 茆圩乡（2021年3月合并为桑墟镇）素有“花生之乡”之美誉，花生种植面积达2000公顷以上，主要是销往上海、杭州、宁波、苏州、无锡、常州等地。特有的土壤、水源和特殊的气候条件决定了茆圩花生的优良品质。茆圩花生果型大，果长7厘米左右，多为双仁，百果重190～230克，香味独特；具有脂肪含量高的特点，每百克含脂肪≥44.5克。其荚壳网纹清晰、果仁饱满，果实周正，荚果内海绵层收缩并有黑褐色光泽；荚果皮呈黄白色，果仁皮呈现红褐色，净仁率高达72.0%；果仁酥脆，有特有的奶香气味，每百克含蛋白质≥25克。

【贤官梨】 贤官梨有近60年的栽培历史，1962年，贤官镇赵集村划出5.3公顷地首建果园，主要种植从山东引进的“白酥梨”“苹果梨”等。在效益的推动下，规模不断扩大，品种不断更新，至2021年，赵集村梨园面积达100公顷，进一步提高了贤官梨的影响力。贤官梨以个大核小、肉质细腻、汁多脆甜等上佳品质闻名，多次被沭阳选送到省市参加优质果品展示评比并获奖。

【官墩鸡蛋】 官墩乡（2021年3月合并为韩山镇）素有“禽蛋基地，稻米之乡”的美称。1953年新沂河大堤筑成后，依傍新沂河宽敞的河道和清澈的水源，南庄、先锋、郁圩等村家家养殖蛋鸡。官墩蛋鸡生长健壮，鸡蛋外壳红润，打开后蛋清均匀分布在蛋黄四周，清澈透明，蛋黄丰满圆润，油光透红。官墩蛋鸡养殖以一家一户适度规模养殖为主，养殖户稳定在300户左右，蛋源稳定在20吨/天，官墩鸡蛋在沭阳及周边市场享有盛誉。

【吴集白萝卜】 吴集镇素有“状元故里、蔬菜之乡”之美誉，吴集萝卜种植经久不衰，明代著名抗倭名将、武状元刘綎率部下及民众在吴集地区与倭寇历经数年鏖战，立下赫赫战功，其中萝卜是将士们的主要食用蔬菜。20世纪80年代后，以白萝卜（当地人又称“白玉春萝卜”）种植占主导，吴集白萝卜以范赵村为中心约20平方千米的区域品质最好，产品皮纯白无青头，肉质脆嫩，口感好。吴集白萝卜每年种植面积都在200公顷以上，产品总量10000吨左右。

【韩山甘薯】 甘薯，又名山芋、地瓜、番薯。清代康熙以政府的力量推广番薯时传入韩山。韩山地势较高，土壤富含钾，非常适合甘薯生长。韩山甘薯常年栽植面积200公顷，总产量6000余吨。通过不断引种优质甘薯，采用高垄栽植，施用有机肥等，韩山甘薯形成“味甘甜美”的独特风味。

【沭阳瓜蒌】 瓜蒌，多年生攀缘型草本植物，其果实、炅皮、果仁（籽）、根茎均为上好的中药材，瓜蒌子具有润肺化痰、宽胸散结、滑肠通便功效。20世纪60年代，沭阳瓜蒌种植主要分布在农户的家前屋后、路边、沟渠边、林地。2000年以后，随着瓜蒌食药兼用品种的普及，沭阳瓜蒌种植面积迅速扩大，沂涛镇已形成规模达万余亩的核心区。2019年，胡集镇引进社会资本，流转200多公顷土地发展瓜蒌产业，发展瓜蒌子深加工项目，注册了瓜蒌籽产品商标“沭记”，将瓜蒌子炒制为休闲食品，取得较好的经济效益。

【北丁集杏鲍菇】 1995年，北丁集乡（2021年3月合并为耿圩镇）已有农户种植杏鲍菇。2006年，依托北丁集乡杏鲍菇产业基础和产业劳动力，绿雅（江苏）食用菌有限公司成立，带动了北丁集乡杏鲍菇的发展。北丁集杏鲍菇采用四季恒温智能温室生产，产品个大、体健、色白、味美，全部获得绿色食品认证。北丁集杏鲍菇平均日产量120余吨，产品影响力较大，全部销售在大中城市的超市。

【华冲番茄】 1978年，华冲镇大尖村开始种植番茄，后辐射到站墩、仲林、华冲、官沟等12个村，常年种植面积330多公顷。华冲番茄栽培方法独特，采用稻菜轮作方法生产，对蔬菜病虫害的发生有极好的抑制作用，具体方法为水稻收获后的11月安装钢架塑料大棚，保温育番茄苗，4月底在番茄行内套种瓜类或豇豆类，6月中下旬清棚栽插水稻。华冲番茄上市时机适宜，在3月底上市，此时北方的日光温室番茄已清园，南方番茄因早春多阴雨较迟，尚处开花幼果期，番茄上市量少，历年价格都较高，效益好。

【湖东大米】 湖东镇（2021年3月合并为高墟镇）位于沭阳县东北，独特的土壤及水利条件，造就了湖东大米独特的品质和口感。湖东全境土壤均为海淤土，有机质含量高达2.5%以上，钾含量在180pp/米以上，且土壤呈弱碱性，是生产优质水稻的理想土壤类型。湖东镇灌溉水源为淮沭河的二类水，为城市饮用水源。湖东镇于20世纪

50年代中期开始栽培水稻，常年种植面积3660多公顷，是苏北优质稻米的重要产区之一。

**【沭阳芦蒿】** 沭阳芦蒿种植历史久远，相传唐朝名将薛仁贵任瓜州长史时，北伐收辽东，途经今沭阳龙庙，驻扎野炊。当时粮草匮乏，民间则芦蒿遍地，割之饮用，脆嫩爽口、平抑肝火，官兵餐后皆大为夸赞，即传承延续。20世纪90年代，龙庙镇联合村农户开始广泛种植，并向周边乡镇辐射，现已渐成规模。芦蒿适应性强、病虫害少、味甘甜美、营养丰富，且具有药用性，已经成为寻常百姓和高档宴席上的美味佳肴，也是广大农户发家致富的有效途径。2021年，仅龙庙镇联合村芦蒿种植面积就达130多公顷。

**【陇集浅水藕】** 陇集镇境内沟河纵横，水资源非常丰富，且土质松软，为浅水藕的种植提供天然的佳美之地，陇集镇种植浅水藕历史悠久，可以追溯到解放初期，当地群众就利用村前村后沟河水塘种植浅水藕。近年来，农户充分利用本地独特的水、地资源和长期积累的浅水藕种植经验，大力扩大种植规模，从池塘小面积种植，扩展延伸到池塘外面大面积种植，到2021年陇集镇在陇北荡浅水藕龙虾套养种植面积已增扩到400多公顷，并打造出自己的本地品牌，形成了“互联网+电商”销售渠道，实现年销售4000余万元。给周边群众带来了“土地租金、劳务工资、溢出分红”三大收入。

**【钱集芦笋】** 芦笋学名石刁柏，素有蔬菜之王美誉。2018年，江苏石柏园农业科技有限公司落户钱集，种植芦笋面积达千亩，是江苏最大面积的芦笋种植基地。鲜品供应上海、杭州、广州等地，冻品出口日本、韩国和德国。

## 1月

4日，县委书记卞建军主持召开“十四五”综合交通规划工作会审会。县领导彭伟、张莉萍、孙其泉及相关单位负责人参加会议。

5日，县委书记卞建军主持召开县委理论学习中心组学习研讨会暨县委常委会“不忘初心、牢记使命”集中学习会。

是日，县政协十二届二十三次常委会会议召开，协商通过关于召开县政协十二届五次会议的有关事宜，决定县政协十二届五次会议于1月12日至14日在城区召开。

8日，副市长林小异到沭阳调研“十四五”新增地表水国控断面工作。在沭阳期间，林小异一行到淮沭新河沭阳闸北取水口断面、新沂河（北泓）姜庄水漫桥断面等处，对断面所处的具体位置、周边环境、水质水文特点、采样监测、现场水体性状等情况进行实地调研。

10日，沭阳县开展首个“中国人民警察节”系列主题活动，县委书记卞建军到县公安局走访慰问。

是日，市委常委、常务副市长史志军到沭阳县检查安全生产工作。市政府副秘书长徐宜军，县领导卞建军、彭伟、张莉萍及市县相关单位负责人参加检查活动。

12日，江苏传智播客教育科技股份有限公司在深圳证券交易所中小板上市。这是沭阳县第一家A股上市的企业，也是中国教育行业A股IPO第一股。

13日，中国人民政治协商会议沭阳县第十二届委员会第五次会议在沭城召开。

14日至15日，县第十七届人民代表大会第五次会议在县文化艺术中心召开。会议选举产生沭阳县第十七届人民代表大会常委会副主任1名。表决通过了相关决议（草案）。

16日，县委书记卞建军主持召开国土空间总体规划(2020—2035)发展战略初步方案汇报会，专题听取全县国土空间总体规划发展战略情况的汇报，就进一步做好相关工作提出了明确要求。彭伟、石敬峰等县领导及相关单位负责同志参加会议。

22日，省环保集团党委书记、董事长方斌斌一行到沭阳县调研村企联建工作。

是日，副市长林小异到沭阳县调研农村疫情防控和村（居）委会换届工作，县领导彭伟、谢红梅、孙其泉及相关单位负责人参加活动。

25日，县委常委、县人武部政委冯刚，副县长谢红梅带领相关单位负责人赴东小店乡、悦来镇，为沭阳县军人沈念宝、韩勇两家送去二等功喜报和慰问品。

26日，县委书记卞建军赴北丁集乡、陇集镇、刘集镇调研乡村振兴和疫情防控工作。县领导刘瑞春、王昭文、谢红梅、范以环及相关单位负责人参加调研。

27日，县委书记卞建军调研重点基础设施和民生实事项目规划建设工作。县委常委、常务副县长张莉萍及相关单位负责人陪同调研。

29日，县委书记、经开区党工委书记卞建军调研经开区重大产业项目建设工作。县委常委、经开区党工委副书记、管委会副主任石敬峰及相关单位负责人参加调研。

是日，2021年“江苏方志大讲堂”新年首讲在张圩乡淮海抗日根据地军政大讲堂开讲，县委党史工委（县志办）副主任荣铁利作题为《江淮河汉今谁属 红旗十月满天飞——淮海抗日根据地的峥嵘岁月》的讲座。

## 2月

1日，天能控股集团董事长张天任一行到沭阳县考察经济社会发展情况，并参加天能股份江苏沭阳公司2020年度总结表彰大会。

3日，副市长曹秀明、阿不力克木·艾则孜带队到沭阳县开展安全生产督查工作。

6日，新春佳节即将来临之际，县委书记卞建军看望慰问困难群众、劳模和老干部，为他们送去新春问候和节日祝福。

9日，十二届县纪委六次全会召开。县委书记卞建军出席会议并讲话。彭伟、刘瑞春、丁晓平等县级领导班子成员及相关单位负责同志参加会议。县委常委、县纪委书记、县监委主任朱浩传达了省、市纪委全会精神，并代表县纪委常委会作工作报告。与会人员还观看了警示教育片《深渊》。

是日，沭阳县举行第五届“沭阳好人”“沭阳十大孝星”颁奖仪式。县委书记卞建军出席颁奖仪式，并为获奖代表颁奖。县委常委、宣传部部长姜若鸣主持颁奖仪式，并宣读了《关于表彰第五届“沭阳好人”“沭阳十大孝星”的决定》，获奖代表分别作了交流发言。

10日，沭阳县召开2020年度高质量发展总结表彰大会，鼓舞和激励全县广大干群扛起新使命、践行新理念，奋力夺取全面建设现代化新胜利。

是日，沭阳县举行新时代文明实践志愿服务先进典型颁奖仪式。县委副书记、县长、县新时代文明实践志愿服务总队总队长彭伟出席仪式，并为志愿服务先进典型颁奖。

17日，县委书记、县疫情防控工作指挥部政委卞建军现场检查疫情防控和企业招工工作。他强调，要深入学习贯彻习近平总书记重要指示讲话精神，按照中央和省、市工作部署，坚持常态化精准防控和局部应急处置有机结合，持续做好常态化疫情防控各项工作。

19日，市委常委、常务副市长史志军到沭阳县会办桐昆集团沭阳项目建设工作。

是日，沭阳县以“新春第一会”的形式召开全县改革创新大会，动员全县上下始终坚持以新思想为指导，深入贯彻习近平总书记视察江苏重要讲话精神，认真落实省、市相关会议精神，深入开展“改革创新作表率、争先进位走在前”大讨论大调研大实践活动，积极投身新一轮改革创新热潮，迅速形成对标赶超、争先进位的浓厚氛围，奋力谱写新时代“春到上塘”沭阳篇章。卞建军、彭伟、刘瑞春、丁晓平等县级领导班子成员及各乡镇、县直各部门负责人等参加会议。

23—24日，十二届县委全面深化改革委员会召开第九次会议，专题听取各乡镇、各部门2021年改革创新项目制定情况，动员全县上下直面问题、主动作为，深入开展“改革创新作表率、争先进位走在前”大讨论大调研大实践活动，推动形成聚焦创新、狠抓创新、褒奖创新的浓厚氛围。县委书记卞建军主持会议并讲话。

26日，全市重大产业项目集中开工仪式举行。沭阳县共有23个重大产业项目在分会场同步集中开工，总投资335.7亿元。卞建军、彭伟、刘瑞春、丁晓平等县级领导班子成员及相关单位负责人参加活动。

27日，新疆克孜勒苏柯尔克孜自治州州委副书记杨伟辉带领考察团到沭阳县考察经济社会发展情况。

28日，省政府副秘书长、办公厅主任谢润盛带领调研组到沭阳县调研“五方挂钩”帮扶工作。

## 3月

1日，县委书记、县委审计委员会主任卞建军主持召开县委审计委员会第四次会议。县领导彭伟、朱浩、王昭文及相关单位负责同志参加会议。会上，与会人员听取并讨论通过了《全县2021年度审计项目计划（草案）》等文件。

3日，市政协副主席裴承前带领调研组到沭调研“有事好商量”协商议事工作。县政协主席丁晓平、县政协副主席唐军玉陪同调研。

是日，沭阳县召开图书产业发展会议，进一步整顿和规范全县出版物市场经营秩序，加大扶持力度，推动图书产业健康发展。县委常委、宣传部部长姜若鸣出席会议并讲话。副县长沈杰主持会议。

11日，沭阳县召开新一届村（社区）党组织书记入职培训会。县委书记卞建军为新一届村（社区）党组织书记讲党课，深情寄语大家，常怀“五心”、做到“五新”，当好乡村振兴“领头雁”。

12日，沭阳县在沭阳“三河”省级湿地公园组织开展“义务植树四十载，美丽沭阳谱新篇”主题植树活动。卞建军、彭伟、刘瑞春、丁晓平等县级领导班子成员及来自全县各单位的300余名志愿者一起参加了义务植树活动。

是日，沭阳县人民政府印发《关于变更部分行政区划的通知》。根据文件要求，撤销章集街道、东小店乡，设立新的章集街道；撤销钱集镇、张圩乡，设立新的钱集镇；撤销塘沟镇、周集乡，设立新的塘沟镇；撤销韩山镇、官墩乡，设立新的韩山镇；撤销桑墟镇、茆圩乡，设立新的桑墟镇；撤销李恒镇、汤涧镇，设立新的李恒镇；撤销高墟镇、湖东镇，设立新的高墟镇；撤销耿圩镇、北丁集乡，设立新的耿圩镇；撤销贤官镇、万匹乡，设立新的贤官镇；将青伊湖农场划入青伊湖镇行政区域。

16日，县委书记卞建军主持召开创建全国文明城市三年行动计划会办会。县领导彭伟、王昭文、姜若鸣、孙其泉、许尔斌、范以环及相关单位负责人参加会议。

18日，2021年江苏省电子商务进农村综合示范工作推进会在沭阳县召开。省商务厅二级巡视员郁冰滢，县委副书记、县长彭伟，副县长沈杰及全省13个市商务局分管局长、电商负责人等参加会议。会前，与会人员到沭阳电商公共服务中心、苏台园艺、颜集镇堰下村邮快结合村级服务站点、新艺园等处，实地了解沭阳县电商发展情况。

19日，沭阳县首次举行“薪火相传、接力前行”干部荣誉退休仪式。县委书记卞建军出席活动，并为11名荣誉退休干部颁发退休证书和纪念品。县委常委、组织部部长王昭文及相关单位负责人参加活动。

是日，2021年亚足联女足日“女孩足球节”江苏宿迁站活动在悦来九年制学校开幕。省足球运动协会副秘书长郑翰、副县长范以环及省、市、县相关单位负责人参加开幕式。

是日，副市长林小异到沭阳县调研水利工程建设工作。县委书记卞建军、副县长孙其泉及相关单位负责人陪同调研。

20日，沭阳县召开全县乡镇领导班子换届工作会议，全面贯彻落实中央和省委、市委关于换届工作决策部署，确保全县乡镇领导班子换届工作积极有序推进。县委书记卞建军出席会议并作动员讲话。县委常委、组织部部长王昭文主持会议。

22日至23日，中国科学院院士、南京大学电子科学与工程学院教授郑有炓，中国科学院院士、南京大学物理学院教授都有为带领南京大学院士专家一行到沭阳调研。县领导孙维东、王昭文、周杰等参加活动。

23日，沭阳县召开新冠病毒疫苗接种工作推进会，贯彻落实国家和省、市最新会议精神，组织和动员全县上下提高政治站位、引起高度重视，全力以赴做好全县新冠疫苗接种工作。

26日，全国未成年人公益诉讼检察研讨会在沭阳召开。最高人民检察院第九检察厅厅长史卫忠，省检察院党组成员、副检察长俞波涛，市县领导林小异、刘加云、彭伟及江苏、重庆、上海、山东等多个省市检察机关，北京师范大学、中国政法大学、南京大学等多所高校法学专家、学者等出席会议。

29日，县委书记卞建军，县委副书记、县长彭伟，县人大常委会主任刘瑞春等县领导到县第一人民医院集中接种点接种新冠病毒疫苗，为推动全县新冠病毒疫苗接种做表率。

## 4月

1日，山东省郯城县县委副书记、县长王立军带领考察团到沭考察学习城市建设和管理工作，受到了县委副书记、县长彭伟的热情接待。在沭阳期间，王立军一行先后参观考察了城区快速路一期B标工程、街景提升工程、老沭河健身步道等处，沿途听取了彭伟关于沭阳县城市建设和管理工作情况的介绍。

是日，昆山沭阳南北合作交流座谈会召开，昆山市副市长宋德强，县委副书记、县长彭伟等出席会议。在沭阳期间，宋德强一行还实地考察了昆沭高新园启动区等项目。

2日，第六届沭阳海棠节在刘集镇金海棠农业园开幕。副县长沈杰等领导嘉宾出席开幕式，并为海棠节开幕启动水晶球。此次海棠节持续至5月上旬，以“共享文旅融合，畅游海棠花海”为主题，举行“赏”在海棠园、“展”在海棠园、“唱”在海棠园、“食”在海棠园、“云游”海棠园等一系列丰富多彩的活动，打造特色旅游品牌。

7日，市委常委、常务副市长史志军主持召开桐昆集团沭阳项目建设推进工作会办会。县委书记、经开区党工委书记卞建军，县委常委、经开区党工委副书记、管委会副主任石敬峰及市县相关单位负责人参加会议。

7—8日，省安全生产专项整治第十三督导组组长、省科技厅副厅长蒋洪带队到沭阳县调研督导安全生产工作。县领导卞建军、石敬峰、季如干、胡捷及市县相关单位负责人参加相关阶段活动。

8日，市政协副主席薛永干一行到沭阳调研文史工作。县政协主席丁晓平、县政协副主席唐军玉及相关单位负责人参加活动。

是日，市委常委、常务副市长、新沂河市级河段长史志军到沭阳县巡查新沂河治理工作。县领导卞建军、周杰及市县有关单位负责人参加活动。

10日，由中共省委网信办指导，新华报业传媒集团和省委党史工办共同主办，《扬子晚报》、中共沭阳县委、沭阳县人民政府承办的“歌颂写在大地上·打卡江苏红色地标线路发布暨学党史直播车全省行”启动仪式在沭阳县举行。新华日报社党委副书记、总编辑顾雷鸣，省委网信办副主任胡连生，省委党史工办副主任缪毅，省人民政府参事、江苏长江经济带研究院院长、江苏乡村振兴智库研究院院长成长春，省政府研究室副主任臧建东，新华日报社党委委员、扬子晚报总编辑王文坚，省社科院马克思主义研究所所长孙肖远，市委常

4月10日，“歌颂写在大地上”打卡红色地标线路发布暨学党史直播车全省行启动仪式在沭阳举行　　沭阳县人民政府网　供图

委、宣传部部长光华，县委书记卞建军，县委副书记、县长彭伟，县委常委、宣传部部长姜若鸣及江苏乡村振兴百镇联盟成员代表等出席活动。

12—13日，全国人大常委会委员、全国人大农业与农村委员会副主任委员王宪魁带队到沭阳县，通过实地考察和座谈交流等方式，就如何在乡村振兴中保持粮食生产和深化农村集体产权制度改革开展专题调研。省人大常委会委员、农委主任刘大旺，市县领导叶辉、赵丽丽、林小异、卞建军、彭伟、刘瑞春、孙其泉及省市县相关单位负责人陪同调研。

13日，全市退役军人服务体系建设及重点工作推进会在沭阳县召开。副县长谢红梅及市县相关单位负责人参加有关阶段活动。

19日，沭阳县召开“三苗”领域专项整治“春雷行动”部署会，强力推进花木种苗、畜禽种苗、水产种苗等“三苗”专项整治工作。县委常委、宣传部部长姜若鸣出席会议并讲话。副县长孙其泉主持会议。

20日，县委副书记、县长彭伟赴耿圩、悦来、陇集、刘集等乡镇，现场推进农村人居环境整治、新开工农业重点项目建设工作。彭伟强调，要按照乡村振兴战略20字方针，全力写好“兴业、优居、富民”3篇文章，常态化扮靓人居环境，壮大富民产业，努力探索出一条以节点提升景观、以产业支撑景观、以重点项目支撑产业的新时代乡村振兴新路径，绘就乡村振兴美丽画卷。

28日，省审计厅党组书记、厅长侯学元一行到沭阳调研。县委常委、宣传部部长姜若鸣及市、县相关单位负责人陪同调研。

是日，桐昆集团沭阳项目开工建设。市委书记、市人大常委会主任王昊，桐昆集团董事长陈士良，市委常委、常务副市长史志军，桐昆集团副董事长陈蕾，县委书记、经开区党工委书记卞建军，县委副书记、县长彭伟等领导嘉宾出席开工仪式。

是日，副市长章其波带领全市农房改善工作现场推进会与会人员到沭阳县观摩。

30日，副市长曹秀明带队到沭阳县检查安全生产工作。

是日，沭阳县召开庆祝“五一”国际劳动节、“五四”青年节表彰大会。

## 5月

8日，市委党史学习教育巡回指导组到沭调研指导党史学习教育工作。县委常委、组织部部长王昭文参加活动。

是日，沭阳县举行县委理论学习中心组（扩大）学习会，邀请省水利协会理事长、省水利厅原一级巡视员叶健作“擘画新蓝图　开启新征程——学习领会十九届五中全会精神与如何看待发展前景”专题讲座。

14日，由市委宣传部主办、市广电总台承办的“一路向前”首场县区海选赛——沭阳专场在县文化艺术中心举行。县委常委、宣传部部长姜若鸣出席活动。

15—16日，江苏省楹联研究会常务理事（扩大）会在沭阳县召开。省楹联研究会会长、常务理事周游，县委常委、宣传部部长姜若鸣，省楹联研究会及各设区市楹联组织相关负责人参加会议。

19日，国家林草局林场种苗司种苗市场监管处处长赵兵带领调研组到沭阳县调研花木电商监管工作。副县长邓衍明陪同调研。

20日，由县委宣传部、县文明办、县妇联、团县委主办的“同心向党　真爱一生”2021沭阳县集体婚礼在南湖公园举行。50对新人以特殊的方式表达对党的热爱和对爱情的忠贞。县人大常委会主任刘瑞春，县委常委、宣传部部长姜若鸣出席活动并分别为新人们证婚、主婚。

23日，江苏海峰达文旅集团向沭阳如东中学捐赠2万册图书。县委常委、宣传部部长姜若鸣出席活动。

24日，市政法英模先进事迹巡回报告会走进沭阳。县领导李东阳、许尔斌、崔永峰、张海涛出席活动。

25日，市政协副主席王柏生带队深入沭阳县部分企业，围绕木材加工和家具制造行业安全生产情况，开展2021年第二季度专项民主监督。

26日，沭阳县召开领导干部会议，宣布省委关于沭阳县委主要负责同志职务调整的决定：彭伟任沭阳县委书记，卞建军不再担任沭阳县委书记、沭阳经济技术开发区党工委书记职务。市委书记、市人大常委会主任王昊出席会议并讲话，市委常委、组织部部长高飞主持会议并宣读省委干部调整决定。

是日，市委书记、市人大常委会主任王昊到沭阳县开展安全生产专题宣讲。

30日，沭阳县举办宣传思想文化战线专题讲座，邀请江苏省委党校哲学教授、硕士生导师、校学术委员梁作民作“创新思维与创新管理”专题讲座，讲座由县委常委、宣传部部长姜若鸣主持。

31日，江苏纺织服装产业集群（园区）发展大会在沭阳县举行。中国纺织工业联合会党委书记高勇，中国纺织工业联合会副会长孙淮滨，中国人民大学国际关系学院副院长、对外战略研究中心主任金灿荣，武汉纺织大学副校长罗锦银，江苏省服装协会会长郁冰，江苏工业和信息化厅消费品处岳学峰，阳光集团党委书记陈丽芬，副市长曹秀明，县委书记、县长彭伟以及省内各集群、产业园区、企业代表等参加了此次大会。

## 6月

3日，省铁路办副主任朱培德带领调研组到沭调研铁路货运、高铁快运和高铁便民车试点等工作。

是日，宿迁市打好污染防治攻坚战指挥部2021年第七次会议暨秸秆禁烧与综合利用工作推进会在沭阳县召开。副市长林小异出席会议并讲话。

5日，副市长薛启书率队到沭阳县视察2021年高考准备工作。

是日，沭阳县乡村振兴局揭牌成立，县委常委、组织部部长王昭文，副县长孙其泉出席仪式并为“沭阳县乡村振兴局”揭牌。

10日，省政府副秘书长、办公厅主任谢润盛一行到沭阳县开展“五方挂钩”帮扶协调活动，推进为民办实事项目。市、县领导史志军、彭伟、孙维东及相关单位负责人参加活动。

11日，全县招商引资大会在县文化艺术中心召开。县委书记、县长彭伟出席会议并讲话。彭伟强调，全县上下要进一步解放思想、凝聚共识、加压鼓劲、强化担当，以创业意志、拼抢姿态吹响全县招商引资“冲锋号”，奋力掀起招商引资新高潮，为推动全县工业经济高质量发展注入新动能。

16日，县委书记、县长彭伟主持召开2021年第一次编委会。县领导张莉萍、石敬峰、王昭文及相关单位负责人参加会议。

17—18日，宁、淮、苏、连四市沭阳商会“建党百年思先烈 沭商齐聚故乡行”暨沭阳商会联盟授牌仪式在沭阳举行。

18日，沭阳县举行机关在职党员“报到服务进小区”“邻里红先锋”行动启动仪式。县委副书记张莉萍出席活动并向机关党员先锋服务队授旗。

19日，省委常委、省纪委书记、省监委主任王常松率队到沭阳县调研经济社会发展情况。省纪委副书记、省监委副主任周广智随同调研。市委书记、市人大常委会主任王昊，县委书记、县长彭伟陪同调研。

20日，副市长、市公安局局长韩军到沭阳县调研公安工作。县委书记、县长彭伟，县委常委、政法委书记李东阳，副县长、县公安局局长许尔斌及市、县相关单位负责人参加调研。

23日，全国人大代表，省人大常委会副主任、党组成员马秋林带队到沭阳县调研乡村振兴工作。省人民检察院党组书记、检察长刘华，省人大常委会委员、环资城建委主任汪泉参加调研。市委书记、市人大常委会主任王昊，县委书记、县长彭伟陪同调研。

24日，“永远跟党走”沭阳县庆祝中国共产党成立100周年万人大合唱活动在县体育中心举行。县委书记、县长彭伟出席活动并致辞。

25日，沭阳县九所高中利用成绩公布、学生返校的契机，同步举行“拒绝‘升学宴’引领新风尚”主题活动，万名师生集体签名承诺，不办升学宴，文明表达升学祝福，引领社会新风尚。

26日，沭阳县举行全县重点基础设施项目集中开工仪式。本次新开工基础设施项目共39个，计划总投资204.4亿元。县委书记、县长彭伟参加活动并宣布全县重点基础设施集中开工项目正式开工。

27日，市委常委、常务副市长史志军带队到沭阳县检查安全生产工作。

28日，省安全生产专项整治第十三督导组组长、省科技厅副厅长蒋洪带领第十三督导组到沭阳县开展安全生产督导工作。县委常委、县政府党组副书记石敬峰参加活动。

是日，市委书记、市人大常委会主任王昊带领全市乡村振兴重点工作暨黄河故道生态富民廊道建设现场推进会与会人员到沭阳观摩。县委书记、县长彭伟参加观摩活动。

29日，沭阳县“百支战队赛党史”知识竞赛活动在行政中心西辅楼会议室圆满收官。

## 7月

1日，江苏省庆祝中国共产党成立100周年座谈会暨“两优一先”表彰会议在宁举行，会上，县委书记、县长彭伟作题为《百年梦圆达小康 二次创业再出发》的会议交流发言，并接受江苏卫视《江苏新时空》栏目采访。

2日，沭阳县召开庆祝中国共产党成立100周年座谈会暨县“两优一先”表彰会议，讴歌党的丰功伟绩，表彰先进典型，满怀豪情开启全面建设社会主义现代化国家新征程。

3日，县人大常委会主任、党组书记刘瑞春主持召开县十七届人大常委会第三十九次会议。会议以投票表决的方式，决定任命王瑞为县人民政府副县长、代县长；石敬峰为县人民政府副县长；闻武为县政府办主任；乔德素为县发改局局长；张云为县人社局局长。

是日，沭阳县召开全县领导干部会议，宣布省委、市委关于沭阳县政府主要负责人职务调整的决定：彭伟不再担任沭阳县县长职务；王瑞任沭阳县委副书记，提名为沭阳县县长候选人。市委常委、组织部部长高飞出席会议并讲话。

7日，沭阳县举办专题培训班，邀请北京大学教授、国务院国资委专家组成员张春晓解读中共十九届五中全会精神。县领导杨世伟、张莉萍、寇建东、王昭文、姜若鸣、李东阳等出席会议。

8日，省政府办公厅在沭阳召开2021年“五方挂钩”帮扶协调小组会议。副省长潘贤掌出席会议并讲话。省政府副秘书长诸纪录，省政府参事室专职副主任邹立靖，省乡村振兴局局长朱国兵，市县领导林小异、彭伟、王瑞、孙维东、张莉萍出席会议。

16日，县委书记彭伟以“百年青春正风华 二次创业谱新篇”为题，为全县广大干群讲授党史学习教育专题党课，带领大家重温百年党史、凝聚奋进力量。

17日，省水利厅党组成员、省南水北调办公室副主任、省沂沭泗地区联防指挥部指挥郑在洲到沭阳指导新沂河防汛抗洪工作。副市长林小异、县委书记彭伟、县委副书记张莉萍、副县长张岩等参加活动。

20日，市政协副主席王柏生带领市相关单位负责人到沭阳专题调研职业教育工作。县政协主席丁晓平、县政协副主席唐军玉参加调研活动。

21日，市委常委、宿迁军分区司令员夏卫平率队到县人民医院调研征兵体检工作。县委副书记、代县长王瑞参加活动。

26日，中国共产党沭阳县第十三届委员会举行第一次全体会议，县委书记彭伟主持会议。会议选举彭伟、王瑞、张莉萍、石敬峰、冯刚、寇建东、王昭文、姜若鸣、李东阳、段全猛、王明新为中国共产党沭阳县第十三届委员会常务委员会委员，选举彭伟为中国共产党沭阳县第十三届委员会书记，选举王瑞、张莉萍为副书记。会议通过了十三届县纪委第一次全体会议选举结果的报告。

28日，市委书记、市人大常委会主任王昊，市委副书记、市长陈忠伟带领市委五届十三次全会与会人员到沭阳县观摩，实地感受沭阳县工业经济高质量发展“丰硕”成果。县委书记彭伟，县委副书记、代县长王瑞等县领导参加观摩。

29日，县委副书记、代县长王瑞召开全县防汛防台及疫情防控工作会议。

## 8月

4日，新冠病毒肺炎局部小规模疫情应急处置暨新冠病毒全员核酸筛查采样实操演练在县体育中心举行。县委书记彭伟，县委副书记、代县长王瑞等县领导参加演练。

9—10日，市委书记、市人大常委会主任王昊带队到沭阳县调研经济社会发展情况。市委常委、市委秘书长卞建军，彭伟、王瑞、刘瑞春、丁晓平等县领导参加活动。

12日，副市长薛启书采取“四不两直”方式到沭阳县检查疫情防控工作。县委书记彭伟参加活动。

14日，全县疫情防控指挥部工作会议召开，全面贯彻落实省、市最新会议精神，研判当前疫情形势，从严从紧安排部署下一步疫情防控工作。县委副书记、代县长王瑞主持会议。

21日，全县疫苗接种工作推进会召开，县委副书记、代县长王瑞出席会议并讲话。

26日，沭阳县举行百名援宁医疗队员返沭欢迎仪式。副县长范以环参加活动。范以环为援宁医疗队颁发了荣誉证书和慰问金，并致以问候。活动中，援宁医疗队队长王娟、临时党支部书记谢青分享了援宁的心路历程。

30—31日，沭阳举行2021年“众善众举 圆梦助学”慈善助学活动。县委书记彭伟，县委副书记、代县长王瑞等县级领导班子成员带头捐款、奉献爱心，助力家庭经济困难学子圆梦。

31日，宿迁应急粉尘涉爆救援队在沭阳成立。副县长原宪萍及市县相关单位负责人参加活动。

是日，沭阳县网络电商互助联合会成立大会举行。县委常委、宣传部部长姜若鸣出席会议并为联合会成立揭牌。

是日，全国脱贫攻坚楷模、农业专家赵亚夫到钱集镇东营社区“越光”水稻种植基地指导水稻生产。县委副书记、省委驻沭帮扶工作队队长孙维东、副县长邓衍明等参加活动。

## 9月

1日，沭阳乡村振兴法治教育基地在县人民法院耿圩人民法庭落成，该基地系全省首家乡村振兴法治教育基地。宿迁中院党组书记、院长金飚，县委副书记、代县长王瑞出席仪式并为基地揭牌。

2日，省农业农村厅副厅长沈毅到沭调研农业产业发展工作。县领导王瑞、张岩及相关单位负责人陪同调研。

3日，副市长章其波带领调研组，到沭阳县调研小城市建设和房地产市场发展工作。县委书记彭伟，县委副书记、代县长王瑞陪同调研。

7日，县委书记彭伟看望慰问一线教师，向他们致以节日的问候和诚挚的祝福，感谢他们为沭阳教育事业发展做出的贡献。

8日，沭阳县举行省派科技镇长团第十三批、十四批轮换工作会议，县委书记彭伟出席会议，向第十三批科技镇长团5名成员颁发了荣誉市民证书，县委副书记张莉萍宣读了第十四批科技镇长团成员挂职安排，副县长周杰任新团长，并介绍了第十三批科技镇长团工作情况及第十四批科技镇长团工作计划。副县长原宪萍及第十三批、十四批科技镇长团全体成员，相关单位负责人参加会议。第十三批、十四批科技镇长团代表作了会议发言。

9日，河北省邱县政协主席、招商引资指挥部指挥长谢国军带领考察团到沭阳考察学习招商引资工作。县委副书记张莉萍负责接待。

10日，沭阳召开教育工作会议暨庆祝第三十七个教师节大会，深入学习贯彻习近平总书记关于教育的重要论述，回顾总结成绩，表彰先进典型，部署下一阶段教育改革发展的重要任务。县委书记彭伟出席会议并讲话。

15日，省残联党组书记、理事长万力一行到沭调研残疾人就业、培训、康复、托养等工作。县委书记彭伟、副县长原宪萍等参加活动。

17日，沭阳和灌南联合开展柴米河巡河工作。县委常委、县委统战部部长寇建东，县检察院检察长张海涛参加活动。

28日，广西壮族自治区钦州市钦南区区委副书记、区长肖利富带领考察团到沭阳考察纺织新材料产业发展情况。县委常委、常务副县长石敬峰参加活动。

是日，沭阳县第二届淮海戏艺术节专题晚会在县文化艺术中心上演。

29日，第九届沭阳花木节开幕，国家林草局科学技术司副司长黄发强，省农业农村厅二级巡视员单干银等国家相关部委、省直相关部门负责同志，省风景园林协会会长王翔，中国风景园林学会副理事长、花卉盆景赏石分会理事长陈昌等行业嘉宾，市委常委、秘书长卞建军，彭伟、王瑞、刘瑞春等县级领导班子成员，客商代表、各地行业协会代表等出席开幕式。

是日，沭阳县举行金秋经贸招商推介会，40个项目集中签约，协议总投资527.6亿元。县委书记彭伟出席活动并致辞。县委副书记、代县长王瑞主持活动。县领导刘瑞春、张莉萍、胡捷、徐光良及客商代表等参加活动。

30日，沭阳县在烈士陵园开展纪念活动，深切缅怀革命先烈的丰功伟绩，寄托对革命先烈的无限哀思，弘扬革命先烈的崇高精神。彭伟、王瑞等县级领导班子成员及相关单位负责人参加活动。

## 10月

2日，2021第九届沭阳花木节“跑骑跑挑战赛”在西郊森林公园开赛。江苏省体育产业集团副总经理宗睿洁，江苏省体育竞赛有限公司董事长都永刚，市体育局局长钱辉，田径一级裁判员、国内知名体育展示专家王一鸣，县领导彭伟、张莉萍、范以环、张岩以及3000余名县内外运动健儿、健身爱好者参加活动。

9日，“江苏最美人物”新闻发布会在沭阳县新时代文明实践中心举行，县委常委、宣传部部长姜若鸣出席活动。中共江苏省委宣传部决定，授予江苏鑫亿鼎石英科技股份有限公司技术总监谢大春江苏“最美科技工作者”荣誉称号。

13日，省政府副秘书长、办公厅主任谢润盛到沭调研乡村振兴、文化产业发展等工作。市县领导章其波、彭伟、王瑞、孙维东、张莉萍参加活动。

14日，由省委网信办、省农业农村厅主办的“E路同行 智惠江苏‘数字乡村’篇”网络主题活动走进沭阳，副县长张岩参加活动。

15日，副市长阿不力克木·艾则孜到沭阳调研特色农业发展工作。县委副书记、代县长王瑞，副县长原宪萍及相关单位负责人陪同调研。

17日，2021年中国宿迁高层次人才创新创业大赛暨沭阳县第三届高层次人才创新创业大赛南京分站赛成功举办。省科学技术情报研究所党委书记李敏参加活动，县委常委、组织部部长王昭文参加活动并致辞，副县长、科技镇长团团长周杰主持活动。

是日，由省委统战部、省委台办、省民宗委、省侨联、省工商联、省社会主义学院等单位党组织组成的“同心党建联盟”到沭开展党史学习教育“我为群众办实事”实践活动。省委统战部常务副部长李国华，县委常委、统战部部长寇建东，县政协副主席、工商联主席戚昌青等领导、专家参加活动。

19日，市政协主席王益一行到沭调研乡贤参与诉前调解工作开展情况。市县领导华志明、金飚、彭伟、丁晓平、唐军玉、崔永峰等参加调研活动。

22日，新沂市市委书记陈堂清率领新沂市党政代表团到沭阳考察经济社会发展情况。

是日，省人大常委会副主任、省总工会主席魏国强一行到沭调研人大等工作。

26日，东南大学法学院与沭阳县人民检察院实践基地、实践单位集中揭牌仪式举行。市检察院检察长刘加云，县委常委、政法委书记李东阳，县检察院检察长张海涛及东南大学法学院相关专家、教授参加活动。

27日，沭阳召开作风建设大会，决定在全县开展作风建设集中整治活动。县委书记彭伟出席会议并讲话。

28日，宿迁市按病种分值付费（DIP）医院管理现场会在沭阳召开，全力保障群众获得高质量、有效率、能负担的医药服务。副县长范以环参加活动并致辞。

## 11月

2日，市委副书记、统战部部长杭海带领市委统战部、市委改革办、市委农办、市民宗局等部门主要负责同志，到沭阳县调研乡村振兴、统战群团、“四化”同步集成改革等工作。县领导彭伟、王瑞、张莉萍、寇建东、张岩、徐光良参加调研。

3日，省关工委常务副主任张艳到沭阳调研指导关心下一代工作。县领导彭伟、王昭文、张海涛以及市、县关工委相关负责人参加活动。

是日，2020年度国家科学技术奖励大会在北京举行，知名密码专家、沭阳籍教授吕述望荣获国家科技进步奖一等奖。

4—5日，全省帮扶项目资产后续管理工作现场推进会在沭召开。省乡村振兴局副局长刘文俊、县委副书记张莉萍及相关单位负责人参加活动。

9日，省委宣传部副部长、省文明办主任葛莱一行到沭阳调研文明城市创建工作。县委书记彭伟，县委常委、宣传部部长姜若鸣及市、县相关单位负责人参加调研。

11日，市委常委、副市长章其波带领市直有关部门负责人到沭阳调研交通重点项目建设工作。县领导彭伟、段全猛及相关单位负责人参加活动。

15—16日，南京大学原党委书记、文科资深教授、博士生导师、南京大学长江三角洲经济社会研究中心名誉主任洪银兴等专家教授组成的调研组到沭阳，通过座谈交流、实地考察等方式，指导“四化”同步集成改革示范区暨区域副中心城市建设工作。

17日，市政协主席王益到沭阳调研乡贤公益诉讼观察工作。

20日，县委书记彭伟带领全县工业项目观摩暨重点产业链培育工作推进会的部分与会人员，集中观摩了22个工业项目，实地感受全县重点产业项目建设和经济发展的蓬勃态势。

24—25日，省安全生产专项整治第十三督导组组长、省科技厅副厅长蒋洪一行到沭阳督导安全生产工作。县领导王瑞、石敬峰、原宪萍及市县相关单位负责人参加相关阶段活动。

25日，市委常委、常务副市长张明康到沭阳调研经济社会高质量发展工作。县领导石敬峰、徐光良参加活动。

是日，全市矛盾纠纷源头化解暨“无讼村居”创建推进会在沭阳召开。市委常委、市委政法委书记刘海红，市中级人民法院党组书记、院长金飚，县委副书记、代县长王瑞，县委常委、政法委书记李东阳，县法院院长崔永峰参加会议。

## 12月

2日，县委书记彭伟主持召开2022年重点城建项目、重大产业项目和为民办实事项目编排工作调度会。县委副书记、代县长王瑞参加会议。

13日，县委书记彭伟以县人大代表正式候选人身份到高墟镇第一选区，参加候选人与选民见面会，现场接受选民提问，回应选民关心的区域发展问题，以实际行动践行全过程人民民主。

是日，县委副书记、代县长王瑞以县人大代表正式候选人身份到贤官镇第四选区，参加候选人与选民代表见面会，与选民面对面交流。

14日，市委书记、市人大常委会主任王昊到沭阳调研宿连高速宿连航道项目建设工作。

15日，市人大常委会副主任、民进市委主委赵丽丽带队到沭阳督导县乡人大代表投票选举工作。

17日，泗洪县委副书记、代县长耿晓云率泗洪党政代表团到沭阳考察经济社会发展情况。县领导王瑞、石敬峰、徐光良陪同考察。

是日，南京林业大学专家组到贤官镇调研木材加工产业。副县长、省第十四批科技镇长团团长周杰参加活动。

24日，沭阳县工商业联合会

（总商会）第十二次会员代表大会召开，市政协副主席、市工商联主席李瑞华到会祝贺。县委书记彭伟出席会议并讲话。县领导刘瑞春、丁晓平、寇建东、王昭文及各乡镇（街道）、县直有关单位负责人，县工商联（总商会）第十二次会员代表大会全体代表参加会议。

27日，“中国楹联文化县”授牌仪式暨沭阳县第九届花木节征联颁奖文艺演出在县行政中心西辅楼会议室举行，中国楹联学会会长兼秘书长李培隽出席活动，并授予沭阳县“中国楹联文化县”称号。县委常委、宣传部部长姜若鸣，副县长原宪萍参加活动。

28日，市人大常委会党组书记、常务副主任叶辉一行到沭阳召开市人大常委会工作报告征求意见座谈会。县人大常委会党组书记、主任刘瑞春，县人大常委会党组副书记、副主任张彬，县人大常委会副主任朱少建参加座谈会。

30日，沭阳召开电影《摄影师•青年吴印咸》首映仪式协调会。县委常委、宣传部部长姜若鸣出席会议，并对电影《摄影师•青年吴印咸》首映仪式相关工作进行安排部署。

是日，县委副书记、代县长王瑞赴昆山市考察，与昆山市委副书记、市长陈丽艳举行座谈，双方就两地进一步深化南北挂钩合作进行了深入交流。县委副书记、昆沭高新技术产业园党工委书记杨世伟及两地相关部门负责人参加活动。

31日，省专项督导组到沭阳督导中小学体育工作，县委常委、宣传部部长姜若鸣参加活动并汇报了沭阳中小学体育工作开展情况。

是日，县委书记彭伟带领中共沭阳县委十三届三次全体会议与会人员，利用一天的时间，集中观摩了16个工业项目，实地感受全县重点产业项目建设和经济发展的蓬勃态势。王瑞、丁晓平等县级领导班子成员，各乡镇（街道）、县直相关单位负责人等参加观摩。

# 中共沭阳县委

## 综 述

【概 况】 2021年7月，沭阳县第十三次党代会吹响了二次创业号角，科学提出“苏北全面领先”奋斗目标，全县上下坚定扛起“争当表率、争做示范、走在前列”使命，坚持稳中求进工作总基调，保持奔跑姿态，全面落实“四化”同步集成改革示范区建设相关要求，统筹疫情防控和经济社会发展，统筹发展和安全，埋头苦干、开拓创新，实现“十四五”规划和现代化建设的良好开局，沭阳县在全省“七一”座谈会上作了交流发言，在全国返乡入乡创业会议上作为唯一代表进行了典型发言，引领创业就业相关做法在全国推广。

【经济发展】 2021年，县委优化高质量考核办法，健全招商引资工作机制，构建乡镇竞赛评价办法，建立“单月看工业、双月看城建、季度看农业”观摩推进机制，在经济下行的大形势下，沭阳县逐渐形成了精致的经济高质量发展小环境。实现地区生产总值（GDP，按“四经普”口径）1162.10亿元，比上年增长8.6%，按年平均常住人口计算，人均地区生产总值69279元，按年平均汇率计算折合10738美元，首次突破1万美元。GDP攀升至全国县（市）第34位，连续两年位居苏北第一。全年共完成财政总收入155.09亿元，增长12.9%；完成一般公共预算收入62.01亿元，增长21.6%，历史性成为“总量苏北县（市）第一、增速全省县（市）第一”的“双料冠军”，为跨越发展奠定了坚实基础。全县三次产业结构调整为9.5∶42.3∶48.2，与上年相比，第一产业增加值占GDP比重下降1.1个百分点，第二产业增加值占GDP比重提高1.7个百分点，第三产业增加值占GDP比重下降0.6个百分点。工业投资快速增长，固投占比达到65%，同比提高了6个百分点，高技术产业投资占比达到11.9%，提高了3.9个百分点，全社会研发投入占GDP比重2%，提高了0.36个百分点。传智播客成为首家A股上市的本土企业，财政管理、产业发展等6项工作获得国务院、省政府大督查表扬激励，获得综合实力、工业经济等9个全国“百强县”称号。全县单体开票销售收入超2000万元企业869家，同比净增125家，单体开票销售收入超亿元企业198家，同比净增40家。其中，单体开票销售收入超10亿元14家，首超10亿元的2家；单体开票销售收入超20亿元6家，首超20亿元的1家；单体开票销售收入首超50亿元的1家，为工业经济未来强劲发展奠定了坚实基础。全体居民人均可支配收入28700元，增长10.1%。其中，城镇居民人均可支配收入34604元，增长9.4%；农村居民人均可支配收入21828元，增长10.6%。

【改革创新】 2021年，沭阳县多领域改革扎实推进，县乡机构改革和乡镇布局优化调整圆满完成，9项国家级、19项省级和6项市级改革创新项目加快实施。“放管服”改革持续发力，“一件事”“不见面”改革全面推开，招标不见面率省内率先达100%，群众办事时间平均缩减70%。109项县级行政审批权限赋权经开区，353项审批服务和权力事项下放乡镇（街道），县政务服务中心晋升国家级政务服务标准化试点单位。探索形成“互联网+‘三农’”沭阳电商模式，建成全省首个快递物流小镇、首家乡镇快递园区、首条村级快递一条街，“农村公路+电商”融合发展模式获全国推广。经开区获批中国（江苏）自贸试验区联动创新发展区。创新“1+6”跨境电商全链条孵化服务模式，集聚跨境电商企业35家，县软件园获评省级跨境电子商务产业园。先后与塞尔维亚丘普里亚市缔结友好城市，与德国宾根市建立友好交流合作关系。

**【党史学习教育活动】** 2021年，沭阳县认真贯彻落实中央和省委、市委决策部署，扎实有序推进党史学习教育。第一时间成立县委党史学习教育领导小组。3月12日，县委常委会专题听取党史学习教育工作汇报。3月15日召开全县党史学习教育动员会议，印发《关于开展党史学习教育的实施方案》。县委主要领导带头讲党课，示范带动全县党员干部扎实推进“六专题一实践”党史学习教育活动在面上走深走实、开花结果。专题学习。全县各单位以支部为依托，制订学习计划，积极组织学习习近平总书记重要讲话精神、中共十九届六中全会精神和省第十四次党代会精神，用好党史学习教育“三个课堂”和四本指定用书，把党史学习教育作为党员干部集中学习和自主学习的必修课，通过党史名师授课、党史读本学习、专题交流研讨等形式，开展各类学习活动7780场次，覆盖党员15.9万人次，开展中期学习成果评估检测活动810余场次，县处级以上党员领导干部撰写调研报告50篇。开展专题培训。全县围绕党史学习教育，举办专题培训班30余次。用好“学习强国”学习平台和“宿迁干部学院”“我家学堂”等线上平台，组织开展党史网络培训班、微视频党课等活动，培训覆盖8.7万人次。开展专题党课。7月16日，县委书记彭伟以“百年青春正风华　二次创业谱新篇”为题，为全县广大干群讲授党史学习教育专题党课，带领大家重温百年党史、凝聚奋进力量。县级领导班子成员结合分管工作，讲授专题党课31场次；基层党组织书记结合党史学习教育，讲授专题党课1690余场次。开展专题宣讲。邀请省、市委宣讲团成员举行宣讲报告会8场；组织县委宣讲团开展集中宣讲233场；组建60余支宣讲团集中开展对象化、分众化、互动化的专题宣讲720余场次；组织党史专家学者、思政教师、各行各业党员干部、大学生志愿者、“百姓名嘴”和“我家学堂”讲师等开展宣讲活动1480余场次。开展专题研究宣传阐释。各级理论学习中心组围绕“学党史　悟思想”“学党史　办实事”“学党史　开新局”等专题开展学习交流研讨410余场次。利用主题党日、“三会一课”等，组织党员干部观看党史学习教育微纪录片《百炼成钢：中国共产党的100年》《记忆100》等，覆盖16.8万人次。各单位组织观看《童年周恩来》《守岛人》等党史学习教育电影115场次，覆盖8360人次。开展专题组织生活会。7—8月，全县1693个基层党支部全面完成党史学习教育专题组织生活会工作。会上，聚焦“学党史、悟思想、办实事、开新局”主题，集体重温入党誓词，进行对照检查，开展相互批评。县委党史学习教育巡回指导组积极对接，加强督导。开展“我为群众办实事”实践活动。全年累计发布“我为群众办实事”公示项目3088个，已完成2995个，其他正在有序推进。组织9059名党员志愿者、1509支党员志愿服务队，积极参与到疫情防控、抗洪抢险、文明城市创建等急难险重一线。聚焦群众“急难愁”问题，在112个城市小区试点成立党支部，300余名党员担任楼栋长，4000余名机关在职党员深入结对小区，服务群众1.2万余人次。

**【庆祝中国共产党成立100周年活动】** 聚焦庆祝中国共产党成立100周年这一主线，大力营造奋进新征程创造新奇迹展现新气象浓厚氛围，坚定落实重大政治任务。6月24日，隆重举办“永远跟党走”庆祝中国共产党成立100周年万人大合唱活动，沭阳县级领导班子成员参加了大合唱活动。“永远跟党走”万人大合唱活动融媒直播视频点击量超500万次，稿件刊发于人民网、新华社客户端、新华网、中国新闻网、中国江苏网等中央、省、市主流媒体平台。另外，还举办“我爱你，伟大的中国共产党”主题全媒体作品创作大赛，征集作品116部，其中1部作品被省委组织部评为三等奖。开展以百名党员忆初心、百节党课话信仰、百条心语颂党恩、百封家书传薪火、百部作品展先锋为主要内容的百年追梦·先锋足印“五个一百”活动，优选20名党员初心故事，收集123个精品党课，55337人参与百条心语颂党恩活动，为全市最多。向7375名老党员颁发“光荣在党50年”纪念章，评选表彰县级“两优一先”100个，获省市“两优一先”表彰30个，为历年最多。通过全媒体平台开设“两优一先”、战“疫”进行时等20个专题专栏，宣传先进典型。

**【党的建设】** 2021年，沭阳县紧扣中国共产党成立百年主题，创新开展“个十百千万”系列活动，“百大项目开竣工”“万人合唱颂党恩”等活动获得央视报道，爱党爱国情怀激荡人心、浸润人心。跟进学习总书记最新重要讲话指示精神，专题学习庆祝中国共产党成立100周年大会重要讲话和中共十九届六中全会精神，真正把拥护“两个确立”转化为“两个维护”的政治自觉、思想自觉、行动自觉。圆满完成乡镇布局优化，高质量完成县乡党委、乡镇人大政府和村支“两委”换届，圆满完成民主党派换届工作。扎实做好乡村换届“后半篇文章”，4名村书记进入事业编，22名村书记分别入选全省“百名示范”“千名领先”村书记，数量全市最多。牢固树立大抓基层导向，打造“红磁场”升级版，扎实开展“支部进小区”活动，创新小板凳嚓呱会、小院子议事会、小广场座谈会，基层党组织政治功能和组织力得到全面增强，中央电视台《新闻直播间》聚焦报道了沭阳县典型做法。县委常委带头做到“六个表率”，表明了“向我看齐”的鲜明态度；在全县深入开展“争当排头兵·我们怎么办”大学习大讨论活动，开展为期3个月的作风建设集中整治，深入查纠“六种类型干部”“十个方面问题”，有效解决“上热中温下冷”问题，用干部的“实干指数”换取县域“发展指数”、群众“幸福指数”；12个部门工作人员自觉设立手机“廉政彩铃”，主动接受监督提醒，“规范、规矩、程序、标准”成为党员干部行为指南，行政案件败诉率低于全市平均水平，民事行政案件万人起诉率全市最低。深入推进“四化”同步集成改革，获评全国县域数字农业农村发展先进县，“一体两翼三到位”财政财务资产管理机制等相关做法获得省委书记吴政隆批示肯定。

## 县委重要会议

2月19日　沭阳县召开全县改革创新大会　　沭阳县人民政府网　供图

**【全县高质量发展总结表彰大会】** 2021年2月10日，沭阳县召开2020年度高质量发展总结表彰大会。卞建军、彭伟、刘瑞春、丁晓平等县级领导班子成员及各乡镇、县直各单位负责人等参加会议。会议通报了2020年度全县高质量发展考核指标完成情况、2020年度全县民主评议政风行风结果和作风建设突出问题典型案例，并对获得“突出贡献奖”“改革创新奖”等奖项的单位和个人进行了颁奖。相关单位负责人作会议发言。

2月10日，沭阳县召开2020年度全县高质量发展总结表彰大会

沭阳县人民政府网　供图

**【全县改革创新大会】** 2021年2月19日，沭阳县以“新春第一会”的形式召开全县改革创新大会，动员全县上下始终坚持以新思想为指导，深入贯彻习近平总书记视察江苏重要讲话精神，认真落实省、市相关会议精神，深入开展“改革创新作表率、争先进位走在前”大讨论大调研大实践活动，积极投身新一轮改革创新热潮，迅速形成对标赶超、争先进位的浓厚氛围，奋力谱写新时代“春到上塘”沭阳篇章。卞建军、彭伟、刘瑞春、丁晓平等县级领导班子成员及各乡镇、县直各部门负责人等参加会议。县委副书记、县长彭伟主持会议，会议传达了全市改革创新会议精神，并对全县“改革创新作表率、争先进位走在前”大讨论大调研大实践活动进行安排部署；相关单位负责人作了会议发言。

**【全县党史学习教育动员会】** 2021年3月15日，沭阳县召开党史学习教育动员会。县委书记卞建军作动员讲话。彭伟、刘瑞春等党员县领导及相关单位负责人参加会议。

**【县委十二届十四次全会】** 2021年7月11日，中共沭阳县委十二届十四次全体会议，在县文化艺术中心举行。会议回顾总结上半年工作，研究部署下半年任务，动员全县上下全力以赴工业大突破、奋勇争先当好排头兵，奋力开启全面建设现代化新征程，以实际行动和优异成绩庆祝中国共产党成立100周年。全会由县委常委会主持。县委书记彭伟代表十二届县委作了题为《全力以赴工业大突破、奋勇争先当好排头兵》的工作报告。县委副书记、代县长王瑞就具体工作作了部署安排。会议审议通过了全会《决议》，通报了述职评议排名情况。部分乡镇和部门就贯彻落实会议精神做了发言。

**【中国共产党沭阳县第十三次代表大会】** 中国共产党沭阳县第十三次代表大会于2021年7月24日—26日召开，会议开幕前先后召开了中国共产党沭阳县第十三次代表大会主席团第一次会议、中国共产党沭阳县第十三次代表大会预备会议、中国共产党沭阳县第十三次代表大会召集人会议，按会议程序研究讨论了相关会议议程和内容。7月25日上午，中国共产党沭阳县第十三次代表大会在县文化艺术中心开幕，会议的主要任务是，高举习近平新时代中国特色社会主义思想伟大旗帜，深入贯彻习近平总书记“七一”重要讲话和视察江苏重要讲话指示精神，全面落实省委、市委决策部署，回顾总结县第十二次党代会以来主要工作，明确之后五年经济社会高质量发展和党的建设目标任务，选举产生县第十三届委员会和纪律检查委员会，动员全县各级党组织和广大党员干部群众，二次创业整装再出发，全面领先勇当排头兵，以奔跑姿态开启苏北第一县现代化建设新征程。大会应到代表389名，实到代表365名，符合法定人数。会上，县委书记彭伟代表县第十二届委员会向大会作题为《二次创业整装再出发，全面领先勇当排头兵，以奔跑姿态开启苏北第一县现代化建设新征程》的主题报告。会议还书面听取了中共沭阳县第十二届纪律检查委员会工作报告，书面听取了县第十二次党代会以来县管党费收缴、使用和管理情况的报告。会议还听取并通过了选举办法（草案）、审议了相关决议（草案）等。7月26日下午，中国共产党沭阳县第十三次代表大会召开第三次全体会议，圆满完成各项议程，选举出中国共产党沭阳县第十三届委员会委员32名，中国共产党沭阳县第十三届委员会候补委员6名，中国共产党沭阳县第十三届纪律检查委员会委员15名；出席市第六次党代会代表82名。大会还通过了县委报告决议（草案）、县纪委工作报告决议（草案）、进一步加强作风建设的决议（草案）。

**【县委十三届一次全会】** 7月26日下午，中国共产党沭阳县第十三届委员会举行第一次全体会议，新当选的新一届县委委员、候补委员参加会议，县纪委委员列席会议。彭伟受中国共产党沭阳县第十三次代表大会主席团委托主持会议。会议选举彭伟、王瑞、张莉萍、石敬峰、冯刚、寇建东、王昭文、姜若鸣、李东阳、段全猛、王明新为中国共产党沭阳县第十三届委员会常务委员会委员，选举彭伟为中国共产党沭阳县第十三届委员会书记，选举王瑞、张莉萍为副书记。会议通过了十三届县纪委第一次全体会议选举结果的报告。

**【县委常委会议】** 1月9日上午，县委书记卞建军主持召开十二届县委常委会第一百四十次会议。会议听取《沭阳县2020年财政预算执行情况和2021年财政预算（草案）》《沭阳县国民经济和社会发展第十四个五年规划和二〇三五年远景目标纲要（草案）》《沭阳县2020年国民经济和社会发展计划执行情况与2021年国民经济和社会发展计划（草案）》起草情况汇报。会议审议2020年全县民生实事项目进展及2021年民生实事项目编排情况、2020年全县列市重大产业项目进展及2021年列市重大产业项目投资计划编排情况、2020年全县重点基础设施建设项目进展及2021年重点基础设施建设项目编排情况。

2月2日上午，县委书记卞建军主持召开十二届县委常委会第一百四十一次会议，传达学习有关文件精神，专题听取五个党组工作报告，研究审议相关文件事宜。会议第一阶段传达学习省、市两会精神以及市委常委会（扩大）会议精神。会议第二阶段听取了县政府党组、县人大党组、县政协党组、县法院党组、县检察院党组等五个党组工作情况报告。

2月7日上午，县委书记卞建军主持召开十二届县委常委会第一百四十二次会议，会议传达学习《中共中央办公厅关于加强巡视巡察上下联动的意见》《关于全面推进乡村振兴加快农业现代化的通知》，省委办公厅《关于2020年省委常委会贯彻执行中央八项规定和省委十项规定情况的报告》和2月5日市委副书记、市长陈忠伟莅沭调研讲话精神。专题听取安全生产、信访、环保、疫情防控等工作汇报，研究审议相关文件事宜。

2月7日下午，县委常委会召开2020年度民主生活会。会议紧扣“认真学习贯彻习近平新时代中国特色社会主义思想，加强政治建设，提高政治能力，坚守人民情怀，夺取决胜全面建成小康社会、实现第一个百年奋斗目标的伟大胜利，开启全面建设社会主义现代化国家新征程”主题，对照习近平总书记关于严肃党内政治生活重要指示批示精神，对照党章党规党纪，对照初心和使命，对照中央和省委、市委有关要求，结合班子和个人实际进行深刻对照检查，严肃认真开展批评与自我批评。县委书记卞建军主持会议。市委第一督导组组长、市二级巡视员杨彩林作点评讲话，市纪委监委、市委组织部有关人员到会指导。

3月1日下午，县委书记卞建

军主持召开县委理论学习中心组学习研讨会暨县委常委会“不忘初心、牢记使命”集中学习会。彭伟、刘瑞春、丁晓平等县级领导班子成员及相关单位负责人参加会议。会上，与会人员共同观看了视频《习近平新时代中国特色社会主义思想三十讲》，学习了习近平总书记在十九届中共中央政治局第二十七次集体学习时的重要讲话精神、中央经济工作会议精神、全国全省全市宣传部长会议精神，并围绕学习主题进行了交流发言。

3月12日下午，县委书记卞建军主持召开十二届县委常委会第一百四十四次会议，传达学习全国两会精神，全国、全省、全市组织部长会议精神，全省“市县乡领导班子换届工作会议”、全市“县乡领导班子换届工作会议”精神以及全市领导干部大会精神；听取工业经济高质量发展大会、作风建设、庆祝中国共产党成立100周年、党史学习教育等工作开展情况的汇报；研究审议相关文件事项。

4月6日，十二届县委常委会召开第一百四十六次会议，专题听取“改革创新作表率、争先进位走在前”大调研课题成果汇报。县委书记卞建军主持会议并汇报交流调研课题成果，刘瑞春、丁晓平等县领导依次进行了汇报交流。

4月15日下午，县委书记卞建军主持召开十二届县委常委会第一百四十七次会议，学习《习近平新时代中国特色社会主义思想三十讲》（第二十四讲至二十五讲）以及《永葆初心：习近平讲述百年征程》视频内容；传达学习全国、全省、全市统战部长会议精神；听取安全生产、污染防治、一季度重大产业项目建设、重点民生实事项目建设、重点基础设施项目建设以及工业、财政、招商引资等工作开展情况汇报；研究审议相关文件事项。

4月29日下午，县委书记卞建军主持召开十二届县委常委会第一百四十九次会议，听取并讨论《中共沭阳县委常委会2021年工作要点》起草情况及民生实事项目编排情况。

5月26日晚，县委书记、县长彭伟主持召开十二届县委常委会第一百五十一次会议，传达学习市委书记、市人大常委会主任王昊莅沭讲话精神。会议还研究讨论了党史学习教育、项目建设、安全生产等工作。

6月10日下午，县委书记、县长彭伟主持召开十二届县委常委会第一百五十二次会议，研究审议《2021年度沭阳县高质量发展综合考核办法》《2021年全县招商引资工作实施方案》。

6月25日下午，县委书记、县长彭伟主持召开十二届县委常委会第一百五十三次会议，传达学习上级有关精神，研究部署当前重点工作。会议传达了习近平总书记关于湖北省十堰市张湾区艳湖社区集贸市场燃气爆炸事故重要批示精神和国家、省、市有关安全生产会议精神。会议听取了全县庆祝中国共产党成立100周年系列活动汇报。

7月5日上午，县委书记彭伟主持召开十二届县委常委会第一百五十七次会议，传达学习上级有关精神，研究审议有关事项。县委副书记、代县长王瑞等县领导出席会议。会议传达学习习近平总书记在庆祝中国共产党成立100周年大会上的讲话精神和省市关工委工作会议精神。

7月15日上午，县委书记彭伟主持召开十二届县委常委会第一百六十次会议，传达学习有关会议精神，研究审议相关工作事项。会议集中学习了习近平总书记在参观“‘不忘初心、牢记使命’中国共产党历史展览”时重要讲话精神、习近平总书记在中央政治局第三十一次集体学习时重要讲话精神。会议专题听取全县既有建筑安全管理工作开展情况汇报。

7月23日上午，县委书记彭伟主持召开十二届县委常委会第一百六十一次会议，研判部署疫情防控工作，听取全县疫情防控工作开展情况汇报，审议《中国共产党沭阳县第十三次代表大会报告（草案）》等文件，研究中国共产党沭阳县第十三次代表大会各项筹备工作。

8月2日下午，县委书记彭伟主持召开十三届县委常委会第一次会议。会议传达学习省委常委会暨省应对疫情工作领导小组会议精神，专题学习了《中共江苏省

7月24—26日，沭阳县召开中国共产党沭阳县第十三次代表大会

沭阳县人民政府网　供图

7月26日，沭阳县召开中国共产党沭阳县第十三届委员会第一次全体会议

沭阳县人民政府网 供图

委关于贯彻落实习近平总书记重要指示精神全面从紧从严做好当前疫情防控工作的通知》精神及《中共江苏省委办公厅关于印发娄勤俭同志在省委应对疫情防控工作领导小组会议上讲话的通知》精神，听取了相关工作汇报、研究审议了相关事项。

8月25日，县委书记彭伟主持召开十三届县委常委会第三次会议，听取当前重点工作开展情况，研究审议相关事项。

9月4日上午，县委书记彭伟主持召开十三届县委常委会第四次会议，对标全市高质量发展综合考核要求，总结成绩、补齐短板，进一步推动县域经济社会高质量发展。

9月13日下午，县委书记彭伟主持召开十三届县委常委会第五次会议，传达学习习近平总书记系列重要讲话指示精神，进一步部署推进生态环境保护、坚决遏制“两高”项目盲目发展等工作。会议传达学习了习近平总书记在河北承德考察时的重要讲话指示精神、习近平总书记在中央党校（国家行政学院）中青年干部培训班开班仪式上的重要讲话、《中共中央办公厅 国务院办公厅〈关于进一步减轻义务教育阶段学生作业负担和校外培训负担的意见〉》，会议专题听取了生态环境保护、坚决遏制“两高”项目盲目发展加强能耗双控等工作推进情况汇报，审议了相关文件。

9月28日，县委书记彭伟主持召开十三届县委常委会第六次会议，开展集体学习，听取专题汇报，审议相关文件。会议传达学习习近平总书记在陕西榆林考察时的重要讲话精神，学习《关于深入推进更高水平的平安江苏建设实施意见》，专题听取推进高质量发展、举办花木节等工作汇报，审议县、乡两级人大换届选举工作相关文件。

10月10日，沭阳召开十三届县委常委会第八次会议，深入贯彻落实全市“四化”同步集成改革示范区建设动员大会精神。会上，王瑞传达学习了全市“四化”同步集成改革示范区建设动员大会精神，全面解读了《中共江苏省委、江苏省人民政府〈关于支持宿迁“四化”同步集成改革推进现代化建设的意见〉》。

10月23日上午，县委书记彭伟主持召开十三届县委常委会第九次会议。会议传达学习了习近平总书记在纪念辛亥革命110周年大会上的重要讲话精神以及2021年三季度全市经济形势分析暨高质量发展点评会议精神，会议听取了有关国家、省、市疫情防控工作会议精神和沭阳县贯彻落实情况的汇报，会议审议通过了《关于在全县开展作风建设集中整治活动的实施方案》《全县作风建设暨县委首轮巡察动员部署会议方案》等文件。

11月6日上午，县委书记彭伟主持召开十三届县委常委会第十次会议，通报前三季度乡镇（街道）推进高质量发展相关情况，听取月度工作汇报，安排部署下一阶段工作任务。

11月12日下午，县委书记彭伟主持召开十三届县委常委会第十一次会议，传达学习中共十九届六中全会精神、市委理论学习中心组学习会会议精神，听取汇报、审议有关事项。

11月29日上午，县委书记彭伟主持召开十三届县委常委会第十二次会议，讨论并出台《关于做好十九届六中全会精神学习宣传的建议方案》，就疫情防控、安全生产、生态环保等重点工作提出具体要求。

12月10日，县委书记彭伟主持召开十三届县委常委会第十三次会议，彭伟强调，此次常委会是全年考核收官的加压冲刺会，全县上下要咬紧牙关再发力、跨越赶超再进位，确保圆满完成全年目标任务，为明年高开高走奠定坚实基础。

12月18日下午，县委书记彭伟主持召开十三届县委常委会第十四次会议，传达学习中央经济工作会议精神、全市“学党史·开新局”交流研讨暨2022年度工作务虚会精神，听取汇报、审议有关事项。

12月30日，十三届县委常委会召开第十五次会议，传达学习省委经济工作会议精神和市委常委会精神，研究相关事项。

**【专题会议】** 1月30日上午，沭阳县召开安全生产暨疫情防控工作方面的会议，动员全县上下牢固树立以人民为中心的发展思想，全面贯彻中央和省、市有关决策部署，分析研判当前形势，安排部署近期重点工作，以对组织、对人民、对发展极端负责的态度抓好安全生产、疫情防控等工作，为全年工作开好局、起好步创造良好环境。卞建军、彭伟、刘瑞春、丁晓平等县级领导班子成员及相关单位负责人参加会议。会议还传达了全国、省、市关于安全生产、信访及疫情防控工作有关会议精神，就相关工作开展进行安排部署。相关单位负责人作了会议发言。

2月22日下午，县委书记卞建军主持召开"老西关"历史文化街区项目会审会。县领导彭伟、张莉萍、姜若鸣、沈杰、胡捷及相关单位负责人参加会议。会上，县文旅集团负责人汇报"老西关"项目推进情况。相关设计单位汇报了"老西关"历史文化街区规划设计方案和商业运营策划方案。与会人员纷纷发言，就如何进一步完善方案提出积极的意见和建议。

2月23—24日，十二届县委全面深化改革委员会召开第九次会议，专题听取各乡镇、各部门2021年改革创新项目制定情况，动员全县上下直面问题、主动作为，深入开展"改革创新作表率、争先进位走在前"大讨论大调研大实践活动，推动形成聚焦创新、狠抓创新、褒奖创新的浓厚氛围。县委书记卞建军主持会议并讲话。彭伟、刘瑞春、丁晓平等县级领导班子成员及相关单位负责人参加会议。会上，各乡镇、各部门相关负责人围绕产业发展、乡村振兴、社会治理、科技创新等选题，依次汇报了改革创新项目制定情况。各挂钩县领导进行了点评，提出相关指导意见。

3月8日上午，沭阳县召开农村工作会议，深入学习贯彻习近平总书记重要讲话指示精神，全面落实中央和省、市农村工作会议精神，总结成绩、分析形势、展望未来，动员全县上下巩固拓展脱贫致富奔小康成果，全面推进乡村振兴，以"争当表率、争做示范、走在前列"的使命担当，奋力谱写新发展阶段"三农"工作新篇章。县领导卞建军、彭伟、孙维东、孙其泉及相关单位负责人参加会议。县委副书记、县长彭伟主持会议。会议还传达了中央和省、市农业农村工作相关会议精神，回顾了2020年"三农"工作开展情况并对2021年相关工作进行了安排部署。会议宣读了相关表彰决定，并为2020年度全县农业农村工作、脱贫攻坚工作先进集体和先进个人进行了颁奖。相关单位负责人就做好"三农"工作作了会议发言。

3月23日，沭阳县召开工业经济高质量发展、作风建设暨营商环境建设大会，全面贯彻落实上级有关会议精神，回顾总结2020年工作成绩，研究部署2021年工作举措，进一步动员全县上下鼓足干劲、振奋精神，全力推动工业经济、作风建设、营商环境再上新台阶，为全面开启现代化建设新征程夯实基础。卞建军、彭伟、丁晓平等县级领导班子成员及相关单位负责人，受表彰的先进集体和先进个人代表等参加会议。会上，通报了2020年度企业全生命周期营商环境建设情况并安排部署了2021年重点工作。县委常委、县纪委书记、县监委主任朱浩宣读《关于在全县开展"三真三实"作风提优攻坚专项行动的实施方案》。副县长谢红梅通报了2020年全县科技创新工作开展情况并安排部署2021年重点工作。副县长季如干通报全县工业经济高质量发展情况并安排部署2021年重点工作。部分企业家代表、相关单位负责人作了会议发言。

4月19日下午，县委书记卞建军主持召开县委巡察整改"五方联谈"会议，针对县委第十五轮巡察发现问题进行提醒谈话，进一步明确整改工作要求，压实整改工作责任，切实维护县委巡察的政治性、权威性和严肃性。朱浩、王昭文、李东阳、谢红梅、季如干、沈杰等县领导及相关单位负责人参加会议。县委常委、县纪委书记、县监委主任朱浩通报了被巡察单位相关问题。被联谈单位分管县领导、主要负责人作了表态发言。

4月30日上午，沭阳县召开创建全国文明城市·建设区域副中

3月23日，沭阳县召开全县工业经济高质量发展、作风建设暨营商环境建设大会

沭阳县人民政府网　供图

4月30日上午，沭阳县召开创建全国文明城市·建设区域副中心城市动员大会　　沭阳县人民政府网　供图

心城市动员大会，全面贯彻落实上级有关会议精神，回顾总结取得成绩，深入分析当前形势，进一步动员全县上下抬高站位，放宽格局，着眼长远，全力创建全国文明城市、建设区域副中心城市，为开启全面现代化建设新征程提供有力保障。卞建军、彭伟、丁晓平等县级领导班子成员及各乡镇（街道）、县直各单位相关负责人参加会议。会上，解读了《区域副中心城市建设三年行动计划》，对建设工作进行安排部署。县委常委、宣传部部长姜若鸣解读了《沭阳县创建全国文明城市实施意见》，并对创建重点工作进行了安排部署。

5月26日，沭阳县召开领导干部会议，宣布省委关于沭阳县委主要负责人职务调整的决定：彭伟任沭阳县委书记，卞建军不再担任沭阳县委书记、沭阳经济技术开发区党工委书记职务。市委书记、市人大常委会主任王昊出席会议并讲话，市委常委、组织部部长高飞主持会议并宣读省委干部调整决定。

5月31日上午，沭阳县召开“争当排头兵·我们怎么办”大学习大讨论活动动员会，全面贯彻落实市委对沭阳工作的最新要求，通过大学习大讨论活动，进一步统一思想认识、凝聚各方力量，为开局“十四五”、开启新征程提供坚强保障。县级领导班子全体成员，经开区、县直各单位、各乡镇（街道）相关负责人参加会议。会议传达了市委书记、市人大常委会主任王昊5月26日在全县领导干部会议上的讲话精神；解读了《关于开展“争当排头兵·我们怎么办”大学习大讨论活动的实施方案》；相关单位负责同志作了会议发言。

6月11日上午，全县招商引资大会在县文化艺术中心召开。县委书记、县长彭伟出席会议并讲话。会议还通报了1—5月全县营商环境指标进展情况，通报了1—5月全县招商引资工作开展情况，通报了2021年全县招商引资工作实施方案。

7月2日下午，沭阳县召开庆祝中国共产党成立100周年座谈会暨县“两优一先”表彰会。会议宣读了《关于表彰全县优秀共产党员、优秀党务工作者和先进基层党组织的决定》，并为受表彰的县“两优一先”代表颁奖。

7月3日下午，沭阳县召开全县领导干部会议，宣布省委、市委关于沭阳县政府主要负责人职务调整的决定：彭伟不再担任沭阳县县长职务；王瑞任沭阳县委副书记，提名为沭阳县县长候选人。市委常委、组织部部长高飞出席会议并讲话。

8月5日上午，沭阳召开县委工作会议，贯彻落实市委五届十三次全会精神，紧扣宿迁“为全省多作贡献”工作要求，坚持“四化”同步发展路径，强化党的建设第一引领，工业突破第一抓手，城市建设第一载体，安全稳定第一责任，二次创业整装再出发，全面领先争当排头兵，以奔跑的姿态开启苏北第一县现代化建设新征程。县委书记彭伟出席会议并讲话，县委副书记、代县长王瑞传达市委五届十三次全会精神并作工作部署。

5月31日上午，沭阳县召开“争当排头兵·我们怎么办”大学习大讨论活动动员会　　沭阳县人民政府网　供图

6月11日上午，沭阳县召开全县招商引资大会　沭阳县人民政府网　供图

9月10日下午，沭阳召开全国文明城市创建推进暨示范片区建设动员会。县委书记彭伟强调，要深入学习贯彻习近平总书记关于精神文明建设的一系列重要论述，认真落实全国文明诚信高地建设动员会暨文明城市表彰大会精神，动员全县上下振奋精神、咬定目标，加快推进、攻坚克难，确保全国文明城市创建开好局、起好步。县委副书记、代县长王瑞主持会议。会上，县委常委、宣传部部长姜若鸣传达了市全国文明诚信高地建设动员会精神，部署了全县当前全国文明城市创建、示范区建设重点任务以及书香城市创建任务。

10月9日上午，县委书记彭伟主持召开教育强县领导小组第一次会议。会议听取了学校建设工作情况汇报。与会人员结合当前全县教育具体情况，对如何促进教育高质量发展提出了积极的意见和建议。县领导王瑞、张莉萍、姜若鸣、段全猛、范以环及相关单位负责人参加会议。

10月27日下午，沭阳高规格召开作风建设大会，决定在全县开展作风建设集中整治活动。会议宣读《关于在全县开展作风建设集中整治活动的实施方案》，相关单位、乡镇（街道）作会议发言，与会人员还共同观看作风建设专题片。会议采取“主会场+分会场”形式召开。刘瑞春、孙维东、张莉萍等县级领导班子成员及县直各单位、各乡镇（街道）负责人参加会议。

11月6日下午，县委书记彭伟主持召开一三届县委全面深化改革委员会第一次会议，传达学习中央和省委、市委全面深化改革委员会相关会议精神，听取相关工作汇报，研究部署下一阶段改革工作。

11月20—21日，沭阳召开全县工业项目观摩暨重点产业链培育工作推进会，组织和动员全县上下进一步统一思想、提振精神，大干快上、争先创优，确保圆满完成全年目标任务，推动工业经济再上新台阶。县委书记彭伟出席会议并讲话，县委副书记、代县长王瑞主持会议。

11月29日上午，沭阳召开全县领导干部会议，专题传达学习省第十四次党代会精神，并对贯彻落实工作进行安排部署，动员全县上下扛起大县担当，深学细悟省党代会精神，埋头苦干开创新局面，全力当好苏北跨越发展“排头兵”。县委书记彭伟出席会议并讲话。县委副书记、代县长王瑞出席会议。县级领导班子成员，在沭阳的省第十四次党代会代表，县直各单位、各乡镇（街道）主要负责人参加会议。

12月25日，县委书记彭伟主持召开2022年度工作务虚会，深入学习中共十九届六中全会、中央经济工作会议精神，贯彻省第十四次党代会部署要求，省委经济工作会议、市第六次党代会、市“学党史、开新局”交流研讨暨2022年度工作务虚会精神，科学研判发展面临的新形势新任务，对2022年的工作进行研究谋划。县委副书记、代县长王瑞出席会议并讲话。会

9月10日下午，沭阳县召开全国文明城市创建推进暨示范片区建设动员会　沭阳县人民政府网　供图

10月27日下午，沭阳县召开全县作风建设大会　沭阳县人民政府网　供图

上，相关县领导、部分乡镇主要负责人进行了会议发言。

（周大扬　张　岩
王　琪　杜文正等）

## 组织工作

【概况】 2021年，沭阳县组织系统全面贯彻新时代党的建设总要求和组织路线，坚持向中心聚焦，为大局发力，统筹推进组织体系建设、干部人才队伍建设各项工作，广泛凝聚党员干部干事创业合力，以组织工作高质量推动党的建设高质量，为全县保持奔跑姿态顺利开启现代化建设新征程提供了坚强的组织保证。相关经验做法被《新华日报》《中国组织人事报》等新闻媒体以及省委办快报、组工研究等内部刊物刊载推介53篇。

【干部工作】 聚焦“规范、规矩、程序、标准”，以县乡换届为契机优化结构、提升素质、强化监督，锻造一支可堪大用能担重任的干部队伍。严谨细致推进换届工作。树牢凭实绩用干部的导向，在乡镇布局优化人事安排等重点工作中，充分运用综合考核和干部考核结果，调整了365名县乡干部，完成了1740余名乡镇干部定职定岗工作，推动16名乡镇干部跨乡镇交流，理顺了乡镇干部权责关系；按照“整体稳定、局部微调、优化结构”的原则，稳妥实施换届人事安排，制定《适岗性评价考核细则》，实现“五方面”人员选拔过程科学合理可追溯；县乡党代会、人代会高效有序召开，组织提名人选均以全票或高票当选，实现了组织意图与党群心声高度统一，在全市树立了标杆。大力培养选拔年轻干部。2021年，新提拔60名35岁以下年轻干部担任乡科级领导干部，有7人担任党政正职，补齐了全县长期以来乡镇干部年龄老化的短板，实现年轻干部培养选拔质的提升。抓实抓牢干部教育培训。围绕干部“七种能力”提升，以学习新思想为主题，突出党史学习教育和习近平总书记“七一”重要讲话精神两个重点，全年共举办各类线上、线下干部培训班次45期，覆盖3.9万人次，持续提升干部综合素质。在县乡机关创新开展“三讲三学”活动，组织县乡机关单位利用主题党日等载体，进行领导干部讲党课、外请名师讲经典、系统骨干讲业务等“小课堂”学习2230期，打造出“梦溪讲坛”“青年学习营”等各具特色的干部培训品牌，形成了工学融合、以学促干的良好局面。从严规范干部监督管理。抓好干部日常管理的基本制度落实，提醒、诫勉了83名干部，清理违规借用人员699名；对全县机关事业单位8298名工作人员进行“大体检”，向县纪委移交了173名干部相关问题线索；严格执行干部监督联席会议制度，全年通报各类负面信息516条；在换届工作中全过程嵌入风气监督，实现换届工作100%满意率；强化公务员平时考核，推动评优“瘦身提质”，严格控制评优比例，提高评优含金量；聚焦急难险重任务，落实及时奖励措施，嘉奖了29名在防汛抗洪工作中表现突出的公务员，激励广大干部勇挑重担。

【基层党建】 聚焦抓规范、补短板，树牢大抓基层导向，夯实基层基础，推动组织体系上下贯通、执行有力。压紧压实基层党建责任。开展基层党建“百日攻坚”行动，15个共性问题和89个个性问题整改到位，推动全县23个软弱涣散村（社区）党组织完成整顿，解决“两委”班子战斗力不强、党群服务中心功能弱化等问题。从严规范党员队伍建设，稳妥推进农村发展党员违规违纪问题排查整顿。开展7批次县级联审联查，逐一过堂新发展的1710名党员，其中高知群体发展数量是上年的3.2倍。加强基层党建保障，县乡财政投入5500余万元用于党建阵地提档升级和集体经济相对薄弱村标准化厂房配套建设。赋能培优基层“领头雁”队伍。把村（社区）“两委”干部队伍建设列为县委书记项目，出台《关于构建村（社区）干部“四化四强”培养链的实施意见》，在“选优、育强、管好、用准”上持续下功夫，推动村干部队伍成为乡村振兴主力军，22人获评省“百千万”工程优秀村书记，4名村书记选聘进入乡镇（街道）事业编制，1人当选县委候补委员，1人当选省党代表。实现党建统领社会治理。“聚焦急难愁•支部进小区”活动成效明显，78个“街道自办物业”小区全部实现市场化运营，“花乡红管家”“秩序红守卫”“邻里红先锋”“爱心红公益”品牌深入人心，组织“小区说事”186场次，解决群众“急难愁”问题2200余件，受到群众广泛好评。市委的基层党建书记项目推进有力，构建“社区党委（总支）一区域化党支部一片区党小组”三级组织体系，坚持党建统领、推动多网融合，建成24个新型农村社区党建示范点，解决群众“微难题”“微矛盾”700余件。配强配优“两新”组织党建工作力量。在全市率先出台“专职党务人员管理办法”，建立健全党务工作人员“一专多兼”机制，实现乡镇（街道）和园区“两新”组织党务工作人员全覆盖。集成打造快递、电商党建示范片区，引领新就业群体党建工作深入开展，全市民营医院党建工作推进会在沭阳县召开。推动老干部党建工作迈上新台阶。全县74个退休干部党支部全部通过省“六有一提升”达标验收，7个离退休干部党支部获“五星级示范党支部”称号，县卫健局离退休干部党支部作为全省唯一一个老干部党支部，在中国共产党成立100周年之际被省委表彰为“江苏省先进基层党组织”，1人被评为全国老干部工作先进个人。

**【人才工作】** 聚焦以产引才、以才促产，推动人才引领服务经济社会高质量发展取得新突破，实现人才引育量质齐升。一是优化人才引育政策环境。全面承接市“五联五强”行动有关要求，结合沭阳经济社会高质量发展需要，出台人才引领服务发展三年行动计划和鼓励激励办法，对原有人才政策进行整合、集成和优化，形成系统完善的政策体系，打造区域政策高地，大幅提高人才生活补贴和购房补贴标准，首次将紧缺急需教育卫生人才纳入补贴范围，用真金白银吸引人才到沭创新创业就业。全年获批省“双创博士”1人、“双创人才”2人，省“科技副总”49人，入选市“双千工程”182人。二是打造沭阳特色引才聚才平台载体。立足沭阳县纺织产业的主导地位，与武汉纺织大学合作共建沭阳产业技术研究院；举办第三届高层次人才创新创业大赛，首次走出沭阳举办分站赛，吸引54个项目、4位国家级人才计划专家、62位硕士研究生以上学历人才参赛，已落地5个。组建第十四批科技镇长团，从“双一流”高校选聘3名名校产才顾问，围绕制造业产业体系和15条重点产业链，对接2名院士以及41家高校院所专家教授到沭阳考察调研，达成校地、校企合作协议23项。三是凝聚人才工作合力。印发“职责清单”“任务清单”，明确人才工作领导小组成员单位工作职责，压紧压实工作责任，凝聚人才工作合力；出台“激励清单”，将招才引智与招商引资同步推进、同步考核，调动各方面力量招才引智积极性；摸清全县科技人才资源底数，制定实施《沭阳县重点企业差异化人才服务实施办法》，帮助企业精准对接科技成果和人才资源。

**【队伍建设】** 2021年，县委组织部瞄准“讲政治、重公道、业务精、作风好”目标 开展“当‘两争’组工、创‘前列’业绩”活动，全力争当践行“两争一前列”新要求的“排头兵”。一是重政治、强能力，带头在学习提升上“争当表率”。全年开展“组工讲坛”13期、组工业务“微培训”17期，理论学习中心组学习研讨会13次，推动组工干部队伍大抓学习、提升能力，为履行新时代赋予组织工作的新任务夯实基础。二是重实干、强质效，带头在担当作为上“争做示范”。实行“两报告”制度，落实“两会办”措施，严格“三督查”要求，加强规范工作落实；搭建“晒比评赛”平台，先后编发7期“晒•比•争”业绩榜，引导和倒逼并重，推动组工干部担当作为。三是重管理、强作风，带头在形象守正上“走在前列”。先后开展3次“三走进”活动（走进县内外党性教育基地、廉政教育基地、职务犯罪案庭审现场），常态组织谈心谈话，确保组工干部树立坚定的政治立场和务实的工作作风；建立挂钩联系制度，组织组工干部深入基层走访调研，帮助解决突出问题，树立组工干部良好形象。

（陈绪然）

## 宣传工作

**【概况】** 2021年，沭阳县宣传思想工作坚持围绕中心、服务大局，以习近平新时代中国特色社会主义思想为指导，深入学习贯彻中共十九大和十九届历次全会精神，全面落实省委、市委、县委全会精神，矢志创新勇担当，奋力谱写“强富美高”新沭阳现代化建设新篇章，各项工作取得较好成效。

**【党史学习教育】** 沭阳县强化组织领导，扎实推进党史学习教育工作。开展专题学习7780场次，举办专题培训班30余次，讲授专题党课1690场次，召开专题组织生活会1693场，开展各类宣讲2600余场次，各级理论学习中心组开展学习交流研讨420余场次，征集专题研究宣传阐释论文46篇。打造“云相约•‘艺’周乐”宣讲志愿服务品牌，以群众喜闻乐见的形式宣讲党史，线上线下受众220万人次。“我为群众办实事”实践活动实施项目3088项，有效解决群众“急难愁盼”问题。

【精神文明建设】 沭阳县注重风气引领，着力抓好精神文明建设工作。创新开展网络直播进文明城市创建实地考察点位活动，以网络互动的形式接受群众评议。按照“点位类型覆盖面广、示范带动性强、群众参与度高”的原则，进行“文明城市示范片区”建设，在2021年全国文明城市创建测评中，沭阳县位列全省20个全国文明城市提名城市第4名。深化拓展新时代文明实践中心建设，高标准规划建设集指挥管理、学习培训、项目孵化、展示交流、互动体验等为一体的“指挥中心”“配置中心”。建立“志愿沭阳”平台，创新实行志愿服务联审机制。2021年，全县1500余支志愿服务队累计开展志愿服务1.5万余场次，时长18.4万小时。志愿者郇亚兰、蓝天救援队分别获评“河南省防汛救灾优秀志愿者”“河南省防汛救灾优秀志愿服务组织”。持续开展“拒绝‘升学宴’引领新风尚”“人情减负365”系列实践活动，引导市民养成文明健康的生活方式，“学习强国”学习平台、新华社等主流媒体广泛报道。扎实推进典型选树工作，周桂官入选第八届江苏省道德模范、中国好人，3人入选江苏好人。加强部门联动，强化源头治理，实施“诚信标贴”，推广《网络电商诚信经营村规民约》，评选诚信典型，对失信人员进行联合惩戒，积极探索构建花木网络电商诚信生态体系，在全社会形成崇尚诚信、践行诚信的舆论氛围。

【文化文艺工作】 突出品牌特色，有力推动文化文艺繁荣发展。红色电影《摄影师·青年吴印咸》全国首映礼于2021年12月30日在沭阳县举行。这是第一部讲述沭阳籍红色摄影师的电影作品，也是宿迁市建市以来第一部在全国院线上映的院线级影片。市政协副主席、市文广旅局局长武倩出席首映礼并讲话。1部草书作品获省“五星工程奖”，电影《摄影师青年吴印咸》、红色剧目大型淮海戏《三戡枭》积极冲刺省“五个一工程”奖，举办沭阳首届淮海戏艺术节，成功创成中国楹联文化县。打造“书香沭阳”，开展“阅读红色经典、传承红色基因”“新时代乡村阅读季”等多种线下主题活动600余场，覆盖人群近50万人次。编制印发《沭阳县“十四五”文化产业发展规划》，优化全县“百企升级”工程，推动文化产业高质量发展。

【理论学习】 坚持思想引领，持续深化理论学习。发挥好党委（党组）理论学习中心组学习示范带动作用，全年组织开展县委理论学习中心组学习27期，集体学习讨论6次。召开巡学旁听工作交流推进会，分组开展巡学旁听70余次。组织“老党员、老干部、老支书、老校长”“小板凳”“小小红色宣讲员”等40余支基层宣讲队深入基层，常态组织开展新思想新理论学习宣传宣讲活动1.3万余场次。组织推出《开启新征程　共筑中国梦》《五中全会绘宏图》等“理论+文艺”系列、群众喜闻乐见的宣传宣讲作品20余部，使宣传宣讲更加接地气、聚人气。

12月30日，《摄影师·青年吴印咸》电影首映礼　　县委宣传部　供图

【意识形态工作】 抓好责任落实，有效压紧意识形态工作责任制。健全“常态巡查+专项督查+县委巡察”的全方位、立体化监督检查体系，建立月汇报、季例会、半年一次联席会议的工作调度机制，压实意识形态工作责任。建立健全意识形态阵地监管数据库，每月开展风险隐患排查，确保意识形态领域绝对安全。加强校园意识形态管理，出台《加强新时代中小学思政课教师队伍建设的意见》《加强校园文化建设工作的指导意见》等文件，对县委教育工委和其分管领导履职不力问题进行追责问责，推动工作落细落实。加强出版发行阵地管理，持续开展“规范图书市场，做诚信书商”专项行动，对出版物市场进行规范管理，省“扫黄打非”工作简报专题刊发沭阳县做法。

【宣传舆论】 2021年，沭阳县在省级以上媒体发稿2700余篇，其中，《新闻联播》9条，《人民日报》8篇（头版头条1篇），《新华日报》180余篇，《江苏新时空》上稿65篇。《习近平主席新年贺词在全国各地引起强烈反响》《苏北第一县的“颜色经济”》《村里开了直播课》等稿件被《新闻联播》《人民日报》播（刊）发，点赞沭阳县在农房改善、“颜色经济”、全面小康等方面工作取得的巨大成效。“沭阳发布”微信公众号推送770余篇文章，4篇文章阅读量超过10万人次，260余篇文章阅读量过万，影响力始终位列全市县区部门政务微信第1名。

（黄　杰）

## 统战工作

【概况】 2021年，沭阳县委统战部坚持以《中国共产党统一战线工作条例》（以下简称《条例》）为新时代统一战线工作的基本遵循，学习贯彻习近平总书记关于加强和改进统一战线工作的重要思想，严格落实中央和省委、市委以及上级统战部门的决策部署和工作要求。在过去的一年里，全县统一战线聚力聚焦“四化”同步，锐意进取争当排头兵，县侨联被评为全国侨联系统抗击新冠肺炎疫情先进集体，县工商联民营企业调查点工作获得全国表彰，新河镇花木协会荣获全国“四好”商会荣誉称号，马厂赵大庄村成功创建全省第二批“红石榴家园”，县总商会人民调解委员会被省司法厅、省工商联评为“江苏省优秀商会调解组织”。承办省级“同心党建联盟”到沭阳开展“我为群众办实事”实践活动，组织协调16个单位40余人在沭阳县开展文化、科技、卫生、政策法律下基层服务系列活动，得到广大人民群众一致好评和上级部门的肯定和认可，统一战线对经济社会发展大局的贡献率得到明显提升。

【民主政治建设】 政党协商。2021年县委统战部共计召开4次政党协商会议，听取各民主党派意见建议，为县委、县政府科学决策提供依据。3月，组织召开政党协商暨民主党派代表人士座谈会，主动向各民主党派通报相关工作情况，听取各民主党派对全县经济社会发展的意见和建议。6月，召开党外代表人士庆祝中国共产党成立100周年座谈会，回顾中国共产党与统一战线各界人士亲密合作、携手共进的奋斗历程。9月，召开全县党风廉政建设和反腐败工作情况党外通报会议，通报2021年以来全县党风廉政建设、反腐败工作情况和下一步工作打算。12月，召开重大人事任免政党协商会议，就工商联换届领导班子人选征求各民主党派意见。联谊交友。县委统战部围绕党史学习教育、疫情防控、社会公益等主题组织党外代表人士形式多样的联谊交友活动。1月，组织知联会开展“倾情相伴·点亮梦想”暖冬行动；3月，组织各民主党派、新的社会阶层人士联谊会、党外知识分子联谊会开展“学雷锋献爱心　无偿献血我先行”志愿活动；清明前夕组织党外代表人士开展“缅怀先烈　致敬英雄”红色教育活动；4月，指导新的社会阶层人士联谊会开展“同心向党　砥砺奋进”党史学教活动；6月，指导新的社会阶层人士联谊会、民主党派代表开展庆祝中国共产党成立100周年井冈山红色教育培训；8月，指导沭阳党外知识分子联谊会开展慰问援宁医疗队员活动；10月，联合新的社会阶层人士联谊会、农工党沭阳支部开展“学史力行践初心、便民服务办实事”义诊进社区活动。完成民主党派换届工作。根据宿迁市委统战部关于民主党派换届工作会议和相关文件精神，2021年11月，在顺利完成选举等相关程序性工作的基础上，民盟沭阳支部、民建沭阳支部、农工党沭阳支部均圆满完成换届工作，选举产生了新一届领导班子，顺利进行新老交替、实现政治交接。圆满完成市、县政协委员换届工作。严格把好政治关、素质关和程序关，确保政协委员人选在政治上、思想上、行动上能与党中央保持高度一致，有较高的参政议政能力、求真务实的作风和清正廉洁的政治品质，保证新一届政协委员整体素质和质量，市县政协换届工作圆满完成。

【非公经济领域统战工作】 着力优化非公企业服务。制定《关于建立全县民营经济统战工作协调机制》《关于加强新时代民营经济统战工作的实施办法》，建立健全民营经济统战工作协调机制，发挥商会调解化解民营经济领域纠纷的职能优势。2021年，共接受诉前调解案件41件，成功调解15件，调解成功率达36.6%，总涉案金额为2155余万元，为企业挽回经济损失170余万元，沭阳县总商会人民调解委员会2021年被省司法厅、省工商联评为“江苏省优秀商会调解组织”。与县检察院联合开展企业合规试点工作，与沭阳县人民法院联合举办“亲清直通车·院企恳谈会”，联合税务局开展“春雨润苗”专项行动，及时提供免费政策

8月30日，沭阳新联会、知联会慰问援宁医疗队员　县委统战部　供图

咨询和帮助办理税务事项。同时，组建沭阳商会联盟，通过多种形式与异地工商联、商会的联络，“走出去”宣传推介、“请进来”考察洽谈，保持频繁交流，与浙江省长兴县工商联签约友好商会协议并邀请到沭考察交流，组织企业家赴南通宿迁商会、成都宿迁商会等考察交流，组织企业家赴贵州参加“苏商进黔”活动。抓好非公经济代表人士队伍建设。2021年，县委统战部分别举办了《感党恩听党话跟党走》党史专题讲座、《中华人民共和国民法典》(以下简称《民法典》)专题讲座、安全生产讲座、理想信念教育专题培训、产业工人队伍建设改革专题培训5期全县企业家管理能力提升培训班；实施全县年轻一代民营企业家培养工程，通过系统培训、考察交流、素质提升等进行系统培养，切实壮大年轻一代民营企业家队伍；承办1期“宿商讲坛”、2次企业家沙龙、3次企业家恳谈会，提升企业家素质能力，助推企业提质增效，实现高质量发展。2021年10月，钱集张圩淮海区军政大礼堂被命名为“全市民营经济人士理想信念教育基地”。全面加强基层商会建设。深入推进“四好商会”建设，深化商会党建工作，实现30个乡镇（街道）全部注册登记全覆盖。2021年1月，新河镇花木协会荣获2020年度全国“四好”商会荣誉称号。沭阳县青年企业家联合会、沭阳县桑墟镇企业家协会、李恒镇企业家协会、新河镇花木协会、扎下镇物流行业协会、扎下镇花木协会、沭阳县花卉协会等8家商会获2019—2020年度江苏省“四好”商会荣誉称号。沭阳县花卉协会、沭阳县青年企业家联合会等15家商协会被宿迁市工商联评为2020—2021年度“宿迁市四好商会”。深入企业开展调研活动。深入沭阳县花木协会、沭阳县桑墟镇榆叶梅协会、沭阳县桑墟镇商会、沭阳县龙庙镇商会等

4月23日，县委统战部承办第三十六期宿商讲坛暨2021年度第二期全县企业家能力提升培训班 县委统战部 供图

30余家商协会了解商会发展及服务情况。走访调研江苏福庆集团、江苏沂淮集团、沭阳亚森同汇实业有限公司、江苏百盟投资股份有限公司等100余家民营企业，与企业家谈心谈话，了解企业、商会在发展过程中的困难、诉求，及时记录企业反映的问题、意见建议，反馈给相关部门，积极帮助企业纾难解困。开展民营企业调查点工作，对在库企业64家开展了10余次调查任务，平均填报率达90%以上，切实发挥了调查点工作联系企业、掌握实情、建言资政的有效作用。2021年12月，县工商联民营企业调查点工作获得全国表彰。引导企业家履行社会责任。通过“花乡护苗行666圆梦计划”“花乡夕阳情333关爱计划”载体，组织企业家开展春节、“六一”儿童节、中秋节、重阳节等慰问活动，在“众善众举　圆梦助学”活动中，县工商联向民营企业家发出倡议，爱心企业、商会在线上线下共捐款30余万元。引导各商协会、民营企业积极参与支援河南、抗击疫情、新沂河抗洪等爱心慰问活动，捐资捐物约为60余万元。引导民营企业参与“百企帮百村”“万村联万村　共走振兴路”等活动，工商联副主席单位江苏中环建设有限公司向马厂镇古南村捐赠11万元用于道路建设；工商联执委企业江苏美蝶梦生态农业振兴科技有限公司在钱集镇、塘沟镇租用扶贫大棚1000余亩地，并吸纳当地低收入农户劳动力就业，带动困难群众增收。

【民族工作】 利用少数民族发展资金。2021年，利用少数民族发展资金在马厂镇赵大庄民族村、章集街道河口民族村实施系列工程。马厂镇赵大庄民族村项目建设内容为文化广场提档升级和铺设道路，章集街道章集社区河口民族组项目建设内容为铺设管网450米、砌筑井12座、拖拉导管75米、建设污水提升泵站1座，预期社会效益明显，受到各族群众的认可。开展“红石榴家园”创建工作。按照省、市关于“红石榴家园”创建工作要求，在全县各乡镇（街道）创建“红石榴家园”，打造民族大讲堂、民族剪纸室、石榴籽读书吧等民族工作服务品牌，全年共开展各类少数民族专项活动13场，服务1200余人次。其中，马厂赵大庄村顺利通过第二批省红石榴家园验收。开展团结进步宣传月活动。宣传月期间，全县各个乡镇场（街道）主要道路共悬挂民族团结宣传横幅110余幅，播放民族团结进步红色教育电影5场次，现场宣传会1场，发放宣

传材料1000余份，座谈会2场；组建民族文化宣传团队，成立民族舞蹈队等文化团队，专门排练各类民族舞蹈，弘扬民族歌舞文化；开办“民族剪纸艺术宣教室”，免费为各族姐妹教授非遗文化艺术，部分作品多次参展获奖；赵大庄民族村积极发动村里会表演的少数民族群众参与编排通俗易懂的传统花船戏剧目，依托地方红色资源，开展接地气的中央民族工作会议精神宣传教育；沭城街道、耿圩镇等17个乡镇举办“民族团结进步宣传”文艺演出活动；国庆期间，组织全县30个乡镇（街道）依托新时代文明实践站，组织开展“各族人民齐心向党、民族团结献礼国庆”等系列活动。提高少数民族群众服务工作水平。在全县各乡镇（街道）便民服务中心设立30个少数民族群众服务窗口，少数民族群众服务窗口工作内容包括少数民族肉食补贴人员增减登记，为少数民族群众提供法律援助、政策咨询、宗教活动、困难救助、居住证明等多方面服务。2021年少数民族群众服务窗口完成清真补贴发放及人员核减1077例，政策咨询17例，民族成分变更2例，矛盾调解2例。

【宗教工作】 抓好宗教场所安全工作。2021年，先后组织大规模的宗教领域安全培训4场，推动各宗教团体开展安全知识学习累计20余场次，协同各乡镇（街道）民宗部门对辖区内场所组织安全宣讲、消防演练等活动80余场次，强化各宗教场所安全管理。印发《沭阳县宗教活动场所房屋安全隐患排查整治工作方案》，组织宗教团体、乡镇（街道）对房屋安全开展检查鉴定，全面完成可正常开放的所有宗教活动场所安全鉴定。创新基层宗教工作机制。创新建立三员对接工作机制。明确建立“教职人员对接网格员、宗教场所安全员对接村居（社区）安全员、宗教场所报账员对接村居（社区）会计”的“三员”对接机制，进一步完善宗教治理工作体系，有效推动宗教治理工作重心下移。加强镇（村居）对辖区内宗教场所的管理、安全及财务等具体工作的指导，全面提升宗教事务管理规范化水平。召开沭阳县佛协第一次代表大会。2021年12月18日下午，沭阳县佛教协会第一次代表大会在沭阳大酒店会议室顺利召开。全县佛教协会代表参加了会议，县委统战部副部长、县民宗局局长徐佺出席会议并发表讲话。开展宗教领域“同心向党”系列活动。6月20日，组织开展“颂党恩、唱红歌”活动，迎接中国共产党成立100周年华诞，共同唱响时代主旋律；6月30日，组织召开基督教信众庆祝中国共产党成立100周年座谈会；7月1日，组织宗教界人士观看中国共产党成立100周年庆典。

【侨务工作】 建立部门协同和“县乡村”三级联动工作机制。将侨委会成员挂钩联系到乡镇（街道）、县直单位和侨港资企业开展调研活动，指导基层开展侨务工作。全年开展乡镇、侨港资企业全覆盖调研活动2次、走访县直单位50家。健全县直单位侨务工作网络，明确分管负责人和业务经办人，开展侨情调查，新增16人信息。开展社区、村（居）“侨胞之家”创建工作，建立健全“县乡村”三级侨联组织网络，打通联系服务侨胞侨眷“最后一千米”，并将侨情调查、侨法宣传、阵地建设、联络联谊等内容纳入基层侨联建设高质量目标考核。探索服务下沉工作机制。在县软件园设立县总商会调委会工作室、金融服务工作站，畅通金融服务渠道，降低矛盾纠纷化解成本，实现统战领域工作平台的“阵地共建、功能共享”，服务范围涵盖软件园、高创园、半固态产业园侨港资企业。推动基层侨联工作经费纳入财政预算。在乡镇（街道）“侨胞之家”都已挂牌成立的基础上，与县财政局对接，取得支持，率先实现侨联工作经费纳入乡镇（街道）财政预算全覆盖，真正做到“五有”（有组织、有队伍、有经费、有阵地、有活动）。2021年，县侨联被评为全国侨联系统抗击新冠肺炎疫情先进集体。

【对台事务】 做好台商台企服务工作。通过线上、线下相结合的形式共同开展疫苗接种知识和政策宣传，共推送相关信息20余条，发放疫苗接种倡议书、疫苗接种知识宣传手册、防疫海报等材料100余份，为急需出国工作的台企员工，无居

10月14日，宿迁市2021年侨界老人“看家乡变化　度重阳佳节”主题活动在沭阳县举行

县委统战部　供图

6月1日，台商联谊会开展助学捐赠活动　　县委统战部　供图

住证台商等存在疫苗接种困难的人员沟通协调有关部门，实现及时接种。同时，积极在隔离政策答疑、核酸检测、隔离期间问题解决等方面开展服务，及时帮助解决台商遇到的通信、饮食等方面困难，帮助顺利往返。2021年，共开展各项服务32起，服务往返台商17人，协商处理台商矛盾问题2件。承接“同心党建联盟”成员单位省台办莅沭开展活动。2021年，承接“同心党建联盟”成员单位省台办到沭阳县集中开展的“我为群众办实事”实践活动，省台办分别开展了针对台商的惠台政策咨询、法律咨询等特色项目，还牵头富邦华一银行南京分行在耿圩镇沂南小学举行牵头开展“图书角”爱心捐赠活动。积极开展沭台交流活动。接待市台商40余人开展了“走进花乡看沭阳”活动，沭阳县部分台商及眷属也受邀参加。积极配合开展好“宿台同框　两地连‘县’”沭阳专题片《念》的摄制活动，向台湾人民展示好沭阳的独特魅力。

（县委统战部　王　江）

## 编制工作

【机构编制规范保障】 2021年，县编办及时调整与现行工作不相适应的机构编制事项，对需要调整的机构编制事项，坚持“无调研不动议”原则，先后就融媒体中心内设机构调整、征兵办公室人员配备、县直部门派驻乡镇（街道）机构调整等事宜进行了调研和座谈，向县委编委提出切实可行的意见建议。科学制定“三定”规定。梳理全县科级以上单位“三定”规定情况，对“三定”规定不完善的单位分步骤予以明确，推进机构编制法定化。先后制定印发县委党史工委、县科协等8家部门和乡镇（街道）统一的“三定”规定，使各相关单位履职有根据，工作更规范。统筹优化编制资源配置。结合工作实际，动态调整机构编制资源，优先保障疫情防控、安全生产、教育、综合执法等重点领域用编需求，下沉154名事业编制到乡镇（街道），加强基层工作力量，最大限度发挥机构编制资源使用效率。

【机构编制督查】 加强实名制管理，严控用编计划。县编办根据人员流动、任职、退休等情况，每月按时上报实名制工作月报，实名制管理系统数据正确率100%；严格控制用编计划，坚持空编进人，超编单位只出不进，满编单位先出后进；定期对机构编制数据进行统计分析，为干部选拔、人事调配等提供决策依据。强化监督检查，发挥督查合力。加强与纪检监察（巡察）、组织、人社、财政、审计等部门协作配合，建立部门联动机制。2021年配合县委组织部和县人社局对县信访局等18家单位开展选人用人专项检查，形成问题整改通知单，督促单位党委（党组）严格按照要求整改到位；将“三定”规定职能履行情况纳入县级机关单位服务高质量发展综合考核，制定考核细则，进一步增强“三定”规定的严肃性和权威性。统筹业务推进，按期完成核查工作。根据省、市第二次机构编制核查工作统一安排，印发《沭阳县第二次机构编制核查工作实施方案》，将核查工作纳入重要议事日程，明确专人负责机构编制核查工作，确保核查工作顺利开展；将各单位公示期满无异议的人员核查材料与人员库进行比对，完善人员数据信息，同步更新实名制系统；及时向市委编办上报《中共沭阳县委机构编制委员会办公室关于机构编制核查情况的报告》，确保核查数据的真实性、准确性、完整性。深入贯彻落实《中国共产党机构编制工作条例》，认真执行机构编制报告制度，将机构编制报告制度作为机构编制执行情况评估、跟踪问效、开展职能运行监管的重要内容，切实加强机构编制报告的综合分析和利用，推动机构编制资源科学合理配置。

【基层改革】 全面完成基层改革，细化工作举措，推进改革提质增效。组建乡镇（街道）综合行政执法局，出台《乡镇（街道）综合行政执法局基础建设指导标准（试行）》，规范人员配备、执法装备和阵地建设等标准。每个乡镇配备不少于6名具有行政执法资格的人员以及相应的执法装备。乡镇安全生产监管人员按有关规定足额配备。制定《行政执法公示制度》，指导乡镇全面落实行政执法“三项制度”。公布乡镇（街道）审批服务事项清单，明确乡镇（街道）为权力实施主体。将所有下放事项同步至江苏政务服务网，实现全县各乡镇（街道）审批标准统一。乡镇（街道）为民服务中心设立多个综合窗口和公共服务窗口，乡镇（街道）所属和承接的行政审批、公共服务事项全部纳入为民服务中心办理。统筹整合县域范围内党的建设、网格化管理、“12345”政府热线等信息数据，打造“一口受理、一体派单、一台运行”的县、乡两级一体化运行综合指挥平台，网络端口向所有县直部门和乡镇（街道）开放对接，实现互联互通、数据共享、集中调度、及时处理。同时，综合考虑平台承载能力及职能配置，依托县综合指挥平台，积极构建“大数据+指挥中心+综合执法队伍”综合行政执法新模式，推动县域综合行政执法向纵深推进。2021年，全县共通过一体化平台综合指挥调度事项52510件，其中综合行政执法事项378件。

【县、乡两级权力清单规范】 动态调整县直部门权力清单。县编办下发《关于统计县级部门行政权力事项变动情况的通知》，细致梳理各部门报送的《部门权力清单变动事项反馈表》，对县交通、住建等29个部门64项行政权力事项进行动态调整，形成《沭阳县部门行政权力事项清单2021年版》（共计6670项），其中，新增权力事项14项，取消权力事项11项，设定依据调整3项，行使部门调整（划转）35项，权力类型（权力名称）调整1项。编制乡镇（街道）权力事项清单。依据《江苏省乡镇（街道）法定权力事项清单通用目录》，认领省市赋予沭阳县乡镇（街道）的76项法定权力事项，结合沭阳县“三整合”改革已赋予乡镇（街道）的29项行政审批服务事项和赋予乡镇的70项综合行政执法权力事项，梳理形成乡镇（街道）权力事项清单初稿。经广泛征求乡镇（街道）及县直部门意见、县司法局合法性审查、县政府常务会议审议后，形成《沭阳县乡镇（街道）法定权力事项清单》，共计173项权力事项，其中行政处罚76项、行政许可24项、行政给付14项、行政奖励9项、行政确认3项、行政强制2项、行政裁决2项、其他行政权力43项。通过编制“边界清晰、分工合理、权责一致”的县、乡两级权力清单，进一步明确县、乡两级政府职责权限，助力基层法治政府建设和治理效能提升。

【事业单位监管】 开展事业单位法人年度报告公示工作，高质量完成全县533家事业单位法人年度报告的审核、公示工作。做好中文域名管理工作，根据中编办电子政务中心要求，通过“机关事业单位网站审核管理系统”对辖区内的网站进行维护确认，机关事业单位所有已开办网站100%完成挂标，对到期中文域名做好及时续费工作。做好事业单位法人登记相关工作，2021年共办理设立登记11家、变更登记48家、注销登记51家；对新成立单位申请赋码发证或证书登载事项有变化申请变更的及时办理，2021年共办理机关群团统一社会信用代码证书事项49件，特别是对“三整合”改革中涉及乡镇（街道）事业单位名称变更的，主动对接联系，确保“三整合”改革顺利进行。完成事业单位信用等级评价工作，牵头组织县信用办等单位对符合评价要求的事业单位开展信用等级评价工作，对事业单位开展的业务活动、公益服务、社会效能、诚信程度进行综合评价，确定事业单位法人诚信等级，并在事业单位信用信息公示平台及政府相关网站向社会公示，同时将事业单位信用等级纳入“三定”规定职能履行情况考核，切实提高事业单位信用等级评价的结果运用。

（吕永久）

## 巡察工作

【概况】 2021年，县委巡察机构深入学习贯彻中央和省委、市委、县委关于巡视巡察工作新部署新要求，认真落实“发现问题、形成震慑，推动改革、促进发展”巡视工作方针，以“两个维护”为根本目标，以“三个聚焦”为监督重点，深化政治巡察，狠抓整改落实，完成了十二届县委收官之巡，开启了

10月14日，省委第五巡视组对沭阳县开展涉粮问题专项巡视工作动员会

县委巡察办　供图

十三届县委首轮巡察，并有力保障了省委第五巡视组对沭阳开展涉粮问题专项巡视。

【省委涉粮问题专项巡视】 根据省委统一部署，省委第五巡视组副组长董文娟（主持本轮巡视全面工作）、刘正秀一行14人于2021年10月14日至11月18日对沭阳县开展涉粮问题专项巡视。同时，市委第一巡察组组长吴俊宁一行12人配合省委第五巡视组驻沭阳组，同步对沭阳县粮食购销总公司、胡集粮食储销有限公司开展接力巡察。巡视巡察之前，巡察办全体人员利用国庆假期，完成省委涉粮问题专项巡视组、市委接力巡察组要求的台账资料、办公物品以及接待衔接、库点摸排等前期准备工作。

【县委巡察情况】 2021年上半年，组织开展十二届县委的收官之巡，对县人大机关、政协机关、财政局、资规局、发改局、卫健局、医保局、司法局、市监局、昆沭园、融媒体中心11个县直单位和钱集镇钱集社区、大南村等9个村（社区）进行了常规巡察，发现“三大问题”461个，移交问题线索19条，高标准完成了十二届县委巡察（包括对村巡察）全覆盖任务。下半年，组织开展十三届县委首轮巡察，对沭城街道、钱集镇、桑墟镇、贤官镇、李恒镇5个乡镇和住建局、交通运输局、农业农村局、文广旅局、信访局5个县直单位进行常规巡察，并对以上5个乡镇的座下村、软弱涣散村进行巡察“回头看”，发现“三大问题”363个、问题线索97条，利剑作用更加彰显。

【巡察指导督导】 以市巡察指导督导县委巡察工作为契机，在新一届县委首轮巡察中创新实施巡察办人员挂组督导机制，通过参与组里巡察工作的重要环节和重点工作，集中组织中期调研，深度参与巡察报告撰写等工作，实时掌握巡察情况，强化指导督导，巡察监督质效，特别是巡察报告质量明显提升，得到县委巡察工作领导小组和市巡察指导督导组高度肯定。县委第二巡察组巡察县交通运输局党委的报告，被评选为2021年度全市“十佳”巡察报告；县委第四巡察组巡察桑墟镇党委的报告，被评选为2021年度全市优秀巡察报告。

2021年10月30日，召开市巡察指导督导工作专题培训会议

县委巡察办 供图

【巡察整改】 2021年8月，县委巡察工作领导小组组建6个专项督查组，通过听取汇报、交流研讨、查阅资料、实地调研等形式，对县委第一轮至第十五轮巡察的80个被巡察党组织、市委提级巡察的11个被巡察党组织巡察整改情况开展专项督查，并对整改工作质效进行综合评估，推动十二届县委巡察反馈问题整改见底清零。

【队伍建设】 县委巡察办按照“内培+外拓+严管厚爱”的思路，强化队伍建设。内培方面，认真做好党史学习教育，组织开展新一届县委首轮巡察驻前业务培训，并组织全体巡察干部到湖南办班培训，不断提升巡察干部政治意识、党性修养和业务能力。外拓方面，按照政治过硬、业务精通、单位推荐、择优入库的原则，对县委巡察“人才库”进行优化升级，强化兼职巡察干部队伍。严管厚爱上，按照“重点突出、简单易行”的原则，制定《县委巡察组工作实绩考核办法》，营造“比学赶帮”和实绩说话的良好工作氛围，干部质态越来越好，巡察队伍越来越强。

（县委巡察办 邱跃明）

## 县委研究工作

【概况】 2021年，沭阳县委研究室始终以新思想定向领航，深入贯彻习近平总书记视察江苏重要讲话指示精神以及中共十九大及十九届历次全会精神，坚持问题导向、系统思维和重点突破，紧紧围绕县委中心工作，精准把握工作推进方向，圆满完成了改革创新、督查督办、调查研究等各项工作任务，充分发挥了县委、县政府参谋助手职能作用。

【改革创新】 围绕改革创新目标任务，推动各项改革创新举措落地落实。研究制定《关于开展“改革创新作表率、争先进位走在前”大讨论大调研大实践活动的实施方案》，组织召开全县专项活动动员大会，部署开展“争当排头兵·我们怎么办”大学习大讨论活动，构建“1+4”集成改革领导体系。抽调专人组建改革创新争先进位实践活动领导小组办公室，实体化推进大讨论大调研大实践活动。及时调整县委全面深化改革委员会组成人员和专项小组组成人员，先后召开深改委会议3次、改革创新工作调度会6次，研究改革创新相关工作。开展“金点子”征集活动，征集改革创新金点子60余个；开设“一把手”谈改革创新电视专栏，播出36期；组织开展全县改革创新征文活动，征集各类文章30余篇。2021年，改革创新成果丰硕，建立的改革“四项机制”被省委改革办向全省推广。培育改革创新案例50余项，编发《改革创新简报》13期，推广优秀改革创新项目27项。推动各单位争取到市级以上部门在沭阳召开改革创新现场会8次，10余项改革经验获省级以上表彰推广，相关改革经验获国家领导人批示3次、省部级领导批示3次、省级部门领导批示4次。争取到市级以上试点项目37项，其中国家级9项、省级21项。推动各单位上报改革创新信息500余条，300余篇改革创新文章被市级以上媒体宣传报道，60余篇文章被中央、省、市级内刊推介。其中《人民日报》《新华日报》《国内动态清样》《中国改革报》报道40余篇，《改革内参》、《江苏改革简报》、市《改革简报》推介6篇。高标准推进“四化”同步集成改革示范区暨“区域副中心城市建设”，根据市委统一安排，完善“1+2”组织体系，及时将县“四化”同步集成改革领导小组更名为县“四化”同步集成改革示范区建设领导小组，并调整了组成人员，成立了建设区域副中心城市工作领导小组，全力推动各项改革工作走深走实，印发《中共江苏省委江苏省人民政府关于支持宿迁“四化”同步集成改革推进现代化建设的意见政策落实清单涉沭任务》《关于印发宿迁市推进“四化”同步集成改革示范区建设任务落实清单涉沭任务》。2021年11月中旬，邀请南京大学原党委书记、博士生导师、南京大学长江三角洲经济社会研究中心名誉主任洪银兴等专家、教授组成的调研组到沭阳，通过座谈交流、实地考察等方式，指导沭阳县“四化”同步集成改革示范区暨区域副中心城市建设工作。在2021年度全市“改革创新奖”评选中，沭阳县国家级“互联网+”农产品出村进城工程试点、创新构建“一体两翼三到位”财政财务资产管理机制分别荣获全市改革创新奖二等次第一名和第三名。

**【督查督办】** 围绕中心，狠抓重点事项督查督办。对县委重大决策部署进行认真梳理并细化分解任务，要求相关责任单位科学制定工期计划，审定后纳入督查。对县委主要领导批（交、会）办事项，第一时间落实督查任务到具体责任单位和人员，强化过程性跟踪、督办、提醒，做到推进有过程性通报，办结有终结性通报。2021年，共组织实施督查督办县主要领导批（交、会）办件35件、全县重点项目36个、列省列市重大项目71个，印发《督查通报》和《督查专报》36期，通报批评慢序时事项85项次。真督实查，严格落实督查工作规则。把单位主要负责人作为未落实工作主要责任人及通报批评对象，县级分管领导负连带责任，严格落实会议表态或电视表态要求，对工作事项落后的责任单位除进行通报批评外，坚决落实综合考评备案，扣减相应年度目标考核分值。做好减法，建章立制为基层减负。按照中央、省市委为基层减负的相关要求，研究出台《沭阳县督查检查考核计划管理办法（试行）》，把全县各机关单位的检查督查事项纳入制度管理的范畴。科学制定了2021年度县级检查督查考核计划，检查督查事项从40项事项减少到22项。同时，加强“四不两直”式调研和暗访，让上级减负政策落地。

**【调查研究】** 围绕上级部署要求以及实际发展需求，扎实开展调查研究活动。根据市委改革办《关于做好建设“四化”同步集成改革先行区研究谋划的通知》要求，组织人员力量对沭阳县“四化”同步集成改革工作进行系统调研，梳理编排重点项目清单，围绕目标任务、重点举措、组织保障、相关建设等撰写《沭阳关于服务市域建设“四化”同步集成改革先行区基本思路的报告》上报市委改革办。根据市委研究室《关于报送高质量发展典型案例的通知》要求，围绕经济发展、改革开放、城乡建设、文化建设、人民生活、党的建设等方面梳理汇总全县面上高质量发展典型案例，整理审定《加强科技创新 集聚优势产业 打造国家级产业转型升级示范区》《拒绝“升学宴” 引领新风尚》《沭阳以特色田园乡村建设助力乡村振兴》《推行“四事工作法”构建乡村治理新格局》等4篇优秀案例上报市委研究室。根据省委研究室《调查与研究》组稿方案要求，围绕加快乡村产业建设、加强基础设施建设、优化电商发展环境，实现手机变身“新农具”、直播变成“新农活”、数据变成“新农资”、网红成为“新农民”，把农村电商作为助力富民增收、促进乡村振兴重要引擎，推动“农业+电商”融合发展，调研整理了《积极打造乡村振兴“云经济”——沭阳县“互联网+‘三农’”农村电商模式的探索与实践》，被省委研究室《调查与研究》第8期采用；根据市委研究室《调研与思考》组稿要求，围绕“四化”同步发展路径统领乡村振兴样板区建设这一主题，以城乡融合发展、数字乡村试点县建设、“四好农村路”、“花乡旅游公路”“城乡公交一体化”等方面，调研整理了《沭阳：坚持“四化”同步发展路径统领乡村振兴样板区建设》四篇系列文章上报市委研究室，被市委研究室《调研与思考》第8期专刊采用。编印《沭阳主要经济指标分析》共12期，为推动县域经济发展提供参考。

【作风建设】 围绕作风建设要求，持之以恒抓作风。大力开展“三真三实”作风提优攻坚集中整治活动，突出“责”字当头、“实”字托底、“干”字为本、“合”字聚力，查摆存在问题，坚决摒弃佛系型、小聪明型、木偶型、差不多型、太平官型、打哈哈型“六种类型”干部。通过县融媒体中心、“沭阳发布”、“清风花乡”等主流媒体，公开设立作风建设集中整治活动监督举报电话，安排专人受理，全年接听查办群众来电举报事项260余件。在县融媒体中心开设“一把手”谈作风建设专栏8期，有11个单位“一把手”接受了专题访谈，亮明了作风建设做榜样，“三真三实”再提优工作态度。县委成立6个作风建设集中整治活动督导小组，分别对县直单位、乡镇(街道)开展专项督导。印发典型案例通报4期，推动解决问题50余个。查处“四风”问题17起17人，破坏营商环境问题1起1人，通报曝光8起8人。编发作风建设典型案例2期，制作反面典型案例专题片《激浊扬清》2期，用“身边事”警示教育“身边人”。定期印发《工作简报》，创新推出《寻找“花乡”好作风》融媒体小视频，强化典型选树、示范引领效果。持续用好《作风建设在一线》电视专栏，围绕文明城市创建、机关作风、污染防治等重点，公开曝光作风问题突出的反面典型41个。细化梳理群众反映强烈的急难愁事项和企业发展的痛点堵点等问题，科学确定134个切口小、有难度、关注度高的作风问题“小切口”项目，联动开展攻坚。其中，“构建‘医保链’去堵点服务机制”“花木产业气象服务优化工程”入选宿迁市2021年度作风问题“小切口”项目库。深入解决“四风”突出问题，积极组织开展党史学习教育，扎实推进“我为群众办实事”实践活动，县级领导班子成员形成牵头实事项目36个，县乡村联动公示项目1550个，“急难愁盼”问题146项。

（杜建军　李　梅）

## 机关党建

【概况】 2021年，县委县级机关工委以党的政治建设为统领，紧紧围绕党史学习教育和庆祝中国共产党成立100周年，认真履行“围绕中心、建设队伍、服务群众”根本职责，积极推进县级机关党建工作取得新的成效。3月，荣获2020年度全市县（区）机关党建目标管理一等奖，获评2020年度机关党建信息工作先进单位；4月，被县精神文明建设指导委员会表彰为2020年度文明城市结对共建工作先进单位；6月，围绕党史学习教育和庆祝中国共产党成立100周年组建100多人的县级机关合唱队在县合唱比赛中获得优秀组织奖和三等奖。机关工委党员创作的歌曲《这一年这一刻》《火红的党旗》《红色考验》《红丝线》荣登“学习强国”学习平台，2件作品分获市九届党员教育全媒体作品评选三等奖、县四届党员教育全媒体作品评比一等奖。围绕“聚焦急难愁　支部进小区”工作要求，牵头实施“邻里红先锋”行动，推动89家县级机关党组织、4000多名在职党员报到服务进小区，争当联系小区模范、争当服务群众标兵，相关做法被“学习强国”学习平台、新华报业网、江苏网、《宿迁日报》等多家媒体和平台宣传。

【政治建设】 突出政治功能，强化党建引领，深入学习贯彻习近平视察江苏重要讲话指示精神、习近平总书记在中国共产党成立100周年大会上的讲话等最新重要讲话和指示批示精神，增强“四个意识”、坚定“四个自信”、做到“两个维护”；推进党和国家机关基层组织工作条例贯彻宣传，围绕“我是党员我先上、承诺践诺走在前”主题，组织50多名机关“党员先锋岗”党员进行述职，增强党员干部建设政治机关和模范机关的思

8月24日下午，沭阳县委县级机关工委党支部、党史工委党支部组织在职党员赴梦溪街道官西小区党支部开展“邻里红先锋·爱心进小区”活动

县委县级机关工委　供图

想自觉及行动自觉。夯实政治基础，严肃党内政治生活，执行新形势下党内政治生活若干准则，贯彻民主集中制，组织召开机关工委领导班子民主生活会和党支部组织生活会4次。加强政治能力培养和锻炼，组织学习县委《关于巩固深化“不忘初心、牢记使命”主题教育成果的意见》，对照政治体检“双18条”以及“四最”工作月报告制度，定期进行政治体检和对标找差，提高政治判断力、政治领悟力、政治执行力，推动领导干部“双重组织生活”等制度化规范化。严明党的政治纪律和政治规矩，把党章党规党纪作为重要学习内容，组织观看《中国共产党党员教育管理工作条例》等视频，学习《领导干部注意，有这些行为将受到组织处理》等篇目，引导党员干部强化自我约束。

【理论武装】 持续深化习近平新时代中国特色社会主义思想学习。举办中共十九届五中、六中全会及党史学习教育、习近平总书记“七一”重要讲话精神、省第十四次党代会和市第六次党代会精神等宣讲报告会10多场，受众1000多人次。落实意识形态工作责任制，发挥理论学习中心组领学促学作用，机关工委召开12次学习交流会学习《中国制度面对面》等书籍和30多篇文章文件，并组织巡学旁听18个机关党组理论学习中心组学习。落实党员活动日和“三会一课”制度，组织观看《初心——红色足迹》等20多个视频，学习《复兴伟业谱新篇》等30多篇文章文件，开展支部党员讲党课、“换届风气大家谈”等活动，增强了党建活力。

【党史学习教育】 组织学习习近平总书记在党史学习教育动员大会上的重要讲话等内容，以及《论中国共产党历史》等书籍。组织23名新党员开展“学党史、听党话、跟党走”思想汇报演讲赛、40名机关党员开展“缅怀革命先烈，重温入党誓词”活动，强化初心和使命教育。持续实施党建文化“七组一库”红色工作法，组织巡回指导12个县级机关单位党史学习教育，开展“百名党员忆初心”“我和党旗合个影”、参观红色教育基地、邀请退休党员讲红色故事、“阅动花乡·书香机关阅读季”“践行‘诚10条’公职人员当表率”等活动，营造党史学习教育和庆祝中国共产党成立百年浓厚氛围。

【组织建设】 机关工委现有直属党组织44个，其中4个机关党委、8个总支部、32个支部，党组织122个，党员2264名。注重规范抓党建。推动县级机关党组织落实“三会一课”、党员活动日、组织生活会、民主评议党员、谈心谈话等制度；抓好基层党组织换届选举及补（增）选委员工作，15个党组织进行换届选举，16个党（总）支部调整书记或副书记，9个党（总）支部补选委员；顺利完成有关党代表推荐、考察、选举等工作。坚持队伍提质抓党建。抓好党务干部培训，举办线上“支书课堂”培训党支部书记300多名，以“开小灶”形式对多个党组织新任党建业务经办人进行小班化集中培训；严格党员发展管理，组织3期培训班培训入党积极分子和发展对象158名，年度新发展党员91名。强化服务抓党建。围绕“聚焦急难愁支部进小区”，结合“我为群众办实事”“‘两在两同’建新功”，实施“邻里红先锋”行动，推动89个机关党组织、4000多名在职党员在基层治理、疫情防控、防汛防洪等中心任务中争当联系小区模范、争当服务群众标兵。注重关爱抓党建。开展支部评星定级，评出五星级党支部10个、四星级党支部24个、三星级党支部60多个；组织发放“党内关爱”资金，送去党的温暖；做好县级机关“两优一先”表彰人选推荐和“光荣在党50年”纪念章发放工作，增强基层党组织和党员责任感与荣誉感。坚持问题导向抓党建。加强党风廉政建设，开展作风建设集中整治，常态落实减负要求；抓好结对帮扶软弱涣散社区党组织整顿，助推梦溪街道南岭社区解决集体经济薄弱等问题。

6月9日，举办县级机关新党员“学党史 听党话 跟党走”思想汇报演讲赛暨“书香致敬百年路·阅读追梦新征程”诵读会

县委县级机关工委 供图

【作风建设】 在推进专项活动中强作风。实施“三真三实”作风提优行动，做好月度范例、作风之星排查上报工作；开展“争当排头

兵，我们怎么办”大学习大讨论活动，落实好“六个一”等活动要求；开展作风建设集中整治活动，组织机关工委党员认真学习习近平总书记关于作风建设的重要论述，对照“十个方面”问题和“六种类型”干部现象及时查改存在问题。在推进服务大局中强作风。聚焦服务发展、服务民生，组织机关工委党员开展“党员‘四送迎新春·党徽闪耀暖民心’”主题党日活动，走访慰问结对帮扶的徐沭社区25户低收入户并送去慰问金；组织机关工委在职党员开展“党员当先锋为民办实事”主题党日活动，向支部退休党员干部送上“四个一”节日礼物，并积极投身全国文明城市创建和疫情防控督查及疫苗接种志愿服务、招商引资、帮办服务等工作，切实在服务群众、服务发展中转变作风。在推进党风廉政建设责任制落实中强作风。倡导“规范、规矩、程序、标准”文化，年度召开2次以上专题会议研究全面从严治党和党风廉政建设工作；加强党风廉政教育，依托每月党员活动日开展“纪法教育十分钟”活动，组织观看《激浊扬清》《百炼成钢》《检说民法典》《正风反腐就在身边》《刑法修正案（十一）》等多部视频；采取集中和自学的方式学习《中国共产党组织处理规定（试行）》以及《严以治家》等，学习上级有关纪检巡察会议和文件精神，参加第四届“百万党员学宪法学党章学法律活动”，不断强化纪律规矩意识。此外，还积极做好“两个责任”记实管理平台履责记实工作，坚持民主决策“三重一大”事项，持续落实基层减负要求，力戒形式主义官僚主义，努力营造崇尚实干、干事创业、遵纪守法的良好政治生态。

【品牌创建】 以改革破解难题、以创新培育品牌，开展“改革创新做表率、争先进位走在前”大讨论大调研大实践活动，推动党建品牌建设。推进实施“三红强基”先锋行动，持续放大县级机关“党员先锋岗”品牌效应，开展“党员先锋岗”党员承诺践诺述职，下发机关工委编辑的《在飞扬的党旗下——沭阳县级机关“党员先锋岗”党员事迹选编》，引导机关党员佩戴党员徽章亮出身份立足岗位当先锋。围绕逐步建立县级机关党建品牌“7+1”项目化培育机制，组织实施“党支部工作法”提炼和“党小组故事”推介行动，催生《“三联促三强”工作法》《“三抓三提”工作法》等17个工作法，推动机关党建和业务深度融合、相互促进。探索建立县级机关党建“两检两评”严管机制，采取月度“飞检”、双月“复检”等方式对“三会一课”制度执行、《党支部工作手册》记实填写等进行督导，对150多个党支部《党支部工作手册》进行调阅，反馈和督促整改问题1000多条。

（栗兴民）

## 党校工作

【概况】 2021年，县委党校深入学习贯彻《中国共产党党校（行政学院）工作条例》，以党校办学质量评估为导向，积极发扬“排头兵”精神，深耕干部培训、思想引领、理论科研、决策咨询等主业主课，进一步履职尽责、求真务实、创新创优，有效发挥了党校围绕中心、服务大局的作用。

【干部培训】 根据《2021年全县干部教育培训班次计划》，强化干部培训需求调研，精心组织培训，优化教学内容，完善教学布局，强化主课安排，通过采取专家集中授课、现场教学、案例教学、警示教育、拓展训练等方式，积极探索干部教育培训的新途径、新模式。办好党校主办班次。2021年举办春秋两季主体班，对来自部分县直单位、县属国企和乡镇的89名乡科级领导干部和40名优秀中层干部进行集中培训，特别是秋季学期主体班首次同时开设科级干部进修班和第1期中青年干部培训班2个班次。办好党校承办班次。承办2期全县中层干部培训班和新录用公务员初任培训暨新招聘企事业单位人员入职培训班，培训学员447人次；承接县村居纪委书记（纪检委员）培训班、胡集镇党员干部党性锤炼班等16个培训班次，共培训学员1500余人次，高质量完成了县委、县政府交给的培训任务。此外，先后接待西藏拉萨市培训班、市委党校第九期中青班、宿豫区青干班和灌南县村党组织书记培训班，共培训学员400余人次，有效发挥了党性教育、工业经济、乡村振兴、文旅产业等现场教学点的作用。

【理论宣讲】 立足党校思想理论宣传优势，创办校级刊物“党校之声”，充分利用“线上+线下”相结合方式，组织党校教师积极主动地做好理论解读、阐释和宣讲等工作。共有16名教师赴县直单位、乡镇、村、企业等宣讲150余场次，受训1.5万余人次；开展各类专题授课63余场次，累计受训1.1万余人次。同时，积极打造线上课程，全年共录制10节线上培训课程，3部微党课，致力于传播党校声音。录制的《从党史中汲取砥砺前行的力量——中国共产党的百年历程与启示》获评宿迁市干部教育培训精品课程；录制的《红色起点——中国共产党的诞生》等9节课程，入选宿迁市“我家学堂”学习平台上线内容；录制的《永远跟党走 永远向前走》等3部作品获评全市党校系统党史学习教育优秀微党课，《让历史告诉未来》《每一寸土地都是山河》和《六塘河畔红旗飘》分别获评宿迁党史故事汇视频类优秀作品一等奖、三等奖和图文类优秀作品。

【理论科研】县委党校坚持科研立校，专门成立科研攻关小组、组建科研团队，努力发挥党校科研智库作用。当好党委政府新型智库。以省市立项课题为依托，通过领导点题、发展命题、自我定题等形式，立足县域经济社会发展的热点难点问题，组织骨干教师成立课题组，先后围绕“小区治理”“农房改善”“追寻沭阳红色足迹”等课题开展大调研，形成了多篇调研文章。同时，与县委研究室建立了课题合作机制，共同开展了2项联合课题，形成了《推进小城市建设》《“互联网+‘三农’”沭阳电商模式与实践——对打造乡村振兴“云经济”发展》2篇调研报告。扎实推进理论研究工作。认真做好课题申报、立项、结项工作，形成一批高质量的理论成果。全年共发表理论文章24篇，其中国家级2篇、省级11篇、市级11篇，文章《强化基层党建 提升治理效能》在《群众》杂志发表。全年共获评省社科联“新型农业经营体系构建与农业高质量发展”学术论坛优秀论文5篇；获评宿迁市委宣传部、市委党校理论研讨会优秀论文10篇，入选论文22篇；获评县内征文特等奖1篇。2021年度14项课题被省委党校、市社科联、市委党校立项，其中被省委党校立项课题2个；2020年度10项课题被市委党校立项，获重点结项1个、一般结项6个，位居全市党校系统前列。

【师资建设】通过实施“1234”战略强化青年教师培养，努力打造一支政治强、业务精、作风好的人才队伍。牢固树立一个目标。树立名师、名课、名作“三名”目标发展导向，引导教师把提升教科研能力水平作为在党校安身立命的根本和价值追求。积极倡导“有为才有位”和“争创一流、精益求精、力求完美、追求卓越”的校园文化，不断增强教师的成就感、获得感和荣誉感。打造两支队伍。一是打造过硬的专职教科研队伍，着力探索既区别于公务员又不同于普通事业单位的党校教师管理体系，推进“双轨制”改革，严格培养和重点打造一批青年教师，现已逐步成长为教科研骨干力量；二是构建高效的兼职教科研队伍，出台《县委党校兼职教师选聘与管理办法》，在全县选聘42名政治素质过硬、理论水平较高、实践经验丰富的党政领导干部、企事业单位领导、先进典型人物、知名专家学者担任兼职教师；同时积极探索县委党校与县直部门、乡镇合作的双向联动机制，通过聘请研究员实现借力发展。搭建三个平台。搭建“教学大练兵”平台，全年举办14期“教学大练兵”活动，通过开展精品课观摩、教学研讨、读书分享、学习成果汇报、新课题试讲、青年教师座谈会等系列活动，研究教学方法，交流学习心得，提升教学业务能力；注重新课题的过程化管理，通过“说课”“演课”“赛课”，推进教学专题的打磨，成功举办了县委党校第一期“优课评选”活动，积极打造精品课程，发挥好示范引领作用；已形成20节较为成熟的教学课程，涉及习近平新时代中国特色社会主义思想、党史党建、乡村振兴、社会治理等多个专题，其中已有4名青年教师的教学专题被纳入党校教学专题库并走上讲台，被多次邀请到县乡机关授课。搭建“科研沙龙”平台。全年举办6期“科研沙龙”活动，通过举行科研选题、专家交流、文章研磨、现场调研等活动，帮助党校教师拓宽知识面和县域视野，补齐在专项工作政策和实践研究上的短板，不断提高理论研究与决策咨询的能力水平。搭建实践平台。通过参加各类比赛、党员冬训、“我家学堂”、“党员活动日”、送教下基层等活动，让教师在实战中得到锤炼、展现风采。2021年，党校1名青年教师入选全省党校系统“三个一批”人才培养对象；在县委组织部举办的“百年风华·信仰永恒”——“党课开讲啦”微党课决赛中，4名青年教师分别获得一、二、三等奖；在县委宣传部举办的“永远跟党走 奋进新征程”——“百姓名嘴”风采展示大赛中，1名青年教师荣获一等奖；在宿迁市党校系统庆祝第37个教师节“我心向党”演讲比赛中，3名青年教师分别荣获二、三等奖；在全县新录用公务员初任培训班“学党史 比担当”演讲比赛中，2名青年教师分别获得一、二等奖；在沭阳县首届“花乡故事会”大赛中，1名青年教师获得三等奖。落实四项举措。一是落实“1+1”结对培养制度，完善和实施“传帮带”工作，出台《关于加强青年教师培养的制度》《关于开展“青蓝工程”的实施意见》，结合新进教师专业和培养需求，为其配备1名教科研经验丰富的导师，通过颁发聘书、明确职责、加强考核，实现以老带新、以新促老；二是加强学科体系建设，重点打造习近平新时代中国特色社会主义思想、党史党建、法律法规、县域县情与高质量发展4个学科小组，每个小组明确一名学科带头人，以课题研究为基础，通过团队协作、集体攻关，不断夯实学科建设基础；三是注重能力素质提升，坚持“请进来”与“走出去”相结合，举办第一期教研能力提升班，邀请省委党校教学名师围绕打造精品课“传经送宝”，选派教师23人次到省市党校、高等院校以及科研机构“集中充电”，5名教师参加春秋季主体班跟班听课以及全程参加班级日常管理，全方位提升能力素养；四是加大挂职锻炼力度，轮流选派6名优秀青年教师到市委党校、县委宣传部、研究室、巡察办等部门跟班学习、挂职锻炼，不断提高教师的工作阅历和综合素质。

（蔡坤浩）

## 综　述

2021年，沭阳县人大常委会在县委的坚强领导下，紧紧围绕全县工作大局，认真行使宪法和法律赋予的职权，着力将人民代表大会制度优势转化为治理效能，先后召开常委会会议9次、主任会议13次，听取和审议专项工作报告45项，作出相关决议、决定、审议意见36项，开展调研、视察、执法检查38次，专题询问2次，专题质询1次，圆满完成了县十七届人大五次会议确定的各项任务。

## 重要会议

【县十七届人大五次会议】 2021年1月13—15日，沭阳县第十七届人民代表大会第五次会议在城区召开，主会场设在县文化艺术中心。县长彭伟向大会作政府工作报告，会议还听取了县人大常委会主任刘瑞春所作的人大常委会工作报告、县人民法院院长崔永峰所作的法院工作报告、县人民检察院检察长张海涛所作的检察院工作报告，书面听取县2020年财政预算执行情况和2021年财政预算（草案）的报告，审查和批准了县2020年财政预算执行情况和2021年县级财政预算方案，书面听取了县2020年国民经济和社会发展执行情况与2021年国民经济和社会发展计划（草案）的报告，书面听取了县国民经济和社会发展第十四个五年规划纲要和2035年远景目标纲要（草案）的报告，书面听取了县十七届人大四次会议代表议案、建议、批评和意见办理情况的报告，通过了《选举办法》（草案）。会议选举朱少建为县十七届人大常委会副主任。大会表决通过了政府、财政、计划、“十四五”规划纲要和2035年远景目标纲要、人大、法院、检察院七个工作报告的决议（草案）。会议期间，大会秘书处收到10人以上联名提出的议案、建议共93件，根据《中华人民共和国地方各级人民代表大会和地方各级人民政府组织法》及《江苏省人民代表大会关于议案若干问题的规定》，经大会议案审查委员会审查，并经大会主席团会议通过，将“关于加快建设区域副中心城市的议案”“关于加快推进新型工业化的议案”“关于加快建设美丽沭阳的议案”和“关于加快推进改革创新的议案”分别作为大会的一、二、三、四号议案，其他90件作为代表提出的建议、批评和意见处理。

【人大常委会】 2021年，沭阳县第十七届人民代表大会常务委员会共召开会议9次。

1月11日，召开人大常委会第三十六次会议，通过县第十七届人民代表大会第四次会议后代表变动情况及补选代表资格审查报告（草案），审议通过县十七届人大五次会议有关文件，讨论通过县人大常委会工作报告（草案），同意刘绍广辞去县十七届人大常委会副主任职务。

3月26日，召开人大常委会第三十七次会议，会议传达学习了十三届全国人大四次会议和省十三届人大四次会议精神，讨论通过《沭阳县人大常委会2021年工作要点（草案）》，讨论通过《沭阳县人大常委会关于重大项目参与式预算监督的实施方案（草案）》，听取和审议县人民政府关于2020年环境状况和环境保护目标完成情况的工作报告，听取和审议县人民政府关于2020年法治政府建设情况的工作报告，确认先予许可对王某某采取刑事强制措施的决定（草案），并对相关人员予以人事任免。

5月21日，召开人大常委会第三十八次会议，会议通过县人大常委会规范性文件备案审查办法（草案），通过县人大常委会关于沭阳县街道市民代表会议实施办法（草案），听取和审议县人民政府国有资产管理情况工作报告，听取和审议县人民检察院未成年人检察工作社会支持体系建设情况工作报告，听取县人民政府营商环境管理情况工作报告，听取县人民政府关于《中华人民共和国义务教育法》贯彻实施情况工作报告，听取县人民政府“四水”整治管理情况工作报告，专题询问全县老旧小区改造管理工作，并对相关人员予以人事任免。

7月3日，召开人大常委会第三十九次会议，会议同意彭伟辞去县人民政府县长职务，同意张莉萍辞去县人民政府副县长职务，选举王瑞为县人民政府副县长、代县长，选举石敬峰为县人民政府副县长，并对相关人员予以人事任免。

7月14日，召开人大常委会第四十次会议，会议讨论通过《沭阳县人大常委会关于加强未成年人文身治理工作的决议》（草案），听取《中华人民共和国固体废物污染环境防治法》贯彻实施情况工作报告，听取和审议县人民法院“无讼村居”创建情况工作报告，听取县人民政府食品药品安全管理情况工作报告，听取县人民政府安全生产专题询问发现问题整改情况工作报告，工作评议乡村振兴战略实施情况，专题询问重大项目参与式预算监督，会议同意许尔斌、孙其泉、季如干、谢红梅、沈杰等辞去县人民政府副县长职务，同意朱浩辞去县监察委员会主任职务，选举段全猛等为县人民政府副县长，选举王明新为县监察委员会副主任、代主任，并对相关人员予以人事任免。

9月11日，召开人大常委会第四十一次会议，会议讨论通过《沭阳县人民代表大会常务委员会质询办法（试行）》（草案），讨论通过《沭阳县人民代表大会常务委员会关于营商环境建设的质询案》（草案），观看营商环境建设质询专题片并开展质询。

9月30日，召开人大常委会第四十二次会议，会议讨论通过县乡两级人民代表大会换届选举相关文件，讨论通过《沭阳县人民代表大会常务委员会街道议政代表会实施办法》（修订草案），听取县人民政府关于公共卫生服务体系建设情况工作报告，听取和审议县人民政府关于县2020年度县本级财政决算情况的报告（草案）及2021年上半年财政预算执行情况报告，听取和审议县人民政府关于沭阳县2021年上半年国民经济和社会发展计划执行情况报告，听取和审议县人民政府关于2020年度县本级财政预算执行和其他财政收支的审计工作报告，听取和审议县人民政府关于《中华人民共和国基本农田保护条例》贯彻实施情况工作报告，听取县人民政府关于《江苏省燃气管理条例》贯彻实施情况工作报告，听取县人民政府关于城乡公交一体化开展情况工作报告，听取县人民政府关于议案建议办理情况报告，听取部分市五届人大代表届中述职（书面），同意钱桦辞去县十七届人大常委会委员和县十七届人民代表大会代表职务，并对相关人员予以人事任免。

11月25日，召开人大常委会第四十三次会议，会议听取和审议县人民政府关于《中华人民共和国慈善法》贯彻实施情况工作报告，听取和审议县人民政府关于“八五”普法开展情况工作报告，听取县人民政府关于农房改善专题询问发现问题整改情况工作报告，听取县人民政府关于县2020年度县本级财政预算执行和其他财政收支情况审计发现问题的整改工作情况报告，听取县人民政府关于小区物业管理情况工作报告，听取县人大常委会环城工委关于乡镇环境报告制度大巡查工作报告，通过《沭阳县人大常委会关于召开沭阳县第十八届人民代表大会第一次会议的决定》（草案），同意张祥瑞、孙利辞去市五届人大代表职务，同意刘明、汤亦功辞去县十七届人大代表职务。

12月31日，召开人大常委会第四十四次会议，会议听取县监察委员会专项工作报告，听取和审议县人民政府关于县2021年县本级预算调整方案（草案），听取县人民政府关于沭阳县2021年财政预算执行及2022年财政预算（草案）的报告（书面），听取县人民政府关于县2021年国民经济和社会发展计划预计执行情况与2022年国民经济和社会发展计划（草案）的报告，听取县人民政府和县法院关于营商环境建设专题质询发现问题整改情况的报告，并做满意度测评，通过县第十八届人民代表大会代表资格审查情况的报告（草案），并对相关人员予以人事任免。

## 人大监督

**【经济领域监督】** 推进财政金融规范管理，完善人大预算联网监督平台，实现预算编制、预算执行、预算评价的全流程实时监督。增强“全过程监督”实效，注重对重点支出、部门预算、政府债务、使用绩效的审查监督，推动人大预算审查监督重点向支出预算和政策拓展。审议2021年上半年财政预算执行、2020年度国有资产管理和2020年财政收支审计工作报告，专项听取“上审下”审计查出问题整改工作报告，切实保障财政资金的安全。听取和审议农业科技与人才管理工作报告，对农房改善专题询问发现问题整改情况进行视察，对基本农田保护条例贯彻实施情况进行执法检查。组织市县人大代表对乡村振兴战略贯彻实施情况进行联组调研，并对涉及的6家单位进行工作评议和满意度测评，促进了乡村振兴战略稳步推进。

【民生事业监督】 围绕人民群众普遍关注的热点、难点、焦点问题，视察老旧小区改造、小区物业管理、义务教育法贯彻实施、食品药品安全管理、公共卫生服务体系建设、城乡公交一体化建设，组织市县人大代表就政府为民办实事项目进行联组视察，听取安全生产专题询问发现问题整改情况工作报告，连续5年聚焦“四水”整治管理工作，持续跟踪问效，促使一些关乎民生的问题得到有效解决，增强了人民群众的幸福感和获得感。

【法律法规监督】 认真开展《中华人民共和国固体废弃物污染防治法》执法检查活动，推动《中华人民共和国义务教育法》《基本农田保护条例》和《燃气管理条例》在沭阳得到有效实施。参与“3·15”纠纷调解、“8·5”普法检查，开展《中华人民共和国民法典》和“12·4”宪法宣传等活动，积极营造法治氛围。首次听取县监察委员会专项工作报告，系统了解专项案件的办理情况。视察调研县公安局智慧警务、县司法局“8·5”普法、县检察院未成年人检察工作社会支持体系建设、县法院“无讼村居”创建等工作，推动了法治沭阳、平安沭阳建设进程。主动搜集“12345”热线问题，现场会办解决群众合理合法利益诉求。一年来，共受理信访案件112件，走访接待群众80余批次，及时办结省、市转办交办的信访案件16件，督促一批重要信访案件的有效解决，促进了社会和谐稳定。

【人事任免监督】 坚持党管干部和人大任免有机统一，对未经组织部门考察的“两院”提名人选进行任前资格审查，完善了人事任免程序。不断强化干部的任中和任后监督，健全和完善评议任命人员述职报告制度。先后依法任免国家机关工作人员55人次，听取任命人员述职报告18人次，为全县高质量发展提供了有力保障。

## 创新工作

【重大项目预算监督】 县人大在乡镇全面实行参与式预算监督的基础上，提升预算监督层级，在全市县区创新开展县级重大项目参与式预算监督，探索在县级预算编制、执行过程中采取参与式预算模式，全过程参与重大项目建设工作，通过多次“恳谈会”，了解项目预算编制情况。对重大项目施工中存在的问题，召开了有代表、专家参与的民主听证会，还邀请人大代表和群众代表旁听，通过听取预算使用汇报，向相关部门提问、对现场解答情况进行评议等方式，对预算绩效作出了初步评价。同时组织开展后续跟踪督办，全力推动重大项目建设进程。

【专题质询监督】 县人大通过召开座谈会、下发意见函、搜集“12345”政风行风热线等形式，征求意见和建议800多条，常委会委员明察暗访、实地取证，常委会出台办法、制作专题片、组织民主论证，确定七大方面、18个问题纳入质询范围。会上，质询问题直指个案，抓住问题本质；被质询人回复不遮丑、不护短，整改措施针对性、操作性强。始于“询”而不止于“询”，针对质询会上提出的问题，县人大常委会采取“微视察”“微调研”“微评议”等形式开展后续跟踪督办，推动相关部门做到有诺必有行，有行必有果。专题质询在宿迁历史上是首次试水、首开先河，是充分发挥人大监督职能的“破冰”之举。县委和县政府主要领导高度重视此项工作，亲自参加会议并提出具体要求，有力推动了相关工作提质提效。该创新成果获宿迁市人大理论调研一等奖，探索形成质询“333”工作法（三位一体机制、三轮民主讨论、三微督办方式），被评为江苏“市县人大”十大新闻。

【街道参政议政监督】 县人大常委会讨论通过《沭阳县人民代表大会常务委员会街道议政代表会实施办法（修订草案）》，指导街道人大工委探索实施市民代表参政议政制度，组织选举产生街道议政代表并开展闭会期间监督活动，抓实意见建议办理等工作，进一步畅通街道党工委、办事处和人民群众之间的政情民意表达渠道，深入夯实基层人大工作基础，进一步提升基层治理的制度化、规范化水平，推动了街道工作决策的科学化、民主化水平。

## 代表工作

【主题活动】 县人大持续开展“访民情、献良策、促改革”主题活动，通过“进基层、联农户，进社区、联居民，进企业、联职工”等方式，不断拓展搜集民情民意渠道，把群众和企业的问题反映好，解决好。组织代表当好扶贫政策的“宣传员”、农业技术的“指导员”、公益事业的“服务员”，助力贫困群众脱贫致富。全年参与接待的人大代表有1232人，接待人民群众4318人，搜集的意见建议1108件，交有关部门研究处理的有305件，作为社情民意供决策参考的有803件。主题接待活动已成为人大代表掌握民意、集中民智的一个重要渠道和工作窗口。

【换届选举】 县人大常委会按照市委、县委的统一部署，坚持党的领导、人民当家作主和依法治国的有机统一，充分发扬全过程人民民主、严格依法办事、周密安排、精心指导，确保了换届选举工作稳步有序推进。全县共选出县第十八届人民代表大会代表430名，各乡镇新一届人大代表1982名，代表结构得到进一步优化。

**【代表议案和建议办理】** 县人大认真督办代表议案、建议，县十七届人大五次会议上代表提出的4件议案和90件建议意见（包括作为建议的议案）得到全面有效落实，办理的效率和代表的满意率显著提高。

## 沭阳县第十七届人大五次会议议案建议一览表

表2

| 序号 | 名　　称 |
|---|---|
| 1 | 关于加快建设区域副中心城市的议案 |
| 2 | 关于加快推进新型工业化的议案 |
| 3 | 关于加快建设美丽沭阳的议案 |
| 4 | 关于加快推进改革创新的议案 |
| 5 | 关于加快推进沭阳临港工业园建设的议案 |
| 6 | 关于加快实现344省道全线贯通的议案 |
| 7 | 关于建设吴集镇现代仓储物流和工业产业园的议案 |
| 8 | 关于加大县财政资金投入建设韩山镇区基础设施配套工程的议案 |
| 9 | 关于对韩高路（湖东古泊河大桥延伸中段）重新铺设的议案 |
| 10 | 关于京沪高速潼阳出口到205国道连线维修改造的议案 |
| 11 | 关于解决新河春生村与庙头镇冷庄村间道路连通的议案 |
| 12 | 关于解决新河镇解桥村与潼阳镇水库村道路连通的议案 |
| 13 | 关于解决虞姬路与庙头扎新路道路连通的议案 |
| 14 | 关于规范中小学生校外托管机构建设的议案 |
| 15 | 关于修建沭宿海抗日中学遗址的议案 |
| 16 | 关于加快新建贤官文集大桥的议案 |
| 17 | 关于规划建设贤官生态板材产业园工业污水处理设施的议案 |
| 18 | 关于在苏州路大桥延伸段耿圩镇区域内规划建设学校以促进区域发展的议案 |
| 19 | 关于在陇集镇区域内恢复四支渠灌溉功能的议案 |
| 20 | 关于加大对边界乡镇农房改善项目规划投入的议案 |
| 21 | 关于加强城乡居民生活用水改造工程建设的议案 |
| 22 | 关于为少年儿童健康成长提供温馨和谐的家庭环境的议案 |
| 23 | 关于解决被征地农民生活保障的议案 |
| 24 | 关于加强城区红绿灯设置科学化、合理化、人性化的议案 |
| 25 | 关于进一步组合力度克服房屋征收困难的议案 |
| 26 | 关于策应县委纳河入城、跨河发展的议案 |
| 27 | 关于联合执法进小区的议案 |
| 28 | 关于建设扎下省级物流示范园区的议案 |
| 29 | 关于加快柴米河绿廊工程建设的议案 |
| 30 | 关于改造沭李路东大桥通行能力的议案 |
| 31 | 关于新建李庄线李恒大桥与沭李路连接线的议案 |
| 32 | 关于109城乡公交延伸至李恒镇刘山村的议案 |

续表2

| 序号 | 名　　称 |
|---|---|
| 33 | 关于试点将城区学校体育馆向社会开放的议案 |
| 34 | 关于建设马厂造博物馆的议案 |
| 35 | 关于将乡村道路提档升级并加强乡村道路电动车骑行和生产规范管理的建议 |
| 36 | 关于大病统筹延续使用的建议 |
| 37 | 关于沭阳县南湖街道学区划分的建议 |
| 38 | 关于成立小区业主委员会强化物业服务依法管理的建议 |
| 39 | 关于进一步加强12345政府热线管理工作的建议 |
| 40 | 关于进一步优化城区交通质态的建议 |
| 41 | 关于升级改造龙青路青伊湖——农场段道路的议案 |
| 42 | 关于修建245省道至344省道连接线东段道路的议案 |
| 43 | 关于桑墟镇工业集中区建设发展的议案 |
| 44 | 关于加快桑墟镇工业企业转型升级的议案 |
| 45 | 关于对新沭灌路进行拓宽改造的议案 |
| 46 | 关于建议发改部门将万北遗址打造为国家级遗址公园项目的议案 |
| 47 | 关于华冲高级中学在华冲开设分校的建议 |
| 48 | 关于对龙青路沿线道路按二级公路标准提档升级的建议 |
| 49 | 关于将华冲镇工业集中区纳入全县一区多园发展规划的建议 |
| 50 | 关于本地相关纺织等产业人才培养和引进的建议 |
| 51 | 关于344道路与连云港连接的建议 |
| 52 | 关于对乡镇人大配备专职工作人员的建议 |
| 53 | 关于调整优化公交107线路的建议 |
| 54 | 关于建设沭阳物流大数据中心的建议 |
| 55 | 关于路南河后屯大闸拆建的建议 |
| 56 | 关于维修岔流河朱庄自动闸的建议 |
| 57 | 关于老扎颜路堰下村段改造的建议 |
| 58 | 关于接通潼悦路——新扬高速道路的建议 |
| 59 | 关于加快修建庙贤路的建议 |
| 60 | 关于加强我县草莓产业统筹发展提质增效的建议 |
| 61 | 关于改善我县新沂河大桥通行状况的建议 |
| 62 | 关于加强城区住宅小区电动车整治的建议 |
| 63 | 关于沭阳新地标——迎薰门遗址公园亮化等细节提升的建议 |
| 64 | 关于在我县小区建设项目中增加供暖设施的建议 |
| 65 | 关于加强小区自来水正常供应的建议 |
| 66 | 关于在宿迁大道与常州路交叉口设置交通信号灯的建议 |
| 67 | 关于加强悦来中小学宿舍餐厅建设的建议 |
| 68 | 关于胡周路周集段严重破损维修的建议 |
| 69 | 关于规范学前教育收费标准的建议 |

续表 2

| 序号 | 名　　称 |
|---|---|
| 70 | 关于建设赵集村污水处理站的建议 |
| 71 | 关于打造沭阳东大门的议案 |
| 72 | 关于打造沂涛酒都的议案 |
| 73 | 关于加快建设沭阳县梦溪实验学校道路配套设施的建议 |
| 74 | 关于增加对中小企业的金融扶持和金融服务的建议 |
| 75 | 关于提前实施苏州南路建设加速形成城市南北通道的建议 |
| 76 | 关于实施十字新区道路建设改造工程提升主城区南大门形象的建议 |
| 77 | 关于沭城再建一所城郊中学的建议 |
| 78 | 关于加强农村文化阵地建设的建议 |
| 79 | 关于加强中小学学生生命教育的建议 |
| 80 | 关于红绿灯信号设置的问题的建议 |
| 81 | 关于建设龙庙镇前岔村到沭城沂河淌水漫桥的建议 |
| 82 | 关于管护城区家庭养宠物引发卫生问题的建议 |
| 83 | 关于加快就教育均衡化发展、优化学校布局，建设庙头镇九年制学校的议案 |
| 84 | 关于加大乡镇基础设施投入、建设美丽乡村的议案 |
| 85 | 关于在城区公办学校施教区实行房产学位制的建议 |
| 86 | 关于加强法官能力建设切实保障当事人合法权益的建议 |
| 87 | 关于加强村卫生室建设提高村医待遇的议案 |
| 88 | 关于优化经济薄弱乡基础设施的建议 |
| 89 | 关于利用好经济薄弱乡发展空间激励招商创业的建议 |
| 90 | 关于加快胡集镇枢纽经济产业园区规划建设的建议 |
| 91 | 关于尽快重建淮沭新河上新北大桥的建议 |
| 92 | 关于保留 329 省道雷达村道口的议案 |
| 93 | 关于加快对边境乡镇生态物流园规划建设的议案 |
| 94 | 关于实施建设省道 267 加快老区发展改变老区交通落后状态的建议 |

## 基层人大工作

**【基层管理】** 县人大不断完善“三位一体”检查督导机制，坚持常委会领导牵头、各工作机构负责人参与的包片联系制度，积极指导挂钩乡镇（街道）人大工作。落实“分片指导、列席会议、视察联动”等好的做法，指导乡镇人大补短板、促规范、创特色。完善《基层人大目标考核办法》，细化、量化考核目标，推动乡镇人大工作步入规范化、制度化轨道。

**【探索创新】** 县人大指导各街道人大工委探索“24363”街道议政代表工作机制，建好“两个平台”，分设“四个专组”，规范“三个程序”，履行“六个职责”，加强“三个保障”，全面规范和完善街道议政代表工作的开展。

（胡　飞）

## 综　述

【概况】 2021年，面对复杂严峻的宏观环境和新冠肺炎疫情的严重冲击，沭阳县人民政府坚持以习近平新时代中国特色社会主义思想为指导，深入贯彻中共十九大和十九届历次全会精神，坚决落实上级党委政府决策部署，在县委的坚强领导下，在县人大、政协的监督支持下，团结和依靠全县人民，坚持稳中求进工作总基调，坚持以新发展理念引领高质量发展，统筹疫情防控和经济社会发展，统筹发展和安全，高水平全面建成小康社会，赢得“十四五”规划良好开局。投资超百亿工业项目、A股上市企业、销售超百亿企业接连实现零的突破；现代农业产业园跻身“国家队”，沭阳成为苏北唯一既有国家级经开区、又有国家现代农业产业园的县份；淮沭新铁路前期工作全面启动，京沪高速扩建、宿连高速、宿连航道等重大项目加快建设；花乡学子中走出第一位省理科状元。

【乡村振兴】 2021年，沭阳县乡村振兴亮点纷呈。全年实现农业总产值191.25亿元，比上年增长0.9%；实现农业增加值113.88亿元，比上年增长2.2%；粮食种植面积、总产连续3年全省第一，粮食产量实现“十八连丰”，连续14年获评“全国超级产粮大县”；累计培育国家和省级农业龙头企业20家，获批“高墟大米”“潼阳花生”等4个国家农产品地理标志，“两品一标”农产品达94个，创成省农产品质量安全县。围绕“控面积、提质量、塑品牌”思路，持续推动花木产业转型，常态化开展花木种苗领域“春雷行动”“冬季攻势”，立案查处21人，发放诚信标签3亿余张，“买好花、信沭阳”诚信品牌更加响亮；花木电商销售额占全国1/3，沭阳农村电商案例入选联合国数字农业报告，中央电视台以《苏北第一县的“颜色经济”》为题专题报道了沭阳县花木电商发展成效，花木产业年销售额突破200亿元，“沭阳花木”入选省特色农产品优势区；新河镇、颜集镇、庙头镇获评“全国乡村特色产业十亿元镇”，庙头镇聚贤村获评“全国乡村特色产业亿元村”；沭阳花木节举办至第九届。科学规划“花乡绿道、振兴大道、五彩美道”“五朵金花”“十颗明珠”等项目串点成线、连线成面，79个重点农业项目加快推进，农业项目建设考核进入省市前列。新建改建农村道路85千米，获批“四好农村路”省级示范县，农村供水管网到村普及率达到100%。高标准规划建设3个小城市，学校、道路、居民小区、园区配套等设施已进入全面实施阶段，正在由“镇”向“城”华丽转变。创成国家卫生乡镇1个、省卫生乡镇2个、省卫生村17个，成功创建省级特色田园乡村2个，美丽宜居乡村59个。16个农房改善项目全面竣工，农民住房条件改善工作获得全市唯一省政府大督查表扬激励，住房条件改善工作扎实推进。乡镇工业“半壁江山”地位更加巩固，乡镇工业开票收入突破600亿元，桑墟镇工业开票销售收入突破百亿元大关，贤官镇、李恒镇、青伊湖镇工业开票销售收入突破60亿元。4个道口乡镇工业集聚区启动建设，16个项目集中开工，乡镇工业增长极加快形成。大气质量实现“双提升”，$PM_{2.5}$浓度为有监测数据以来最好水平。“河长制”“断面长制”压实推进，柴米河上游水质自动监测站、古泊善后河沿线水质自动监测站等工程建成投用，国省考断面稳步向好。

【工业】 2021年，沭阳县坚持“工业强县、产业兴县”不动摇，年末规模以上工业企业695家，规模以上工业增加值比上年增长18.1%；实现规模以上工业总产值1009.36

亿元，增长29.8%；全年实现规模以上工业增加值230亿元、工业税收43.1亿元，均位居苏北县（市）第一；实现工业用电量48.3亿千瓦时，位居苏北第二。全年实现工业开票销售收入1225亿元，历史性迈上千亿级台阶，首次进入苏北前两位。全县单体开票销售收入超2000万元企业869家，同比净增125家；单体开票销售收入超亿元企业198家，同比净增40家。实现工业增值税33.16亿元，总量稳居苏北第一，进入全省前十，较上一年攀升5位。工业开票销售收入、工业增值税分别占全市29.9%、41.86%，分别比上一年提高1.82个、6.26个百分点。项目引建势头强劲，每3天落地1个亿元项目，亿元以上项目协议投资额增长34.19%，突破百亿级项目2个、50亿元以上项目5个、10亿元以上项目32个，招商引资、“四新”项目考核全市“双第一”。百亿级列省重大产业项目实现零的突破，桐昆集团沭阳项目从签约到开工仅仅用了4个月时间，超额完成年度投资任务，天能四期当年开工、当年实现部分投产，创造了项目建设“沭阳速度”。全年新增国家高新技术企业23家、省四星级以上上云企业31家、省工业互联网标杆工厂1家、省级智能车间2家，数量均为全市第一。“6+3+X”规模以上工业总产值达843亿元，同比增长29%，主导产业贡献率持续攀升。

**【现代服务业】** 2021年，沭阳县实现社会消费品零售总额356.41亿元，比上年增长16.3%。限额以上单位实现社会消费品零售总额44.96亿元，增长20.9%；其中，化妆品类增长174.4%，中西药品类增长134.2%，石油及制品类增长85.3%，粮油、食品类增长53.4%，日用品类增长16.1%，汽车类增长12.3%。社会消费品零售总额保持年均两位数增长，成功入选首批“全国服务业百强县”，名列第38位。2021年，各类活跃网商超过5万家，年交易额突破300亿元。全县快递发件量45721.84万件，同比增长25.03%，其中，国有企业（邮政公司）快递发件量9650.06万件，社会企业（民营快递公司）快递发件量36071.78万件；快递业务收入16.99亿元，同比增长21.79%。平均每秒有14.4件快递发往世界各地，位于“中国县域电商竞争力百强榜”第7位。电信业务总量12.08亿元，增长16.6%；电信业务收入11.89亿元，增长15.3%；年末，全县有移动电话用户163.25万户、国际互联网用户135.04万户。年末，全县共有旅游景区8个，韩山风景区获评国家AAA级旅游景区，全县国家AAA级旅游景区累计达到4个；旅游从业人员数1171人，全年累计接待游客650万人次，增长46.3%；实现旅游收入53亿元，增长42.9%。年末，全县共有进出口经营权企业1139家，其中当年新增进出口经营权企业119家；全年实现进出口总额13.63亿美元，增长11.7%；其中，出口13.09亿美元，增长11.5%；年末，累存外资企业98家，其中当年新增外资企业12家。全年实际到账外资11934万美元，增长8.4%。

**【城市建设与管理】** 2021年，沭阳县按照“是县又高于县”标准，加快副中心城市建设步伐，成功纳入Ⅱ型大城市培育范围。城区重庆南路建成通车，苏北首条县级城区快速路部分通车，城区快速路、苏州路西延跨淮沭新河大桥等7项重大交通工程加快建设。随着苏北智慧物流中心启动建设，货运周转量、客运量均为全市第一，快递发件量全省县级城市第四、苏北第一。城北公园完成改造，从原来的70亩拓展至180亩，旧貌换新颜，成为网红打卡地。老沭河健身步道获评“2021江苏最美跑步线路”，重庆南路、珠江路等4项城市道路绿化景观顺利完工。新建改建公共绿地面积35万平方米，人均公园绿地面积增加至12平方米，城区绿化覆盖率上升至43.8%。城区新植2.98万平方米草本花，58万株鲜花扮靓城市重要节点，节日氛围营造获得《人民日报》《新闻联播》接连点赞，南部城区淮海戏旅游休闲街区入选首批省级旅游休闲街区培育单位。高分获评省优秀管理城市，78个小区物业实现市场化运营，街道由“办物业”向“管物业”转变，涉及小区投诉量下降15.3%、满意率上升32.6%，一批长期困扰群众的“闹心房”问题得到解决。人行道改造提升、节日氛围营造、路灯亮化、老旧小区改造赢得群众点赞，12个城市文化年轮保护项目彰显城市底蕴。

**【科技创新】** 2021年，沭阳县（发明）专利申请350件，（发明）专利授权72件，有效发明专利拥有量年度达608件，PCT申请8件；发明专利拥有量3.41件/万人，增长5.2%。研发经费支出占GDP比重由2016年的1.5%提升至2%，比上年提高了0.36个百分点。国家高新技术企业达142家，获批省级“三个中心”累计达80个，建成全市唯一的国家级企业技术中心。2021年，全县实现技术合同成交额17.78亿元，实现科技政策减免税收1.75亿元，发放科技创新奖补资金4268.2万元。全年获批市高新技术企业培育入库80家，新备案国家科技型中小企业353家，全年新增高新技术企业50家，全县拥有国家高新技术企业达142家。加大对接高校院所开展产学研合作力度，全年招引科技型企业47家，数量全市最多。出台《2021年沭阳县健全关键核心技术协同攻关、探索攻关任务“揭榜挂帅”机制推进工作方案》，通过发布“揭榜挂帅”项目榜单对接高校院所开展产学研活动，共引进53名博士到沭阳县科技企业兼职开展协同创新，获批省科技副总项目49项，全年完成市“5321”工程高科技成果转化数81项。全年共组织开展产学研活动40余场次，达成合作意向205项，引进高层次人才60余人，获批省“科技副总”49人。2021年，沭阳县在全国科技创新百强县排名提升至第26位。

【社会民生】 2021年，沭阳县围绕全力打造区域公共服务高地，民生支出占比达87.3%，创历史新高。创新创业活力持续迸发，返乡入乡创业10万人，吸引县外2.4万人前来就业。全县新增个体工商户2.9万户，占全市29.8%；私营企业1.77万户，占全市42.08%。教育教学质量持续攀升，本科达线率72.1%，比上一年提升3.7个百分点；一本达线2234人，占全市39%；600分以上200人，占全市40%。考取清华北大10人，江苏省沭阳高级中学、沭阳如东中学双双跻身全省高考前50强。县妇幼保健院获评省妇幼健康重点学科建设单位，在全省排名进入前五位，韩山人民医院创成省农村区域医疗卫生中心。公共文化投入不断加大，480个文明实践站、30个文明实践所投入使用，苏北最大县级文化馆建成投用，县博物馆、文化馆入选省“最美公共文化空间”，获评中国楹联文化县。全市首部院线级影片《摄影师·青年吴印咸》在沭阳县举行全国首映礼。民生保障体系健全完善，城乡居民基本医疗和养老保险参保率分别达98%、98.1%。城乡低保提标至每人每月620元，困境儿童、残疾人保障范围持续扩大。创新实施“一老一小”关爱机制，农村社区居家养老服务实现全覆盖。

【疫情防控】 2021年，沭阳县按照“外防输入、内防反弹”总要求，常态化开展疫情防控工作，县、乡、村、组四级防控网络全面构建。新冠肺炎疫情防控工作研判准、行动早，在全市率先开展疫情防控应急演练、率先设立疫情防控物资采购专项资金、率先利用体育场馆建设疫苗集中接种点，全市疫苗接种工作现场会在沭阳县成功召开，疫情防控始终处于稳定可控阶段。加强人员排查管控。截至12月31日，累计排查县外返沭人员11.69万人；其中，境外返沭917人，国内中高风险地区返沭2462人；累计隔离4113人。抓牢重点环节管理。对全县19类重点人群检测核酸38.49万份；对15个农贸市场、10家大型商场超市、192家冷库等场所检测核酸14306份；外环境检测核酸20959份，以上检测结果均为阴性。加强应急能力建设。指定沭阳县第一人民医院为定点救治医院，投入2800万元完成布局改造；组建185人医疗救治团队，配备救护车56辆、负压救护车22辆，建成洗消中心。提升核酸检测能力，配备PCR扩增仪116台，储备7500名核酸检测采样人员。建成全市第一家标准化集中隔离点蓝领公寓，配有1170个标准化房间。加强疫苗接种工作。截至12月31日，全人群接种329.7860万剂次，加强针接种370453剂次，3～11岁人群接种246605剂次。

## 重要会议

【县长办公会议】 2月1日上午，县委副书记、县长彭伟主持召开县长办公会议。会上，县政府副县长依次汇报了分管领域重点工作完成情况及下一步推进措施。

2月22日上午，县委副书记、县长彭伟主持召开县长办公会议，研究部署全县工业经济运行调度工作，并审议通过有关文件。会议第一阶段，彭伟就全县工业经济运行调度工作进行了安排部署。会议第二阶段，听取并审议通过了《进一步落实建设项目生态环境管控要求实施办法》《关于加快推进文旅融合发展的实施意见》等文件。

3月1日上午，县委副书记、县长彭伟主持召开县长办公会议。会议第一阶段专题研究部署了城市水务工作。会议第二阶段分析部署了工业经济、民生工程、农业农村、园林绿化等工作。

3月27日上午，县委副书记、县长彭伟主持召开县长办公会议。会上，县政府副县长依次汇报了分管领域重点工作完成情况及下一步工作安排。

4月17日上午，县委副书记、县长彭伟主持召开县长办公会议。会上，县政府副县长依次汇报了分管领域近期工作完成情况及下一步工作安排。

【县政府常务会议】 1月8日下午，县委副书记、县长彭伟主持召开县政府第十七届第五十二次常务会议，专题听取《2021年政府工作报告起草情况》，审议并通过《沭阳县国民经济和社会发展第十四个五年规划和二零三五年远景目标纲要（草案）》《沭阳县2020年国民经济和社会发展计划执行情况与2021年国民经济和社会发展计划（草案）》《沭阳县2020年财政预算执行情况和2021年财政预算（草案）》《2020年全县民生实事项目完成情况及2021年民生实事项目编排情况》和《2020年全县重点基础设施建设项目完成情况及2021年项目编排情况》等文件。

3月20日上午，县委副书记、县长彭伟主持召开县政府第十七届第五十四次常务会议，传达学习全国两会及省、市相关文件精神，专题研究讨论生态环境保护、安全生产等工作。

6月10日下午，县委书记、县

长彭伟主持召开县政府第十七届第五十五次常务会议，传达学习国务院和省政府廉政工作会议精神，部署全县政府系统廉政工作；听取并审议相关事项有关情况的报告。会议强调，要狠抓政府效能提升，深化“放管服”改革，强化行政监管，优化政务服务，以狠抓落实、推动发展来解决各类矛盾和问题，持续优化营商环境，最大程度为企业“松绑”、为群众“解绊”。要狠抓法治政府建设，坚持依法行政，推动政务公开，强化制度建设，始终坚持“规范、规矩、程序、标准”，严格执行法律法规和政策规章，最大限度避免行政败诉案件产生。要狠抓重点领域监管，始终把公共资金、资源、资产监管作为廉政建设的重要内容，严管公共资金、公共资源、公共资产，毫不放松抓好监督管理，切实维护好广大群众公共利益。要狠抓工作作风转变，结合当前正在开展的“争当排头兵·我们怎么办”大学习大讨论活动，紧抓不放、常抓不懈，持续推动干部作风转变。

6月15日，县委副书记张莉萍主持召开县政府第十七届第五十六次常务会议，县领导石敬峰、谢红梅、孙其泉、季如干、沈杰、胡捷、周杰出席会议。会议传达学习习近平总书记关于湖北十堰市张湾区艳湖社区集贸市场燃气爆炸事故重要批示精神以及省、市安委会视频会议精神；听取了县安全生产各专业委员会及安全生产重点行业领域专项整治分组情况。

7月13日上午，县委副书记、代县长王瑞主持召开县政府十七届五十七次常务会议。会议集体学习习近平总书记在庆祝中国共产党成立100周年大会上的重要讲话精神和在中央政治局第三十一次集体学习、“七一”勋章颁授仪式上的重要讲话重要指示精神以及县委十二届十四次全体会议精神；专题研究部署了安全生产工作；审议《关于坚持以人民为中心建设人民更加满意的法治政府的实施方案》等议题。会议还听取了上半年安全生产工作开展情况汇报，相关乡镇和部门进行安全生产述职，审议《沭阳县关于全力配合国务院安委会开展深化江苏安全生产专项整治指导工作实施方案》《沭阳县安全生产领域有奖举报实施办法》。

8月5日下午，沭阳县委副书记、代县长王瑞主持召开县政府十七届五十八次常务会议。会议集体学习市委三届十三次全会、县第十三次党代会、县委工作会议精神以及近期一系列疫情防控会议文件精神；专题研究了疫情防控、防汛防台和安全生产工作；审议了《沭阳县网络安全事件应急预案》等事项。会议原则通过营造全省一流用电营商环境专项行动计划、优化营商环境“五心”服务100条、县长质量奖管理办法等文件。会议强调，要进一步聚焦关键环节，提高服务效能，突出示范引领，培大育强重点企业，扩大帮办服务“金字招牌”影响，切实培育更多新的经济增长点。

8月31日上午，县委副书记、代县长王瑞主持召开县政府十七届五十九次常务会议，学习习近平总书记在西藏、河北承德考察时的重要讲话精神和省委十三届十次全会精神；听取审计整改等工作情况汇报，审议《关于提高孤儿等困境儿童基本生活补贴标准相关情况报告》等议题。会议还学习《关于建立健全审计查出问题整改长效机制的意见》《宿迁市人民政府重大行政决策程序实施办法》文件精神，听取宗教专项工作、省安全生产巡查交办问题整改落实情况汇报，审议了《沭阳县行政复议体制改革实施方案》《沭阳县2021年度工业经济高质量发展目标考核办法》《沭阳县2020年县本级财政决算草案及2021年上半年预算执行情况的报告》。

9月15日上午，县委副书记、代县长王瑞主持召开县政府十七届六十次常务会议，学习习近平总书记在8月31日中央政治局会议、8月30日中央深改委第二十一次会议、9月1日中青年干部培训班开班式上的重要讲话精神。听取了能耗“双控”等工作情况汇报，审议《关于推动人才引领服务发展“五联五强”行动的三年实施方案》等议题。

10月15日，县委副书记、代县长王瑞主持召开县政府十七届六十一次常务会议，传达学习习近平总书记在陕西榆林考察时的重要讲话精神以及关于粮食安全的重要论述精神，专题研究粮食工作，集中开展统计学法活动，审议《创建书香沭阳实施方案》等有关文件，通报和研究有关事项。会议还传达学习了市第六次党代会精神，审议了《沭阳县2021年稻谷补贴管理工作实施方案》《关于加大2021年度隐性债务化解力度的报告》，听取了全县义务教育教师工资收入落实情况报告等事项。

11月12日上午，县委副书记、代县长王瑞主持召开县政府十七届六十二次常务会议，传达学习党的十九届六中全会精神、习近平总书记在纪念辛亥革命110周年大会以及深入推动黄河流域生态保护和高质量发展座谈会上的重要讲话精神，专题研究了生态环境保护、安全生产等工作，审议讨论《沭阳县乡镇（街道）新落户项目评审办法》等有关文件。会议还传达学习了省政府季度工作会议精神；审议了《关于进一步加强政府投资项目评审管理的意见》《关于建立县级普惠金融发展风险补偿基金的情况报告》。

12月3日上午，县委副书记、代县长王瑞主持召开县政府十七届六十三次常务会议，传达学习省第十四次党代会精神、国务院今冬明春保暖保供工作电视电话会议及省续会精神和关于严格土地管理工作相关讲话精神等，开展《中华人民共和国宪法》专题学习，审议讨论了《关于构建“555”联防联保联控常态化疫情防控工作机制的实施意见》《沭阳县县级储备粮管理办法》等有关文件。会议还审议《法治沭阳建设规划（2021—2025年）》《关于在全县开展法治宣传教育的第八个五年规划（2021—2025年）》和《沭阳县全面推行林长制工作的实施方案》等相关文件，听取了全县2020年度县本级财政预算执行和其他财政收支情况审计发现问题整改情况、全县城居保基金2022—2023年委托投资相关情况报告。

12月25日，县委副书记、代县长王瑞主持召开县政府十七届六十四次常务会议，传达学习中央经济工作会议精神、中央全面深化改革委员会第二十三次会议精神、省委经济工作会议精神等，专题研究安全生产工作，审议讨论《沭阳县生态环境保护责任清单》等有关文件，通报和研究有关事项。会议传达学习江苏安全生产和应急管理工作座谈会精神以及岁末年初全国安全防范工作紧急视频会议精神，听取了部分单位安全生产专项整治工作开展情况和“两节”期间工作计划，审议《沭阳县“十四五”安全生产规划》。会议还传达学习了住建部关于广州市大规模迁移砍伐城市树木有关问题的通报及有关领导批示精神和省电视电话会议精神，审议《沭阳县乡镇（街道）法定权力事项清单》《沭阳县建设项目三项规费征收标准》等文件，听取了《沭阳县2021年县本级预算调整方案（草案）》《沭阳县2021年财政预算执行情况及2022年财政预算草案的报告》。

【县政府党组会议】 1月6日下午，县委副书记、县长、县政府党组书记彭伟主持召开县政府党组会议，专题学习上级有关会议精神，并就抓好当前各项重点工作进行安排部署。会上，彭伟传达了市委五届十一次全会精神、五届市委常委会第一百一十九次会议精神、全市冬春疫情防控专题会议精神。彭伟和与会党组成员听取了《政府工作报告》的起草、框架结构和主要内容等方面的情况介绍。会议期间，与会人员还共同观看习近平总书记指挥谋划“一四五”系列视频《伟大时代全新蓝图》《人民至上——一以贯之》。

2月9日下午，县政府党组召开2020年度民主生活会。会议紧扣“认真学习贯彻习近平新时代中国特色社会主义思想，加强政治建设，提高政治能力，坚守人民情怀，夺取决胜全面建成小康社会、实现第一个百年奋斗目标的伟大胜利，开启全面建设社会主义现代化国家新征程”主题，联系班子和个人实际，深刻开展对照检查，认真剖析原因，明确整改措施，为谱写“强富美高”沭阳建设新篇章贡献全部智慧和力量。县委副书记、县长、县政府党组书记彭伟主持会议并作总结讲话。会上，彭伟代表县政府党组作对照检查，并带头开展个人对照检查。随后，其他党组成员紧扣民主生活会主题，逐一作对照检查，开展相互批评。

3月27日上午，县委副书记、县长、县政府党组书记彭伟主持召开县政府党组会议，专题学习上级有关会议精神，研究部署县政府党组党史学习教育工作。会上，与会人员共同学习习近平总书记在全国脱贫攻坚总结表彰大会、党史学习教育动员大会、全国两会期间发表的重要讲话精神以及李克强总理参加江苏代表团审议时的重要讲话精神。

【专题会议】 1月4日下午，县委副书记、县长彭伟主持召开全县国土空间规划编制工作调度会，研究部署规划相关工作。会上，彭伟听取全县国土空间规划编制情况汇报，并同与会人员现场讨论，结合沭阳县具体情况，从副中心城市建设、重大项目招引、乡村振兴等多角度，对国土空间规划编制工作提出相关建议。

2月4日上午，县委副书记、县长彭伟主持召开土地工作领导小组2021年第一次会议。会上，县自然资源和规划局负责人汇报了拟挂牌出让地块情况，与会人员就如何进一步做好相关工作提出积极的建议和意见。

3月6日，县委副书记、县长彭伟主持召开全县工业经济发展调度会。

4月13日上午，县委副书记、县长彭伟主持召开全县主要经济指标运行分析调度会，总结全县经济运行情况，分析当前存在的主要困难和问题，部署下阶段工作。会上，各职能部门负责人分别汇报了一季度主要经济指标情况。

4月14日下午，沭阳县召开工业经济运行工作推进会，总结回顾一季度全县工业经济运行情况，突出问题导向、目标导向，研究分析当前面临的形势和问题，组织和动员全县上下进一步统一思想、提振精神，紧盯目标、全力攻坚，加快推动工业经济高质量发展，确保圆满完成全年工业经济各项目标任务。县委副书记、县长彭伟出席并讲话。会议还通报全县一季度工业经济运行情况、存在问题及下一步工作打算；部分单位负责人作会议发言。

4月23日上午，沭阳县召开打好污染防治攻坚战暨木材家具产业转型升级工作推进会，深入学习贯彻习近平生态文明思想，全面落实中央和省委、市委关于生态文明建设最新工作要求，对全县打好污染防治攻坚战和木材家具产业转型升级工作进行回顾总结、安排部

4月14日下午，沭阳县召开全县工业经济运行工作推进会

沭阳县人民政府网　供图

4月23日上午，沭阳县召开全县打好污染防治攻坚战暨木材家具产业转型升级工作推进会

沭阳县人民政府网　供图

5月24日下午，沭阳县召开全县防汛抗旱工作会议

沭阳县人民政府网　供图

署，动员全县上下以更大的决心打赢污染防治攻坚战、打好木材家具产业升级战，为县域高质量发展积蓄更多新动能。会议由县委副书记、县长彭伟主持。会上，副县长季如干通报了2020年全县打好污染防治攻坚战及木材家具产业转型升级工作开展情况，并对2021年工作进行了安排部署。相关单位负责人作了会议发言。

5月24日上午，沭阳县召开防汛抗旱工作会议，深入贯彻落实上级防汛抗旱工作会议精神，分析研判当前形势，部署安排重点任务。县委副书记、县长彭伟出席会议并讲话。

7月29日上午，县委副书记、代县长王瑞召开全县防汛防台及疫情防控工作会议。县领导段全猛、范以环，县直相关单位及各乡镇（街道）负责人参加会议。会议传达了省、市最新会议精神，通报了全县防汛防台、疫情防控及疫苗接种工作开展情况，对抓好当前防汛防台及疫情防控工作进行了再加压、再部署、再推进。

8月19日下午，县委副书记、代县长王瑞主持召开经济高质量发展调度会。会上，县委组织部负责人通报了1—7月市高质量发展考核指标评估情况，各指标牵头部门负责人汇报了1—7月考核指标进展情况、排名情况、存在问题及下一步工作打算。在听取情况汇报后，王瑞同与会人员就考核指标逐一进行交流研究。县领导石敬峰、王昭文、胡捷、徐光良以及相关单位负责人参加会议。

10月29日下午，全县水污染防治工作推进会召开，县委副书记、代县长王瑞出席会议并讲话。会议传达省国考断面“保Ⅲ增Ⅲ”溯源整治专项督查座谈会精神，通报了三季度全县国省考断面考核情况、存在问题，安排部署了下阶段工作，学习“断面长制”“河长制”相关政策及工作职责。相关部门

10月29日下午，沭阳县召开全县水污染防治工作推进会

沭阳县人民政府网 供图

和乡镇作了会议发言。县领导张莉萍、石敬峰、段全猛、周杰、张岩及县污防指成员单位、县级副河长单位、各乡镇（街道）负责人参加会议。

11月19日下午，县委副书记、代县长王瑞主持召开全县经济高质量发展专题调度会。会上，县统计局、县委组织部负责人分别通报了1—10月主要经济指标进展、高质量发展考核指标评估情况；各指标牵头部门负责人汇报了进展、排名情况，存在问题及下一步工作打算；各分管县领导依次作点评和安排。在听取情况汇报后，王瑞同与会人员就高质量考核指标逐一进行交流研究。县领导石敬峰、王昭文、范以环、胡捷、张岩、徐光良、原宪萍，以及相关单位负责人参加会议。

（周大扬 张 岩 王 琪 杜文正等）

## 行政审批

**【概况】** 2021年，沭阳县行政审批局紧紧围绕省、市"放管服"改革和营商环境建设相关要求，以提高服务效能、提升群众满意度为目标，大力推进"一件事"、政务服务体系建设、好差评等改革措施，服务企业、群众的水平得到了进一步提升，营商环境得到进一步改善。沭阳县政务服务中心共办理各类事项110余万件，按时办结率100%，群众满意率始终保持在98%以上。"沭事速办"等创新举措先后被《新华日报》《中国改革报》《江苏法制报》《宿迁日报》等媒体宣传报道40余次，沭阳县被《国际商报》评为"2021创新政务服务典范县"，被中国信息协会评为"2021年度第二届全国政务服务软实力数字化实践典型案例"，得到了社会各界的一致认可。

**【"一件事"改革】** 2021年，沭阳县在"江苏政务服务网"一件事平台上线150个"一件事"模块，生成线上案例16121个；事项覆盖率69%，位列全市第一。在全市率先落地"一件事一次办"专区，并设立了"一件事"自助体验区，实行无差别综合受理，实现"一件事"业务"前台综合受理、后台分类审批、综合窗口出件"。在全省率先推进"一件事""就近办"，基本实现全县范围内"一件事"业务跨层级可办、跨部门可办、跨区域可办。

**【"沭事速办"服务品牌打造】** 为进一步方便企业、群众办事，沭阳县行政审批局创新服务方式，全力打造以"码"上办、掌上办、立即办、上门办为基础内容的"沭事速办"服务品牌。一是咨询事项"码"上办。推出41项高频事项二维码，群众只需扫一扫二维码，即可知晓所办事项的流程，"码"上办已在全县30个乡镇（街道）、44个社区、80余个小区全面宣传推广。"码"上办的推行，使各窗口退件率由以前的30%减少到5%以内。二是证明事项掌上办。通过整合各部门数据系统，将高频行政审批事项、公共服务事项、证明类事项集成至微信端办理，上线ETC办理、社保证明等10余个应用。三是承诺事项转即办。督促、指导审批单位采取"告知承诺""先证后核"等措施，提升即办件比例，全县1480余项行政审批事项中即办件占比达95%以上，实现即到即办的目标。四是套餐服务上门办。针对全县重大投资建设项目，沭阳县行政审批局组织上门服务专班，为企业提供套餐式服务，以服务专班的"一次性跑腿"换得企业的"零跑腿"。

**【"远程勘验"系统上线】** 现场勘验是行政审批过程中技术复杂、耗时较长、风险较大的环节。过去，由于部分审批事项需要现场踏勘，难以真正实现"不见面"审批，传统现场踏勘人员不足、交通及车辆运行成本高昂、群众等待时间过长、疫情防控期间无法组织踏勘等痛点，不仅阻碍行政审批工作的高效开展，也影响企业群众的办事体验。2021年，沭阳县行政审批局在省内率先上线"远程勘验"系统，解决了上述一系列痛点，开发电脑端和手机端应用程序，通过文件在线传输、在线签名、人脸身份核验、影像资料全程记录等功能，在食品经营许可证办理、店招门牌备案等十余项行政审批事项现场踏勘环节实现"不见面"。

**【"一件事"综合自助一体机投放】** 沭阳县自主研发设计全国首台"一件事"综合自助一体机，实现国内

"一件事"自助终端办理渠道零的突破。"一件事"综合自助一体机包含宿迁市公布的法人类和自然人类全生命周期23个高频"一件事"，并计划纳入5个省精品"一件事"和8个省定标准"一件事"，一体机可通过OTA远程系统进行升级，实现事项清单实时更新和系统数据动态维护。

**【"跨省通办"机制】** "跨省通办"机制不断推进，"跨省通办"协议数量实现全省最多。2021年，沭阳县先后与江西省西湖区、山东省临沭县等县（市、区）建立政务服务"跨省通办"沟通机制，签订战略合作协议的县（市、区）扩大到122个，覆盖全国21个省（市、自治区），实现237项政务服务事项可通过线上平台或线下专窗办理。

**【基层政务服务体系建设】** 2021年，沭阳县出台《乡镇（街道）"放管服"改革和政务服务标准化建设考核办法》，对基层"放管服"改革和政务服务标准化建设工作提出具体的考核标准，为市内首创。在总结第一批19个试点乡镇（街道）政务服务体系建设经验的基础上，指导第二批11个乡镇开展政务服务体系标准化建设工作。通过对照赋权指导清单，指导乡镇（街道）将基层所有行政审批和公共服务事项以及水、电、气等公共服务事项纳入到便民服务中心办理，加强线上政务服务能力提升和线下"九个标准化"建设工作，并在基层创新推动"一件事""信用承诺+容缺办理"等改革措施。

**【公共资源"不见面"交易】** 为进一步提升公共资源交易服务的便利度，沭阳县公共资源交易中心在全省率先实现住建、交通、水利、政府采购等招投标活动全流程线上"不见面"交易，实现"不见面"交易100%全覆盖。招标项目从招标文件备案到合同备案等招投标全过程以及异议投诉受理处理全部线上办理，并且做到全程留痕、可溯可查，线上发放中标通知书、签订合同均实现了"零"的突破。拓展产权交易"不见面"竞拍，使住宅、阁楼、车库、摊位等国有资产拍、租工作更便捷，充分发挥"互联网+"模式的应用优势，提高产权交易网上竞拍的覆盖率，全面实行"不见面"线上交易，变"群众跑腿"为"数字跑腿"，降低参与竞拍者的人力成本。

**【重大项目预审预告制度】** 为提升重大项目招标文件编制工作的透明度，沭阳县公共资源交易中心建立了重点项目预审预告制度，对重大政府投资和民生实事项目进行预公告和公告前置审查，做到服务提前介入，消除质疑投诉的潜在风险。2021年，对庙头水厂四期建设工程勘察设计、桃园丽居安置小区工程等47个招标采购项目进行招标预公告，收集意见建议60余条。

**【资深专家异地远程评审】** 沭阳县公共资源交易中心首次在招投标投诉案件中采用资深评标专家"不见面"方式评审，整个投诉案件处理用时由法定的30个工作日压缩为10个工作日以内，既严格落实了疫情防控措施，又保证了投诉处理工作如期完成。与以往外出组织评审相比，不仅节省了时间成本和经济成本，也为"零跑路"开展投诉案件评审工作提供实践经验。

**【民生项目招标文件互审制度】** 为了让多方主体参与到招标文件的合法合规性审核上来，提升招标文件编制的科学性和透明度，有效防止招标文件"量身定制"。2021年，沭阳县公共资源交易中心先后对杭州路高级中学工程、龙汪丽居安置小区工程等近30个项目进行招标文件互审，累计采纳合理性意见建议50余条。

**【规范招标代理行为管理】** 沭阳县公共资源交易中心针对驻沭代理机构和从业人员增多、业务素质不平衡等问题，出台招标代理执业管理办法，从严从紧强化代理机构业务素养，提升代理机构服务全县招标项目的水平。进一步规范代理机构场内执业行为的精细化管理，佩戴工作证、着统一服装执业，便于管理识别，采用"物理隔离"方式对代理与评委之间进行空间隔离。强化代理机构事中事后监管，每季度通过随机抽取检查单位，随机抽取检查项目的"双随机"检查方式，对代理执业情况进行检查，全年共对21家代理机构进行考核。

（赵　阳）

## 信访工作

**【概况】** 2021年，沭阳县信访工作围绕"规范+化解+控量"目标任务，创新实施"421"信访工作机制，全力推动信访矛盾化解，维护信访秩序。

**【接访办信】** 县人民来访接待中心接待来访共1502批3370人次，其中，县级党政领导接待263批424人次，一次性结案率63.6%。受理办理群众来信和网上投诉2326件次，及时受理率、按期办结率为100%。信访矛盾主要集中在城乡建设（拆迁安置）、涉法涉诉、农业农村、自然资源四大类。

**【重访治理】** 中央信访联席办第一批交办的351件国治件全部报结。

**【为民办实事】** 县级17名党政领导领办化解48件"为民办实事"信访案件。

（吴英豪）

## 综　述

2021年，政协沭阳县委员会以习近平新时代中国特色社会主义思想为指导，全面贯彻落实县第十三次党代会精神，在"二次创业"新征程中，认真履职、积极作为，为开启苏北第一县现代化建设作出了政协应有贡献。先后组织1次全委会议、4次常委专题协商会议，界别组织集中学习20余次，开展调研视察活动30余次，解决群众难题12个。全年共收到提案380件，经审查立案364件，提案办结率和委员满意率均达100%。同时，县政协始终把制度创新作为推动工作开展的强大动力，每位主席会议成员牵头一项改革创新课题，扎实开展调研，形成调研成果5篇。出台"三五"工作法、界别为民协商"123"活动制度、为民协商"面对面"、政协委员开展驻点监督、建设"两乡"馆厅5项创新成果，入选全市政协系统《协力创新100例》。

## 重要会议

**【政协沭阳县第十二届委员会第五次会议】** 2021年1月12—14日，政协沭阳县第十二届委员会第五次会议在城区召开。会议的指导思想是：坚持以习近平新时代中国特色社会主义思想为指导，深入贯彻中共十九大和十九届二中、三中、四中、五中全会精神，牢牢把握中央对新时代人民政协工作的新任务、新要求，坚持和完善中国共产党领导的多党合作和政治协商制度，巩固和发展新时期的爱国统一战线；全面贯彻落实中央和省、市、县委系列重要会议精神和决策部署，围绕"牢记新要求、开启新征程，以优异成绩向中国共产党成立100周年献礼"主题主线，充分发挥人民政协政治协商、民主监督和参政议政职能作用，为推进"强富美高"新沭阳高质量发展贡献智慧和力量。这次会议，听取和讨论了县委书记卞建军的重要讲话以及县委副书记、县长彭伟所作的政府工作报告，听取和审议县政协主席丁晓平所作的政协沭阳县第十二届委员会常务委员会工作报告，听取政协沭阳县第十二届委员会常务委员会提案工作报告和本次会议期间提案审查情况的报告以及其他有关报告，听取了部分委员的大会发言，表彰2020年度优秀提案、提案承办先进单位、个人和优秀政协委员以及为民协商先进个人，协商通过有关人事任免事项，审议并通过本次会议的各项决议。

**【县政协常委会】** 2021年1月5日，县政协十二届二十三次常委会会议召开，协商通过关于召开县政协十二届五次会议的有关事宜，决定县政协十二届五次会议于1月12—14日在城区召开。县政协主席丁晓平主持会议并讲话，县政协副主席唐军玉、杨光生、陆启兵、戚昌青出席会议，副县长胡捷列席会议。会议协商通过关于召开县政协十二届五次会议的决定、会议的议程、日程等；讨论通过县十二届政协常委会工作报告和提案工作报告；协商通过2020年度政协工作先进单位和先进个人建议名单。会上，胡捷通报2020年度政协提案办理情况；与会人员踊跃发言，就提案办理工作提出积极的意见和建议。会前，丁晓平还主持召开了县政协十二届二十三次主席会议。

4月9日，县政协主席丁晓平主持召开县政协十二届二十五次常委会议暨协商议政会议。县政协副主席唐军玉、杨光生、戚昌青出席会议，副县长邓衍明列席会议。会议传达学习全国两会精神；讨论并通过县政协2021年度工作要点（草案）；通过相关人事任免事项；会议还通报沭阳县花木产业内涵提升相关情况，与会人员踊跃发言，就推动花木产业内涵提升工作积极建言献策，提出意见和建议；部分政协常委进行了现场述职。会前，与会人员还到艺森园、春晓园林、县档案馆等处实地考察。

7月12日，县政协主席丁晓平主持召开县政协十二届二十六次常委会议暨协商议政会议。县政协副主席唐军玉、杨光生、戚昌青，县政协党组成员季如干出席会议，副县长周杰列席会议。会议传达学习习近平总书记在庆祝中国共产党成立100周年大会上的重要讲话精神、中共沭阳县委十二届十四次全体会议精神，通报沭阳县乡村振兴重点工作相关情况。与会人员踊跃发言，就推进乡村振兴重点工作积极建言献策。会前，与会人员还来到江苏红方花木容器苗基地、陇上华府小区、陇北荡藕虾基地等处实地考察。

10月21日，县政协主席丁晓平主持召开县政协十二届二十七次常委会暨协商议政会议。县政协副主席唐军玉、杨光生、戚昌青出席会议。县委副书记张莉萍列席会议。会上，张莉萍通报沭阳农房改善工作开展情况。与会人员踊跃发言，就推进乡村振兴重点工作积极建言献策。会议传达学习全省政协系统党的建设工作经验交流会会议精神和纪念辛亥革命110周年大会会议精神，宣读了县政协党组人事任免提名文件。会前，与会人员还来到刘集郇河社区、耿圩周王社区等处实地考察。

## 政治建设

【理论武装】 通过县政协党组会议、主席会议、常委会议、机关学习会、委员培训等方式，认真学习习近平新时代中国特色社会主义思想、习近平总书记“七一”重要讲话和视察江苏重要讲话指示精神以及习近平总书记关于加强和改进人民政协工作的重要思想，跟进学习省、市、县重要会议精神，坚持以学习强化理论武装、引领履职实践。全年开展专题学习研讨活动30余次。

【坚持县委全面领导】 县政协及时组织政协机关、政协委员深入学习县第十三次党代会精神和县委书记彭伟调研政协机关讲话精神，谈体会、谈不足、定目标，切实把思想和行动统一到县委决策部署上来，落实到工作实践中去。严格执行重大事项请示报告制度，主动向县委请示汇报重要工作、重要活动、重要事项，主动邀请县委、县政府领导参加政协全会、常委会会议和重要活动，自觉把各项工作置于县委的坚强领导下，始终与县委同心同德、同频共振、同向同行。

【主题活动】 县政协紧扣中国共产党成立百年主题，推动党史学习教育广泛深入开展。举办了“庆祝中国共产党成立100周年暨吴苓生烈士事迹报告会”，开展“红色丰碑”党史专题宣讲活动20场（次），组织政协机关同志和部分政协委员赴古田、瑞金等地开展实地教学，支持政协机关2批6人次参加“重走长征路”和赴大别山学习调研。结合“争当排头兵，我们怎么办？”大学习大讨论活动，开展政协委员“学·帮·做”，学习新思想，帮助群众解决实际问题，为经济社会高质量发展做实事。界别组织集中学习20余次，开展调研视察活动30余次，解决群众难题12个，提供招商线索9条。

## 建言献策

【协商议政】 县政协紧贴党政要事建言献策，围绕花木产业内涵提升、乡村振兴、农房改善等开展协商议政5次。按照县委要求，政协领导带领部分委员、乡贤赴宿城区、宿豫区和沭阳县陇集镇、刘集镇、贤官镇开展专题调研，形成《关于推动花木产业转型升级助力乡村振兴的建议》《盘活红色资源　引领乡村振兴》《关于推进三个“小城市”建设的建议》调研报告3篇。组织政协委员在深入调研的基础上，形成《关于聚力数字乡村建设赋能乡村振兴的建议》《关于打造道口经济新引擎助力工业强县加速度的建议》等大会发言8篇，并在县政协十三届一次会议上发言。

【提案办理】 县政协突出提案办理制度化，始终将提案工作作为政协履职的重中之重。主席会议成员领衔督办重点提案，修订重点提案遴选与督办办法。持续实行跟踪问效制度，组织开展重点提案“回头看”，推动提案办理落地见效。2021年，共收到提案380件，经审查立案364件，提案办结率和委员满意率均达100%。

【民主监督】 县政协突出民主监督实效，成立为民办实事项目建设、污染防治、农房改善、招商引资及项目建设、安全生产5个民主监督小组，分别由主席会议成员牵头开展民主监督，全年开展监督15次，形成监督建议15篇。组织委员对县公安局“创建智慧警务　打造幸福警营”、“民意引领警务”、检察院“服务保障民营经济发展”、法院“执行联动”和城管局等特色工作进行了专题视察，帮助改进工作。

## 县政协十二届五次会议提案及社情民意办理安排表

表3

| 提案号 | 提案人 | 提案内容 | 备注 |
| --- | --- | --- | --- |
| 1 | 冯连伟 | 关于控制本县房地产学区过快上涨，推进多校划片的建议 | |
| 2 | 范宁如 | 优化城区布局，推动教育公平，打造中小学教育高地 | |
| 3 | 张　振 | 南湖学区房的热什么时候才能降下来？ | |
| 4 | 张赛南 | 关于关爱单亲家庭未成年人的建议 | |
| 5 | 教育界集体 | 关于在城区复建塘沟中学的建议 | 集体提案 |
| 6 | 张丽君 | 关于改善农村小学生阅读现状的建议 | |
| 7 | 张沭兵 | 关于实施学校体育设施开放的建议 | |
| 8 | 潘玉才 | 关于建立学校健康教育制度，提高普及健康教育实效性的建议 | |
| 9 | 王金明 | 关于加强孩子心理健康教育管理的建议 | 合并处理 |
| | 李良影 | 关于关注中小学生心理健康的建议 | |
| | 钱　伟 | 关于关注我县小学生身心健康发展的建议 | |
| | 王碧霞 | 关于加强青少年心理健康教育的建议 | |
| 10 | 单迎庆 | 加强中小学生科技教育，提升中小学生科技创新能力 | 合并处理集体提案一件 |
| | 民主党派界集体 | 关于加强我县科普教育，提升青少年科学素养的建议 | |
| 11 | 蒋　锟 | 关于加强我县中小学体育教育的建议 | 合并处理 |
| | 单兆平 | 关于加强中小学生体育锻炼的建议 | |
| | 魏　武 | 关于加强我县中小学体育教育的建议 | |
| 12 | 王　园 | 把“教育”的权利真正还给教师，解决对教师权利的保护问题 | 合并处理 |
| | 章　伟 | 关于中小学惩罚权实施的几点建议 | |
| 13 | 陆晓青 | 关于切实减轻家长沉重的“教育”负担的建议 | 合并处理 |
| | 江秀秀 | 关于学生作业减负，叫停家长批改作业，回归教育本义的建议 | |
| 14 | 顾广浩 | 关于逐步开放学校运动场地的建议 | |
| 15 | 王　园 | 关于充足配备小学德智体美劳教师的建议 | |
| 16 | 张雅文 | 完善我县教师流动制度 | |
| 17 | 梁　橙 | 关于我县小学生加强中国文化自信教育的建议 | |
| 18 | 刘中和 | 关于促进我县基础教育均衡发展的建议 | |
| 19 | 王　林 | 关于加强我县足球工作的建议 | |
| 20 | 王　蕊 | 关于进一步加强推广普通话的建议 | |
| 21 | 庄长恒 | 关于庙头中心小学和庙头中学合并为九年制学校的建议 | |
| 22 | 刘　斌 | 关于加强我县中小学生爱国主义教育的建议 | |
| 23 | 陈跃跃 | 加强法制教育进校园 | |
| 24 | 韩秀芹 | 关于义务教育制度改革的建议 | 合并处理 |
| | 张子南 | 关于普及高中阶段义务教育的建议 | |
| 25 | 毛荣荣 | 关于我县中小学生早晨到校时间过早的建议 | |
| 26 | 荣树标<br>谢中山 | 关于加强教师交流轮岗力度，推进教育资源均等化的建议 | 联名提案 |
| 27 | 江浩洋 | 关于提升青少年篮球运动水平，培养青少年优秀篮球人才的建议 | |
| 28 | 黄　瑞 | 关于提升师生信息素养的建议 | |
| 29 | 刘凤民 | 关于关注留守儿童学业困难的建议 | |
| 30 | 王华明 | 关于减少课外培训时间，促进初中学生身心健康的建议 | |

续表3

| 提案号 | 提案人 | 提案内容 | 备注 |
| --- | --- | --- | --- |
| 31 | 祁　军 | 关于推进我县中小学智慧校园建议的建议 | |
| 32 | 王开华 | 关于扶持引导大力开展校外文艺辅导的提案 | |
| 33 | 少数民族宗教界集体 | 关于“弘扬淮海民俗文化，构建校本课程教育”的建议 | 集体提案 |
| 34 | 仲跻国 | 关于尽快建立“学区房”学位制度，稳定优质资源学校学区房价，体现教育公平的建议 | |
| 35 | 王信成 | 关于提高城区小学教学资源均等化，降低学区房价格的建议 | |
| 36 | 周丽萍 | 关于学校如何适当处理初中生谈恋爱的问题的建议 | |
| 37 | 沈雪峰 | 关于加强我县少年儿童抑郁症防治工作的建议 | |
| 38 | 陈　胜 | 关于学区房的划分导致房价与老百姓实际收入不符的问题 | |
| 39 | 花兴伟 | 鼓励城区小学开办校办食堂提供午餐服务 | |
| 40 | 杨景文 | 关于加强教师规范的建议 | |
| 41 | 孙　璐 | 关于提高沭阳县婴幼儿早教班质量问题 | |
| 42 | 黄春莉 | 关于做好校外学生管理建议 | 合并处理 |
| | 姜　娟 | 关于加强对校外托管机构整治和管理的建议 | |
| | 池　浩 | 关于校外“小饭桌”成为学生健康盲点的问题 | |
| | 孙献玉 | 建议校外培训教育黑白名单制度常态化 | |
| | 韩一宁 | 关于加强校外“托管”机构管理的建议 | |
| | 刘　斌 | 关于进一步加强我县中小学校外培训托管机构监管的几点建议 | |
| | 蔡　娜 | 关于整治课外培训机构的建议 | |
| 43 | 张朋云 | 关于改善低温天气供水运行管理的建议 | |
| 44 | 屠如军 | 关于加强重点优抚对象关爱工作的建议 | |
| 45 | 胡玲玲 | 关于决战脱贫攻坚，小康路上一个都不少的建议 | |
| 46 | 耿亚中 | 关于凝聚乡贤力量吸引人才回乡的相关建议 | |
| 47 | 胡道宏 | 关于建立检察官联系重点民营企业制度的建议 | |
| 48 | 张树明 | 关于进一步提升我县科技创新能力的建议 | |
| 49 | 徐海波 | 关于人民陪审员在出席庭审活动统一着装的建议 | |
| 50 | 周建兵 | 关于加强对我县居民小区、基层单位消防安全管理的提案 | |
| 51 | 孙培丽 | 关于沭阳反对做“三”之女性倡议与运动的建议 | |
| 52 | 徐海波 | 关于加强青年律师培养工作的建议 | |
| 53 | 黄志国 | 关于疫情后促进中小企业法律服务的建议 | |
| 54 | 严　峰 | 关于解决农村空巢留守老人看病难问题的建议 | |
| 55 | 朱宝林 | 关于加快推进县域医疗共同体暨医疗联合体实施的建议 | |
| 56 | 民主党派界集体 | 关于促进我县医疗公益化的有关建议 | 集体提案 |
| 57 | 王郁媛 | 关于对我县公共卫生应急管理机制建设的建议 | |
| 58 | 陈宇 | 关于进一步加强疫情防控相关工作的建议 | |
| 59 | 周媛梓 | 关于建议取消医院实体就诊卡办理挂号业务的提案 | |
| 60 | 徐晓娇 | 如何更好提升乡村伤残人员的康复水平 | |
| 61 | 崔玉林 | 关于加强管理我县三个非正常寺院场所的建议 | 合并处理集体提案一件 |
| | 少数民族宗教界集体 | 关于融合沭阳县非正常寺院场所的建议 | |
| 62 | 张朋云 | 关于餐饮提倡节约，反对浪费的建议 | |

续表3

| 提案号 | 提案人 | 提案内容 | 备注 |
|---|---|---|---|
| 63 | 范　威 | 关于规范学生营养管理，完善阳光配送制度的建议 | 合并处理大会发言一件 |
| | 王树林 | 关于提高完善阳光配送的建议 | |
| 64 | 陶正荣 | 关于商业用电电费高的问题 | 合并处理集体提案一件 |
| | 商贸服务界集体 | 关于商业用电电费高的问题 | |
| 65 | 华时庆 | 关于进一步加强市场监管，彻底保障居民食品安全的建议 | |
| 66 | 李俊丽 | 关于加强对网络餐饮服务监管的建议 | |
| 67 | 冯　磊 | 关于提倡使用“公筷”的建议 | |
| 68 | 姜　敏 | 关于商场转供电“乱加价”行为问题 | |
| 69 | 梁　勇 | 关于进一步完善第三方评估服务机制的建议 | |
| 70 | 殷　青 | 关于传承红色文化红色经济的建议 | |
| 71 | 解兆明 | 关于将创建“无诉村居”纳入乡镇年度考核的建议 | |
| 72 | 医疗卫生界集体 | 关于改善我县医疗人才引进，稳定等问题的建议 | |
| 73 | 王光胜 | 关于建立沭阳县高层次专业技能人才培养工程计划的建议 | |
| 74 | 项文胜 | 关于进一步完善人才引进政策，推动人才落地生根的建议 | |
| 75 | 王　阳 | 关于建设“中国沭阳精品盆景园”的建议 | |
| 76 | 杨　剑 | 关于做强花木产业，赋能乡村振兴的建议 | 大会发言 |
| 77 | 唐森林 | 关于将“沭阳花木博物馆”更名为“沭阳花木盆景博物馆”的建议 | |
| 78 | 刘国红 | 关于加强梦溪街道部分河道污水治理的建议 | |
| 79 | 屠如军 | 关于农村沟渠水利排水系统疏通的建议 | |
| 80 | 张兴跃 | 关于对我县境内柴沂河拓宽疏通的建议 | |
| 81 | 谢兆勇 | 关于持续加大小微企业信贷支持力度的建议 | |
| 82 | 赵　耀 | 关于进一步推进智慧城市建设的建议 | |
| 83 | 徐双妹 | 关于构建小微企业融资平台的建议 | 合并处理 |
| | 黄思迁 | 关于解决中小企业融资难问题的建议 | |
| 84 | 徐向东 | 关于改善县域信用环境　完善县域信用体系　加强金融服务功能的建议 | |
| 85 | 王　峰 | 关于对贷款审批签约加强监管，防范金融风险的建议 | |
| 86 | 周守贵 | 关于对县政府门前东西绿化带改建的建议 | |
| 87 | 项红军 | 关于提升低收入人口医疗保障水平的建议 | |
| 88 | 李林林 | 关于“儿童多动症”用药纳入医保报销的建议 | |
| 89 | 朱卫东 | 关于加强职工医保资金使用管理的建议 | |
| 90 | 企业界一组 | 关于进一步优化营商环境的建议 | 集体提案 |
| 91 | 魏　伟 | 关于加快打造千亿级纺织产业的建议 | |
| 92 | 周　伟 | 关于进一步完善东部城区道路的提案 | |
| 93 | 葛绍连 | 关于沭阳县经济开发区萧山路加固、扩宽的建议 | |
| 94 | 刘中和 | 关于加强万刘村改厕的建议 | |
| 95 | 张赛南 | 关于打造汤涧梨花节旅游品牌的建议 | |
| 96 | 王宜凯 | 关于加强垃圾分类工作的建议 | 合并处理 |
| | 张江红 | 关于加强垃圾分类工作的建议 | |
| | 朱伟伟 | 关于垃圾分类的建议 | |
| | 冯连伟 | 关于加快推进我县生活垃圾分类处理工作的建议 | |
| | 王春平 | 关于加快农村垃圾分类的建议 | |

续表3

| 提案号 | 提案人 | 提案内容 | 备注 |
| --- | --- | --- | --- |
| 97 | 岳守干 | 关于对“城北公园与城北体育场”一体化改造的建议 | |
| 98 | 科技及社会科学界集体 | 关于农村环境治理实行长效管理的建议 | 合并处理集体提案一件 |
| | 李庭祥 | 关于加强我县农村环境污染综合治理的建议 | |
| | 毛尚松 | 关于加强农村环境整治改善农民生活环境的提案 | |
| 99 | 孙小东 | 关于持续推进人居环境整治常态长效的建议 | |
| 100 | 司　玲 | 关于加强农村环卫管理工作的几点建议 | |
| 101 | 李林林 | 关于完善城市内公共自行车系统的建议 | |
| 102 | 刘大虎 | 关于设立春节年货大街的建议 | |
| 103 | 王玉林 | 关于进一步加强我县公厕规划建设的建议 | |
| 104 | 单　斌 | 关于进一步加强校园周边流动摊点长效管理的建议 | |
| 105 | 卢亮军 | 关于进一步加强我县道路规划管理的提案 | |
| 106 | 单继亭 | 关于放管结合，实现改善城市环境和维护群众利益双赢的建议 | |
| 107 | 朱翠芳 | 关于沭阳县尚书路路灯的建议 | |
| 108 | 潘志军 | 关于进一步改造景观路灯设置的建议 | |
| 109 | 范　威 | 关于加强校园周边环境综合治理的建议 | |
| 110 | 许佰芝 | 关于加强昭德寺附近环境管理的建议 | |
| 111 | 卢立权 | 关于建立未成年保护工作长效计划的建议 | |
| 112 | 吴　鹏 | 关于推动物流业降本增效的建议 | |
| 113 | 耿立平 | 关于改善民生让百姓吃上优质、无公害米面的建议 | |
| 114 | 孙其生 | 关于多措并举切实控制房价的建议 | |
| 115 | 李依蔚 | 关于加快新能源汽车充电基础设施建设的建议 | |
| 116 | 徐　沭 | 关于全民健身工作的几点建议 | |
| 117 | 钱　斌 | 关于进一步丰富我县全民健身项目的建议 | |
| 118 | 仲　成 | 关于全民运动，促进我县群众性文化体育健康发展的建议 | |
| 119 | 胡道本 | 人居环境和居民生活水平提高，迫切需要通过日常健身来增强身体素质 | |
| 120 | 刘丽梅 | 关于完善社会救助体系，切实保障和改善民生的建议 | |
| 121 | 张树明 | 关于加强我县职业技能培养解决民生就业的问题 | |
| 122 | 梁　勇 | 关于下岗职工保障措施的建议 | |
| 123 | 徐雄飞 | 关于优化高墟镇路网结构的提案 | |
| 124 | 耿　南 | 关于进一步扶持我县商贸企业发展的建议 | |
| 125 | 耿　南 | 关于进一步优化营商环境，助力实体商业发展的建议 | |
| 126 | 姜爱花 | 关于加强我县电商产业的几点建议 | |
| 127 | 倪　会 | 关于启动我县地下管线管理信息系统建设及数据更新的建议 | |
| 128 | 单会莲 | 关于沭胡路十字街道段道路拥堵的提案 | |
| 129 | 孙金洲 | 关于推进邮政综合服务平台建设助力乡村振兴的建议 | |
| 130 | 姜　聪 | 关于加强我镇电子商务知识普及的建议 | |
| 131 | 李明亮等 | 关于抢救性维修市级文物保建筑的建议 | 联名提案 |
| 132 | 李　亮 | 关于建立以韩山旅游景点为中心、周边乡镇旅游点参与的乡村旅游带的建议 | |
| 133 | 沈晓昕 | “虞姬故里 花乡沭阳——研学旅游”发展亟待加强 | |
| 134 | 汪　涛 | 关于城市社区发展应注重细节文化的建议 | |

续表3

| 提案号 | 提案人 | 提案内容 | 备注 |
| --- | --- | --- | --- |
| 135 | 李　敏 | 关于我县夜间文旅经济发展的建议 | |
| 136 | 吕　浦 | 关于创建“沭阳书法碑林”的提案 | |
| 137 | 王　超 | 关于进一步加强农村文化建设的几点建议 | |
| 138 | 刘家前 | 关于推动本土舞台类文艺精品创作的建议 | |
| 139 | 梁　弘 | 关于对“沭阳女画家美术现象”群体的培养建议 | |
| 140 | 王超等 | 关于进一步促进我县旅游产业发展的建议 | 联名提案 |
| 141 | 吕述谡 | 关于利用工业历史遗存打造城市新名片的建议 | 合并处理联名提案大会发言一件 |
| | 夏明礼 | 关于保护好“马厂造”的建议 | |
| 142 | 徐学刚 | 关于构建新时代下企业家成长壮大的新型营商环境的建议 | |
| 143 | 赵海洋 | 关于进一步打造宿迁最优营商环境的建议 | 大会发言 |
| 144 | 章顺波 | 沭阳行政服务中心排队时间长、办事效率低等问题 | |
| 145 | 司　坚 | 关于优化政府行政窗口办公的相关建议 | |
| 146 | 马云峰 | 对标一流　着眼长远　科学规划　鼎力打造苏北片区顶级森林公园 | |
| 147 | 王　蕊 | 关于规范小区物业（车位）管理的建议 | |
| 148 | 荣树标<br>谢中山 | 关于加强居民小区电梯安全监管的建议 | 联名提案 |
| 149 | 周洪兵 | 关于加快老旧安置小区改造出新的建议 | |
| 150 | 汪洋玉 | 加强公共场所母婴室建设 | |
| 151 | 工青妇界集体 | 关于多措并举，大力提升城市空间的建议 | 集体提案 |
| 152 | 汤以方等 | 关于沭阳城市年轮保护的思考 | 联名提案 |
| 153 | 陈广贵 | 关于控制沭阳房价的建议 | |
| 154 | 庞　波 | 关于遏制房价过快增长的建议 | |
| 155 | 王　智 | 关于科学规划解决停车难的建议 | 合并处理 |
| | 刘　浩 | 关于持续加强小区停车位建设管理的建议 | |
| | 王　辉 | 关于增加老旧小区停车位的建议 | |
| | 彭　影 | 关于增加老小区停车位的建议 | |
| | 魏震明 | 关于缓解小区停车难的建议 | |
| | 卢　星 | 关于缓解小区停车难的建议 | |
| | 汤志明 | 关于增加老旧小区停车位的建议 | |
| | 何培培 | 关于增加老旧小区停车位的建议 | |
| | 章　春 | 关于小区停车难的问题 | |
| 156 | 刘敬东 | 关于在新建农房改善项目中规划建设养老中心的建议 | |
| 157 | 史丽丽 | 关于改进路边树木浇灌工作的建议 | |
| 158 | 袁春威 | 关于尽快解决城市交通拥堵问题的建议 | |
| 159 | 丁海波 | 关于沭阳城区交通严重堵塞，深度影响市民、工作生活的建议 | |
| 160 | 桑学龙 | 关于加快南部新城便民基础设施配套建设的建议 | |
| 161 | 胡道路 | 关于解决道路拥堵的建议 | |
| 162 | 王馨悦 | 关于杭州东路修建非机动车道和人行道的建议 | |
| 163 | 严　硕 | 关于改善城乡交界交通拥堵情况的建议 | |
| 164 | 潘志军 | 关于改进台州路与宁波路交通拥堵的建议 | |
| 165 | 荣小艺 | 关于解决城区通往开发区早晚交通拥堵的建议 | |

续表3

| 提案号 | 提案人 | 提案内容 | 备注 |
| --- | --- | --- | --- |
| 166 | 张　豹 | 关于架设孙巷路南首跨环城河桥梁的建议 | |
| 167 | 左金海 | 关于改善农民农村居住环境，提升农民幸福生活指数的建议 | |
| 168 | 彭　彤 | 关于加强沭城镇金地鑫城小区管理的建议 | |
| 169 | 汪国夏 | 关于加快推进农村集中居住的建议 | |
| 170 | 姬双莉 | 关于规范小区广告管理的建议 | |
| 171 | 张亚玲 | 关于沭阳西城馥邦小区二期诸多亟待解决的问题 | |
| 172 | 马林娟 | 关于推进我县智慧技防小区建设的建议 | |
| 173 | 刘光泉 | 关于住宅小区电梯内广告规范的提案 | |
| 174 | 庄金雷 | 关于居民小区流动商贩高音喇叭扰民的建议 | |
| 175 | 孙元元 | 关于对城区商业 CBD 的建议 | |
| 176 | 赵剑峰 | 关于城区绿地存在的问题及建议 | |
| 177 | 伍　娟 | 关于规范管理翰林府第住宅小区物业便民的建议 | |
| 178 | 贺笃彬 | 关于美化城市建设，改善居民居住环境建议 | |
| 179 | 潘志军　范　威 | 构建基层社会治理新格局　建设美丽新沭阳 | |
| 180 | 企业界二组集体 | 关于进一步推进老旧小区加装电梯的建议 | 合并处理集体提案一件 |
| | 章高杰 | 关于全面加快推进旧楼加装电梯的建议 | |
| | 姜　敏 | 关于全面加快推进旧楼加装电梯的建议 | |
| 181 | 杨　剑 | 关于改善老城区主要街道两侧建筑立面景观的建议 | |
| 182 | 方　武 | 关于城区道路节点（交叉口）绿化设计存在安全隐患的建议 | |
| 183 | 徐素娟 | 关于拆除原化肥厂西边中化院内及周边残破厂房，保障生态文明和人民安全的建议 | |
| 184 | 章　春 | 关于将宿迁大道与常州路交叉处的大转盘改为红绿灯的建议 | 合并处理 |
| | 蔡　娜 | 关于改进常州路与宿迁大道交叉处转盘路的提案 | |
| 185 | 企业界二组集体 | 关于非机动车道红绿灯等待区加装遮雨遮阳篷的建议 | 合并处理集体提案一件 |
| | 杨　超 | 关于在城区繁华地段设置遮阳篷的建议 | |
| | 孙沪宁 | 关于为等候红绿灯的行人提供遮阳设施的建议 | |
| 186 | 单继亭 | 关于推进我县无障碍环境建设的提案 | |
| 187 | 丁开銮 | 关于建设高架桥来缓解城区交通压力的建议 | |
| 188 | 鲁海军 | 关于科学设置隔离绿化带消除交通安全隐患的建议 | |
| 189 | 金怀平 | 关于尽快对台州北路进行维修维护和改造的建议 | |
| 190 | 张　凯 | 关于沭阳县经济开发区台州北路增设人行道及非机动车道隔离护栏的建议 | |
| 191 | 王　乾 | 为提升生活幸福指数建议规划打造慢生活生活区 | |
| 192 | 王馨悦 | 关于建设人行天桥的提案 | |
| 193 | 章　杰 | 关于实施沭阳县城区消防设施智能化建设的建议 | |
| 194 | 杨景文 | 关于在全县乡镇建惠民综合菜市场的建议 | |
| 195 | 陈海霞 | 关于规范小区电瓶车有序停放的建议 | |
| 196 | 王姿力 | 关于建设特色鲜明的农村宜居环境的建议 | |
| 197 | 杨兴艳 | 关于修建无锡东路段（东关幼儿园门前至沭阳宾馆门前）的建议 | |
| 198 | 仲　佳 | 关于南昌路东断头路向东连接延伸的建议 | |
| 199 | 仲晓军 | 关于加强西城区道路建设进度的建议 | |
| 200 | 赵海洋 | 关于对沈阳路路面严重破损，建议重新铺设沥青路面的建议 | |
| 201 | 徐建军 | 关于控制在人行道路栽植栾树的建议 | |

续表3

| 提案号 | 提案人 | 提案内容 | 备注 |
|---|---|---|---|
| 202 | 吴维焕 | 关于河边增设防护栏，保障行人安全的建议 | |
| 203 | 徐双妹 | 关于打造田园风情特色乡镇的建议 | |
| 204 | 仲泰琪 | 关于进一步加强美丽乡村建设的建议 | |
| 205 | 朱　扬 | 关于加强居民小区物业管理，共建美好社会生活的建议 | 合并处理 |
| | 钱富堂 | 关于加强县区住宅小区物业管理意见 | |
| | 刘尚飞 | 关于住宅小区物业管理工作存在的问题及对策 | |
| | 张　阳 | 关于提升我县小区物业管理水平的建议 | |
| | 梁玲玲 | 关于如何做好城区内居民小区物业管理的建议 | |
| | 朱梦云 | 小区物业费支出监督 | |
| | 朱卫东 | 强化对小区物业管理部门的管理监督 | |
| | 王智慧 | 关于推进小区物业提质增效、标准化规范化管理的建议 | |
| | 吴　云 | 关于进一步加强老旧小区物业管理的建议 | |
| | 蒋华志 | 关于加强新老小区管理的建议 | |
| | 袁跃胜 | 关于改善小区物业的几点意见 | |
| | 乙克红 | 关于完善城市小区治理的一点建议 | |
| | 朱成伟 | 加强小区物业管理，打造和谐社区的建议 | |
| | 刘　峰 | 关于加强小区物业规范管理的建议 | |
| 206 | 姜小宝 | 关于沭阳房地产经纪行业存在问题，严重影响我县经济健康发展的建议 | |
| 207 | 陈　芝 | 关于建设龙庙镇前岔村到沭城沂河淌水漫桥的建议 | |
| 208 | 沈　杰 | 关于缓解沭阳沂河大桥拥堵问题建议 | |
| 209 | 章春来 | 关于对李恒镇李柴路进行维修的建议 | |
| 210 | 姜　聪 | 关于建好沭阳“酒都”的建议 | |
| 211 | 马帮奎 | 政策助推企业高质量发展 | |
| 212 | 孙其生 | 关于推进有序复工的提案 | |
| 213 | 倪东山 | 关于加快百亿级支柱产业发展的建议 | 大会发言联名提案 |
| 214 | 张贵文 | 关于减轻企业负担，支持企业发展工作的建议 | |
| 215 | 林　辉 | 关于完善钱集镇路灯的建议 | |
| 216 | 张永胜 | 关于我县悦来乡沟涯村排灌设施配套的建议 | |
| 217 | 薛浩洋 | 关于对平马路进行铺设或维修的建议 | |
| 218 | 徐淮宁 | 关于解决245省道王庄段架设引桥的建议 | |
| 219 | 葛攀东 | 关于加强农村道路建设和发展的建议 | |
| 220 | 陈怀阳 | 关于加快我县“区域旅游公路”工程，实现县乡村道联网成片的建议 | |
| 221 | 田　甜 | 关于优化东小店路网结构的建议 | |
| 222 | 徐雄飞 | 关于省道344公路建设的建议 | |
| 223 | 徐　坚 | 关于提高205国道交通安全的建议 | |
| 224 | 高伟东 | 关于陇集镇至丁集乡的陇丁路桥北段修缮 | |
| 225 | 郁安杨 | 关于加强农村道路长期养护的建议 | |
| 226 | 潘海洋 | 关于建设高铁，方便沭阳人民出行的建议 | |
| 227 | 梁　成 | 关于早期规划、尽快建设我县南北通道的建议 | |
| 228 | 张　谈 | 关于对钱张路进行提档升级的建议 | |

续表3

| 提案号 | 提案人 | 提案内容 | 备注 |
| --- | --- | --- | --- |
| 229 | 胡 航 | 关于对胡塘周路进行修缮的建议 | 合并处理 |
| | 张静静 | 关于对周塘路进行修缮的建议 | |
| 230 | 陈玉芳 | 关于沭阳花木之乡举办全国花鸟大展及写生基地的建议 | |
| 231 | 姜 岩 | 关于推进两岸三地文化交流融合的建议 | |
| 232 | 舒思寒 | 关于规范我县自媒体平台的建议 | |
| 233 | 吕述谡 | 关于坚持厉行节约树立良好风尚的建议 | 大会发言 |
| 234 | 潘志军 | 大力提升市民素质 加快推进城市文明化 | |
| 235 | 汤以方 | 关于沭阳历史文化的研究课题与发展方向 | |
| 236 | 张荣华等 | 关于沭阳图书产业发展的建议 | 合并处理联名提案一件 |
| | 张荣华 | 关于继续加强沭阳图书产业发展的建议 | |
| 237 | 徐楠楠 | 关于创建文明健康节约的餐饮文化的建议 | |
| 238 | 教育界集体 | 关于组织收集整理用好画家黄德潜先生遗作遗物的建议 | |
| 239 | 刘 曦 | 关于我县文化产业发展的建议 | |
| 240 | 韩华林 黄 剑 | 关于重视著作权及其他知识产权保护工作的几点建议 | 联名提案 |
| 241 | 康承满 | 关于学校家庭社会共同参与预防未成年人犯罪的建议 | |
| 242 | 卢 敏 | 优化城区停车位的建议 | |
| 243 | 徐阳春 | 关于解决停车难问题的建议 | |
| 244 | 宋成余 | 关于城区家庭养宠物引发卫生问题的建议 | |
| 245 | 张 晴 | 关于汽车、摩托车等噪声扰民的提案 | |
| 246 | 王敏洁 | 关于规范驾联企业经营行为的建议 | |
| 247 | 黄 艳 | 关于沭阳新沂河大桥西附属桥机动车划时段通行的建议 | |
| 248 | 马亚威 | 关于解决城区——扎下新沂河大桥高峰堵车问题的建议 | |
| 249 | 毛尚松 | 关于规范快递“骑手”等快递从业人员遵守交通规则的建议 | |
| 250 | 薛浩洋 | 关于增加建设用地，更好发展道口经济的建议 | |
| 251 | 吴 彬 | 杨树砍伐事宜 | |
| 252 | 王开华 | 小产权用地和房产证提案 | |
| 253 | 葛志敏 | 关于建设沭阳动物园的提案 | |
| 254 | 王 祥 | 关于双向8车道高标准建设常州路南端至胡集镇一线的建议 | |
| 255 | 赵懿伟 仲 莹 | 关于加快新型城市社区建设 推进社区管理水平创新的建议 | |
| 256 | 汤以方 | 改革殡葬制度 倡导文明新风 | 大会发言 |
| 257 | 科技及社会科学界集体 | 关于加强社会公益组织培训与指导的建议 | 集体提案 |
| 258 | 虎归山 | 关于进一步推动小城镇管理，提升群众满意度的建议 | |
| 259 | 陈金明 | 关于加强村镇老年活动建设的建议 | |
| 260 | 单 斌 | 关于进一步加强社区对家庭教育的指导和督促，促进未成年人健康成长的建议 | |
| 261 | 韩华林 | 发展养老事业，增进百姓福祉 | 大会发言 |
| 262 | 仲崇玉 | 关于推动居家养老服务的建议 | |
| 263 | 刘铭星 | 关于政府购买日间照料服务的建议 | |
| 264 | 夏明礼 | 关于将农村独居老人纳入网格员管护服务的建议 | |
| 265 | 周红娟 | 关于加强养老机构“尊老爱老”宣教工作的建议 | |

续表3

| 提案号 | 提案人 | 提案内容 | 备注 |
| --- | --- | --- | --- |
| 266 | 严　硕 | 加强非营利组织建设管理　充分发挥社会稳定器作用 | |
| 267 | 吕子祎 | 关于以花木命名道路名称的建议 | |
| 268 | 黄东霞 | 关于巩固拓展我县脱贫攻坚成果有效衔接乡村振兴的建议 | |
| 269 | 张红梅 | 关于大力发展休闲旅游、振兴农业经济的建议 | |
| 270 | 徐　沭 | 推进“三个融合”补强我县农业科技服务短板 | |
| 271 | 屠长明 | 关于进一步优化营商环境、引领广大农户致富的建议 | |
| 272 | 陈　春 | 提升品质，立业立德 | |
| 273 | 文体艺术界集体 | 关于推动花木产业高质量发展助力乡村振兴的建议 | 合并处理集体提案两件 |
| | 马　飞 | 关于以精品化为引领推动沭阳苗木高质量发展的建议 | |
| | 农林界集体 | 关于以精品化为引领推动沭阳苗木高质量发展的建议 | |
| | 杨正军 | 做大做强我县花木产业的几点思考和建议 | |
| 274 | 谢兆勇 | 关于加快家庭农场发展的建议 | |
| | 司立丰 | 关于加快家庭农场发展的建议 | |
| | 鲍　玲 | 关于加快家庭农场发展的建议 | |
| 275 | 周守贵　谢兆勇 | 关于做强新型农业合作主体助力乡村振兴的建议 | 大会发言联名提案 |
| 276 | 农林界集体 | 提升和保护耕地质量刻不容缓 | 集体提案 |
| 277 | 新社会阶层界集体 | 关于推动农村农业高质量发展的几点建议 | 集体提案 |
| 278 | 陈婷婷 | 关于扎实推进我县乡村振兴战略的建议 | 合并处理 |
| | 胡韦亮 | 关于优化农村产业推进乡村振兴的建议 | |
| 279 | 程颖春 | 关于加强基层兽医队伍建设，切实保障畜产品安全的建议 | |
| 280 | 张朋云 | 关于提高被流转土地使用效率的建议 | |
| 281 | 胡双飞 | 振兴沭阳农业产业势在必行 | |
| 282 | 田作明 | 关于维护新沂河生态环境实施阶段性全面禁捕的建议 | |
| 283 | 孙方友 | 关于优化城区交通环境的建议 | |
| 284 | 彭　影 | 关于规范红绿灯设置、解决交通拥堵问题的建议 | |
| 285 | 庄金雷 | 关于在台州路与康平路丁字路口设置信号灯的建议 | |
| 286 | 房玉琛 | 关于我县城区内科学设置信号灯的建议 | |
| 287 | 孙　强 | 关于非机动车在红绿灯十字路口跟随机动车左转的交通安全的建议 | |
| 288 | 吴　云 | 关于台州北路与珠海路交会处设置交管执勤点的建议 | |
| 289 | 郇习红 | 关于规范治理城区犬类饲养的建议 | |
| 290 | 徐静君 | 关于对城区交通管理中存在一些问题的看法和建议 | |
| 291 | 祁　军 | 关于做好宣传发动、劝导社会老人、普通上班市民驾乘电动车上路行驶的四点建议 | |
| 292 | 潘志军 | 关于加强校园周边环境整治的建议 | 合并处理 |
| | 江浩洋 | 关于学校门口交通和城区道路交通的建议 | |
| | 陈国金 | 关于解决中小学校门口交通拥堵的建议 | |
| | 韩　林 | 关于中小学生交通安全教育和治理校园门口交通安全的建议 | |
| | 章建军 | 关于解决学校周边瘫痪事由 | |
| | 陈鹏飞 | 关于在学府北路进行交通治理的建议 | |

续表3

| 提案号 | 提案人 | 提案内容 | 备注 |
| --- | --- | --- | --- |
| 293 | 宋华波 | 转变交通违法执法理念，纠正过度执法，创建文明和谐的执法环境 | |
| 294 | 吴劲雷 | 关于解决广场舞噪声扰民问题的建议 | |
| 295 | 工青妇界集体 | 关于城市噪声污染治理工作的建议 | 合并处理集体提案一件 |
| | 刘　超 | 关于移风易俗减少城市噪声的建议 | |
| 296 | 宋巨功 | 关于沭阳县城市停车管理几点的建议 | |
| 297 | 吕兰兰 | 沭阳县部分路标未及时维护，且在下雨天气看不清，容易出现交通事故 | |
| 298 | 王亚琼 | 关于对七雄街道老商业街路进行修缮的提案 | |
| 299 | 张静静 | 常州路利群时代二店至十字大转盘段地面标线模糊不清 | 社情民意 |
| 300 | 吕兰兰 | 沭阳县部分路标未及时维护，且在下雨天气看不清，容易出现交通事故 | 社情民意 |
| 301 | 胡玲玲 | 关于加强盲道管理的建议 | 社情民意 |
| 302 | 葛志敏 | 在蓝天商贸城西至北京路区域设置电动车公共充电桩 | 社情民意 |
| 303 | 王　蕊 | 关于私人店铺占用公共停车位的问题反映 | 社情民意 |
| 304 | 沈海红 | 关于加强清理第一实验小学附近流动摊位的建议 | 提案转社情 |
| 305 | 周洪兵 | 建议在上海南路如东高中附近路段的道路两侧设立临时停车位，解决停车难 | 社情民意 |
| 306 | 耿进宁 | 整改美好家园小区前环岛转盘，保障群众出行及上班族行车安全 | 社情民意 |
| 307 | 江艳林 | 关于开发商及时全额支付延期交付违约金 | 社情合并处理 |
| | 沈炎夏 | 关于开发商及时全额支付延期交付违约金 | |
| | 沈学峰 | 关于开发商及时全额支付延期交付违约金 | |
| | 崔玉林 | 关于开发商及时全额支付延期交付违约金 | |
| | 司　坚 | 关于开发商及时全额支付延期交付违约金 | |
| 308 | 徐素娟 | 关于策应县委“纳河入城”“跨河发展”的建议 | 社情民意 |
| 309 | 耿　南 | 沭阳城市广场住宅小区电瓶车业主骑行上楼，楼道内充电存在安全隐患 | 社情民意 |
| 310 | 刘　斌 | 关于杭州西路经贸学院路段南侧人行道破损严重的反映 | 社情民意 |
| 311 | 蒋　锟 | 关于气象站与玫瑰园中间的沟渠脏臭的反映 | 社情民意 |
| 312 | 潘玉才 | 道路维护建议 | 社情民意 |
| 313 | 汪　涛 | 关于加快对商品楼住宅小区进行二次增压的建议 | 社情民意 |
| 314 | 单会莲 | 关于老小区增加停车位的建议 | 社情民意 |
| 315 | 王　琦 | 沭阳县颖都金鼎国际小区物业管理问题较多 | 社情民意 |
| 316 | 田　甜 | 拆除十字大华加油站北侧“大转盘”，设置红绿灯，保障人民生命和财产安全 | 社情民意 |
| 317 | 张　谈 | 沭阳县天下景城小区物业管理较差，相关部门对居民反映问题久未处理 | 提案转社情 |
| 318 | 周　柏 | 沭阳县西城馥邦小区问题较多，相关部门对居民反映问题处置不力，极易造成群众上访和集访 | 提案转社情 |
| 319 | 武永波 | 关于十字街道山深线交通拥堵问题 | 提案转社情 |
| 320 | 姜芳芳 | 关于对城北小区八期进行老旧小区改造的提案 | 提案转社情合并处理 |
| | 徐晓燕 | 关于城北小区八期改造的建议 | |
| | 蔡　娜 | 关于城北小区八期改造的建议 | 社情民意 |
| 321 | 文剑波 | 关于消除怡华园小区二期危墙隐患的建议 | 提案转社情 |
| 322 | 张　阳 | 峰尚国际小区脏乱差 | 社情民意 |
| 323 | 朱　山 | 关于保护中小学及学龄前幼儿隐私的建议 | 社情民意 |
| 324 | 黄春莉 | 加大农村教育投入 | 社情民意 |

续表3

| 提案号 | 提案人 | 提案内容 | 备注 |
|---|---|---|---|
| 325 | 韩威扬 | 清韵河水体保护要常态化进行 | 社情民意 |
| 326 | 蒋　余 | 提升城区供水质量 | 社情民意 |
| 327 | 张汉乐 | 支持"医养融合"产业政策 | 提案转社情 |
| 328 | 王开华 | 移风易俗扬文明的建议 | 社情民意 |
| 329 | 王　阳 | 在扎下镇建设高标准物流园 | 社情民意 |
| 330 | 夏明礼 | 规范乡村学校周边辅导培训班日常管理的监管 | 社情民意 |
| 331 | 姜　聪 | 打造沭阳"东大门"，提升沭阳外在形象 | 社情民意 |
| 332 | 屠长明 | 关于进一步优化营商环境提案 | 提案转社情合并处理 |
|  | 屠如军 | 关于进一步优化营商环境提案 |  |
| 333 | 李　亮 | 沭阳台州路与沭阳县第一实验小学北门前路交界路交通拥堵存在安全隐患问题 | 社情民意 |
| 334 | 桑学龙 | 关于解决南部城区交通拥堵问题 | 社情民意 |
| 335 | 何培培 | 台州路与宁波路交叉口上下班堵车严重 | 社情民意 |
| 336 | 张江红 | 关于农村道路交通安全的建议 | 社情民意 |
| 337 | 潘海洋 | 桃园路至高速公路下穿上下班堵车严重问题 | 社情民意 |
| 338 | 仲跻国 | 关于禁止大型运输车辆驶入人民西路的建议 | 社情民意 |
| 339 | 王　琦 | 关于新建垤庄分场健身广场的提案 | 提案转社情 |
| 340 | 桑　波 | 关于新建银杏村篮球场的提案 | 提案转社情 |
| 341 | 李庭祥 | 关于修建沭阳县湖东镇杨跳村5组南北水泥路的建议 | 社情民意 |
| 342 | 汪　超 | 钱集镇西营村道路 | 社情民意 |
| 343 | 汪　超 | 钱集集中居民点问题 | 提案转社情 |

## 民主协商

**【乡贤工作】** 2021年，县政协组织2038名乡贤参与"五小水体"管护，全县2120面"五小水体"实现长效保洁，打造县级示范水体60面，创建市级示范水体30面。联合县法院开展乡贤参与诉前调解工作，截至年底前，县法院共向乡贤调解员委派案件460件，结案169件，调解成功60件。联合县检察院建立乡贤公益诉讼观察员制度，收到乡贤提供各类线索100余条，立案39件，推动封堵排污口5处，整治黑臭水体2处。2021年10月和11月，市政协主席王益、市中院院长金飚、市检察院检察长刘加云等市领导莅沭调研，分别对乡贤参与诉前调解和乡贤公益诉讼观察员制度给予充分肯定。乡贤参与公益诉讼观察工作成果展已布展完成。

**【基层协商】** 县政协切实发挥牵头指导作用，健全完善主席、副主席指导督促基层"有事好商量"协商议事室、联系点工作机制。围绕"谁来协商、协商什么、怎么协商"等问题，进一步加强对"有事好商量"协商议事工作制度化设计、程序化安排，"有事好商量，众人的事情由众人商量"已成为广大基层干部群众的普遍共识。2021年，全县所有乡镇（街道）和村（居）开展活动6000余场次，3项典型案例被省政协《典型案例选编》采用。

（刘法葵）

## 监督检查

【政治监督】 2021年，县纪委监委坚持将履行监督第一职责与服务发展第一要务紧密结合，聚焦"国之大者""分内小事"开展精准监督，推进政治监督具体化常态化，以高质量监督促进高质量发展。加强疫情防控监督，推动解决问题283个，坚决阻断疫情输入和传播途径。加强涉粮领域监督，在省委涉粮问题专项巡视反馈意见整改工作方面，协助县委制定出台整改方案，并监督推动相关职能部门抓牢问题整改。加强政法队伍教育整顿监督，助推教育整顿走深走实。加强换届纪律监督，严把县党代会代表、两会代表委员党风廉政意见回复关，坚决把有"伤"带"病"的挡在门外。

【聚焦群众关切领域监督】 在营商环境领域，着力解决群众反映强烈的突出问题，不断增加群众实实在在的获得感；在"三苗"（花木种苗、畜禽种苗、水产种苗）领域，针对县委高度关注的"三苗"制假售假屡禁不止破坏营商环境问题，要求执法部门每月上报执法报表，从中分析研判问题线索，倒逼各职能部门严肃纪律、严格执法，全年查处花木种苗领域违法案件57起。在殡葬改革领域，加大督查力度，查纠职能部门重视不够、推进缓慢问题12个，有力推动改革工作，让墓地回归公益属性。在教育领域，加强义务教育阶段学校"大班额""超大班额"问题的监督，提出针对性的对策建议呈报县委，已规划3年新建16所学校的实施方案，已开工新建5所学校；扎实推进控辍保学工作，预防和减少未成年人犯罪，2021年全县查处未成年人刑事案件、治安案件分别同比下降11.1%、24.4%。在医保卫健领域，针对面上存在的村卫生室人员收受微信红包、药品回扣等问题，开展集中整治，有510个卫生室（医疗点）614人主动上缴196万元，切实维护群众根本利益。在乡镇小区用水方面，针对乡镇小区长期存在的用水难问题，开展监督检查，3人被追责问责，后督促整改，县财政投入4123万元加强基础设施建设，2.5万名群众吃上放心水，为全市面上开展专项整治提供沭阳经验，《中国纪检监察报》予以专题报道。

【作风建设】 县纪委贯彻落实市"三真三实"作风提优行动和县作风建设活动要求，聚焦作风顽疾，深入治理违反中央八项规定精神、破坏营商环境、形式主义、官僚主义问题，并坚持把明察暗访、以案破题、通报曝光贯穿始终，释放越往后执纪越严的强烈信号。全年共查处"四风"问题89起92人、破坏营商环境问题43起43人，通报曝光54起54人。认真履行协助职责和监督职责，协助县委召开全县作风建设集中整治活动动员会和总结会，开展为期3个月的集中整治活动；组织收看《"风"劲好扬帆》警示教育片，通报曝光16起典型案件，用身边事教育身边人。成立6个督导组，开展全覆盖的监督检查，督促各单位深入践行"规矩、规范、程序、标准"文化，有力转变了党员干部作风、提振了干事创业精气神。加强"监督的再监督"，严肃查处工作落实不力的责任单位和责任人，共追责问责党组织44个、领导干部94人，传导压力，夯实责任，强化执行。

## 审查调查

【案件审查】 全年共立案657件，其中乡科级干部55件（正科职干部5件）、留置21人、移送司法机关26人，移送司法机关、主动投案或说明问题数分别同比增长18.2%、75%。坚持违纪违法所得一追到底，共追缴赃款6506.23万元，28名公职人员主动投案或说明问题。

【机制创新】 县纪委贯彻“办案不是目的，查处是为了不查处或少查处”的理念，深入做好以案促改、以案促治、以案促鉴“后半篇文章”，研究问题、揭露问题、解决问题。贯彻落实重要案件剖析机制，深入查找体制机制制度漏洞和短板，向县委呈报7份高质量的剖析报告，推动司法、财政、交通、住建、国企、金融等领域建章立制、源头防控，其中《沭阳县工程建设质量调研报告》得到县委、县政府主要领导有力地批示肯定。坚持受贿行贿一起查，落实行贿人“黑名单”制度，179名行贿人员入库管理，综合施策压缩“围猎”空间。

【警示教育】 用好用活典型案例资源，先后拍摄《刮骨疗毒》《激浊扬清》《深渊》等10部警示教育片，开展同级同类警示教育。协助市纪委监委开展“好家风好人生”家风课堂，做实同级同类干部警示教育。

## 监督执纪

【执纪问责】 县纪委监委在监督执纪问责中把握和运用好严管和厚爱结合、激励和约束并重这一原则，最大程度实现纪法约束有硬度、组织关怀有温度。深化运用“第一种形态”，前移监督关口，发挥监督基础性作用，运用“第一种形态”处理1819人次，占比74%，重理重情，传道传情，把问题控制在初发之时，防止干部小错发展成大错。坚持依规依纪依法与实事求是相结合，精准问责、审慎问责，全年立案查处村干部170件，同比减少28.3%。认真落实“三个区分开来”，适用容错纠错案例5起，6名镇村干部因诬告陷害被给予党纪政务处分、重大职务调整，对4名被失实举报的公职人员予以澄清正名，最大限度凝聚党员干部干事创业积极性。

【队伍建设】 县纪委监委聚焦自身建设，在围绕打造人民满意的纪检监察机关中锻造新形象。不断提升专业化本领。圆满完成十三届县纪委换届工作，选举产生新一届县纪委常委会，为纪检监察工作提供坚强保障；坚持“仗要打了才会”，全面实行“主办人”制度，抽调37人次参与办案，培养一批审查调查骨干力量；坚持以办案引领培训、以培训促进办案，强化“刀在石上磨、人在事上练”，加强对乡镇纪委书记、监察员办公室和村级纪检委员的轮训工作，实现对288名纪检监察干部教育培训的全覆盖，7名优秀纪检监察干部得到提拔重用，1人获评全省纪检监察系统先进工作者。不断提升规范化水平。从议事决策、请销假、财务、留置点等各方面制定细化机关内控制度，加强内部监督；常态开展办案安全检查，实现安全生产事故“零发生”；以查处的身边典型案例为鉴，痛定思痛、举一反三，制定《纪检监察干部“六不准”》，深入查摆剖析纪检监察系统存在的违反请销假制度、违规经商办企业、以案谋私、跑风漏气等突出问题，并将查摆情况记入个人廉政档案，纪律规矩“手电筒”既照别人、更照自己。开展纪检监察干部家访活动，督促加强家风建设，积极培养“安于工资生活、乐于家庭生活、勤于读书生活”的健康生活方式。不断提升信息化能力。高规格建成新党风廉政教育中心，高标准推动建设综合管理体系以及“一中心一室”（大数据查询研判中心、电子数据调查室），加快智慧纪委监委建设，其中智慧监督、智慧办案走在全市前列，得到省、市纪委充分肯定，相关工作做法在中央纪委信访室莅临江苏调研时作书面交流，为苏北唯一。

（魏良宝）

# 人民团体 工商联

## 沭阳县总工会

【概况】 2021年，沭阳县总工会弘扬务实作风，紧扣中心任务、紧贴职工需求，切实履行职责，全面推进工会工作再上新台阶，各项工作均取得了新成效，为推进全县经济社会高质量发展做出积极贡献。全县共有128名产业工人被推选为市县“两代表一委员”、6人获评省劳动模范、2人获评省先进工作者；2名产业工人分别获批“江苏省工匠”“江苏省企业首席技师”，1个工作室获评“市技能大师工作室”，5名产业工人获评市级“三十”（十大发明专利、十大创新成果、十大先进操作法）成果。

【党史学习教育】 县总工会编印6000套《职工班前五分钟读本》口袋书，以便携式学习形式助力党史学习教育；在智能针织产业园、豪悦实业等21家企业车间设置“红色阅读角”，促进党史学习教育常态化；开展书香企业建设，向恒能家纺等8家企业赠送2万册书籍；开展“红色影院”进企业，利用职工“餐间一刻钟”，宣传党的百年光辉历程和创新理论成果，扎实推进党史学习深入最前沿。举办党史学习教育主题宣讲、开展“唱党歌、颂党恩”歌手大赛、“听党话跟党走”演讲比赛、劳模“学党史、跟党走、做表率、立新功”专题活动、“忆党史·知党情”百场红色电影展演和延安专题培训班等系列活动，拓展党史学习教育形式和内容。

【产业改革成效】 县总工会拓宽赋能增酬路径，推动产改成果惠及广大一线产业工人。制定《产业工人“赋能增酬”专项行动实施方案》，以劳动和技能竞赛补贴、“五小”活动成果奖励、产业工人学历提升补助三种方式，为产业工人“赋能增酬”，突破产业工人队伍建设改革瓶颈。健全激励机制，引导企业建立技能水平与薪酬等级挂钩制度，实行协议工资、项目工资、股权制、年薪制、技能津贴等分配形式；定期选树沭阳大工匠和沭阳工匠，增加产业工人在各级各类劳动模范和先进代表评选中的名额比例，把具有一流的技术技能水平或绝技绝活，在本行业有较高声誉的产业人才，优先推荐纳入宿迁市“千名领军人才集聚计划”和“千名拔尖人才培养工程”，确保产业工人发展有空间，上升有通

4月19日，举办全县职工“听党话、跟党走”演讲比赛 县总工会 供图

道，待遇有保障，创新有活力，全力唱响新时代劳动者之歌。拓展赋能增酬方式，让产业工人好技能变好“钱景”。实施竞赛补贴，发挥劳动和技能竞赛引领作用，围绕县域经济社会发展重大战略、重大工程、重点产业，开展劳动竞赛和职工职业技能竞赛，推动不同行业、不同所有制、不同规模的企事业单位和职工积极参与，设置600元、800元和1000元个人补贴标准。县总工会根据企业工会组织竞赛成效，给予2000～5000元的竞赛补贴，有效调动企业的积极性。实施“五小”活动成果奖励。围绕十大科技创新成果、十大先进操作法、十大发明专利评选等活动，开展群众性技术创新活动，鼓励职工参与小发明、小创造、小革新、小设计、小建议“五小”创新活动，为更多产业工人发挥聪明才智、提升技能素质提供更多机会，根据评比结果，给予300元、400元和500元的奖励。实施学历提升补助，开展“求学圆梦”活动，鼓励和帮助产业工人参加在职继续教育，努力提升学历层次。对产业工人通过自考、成考和函授取得国家承认学历的大专、本科毕业证书的，在省总工会每人专项补助1000元和市总工会每人专项补助300元基础上，县总工会配套给予每人200元补助，使他们逐步实现由“工”向“匠”的蝶变，释放更多“新能量”。

【帮扶维权】 县总工会发挥普惠制优势，最大限度唱响“工”字招牌。聚焦职工群众“急难愁盼”的具体问题，结合工会工作实际，深入开展“我为群众办实事”项目，免费为职工办理法律援助案件21件，获得赔偿金额56.8万元；开展帮扶救助，发放慰问金54.2万元，为200名建档困难职工购买7.9万商业综合保险；前三季度全额返还小微企业工会经费115.23万元，惠及1056家小微企业；网上工会录入会员21万人；新建工会93家，新增会员7102人，其中小微企业建会76家，新兴群体建会数达到39家；免费开展“两癌”筛查，惠及女职工12666名；向204名快递员赠送健康体检；新建职工书屋5家，获批市级2家；新增女职工特殊权益专项集体合同示范点10家；新建康乃馨服务站10家，其中示范站点2家；走访慰问农民工3225人次，发放防暑降温用品34.98万元，为农民工提供健康体检1.2万人次。联合人民银行、供电公司、电信公司等单位，新建安康驿站36个，为环卫工人等户外工作人群提供休息场所，切实维护职工劳动安全与健康权益。

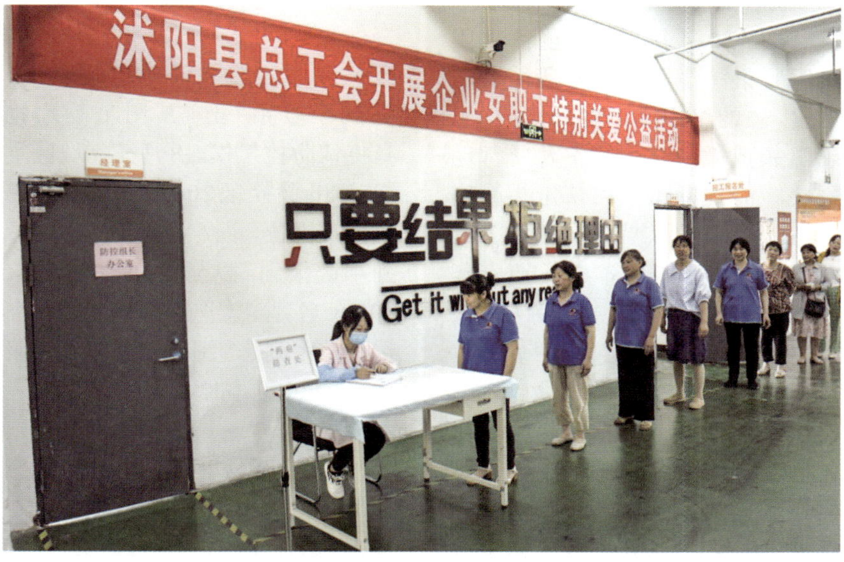


6月23日，沭阳县总工会开展企业女职工特别关爱公益活动

县总工会 供图

【职工活动】 2021年，县总工会举办了沭阳县第三届职工乒乓球赛；开设瑜伽、古琴、书法绘画培训班76期；组织239家企业参与“安全隐患随手拍”活动，共督促企业整改事故隐患709个；创建省级职工书屋1个、市级5个；举办全县2021年配电技能竞赛，共有129名职工参赛。结合“争当排头兵，我们怎么办”大学习大讨论活动，开展无偿献血，共计63名符合条件的爱心职工群众完成无偿献血，累计献血总量22300毫升。开展夏季“三送”活动，慰问体育中心疫苗接种点、县淮河大道南延建设工地、交巡警执勤点、防汛指挥部等一线职工，为他们“送清凉、送安全、送法律”，助力全县安全生产专项整治行动，做好疫情防控常态化下职工安全生产和夏季防暑降温工作。

【作风建设】 县总工会深入推进作风建设活动，切实改进工作作风。召开专题会议，传达学习作风建设大会会议精神，制定《沭阳县总工会开展作风建设集中整治活动实施方案》，进一步提高政治站位，切实把全体职工思想和行动统一到县委决策部署上来，从讲政治的高度保证党的路线方针政策在工会工作中得到贯彻落实，以务实举措推进作风建设大提升。严明政治纪律，落实党风廉政建设责任制。认真落实“一岗双责”，随机对18家基层工会开展工会经费审计活动，加强对工会干部人事、工会经费、工会资产等重点领域、关键环节的审查审计，做到工作职责到哪里，党风廉政建设就延伸到哪

6月6日，举办全县2021年配电技能竞赛活动　　县总工会　供图

里。对照要求自查，深挖问题根源。按照作风建设活动新要求，对照“三真三实”要求，重点查摆工作中存在的精神懈怠、能力不足、畏难避责、形式主义等十个方面突出问题，制定12条整改措施，切实做到把自己摆进去、把职责摆进去、把工作摆进去，召开作风建设专题组织生活会，扎实开展自查自纠、批评与自我批评，揪出作风问题典型，以作风建设活动推动工会各项工作的高质量发展。

附：

### 2021年沭阳县“江苏省劳动模范”名单

（中共江苏省委、江苏省人民政府2021年4月30日表彰）

朱庭云　鸿葳服饰（沭阳）有限公司缝纫车间主任

毛广建　中国电信沭阳分公司销售部兼渠道运营中心副主任

江艳林　瑞声科技（沭阳）有限公司综合管理办公室行政部长

董志敏　沭阳县邮政分公司吴集邮政支局邮递员

李　敏　沭阳县新河镇春生村党支部副书记

严帮银　沭阳华润燃气有限公司设备维护主管

### 2021年沭阳县“江苏省先进工作者”名单

（中共江苏省委、江苏省人民政府2021年4月30日表彰）

王兆成　沭阳县卫生健康局党委委员、疾控中心党总支书记、主任

陈　宇　沭阳县公安局巡特警大队大队长

（仲阳阳）

## 共青团沭阳县委

【概况】2021年，沭阳县各级团组织紧紧围绕团的基本职能履职尽责，团的组织基础更加牢固、思想引领成效更多、服务大局行动更快。被共青团中央认定为全国“返家乡”社会实践活动重点开展县；成功申报江苏省中长期青年发展规划县级试点；在江苏省“梦想改造+”工作开展过程中表现突出，圆满完成270间“梦想小屋”建设工作，建设数量全省最多，1名个人和1个集体获得“突出贡献奖”；另有4名个人、5个集体获评省级团属奖项，180名少先队员被授予“江苏好少年”称号，第一实验小学六（3）未来星中队被授予“全国优秀少先队集体”称号。

【青少年思想引领】全县各级团组织扎实开展“学党史、强信念、跟党走”学习教育，以组织化学习为基本方式，全县各级共2344个基层团支部、5万名团员参与，实现了党史学习教育全覆盖，活动录入率达100%。联合有关单位发布沭阳县青年学党史“百年百场”活动，共举办“百年百场”活动247场；举办“青心向党・沭说百年”青少年书画大赛，投稿作品815幅，共有129幅作品入选，累计观展超1万人（次）。举办团聚“悦”读青年学习社活动，全年累计开展11期，参加人数450人。进一步拓展“沭阳青年”微信公众号网络影响力，2021年累计发布336条动态，粉丝量突破20万；举办了网络中国节“留沭过年・别young团圆”活动，制作宣传片《我为沭阳青年代言2021》《以爱筑家•点亮梦想》，线上观看人数8万人。

【抗击疫情】为适应疫情防控常态化要求，全县各级团组织常态化开展志愿者储备培训、青年突击队组建服务等工作，全县共建立55支青年突击队，储备青年志愿者1300余名，累计开展基层防控、物资保障、卫生交通、文化宣传等防疫一线志愿服务活动200场。全县30个乡镇（街道）团工委均投身疫情防控工作。8月征集城区主街道36个社区200余个小区296个防疫岗位，动员全县青年志愿者到小区报到，截至8月31日，共有200余名青年志愿者到小区开展疫情防控系列志愿服务工作，累计服务时长3600小时。

【青春关爱行动】广泛实施“梦想改造+”关爱计划，发动县乡团干部、志愿者等开展事实孤儿群体大走访大摸排，共摸排6～16周岁事实孤儿521名，经过逐一评审，排除

了无改造意愿、无改造条件、无改造必要等不符合改造条件的情况，最终将270名事实孤儿纳入2021年“梦想小屋”建设计划。团县委坚持“不等、不靠、不要”，主动担当起筹款责任，在县慈善总会的大力支持下，通过线上、线下向全县各爱心企业、单位和个人发起募捐，共筹款93万余元。以“梦想小屋”为中心，落实3项结对机制，开展6个关爱项目，列支2万元活动经费，广泛开展“造梦+圆梦”结对关爱活动。组织800余名团干部、辅导老师、志愿者与关爱对象结对，在“六一”、中秋、春节等重要时间节点为事实孤儿提供亲情关爱与心理疏导。先后开展“倾情相伴　点亮梦想”暖冬行动、“让爱住我家　微梦想起航”“倾情相伴暖中秋　点亮梦想护成长”等关爱活动10余场。

**【青春建功行动】** 沭阳县作为2021年江苏省中长期青年发展规划实施试点县，高标准编制县级《规划》，推动规划落地实施；积极开发青年就业见习岗位，开展“返家乡”大学生社会实践活动，全年累计提供见习就业岗位178个；深化“青春之约”联谊交友品牌，开展青年交友联谊活动1场，为机关企事业单位50余名青年搭建婚恋交友平台；组织55名创业青年参加第六届“创青春”青年创新创业大赛暨第二届自媒体电商直播带货创业大赛，带货金额逾35万元；举办青年创新创业专场培训，全县返乡创业青年、农村青年致富带头人900余人参会，线上观看人数逾4000人；整合支持青年创业金融资源，全年累计为各类创新创业青年发放“新农菁英”贷款8000万元。

**【基层组织建设】** 全县各级团组织认真落实“团支部工作清单”，强化“磐石工程”工作成果，着力摸清底数、扩大覆盖、健全体系，带动全县共青团、少先队工作开展。8月底完成村（社区）团组织换届工作，11月底全部完成乡镇团委换届工作；积极推进“两新组织”团的建设工作，共新建252家社会领域团组织；深化团员先进性建设。全年共发展2880名新团员，严格优化团员队伍结构；全县2344个支部协同开展“学社衔接”工作，学社衔接率达99.9%。实现各中小学少工委建设全覆盖，推进阶梯式成长激励体系，实现分批入队，全县一年级小学生分两批全部入队；开展红领巾争章活动，全县共评出1星章队员2200余名，2星章队员660余名。

**【青年志愿服务】** 团县委以“学雷锋志愿服务示范月”和“青年志愿服务进小区”为主要抓手，聚焦群众的“急难愁盼”，开展系列志愿服务。“学习雷锋精神·花乡健康文明有你”爱心献血活动，民政局等县直机关、蓝天救援队等社会组织、县直有关医院党员、团员以及社会爱心人士等共计371人参与，累计献血131600毫升；“播种希望·青春绿色行”义务植树活动，全县400余名青年志愿者参与，义务植树各种苗木600余棵；“河小青”生态护河行动，各级“河小青”志愿服务队及志愿服务组织共计100余名志愿者，共巡护河流30余条，捡拾各类垃圾约20千克。多次开展“让爱住我家　微梦想起航”关爱帮扶活动，为50余名困境青少年送去物质帮扶与精神关爱。以“青春新风”共创文明江苏、“绘美乡村”增彩生态江苏、“河小青”助力水韵江苏三项行动为载体，依托联青服务站、苏青U+、沭阳县新时代文明实践志愿服务等平台，全县各级团组织共开展志愿服务120余场。制定青年志愿服务进小区工作实施方案，实地调研沭城、梦溪、南湖3个街道8个小区，选取阳光天地、奥体文景苑、丹桂苑等6个小区作为“青壳公益超市”试点，建立6家“青壳公益超市”，分别由心连心、和顺、铁甲等6家团属的青年社会组织入驻，开展各类便民志愿服务活动，惠及居民1000余人。

（于欣玉）

## 沭阳县妇联

**【思想政治引领】** 2021年，沭阳县妇联强化群团特性，把牢思想引领正确方向。加强妇联干部学习教育。每月下旬召开“学习强国”学习平台积分通报会，“学习强国”学习平台日活率及平均分在全县各机关单位中一直处于领先行列；按照中央、省委、市委、县委关于开展党史学习教育的部署安排，带领妇女群众“学党史、悟思想、办实事、开新局”，提升“一心向党”的政治能力；通过举办“学党史　颂党恩　办实事”——“邀您回娘家”暨主题党日活动，带领县、乡、村三级妇联代表赴淮海抗日革命根据地旧址、“中国共产党在沭阳”陈列馆参观学习、聆听抗日故事，感受老一辈革命家抵御外敌、建设沭阳的革命精神；赴结对共建的梦溪街道任码社区开展“六送”红色家风共建活动，为社区群众送去了红色文化。加强妇联系统对外发声。为提升广大市民对妇联组织的了解度，沭阳县妇联以“学习强国”学习平台、宿迁日报、速新闻等媒体为抓手，做到“一活动一发布”，全年在人民网上稿1篇，“学习强国”学习平台上稿4篇，《宿迁日报》上稿10篇，“速新闻”上稿20篇；利用好“沭阳妇联”微信公众号，共发布推文89篇，即评选“三八”红旗手（集体）网络推文，创建“巾帼文明岗”线上报名、“压岁礼代替压岁钱，寻找消失的年味”有奖晒图活动、党史知识竞赛等群众喜闻乐见的网络活动，丰富了群众的精神文化生活。加强妇女群众价值引领。以先进典型带动全域发展，制作7分钟原创视频《巾帼逐梦 不负芳华》，在举办纪念“三八”国际劳动妇女节111周年表彰大会暨女性健康知识讲座上播放；通过推荐、自报、评定、征信等环节评选县级“三八”红旗手100名、“三八”红旗集体30个，号召广大妇女群众学习典型，争优创先；三八节期间，对省级“五好家庭”、全国“最美家庭”进行看望慰问；赴结对共建的沭河社区、帮扶的分水村开展“长辈的压岁言”主题活动，倡议让压岁钱不变味，过文明祥和新年；设计沭阳女性卡通形象——“沭姐姐”，拉近妇联组织与广大妇女之间的距离，召开“沭姐姐”形象发布会、展播形象释义短片、制作发放文创周边产品“沭姐姐”帆布袋和贴纸，形成争相为“沭姐姐”代言的浓烈氛围。

**【巾帼创业创新】** 2021年，县妇联拍摄创业女性专题宣传片《巾帼逐梦 不负芳华》，宣传展示一大批自立自强、顽强拼搏的优秀女性，增强妇女创业致富的信心。深入开展“创业之星”寻找活动，推荐张金娟、庞以芹等5人参加市第七届创业之星评选；推荐31个电商直播项目参加市直播大赛；开展“学党史 看亮点 话发展”沭阳县女企业家回娘家主题活动，凝聚女企业家回乡创业力量；组织县优秀企业参加慧创她时代江苏巾帼科技创新大赛，在苏北片区晋级赛中，江苏必杰生物医药有限公司和宿迁怡美纺织有限公司分别荣获第二、第三名，成功晋级全省总决赛，其中必杰生物项目被省妇联推荐参加“巾帼奋进 科创未来”2021长三角女性科技创新创业大赛。召开沭阳县留守妇女创业就业推进会暨“苏垦慧创”省级示范项目扶持资金发放仪式，为全县31家获评“苏垦慧创”省级示范点企业发放扶持资金130万元，并邀请农商行为获奖项目进行授信。

**【巾帼家政服务】** 县妇联实施巾帼家政提质扩容行动，筹建巾帼家政服务业联盟，赴沭阳县妈咪爱家政服务中心、沭阳县喜宝家政服务中心等6家家政公司开展走访调研并形成调研报告。积极践行“我为群众办实事”活动，启动并实施“个十百千万”巾帼家政进社区公益项目，力促巾帼家政提质扩容。截至2021年年底，依托沭阳县巾帼家政服务联盟第一批10个会员单位，举办巾帼家政进社区专题讲座102场，受益1万余人。动员城乡贫困、无业、失业等求职妇女参加家政职业技能培训，已开展育婴员、老年护理等家政职业技能培训班8期，累计参训妇女420名。2021年8月底，以打造“沭姐姐 · 巾帼家政”服务品牌为抓手，联合县人社局开展寻找“最美巾帼家政人”活动，并在“花乡女性”微信公众号平台发布征集令，凝聚巾帼家政提质扩容正能量。

**【妇联岗位价值提升】** 2021年，县妇联深入开展“巾帼文明岗”命名表彰活动，命名十字街道会计委托代理服务中心等70个岗组为沭阳县“巾帼文明岗”，其中沭阳县“12345”政府热线服务中心荣获“全国巾帼文明岗”称号；依据评选全县妇联2020年度工作先进单位16个、全县“五美庭院”建设工作先进单位10个、“全县十佳妇联干部”“全县优秀妇联干部”16人，“全县妇联系统信息工作先进个人”10人。

**【家庭文化培育】** 为进一步贯彻落实习近平总书记关于注重家庭家教家风建设重要指示精神，不断深化家庭文明创建工作，弘扬社会正能量，2021年，沭阳县妇联开展了家庭文化节系列活动。其中，在“家风故事”征集评选活动中，收到成人组作品164件，少儿组作品371件，经组织专家评审，评出成人组一等奖5名、二等奖8名、三等奖10名，少儿组一等奖10名、二等奖20名、三等奖28名，优秀指导老师58名，优秀组织奖15个。在寻找“最美家庭”“平安家庭”“最美婆婆”“最美媳妇”活动中，共评选出沭阳县“最美家庭”80户、“平安家庭”78户、“最美婆婆”50人、“最美媳妇”50人。在开展的“五美庭院”创建助力乡村振兴活动中，命名沭阳县第三批“五美庭院”标兵户375户。拓展家庭教育服务，探索构建“1234”“三全”（社区全域、父母全程、家庭全类型）社区家庭教育新模式，即创新开发沭阳县“石榴花”家庭教育服务平台，实现家庭档案动态管理；打造社区妇女儿童之家、新时代文明实践站（所）等室内场所和小区活动广场、主要出入口及楼道口等室外场所“两大阵地”，全域营造家庭教育氛围；组建由妇联干部、县家庭教育研究成员志愿者及有家庭教育需求的社区家长志愿者组成的“三支队伍”，让社区家庭教育支持行动务实见效；构建家长互动、协作共育、家事调解、菜单式活动“四项机制”，精准回应全类型家庭需求。针对部分困难家庭争取省“美好书桌”项目，前期20套书桌已在钱集镇新桥社区安装到位。根据家长要求，制定课程体系菜单，提供精准服务。组织各类实践活动8场，600余人受益。

**【妇儿权益维护】** 多形式开展普法宣传。开展《民法典》学习微课堂，三分钟读懂《中华人民共和国反家庭暴力法》（以下简称《反家庭暴力法》）动漫微视频学习，县、乡、村三级妇联组织妇女群众集中学习观看《反家庭暴力法》专题宣传片45场，发放《反对家庭暴力 共促社会和谐》倡议书3.5万份，精心编印“民法典进家庭”宣传册，详细解释婚姻家庭内容，与镇村妇联联动开展“民法典进家庭”专题普法宣传活动，让广大群众更直观地感受到民法典对个人的法律保护。联合公、检、法、司等职能部门，牵头成立沭阳县婚姻家庭服务联盟，启动"沭姐姐"幸福家庭护航行动，集中开展公益宣讲活动40场。认真做好来访接待工作。全年县妇联共接待来访来电52件，结案率为100%。做实妇儿关爱项目。利用春节契机，深化"康乃馨"关爱行动，慰问95名困境儿童，发放慰问金4.75万元、书包95个；联合慈善总会慰问103名贫困单亲母亲，发放慰问金10.3万元；"六一"儿童节期间，慰问360名少年儿童，为孩子们送去书包、图书等礼物共计3.58万元；向省妇儿基金会积极争取音乐种子项目，资助张圩中心小学、梦溪实验学校、赵集小学109名困境学生，发放救助金13.08万元，南湖小学新增21名音乐资助名额；争取实施爱德e万行动项目，资助县内孤儿110余名，共发放资助金额49.2万元；争取省小候鸟项目实施点19个，每个实施点有省儿基会提供图书和活动经费开展活动。组织开展2021年"99公益日——'益'起行动 情暖花乡"公益项目，募集善款714414.04元，获得腾讯配捐15891.81元，合计募集善款730305.85元。

【妇联改革创新】 抓阵地建设，共建温暖之家。2021年，县妇联与县人行联合开展"融你我"妇女微家建设，依托金融服务站点，因地制宜灵活建立妇女群众可见可感可用的妇女微家。采取先示范后推广的方式，申报推荐5个市级"融你我"示范妇女微家。把密切联系和服务妇女群众作为工作的生命线，建立县妇联常执委联系点制度、执委领办项目等制度，2021年，全县各级执委领办项目680余件。抓机制建设，促进作用发挥。切实推进妇联组织改革，圆满完成全县480个村（社区）妇联组织、30个乡镇（街道）妇联组织集中换届。通过换届，共选举产生新一届村（社区）妇联主席480名、副主席1377名，执委3629名。其中，共有640名网格员当选为妇联执委，829名妇联干部进入村（社区）"两委"。选举产生乡镇（街道）妇联执委904人，主席30人，专兼职副主席95人，平均年龄35岁，大专及以上学历734人，实现了乡镇（街道）妇联班子队伍年轻化和知识化的目标要求。抓教育培训，提升履职能力。大力实施基层妇联领头雁培训计划，着力提升妇联干部政策把握、妇情调查、代表议事、权益维护、社会动员"五种能力"，2021年，共举办基层妇联干部业务培训班、全县妇联干部党性教育培训班、基层妇联干部气质提升培训班等各类培训班9场，培训1500余人次，提升妇联干部综合素质。

（康霞云 司小艺）

## 沭阳县工商联

【概况】 2021年，沭阳县工商联深化理想信念教育，组织民营企业家代表赴周恩来纪念馆等红色教育基地开展理想信念教育实践活动，并在钱集镇张圩打造市县民营经济人士理想信念教育基地，接受红色革命洗礼，传承红色基因，践行初心使命。通过座谈会、专题讲座、宿商讲坛等形式，组织民营经济人士认真学习中央、省市县重要会议精神、民营经济统战文件精神等政治理论知识，加强民营经济人士教育引领，广泛凝聚思想政治共识，坚定正确的政治方向。

【示范引领】 县工商联组织推荐民营企业参加各类评先评优活动，积极推荐民营企业参与宿迁民营企业百强遴选活动，共有20家民营企业上榜市民营企业百强名单；推荐市县杰出青年、沭阳好人、优秀党外人士、劳动奖章等30余人次。

【服务社会】 履行社会担当，通过"花乡护苗行666圆梦计划""花乡夕阳情333关爱计划"载体，组织企业家开展春节、"六一"儿童节、中秋节、重阳节等慰问活动，在"众善众举 圆梦助学"活动中，爱心企业、商会在线上线下共捐款30余万元。引导各商协会、民营企业积极参与支援河南、抗击疫情、新沂河抗洪等爱心慰问活动，捐资捐物约为60余万元。

【服务会员】 县工商联与沭阳县人民法院联合举办"亲清直通车·院企恳谈会"，加强政企沟通，

2021年6月11日，沭阳县税务局与沭阳县工商联联合举办"春雨润苗"专项行动体验日活动 县工商联 供图

2021年5月28日，沭阳县工商联（总商会）开展"花乡护苗行666圆梦计划"——"六一"儿童节慰问活动　　县工商联　供图

向企业家们重点介绍化解涉企纠纷、统一涉企案件审判尺度、优化营商环境等内容，并为企业家解答疑惑。依托"纳税人之家"，联合税务局开展"春雨润苗"专项行动，及时提供免费政策咨询和帮助办理税务事项。与沭阳县税务局联合举办"春雨润苗"专项行动体验日活动，民营企业反馈问题已全部解决。

【走访调研】 县工商联深入沭阳县花木协会、沭阳县桑墟镇榆叶梅协会、沭阳县桑墟镇商会、沭阳县龙庙镇商会等30余家商协会了解商会发展及服务情况。走访调研江苏福庆集团、江苏沂淮集团、沭阳亚森同汇实业有限公司、江苏百盟投资股份有限公司等100余家民营企业，与企业家谈心谈话，了解企业、商会在发展过程中的困难、诉求，及时记录企业反映的问题、意见建议，反馈给相关部门，积极帮助企业纾难解困。开展民营企业调查点工作，切实发挥调查点工作联系企业、掌握实情、建言资政的有效作用。

【法律服务】 发挥商会调解化解民营经济领域纠纷的职能优势，常态化开展诉前调解工作，2021年，县工商联共接受诉前调解案件41件，成功调解15件，总涉案金额为2155万余元，为企业挽回经济损失170余万元。沭阳县总商会人民调解委员会2021年被省司法厅、省工商联评为"江苏省优秀商会调解组织"。3月，组织律师志愿服务队开展"法律体检服务月"活动，帮助企业摸排矛盾纠纷，解答法律难题，及时有效预防纠纷发生。与县检察院联合开展企业合规试点工作，对涉案企业开展合规考察，提出了6条整改意见，工商联综合整改情况和第三方监督组织考核评估意见，及时出具了合规考察报告。

【经济联络】 沭阳县工商联与浙江省长兴县工商联签约友好商会协议，为两地投资开发、经贸洽谈等牵线搭桥，助推两地经济社会高质量发展。组织企业家赴南通宿迁商会、成都宿迁商会等考察交流；组织企业家赴贵州参加"苏商进黔"活动。举办"展巾帼风采做魅力女神"庆"三八"国际妇女节主题沙龙活动、"聚力创新·共商发展"企业家恳谈会等交流活动，不断增强工商联凝聚力、影响力、号召力，促进资源整合，推动合作共赢。组建沭阳商会联盟，通过多种形式与异地工商联、商会的联络，"走出去"宣传推介、"请进来"考察洽谈，保持频繁交流，为招商引资和对外经济交流搭建平台，提供信息。

【商会建设】 2021年，县工商联加强乡镇（街道）商会建设，推动乡镇（街道）商会注册登记、商会党组织、统战工作"三个全覆盖"，全县30个乡镇（街道）已实现注册登记全覆盖。深入推进"四好商会"建设。2021年1月，新河镇花木协会荣获2020年度全国"四好"商会荣誉称号。沭阳县青年企业家联合会、沭阳县桑墟镇企业家协会、李恒镇企业家协会、新河镇花木协会、扎下镇花木协会等8家商会获得2019—2020年度江苏省"四好"商会荣誉称号。沭阳县花卉协会、沭阳县青年企业家联合会等15家商协会被宿迁市工商联评为2020—2021年度"宿迁市四好商会"。深化商会党建工作。实施"花乡商会红色领航"工程，成立沭阳县总商会功能型党委，推动成立33家商协会成立功能型党支部，指导商会党组织提升政治引领、政商沟通、资源共享、抱团发展、文化共育等服务能力，有力促进商会全面发展。

【队伍建设】 加强民营经济代表人士队伍建设，举办"感党恩听党话跟党走"党史专题讲座、民法典专题讲座、安全生产讲座、理想信念教育专题培训、产改专题等5期全县企业家管理能力提升培训班；实施全县年轻一代民营企业家培养工程，通过系统培训、考察交流、素质提升等进行系统培养，切实壮大县年轻一代民营企业家队伍；承办1期"宿商讲坛"、2次企业家沙龙、3次企业家恳谈会，提升企业家素质能力，助推企业提质增效，实现高质量发展。

（韦　婷）

## 人民武装

【思想政治建设】 2021年，沭阳县人民武装部（以下简称县人武部）抓好思想政治教育，先后组织战备、预防犯罪、爱装管装、安全管理、革命传统、党风廉政、法纪法规等专题教育48次，严格落实考勤和补课制度，确保部队纯洁巩固、集中统一。抓细党委中心组理论学习，全年共集中组织中心组学习24天，组织学习中共十九届五中、六中全会精神，集中观看中国共产党成立100周年“七一”勋章颁授仪式、《铁纪强军》教育警示片、《忠诚·看齐》录像，组织4次学习交流和分组讨论。扎实推进党风廉政建设，组织2次党风廉政建设形势分析，深入讨论剖析党风廉政建设情况，校准工作方向。结合庆祝中国共产党成立100周年系列活动，大力开展形势政策教育、先进典型教育和警示教育，提升党员廉洁自律意识。与县委网信办建立信息互通机制，严格落实军地交往“13条禁令”，持续开展社团工作清理整治，常态抓好重点领域监督监察，着力强化纪委执纪执法能力。突出事前监督预警防范，刚性落实党委书记、纪委书记上纪律党课规定，切实以问题整改推动工作落实。常态组织作风督查，从10个方面每季度开展督导检查，对检查出的问题及时予以整改。

【民兵训练基地建设】 9月中旬，县民兵训练基地投入150余万元，新建浴室、跑道，整修宿舍楼、饭堂，购置床架、被褥等，基地承训能力大幅提升，保障措施进一步改善。

【军事训练】 2021年，县人武部民兵训练按计划圆满完成，全年组织8批次民兵基地化集训，组织22名民兵“四会”教练员参加军分区比武考核，取得个人第一、第六，团体第二的成绩。

【后备力量建设】 2021年，县人武部积极转变国防动员潜力数据对接模式，通过组织开展任务部署、业务培训、实地调研、数据会审等工作，完成预征预储装备的信息核查工作。按照军分区任务部署，扎实编建基干民兵，健全民兵预建党组织架构，制定下发《沭阳县2021年民兵政治工作指示》，“七一”前后指导民兵党组织开展党员大会、党小组会、政治教育等各类活动。在省军区年度民兵工作检查中取得全省第七的优秀成绩。专武干部队伍得到优化调整，对超龄的8名专武干部进行交流，补充调整3名干部转任专武部长，专武干部队伍得到进一步优化。

【党史学习教育】 2021年，县人武部党委紧扣“学党史、悟思想、办实事、开新局”总要求，5次召开党委会组织研究安排、动员发动、分析形势、部署专项活动和阶段总结。用好“三个课堂”、搞好“两个结合”、做好“三项实践”。组织民兵、部机关人员赴张圩乡红色教育基地参观见学，集中组织观看《守岛人》《长津湖》电影。通过谈心谈话、征求意见、党委研究共梳理出11个“办实事”事项，已全部解决。组织全体机关人员赴县烈士陵园纪念馆感悟革命精神、重温入党誓词、重忆入党经历。党委班子成员学习百年党史，带头上专题党课，认真开好专题组织生活会，严密筹划党史学习教育专题民主生活会，按照“一人讲、大家评、逐个过”的方式进行对照检查，开展批评和自我批评。

【征兵工作】 2021年，县人武部超前完成全县兵役登记任务，扎实组织征兵宣传工作，召开征兵宣传工作部署会，到学校中开设征兵政策咨询站，微信公众号推动征兵政策文章，春秋季均在全县公交站台、车站、道路电子大屏、城区电影院挂设展板或投放征兵宣传公益片，指导基层武装部做好大学生精准发动，发放《致全县大学生的一封信》。严格疫情防控措施，扎实推进征兵体检、政考、役前训练等各项工作，成立督查小组，对征兵工作开展情况进行检查督导，走访调查廉洁征兵落实情况，圆满完成兵役征集任务。预定新兵役前教育训练期间，围绕党史、军史、新中国史，邀请退伍老兵讲红色故事，坚定入伍信念，打牢坚决听党指挥的思想基础。

## 立功受奖

2021年，共有89位沭阳县籍现役军人在部队立功受奖，荣立三等功。

表4

**2021年度现役军人立功人员登记表**

| 序号 | 姓名 | 立功受奖项目 | 家庭住址 |
| --- | --- | --- | --- |
| 1 | 梁永刚 | 三等功 | 七雄街道官东社区 |
| 2 | 周鹏飞 | 三等功 | 胡集镇新北村 |
| 3 | 郑　闯 | 三等功 | 桑墟镇寇塘村 |
| 4 | 谢　昊 | 三等功 | 沂涛镇谢庄村 |
| 5 | 丁　军 | 三等功 | 沭城街道河西社区 |
| 6 | 周同州 | 三等功 | 西圩乡前车村 |
| 7 | 陈　浩 | 三等功 | 钱集镇效佐社区 |
| 8 | 姚会明 | 三等功 | 塘沟镇华帮村 |
| 9 | 仲　探 | 三等功 | 扎下镇明庄村 |
| 10 | 汪伟杰 | 三等功 | 沂涛镇谢庄村 |
| 11 | 徐龙海 | 三等功 | 龙庙镇龙庙居委会 |
| 12 | 李卓宁 | 三等功 | 七雄街道官东社区 |
| 13 | 杨　帆 | 三等功 | 沭城街道新桥社区 |
| 14 | 王　波 | 三等功 | 悦来镇叶上庄村 |
| 15 | 宋祖爱 | 三等功 | 沭城街道昭德社区 |
| 16 | 周建成 | 三等功 | 高墟镇木墩村 |
| 17 | 张红才 | 三等功 | 桑墟镇李圩村 |
| 18 | 汤景棉 | 三等功 | 梦溪街道杨店社区 |
| 19 | 陆松雷 | 三等功 | 胡集镇德胜村 |
| 20 | 葛志卫 | 三等功 | 沭城街道河东社区 |
| 21 | 黄　兵 | 三等功 | 沭城街道古城社区 |
| 22 | 汤祥强 | 三等功 | 贤官镇汤圩村 |
| 23 | 张金保 | 三等功 | 塘沟镇胡庄村 |
| 24 | 王家旺 | 三等功 | 沭城街道东城馥邦 |
| 25 | 张　磊 | 三等功 | 龙庙镇庄塘村 |
| 26 | 张国威 | 三等功 | 贤官镇贤北村 |
| 27 | 刘　通 | 三等功 | 贤官镇贤北村 |
| 28 | 钱金国 | 三等功 | 高墟镇新钱村 |
| 29 | 刘方建 | 三等功 | 贤官镇万刘村 |
| 30 | 衡海建 | 三等功 | 贤官镇三圩村 |
| 31 | 章金林 | 三等功 | 龙庙镇兴义村 |
| 32 | 鲍海涛 | 三等功 | 胡集镇德胜村 |
| 33 | 张　岩 | 三等功 | 胡集镇刘河村 |
| 34 | 朱　雷 | 三等功 | 龙庙镇沙堰村 |
| 35 | 魏松林 | 三等功 | 吴集镇西桥村 |
| 36 | 张　升 | 三等功 | 钱集镇张圩村 |

续表4

| 序　号 | 姓　名 | 立功受奖项目 | 家庭住址 |
|---|---|---|---|
| 37 | 徐亚东 | 三等功 | 龙庙镇仲湾村 |
| 38 | 单　磊 | 三等功 | 贤官镇贤北村 |
| 39 | 李　驰 | 三等功 | 西圩乡西圩村 |
| 40 | 潘　岩 | 三等功 | 沭城街道美好家园 |
| 41 | 田　克 | 三等功 | 马厂镇大口桥 |
| 42 | 赵星星 | 三等功 | 潼阳镇马岭村 |
| 43 | 张　响 | 三等功 | 青伊湖镇王场村 |
| 44 | 魏　国 | 三等功 | 耿圩镇尚庙村 |
| 45 | 张　勇 | 三等功 | 华冲镇东园村 |
| 46 | 戈　铨 | 三等功 | 沭城街道仰龙湾 |
| 47 | 司　凡 | 三等功 | 沭城街道文景花苑 |
| 48 | 张　跃 | 三等功 | 十字街道南汤居委会 |
| 49 | 郑　磊 | 三等功 | 贤官镇赵集村 |
| 50 | 包玉伟 | 三等功 | 高墟镇三荡村 |
| 51 | 郝　刚 | 三等功 | 潼阳镇阴平村 |
| 52 | 吴　迪 | 三等功 | 华冲镇杨柳村 |
| 53 | 韩　冰 | 三等功 | 沭城街道紫鑫花园 |
| 54 | 贾海洋 | 三等功 | 沭城街道金城花园 |
| 55 | 王秋节 | 三等功 | 吴集镇吴西村 |
| 56 | 姜　邈 | 三等功 | 沭城街道怀文社区 |
| 57 | 黄　帅 | 三等功 | 马厂镇大口桥村 |
| 58 | 周良杰 | 三等功 | 华冲镇杨柳村 |
| 59 | 章其尚 | 三等功 | 龙庙镇庄塘村 |
| 60 | 刘双雨 | 三等功 | 沭城镇章集街道 |
| 61 | 李　唐 | 三等功 | 刘集镇郇河村 |
| 62 | 杨　柏 | 三等功 | 七雄街道官田村 |
| 63 | 岳同峰 | 三等功 | 沭城街道幸福家园 |
| 64 | 曹　亮 | 三等功 | 陇集镇丁曹村 |
| 65 | 魏　星 | 三等功 | 马厂镇双圩村 |
| 66 | 高　野 | 三等功 | 青伊湖镇高庄村 |
| 67 | 王　徐 | 三等功 | 庙头镇古龙村 |
| 68 | 殷言亮 | 三等功 | 华冲镇官沟村 |
| 69 | 耿　敬 | 三等功 | 十字街道东南村委会 |
| 70 | 张冬冬 | 三等功 | 青伊湖镇王场村 |
| 71 | 徐　党 | 三等功 | 高墟镇李场村 |
| 72 | 李　尧 | 三等功 | 桑墟镇新顺村 |
| 73 | 徐　飞 | 三等功 | 李恒镇汤涧村 |
| 74 | 孙大伍 | 三等功 | 钱集镇陈圩村 |
| 75 | 葛　滔 | 三等功 | 沭城街道上海花园 |
| 76 | 姜祥祥 | 三等功 | 李恒镇江圩村江东组392 |
| 77 | 滕　腾 | 三等功 | 七雄街道官田村 |
| 78 | 司苏严 | 三等功 | 华冲镇大尖村 |
| 79 | 张徐洋 | 三等功 | 塘沟镇塘西村 |
| 80 | 李　晋 | 三等功 | 沭城街道西园居委会 |

续表4

| 序　号 | 姓　名 | 立功受奖项目 | 家庭住址 |
|---|---|---|---|
| 81 | 陈金雨 | 三等功 | 潼阳镇草村 |
| 82 | 陆　品 | 三等功 | 耿圩镇淮西村 |
| 83 | 王　瑞 | 三等功 | 沂涛镇王魏庄 |
| 84 | 张冬冬 | 三等功 | 潼阳镇草村 |
| 85 | 章　壮 | 三等功 | 桑墟镇桑墟社区 |
| 86 | 许大伟 | 三等功 | 陇集镇谢桥村 |
| 87 | 李恒良 | 三等功 | 高墟镇杨跳村 |
| 88 | 孙　立 | 三等功 | 高墟镇司杨村 |
| 89 | 荣　荻 | 三等功 | 庙头镇庙头村四组附161号 |

## 双拥共建

【军地共建】 2021年，县人武部注重发挥军地桥梁纽带作用，带头做好双拥共建工作。协调县武警中队积极开展走访慰问困难群众、义务植树、国防教育、安全教育等拥政爱民活动，配合县双拥办做好双拥模范城创建工作；协调县党史工委编纂《沭阳年鉴（2021）》，收录2020年度沭阳籍官兵荣立二等功3人、三等功60人名录。防汛抗洪期间，组织民兵应急连在新沂河大堤上巡查渗漏险情。始终关心军属现实困难和合法权益，年内，共办理军人子女优待入学6人；结合春节、“八一”等节日，会同退役军人事务局走访慰问立功受奖、烈士遗属、困难党员等70余次。

【国防教育】 2021年，县人武部深化全民国防教育，县人武部增强全民国防意识，号召广大青年踊跃参军报国。在八一广场、县青少年广场国防园，通过设立宣传栏、展板等方式，增加国防教育文化内涵。每年征兵及国防教育日，在县电视台、报刊、网络平台等开设专题栏目，在公交车、公交站台、广场等位置增加宣传内容，并形成长效机制。在地方党政领导中广泛开展国防教育，10月21日在宿迁市“836计划”（沭阳县）科级干部培训班上开展国防教育专题讲座，邀请军事专家杜文龙授课辅导；将国防教育纳入县委理论学习中心组计划，12月2日，专题学习《基层人民武装部规范化建设细则》；将国防教育纳入干部培训学习内容，9月22日，县人武部政治委员在县委党校围绕“增强国防意识，聚力强国强军”主题，为全县中层干部进行授课辅导。（蒋晓飞）

## 武　警

【概况】 2021年，武警沭阳中队以“固本夯基、求真务实、创新突破、争创四铁”为目标，坚持“凝心聚力谋发展、举旗铸魂固根基、练兵备战谋打赢、稳中求进整体上、创新突破争先进”总体思路，全年各项工作井然有序开展，整体建设稳步提升，官兵士气高昂、争先创优意识浓。

【组织建设】 2021年，中队党支部始终坚持维护班子团结、增强班子的凝聚力、战斗力，支部一班人相互关心、团结一心，拧成一股绳，为中队建设出谋划策，堡垒作用发挥明显。注重强化“四个意识”特别是核心意识、看齐意识，党支部战斗堡垒作用和党员先锋模范作用发挥明显，敢于叫响“看我的，跟我来”的口号，真正起到了“排头兵”和引领作用。持续抓好基层作风建设和党风廉政建设，先后推荐1名战士考学、2名专业警士培训、1名预提指挥警士集训，吸收1名党员发展对象、3名上等兵转改警士、4名警士晋级、13人次立功受奖。

【思想政治教育】 2021年，中队深入贯彻武警部队、总队思想政治教育工作推进会精神，紧贴形势任务和官兵思想实际，加强思想教育引导，深化理论武装，加强政治引领。以“传承红色基因、担当强军重任”主题教育和“党史学习”教育为载体，开展向新时代卫国戍边英雄群体和“反恐尖刀中队”学习活动，采取专题授课、案例分析、观看警示录像等形式，浓厚教育氛围，增强教育效果。在理论学习基础上，结合中队实际，用活教育方式，广泛开展专题讨论、演讲比赛、讲红色故事、教红色歌曲、看红色影视等配合活动；注重发挥理论骨干带头作用，开展“士兵课堂”，让理论功底深、作风形象好的战士走上讲台，用“接地气”的兵言兵语，讲述身边人、身边事，调动了官兵参与教育的积极性，进一步夯实了官兵思想基础。“八一”建军节之际，县委副书记、县长王瑞到中队慰问，极大地鼓舞了官兵士气。

【军事训练】 2021年，中队坚持把提高军事训练质量作为确保中心工作圆满完成的基础工作，高度重视军事训练，严格做到训练工作“八落实”。深入学习贯彻总队、支队军事训练会议精神，狠抓练兵备战，始终坚持训练先训官、考核先考官；坚持周会操、月普考，大力推动“争做新时代强军践行者先锋”竞赛活动，有效激发官兵参训热情。中队执勤班班长上士殷一博参加总队武教头比武竞赛获得警士组第一名，并代表总队参加武警部队武教头比武竞赛。严格按照新《大纲》科学施训，科学制定中队周工作安排表，把训练场当考核场，坚持边训边考，严密认真组织好每一个科目、每一个训练阶段的考核，以考促训，增强了训练效果；落实每月军事体育普考制度，将考核成绩张榜公示，并作为每季度“四有”优秀个人评比的重要指标，营造了浓厚的训练氛围，提高了训练质量，实现了官兵军事素质的整体提升。

【执勤战备】2021年，中队围绕“全面建设、体系防控、科技强勤、确保安全”的执勤总思路，不断强化备战意识。坚持中心议勤，认真学习执勤系列规定和事故案例警示教育片，定期召开支委会，分析执勤形势、探讨执勤中存在的问题、隐患，树牢备战意识。坚持以训强勤，中队坚持立足实际扎实做好专勤专训，有效地提高了哨兵的执勤能力；坚持立足实战与目标单位搞好联合方案演练，不断提高官兵的协同配合能力。年内，共组织实弹射击10余次，提高了官兵素质能力，为完成任务奠定基础。全年共出动21900人次担负沭阳县看守所外围武装警戒任务，出动50人次担负沭阳重要时期的联勤武装巡逻，出动120人次担负沭阳县看守所武装押解任务，圆满完成以执勤为中心的各项任务。

【后勤保障】2021年，中队严格按照总队《关于进一步加强部队伙食管理落实标准厉行节约的通知》要求，强化依法管伙、按标办伙理念，严把食谱制定、实物验收、账目核算等环节，加强伙食的全程管控；坚持每周召开经济民主会，收集官兵意见建议，定期组织周末假日会餐，确保官兵吃到标准、吃得营养、吃出健康；坚持每月公示账目清单，经济民主组定期开展活动，对经费进行检查监督，确保经费开支合理。2021年，投入79万元经费完成淋浴间和接待室改造、主楼门和窗户更换等，官兵生活训练条件明显改善；同时，立足自身实际，先后对营房漏水、主楼照明设备进行维修更换、粉刷破损墙面200余平方米，营区面貌焕然一新。

（县武警中队）

## 人民防空

【概况】2021年，沭阳县人防办坚持“长期准备，平战结合”的方针，扎实做好人防工程建设和人防演练工作。

【人防工程】2021年，县人防办将依法配建人防工程作为一项重要工作来抓，把政府投资项目和保障性住房等建设全部纳入项目规划内容。

【人防演练】2021年，县人防办组织对县属人防专业队进行整顿调整，并进行了对口专业训练。圆满完成主城区“9·18”防空警报试鸣活动和“宿防—2021”防空疏散应急演练任务。（韦昊宇）

## 退役军人事务

【概况】2021年，沭阳县退役军人事务局坚持以服务退役军人为中心，围绕抓基础促规范、抓落实促和谐、抓双拥促提升、抓创新促发展，持续夯实基层基础、促进就业创业、推进拥军优抚、落实抚恤优待各项政策。

【服务保障体系建设】2021年，县退役军人事务局组织组建县乡村三级退役军人志愿服务站，为退役军人提供服务社会、发挥特长的平台。深入推进全国示范型服务中心（站）创建活动，圆满完成12个乡镇（街道）退役军人服务站和5个服务对象300人以上的村居（社区）退役军人服务站全国示范型服务站的创建任务。严格“五有”标准落实软硬件水平，实现服务保障体系全覆盖。以“一库两本账”为重要抓手，为困难退役军人帮扶解困提供精准化服务，深入开展“四尊崇”“五关爱”“六必访”活动，营造浓厚的拥军崇军氛围。

【拥军优抚】2021年，县退役军人事务局全面落实优抚对象抚恤补助标准“动态调整”机制，及时提高优抚对象生活补助标准，不断提升优抚对象保证水平。春节和“八一”建军节期间，组织开展各类联谊、座谈、走访慰问活动，走访慰问驻沭部队官兵，并发放慰问金。

【安置就业】2021年，沭阳县落实“阳光安置”政策，妥善安置符合政府安排工作的退役士兵和军转干部。全年举办3场退役军人专场招聘会，累计组织47家企业参加，提供岗位4700多个，吸引退役军人参加，150多人达成就业意向。圆满完成移交政府安置病退士官的接收任务，并按相关规定落实其生活和医疗待遇等。

【老干部服务】2021年，县退役军人事务局向军休所内5名老党员颁发“光荣在党50年”纪念章。及时、准确发放军休干部各项生活待遇。（王东兴）

## 社会治安综合治理

【概况】 2021年，沭阳县政法委充分发挥牵头抓总作用，围绕“四项任务”“三个环节”，系统推进全县政法队伍教育整顿，顺利通过上级验收。政法各单位累计出台长效制度文件109件，累计实施“我为群众办实事”便民利民惠民措施53件。探索形成的“1+3+N+1”工作体系经验做法得到中央政法委官微“长安评论”、省委政法委官微“江苏政法”、市委办《工作简报》专篇报道。

【政法队伍教育整顿】 县政法委坚持严管和厚爱结合、激励和约束并重，创新出台《关于推行案件评查“双向激励”促进执法办案“高质高效”的实施办法》，切实发挥执法监督作用，促进政法干警严格规范公正廉洁文明执法。在全县政法机关开展选树“身边典型”活动，以身边典型作为最直观、最可感、最亲近的鲜活榜样，激励政法干警在“学、比、干、超”中见行动、创一流，不断提升人民群众对政法工作的满意度。上半年全省群众安全测评中，沭阳县政法队伍满意度居全市首位。

【基层社会治理】 县政法委坚持“小区说事+广场夜谈”双轮驱动，让基层组织与广大群众常态互动，有效激活基层社会治理细胞。在农村村居推行“广场夜谈”，在县城小区推行“小区说事”，通过“事前”广泛收集矛盾纠纷线索和居民诉求，“事中”集中调处化解，“事后”跟踪反馈等举措，让群众诉求有回应、矛盾纠纷能化解，从小处着手，推动小区治理科学化、精细化、人文化，相关做法被《法治日报》《新华日报》等刊登。2021年，仅城区3个街道就开展小区说事会161场、组织专题调处会200余场，妥善解决小区邻里纠纷、物业矛盾等积案300余件，群众满意度与获得感不断提升。

【网格化服务管理】 全县网格员有效发挥“千里眼”“顺风耳”“小喇叭”“润滑剂”功能，带动“法律明白人”、“村居法律顾问”、“五老”（老党员、老干部、老教师、老乡贤、老司法工作者）等社会群体参与矛盾源头化解，落实网格员每天在网格、矛盾发现在网格、纠纷调处在网格、稳控措施落实在网格的工作责任，着力推动矛盾纠纷网格兜底排查。组织开展网格居民微信群扩面提质行动，建立网格微信群4500多个，入群居民64.35万人，超过户均1人入群目标，实现了“网上社区”建设全覆盖，网格服务满意率显著提升，省委政法委公布的沭阳县上半年网格服务满意率达98.34%，高于全省平均水平（97.99%）。

【“无讼村居”创建】 坚持把非诉讼纠纷解决机制抓在前面，构建了“政法委牵头抓总、督查推进，法院业务指导、考核验收，乡镇政法主抓、村居主办”的多方参与、多元共治工作机制，先后涌现出“百姓议事亭”“嚓呱小马扎”“巾帼调解团”等创新做法，将大量矛盾纠纷化解在诉前，实现了民事行政案件万人起诉率持续下降。2021年前三季度，全县万人起诉率为61件，全市最低。

【社会治安防控】 按照县区不低于200人、乡镇不低于30人的标准建立巡防队伍。城区范围内由县巡特警大队做好重点区域的值守工作；背街小巷、居民小区内，由城区派出所牵头，组织住宅小区、企业安保人员开展联勤联防工作，实现巡逻全覆盖。2021年，沭阳县夜间出行安全感满意率为96.67%，位居全市第一，高于全省平均水平。

【打击电信诈骗】 在电信网络诈骗打防两端发力，创新防骗口罩、

"警情通报式"横幅、微信朋友圈定制反诈广告等手段,被央视专题报道推介。严打涉诈犯罪,2021年,共抓获诈骗犯罪、帮助信息网络犯罪活动犯罪嫌疑人428人,全县电诈警情同比下降11.3%,万人发案率保持全市最低。

【服务电商】 依托县涉法涉诉信访接待中心设立"沭阳县电商发展法律服务中心",借助法学会、律师协会、涉法涉诉中心、"三官一律"工作平台等法律资源,组织律师、法律服务工作者轮岗值班,通过线上、线下各种形式免费为全县电商提供法律服务。

【重点人员服务管控】 严格落实重点青少年监测预警机制,及时将2113名重点青少年录入网格化信息系统,督促网格员每月至少走访一次。严格落实问题青少年"四个一"(一名监护人、一名网格员、一名社区民警、一名村干部)包保责任,并依托全国规模最大的沭阳县金色花未成年人司法社会服务中心,切实落实重点青少年帮教措施。2021年,该基地已为全县2000余户家庭近万人提供专业的司法社会服务工作,45名未成年人通过帮教成功返校就学,一名学生成功考入重点大学。2021年3月,"金色花"涉罪未成年人帮教矫治服务项目被评为江苏省优秀社会工作项目。在公安局组建未成年人违法犯罪防控中队,对204名活跃未成年人建立"一人一档"动态管理。2021年年底,全县未成年人违法犯罪案件同比下降43%。严格按照"一名乡镇分管领导、一名医生、一名民警、一名村干部、一名监护人"的管理服务要求,严格落实易肇事肇祸精神障碍患者服务管控措施。2021年,全县共有1437人次领取了以奖代补资金,共计发放169.08万元。花费9万元为全县1800名易肇事肇祸精神障碍患者购买了监护人责任险,覆盖率达100%。

(庄品品)

## 公 安

【概况】 2021年,沭阳县公安机关忠诚履职、砥砺奋进,锚定"三个满意"目标,推进打造"区域副中心城市"平安高地、争当全市公安工作排头兵"两项任务",守住队伍不出事、履职不出事"两条底线",公安工作和队伍建设均取得了长足发展。

【治安防控】 通过"枫桥式公安派出所"创建,扎实推进基层基础工作,实施"生命防护工程",公安领域重大安全事故"零发生"。立足实战、抢抓机遇,深化治安防控体系建设提速、应用提质、实战提效,2个实战模型分获省厅科技强警三等奖、实战口碑奖,县局被省公安厅授予"全省公安机关科技兴警示范培训基地",全省仅4家县分局,苏北唯一。

【案件侦破】 积极探索实践"小案快侦、抢案必破、盗案多破"工作机制。2021年传统"盗抢骗"案件发案后24小时内破案数同比增加23%,破案率59%,同比增加39个百分点,破案数、破案率同比均提升五成以上,创历史新高。扎实推进未成年人违法犯罪打防管控,发案数同比下降19%,其中暴力性案件同比下降43%。持续推进通信网络诈骗犯罪打击治理,2021年破获涉诈案件152起,抓获涉诈犯罪嫌疑人537名,同比分别上升72.7%、23%,依法采取惩戒措施1114人。

【队伍建设】 纵深推进全面从严治警、坚定不移正风肃纪。扎实推进公安队伍教育整顿、党史学习教育等专项工作,围绕纪律再严明、作风再过硬,守住纪律红线、廉洁底线,持续净化政治生态,全县公安队伍精神风貌明显改善,干劲更足、执行力更强,队伍纪律意识不断增强。深入推进全警实战大练兵,打造忠诚干净担当为民尚武公安警队,相继培育出"全国公安系统抗击新冠肺炎疫情先进个人"陈宇、省"最美巾帼奋斗者"钱雪、"省'双胜利'平安卫士"仲鹏飞,全国年度"平安之星"李亚汉等一批先进典型,59个集体、178名个人受到县级以上表彰奖励。

(王亚东)

## 检 察

【概况】 2021年,沭阳县人民检察院以《中共中央关于加强新时代检察机关法律监督工作的意见》为指导,以"再创全国先进基层院"为目标,精准履职、务实求效,不断求实求新、求专求精。一年来,检察工作先后荣获全省"五好"基层检察院称号,荣获"全国青少年维权岗"称号;在全市检察系统首次承办全国研讨会;办理的一起民事公益诉讼案,得到领导的批示肯定,办案经验转发全国;1项案例(未成年人文身民事公益诉讼案)参评全国检察机关指导性案例;1项公益保护机制被县委列为创新项目。人才成长方面,1人获国家最高人民检察院表彰,1人受邀为全省法律人授课,2人在全省业务竞赛闯进"十优",3人次在全市业务竞赛获"十佳""最优"等表彰。

【刑事检察】 2021年,县检察院共审查办结一审公诉案件1325件1797人,同比分别下降16.6%、16.9%,上诉率同比下降1.42%。起诉故意杀人、故意伤害、抢劫等严重暴力犯罪80人,对一起发生在31年前的故意杀人案，提前介入侦查，作出批准逮捕决定后，及时上报最高检核准追诉，保证有罪者必受追究。起诉盗窃、抢劫、诈骗等多发性侵财犯罪328人，先后办理“跨区域择校”诈骗案件10件10人，涉案金额350余万元，帮助被害家庭挽回损失180余万元。持续打击“黄赌毒”犯罪，起诉186人，其中办理的一起公职人员组织卖淫案，被告人被判处十年以上有期徒刑，并处罚金230万元。严厉打击生产、销售不符合安全标准食品等犯罪，对在两处批发市场大量贩卖境外走私牛肉，甚至伪造动物检疫合格证明供给学校餐桌的朱某、孙某提起公诉，两名被告人均获三年以上有期徒刑，并分别判处罚金540余万元。准确理解、运用刑事司法政策，妥善把握刑事追诉的边界和范围，在保障社会安全感的同时，合理运用不起诉权。一年来，对犯罪情节轻微、不需要判处刑罚的226人依法作出不起诉决定。积极落实认罪认罚从宽处理制度，一年来，对1591人适用认罪认罚，适用率达90.81%，定刑量刑建议采纳率达98.75%。在依法惩治犯罪的同时，加强释法说理，采取多种方式加强法治宣传，逐渐提高公众对法治的认知水平。

【民事行政检察】 2021年，县检察院共办理民事行政检察监督案件227件。开展打击虚假诉讼违法行为专项行动，就涉及虚假诉讼的民事生效裁判发出再审检察建议9件，一起虚假民间借贷纠纷的抗诉案，获再审改判。维护劳动者尊严，支持民事起诉59件，帮助劳动者追讨薪资80余万元。继续推进行政争议实质性化解，在一起交通事故认定行政争议案件中，责任人不服责任认定，通过组织听证会，就相关的争议焦点与有关部门沟通，向责任人做好释法说理，就民事赔偿促成和解，有效化解争议。

【公益诉讼】 2021年，县检察院继续深入探索公益保护新机制、新做法，助力“苏北最美乡村”建设。探索混合型花木废弃物污染协同治理，与城管、生态环境等7家单位，推进扎下、新河、颜集3个乡镇开展废弃物分类处置，颜集镇率先建成混合型垃圾分类示范点。汇聚乡贤力量，组建乡贤公益诉讼观察员队伍，对全县重要生态环境、公共资源开展定点巡查，收集公益线索、协助开展调查。在对一起环境污染案开展调查时，发现该案涉及土地、空气、水体三重污染，并涉嫌非法占用基本农田，通过制发诉前检察建议，组织磋商座谈，督促相关部门做好污染源的全面彻底治理。后期持续跟踪检察建议的落实情况，污染地的违法建筑已被拆除，三家散乱污企业被取缔，受污水体和土壤正在进行修复。收集乡贤提供各类线索100余条，立案39件，推动封堵排污口5处，整治黑臭水体2处。强化水资源防护，实践“河湖长+检察长”“断面长+检察长”保护机制，对古泊善后河入河支流水质、国考断面水环境等开展常态化调查。对发现的国考断面李套渡口的水质检测不达标问题，及时监督污染地政府开展监管治理。

【职务犯罪检察】 依法查办司法工作人员职务犯罪案件，收集职务犯罪线索8条，及时上报市检察院。办理的一起司法人员涉嫌徇私枉法案，获有罪判决，并从该案中发现新的职务犯罪线索，在市检察院的指挥调度下，案件侦办取得重大进展。与县监委共同出台《关于建立案件线索双向移送反馈机制的意见》，移送违纪违法线索6条。落实检察机关提前介入职务犯罪案件调查工作机制，对疑难复杂案件发表检察意见。精准审查、慎重决定，保证每一起职务犯罪案件经得起检验，在审查一起受贿案件时，通过自行补充侦查，将其中一起事实认定为涉嫌徇私枉法，两起罪名得到判决支持。全年，提前介入10件，受理审查起诉17件17人，提起公诉11件11人，其中对涉嫌受贿500余万元的县建筑工程质量检测服务中心张某，涉嫌贪污、受贿、挪用公款等数罪的金融办曹某某提起公诉。

【未成年人保护】 县检察院不断拓展未成年人公益保护领域，给予未成年人更全面的法律保护与社会保护。继上年办理的义务教育领域督促履职案得到最高检关注之后，2021年办理的未成年人文身民事公益诉讼案，被央视等30余家媒体报道，网络点击量达到2000余万次，再次赢得领导肯定、专家认同和社会广泛赞誉，最高检检察长张军指示该案参选并成功入选全国检察机关指导性案例；县人大常委会出台加强未成年人文身治理工作决议，同时该案还推动了国家和省级层面的禁止为未成年人文身的立法进程；最高检检察长张军在北京二中给学生们上法治课时，也用该案释法。全年优选53名检察人员担任法治副校长，开展法治进校园、网络直播共40余次，在线观看80余万人次。未成年人司法社会支持体系建设被最高检、团中央确定为示范单位。已有200余名被帮教未成年人重新就学就业，其中16人被高校录取，29人进入重点高中或中专院校。对侵犯未成年人权益犯罪，起诉86人，在一起教师猥亵儿童案中，县检察院释明法律适用，建议法院适用修改后《中华人民共和国未成年人保护法》（以下简称《未成年人保护法》），判决被告人终身禁止从事密切接触未成年人行业的工作，得到县法院采纳，这也是全省首例适用修改后《未成年人保护法》明确特定职业人终身禁业的案例。对未成年人犯罪，坚持宽容、不纵容。对情节恶劣、主观恶性大的，依法批捕29人，起诉54人。情节轻微的，不批捕43人，附条件不起诉54人。对因未成年人犯罪记录未被及时封存，影响近亲属求职的情况，及时监督纠正。

【司法救助】 2021年，县检察院追求诉源治理，先后就小区物业管理、政策性补贴发放、环境资源监管等问题，向县委提交研判报告，向有关部门制发诉前检察建议，推动小区物业服务的星级评定、补贴发放的公开透明、环境资源管理不断走向规范。持续深入落实最高检“一号检察建议”，就学校、医院未履行性侵强制报告义务、网吧容留未成年人等问题，促成综合治理。助力社会诚信体系建设，开展打击“两卡”违法犯罪专项活动，起诉关联犯罪134人。推动信息网络安全行业治理，对从事远程服务器出租的经营场所，联合公安机关组织普查与监督。办理的一起拒不履行信息网络安全管理义务案，获评全市检察机关典型案例。保证检察权在阳光下行使，常态化开展案件公开听证，对刑民申诉、拟决定不起诉、公益诉讼等案件举行公开听证32次，其中互联网直播听证8次。健全检察长接访、领导包案、刑事和解、司法救助等机制，坚持“法理情”并举。一年来，妥善处理群众信访285件，对符合司法救助条件的67人发放救助金30余万元。对1名交通肇事案的“事实孤儿”发放救助金5万元，并通过学费减免、心理辅导等方式，助其走出困境、重返校园。依法保障律师权益，通过“12309为民服务中心”，推进律师“网上申请、网上阅卷”，办理了全市首例互联网阅卷，受到律师好评。

【检察监督】 2021年，县检察院坚持强化监督、精准监督、持续监督，全力推动法治进步。加强刑事诉讼监督。坚持在办案中监督，在监督中办案，全年监督立案、撤案55件，纠正漏捕、漏诉45人，纠正侦查活动、审判活动违法91次。实质化介入侦查案件，对327起案件提出侦查建议。组织自行补充侦查31件次，在一起虚假诉讼案中，犯罪嫌疑人拒不认罪，采取询问关键证人，对录音、信息等电子证据开展技术调查等侦查手段，对关键证据补强完善，虚假诉讼事实被法院采信。逐一审查诉判不一案件，对确有不当的刑事判决提起（请）抗诉9件。办理的梅小东放火案获评全省检察机关刑事抗诉典型案例。一年来，“案件比”同比下降29.81%，刑事检察监督质效明显提升。依法开展刑罚执行监督。对刑罚执行监督过程中发现的问题，及时向相关单位制发检察建议、发送纠正违法通知书。对未收押、未收监人员逐一核查，监督责任单位交付执行3人，收监8人。及时监督每一起强制医疗案件，督促责任单位将被强制医疗对象送至指定医院治疗。开展指定居所监视居住执行情况监督，对发现的一名被指定监视居住对象患有特定疾病，不宜适用该类强制措施的情况，及时建议变更。依法保障在押人员合法权益，对一名在押人员反映在外地监狱服刑期间从事生产劳动未获报酬情况，及时维护其合法权益。

3月26日，全国“未成年人公益诉讼检察”专题研讨会在沭阳县汇峰大饭店会议室召开　　县检察院　提供

【优化营商环境】 2021年，县检察院依法保护市场主体，共起诉侵害企业合法权益犯罪21件30人。在一起票据诈骗案中，犯罪嫌疑人使用伪造的商业承兑汇票，骗取多家木材加工企业近百万元，成功追捕一名遗漏犯罪嫌疑人，向被害企业发出法律风险提示函，引导企业强化风控、规范经营。对企业涉案人员开展羁押必要性和起诉必要性审查，在办理一起涉嫌破坏计算机信息系统罪时，因涉案企业有较好的发展前景，对地方经济有较大贡献，通过综合考虑犯罪嫌疑人的主观恶性、案件的社会危害性、帮助企业开展合规建设的必要性、可行性等因素，启动企业合规改革试点，组建第三方监督组织，对其开展合规性考察，并根据合规整改情况，决定是否起诉。县政协对合规试点开展专题调研，肯定了该做法。

【队伍建设】 2021年，县检察院以争创工作为引领，坚持党建工作与业务工作“两手抓、两手硬”，努力打造一支会干、能干、善干的高素质人才队伍。始终把政治建设放在首位。牢固树立检察机关是政治机关的定位，深入学习习近平新时代中国特色社会主义思想及党的新理论、新政策、新观点，开展党史学习教育，组织领导上讲台、走进红色教育基地、“沭检青年说”等活动，引导全体检察人员坚决捍卫“两个确立”、自觉践行“两个维护”。融合做好检察政治与业务工作，对关系政治经济安全、社会和谐稳定等重大敏感案件，坚持把好“政治关”“民生关”。推动专业化建设再上台阶。将专业化建设作为人才培育的核心工程，持续推动“更新理念、精准办案、提升素能”三项建设走向深入。坚持在实战中锻炼基础人才，在研究中培养标杆人才，要求检察官落实“1+N”办案机制，精准办好个案，深入分析类案，努力挖掘案件中隐藏的公益诉讼、职务犯罪、司法救助等线索，推动“四大检察”融合发展；指导检察官综合运用调查、侦查、询问、讯问等手段完成“硬骨头”案件，增强履职成就感；与东南大学等高校合作，引入“网络安全法治研究中心实践基地”“高检院民事检察研究基地实践单位”“江苏省青少年工作研究基地”等研究单位，与苏州市相城区检察院结对共建，鼓励检察官与学者交流、与专家对话、与同行切磋。举办优秀法律文书现场评选等业务竞赛活动，进一步提升文书制作、释法说理、法庭辩论等实战水平。强化纪律作风不放松。全面开展举报线索核查、信访案件清查、法律监督专项检查、涉黑涉恶案件线索倒查、重点案件评查、智能化数据排查，确保核查线索件件有落实、件件有结论。落实重大事项报告制度，督促全员严守“三个规定”，防止过问、干预或插手案件，保证检察权独立公正行使。完善内部风险防控，组织评查不捕不诉等重点案件300余件次。常态化督查纪律作风，组织典型案件警示教育活动，保证检察人员廉洁司法、规范司法。坚持开门纳谏，征求群众意见30余条，明确“我为群众办实事”项目21个，开展志愿服务60余次，实现“不担当问题清单”变“履职清单”。

（乙增武　刘淑怡）

## 法　院

**【概况】** 2021年，沭阳县人民法院以“争当表率、争做示范、走在前列”为使命担当，坚持服务大局、司法为民、公正司法，忠实履行宪法和法律赋予的职责，各项工作取得新进展。全院共受理各类案件33582件，同比下降2.81%，成为全省首家三连降法院；其中新收案件29866件，结案31715件，员额法官人均结案411.88件，法官的审判压力得到进一步缓解；未结案件1867件，同比下降49.76%，审判质效指标得到持续优化，超长期案件实现全部清零。全院共有17个集体、16名个人受到县级以上表彰。司法透明度指数位列全国基层法院第7位。连续三次获评江苏省文明单位。“无讼村居”创建的沭阳经验，一站式多元解纷，诉前鉴定改革等工作走在全市、全省前列。

**【案件审理】** 2021年，县人民法院新收各类刑事案件1174件，审结1298件。审结“黄赌毒”“食品、药品、环境”等群众反映强烈的犯罪案件110件151人；审结网络信息犯罪案件22件32人，有力保障人民群众的人身财产和信息安全；扎实开展“春雷行动”，打击涉苗木领域犯罪，审结相关犯罪案件6件10人，擦亮沭阳“花木之乡”金字招牌。审结金融借款合同、保险合同等金融案件1541件，涉案金额4.43亿元；严厉打击涉众型经济犯罪，判处非法集资、传销等犯罪案件8件25人，涉案金额4.98亿元；邀请金融机构召开专题座谈会2次，共同研究金融风险应对举措，就审判中发现的问题及时发送司法建议，切实维护金融安全。审结民事案件13322件，调撤率45.36%，同比上升2.16个百分点；推进家事纠纷特色审判，审结婚姻家庭纠纷2302件，调撤率72.24%；平衡劳动者权益与企业用工自主权，妥善审结劳动争议案件251件；通过“示范诉讼”与行政、物业等部门形成合力，妥善化解房地产群体纠纷859起。

**【“无讼村居”创建】** 坚持和发展新时代“枫桥经验”，扎实开展“无讼村居”创建，全县民事行政案件万人起诉率排名实现了从全市倒数第一到连续两年正向第一的逆转，并持续保持全市最优；全市矛盾纠纷源头化解暨“无讼村居”创建推进会在沭阳召开，市委和市中院领导对沭阳“无讼村居”创建工作给予充分肯定，要求在全市推广，“学习强国”学习平台及省级主流媒体头版头条予以宣传报道。

**【诉前鉴定】** 县人民法院诉前鉴定改革工作走在全省前列，率先开展诉前鉴定工作，被省高院确定为全省试点项目，出台的《在诉前调解程序中开展司法鉴定的实施办法》、经验总结报告被省高院领导批示肯定，并全省推广。

**【矛盾化解】** 县人民法院多元解纷格局不断完善，推动形成了“四强化四突出”一站式解纷机制，成为“多元解纷宿迁样本”的重要内容，形成一主多辅，“十室同堂”的多元解纷格局，为群众提供便捷、高效、免费的解纷服务。全年，诉前成功化解纠纷6850件，占全市1/4。

**【服务乡村发展】** 县人民法院服务保障乡村振兴措施有效，深入打造庙头法庭“花木产业司法保障基地”，在青伊湖镇设立“司法服务保障板材产业实践基地”，护航产业兴旺；依法保障农房改善和公共空间治理，参与化解相关纠纷60余起，服务建设生态宜居的美丽乡村；开展普法宣传和巡回审判100余场次，发布典型案例42起，引导培树文明乡风；积极为村居治理建言献策，指导堰下村制定的《网络电商诚信经营村规民约》，获江苏广播电视总台公共新闻频道专题报道；在耿圩法庭建成全省首家乡村振兴法治教育基地，组织党政干部、群众、学生参观学习2000余人次，成为政策引导、激励士气、法治教育的重要载体。

【执行工作】 县人民法院强化规范文明执行，扎实推进解决执行难问题。全年，共受理执行实施案件11058件，执结10099件，执行到位金额9.76亿元。强化对失信被执行人的惩戒，公开曝光失信被执行人2400余人次，限制高消费10000余人次。开展涉民生、涉企业、涉金融等多个专项执行行动70余场，出动干警2000余人次。突出执行的强制性，移送“执转破”案件35件，宣告31家企业破产还债。加大对拒不执行、规避执行行为的打击力度，判决拒不执行判决裁定罪案件7件8人。联合县司法局、县律协，开展律师参与志愿执行工作，建成全市首家律师参与执行工作站，推进当事人对执行工作的理解，执行信访量实现持续下降。加强与相关单位的协调配合，与县车管所联动，实现网上查封、解封车辆功能，提高执行工作效率；推动召开全县综合治理执行难工作第一次联席会议，实现协调联动常态化开展。

【营商环境打造】 县人民法院聚焦中心工作，打造最优法治化营商环境。深化破产审判“府院联动”机制。加强与联动部门的协作，召开破产案件会办会9次，推动召开企业破产处置协调联动机制第二次全体会议，就相关企业强制清算及破产案件进行会办；全年共受理破产案件134件，办结破产案件142件，超2年以上案全部清零。常态化开展企业走访活动，全年深入走访企业100余家，为参加第36期宿商讲坛的企业家讲授民法典，召开“亲清直通车·院企恳谈会”，就劳动用工、经营风险应对等方面进行广泛宣讲，帮助企业防范风险。强化善意文明执行理念，及时对履行义务的单位和个人进行信用修复2000余人次。适用首例强制管理规定，盘活企业资产助力项目招引，成功促成沂涛镇政府对江苏大江木业集团沂涛有限公司厂房的强制管理，推动该镇政府前期招引的一个金属加工项目顺利落户。

【改革创新】 提升案件质效，增强人民群众司法满意度。加强司法体制综合配套改革，制定实施《关于进一步提升案件质量的实施意见》《防止当事人身份信息错误的实施办法》等文件，全面加强审判管理和队伍管理。强化案件质量考评，召开审委会11次，对2020年以来的发回、改判和再审的254件案件进行专项评查定级，强化法官的责任意识，提升案件办理质效。严格审判运行态势分析管理，通过旬通报、月分析、季点评等方式分析各业务部门存在的问题不足，制定下一步改进措施。定期发布审判执行工作运行态势分析报告，通报全院审判执行工作开展情况。2021，全院一审服判息诉率为88.36%，同比上升0.42个百分点；改判发回重审率为1.81%，同比下降0.67个百分点，超长期案件全部清零；5项指标进入全省前30名，新收民事案件为6家负增长法院之一。

【队伍建设】 强化党建引领，队伍建设呈现新风貌。常态化推进“两个坚持”专题教育，开展“百名党员集中宣誓”活动，大力营造爱党、信党、跟党走的浓厚氛围；举办庆祝中国共产党成立100周年主题朗诵会，培育干警绝对忠诚的政治品格，紧绷意识形态之弦，坚定自觉做到“两个维护”。认真开展党史学习教育，创新学习方式，举办“学习民法典、悟法治思想”征文、“学习新思想、云上谈感悟”视频征集等活动，开展“读党史、悟思想”诵讲比赛，让广大干警“听得进去、说得出来、学得更好”。扎实开展队伍教育整顿，在做好教育整顿常规动作的同时，把整治“消极执行、选择执行和乱执行”问题作为法院的“自选动作”，

2021年4月，沭阳法院“十室同堂”多元解纷 县人民法院 供图

2021年5月，乡村振兴法治教育基地　　县人民法院　供图

形成“5+1+N”整体推进、系统整治的格局；出台《关于防止干预司法“三个规定”长效落实机制的规定》等27项制度，把教育整顿中形成的好经验好做法固化下来。

（葛国敬）

## 司法行政

【概况】 2021年，沭阳县司法局超前谋划、紧抓快干，各项工作得到稳步推进，呈现良好发展态势。在全省司法行政工作中排名第9位，连续3年荣获“高质量发展先进司法局”称号；先后荣获全省社区矫正和安置帮教先进集体、后续照管工作规范贯标示范单位、互帮共建（后续照管）先进单位等称号。入选全省司法行政类社会组织优秀案例1篇、江苏省法律援助十大优秀案例1篇、司法部（法律服务）案例库公证案例1篇，法治文化作品被省部级以上采用4篇。“‘小区说事’+‘广场夜谈’双轮驱动”入选全国社会治理典型案例100例。全系统获表彰30人次，其中市级表彰20人次，省级表彰5人次。

【法治沭阳建设】 县司法局积极开展法治政府示范创建活动，制定《法治沭阳建设规划（2021—2025年）》《关于坚持以人民为中心建设人民更加满意的法治政府实施方案》等，积极争创宿迁市法治县区、法治乡镇（街道）。深入推进乡镇综合执法改革，制订学习培训方案，通过聘请专家讲课、执法现场观摩等方法，全力提升行政执法队伍的素养。扎实推进行政复议体制改革，积极申请增加人员编制，加强复议场所规范化建设。一年来，共受理行政复议103件，办理行政应诉159件，充分发挥政府法律顾问作用，办理政府重要文件审核100余件。

【改革创新】 制定精准矫治措施，严格管控到位，2021年沭阳县被列为全省社区矫正“一三三”模式高质量发展的示范推进县。全力开展矛盾纠纷调处与化解，充分把好矛盾纠纷“预防关、把控关、监督管理关”，使矛盾纠纷全周期化解、全链条跟踪。矛盾纠纷调处“普法+调解”互融机制纳入市委政法委2021年度改革创新重点督导项目。创新公共法律服务形式，力推“三台融合”花木电商法律服务新模式，组建专业服务队伍，多角度为电商发展保驾护航。在城区积极探索“小区说事”治理模式，通过“事前”广泛收集居民反映的问题和诉求，“事中”集中调处化解，“事后”跟踪解决等举措，让群众诉求有所回应、矛盾纠纷能够化解。一年来，共开展小区说事会161场、组织专题调处会200余场，妥善解决小区物业管理等历史积案300余件。

【服务民生】 县司法局推广听证调解，探索建立沭阳县“居民评议团”“嚓呱小马扎”“巾帼调解团”等公开调解机制，将各社区党性强、阅历广、威望高的群众代表、党员代表、离任社区干部推选出来担任评议员、人民调解员，共同参与化解基层矛盾。全年，县各级人民调解委员会成功完成非诉纠纷化解案件1.2万件，开展“一村一公开”调解活动400余期。针对农民工追索劳动报酬和工伤等劳动关系类案件、军人军属等特殊群体，开通绿色通道，免于经济情况审查。截至2021年年底前，已办理法律援助案件2515件，法律援助案件覆盖率达到万分之十五。不断优化公证服务质量，施行繁简分流，提升服务效率。全年共办理各类公证8400件，办证数量同比增长91%，收费同比增长46%，连续三年实现办证数和公证收费数双增长。深化村（社区）法律顾问工作，常态化开展到村服务，全年共为村（社区）及群众提供法律服务和法律咨询数6000余次，开展法治讲座宣传2000场次，化解矛盾纠纷600余起。

【队伍建设】 扎实开展政法队伍教育整顿和党史学习教育，坚持“规定动作+自选工作”相结合，创新“四式并举”+“五位一体”开展党史学习教育和警示教育，多角度、多形式提升干部职工政治素养。一年来，全系统开展学习恩来精神等现场教育300人次，组织政治轮训100人次、学习报告会1000人次，相关工作成效被省级以上媒体宣传20余次。创新对年轻干部“三维立体”式培养模式，在2021年县乡换届中多名年轻干警被提拔重用。

（赵桂珍）

# 综合经济管理

## 发展和改革

【概况】2021年，沭阳县发改局围绕县委、县政府中心工作，紧盯“全面领先勇当排头兵”的目标定位，以担当诠释初心、用实干践行使命，积极作为、主动应对，咬定目标、以干克难，各项事业取得了新成绩。2021年，先后荣获省、市发改委先进单位称号，在全县高质量发展综合考核中被评为先进单位，并荣获招商引资、改革创新、策应扶持、推进高质量发展突出贡献4个单项工作先进单位称号。

【重大项目建设】沭阳县发改局紧扣“建设苏北工业强县”目标要求，推动重大产业项目建设，百亿级列省重大产业项目实现零的突破，桐昆集团沭阳项目从签约到开工仅用4个月时间，超额完成年度投资任务，天能四期当年开工，当年实现部分投产，创造了项目建设“沭阳速度”。2021年，沭阳县71个列市重大产业项目计划总投资946.6亿元，年度计划投资383.3亿元，其中，先进制造业项目53个，计划总投资764.7亿元，年度计划投资321.1亿元；列省项目1个，即沭阳桐昆差别化纤维项目，计划总投资150亿元，年度计划投资30亿元。新签约项目协议投资总额、超10亿元开竣工项目个数、新开工项目进展得分等指标领跑全市。沭阳县发改局年内新签约投资10亿元工业项目，新开工、新竣工5亿元项目各1个。

【项目审批】持续深化“放管服”改革，制定权力事项清单、编制办事指南、设立咨询热线，提升便民服务水平。加强对落户项目的准入把关，从源头防止限制类、淘汰类等落后、低端产能落户，全力推进产业转型升级。建立健全“不见面”审批机制，公布“不见面”审批清单，实现所有项目均在线申报、在线审批。全年共审批、核准、备案固定资产投资项目649个，计划投资总额1223.98亿元。

【策应扶持】加大对上争取，切实提高策应扶持工作成效。全年对上争取2021年江苏省级现代服务业发展专项资金（价格调控）、2021年省级水利重点工程建设第一批投资计划省级补助资金、2021年保障性安居工程（第一批）中央基建投资预算拨款、最低收购价粮食监管费用补贴、2020年下半年市县储备粮油费用补贴资金、2021年上半年市县储备粮油费用等各类政策补助资金共计8792.19万元，超额完成目标任务。2021年5月13日，经汇报争取，沭阳县战略性新兴产业培育工作和粮食工作获省政府大督查激励表彰，分别被表彰为：大力培育发展战略性新兴产业、产业特色优势明显、技术创新能力较强、产业基础雄厚的地方。争取国家级县城产业转型升级示范园区。2021年6月，国家发展改革委、科技部、工业和信息化部和自然资源部联合公布了一批“十四五”时期重点支持的县城产业转型升级示范园区，沭阳经济技术开发区名列其中，全省唯一。2021年10月，获批第四批省级大众创业万众创新示范基地1个。2021年12月，省发改委公示2021年江苏省工程研究中心拟认定名单，宿迁市共获批11家省级工程研究中心，沭阳5家企业名列其中，获批数创历年新高，分别是江苏宋和宋智能科技有限公司、江苏晶晶新材料有限公司、沭阳康顺磁性器材有限公司、江苏月源纤维科技有限公司、江苏豪悦实业有限公司。另外，沭阳县支持农民工返乡创业试点经验获国家发改委发文推广，沭阳在全国发改就业系统工作暨返乡入乡创业会议上作典型发言并播放专题宣传片。沭阳公共基础设施城乡一体化管护体制作为市级改革试点。2021年5月，沭阳县省储库点沭阳县粮食购销总公司、江苏宿迁天丰粮食收储有限公司均被评为优秀等次。

【返乡创业】 沭阳县发改局大力推动“产业+创业+就业”，大力营造大众创业、万众创新的浓厚氛围，高标准举办第三届沭阳县高层次人才创新创业大赛，打造“沭水优才”等品牌，依托省级“双创”示范基地等载体，持续掀起返乡创业热潮。积极打造区域服务业发展高地，大力发展快递物流、花木交易、图书交易、职业教育等产业。形成区域性快递物流枢纽、全国知名花木交易集散地，跻身全国三大图书交易中心之一，职业教育学校在校生达到2.3万人，全县三产服务业增加值年均增速保持在7.5%以上。截至年底前，全县返乡就业创业总人数已超过27.3万人，其中，6235人返乡创办用工10人以上、投资规模超过50万元的企业，3.27万人创办电商项目，3万人创办小型服务项目，返乡创业带动就业24.6万人。

【平台建设】 沭阳县发改局建立工程研究中心项目储备库，积极组织指导企业申报，2021年度新获批5个省级工程研究中心，获批数创历年新高（全市11个）。认真落实县委、县政府关于加快重点产业链培育、推动产业集群集聚发展的决策部署，编制电子元器件产业链招商图谱，组织客商参加宿迁（苏州）投资环境说明会。围绕产业链发展和企业科技人才需求，有序开展产学研对接等活动，举办半固态成型制造产业链校企“面对面”科技人才对接座谈会。半固态成型制造产业链龙头企业睿阳精工大型节能压铸机6500吨研发成功入选2021年度宿迁市产业关键技术攻关项目。

【产业转型升级】 沭阳县发改局会同县经济技术开发区进一步完善产业转型升级示范园区建设方案，强化创新驱动发展、高端制造相衔接，推动产业向高端化、绿色化、智能化、融合化方向发展，沭阳经开区成功获批国家县城产业转型升级示范园区，在全国20个申报园区中综合评分80.25分，位列第4名。加快培育现代产业体系，对全县“3+3+X”重点产业进行分类指导，促使传统产业加快升级、新兴产业加速培育。战略性新兴产业工业总产值达458.51亿元，同比增长25.4%，占比上升5.84个百分点。“6+3+X”规模以上工业总产值达到843亿元，同比增长29%，主导产业贡献率持续攀升。认真贯彻落实省、市能耗“双控”要求，严格源头把关，强化重点用能企业管理，鼓励引导企业不断推进节能、绿色生产技术改造提升。清理僵尸企业、整合闲置资产，腾出发展空间，将资源要素优化配置到高端产业和活力企业上，全面提升园区资源利用效率。

【营商环境建设】 沭阳县发改局健全完善工作推进机制，围绕补短攻坚和优化提升的具体要求及工作任务，健全完善县领导挂钩、三级会办、“周分析、月提醒、季通报”常态化指标监测等工作推进机制，推动各项任务要求落细、落实、落地，不断优化推进营商环境。围绕企业全生命周期重点领域，聚焦短板弱项，持续推进重点改革事项，并不断加强总结提炼、固化创新成果，其中纳税信用预警机制、政务公开规范化标准化、诉前司法鉴定等创新做法获得省级以上表彰推广。在全县范围内累计抽取330家企业开展营商环境满意度专项调研，印发《沭阳县优化营商环境“五心”服务100条》，通过组织开展营商政策学习会、发放宣传手册等多种形式对营商环境工作进行宣传，营造良好营商氛围。

【信用体系建设】 2021年，沭阳县发改局通过强化信用管理，扎实掘进信用体系建设。重点加强企业用水用气、信用承诺、信用评价、行政许可和行政处罚等信息收集，2021年已收集相关信息超过6万条。强化“双公示”报送，2021年共报送“双公示”数据30499条，其中行政许可27584条，行政处罚2915条。开展企业信用贯标和示范的创建培训，2021年共有10家企业申报省信用管理贯标、3家企业申报市级信用管理示范，协助130余家企业在“信用中国”网开展信用修复，督促企业改正违法失信行为，重塑信用。促进银企信用对接，2021年，全县金融机构通过“信易贷”累计支持企业1830家，共发放贷款135.63亿元。发布信用“红黑名单”。2021年共发布“红名单”34个、“黑名单”6个，梳理出7个安全领域法人“黑名单”和81个安全领域重点监管对象名单，依法依规进行联合惩戒。完善新型监管机制，在税务、生态环境、粮食、工程建设等30个领域建立信用评价机制，2021年完成市场主体信用评价46798次。强化重点领域信用建设。在招投标等领域常态化使用信用评价报告；在入党政审、表彰奖励、资金项目申报、公务员录用、干部考察等60多个领域应用信用核查，年核查总量超4万份，根据失信等级依法依规采取限制或禁止措施；在纳税、项目申报、公共资源交易等50个领域建立信用承诺制度，年签订信用承诺书5.4万余份；在85个事项中通过“信用承诺+容缺受理”，2021年共容缺受理3200次。

（张　鹏　韩　天）

## 财　政

【概况】 2021年，沭阳县财政系统大力发扬“铁账本”“铁算盘”“铁规章”三铁精神，在提高收入质量、加快支出执行、落实“三保”工作、盘活存量资金、国库库款及暂付性款项管理、地方债务管控、推进预决算公开及财政队伍建设等方面取得了明显成效，为全县经济社会发展提供了坚实的财政保障。财政管理工作荣获国务院大督查激励表彰，是江苏唯一获此项表彰的县区；财政管理工作连续两年被省政府大督查激励表彰，全市唯一。财政重点工作连续三年获得省市县一等奖，获得全省财政重点工作绩效考核第一等次，全市财政目标考核三县两区第一名，全县综合考核一等奖等四个先进单位奖项，连续三年实现省市县考核“全满贯”；法治财政标准化管理工作实现“十连冠”；创新构建“一体两翼三到位”财政财务资产管理机制荣获宿迁市改革创新二等奖。

【财政增收】 2021年，面对艰巨繁重的改革发展任务和经济下行的巨大压力，县财政局聚焦收支结构，始终坚持开源节流、优化结构、盘活存量、用好增量，财政保障能力进一步增强，财政运行态势持续向好。财政收入持续增长。坚持财政收入量的增长和质的提升有机统一，严格落实各项减税降费政策，依法依规组织收入，加强收入形势分析研判，财政收入高质量发展取得明显成效，首次同时实现一般公共预算收入总量苏北县（市）第一、增速全省县（市）第一，税占比创近年来新高。策应扶持成效明显。抢抓上级政策红利机遇，深入研究上级政策，全力争取政策资金支持，全年向上争取财力性补助资金75.4亿元，增长6%，最大限度弥补了县级可用财力。盘活存量逐步扩大。坚持清收与盘活并举，加大存量资金资产清理盘活力度，对现有存量资产进行整合，统筹配给、使用、处置，清理盘活财政存量资金资产4.9亿元，有效缓解全县财政支出压力。支出管控提质增效。牢固树立过“紧日子”思想，严格执行县人大批准的预算，严禁超预算、无预算支出，当好“铁公鸡”、打好“铁算盘”，真正把有限的财政资金用在刀刃上。全面推进预算绩效管理，全年完成评审项目300个，审减资金9.7亿元，节约率12.9%；实施采购预算金额16.2亿元，节约资金2.8亿元，节约率达17.3%。

【服务经济】 县财政局聚焦产业转型，坚持精准施策、多点发力，采取务实管用举措，充分发挥财政政策资金引导、撬动作用，助推经济发展实现提质增效。发挥财政政策乘数效应。安排产业发展引导资金5亿元，及时兑现产业奖补资金，做到“应奖补尽奖补、该兑现快兑现”，最大限度发挥政策引导效应，为企业稳定发展注入强心剂。全力推动政策精准落地。创新打造“政策超市+精准配送”服务体系，助力企业跑出复工复产“加速度”。综合运用“线上+线下”方式，向107家企业主动推送、精准配送合身政策。率先推行“政府采购线上贷”、取消投标保证金等惠企举措，举办“阳光采购”诚信典型案例宣讲等活动，持续优化政府采购营商环境。助力实体经济发展壮大。打好财政与金融、科技等政策“组合拳”，扩大“苏科贷”“小微贷”规模和覆盖范围，落实小微企业融资担保降费扶持政策，减少企业担保费支出，积极推动江苏省普惠金融发展风险补偿基金子产品落地见效。

【民生保障】 县财政局聚焦民生福祉，持续加大资金资源统筹力度，集中财力支持重点领域，2021年，全县民生支出累计达120.4亿元，民生支出占一般公共预算支出的87.3%。做好疫情防控保障，建立资金拨付和政府采购绿色通道，全年投入防控资金1.3亿元，确保常态化疫情防控资金落实到位。加快教育事业发展，落实教育优先发展战略，千方百计筹措资金，全年安排教育投入24.7亿元，同比增长6.1%，确保一般公共预算教育支出逐年只增不减。完善社会保障体系，全年拨付社会保障资金22.3亿元，落实就业优先政策、保障群体待遇落实、构建多层次社会救助等。提高医疗保障水平，加大医疗卫生投入，拨付卫生健康资金16.7亿元，大力保障基本医药制度、基层医疗卫生机构运行实施。推动文化事业发展，支持公益性文化事业发展，全年投入文化体育和传媒3.9亿元，加快补齐公共文化发展短板弱项。

【支持重大项目建设】 县财政局围绕重点民生工程、重大基础设施等项目，建立债券资金支出的优质项目库。优化资源资金配置，全年县财政筹集安排重点工程资金21.8亿元，有力保障了县重大项目顺利推进，完善城市基础配套设施建设，提升城市承载力。

【支持乡村振兴工作】 不断加大财政支农投入力度，全年安排农林水支出27.7亿元，同比增加1.2亿元，有力推进农业基础设施、现代农业园区、高标准农田建设。推动脱贫攻坚成果与乡村振兴有效衔接，统筹整合财政资金5.3亿元，重点帮扶脱贫不稳定户，着力巩固提升脱贫攻坚成果。全年投入农房改善资金12.6亿元，惠及4.9万户农户，在全市“财政投入最多、建设体量最大、搬迁农户最多、百姓得惠最实”。

【财政改革创新】 县财政局把改革创新贯穿于财政工作全领域、全流程，全县依法理财工作向纵深推进。推进财政国资监管一体化。构建财政财务资产管理机制，实现县乡财政财务资产监管“全覆盖”，此项改革举措在《中国改革报》《新华日报》《中国财政》等权威媒体宣传推广。推进预算绩效管理融合化。坚持“花钱必问效，无效必问责”的支出导向，建立绩效评价结果与预算安排和政策调整挂钩机制，推进建成全方位、全过程、全覆盖、全配套的预算绩效管理体系，预算绩效管理工作获评全省优秀单位，全市唯一。推进法治财政建设标准化。着力构建“六位一体”的法治财政标准化管理体系，法治财政标准化管理工作实现全省“十一连冠”，为全省唯一县（市），并荣获“七五”普法工作表现突出单位称号，打响了沭阳法治财政标准化管理品牌。

【财政监管】 县财政局完善财政监督机制。建立完善预算编制、执行与监督三大财政监督管理支柱，研究出台《关于进一步加强财政日常监督工作的通知》《沭阳县乡镇财政财务内部审计监督管理办法》等制度文件，从严从实做好财政监督文章；深入开展贯彻落实中央八项规定，开展“小金库”、党政机关公务用车、经费支出票据及全县惠民惠农财政补贴资金“一卡通”专项治理等专项检查工作，进一步严肃财经纪律。优化政府采购流程。出台政府采购管理办法，增强政府采购意识、规范采购行为、落实采购主体责任，开启线上、线下“双通道”采购新模式，全面规范政府采购行为。有力防范债务风险。创新债务管控机制，有效化解存量债务，坚决遏制增量债务，全县政府性债务风险继续保持绿色等级。强化财政队伍建设。注重发挥党建引领，深入开展党史学习教育，隆重举办中国共产党成立100周年系列庆祝活动，生动展现财政国资干部队伍形象风采。通过教育培训、选人用人、内控监管、廉政建设、正向激励等五个方面，建设一支“讲大局、有思路、善理财、作风好、敢担当”的高素质干部队伍。

（杨　洋）

## 税　务

【概况】 2021年，全县税务系统聚焦主责主业，聚力改革创新，各项工作取得了较好成效。创新推出“纳税信用预警提醒服务”，获得市税务局创新项目一等奖和全市“改革创新奖”，相关做法被省政府和省税务局领导批示肯定，并被省政府352号专报刊发。《税收助力木材行业蓬勃发展》经验做法被中央电视台二套重点报道。

【税费收入】 县税务局不断完善收入质量监控考核指标，严守组织收入原则，严防组织收入风险，收入质效实现双提升。2021年，全县税务系统共组织税费收入129.03亿元，同比增长24.6%。其中，税收收入94.43亿元；社会保险费收入29.6亿元。共组织其他非税收入5亿元。组织税收口径一般公共预算收入51.67亿元，同比增长22.55%。全县税收收入和税收口径一般公共预算收入均位居苏北县（市）第一。入库工业税收43.09亿元，同比增长32.03%，其中，工业增值税33.16亿元。实现工业开票收入1225亿元。税占比高于上年同期，为全县经济社会发展提供了坚实财力保障。

【优惠政策落实】 严格按照上级有关规定，统筹做好减税降费政策落实，加速红利释放，2021年，实现减税降费12.86亿元。130家企业享受研发费用加计扣除优惠政策，占比达79%，涉及金额4.78亿元。累计办理增值税留抵退税40户次，退税金额2.52亿元。联合县工商联开展春雨润苗专项行动，制定4项本土化举措，助力全县小微企业行稳致远、发展壮大。推进制造业中小微企业缓税政策有效落实，为全县2514家中小微企业落实缓税达2.63亿元，进一步激发了市场主体活力。

【税费便民服务】 扎实开展“便民办税春风行动”，累计组织15批次税收政策精准宣传。制定“我为群众办实事”实践活动实施方案，列举16个大方面为群众办实事清单。聘请10名办税人员为县税务局税务体验师。开展“便民办税体验季”活动，邀请20名人大代表、政协委员、企业财务人员等走进办税服务厅，体验便民办税、优化营商环境新举措。大力推行非接触式办税服务，非接触式办税比例达91%，“特服号”服务质效、“丁税宝”平台运行主要指标均稳居全市前列。

【税务管理】 优化风险应对。加强应对任务质量管控，严把执法程序、政策口径、流程适用、分析转化等关键点；在全市范围内率先完成风险应对团队化协作，取得明显成效。全年共完成风险应对746户次，总成效4.98亿元，其中直接入库4.27亿元，总成效贡献率5.27%，应对成效和组织收入贡献率均排名全市第一；县税务局有15人次被市税务局评选为“纳税评估之星”，占比全市第一。强化税种管理。圆满完成2020年度企业所得税和个税综合所得汇算清缴，申报率、汇算完成率排名全市前列；积极探索所得税与增值税、增值税与环境保护税等税种联动规律，有效防范虚假扣除、少申报、不申报等税收风险；多措并举做好土地增值税清算，房地产行业关联税款实现大幅增长，受到市税务局分管领导和条线部门肯定。突出风险防控。规范委托代征管理，全面终止34家原乡镇街道代征协议，重新评估确定6家邮政网点为代征机构；认真开展现金税费征缴专项整治，检查、复核疑点数据6.4万余条；对全县72家钢结构、船舶类高风险企业开票情况开展分析监控，44家企业因存在涉税风险被控票；结合销售额、用电等指标，进行风险排查，累计核查疑点数据230余条，采取控票措施104家；核实涉农纺织企业发票，加强对函调、快反纺织企业的分析比对，有效防范和打击虚开。抓好社保非税征管。积极协调人社、医保、托收银行等部门，顺利完成税务金三标准版与人社一体化平台和医保平台的对接工作；稳妥推进六项非税收入划转，顺利开出全市第一张水土保持补偿费、城镇垃圾处理费和国有土地使用权出让费等新划转非税收入票据。

**【改革创新】** 县税务局坚持改革创新，全面构建发展新局，突出抓好县委办公室、县政府办公室《关于进一步深化税收征管改革的意见》的贯彻落实，对照“精准监管、精细服务、精确执法、精诚共治”总要求，不断提高税收治理能力。大力推进发票电子化改革，根据市税务局历次通报，2021年，县税务局电子专票推进主要指标稳居全市前列。上报的2篇电子专票扩围工作税务专报获得市税务局分管领导肯定批示。根据“50条”任务要求，落实“五个一”规定动作，面向纳税人和税务人员广泛征求改革意见建议，查摆7个方面49个问题。制定下发县税务局《进一步深化税收征管改革的实施方案》。聚焦“四精”要求，从健全体制机制、优化服务供给、树立法治思维、提升监管效能等7个方面，对县税务局一体构建税务执法、税费服务、税收监管小循环进行详细规划安排。筹划组建改革运行保障中心和税费服务、税务执法、税务监管、大数据应用、信息化支持保障、税收联合分析等六大专业团队，各团队成立N个工作组，形成“1+6+N”团队建设管理新模式。

（周其邦）

## 审 计

**【概况】** 2021年，沭阳县审计局切实履行审计监督职责，全力服务地方经济社会高质量发展，取得了较好成绩。先后荣获“江苏省文明单位”“全省审计通联工作先进单位”“全市审计工作综合目标考核特等奖”“全县高质量考核先进单位”等称号，实现市县综合目标考核“双先进”，另有部分科室和个人荣获各类表彰20余项。在省、市优秀审计项目评比中，选送的5个审计项目全部获奖。杨明月撰写的《地方财政预算执行审计质量研究——以S县为例》入选中国审计学会公布的“深化预算执行审计”专题研讨会论文集名单，全国共有34篇论文入选，江苏省有6篇论文入选，该论文为我市唯一入选文章，并作为全国仅有的4家代表参加交流发言。

**【项目实施】** 2021年，县审计局坚持常态化推进“经济体检”，共完成政策跟踪审计、财政预算执行审计、领导干部经济责任审计、工程决算审计以及有关专项审计等各类审计项目28个，出具审计报告46份，发现各类问题196个，查出违规金额1083万元，管理不规范金额38301万元；提出审计建议92条，编报《审计直报信息》26篇，出具移送处理书11份，下达审计决定1份，促进有关单位出台相关制度28份，盘活财政存量资金2.32亿元，切实维护财政资金安全，促进政策落地见效，规范干部履职行为，维护法律权威。

**【改革创新】** 县审计局始终坚持创新思路、细化举措，不断提升工作成效。完善审计体制机制建设，先后以县委审计办名义牵头出台了有关制度性文件3份、印发通报2份，加快完善审计监督体系，推动审计监督更加制度化、规范化；创新大数据审计模式，积极搭建数据分析平台，运用“大数据”审计手段，对全县57家一级预算单位数据实施集中分析，首次实现县级部门预算审计“全覆盖”，有效提高了审计工作效率；深入推动内部审计工作开展，首次将内审工作纳入全县高质量发展综合目标考核体系。

**【监督协同】** 县审计局坚持与纪检监督、巡察监督、干部监管、政府督查等有关方面协同配合。2021年，县纪委监委运用审计成果，先后对16人进行问责处理，其中1名正科职领导被“留置”并“双开”、1人被给予党内严重警告处分、3人被给予党内警告处分、2人被给予记过处分，2人被给予行政警告处分、6人被诫勉谈话、1人被调离工作岗位；共向巡察机构提供协作材料30余份；每月定期向县委组织部干部监督科报送有关干部监督信息，助力干部监督更加精准、高效；先后2次会同督查部门开展财政“同级审”等项目审计整改专项督查，促使审计发现的问题得到有效整改；及时向有关主管部门反馈所在领域存在的共性问题，先后向主管部门办理问题移送11份，督促严格监管、纠正偏差，完善体制机制、实现长效管理。

**【队伍建设】** 围绕党性锤炼、能力提升两个方面，切实加强对党的政治理论学习、意识形态管控、党风廉政建设、作风建设以及年轻干部培养，不断提升审计干部职工的政治素质和专业化水平。全年共组织开展各类廉政教育活动17次、开展各类谈心谈话活动58次，努力构建风清气正的审计新局面。持续优化工作作风，围绕“以审计精神立身，以创新规范立业，以自身建设立信”的“三立”要求，制定出台了《沭阳县审计局平时工作考核办法》，每月定期印发《月度工作计划》，并通报有关情况，有效促进工作作风不断优化。大力培养年轻干部。通过“教育培训”“优化提升”“实践锻炼”“考核监管”等举措，促使一批优秀年轻干部迅速成长为业务骨干，有4名年轻干部得到提拔重用，有效推动高素质专业化审计干部队伍建设。

（刘春喜）

## 统　计

【统计业务】 2021年，沭阳县统计局坚持以提高数据质量为中心，及时准确完成各项年报数据的收集、处理和填报工作。完成新增规模以上工业企业186家，高质量考核指标“战略性新兴产业产值占总产值比重”位列三县两区第二名。完成新增限额以上批零住宿餐饮企业85家，超出预定目标35个，高质量考核指标限额以上贸易额占比这一指标位列三县两区第一名。圆满完成限额以下59个国家样本单位抽样调查工作，此项工作在全省限额以下贸易单位核查中得到省局较高的评价。做好人口变动情况抽样调查工作。国家统计局在全国范围内组织开展2021年人口变动情况抽样调查；沭阳共抽取340个调查小区样本，77个村（居）委会。在77个村（居）委会中抽取部分住户进行调查，本次调查以住户抽样取代小区抽样，提升样本的代表性。积极做好统计年鉴的编印工作。统计年鉴是统计工作成果的有效载体，为了全面反映沭阳年度经济和社会发展成果，为县委、县政府及有关部门制定县域经济和社会发展战略提供科学依据，使社会各界人士、投资者更好地认识、了解沭阳县情，县统计局召开专门会议，布置年鉴资料收集整理工作。

【依法统计】 2021年，县统计局坚持依法行政，践行依法治统，认真履行主体责任，集中抓好省统计局第1统计督察组对沭阳统计督察反馈意见整改工作，进一步提高统计数据质量和统计服务水平，切实提高政府统计公信力，统计法治建设取得新突破，迈上新台阶。开展统计专题学习。4月15日，时任县委书记卞建军主持召开十二届县委常委会第一四七次会议，集中学习《省委办公厅省政府办公厅关于徐州下辖有关（市）区统计违法案件责任追究情况的通报》等相关文件，审议研究《沭阳县贯彻落实江苏省统计局第1统计督察组督察反馈意见整改方案》。迅速出台整改方案。县委、县政府成立统计督察整改工作领导小组，4月20日，县两办出台《沭阳县贯彻落实江苏省统计局第1统计督察组督察反馈意见整改方案》，梳理出五方面12个问题，制定整改措施。推进统计法律法规进党校。将统计法律法规纳入县委党校2021年春季学期主体班，作为领导干部必修课。加强统计制度建设。县两办先后出台《关于贯彻落实〈江苏省党政领导干部防范和惩治统计造假、弄虚作假责任制规定〉的通知》和《关于印发沭阳县党政领导干部防范和惩治统计造假、弄虚作假责任制实施办法》的通知，明确具体责任单位职责，严惩统计违纪违法行为，严肃追究统计造假、弄虚作假责任人责任；同时在全县高质量考核办法中明确规定，对统计造假、弄虚作假行为实行“一票否决”，县纪委监委、县统计局建立统计违纪违法案件移送机制。

【百强县创建】 县统计局积极搜集相关材料、搜集整理宣介资料及有关图片，做好日常监测评价过程跟踪，在2021年中郡研究所全国县域经济基本竞争力百强县中，沭阳县域经济基本竞争力位列全国第44位，沭阳已连续十年获得入榜“全国县域经济基本竞争力百强”行列。在《2021年赛迪中国县域经济百强》中，沭阳县域综合实力位列全国第70位，较上年提升8位。在《2021年中国中小城市高质量发展指数》中，沭阳县域综合实力位列全国第59位，较上年提升2位。

【统计创新】 2021年，县统计局不断深化统计改革，抓住机构改革和乡镇撤并契机，在此前争取乡镇统计站挂牌的基础上，又在创新“2+N”统计管理模式上做出了自己的特色。所谓“2+N”，即“2”是全县各乡镇（街道）确保2名专职人员，其中1名行政或事业编制人员，1名统计协管员；“N”是指全县各村（居、社区）、所有“四上”企业配备1名统计人员。其中最核心的人员配备问题得到县委县政府同意，组织部门已安排落实，同时批准2021年年初县统计局会同县人社局向社会统一招聘40名合同制统计协管员，派驻到乡镇（场、街道）协助做好基层统计工作。2021年4月该批人员已招录安排到位上岗。沭阳县的特色做法受到省市统计部门的高度评价，2021年11月4日《中国信息报》以《沭阳局创新乡镇统计管理模式》为题报道了沭阳在乡镇统计管理方面的创新做法。

（史以刚）

## 统计调查

【概况】 2021年，国家统计局沭阳调查队压紧压实防惩责任，认真贯彻落实习近平总书记关于统计工作重要讲话指示批示精神和党中央、国务院关于统计工作重大决策部署，学习贯彻《中华人民共和国统计法》（以下简称《统计法》）《统计法实施条例》等统计法律法规，完善《沭阳调查队防范和惩治统计造假弄虚作假责任制实施细则》，细化分解统计法治工作任务。常态推进普法宣传，利用统计开放日、“12·4”全国法制宣传日、“12·8”《统计法》颁布纪念日等关键时点开展广场普法活动。规范统计执法流程，通过市县联动的执法模式，全面提升执法人员的执法能力、业务水平和案件审理质量。

**【统计服务】** 充分发挥“轻骑兵”优势，通过拓展选题、全面动员、横向竞争，激发全员干事热情，2021年共撰写工作信息61篇、经济信息46篇、经济分析40篇。与县统计局联合编印沭阳统计年鉴，按时报送月度经济指标快报。紧扣全县中心工作，配合高质量发展、乡村振兴相关指标监测工作，及时上报相关涉及指标情况，为县委、县政府决策提供参考。

**【城乡住户调查】** 认真落实全县居民收入调查工作调度会精神，强化目标意识，明确工作责任，由队长负总责，集中全队力量，分解目标任务，会同居民收入调查样本点所在乡镇、街道，加强对居民收入调查工作的组织领导，进一步做好宣传动员工作，采取有效措施，提高记账户积极性、主动性、配合度，提高记账质量。推广电子记账，已开通电子记账户107户，占总调查户数53.50%，通过及时监测记账数据，促进了住户调查更好开展。2021年，全县全体居民人均可支配收入为28700元，同比增长10.08%。其中城镇居民人均可支配收入为34604元，同比增长9.40%；农村居民人均可支配收入为21828元，同比增长10.56%。全体居民人均生活消费18399元，同比增长18.65%。

**【农业农村调查】** 做好农作物产量调查、农作物面积遥感调查、农业实割实测，夯实农业农村调查基层基础工作。2021年，全县粮食总面积185.16千公顷，总产128.48万吨，单产6938.76千克/公顷。其中小麦面积93.75千公顷，总产54.59万吨，单产5823.00千克/公顷；水稻面积72.52千公顷，总产64.35万吨，单产8874.00千克/公顷；玉米面积15.61千公顷，总产8.58万吨，单产5497.50千克/公顷。做好畜禽监测调查，通过定期集中培训，日常微信、电话等一对一培训，确保填报人员真正理解报表中的各项指标，提高报表质量。2021年年末，生猪存栏41.65万头，出栏63.50万头。做好农产品价格和中间消耗调查、农产品集贸市场价格调查工作，注重价格波动异常的查询核实，准确把握全县各类主要农产品价格走势。

**【月度劳动力调查】** 强化对调查员的培训，组织学习劳动力调查相关制度和PAD操作，提高业务水平。规范调查流程，做好劳动力调查陪访工作，强化对重点数据的审核和研判，确保每个月都在规定时间内核实样本、上报调查数据，不出现漏报、迟报等现象，审核发现错误第一时间联系调查员进行核实修改，确保数据真实可信。

**【企业调查】** 加强对企业调查员的培训和指导工作，强化企业实地走访调研，深化数据分析解读，不断提高统计服务能力，持续做好采购经理、工业生产者价格、小微企业等企业调查工作。

（陈　希）

## 市场监督管理

**【知识产权保护】** 沭阳县市监局坚持以知识产权保护为发力点，大力激发社会主体创新效能。2021年，沭阳县（发明）专利申请350件，（发明）专利授权72件，有效发明专利拥有量年度达608件，PCT申请8件；截至年底，共完成质押项目数5项，质押金额完成11050万元，完成额度全市第一。知识产权资助共计687.765万元。帮促江苏鑫亿鼎石英科技股份有限公司等45家企业参与年度贯标备案，完成江苏苏讯新材料等5家企业贯标绩效评价专家现场评审工作。

**【标准计量工作】** 2021年，县市监局推动沭阳铭和养老服务中心获批国家级医养结合服务标准化试点（国标委发〔2021〕13号）。沭阳县实现全市养老服务领域国家级标准化试点零的突破。

**【安全生产专项整治】** 2021年，县市监局启动叉车、起重机、气瓶充装、压力管道等专项整治，全年共出动执法人员2721人次，检查792家使用单位6357台套特种设备，发现隐患48条，完成整改48条。开展成品油市场综合整治，排查重点场所（国道、省道、田间、工地等）90余家，立案查办违法案件23件，扣押非法加油机16台，拆除和查封非法储油罐18个，取缔黑加油点13个，配合公安部门、属地政府查扣厢式货车等车辆改装的非法流动加油车13辆。推动散煤销售专项治理，查处取缔无照经营10家。

**【疫情防控】** 2021年，面对新冠疫情防控持续影响，县市监局对农贸市场、餐饮单位从严看死守到指导复工全部包保到人，严格落实“一米线”“苏康码”“测体温”“戴口罩”等疫情防控措施。实时动态监测农产品价格，筑牢民生保障安全网。加强疫情防控期间价格管控，对药品零售企业、农贸市场主办方有关价格政策进行提醒告知,及时启动开展口罩、熔喷布等疫情防控物资价格专项检查,严厉打击囤货居奇,哄抬物价等价格行为,切实维护疫情防控期间的价格秩序。

【高质量发展考核】 2021年,县市监局牵头三项高质量发展考核指标,其中,沭阳县新登记法人企业16100户,与上年同期相比上升59.42%,年度考核全市第一。食品安全工作涉及9项细化指标,年度考核居全市第一。2021年,沭阳县有效发明专利拥有量年度完成608件,位列全市第二。

【营商环境优化】 2021年,沭阳县以建立健全规范化程序化营商环境为抓手,全面落实企业开办“一件事”服务,全年新设立全流程企业5367户,其中0.5个工作日4776户,占比89%,4月以后,0.5个工作日比例已达99%以上,位列全市第一。以“互联网+政务服务”为抓手,大力推广全程电子化登记模式。2021年,新增个体工商户25253户,同比增长25.45%;新增私营企业17653家,同比增长42.08%。

【民生实事办理】 沭阳县坚持以服务民生提升群众的获得感、幸福感和安全感。2021年,食品检测任务已完成7000批次,超额完成年度目标任务;润信批发市场快检室建设圆满完成,并已投入运行,新升级的快检室检测种类多样,可以完全满足全县农产品检测需求。

【食品药品监管】 2021年,沭阳县高质量通过省级食品安全示范县跟踪评价。6家小作坊提档升级并获评省级“名特优”小作坊,位列全市第一。同时,重点对学校食堂、学校食堂食材“阳光配送”单位、养老机构、食品生产企业进行风险隐患排查,并实施闭环整改,重点整治,切实提升食品安全防范能力。药械经营秩序持续规范。县市监局重点开展新冠疫苗专项检查,对全县1家疾控预防机构、42家新冠疫苗接种点、3家新冠疫苗临时接种点完成全覆盖检查。推进药品抽检,共完成药品抽检184批。深入推进中药饮片零售企业、化妆品经营单位、隐形眼镜等三类医疗器械经营质量专项检查,持续规范药械、化妆品经营行为。

【市场主体监管】 2021年,县市监局积极推进市场主体年报,企业年报公示率为92.2%。牵头指导30家成员单位制定双随机计划,共抽取市场4467户并回填完毕,“双随机、一公开”工作持续走深,事中事后监管效能不断提升。

【监管执法】 县市监局紧紧围绕构建公平市场秩序,加大违法行为查办,2021年,累计查办一般程序案件2345件,移送公安部门案件17件。在2021年全市三季度高质量考核食品安全违法案件查办方面,案件查办率获得全市第一。

【产品质量监管】 县市监局以质量引领助推产业链供应链提档升级。2021年,推动修订并审议通过《沭阳县县长质量奖管理办法》,组织2家企业申报江苏省质量信用AA级以上企业、7家企业申报宿迁精品、2家申报市长质量奖,全县产品质量水平不断提升。培育高端家居产业链,制定培育方案,产值、列市重大项目投资等4项培育指标均达序时进度。

【专项整治】 2021年,县市监局牵头推进花木种苗领域专项整治“春雷行动”,重拳出击严打花木种苗领域违法违规问题。以案开路,强势打击虚假宣传、违法广告等违法行为,累计查办案件49件,其中大要案23件,沈某凡虚假宣传案被江苏省市场监督管理局评为省反不正当竞争十大典型案例。构建常态化监管机制,利用“大数据”手段加强违法线索监测。督促花木电商依法办理市场主体登记,严格落实持证亮照要求,有效规范电子商务经营者主体准入。

【消费维权】 2021年,县市监局共接处分流省、市、县交办的“12345”政府热线投诉举报件9995件,全国“12315”平台投诉举报件24242件,信件773件,接处来人来电约1200人次,均按规定办结。

(成小双)

## 价格管理

【价格调控】 沭阳县发改局始终将“保障供应、稳定价格”作为事关民生工作和社会稳定的重中之重。全力控制居民消费价格总水平涨幅,印发《沭阳县2021年价格调控目标责任制实施方案》,积极落实责任主体,确保全县居民消费价格总水平年度涨幅控制在3%以内。做好价格临时补贴发放工作,启动价格补贴联动机制,全年共发放价格临时补贴共计2966.59万元。做好全县公益性墓穴收费定价,规范全县公益性公墓价格,切实减轻广大群众负担。牵头制定浦华沭源和城乡水务互联互通水价,保障城区居民用水,提升居民生活质量。落实企业降本减负政策,转发省发改委关于居民阶梯电价、农产品初加工用电电价、农业排灌泵站电价等相关降本减负政策文件,推动相关政策落地;清理规范转供电电价加价收费行为,会同市监、供电等部门召开沭阳县清理规范转供电加价行为工作会议,发放《沭阳县转供电环节收费政策提醒函》至相关单位,同时要求转供电主体作出承诺,确保阶段性降低用电成本政策能够得到贯彻落实。开展成本监审工作,对燃气配气、供热管网、供水管网、污水处理等直接涉及民生，切实关系居民生活质量的生产、生活材料进行成本监审；制定出台自来水超额累进加价收费机制，会同水利、住建部门制定自来水超额累进加价收费机制，积极服务全县保障民生、优化营商环境的大局；做好新建楼盘价格备案工作，积极履行价格调控职责，为全县房地产市场平稳运行保驾护航。

【服务民生】 沭阳县发改局全力做好价格工作，服务民生热点。扎实开展价格监测工作，不断提高价格监测工作的科学性、实效性和准确性。2021年，累计上报省发改委价格监测报表1026份，共计39100余条监测数据，为上级部门制定经济发展政策提供数据支撑；紧跟上级部门决策需求，积极开展对重点工业行业的价格监测工作，定期向省价格监测中心上报企业成本出厂价格及原料购进价格，不断为重点工业行业的发展贡献力量，全年共上报县政府价格直报46期，工业经济运行月报表12期。扎实开展价格认定工作，按照“三涉三服务”的职能要求，以涉案、涉纪价格认定为工作重点，强化价格认定工作“服务政府、服务司法、服务社会”的职能定位，保证价格认定结论客观、准确、可靠；2021年，共完成涉案财物价格认定报告308件，涉案金额247.89万元，完成涉纪财物价格认定报告11件，涉案金额96.66万元。扎实开展农本调查工作，严格按照省、市要求，统筹安排，按时按质完成各项专项调查、成本预测和成本收益直报调查等工作，重点分析县内主要粮食作物面积增减及产量的变化及原因和粮食产、售、用、存数量的变化原因及价格走势。

（张　鹏　韩　天）

## 粮食安全管理

【粮食储备】 2021年，沭阳县发改局认真履行保障粮食安全责任，统筹推进粮食安全责任制工作，坚持问题导向和底线思维，多措并举抓好夏秋粮收购，切实保障夏秋粮收购仓容。及时出台文件对夏、秋收购工作进行部署指导，确保满足本地农民卖粮需求；2021年夏粮收购量约29.5万吨，秋粮累计收购15.64万吨；累计开展监督检查60余次，切实维护农民利益。深化粮食储备管理，对原《沭阳县县级储备粮管理办法》进行修编，加强地方储备粮管理；健全完善超标粮食监管体系，2021年共开展粮食抽检183批次，确保在收储流通环节对原粮品质进行把控。

【粮食生产加工】 深化粮食产业发展，逐渐从粮食“资源强县”向“产业强县”转变，形成覆盖稻谷、小麦、油脂加工和粮机生产等为主的多元化粮食产业格局，年粮食生产能力370多万吨、年粮油加工量超过352.5万吨。建强粮食产业链，以优质粮食工程实施为抓手，形成从粮食种植、生产、储运、加工，延伸稻米油等精深加工领域，高墟大米荣获国家地理标志农产品称号，众多企业区域影响力初步形成。围绕粮食链条产业化、粮安措施多元化、粮食监管法治化等方式，着力打造“全国有名、全省知名”的优质粮油地域品牌。

（张　鹏　韩　天）

# 农　业

## 综　述

2021年，沭阳县实现农业总产值191.25亿元，比上年增长0.9%；实现农业增加值113.88亿元，比上年增长2.2%。农作物播种面积379.28万亩，下降0.46%。其中，粮食播种面积277.74万亩，下降0.04%；粮食总产量128.48万吨，下降0.04%。花木实现产值32.20亿元，下降2.3%。生猪出栏63.50万头，增长2.2%；年末生猪存栏41.65万头，比上年末下降11.3%；年末家禽出栏1314.55万只，比上年末下降36.8%；禽蛋产量1.42万吨，增长22.4%。县农业农村局负责的生猪饲养工作进入全省前十，被江苏省农业农村厅通报表扬；县农业农村局负责的畜牧业统计监测、畜禽粪污资源化利用成绩突出，被农业农村部畜牧兽医局通报表扬；县农业农村局负责的全省农民教育培训工作，被省农业广播电视学校评为先进集体。胡晓仲、顾汉娟同志负责的畜牧业统计监测工作成绩优异，被农业农村部畜牧兽医局通报表扬；黄喜凤负责的动物疫病信息报送工作成绩优异，被江苏省动物疫病预防控制中心评为先进个人；孙秀红、柳丽娜、陈月阝巨参加的由江苏省农业农村厅举办的2021年江苏省农民培训优秀教学资源微课程荣获二等奖。

## 农业生产

【概况】 2021年，沭阳县农业生产围绕“六稳”，落实“六保”工作任务，全力以赴保供给、保增收、保小康，扎实推进农业高质量发展，全县呈现农业强、农村美、农民富的强劲发展态势。截至2021年年底，沭阳县粮食生产实现“十八年丰”，连续14年获评“全国超级产粮大县”；花木特色产业“六个转型”走稳走高，成功创建全国首家以花卉苗木为主导产业的国家现代农业产业园，陇集呈祥园艺基地蝴蝶兰花卉填补了全县高端花卉市场空白；加快优质稻米和标准化果蔬产业建设，全县优质稻米达88.05万亩，标准化果蔬复种面积54.45万亩；围绕“菜篮子”工程，坚持一手抓动物疫情防控，一手抓生猪产能恢复，制定生猪稳产保供工作方案，保障猪肉市场供应充足。2021年，全县农民人均可支配收入21827.7元，同比增长10.6%；农业总产值191.25亿元，同比增长0.9；农业增加值113.88亿元，同比增长0.87。

【粮食生产】 2021年，全县粮食总播种面积为277.74万亩，总产量为128.48万吨。其中，小麦播种面积、总产量和全年粮食种植面积、总产量均位居全省县（市、区）第一，实现“十八年丰”，连续14年获评“全国超级产粮大县”。推广小麦、水稻、玉米等粮食作物优良品种。其中小麦品种主要有淮麦33、江麦816、徐麦35、烟农19、淮麦46等；水稻品种主要有徐稻9号、金粳818、连粳15、C两优113、N两优华占等；玉米品种主要有苏玉29、苏玉33、苏玉44、裕丰303、江玉898等，全县粮食作物良种覆盖率99%。开展小麦、水稻绿色高质高效创建。重点建设19个水稻绿色高质高效示范片，加强新品种新技术推广，青伊湖农场水稻绿色高质高效标准化生产基地种植666.67公顷籼粳杂交水稻优良品种，平均亩产达1000千克。落实农业支持保护补贴、稻谷补贴等惠农政策。2021年农业支持耕地地力保护补贴210288454.8元，发放稻谷补贴金额75246157元。推广测土配方施肥技术。采集化验土样210个，设立肥料利用率、配方校正等试验12个，建立示范区面积600公顷。推广测土配方施肥302.7万亩次，应用配方肥面积6.75万公顷，配方肥施用量2.67万吨，减少不合理施肥1968吨（纯量）。加强耕地质量监测。全县共建设国家级监测点1个，省级监测点5个，市县级监测点29个。做好病虫草害预测预报。全县在钱集等乡镇建立8个病虫草害人工测报监测点，在潼阳等乡镇建立2个重大植物疫情阻截带监测点，在刘集等乡镇建立5个病虫疫情智能监测站。全年完成水稻、小麦、玉米等农作物病虫草定点观测300余次，发布病虫情报13期，上报各类病虫信息300余次，重大农作物病虫害预报准确率90%以上。在刘集等9个乡镇建立65个农药使用强度监测点，监测全县农药使用情况。通过病虫害精准测报、科学用药指导、绿色防控技术应用、统防统治能力提升，实现农用农药使用量较2020年下降0.5%。建好农业科技服务云平台，安装注册“农技耘”App用户达12159人，为广大农户提供“全天候、顾问式”的线上农业技术服务。

**2021年沭阳县主要农作物种植面积与产量**

表5

| 作物种类 | | 2021年 | |
| --- | --- | --- | --- |
| | | 面积（万亩） | 产量（万吨） |
| 粮食作物 | 小麦 | 140.625 | 54.5906 |
| | 水稻 | 108.78 | 64.3542 |
| | 玉米 | 23.415 | 8.5816 |
| | 豆类 | 4.12 | 0.5735 |
| | 折粮薯类 | 0.795 | 0.3759 |
| | 合计 | 277.735 | 128.4758 |
| 油料作物 | 花生 | 7.04 | 2.3946 |
| | 油菜籽 | 0.84 | 0.1496 |
| 蔬菜 | 蔬菜 | 54.45 | 211.5 |

**【高标准农田建设】** 2021年，沭阳县完成2020年度0.8万公顷高标准农田建设任务，项目总投资30750万元，其中中央资金12173万元、省级资金7473万元、县级财政资金11104万元，项目分布在刘集、悦来、北丁集、十字、胡集、塘沟、章集、马厂、汤涧、吴集、西圩、华冲、官墩、龙庙、潼阳15个乡镇（街道）。2020年度高标准农田项目新建、拆建泵站70座，衬砌渠道110.33千米，疏浚沟渠0.4千米，配套渠系建筑物3338座，铺设田间生产路124.9千米，建设高效节水灌溉面积666.67公顷，其中管灌377.33公顷、喷灌157.33公顷、微灌132公顷，农田林网4986.87公顷。2020年度高标准农田项目建成后，灌溉保证率提高到90%，新增灌溉面积546.67公顷，改善灌溉面积7706.67公顷，改善排涝面积7566.67公顷，亩均增产粮食751.71千克，新增耕地面积106.67公顷。2021年度高标准农田建设项目，建设面积0.93万公顷，项目总投资25100万元，其中央投资13981万元，省级投资9452万元，县级投资1667万元。2021年高标准农田项目从2021

2021年8月，沭阳县优质稻米生产基地　　县农业农村局　供图

2021年8月，钱集镇高标准农田新建水利设施　县农业农村局　供图

年10月启动建设，项目分布在刘集、悦来、桑墟、龙庙、青伊湖、李恒、钱集、潼阳、韩山、湖东、吴集、沂涛、耿圩、华冲、庙头15个乡镇（街道）。

【畜牧生产】 2021年，畜牧兽医工作以抓整治、促生产，抓防控、保安全为主要工作目标，稳住畜牧生产"基本盘"，保障"菜篮子"工程。全年生猪、家禽、羊、牛饲养量分别为105.15万头、2939.75万羽、12.18万只、2.16万头，全年实现肉类、禽蛋、奶类产量分别为13.3万吨、4.42万吨、0.18万吨。完成重大动物疫病免疫813.55万头（羽）次，抗体检测合格率80%以上，未发生一起重大动物疫情。依法加强畜牧生产统计工作宣传、培训、指导等，为政府宏观调控畜牧业高质量发展及时提供真实数据支撑，畜牧业统计监测受到省农业农村厅表扬。下发《关于印发2021年全县生猪稳产保供目标任务的通知》，层层分解、压实责任，完成了生猪存栏41万头目标任务，年内实现生猪存栏41.65万头、育肥猪出栏63.5万头，超额完成市政府下达任务。2021年，新改（扩）建生猪规模养殖场并投入生产8家；年出栏生猪500头以上规模猪场226个全面恢复生产，规模场总存栏29.06万头，能繁母猪存栏1.98万头。其中万头规模猪场30个，总存栏13.35万头，能繁母猪存栏0.89万头，规模占比达80%以上。推进良种繁育和种质资源保护，支持立华牧业（生猪）、美和佳种禽（种蛋）、禾嘉牧业（生猪）、众客种禽（种鸭）等4个现代化高标准种畜禽场建设，提高良种供应能力和核心种源自给率。组织开展畜禽种质资源普查，发掘全县有资源乡镇14个，现存优良地方品种梅山猪1147头、二花脸猪24头、徐州黄牛8头、盱眙山水牛15头、黄海山羊64只、苏北毛驴16头，引进长白猪444头、大白猪836头、杜洛克猪47头、中国荷斯牛1240头、 短毛黑水貂1350只、江南白鹅62002只，加快实施地方畜禽遗传资源抢救性保护。

【渔业生产】 2021年，全县渔业生产紧紧围绕渔业增效、渔民增收，强化渔业资源保护，提升渔业发展水平。完成池塘生态化改造13.33公顷，累计完成池塘标准化改造1146.67公顷，全县水产养殖面积2546.67公顷；建成高效设施渔业54公顷，全县高效设施面积达1940公顷，全县特种养殖面积1280公顷。养殖产量稳中有升，全县渔业生产继续保持健康发展态势；加快生产经营主体建设，积极引导渔民申报家庭渔场，帮助已基本具备渔业家庭农场的养殖户完善发展规划，全县从事渔业家庭农场共42家、合作组织12个，拥有省级示范家庭渔场1个；调整渔业发展结构，加快稻渔综合种养，全县稻渔综合种养面积达3466.67公顷，实现一田多用、一水多用、一季多收的最佳效果，符合资源节约、环境友好、循环高效的农业经济发展要求；加强水生动物防疫工作，在潼阳、吴集、马厂、十字、湖东等乡镇建立病害测报点，充分利用水产养殖病情监测数据和资料，科学有效地预防病害发生。加强水产品质量监管，重点抓好孔雀石绿、硝基呋喃等禁用药物整治，渔政中队与养殖户签订《水产品质量安全生产承诺书》。

（陈月阳）

## 农业管理与服务

【概况】 2021年，县农业执法大队围绕种植、畜牧、渔业、农机等领域开展农业综合执法，保障农业生产安全和农产品质量安全。全年共立案查处各类违法违规案件132起，向公安机关移送涉嫌刑事犯罪案件14起，收缴罚没款131.28万元。

【种子管理】 根据《沭阳县2021年种业监管执法年活动实施方案》的要求，种子田巡查12次，抽查种子企业6家，对市场上销售的农作物种子，分春秋两季抽样送检，全年抽检种子样品63份，其中水稻种子样品24份、玉米种子样品8份、小麦种子样品31份，样品经田间和室内检验，合格率为98.4%。良种繁育田16000亩，其中小麦种子田6000亩、常规水稻种子田2000亩、杂交水稻种子田8000亩。农作物品种安全性测试73个，其中水稻品种33个、玉米品种12个、小麦品种28个，根据品种综合表现，确定小麦主推品种淮麦33、淮麦35、淮麦40、淮麦44、徐麦35、江麦816、烟农19、瑞华麦520等，籼稻主推品种明两优丝苗、C两优113、Y两优59等，粳稻主推品种金粳818、徐稻9号、徐稻10号、南粳9108、连粳15等，玉米主推品种苏玉29、苏玉33、郑单958、蠡玉88、瑞华968等。种子市场信息观察点5个，完成种子备案4443份。

**【农产品质量监管】** 2021年，沭阳县围绕省农产品质量安全县建设，全县2870个农产品生产主体纳入省农产品质量追溯平台管理，建立经营主体生产档案和农产品生产主体质量承诺制度；开展农产品检测工作，全年按照常住人口1.5批次/千人进行定量检测；同时加强农产品自律检测，建成30个村级服务站、58个基地检测点，实时跟踪检验检测；建立健全投入品监管制度，全县795家农资经营单位纳入监管对象，开展对农产品质量安全执法，重点蔬菜基地、林果种植基地、农产品销售市场、农资店等进行专项检查。实行标准化生产，对主导产品制定了生产操作规程，依托标准化示范区建设，加大标准入户率，推广统防统治、绿色防控、测土配方施肥、健康养殖和高效低毒农兽药使用技术，开展了蔬菜水果标准园、畜禽养殖标准化示范场、水产标准化健康养殖示范场建设。加强监管体系建设，推进网格化管理、"三定一考核"的监管模式，落实镇级监管员60人、村级协管员540人，建立、健全产地环境管理、农业投入品监管、生产过程管控、收购储运过程监管、包装标识管理等农产品质量安全监管基本制度。开展蔬菜瓜果安全检测，对种植企业、基地开展日常监管，指导乡镇检测站开展蔬菜瓜果农药残留及瘦肉精快速检测191065批次，合格率99.90%；县级开展各类检测1974批次，合格率99.66%，省、市监督抽检708余批次，合格率99.58%，合计定量检测2682例。未发生一起农产品质量安全事件。2021年全县绿色优质农产品面积7.33万公顷，占种植业食用农产品耕地面积比重为64.7。2021年，沭阳县被省食品安全委员会命名为"江苏省农产品质量安全县"。

**【种植执法】** 县农业农村局制定《2021年沭阳县农资打假专项治理行动方案》，连续开展农资打假"春雷行动""夏季百日行动""秋冬季专项行动"等系列行动，严厉打击制售假劣农资坑农害农行为。组织开展以"放心农资进乡村，提质增效促发展"为主题的"放心农资进村下乡"活动，现场发放"购买农资注意'五要素'""选购农药需要注意的几个问题""农资纠纷维权应知"等宣传资料2000余份，悬挂各类宣传农资标语横幅129条，接受现场群众咨询1000多人次。抓好市场监管，全年共出动执法人员1316人次，开展双随机检查农资经营网点262个次。为提高农资产品质量，推进农资高质量发展，保障农业生产安全和农产品质量安全，加大农业投入品监管力度，全年抽检农药样品112个。上半年联合公安、市监等部门在潼阳镇捣毁1个涉嫌生产经营假农药的黑窝点，查扣用于生产假农药的机器5台，查获快速生根粉、花木矮壮素等无农药登记证的假农药产品378.75千克，有效震慑了不法分子。组织开展农药行业的安全生产大检查，共检查农药经营门店170家，对其中7家门店存在的安全隐患当场进行整改，下达整改通知书，注销农药经营许可证14份。全年共立案查处违规农资案件51起，发现种子违规违章行为3件次，成功调解种子纠纷6件次，向公安机关移送涉嫌刑事犯罪案件13起，收缴罚没款82.19万元。县农业执法大队种植业中队办理的"沭阳苏晴雪花卉有限公司经营假农药案"被评为2021年上半年全省典型案例。

**【畜牧执法】** 2021年，县农业农村局开展新修订《中华人民共和国动物防疫法》《生猪屠宰管理条例》等法律法规的宣传工作，在全县乡村社区、干道边上、集市等醒目位置悬挂横幅210条，印发法律法规明白纸15000份，签订守法经营承诺书9000份。持续开展"生猪违法违规调运百日行动"专项整治工作。根据省、市文件要求，4月份，沭阳县在县境出入主要干道路口设置了12个检查卡口，每个卡口实行24小时值班，对出入县境的所有生猪调运进行检查，确保调运生猪"证物相符""人车相符""路径相符"等要求，此次百日巩固行动，其间共检查车辆6952辆，涉及生猪23752头，同时在龙庙镇成立"三苗"专项整治工作组，对重点乡镇涉及违法违规调运畜禽行为进行巡查处理，生猪违法违规调运势头得到遏制。全年累计出动执法人员1100余人次，对全县4200个养殖场（户）、5个畜禽屠宰企业，57个兽药、饲料生产经营单位，9个动物诊疗机构进行了全覆盖监管检查。共立案查处43起，没收销毁动物82头，没收动物产品125千克，行政处罚41.5万元。对生猪养殖、屠宰、运输环节进行"瘦肉精"1.2万余份，生鲜乳抽样30余份，合格率100%；完成生猪产地检疫78.29万头，生猪屠宰检疫16.28万头，家禽产地检疫1203万羽，屠宰检疫1620万羽，牛1.85万头，羊1.75万只，养殖环节收集处理病死猪16.03万头。

【渔业执法】 2021年，县农业综合执法大队渔政执法中队开展渔业领域专项整治，出动执法人员120余次，宣传贯彻《中华人民共和国渔业法》《渔业管理条例》等法律法规，对渔民进行警示教育，在渔民集中居住、养殖生产等区域发放渔业法律法规宣传资料2000余份，悬挂横幅、挂图共60余条，播放录音2次，收到了良好效果。全年查处违法非法捕捞案件24起，罚没金额91500元。加强渔业安全生产，全县登记在册的15条渔船全部包保到人，每周登船检查1次，确保无安全生产事故的发生。县农业农村局从渔政执法经费中拿出部分资金，为每艘捕捞渔船配备1个救生圈、2件救生衣、1台灭火器、1只手电筒、1个生活水桶等安全设备，提高捕捞渔船的安全生产能力。建立渔民微信群，转发渔业安全作业知识，发布重大灾害性天气预报，做好预警防范工作，为渔业生产保驾护航。

【农机执法】 2021年，县农业综合执法大队农机执法中队紧紧围绕省农业农村厅《关于进一步加强拖拉机和联合收割机安全检验工作的通知》《关于进一步强化农机安全源头管理工作的通知》文件精神及农机相关法律、法规，狠抓源头管理，推动年检工作深入开展，扎实抓好农机安全生产，有效遏制重特大农机安全生产事故的发生，全年未发生一起重特大农机安全事故。2021年，全县在册机具4062台，组织1560台次联合收割机、插秧机跨区作业；开展农机安全检查42次，检查各类农业机械65台，农机合作组织10家，发现并排除安全隐患11个；检查车辆65台，有问题30台，警告3台，并当场处罚27台，全部办结；农机安全宣传25次，发放各类宣传材料8000余份。农机报废更新227台，新办农机驾驶操作证324本，拖拉机、联合收割机注册登记1507台，同比增加202台，年检2245台，增加910台，年检率达92.16%，同比增加61.36个百分点。

【高素质农民培育】 按照“科教兴农、人才强农、高素质农民固农”的战略要求，以服务乡村振兴、农业产业结构调整、农产品供给侧改革为导向，克服疫情的不利影响，大力开展多层次、多渠道、多形式的高素质农民培育。县农培站邀请全县部分农技人员、种养大户代表、有培育意向的小农户，开展高素质农民培育座谈、调研，摸清农民培育需求，开设稻虾种养、农产品质量安全、农产品电子商务、农资经营、盆景制作等课程，做到按需培训，采取菜单式培训，提高培训的针对性，聘请培训经验丰富的专家进行授课，保证培训专业性。同时，按照“集中学习、生产实践、考试考核、跟踪指导相结合”办法，进行分段式、模块式培训，在集中业务培训过程中组织学员到农业产业基地、农业企业、田间学校进行观摩学习，确保培训质量和培训成效。2021年，县农培站累计培育高素质农民5025人次，超额完成市县目标任务，学员满意度达99.6%，超过省高素质农民培育考核监测目标值85%，荣获2021年度全省农民教育培训工作先进集体称号。

（陈月阳）

## 农业机械化

【概况】 2021年，全县农机化工作围绕全程机械化、全面机械化、高质量供给和高效能应用转化，促进农机化技术、农机化装备、农机化服务和农机化设施全面升级。全县农机装备水平、农机化水平和农机经营水平迅速提升，农村土地流转快速推进，农机专业合作社、农机大户、种粮大户不断涌现，农机化工作在推进农业现代化、促进农业节本增效和农民增收过程中的地位和作用进一步强化。截至2021年年底，全县农机总动力达229.65万千瓦，各类拖拉机保有量67668台，其中大拖拉机3654台；联合收割机12039台，其中玉米收割机287台；油菜收割机60台；水稻插秧机6208台，其中高速机997台；农机合作社已发展128家，全县农业综合机械化水平达87.56%。

【特色农业机械化】 2021年，县农业农村局围绕本地特色产业，强化科技支撑和机艺协同，制定主导产业机械化生产技术路线及装备配置方案，以点带面逐步推开。积极开展不同形式、不同规模的现场演示、展示活动，切实提高特色农业机械普及率；及时开展特色农业机械使用技术培训和督查指导，保障特色农业机械正常运行，推动农民合作组织高质量发展；建有农机作业服务信息化管理网络系统平台，实现智能农机装备与技术信息化管理；加快推进“全程机械化+综合农事”服务中心建设，为农户提供全程机械作业、农资统购培训咨询及贮藏加工、产销对接等产前产中产后“一站式”服务。已建成1个农机智能信息管理平台和1个“全程机械化+综合农事”服务中心。全县特色农业机械化水平达78.2%，其中设施农业机械化水平、畜牧业机械化水平、渔业生产机械化水平、林果业机械化水平和农产品初加工机械化水平分别为78.3%、81.1%、79.7%、73.4%、78.6%。

【农机购置补贴】 2021年，县农业农村局与县财政局联合制定并印发《沭阳县2021—2023年农机购置补贴实施方案》，明确农机购置补贴的指导思想、补贴机具、补贴标准、补贴对象、补贴程序和补贴资金兑付、退货规定和工作措施等；规范程序操作，完善监督管理机制，建立风险防控机制，强化监督检查，确保补贴政策落实。全年使用农机购置补贴资金约6000万元，推广农机具3100台，其中大中型拖拉机587台、联合收割机1028台、水稻高速插秧机178台、高效植保机械90台、育秧播种机34台、无人植保机105台，农业北斗40台。

**【秸秆机械化还田】** 大力推广带切碎匀抛功能的新型联合收割机，采取积极的调配措施抓好机具落实，满足作业需要；做好机具检修、作业用油及配件供应等各项保障工作，安排农机维修服务网点在作业期间设立24小时服务热线，随时提供保障服务；抓好技术培训，提高作业质量，提高技术推广应用到位率，组织技术指导服务小组，制定技术指导方案，实行分片包干负责，帮助基层解决实际问题。2021年，夏季小麦种植面积9.53万公顷，完成秸秆机械化还田面积达7.83万公顷，还田率82.17%，投入作业机具3200台（套），组织技术培训40期8500人次，现场演示38次7900人次。

**【农机科技志愿者活动】** 2021年，县农业农村局组织开展农机科技志愿者服务系列活动，全力做好农机化服务工作。活动期间，志愿者服务团队深入农机合作社、种粮大户、家庭农场等基层一线，进村入社入园到场、公布热线电话、微信互动平台等多样形式，灵活互动方式，着重做好技术信息发布等工作。协同农机经销企业技术服务人员，对农机具进行维修检修。同时，广泛宣传秸秆机械化还田、粮食机械化烘干、高效植保机械化等农机化新技术和农机购置补贴、秸秆机械化还田作业补助、粮食生产全程机械化作业补贴等农机惠农政策。农机科技志愿者服务队开展各类服务活动12次，发布各类技术和政策宣传资料2500余份。

**【农机安全监理】** 2021年，县农业农村局农机监理所围绕农机安全生产责任，制定下发《沭阳县农机安全生产专项整治实施方案》。截至2021年年底，共注册登记联合收割机625台、拖拉机459，检验联合收割机1361台、拖拉机932台，初次申请拖拉机驾驶证、联合收割机操作证共计324人，实地免费检验1360台农业机械。全年出动执法检查车辆90余台次，用车载广播喇叭宣传，检查车辆260余台次，发现有问题车辆30台，警告3台，当场处罚27台。

**【农机报废更新】** 实施农业机械报废更新政策，优化农机装备结构，促进农机安全生产；提高农机作业效率，推动农机手购置适应现代农业发展的大中型、高性能、多功能农业机械，推进农业装备的高效化、智能化，提高作业效率，降低农机能源消耗和污染物的排放。落实变拖强制报废规定，对在册变拖年限进行全面梳理，对单缸注册登记满9年、两缸及以上注册登记满12年的变拖进行注销清理。2021年共报废农业机械227台，兑付补贴资金235.2万元。

**【农机跨区作业】** 开展技术培训，提升机手技能，突出重点群体，对粮食收割作业为主的合作社和农机大户，实现培训全覆盖，全面提高收割机驾驶操作人员专业技能，提升收割质量和服务水平；加强农情调度，开展适期抢收，根据农情及天气情况，利用信息化手段，合理组织调度农机，引导农机有序流动，在最佳时期、最佳时段完成收种作业。全年发放跨区作业证1683份，组织3300台次联合收割机、插秧机跨区作业，农机跨区作业提高农机的利用率，增加农机经营主体收益，扩大农机应用范围，最大限度提高了农机投资回报率，充分调动农民投资农机、机械化生产的积极性，加快全县农业机械化进程。

（陈月阳）

## 工业综述

【概况】2021年，沭阳县紧紧围绕建设苏北工业强县目标，着力打造京沪沿线重点工业基地，经济总量得到大幅提升、主要指标实现较快增长，项目建设迈上新台阶。全县工业开票销售首次突破千亿元大关。1—12月，全县工业企业实现开票销售1224.97亿元，同比增长40.01%。位于全市三县两区第一位、苏北20县市第二位；实现入库税收43.09亿元，同比增长32.03%；实现工业增值税33.16亿元，同比增长38.84%，总量占全市的44.56%，位于苏北20县市第一位；实现用电量48.32亿千瓦时，同比增长18.49%。

【乡镇工业】2021年乡镇工业企业实现工业开票销售630.05亿元，同比增长52.93%；实现工业增值税21.50亿元，同比增长47.19%。分别占全县总量的51.43%、64.83%。工业开票销售总量超过10亿元的乡镇（街道）有16家，超20亿元的有8家，其中桑墟镇实现开票销售131.03亿元，在全市乡镇中率先实现开票销售超百亿元。

【县经济开发区】2021年县经开区工业企业实现开票销售584.03亿元，同比增长28.97%；实现工业增值税11.37亿元，同比增长26.08%。分别占全县总量的47.26%、34.28%。

【昆沭工业园】2021年昆沭工业园工业企业实现开票销售10.89亿元，同比增长8.15%；实现工业增值税2927.21万元，同比增长12.30%。

（浦爱军）

## 主要工业门类

【概况】沭阳县加快重点产业链培育，推动产业集群集聚发展，实施产业链招商、主导企业培育，信息化赋能、协同创新能力提升、平台支撑、开放合作促进六大行动，引领推动产业链强链延链补链。2021年15条重点产业链实现产值757.76亿元，新引进亿元以上项目66个，完成列市重大项目投资525.5亿元，完成设备投资超千万元技改投资16.02亿元。全县三大主导产业——机电装备、高端纺织、绿色家居业，1—12月实现开票销售897.53亿元，同比增长31.97%；实现工业增值税17.94亿元，同比增长21.95%。分别占全县总量的73.27%、54.09%。

【机电装备业】2021年，沭阳县机电装备业累计有销售实绩的企业688家（经开区265家、昆沭园7家、乡镇416家），实现开票销售345.95亿元，同比增长19.00%；实现工业增值税5.60亿元，同比增长19.74%。开票销售、工业增值税分别占全县总量的28.24%、16.89%。

【家居制造业】2021年，沭阳县家居制造业累计有销售实绩的企业1144家（经开区34家、昆沭园1家、乡镇1109家），实现开票销售377.44亿元，同比增长51.43%；实现工业增值税10.07亿元，同比增长32.82%。开票销售、工业增值税分别占全县总量的30.81%、30.35%。

【纺织服装业】2021年，沭阳县纺织服装业累计有销售实绩的企业593家（经开区171家、乡镇422家），实现开票销售174.14亿元，同比增长24.29%；实现工业增值税2.27亿元，同比增长-7.40%。开票销售、工业增值税分别占全县总量的14.22%、6.85%。

（浦爱军）

## 智能制造和绿色发展

**【企业技术中心建设】** 2021年，全年创建省级以上企业技术中心14家，是全县“十三五”期间创建总数的2.3倍，占全县“十四五”期间创建总数的42%，占全市2021年创建总数的52%。

**【节能降耗】** 木材加工和家具制造产业转型升级工作年度目标顺利完成，2021年年底，全县木材企业已提升改造1045家，搬迁入园12家，兼并重组264家。对全县所有木材加工和家具制造企业进行坐标定位和综合评价，分为A、B、C三级。其中A级为优先发展类、B级为支持发展类、C级为争取发展类。利用评价结果，实施分类指导，有序推进产业集聚，其中A级企业243家、B级企业308家、C级企业846家。

（浦爱军）

## 信息化和工业化融合

**【概况】** 2021年，全县获批星级上云企业174家，全市总量第一，其中五星级数字企业3家，囊括全市所有五星级上云企业，夺取全市企业上云数量和质量“双胜利”，成功将苏讯新材料培育成全市唯一一家省级重点工业互联网平台。

**【推进企业“上云”】** 县工信局依托移动、电信、联通等云服务商，提供个性化解决方案，扎实推进企业上云。推动大中型企业将信息基础架构和应用系统向云端迁移、开展基于云计算、工业互联网的深度创新应用；引导小微企业使用成熟的云存储、云管理等应用服务，降低信息系统构建成本，使其快速形成数字化管理和网络化协同能力。2021年，苏讯新材料、卡拉扬箱包、康顺磁性器材获批省五星级上云企业，全市仅此3家；已创成省星级上云企业238家，其中，五星级3家，四星级43家，三星级192家；星级上云企业总量位居全市第一。

**【推动工业互联网应用】** 县工信局围绕制造业产业体系和重点产业链，支持推动产业链龙头企业建设工业互联网平台，依托平台带动产业链资源有效协同，深化产业链供需对接。邀请信息化服务机构，将龙头骨干企业对标省工业互联网平台、标杆工厂，结合要素条件开展诊断，提出针对性改造提升建议，推进工业互联网建设工作；邀请徐工信息、无锡芯软、卡奥斯、海澜智云、华冈计算机等优秀服务机构至企业考察指导；引入企业资源计划系统（ERP）、企业应用制造执行系统等5G技术升级内网支撑工业数据采集技术，对工业现场“哑设备”进行网络互连能力改造。

**【推动两化融合管理体系贯标】** 县工信局积极开展两化融合贯标宣传推广、现场交流、服务对接、咨询诊断、人员培训等活动，推动重点企业实施贯标，督促服务机构认真落实本质贯标目标，引导企业开展两化融合自评估、自诊断、自对标，打造契合企业发展的贯标路线图，为两化融合的企业改造奠定基础。2021年，天能电池等23家企业已通过两化融合管理体系贯标评定。

（浦爱军）

## 服务中小企业

**【规下企业提档计划】** 2021年，县工信局实施“规下企业提档计划”，建立规上企业培育库，做好库内规下企业的动态调整和精准帮扶，不断壮大规上企业群，新增开票销售首超2000万元企业170家。

**【规上企业成长计划】** 实施“规上企业成长计划”，制定规上企业发展问题清单、成长需求清单，进一步提高县域要素配置效率和服务水平，切实解决规上企业发展难题。

**【龙头企业进阶计划】** 实施“龙头企业进阶计划”，从15条产业链中选择6家具有核心竞争优势、发展前景广阔、产业链带动作用明显的链主企业进行核心技术攻关。

**【专精特新升级计划】** 实施“专精特新升级计划”，全县获批省级以上“专精特新”小巨人企业9家，其中省级“专精特新”小巨人企业7家，占全市获批总数50%，获批国家级“专精特新”小巨人企业2家，占全市获批总数40%，获批总数在苏北20县市排名第一。

（浦爱军）

## 建筑业

**【概况】** 2021年末，沭阳县共有资质等级以上在库建筑企业134家，全年实现建筑业总产值114.82亿元，比上年增长3.0%；全年竣工产值50.50亿元，下降31.5%。建筑业企业房屋施工面积872.41万平方米，下降5.2%；竣工面积212.89万平方米，下降32.2%。

**【建筑施工】** 2021年，全年新开工房地产面积204.37万平方米，同比下降33.15%；在监督管理工程中，不断加大工程巡查、抽查力度和频次，开展质量巡查165次，巡查单位工程743个，基本涵盖了所有受监工程。严格落实参建各方主体质量责任，执行“两书一牌一档案”制度，开展工程建筑原材料、监理市场等专项检查，全面提升工程质量。持续开展建筑施工安全生产领域专项整治，对在监56个项目开展各类拉网式安全检查10次，覆盖所有在监工程，下达工程施工安全隐患整改通知书286份、停工通知书18份。联合县建筑业协会，倡导从事建设施工的企业主动委托具有相关资质的第三方安全巡查机构，对基坑工程、起重机械、模板支撑体系等方面开展安全巡查。截至2021年年底，沭阳县已有48个在建工程签订第三方安全巡查合同，并正常开展安全巡查。加快智慧工地建设。累计建成智慧工地32家，规模以上项目全部实现智慧工地管理；全县所有在监项目扬尘在线监测系统、实名制系统、起重机械人脸识别系统、塔吊监控系统实现全覆盖。

**【绿色建筑】** 2021年，沭阳县大力推广应用绿色建筑，绿色建筑占比稳步提高。全年绿色建筑竣工面积110.37万平方米，绿色建筑占新建建筑比重达100%。2021年4月，沭阳县绿色建筑示范县创建工作顺利通过省级验收，较好地发挥了示范引领作用。

（韦昊宇）

# 花木产业

## 综　述

沭阳县地处暖温带，阳光充足，雨水丰沛，土壤肥沃，适合多种花木生长，是南花北移之地、北木南迁之所。沭阳的花木种植始于唐代、盛于明清，素有“虞姬故里、花木之乡”美誉，获批首批“中国花木之乡”。全县花木种植面积4万公顷，约占全省1/4、全国1/20。各类花木从业人员30万余人，专业花木经纪人3万余名。“沭阳地柏”“沭阳月季”“桑墟榆叶梅”是国家地理标志商标（农产品），成功创建以花卉苗木为特色主导产业的国家级现代农业产业园。2021年沭阳坚持“稳面、提质、增效”总体方向，加快推动苗木向鲜花、种植向园艺、绿色向彩色、地栽向盆栽、线下向线上、卖产品向卖风景“六个转型”，做大做强“颜色经济”。全县实现花木销售240亿元（含电商销售），同比增长9.1%。沭阳县先后成立沭阳县花木开发示范区管委会、江苏沭阳现代农业园区管委会、沭阳县苏台花木产业示范园区管委会、沭阳县花木研究所等机构，全力服务全县花木产业发展。已经建成中国沭阳国际花木城、沭阳花木大世界、周圈盆景市场、新河花木电商示范街、新河花木电商采购基地等十余个大型花木集散市场及中心。2021年新建华东花木大世界，项目总投资30亿元，建成后将成为集花木盆景生产销售、人才培养、交流展览、休闲观光等功能于一体的综合性、大规模、高档次、现代化盆景花木产业园。

## 花木生产

【概况】 沭阳种植花木3000余品种，其中主要有榉树、海棠、广玉兰、栾树、高杆女贞、樱花、月季、黄杨等，并形成了以树桩盆景、干花、盆栽嫁接桂花、花木电商为主的地方特色产业。沭阳拥有省内首家上市花木企业——苏北花卉，单体种植面积超66.67公顷、200公顷的花木企业（大户）分别为25家、5家。精品苼、高附加值苗种植比例达45%以上。精品化绿化苗木种植面积约1.33万公顷，盆景、造型苗种植约1333.33公顷，多肉、花卉、草坪类种植面积约2000公顷。形成了一批特色鲜明的花木基地，如耿圩三叶园林精品苗木基地、多肉基地、兰花基地，陇集俄勒冈彩叶苗木基地、精品雪松基地，刘集北美海棠基地、红叶石楠容器苗基地，扎下景观造型树基地，新河月季花基地，章集小盆景基地，庙头草本花基地等。

【花木基地选介】 耿圩镇兰花基地。该基地由沭阳县耿圩镇润成兰花盆景产业园兴建，位于324省道与绿雅大道交会处，是集兰花科研、种苗生产、种植示范、产品加工、兰文化教育及产业扶贫于一体的示范园区，项目投资2.6亿元，占地21.2公顷，建设高标准玻璃温室大棚8万平方米，主要生产蝴蝶兰、国兰、文心兰、大花惠兰等，年产兰花500万盆，带动周边农户200余人就业。该项目的建成填补了沭阳高档盆栽花卉空白，经济效益与社会效益显著。

陇集镇俄勒冈彩叶苗木基地。该基地位于陇集镇324省道旁，由美国客商投资2000万美元兴建，面积207公顷，专业从事高端进口容器苗栽培和繁育，培育槭树、桦树、椴树、榉树、山楂、枫香、海棠、豆梨、栎树、白蜡等彩叶、彩果及稀有品种100万余株。基地采用标准化种植技术，自主研发高效低碳的园林苗圃排灌系统，实施肥水一体化。该项目的成功引进，推动了沭阳花木产业由绿色向彩色、地栽向盆栽的转型升级，可吸纳200余名当地居民就业。

扎下镇艺森园盆景造型基地。

该基地由江苏新艺园林工程有限公司投资兴建，建成温室大棚面积3万余平方米，花木直播间3个，接待培训中心900平方米，育苗床2000平方米，观光道路1.5万平方米。基地年培植各类中小型盆景2万余株，盆景素材苗20万株，吸引周边100余名电商、网红、直播达人前来直播销售，人均年增收5万元左右。通过带领技艺传承、带强产业发展、带动群众致富，艺森园已成为集苗木种植、花木造型、盆景制作、现场展示、电商直播于一体的综合基地，吸引了各地花木爱好者及市民前来旅游、观光，通过“花木+旅游+文化”模式推动美丽乡村、数字乡村建设，为乡村振兴注入新活力。

## 花木旅游

沭阳县充分发掘花木旅游资源，以特色花木乡镇、特色花木园区、特色花木基地、特色花木文化为依托，打造了胡家花园、古栗林公园、周圈花卉盆景园、沭阳县植物园、西郊森林公园、中闽田园综合体、榆叶梅花海、海棠花海、油菜花海等一批花木旅游景点，以“花乡绿道”旅游公路为主框架，不断完善配套建设，实现产区变景区。沭阳县通过常态化举办沭阳花木节、沭阳海棠节等节庆活动，不断提升花乡沭阳知名度和美誉度。“中国花木之乡”“国家级生态示范区”“全国百家绿色小康县”“中国十大魅力乡村”“国家AAA级旅游景区”“魅力江苏农业旅游景点”“江苏省最具魅力休闲乡村”等桂冠先后花落沭阳。

## 特色花木

【沭阳女贞】 沭阳栽培金叶女贞已有60余年历史，1955年由颜集镇花晏村最先开始小规模种植，因市场需求和经济效益良好，面积得以迅速扩大。现已形成了以花晏村为中心的沭阳女贞产业核心区，面积146.67公顷，并形成了沭阳女贞球，沭阳女贞柱，沭阳女贞盆景等系列产品，辐射带动颜集、新河、扎下等花卉苗木产区。沭阳女贞属落叶灌木，株高1～2米，冠幅1.5～2米。叶片椭圆形或卵状椭圆形，长2～5厘米，叶色金黄，尤其在春秋两季色泽更加璀璨亮丽。总状花序，小花白色，果椭圆形，紫黑色，花期为5—7月，果期为10—11月。沭阳女贞适应性强，对土壤要求不严格，性喜光，稍耐阴，耐寒能力较强，不耐高温高湿，抗病力强。

【沭阳冬青】 沭阳冬青属常绿灌木或小乔木，树皮灰色或淡灰色，有纵沟，小枝淡绿色，无毛。叶薄革质，狭长椭圆形或披针形，顶端渐尖，基部楔形，边缘有浅圆锯齿，干后呈红褐色，有光泽。花瓣紫红色或淡紫色，向外反卷。果实椭圆形或近球形，成熟时深红色。种子及树皮可供药用，为强壮剂；叶有清热解毒作用，可治气管炎和烧烫伤；树皮可提取栲胶。沭阳冬青木材坚韧，供细工原料，用于制玩具、雕刻品、工具柄、刷背和木梳等。

【沭阳石榴】 沭阳绝大部分是沙质土壤，气候温润，特别适宜沭阳石榴生长，家家户户都会在院子里栽种石榴。石榴花因花期长、红艳似火，被誉为沭阳县花。沭阳石榴果硕大扁圆，籽粒饱满，汁液鲜甜。沭阳石榴属落叶乔木或灌木，单叶，通常对生或簇生。花顶生或近顶生，单生或几朵簇生或组成聚伞花序，近钟形，花瓣5～9瓣，多皱褶，覆瓦状排列。浆果球形，顶端有宿存花萼裂片，果皮厚；种子多数，浆果近球形，果熟期9—10月。外种皮肉质半透明，多汁；内种皮革质。性味甘、酸涩、温，具有杀虫、收敛、涩肠、止痢等功效。石榴果实营养丰富，维生素C含量比苹果、梨要高出一两倍。在清代小说家李汝珍所著的《镜花缘》一书中就有“沭阳石榴甲天下”的记载。沭阳石榴因多子，民间常寓其多福。相传女皇武则天对石榴一直偏爱有加。武周时期，沭阳隶属于东海郡。一天，武则天思念镇守东海郡的侄儿武八思，下令近臣狄仁杰精选子石榴、花石榴200棵，专程送到沭阳赏赐八思，愿他怀中报子，后继有人，于是石榴就在沭阳落户，世代相传。沭阳民间男女结婚时，新房顶篷、嫁妆的脸盆饭碗，都要用红纸剪一个开裂见子的大石榴贴上，表示榴开见子，子孙满堂。近年来沭阳石榴盆景大发展，年产销量达5万盆，优雅古朴的特质是庭院布局不可缺少的风景。

【沭阳黄杨】 黄杨属常绿灌木或小乔木，是沭阳的地产特色树种，在新河、颜集、庙头、潼阳、扎下等乡镇广泛栽植。树干灰白光洁，枝条密生，叶革质，椭圆形，叶色青翠光亮，树姿优美，耐旱、耐寒，适应性强，在园林绿化中广泛应用。黄杨耐修剪、生长慢、寿命长，是制作盆景的优良树材。沭阳盆景艺人制作的黄杨盆景树姿优美，四季常青，尤其春季嫩叶初发，满树嫩绿，赏心悦目。

【沭阳刺柏】 刺柏是沭阳地产乡土树种，培育历史悠久，在新河、颜集、庙头、扎下、潼阳等乡镇广泛栽植。20世纪80年代，沭阳刺柏和沭阳黄杨是沭阳县颇具特色的花木之一。沭阳刺柏属于常绿小乔木，树皮褐色，枝条斜展或直展，树冠塔形或圆柱形，树形优美，叶片苍翠，冬夏常青，红棕色或橙褐色的球果经久不落。沭阳刺柏耐寒耐旱抗逆性强，在土地贫瘠干旱的地方均可生长，具有良好的净化空气、改善城市小气候和降低噪声等多种功能，在城乡绿化中广泛应用。沭阳刺柏是制作盆景的好素材，沭阳盆景艺人就地取材，制作的刺柏盆景树姿优美，树干苍劲，针叶细密油绿，极具艺术美感。

**【沭阳榉树】** 榉树属榆科榉属的落叶乔木树种，是沭阳的特色树种，全县种植面积约1333.33公顷，在耿圩、新河、颜集、庙头、潼阳、扎下等乡镇广泛栽植，其中耿圩镇三叶园林榉树种植466.67公顷。沭阳榉树树姿端庄，高大雄伟，枝叶繁盛，秋叶变成褐红色，是优良的秋色叶树种，可作庭荫树、行道树、风景林等。其生长慢，寿命长，材质优良，阳性树种，深根性，抗风力强，耐烟尘及有害气体。榉树，因其“榉”和“举”谐音，而古代科考有举人、举子之名，相传，以前有一秀才人家，秀才屡试屡挫，妻子恐其沉沦，与其约赌，在家门口石头上种榉树，有心者事竟成。果其然，榉树竟和石头长在了一起，秀才最终也中举归来。因“硬石种榉”与“应试中举”谐音，故木石奇缘又含着祥瑞之征兆。

**【沭阳紫薇】** 沭阳紫薇属千屈菜科，俗称“痒痒树”，又名满堂红、百日红，是一种优良的园林观赏花木。宋代诗人杨万里诗赞颂：似痴如醉丽还佳，露压风欺分外斜。谁道花无红百日，紫薇长放半年花。20世纪70年代初，沭阳的花农初见紫薇，陶醉其秀雅姿态、美丽花色，遂引种并种植。沭阳紫薇种植面积达660多公顷，远销全国各地。紫薇树姿优美，树干光滑洁净，树皮平滑，灰色或灰褐色，枝干多扭曲，小枝纤细。花期6—9月，花色艳丽，开花时正当夏秋少花季节，花期长，故有“百日红”之称，又有“盛夏绿遮眼，此花红满堂”的赞语。叶互生或有时对生，纸质，椭圆形、阔矩圆形或倒卵形。果期9—12月，果实幼时绿色至黄色，成熟时或干燥时呈紫黑色，室背开裂，种子有翅，长约8毫米。沭阳紫薇是观花、观干、观根的盆景良材，根、皮、叶、花皆可入药。

**【沭阳栾树】** 栾树属无患子科、栾树属的落叶乔木，在沭阳新河、颜集、庙头、潼阳、扎下、耿圩等乡镇广泛栽植。沭阳栾树树形高大，枝冠整齐，枝叶繁茂秀丽，季相明显，春季嫩叶红色，夏季黄花满枝，入秋蒴果似盏盏灯笼，果皮红色，绚丽悦目。花期6—8月，果期9—10月。适应性强，耐寒耐旱耐瘠薄，耐盐渍性土，对粉尘、二氧化硫、臭氧等有较强的抗性。沭阳栾树是理想的行道、庭荫等景观绿化树种，也可用作防护林、水土保持及荒山绿化、工业污染区绿化树种。

## 花木电商

**【概况】** 沭阳是全国闻名的电商产业大县、江苏省农业电子商务示范县。2021年，全县拥有16个“中国淘宝镇”、104个“中国淘宝村”，是全国唯一的花木淘宝村集群，有花木网店3万余家，花木电商销售额达120亿元。

**【花木电商模式】** 全县有40余家快递物流企业为花木电商服务，建立了10余个集“基地+电商+物流”为一体的花木电商产业集群，构建了“农民+手机+产业基地”的联农富农模式，网红成为“新农人”，手机成为“新农具”，直播成为“新农事”，数据成为“新农资”。

**【沭阳国际花木城盆景直播中心】** 沭阳国际花木城总投资5亿元，占地66.67公顷，是集花木展销、信息发布、电子商务、现代物流、旅游观光五位一体的大型花木综合交易市场。随着手机直播带货的兴起，花木城通过多方位探索，结合沭阳盆景产业优势，在花木城一号展览馆设立直播（拍卖）中心，于2021年11月开始试运营，设展位100余间，已有省内外80多家优质盆景供货商进驻。试运营以来，每天吸引40～60位主播给商家带货直播，每天夜晚7点至12点开展线上竞价拍卖活动，日均销售额超60万元。

2021年9月，沭阳花木电商在直播卖花

沭阳现代农业产业园区管委会 供图

2021年9月，沭阳国际花木城盆景直播中心

沭阳现代农业产业园区管委会　供图

## 第九届沭阳花木节

**【概况】** 2021年9月28日至10月5日，沭阳成功举办第九届沭阳花木节。活动共接待各类参观游客及参与者20余万人，实现各类花木交易额8.5亿余元。第九届沭阳花木节主会场为沭阳国际花木城，设5个展馆，总面积约5万平方米。活动旨在通过举办产业展示展览、技术培训以及经贸文化活动，带动全县经济社会发展，推动当地富民增效。

**【特色活动】** 第九届沭阳花木节主要有展示"颜色经济"内涵、营造诚信经营氛围、增加经贸招商活动、与京东达成深度合作、体现地标产品元素、延长花木产业链条、放大直播带货效应、推广沭阳特色美食、展示地方文化品牌等九大特色亮点。其间，还举办了花卉园艺展、精品盆景邀请展、苗木及园林机械展、花木盆景资材展、网红直播实景展、庆国庆和庆祝中国共产党成立100周年主题景观展等展览活动。其中花卉园艺展首次采取核心展区一体化整体设计，设置章集菊花、铁线莲，耿圩多肉、蝴蝶兰，扎下庭院景观植物，新河月季，颜集绿植等特色产品展区；举办沭阳"老鹅"美食节，首次将地方美食与花木节相结合，集中展示沭阳老鹅、沭阳扣肉等地域美食；围绕"中国淮海戏之乡""中国书法之乡""江苏省楹联文化县"等文化品牌，举办"淮海戏艺术节"、楹联书法展等集中展示地方文化品牌系列活动。此外，花木节开幕式当天还举办了沭阳花木京东自营专区启动仪式和"金秋经贸招商推介会"签约仪式两项重大活动。

（马喜娟）

## 林业生产

**【绿化造林】** 2021年，沭阳县自然资源管理局大力推进国土绿化行动，全县森林覆盖面积5.98万公顷，林木覆盖率达26.02%。湿地保护区和湿地公园建设工作顺利开展，自然湿地保护面积达3847公顷。三河湿地生态修复工程进展迅速，新增湿地修复面积6.67公顷，累计恢复湿地面积47公顷。

**【林业有害生物防控】** 2021年，全县完成林业有害生物防治面积2.68万公顷，超额完成2万公顷的防治任务。

**【林业行政许可】** 抓好林业行政许可（审批）工作，全年共培训花木领域从业人员9000人，发放许可证和委托备案1万余份。持续开展"春雷"行动及冬季攻势，共立案查处花木种苗领域违法案件66件，罚没款280.9万元；移交公安机关涉嫌违法犯罪线索7件，采取强制措施6人、刑罚1人；报送到县信用办失信人员信息47条，在2021年花木经营户诚信"红黑榜"上曝光售假商家信息54条。

（梁哨峰）

2021年9月，第九届沭阳花木节主入口

沭阳现代农业产业园区管委会　供图

## 2021年沭阳县古树名木一览表

表6

| 编号 | 树种 | 学名 | 科属 | 树龄（年） | 树高（米） | 胸围（地围）（厘米） | 冠幅（米） | 具体生长位置 | 管护责任单位（人） | 备注 |
|---|---|---|---|---|---|---|---|---|---|---|
| 32132200001 | 刺柏 | Juniperus formosana Hayata | 柏科刺柏属 | 520 | 1.2 | 25 | 2 | 新河镇，周圈村 | 新河镇人民政府 | 一级 |
| 32132200002 | 刺柏 | Juniperus formosana Hayata | 柏科刺柏属 | 180 | 0.9 | 38 | 3 | 新河镇，周圈村 | 新河镇人民政府 | 三级 |
| 32132200003 | 刺柏 | Juniperus formosana Hayata | 柏科刺柏属 | 180 | 0.8 | 40 | 3 | 新河镇，周圈村 | 新河镇人民政府 | 三级 |
| 32132200004 | 铺地柏 | Sabina procumbens (Endl.) Iwata et Kusaka | 柏科圆柏属 | 190 | 1.2 | 25 | 1 | 新河镇，周圈村 | 新河镇人民政府 | 三级 |
| 32132200005 | 刺柏 | Juniperus formosana Hayata | 柏科刺柏属 | 180 | 1 | 22 | 1 | 新河镇，周圈村 | 新河镇人民政府 | 三级 |
| 32132200006 | 铺地柏 | Sabina procumbens (Endl.) Iwata et Kusaka | 柏科圆柏属 | 190 | 1.3 | 25 | 1 | 新河镇，周圈村 | 新河镇人民政府 | 三级 |
| 32132200007 | 铺地柏 | Sabina procumbens (Endl.) Iwata et Kusaka | 柏科圆柏属 | 190 | 1.5 | 22 | 2 | 新河镇，周圈村 | 新河镇人民政府 | 三级 |
| 32132200008 | 铺地柏 | Sabina procumbens (Endl.) Iwata et Kusaka | 柏科圆柏属 | 190 | 1.4 | 29 | 2 | 新河镇，周圈村 | 新河镇人民政府 | 三级 |
| 32132200009 | 铺地柏 | Sabina procumbens (Endl.) Iwata et Kusaka | 柏科圆柏属 | 190 | 1.3 | 23 | 2 | 新河镇，周圈村 | 新河镇人民政府 | 三级 |
| 32132200010 | 铺地柏 | Sabina procumbens (Endl.) Iwata et Kusaka | 柏科圆柏属 | 190 | 1.4 | 23 | 1 | 新河镇，周圈村 | 新河镇人民政府 | 三级 |
| 32132200011 | 铺地柏 | Sabina procumbens (Endl.) Iwata et Kusaka | 柏科圆柏属 | 190 | 1.3 | 22 | 1 | 新河镇，周圈村 | 新河镇人民政府 | 三级 |
| 32132200012 | 铺地柏 | Sabina procumbens (Endl.) Iwata et Kusaka | 柏科圆柏属 | 190 | 1.3 | 23 | 1 | 新河镇，周圈村 | 新河镇人民政府 | 三级 |
| 32132200013 | 麻栎 | Quercus acutissima Carr. | 壳斗科麻栎属 | 110 | 23.6 | 205 | 14 | 新河镇，周圈村 | 新河镇人民政府 | 三级 |
| 32132200014 | 板栗 | Castanea mollissima Bl. | 壳斗科栗属 | 140 | 13.4 | 157 | 11 | 新河镇，周圈村 | 新河镇人民政府 | 三级 |
| 32132200015 | 板栗 | Castanea mollissima Bl. | 壳斗科栗属 | 140 | 13.3 | 171 | 11 | 新河镇，周圈村 | 新河镇人民政府 | 三级 |
| 32132200016 | 板栗 | Castanea mollissima Bl. | 壳斗科栗属 | 140 | 10.9 | 143 | 7 | 新河镇，周圈村 | 新河镇人民政府 | 三级 |
| 32132200017 | 板栗 | Castanea mollissima Bl. | 壳斗科栗属 | 140 | 18.7 | 176 | 11 | 新河镇，周圈村 | 新河镇人民政府 | 三级 |
| 32132200018 | 银杏 | Ginkgo biloba L. | 银杏科银杏属 | 140 | 21.6 | 225 | 16 | 新河镇，周圈村 | 新河镇人民政府 | 三级 |
| 32132200019 | 银杏 | Ginkgo biloba L. | 银杏科银杏属 | 140 | 20.4 | 198 | 14 | 新河镇，周圈村 | 新河镇人民政府 | 三级 |
| 32132200020 | 板栗 | Castanea mollissima Bl. | 壳斗科栗属 | 140 | 13 | 128 | 9 | 新河镇，周圈村 | 新河镇人民政府 | 三级 |
| 32132200021 | 板栗 | Castanea mollissima Bl. | 壳斗科栗属 | 140 | 12 | 95 | 6 | 新河镇，周圈村 | 新河镇人民政府 | 三级 |
| 32132200022 | 银杏 | Ginkgo biloba L. | 银杏科银杏属 | 140 | 7.8 | 146 | 11 | 新河镇，周圈村 | 新河镇人民政府 | 三级 |
| 32132200023 | 银杏 | Ginkgo biloba L. | 银杏科银杏属 | 140 | 11.6 | 137 | 8 | 新河镇，周圈村 | 新河镇人民政府 | 三级 |
| 32132200024 | 银杏 | Ginkgo biloba L. | 银杏科银杏属 | 120 | 15.6 | 176 | 10 | 新河镇，周圈村 | 新河镇人民政府 | 三级 |
| 32132200025 | 板栗 | Castanea mollissima Bl. | 壳斗科栗属 | 140 | 13.1 | 135 | 10 | 新河镇，周圈村 | 新河镇人民政府 | 三级 |
| 32132200026 | 银杏 | Ginkgo biloba L. | 银杏科银杏属 | 130 | 14.3 | 161 | 8 | 新河镇，周圈村 | 新河镇人民政府 | 三级 |
| 32132200027 | 板栗 | Castanea mollissima Bl. | 壳斗科栗属 | 140 | 14.3 | 159 | 9 | 新河镇，周圈村 | 新河镇人民政府 | 三级 |
| 32132200028 | 银杏 | Ginkgo biloba L. | 银杏科银杏属 | 140 | 20.5 | 260 | 13 | 新河镇,周圈村, | 新河镇人民政府 | 三级 |

续表6

| 编号 | 树种 | 学名 | 科属 | 树龄（年） | 树高（米） | 胸围（地围）（厘米） | 冠幅（米） | 具体生长位置 | 管护责任单位（人） | 备注 |
|---|---|---|---|---|---|---|---|---|---|---|
| 32132200029 | 银杏 | Ginkgo biloba L. | 银杏科银杏属 | 140 | 19.4 | 199 | 14 | 新河镇，周圈村 | 新河镇人民政府 | 三级 |
| 32132200030 | 银杏 | Ginkgo biloba L. | 银杏科银杏属 | 140 | 19.2 | 181 | 10 | 新河镇，周圈村 | 新河镇人民政府 | 三级 |
| 32132200031 | 银杏 | Ginkgo biloba L. | 银杏科银杏属 | 140 | 19.8 | 225 | 15 | 新河镇，周圈村 | 新河镇人民政府 | 三级 |
| 32132200032 | 银杏 | Ginkgo biloba L. | 银杏科银杏属 | 120 | 18.7 | 147 | 10 | 新河镇，周圈村 | 新河镇人民政府 | 三级 |
| 32132200033 | 银杏 | Ginkgo biloba L. | 银杏科银杏属 | 130 | 18.2 | 147 | 9 | 新河镇，周圈村 | 新河镇人民政府 | 三级 |
| 32132200034 | 板栗 | Castanea mollissima Bl. | 壳斗科栗属 | 140 | 12.3 | 126 | 11 | 新河镇，周圈村 | 新河镇人民政府 | 三级 |
| 32132200035 | 银杏 | Ginkgo biloba L. | 银杏科银杏属 | 140 | 18.4 | 155 | 10 | 新河镇，周圈村 | 新河镇人民政府 | 三级 |
| 32132200036 | 银杏 | Ginkgo biloba L. | 银杏科银杏属 | 150 | 21.6 | 226 | 15 | 新河镇，周圈村 | 新河镇人民政府 | 三级 |
| 32132200037 | 银杏 | Ginkgo biloba L. | 银杏科银杏属 | 140 | 19.2 | 161 | 13 | 新河镇，周圈村 | 新河镇人民政府 | 三级 |
| 32132200038 | 银杏 | Ginkgo biloba L. | 银杏科银杏属 | 120 | 18.8 | 174 | 14 | 新河镇，周圈村 | 新河镇人民政府 | 三级 |
| 32132200039 | 银杏 | Ginkgo biloba L. | 银杏科银杏属 | 140 | 22.2 | 283 | 20 | 新河镇，周圈村 | 新河镇人民政府 | 三级 |
| 32132200040 | 银杏 | Ginkgo biloba L. | 银杏科银杏属 | 120 | 17.8 | 163 | 15 | 新河镇，周圈村 | 新河镇人民政府 | 三级 |
| 32132200041 | 银杏 | Ginkgo biloba L. | 银杏科银杏属 | 110 | 17.4 | 168 | 9 | 新河镇，周圈村 | 新河镇人民政府 | 三级 |
| 32132200042 | 板栗 | Castanea mollissima Bl. | 壳斗科栗属 | 140 | 7.7 | 200 | 6 | 新河镇，周圈村 | 新河镇人民政府 | 三级 |
| 32132200043 | 银杏 | Ginkgo biloba L. | 银杏科银杏属 | 120 | 16.7 | 182 | 9 | 新河镇，周圈村 | 新河镇人民政府 | 三级 |
| 32132200044 | 银杏 | Ginkgo biloba L. | 银杏科银杏属 | 150 | 20.8 | 206 | 12 | 新河镇，周圈村 | 新河镇人民政府 | 三级 |
| 32132200045 | 银杏 | Ginkgo biloba L. | 银杏科银杏属 | 120 | 18.7 | 183 | 11 | 新河镇，周圈村 | 新河镇人民政府 | 三级 |
| 32132200046 | 银杏 | Ginkgo biloba L. | 银杏科银杏属 | 120 | 17.5 | 200 | 10 | 新河镇，周圈村 | 新河镇人民政府 | 三级 |
| 32132200047 | 银杏 | Ginkgo biloba L. | 银杏科银杏属 | 120 | 17.1 | 160 | 11 | 新河镇，周圈村 | 新河镇人民政府 | 三级 |
| 32132200048 | 银杏 | Ginkgo biloba L. | 银杏科银杏属 | 120 | 18.9 | 187 | 12 | 新河镇，周圈村 | 新河镇人民政府 | 三级 |
| 32132200049 | 银杏 | Ginkgo biloba L. | 银杏科银杏属 | 120 | 18.9 | 188 | 12 | 新河镇，周圈村 | 新河镇人民政府 | 三级 |
| 32132200050 | 银杏 | Ginkgo biloba L. | 银杏科银杏属 | 120 | 19.1 | 165 | 10 | 新河镇，周圈村 | 新河镇人民政府 | 三级 |
| 32132200051 | 银杏 | Ginkgo biloba L. | 银杏科银杏属 | 140 | 21.2 | 226 | 12 | 新河镇，周圈村 | 新河镇人民政府 | 三级 |
| 32132200052 | 银杏 | Ginkgo biloba L. | 银杏科银杏属 | 120 | 17.8 | 160 | 9 | 新河镇，周圈村 | 新河镇人民政府 | 三级 |
| 32132200053 | 银杏 | Ginkgo biloba L. | 银杏科银杏属 | 120 | 21 | 175 | 11 | 新河镇，周圈村 | 新河镇人民政府 | 三级 |
| 32132200054 | 银杏 | Ginkgo biloba L. | 银杏科银杏属 | 120 | 19.7 | 185 | 11 | 新河镇，周圈村 | 新河镇人民政府 | 三级 |
| 32132200055 | 银杏 | Ginkgo biloba L. | 银杏科银杏属 | 120 | 17.7 | 200 | 12 | 新河镇，周圈村 | 新河镇人民政府 | 三级 |
| 32132200056 | 银杏 | Ginkgo biloba L. | 银杏科银杏属 | 120 | 15.7 | 200 | 11 | 新河镇，周圈村 | 新河镇人民政府 | 三级 |
| 32132200057 | 银杏 | Ginkgo biloba L. | 银杏科银杏属 | 120 | 17.3 | 160 | 10 | 新河镇，周圈村 | 新河镇人民政府 | 三级 |
| 32132200058 | 板栗 | Castanea mollissima Bl. | 壳斗科栗属 | 140 | 11.7 | 132 | 5 | 新河镇，周圈村 | 新河镇人民政府 | 三级 |
| 32132200059 | 银杏 | Ginkgo biloba L. | 银杏科银杏属 | 120 | 16.8 | 144 | 9 | 新河镇，周圈村 | 新河镇人民政府 | 三级 |
| 32132200060 | 银杏 | Ginkgo biloba L. | 银杏科银杏属 | 140 | 19.8 | 213 | 14 | 新河镇，周圈村 | 新河镇人民政府 | 三级 |
| 32132200061 | 银杏 | Ginkgo biloba L. | 银杏科银杏属 | 120 | 18.2 | 164 | 10 | 新河镇，周圈村 | 新河镇人民政府 | 三级 |
| 32132200062 | 柿树 | Diospyros kaki Thunb. | 柿树科柿属 | 120 | 12.2 | 150 | 7 | 新河镇，周圈村 | 新河镇人民政府 | 三级 |
| 32132200063 | 板栗 | Castanea mollissima Bl. | 壳斗科栗属 | 140 | 12.3 | 161 | 8 | 新河镇，周圈村 | 新河镇人民政府 | 三级 |
| 32132200064 | 板栗 | Castanea mollissima Bl. | 壳斗科栗属 | 140 | 6.7 | 158 | 8 | 新河镇，周圈村 | 新河镇人民政府 | 三级 |
| 32132200065 | 板栗 | Castanea mollissima Bl. | 壳斗科栗属 | 140 | 12.7 | 125 | 9 | 新河镇，周圈村 | 新河镇人民政府 | 三级 |
| 32132200066 | 板栗 | Castanea mollissima Bl. | 壳斗科栗属 | 140 | 10.4 | 101 | 6 | 新河镇，周圈村 | 新河镇人民政府 | 三级 |
| 32132200067 | 板栗 | Castanea mollissima Bl. | 壳斗科栗属 | 140 | 13.8 | 150 | 11 | 新河镇，周圈村 | 新河镇人民政府 | 三级 |

续表6

| 编号 | 树种 | 学名 | 科属 | 树龄（年） | 树高（米） | 胸围（地围）（厘米） | 冠幅（米） | 具体生长位置 | 管护责任单位（人） | 备注 |
|---|---|---|---|---|---|---|---|---|---|---|
| 32132200068 | 银杏 | Ginkgo biloba L. | 银杏科银杏属 | 120 | 16.3 | 140 | 7 | 新河镇，周圈村 | 新河镇人民政府 | 三级 |
| 32132200069 | 银杏 | Ginkgo biloba L. | 银杏科银杏属 | 120 | 19.2 | 200 | 11 | 新河镇，周圈村 | 新河镇人民政府 | 三级 |
| 32132200070 | 银杏 | Ginkgo biloba L. | 银杏科银杏属 | 120 | 18.7 | 167 | 11 | 新河镇，周圈村 | 新河镇人民政府 | 三级 |
| 32132200071 | 板栗 | Castanea mollissima Bl. | 壳斗科栗属 | 140 | 17.5 | 104 | 10 | 新河镇，周圈村 | 新河镇人民政府 | 三级 |
| 32132200072 | 银杏 | Ginkgo biloba L. | 银杏科银杏属 | 120 | 16.8 | 235 | 10 | 新河镇，周圈村 | 新河镇人民政府 | 三级 |
| 32132200073 | 银杏 | Ginkgo biloba L. | 银杏科银杏属 | 120 | 17.2 | 197 | 7 | 新河镇，周圈村 | 新河镇人民政府 | 三级 |
| 32132200074 | 银杏 | Ginkgo biloba L. | 银杏科银杏属 | 120 | 18.7 | 181 | 12 | 新河镇，周圈村，普善寺 | 新河镇人民政府 | 三级 |
| 32132200075 | 银杏 | Ginkgo biloba L. | 银杏科银杏属 | 120 | 18.9 | 187 | 12 | 新河镇，周圈村 | 新河镇人民政府 | 三级 |
| 32132200076 | 侧柏 | Platycladus orientalis (L.) Franco | 柏科侧柏属 | 160 | 13.8 | 77 | 4 | 新河镇，周圈村 | 新河镇人民政府 | 三级 |
| 32132200077 | 银杏 | Ginkgo biloba L. | 银杏科银杏属 | 150 | 18.7 | 218 | 10 | 新河镇，周圈村，普善寺 | 新河镇人民政府 | 三级 |
| 32132200078 | 银杏 | Ginkgo biloba L. | 银杏科银杏属 | 130 | 17.1 | 171 | 6 | 新河镇，周圈村 | 新河镇人民政府 | 三级 |
| 32132200079 | 银杏 | Ginkgo biloba L. | 银杏科银杏属 | 120 | 8.2 | 150 | 7 | 新河镇，周圈村，普善寺 | 新河镇人民政府 | 三级 |
| 32132200080 | 板栗 | Castanea mollissima Bl. | 壳斗科栗属 | 140 | 8.7 | 226 | 8 | 新河镇，周圈村，普善寺 | 新河镇人民政府 | 三级 |
| 32132200081 | 银杏 | Ginkgo biloba L. | 银杏科银杏属 | 140 | 17.4 | 201 | 11 | 新河镇，周圈村，普善寺 | 新河镇人民政府 | 三级 |
| 32132200082 | 板栗 | Castanea mollissima Bl. | 壳斗科栗属 | 140 | 10.7 | 136 | 7 | 新河镇，周圈村，普善寺 | 新河镇人民政府 | 三级 |
| 32132200083 | 板栗 | Castanea mollissima Bl. | 壳斗科栗属 | 140 | 12.3 | 189 | 10 | 新河镇，周圈村，普善寺 | 新河镇人民政府 | 三级 |
| 32132200084 | 板栗 | Castanea mollissima Bl. | 壳斗科栗属 | 140 | 12.1 | 165 | 10 | 新河镇，周圈村，普善寺 | 新河镇人民政府 | 三级 |
| 32132200085 | 板栗 | Castanea mollissima Bl. | 壳斗科栗属 | 140 | 12.2 | 110 | 10 | 新河镇，周圈村，普善寺 | 新河镇人民政府 | 三级 |
| 32132200086 | 板栗 | Castanea mollissima Bl. | 壳斗科栗属 | 140 | 11.8 | 131 | 10 | 新河镇，周圈村 | 新河镇人民政府 | 三级 |
| 32132200087 | 板栗 | Castanea mollissima Bl. | 壳斗科栗属 | 140 | 12 | 56 | 10 | 新河镇，周圈村 | 新河镇人民政府 | 三级 |
| 32132200088 | 板栗 | Castanea mollissima Bl. | 壳斗科栗属 | 140 | 12.8 | 182 | 12 | 新河镇，周圈村 | 新河镇人民政府 | 三级 |
| 32132200089 | 板栗 | Castanea mollissima Bl. | 壳斗科栗属 | 140 | 7.8 | 91 | 8 | 新河镇，周圈村 | 新河镇人民政府 | 三级 |
| 32132200090 | 板栗 | Castanea mollissima Bl. | 壳斗科栗属 | 140 | 8.3 | 242 | 11 | 新河镇，周圈村 | 新河镇人民政府 | 三级 |
| 32132200091 | 板栗 | Castanea mollissima Bl. | 壳斗科栗属 | 140 | 6.5 | 174 | 7 | 新河镇，周圈村 | 新河镇人民政府 | 三级 |
| 32132200092 | 柿树 | Diospyros kaki Thunb. | 柿树科柿属 | 120 | 10.1 | 134 | 7 | 新河镇，周圈村 | 新河镇人民政府 | 三级 |
| 32132200093 | 板栗 | Castanea mollissima Bl. | 壳斗科栗属 | 140 | 12.6 | 132 | 12 | 新河镇，周圈村 | 新河镇人民政府 | 三级 |
| 32132200094 | 银杏 | Ginkgo biloba L. | 银杏科银杏属 | 120 | 18.6 | 170 | 10 | 新河镇，周圈村 | 新河镇人民政府 | 三级 |
| 32132200095 | 银杏 | Ginkgo biloba L. | 银杏科银杏属 | 120 | 18.9 | 181 | 15 | 新河镇，周圈村 | 新河镇人民政府 | 三级 |
| 32132200096 | 银杏 | Ginkgo biloba L. | 银杏科银杏属 | 120 | 16.7 | 175 | 9 | 新河镇，周圈村 | 新河镇人民政府 | 三级 |
| 32132200097 | 银杏 | Ginkgo biloba L. | 银杏科银杏属 | 120 | 18.8 | 222 | 13 | 新河镇，周圈村 | 新河镇人民政府 | 三级 |
| 32132200098 | 板栗 | Castanea mollissima Bl. | 壳斗科栗属 | 110 | 8.2 | 115 | 9 | 新河镇，周圈村 | 新河镇人民政府 | 三级 |

续表6

| 编号 | 树种 | 学名 | 科属 | 树龄（年） | 树高（米） | 胸围（地围）（厘米） | 冠幅（米） | 具体生长位置 | 管护责任单位（人） | 备注 |
|---|---|---|---|---|---|---|---|---|---|---|
| 32132200099 | 板栗 | Castanea mollissima Bl. | 壳斗科栗属 | 140 | 13.2 | 210 | 12 | 新河镇，周圈村 | 新河镇人民政府 | 三级 |
| 32132200100 | 板栗 | Castanea mollissima Bl. | 壳斗科栗属 | 110 | 12.8 | 132 | 10 | 新河镇，周圈村 | 新河镇人民政府 | 三级 |
| 32132200101 | 板栗 | Castanea mollissima Bl. | 壳斗科栗属 | 110 | 8.6 | 98 | 5 | 新河镇，周圈村 | 新河镇人民政府 | 三级 |
| 32132200102 | 板栗 | Castanea mollissima Bl. | 壳斗科栗属 | 110 | 13.2 | 144 | 11 | 新河镇，周圈村 | 新河镇人民政府 | 三级 |
| 32132200103 | 板栗 | Castanea mollissima Bl. | 壳斗科栗属 | 110 | 10.1 | 100 | 7 | 新河镇，周圈村 | 新河镇人民政府 | 三级 |
| 32132200104 | 板栗 | Castanea mollissima Bl. | 壳斗科栗属 | 110 | 11.6 | 134 | 10 | 新河镇，周圈村 | 新河镇人民政府 | 三级 |
| 32132200105 | 板栗 | Castanea mollissima Bl. | 壳斗科栗属 | 120 | 6.7 | 105 | 7 | 新河镇，周圈村 | 新河镇人民政府 | 三级 |
| 32132200106 | 板栗 | Castanea mollissima Bl. | 壳斗科栗属 | 140 | 13.2 | 146 | 12 | 新河镇，周圈村 | 新河镇人民政府 | 三级 |
| 32132200107 | 板栗 | Castanea mollissima Bl. | 壳斗科栗属 | 140 | 13.4 | 258 | 14 | 新河镇，周圈村 | 新河镇人民政府 | 三级 |
| 32132200108 | 板栗 | Castanea mollissima Bl. | 壳斗科栗属 | 140 | 13.2 | 190 | 13 | 新河镇，周圈村 | 新河镇人民政府 | 三级 |
| 32132200109 | 板栗 | Castanea mollissima Bl. | 壳斗科栗属 | 140 | 9.2 | 188 | 8 | 新河镇，周圈村 | 新河镇人民政府 | 三级 |
| 32132200110 | 板栗 | Castanea mollissima Bl. | 壳斗科栗属 | 120 | 14.1 | 176 | 9 | 新河镇，周圈村 | 新河镇人民政府 | 三级 |
| 32132200111 | 板栗 | Castanea mollissima Bl. | 壳斗科栗属 | 120 | 12.2 | 195 | 8 | 新河镇，周圈村 | 新河镇人民政府 | 三级 |
| 32132200112 | 板栗 | Castanea mollissima Bl. | 壳斗科栗属 | 120 | 10.2 | 134 | 8 | 新河镇，周圈村 | 新河镇人民政府 | 三级 |
| 32132200113 | 板栗 | Castanea mollissima Bl. | 壳斗科栗属 | 120 | 9.3 |  | 6 | 新河镇，周圈村 | 新河镇人民政府 | 三级 |
| 32132200114 | 板栗 | Castanea mollissima Bl. | 壳斗科栗属 | 120 | 10.4 | 122 | 7 | 新河镇，周圈村 | 新河镇人民政府 | 三级 |
| 32132200115 | 柿树 | Diospyros kaki Thunb. | 柿树科柿属 | 130 | 13.8 | 110 | 11 | 新河镇，周圈村 | 新河镇人民政府 | 三级 |
| 32132200116 | 板栗 | Castanea mollissima Bl. | 壳斗科栗属 | 140 | 13.3 | 172 | 12 | 新河镇，周圈村 | 新河镇人民政府 | 三级 |
| 32132200117 | 板栗 | Castanea mollissima Bl. | 壳斗科栗属 | 140 | 9.8 | 174 | 8 | 新河镇，周圈村 | 新河镇人民政府 | 三级 |
| 32132200118 | 板栗 | Castanea mollissima Bl. | 壳斗科栗属 | 120 | 7.2 | 101 | 7 | 新河镇，周圈村 | 新河镇人民政府 | 三级 |
| 32132200119 | 柿树 | Diospyros kaki Thunb. | 柿树科柿属 | 130 | 9.6 | 209 | 13 | 新河镇，周圈村 | 新河镇人民政府 | 三级 |
| 32132200120 | 板栗 | Castanea mollissima Bl. | 壳斗科栗属 | 120 | 7.3 | 132 | 4 | 新河镇，周圈村 | 新河镇人民政府 | 三级 |
| 32132200121 | 银杏 | Ginkgo biloba L. | 银杏科银杏属 | 140 | 8.3 | 180 | 10 | 新河镇，周圈村 | 新河镇人民政府 | 三级 |
| 32132200122 | 银杏 | Ginkgo biloba L. | 银杏科银杏属 | 130 | 16.8 | 180 | 10 | 新河镇，周圈村 | 新河镇人民政府 | 三级 |
| 32132200123 | 板栗 | Castanea mollissima Bl. | 壳斗科栗属 | 120 | 4.2 | 130 | 3 | 新河镇，周圈村 | 新河镇人民政府 | 三级 |
| 32132200124 | 板栗 | Castanea mollissima Bl. | 壳斗科栗属 | 120 | 6.2 | 83 | 5 | 新河镇，周圈村 | 新河镇人民政府 | 三级 |
| 32132200125 | 板栗 | Castanea mollissima Bl. | 壳斗科栗属 | 120 | 7.8 | 183 | 7 | 新河镇，周圈村 | 新河镇人民政府 | 三级 |
| 32132200126 | 板栗 | Castanea mollissima Bl. | 壳斗科栗属 | 120 | 8 | 111 | 5 | 新河镇，周圈村 | 新河镇人民政府 | 三级 |
| 32132200127 | 银杏 | Ginkgo biloba L. | 银杏科银杏属 | 120 | 18.3 | 157 | 11 | 新河镇，周圈村 | 新河镇人民政府 | 三级 |
| 32132200128 | 板栗 | Castanea mollissima Bl. | 壳斗科栗属 | 120 | 8.6 | 87 | 6 | 新河镇，周圈村 | 新河镇人民政府 | 三级 |
| 32132200129 | 板栗 | Castanea mollissima Bl. | 壳斗科栗属 | 120 | 6.7 | 83 | 5 | 新河镇，周圈村 | 新河镇人民政府 | 三级 |
| 32132200130 | 板栗 | Castanea mollissima Bl. | 壳斗科栗属 | 120 | 8.4 | 136 | 10 | 新河镇，周圈村 | 新河镇人民政府 | 三级 |
| 32132200131 | 板栗 | Castanea mollissima Bl. | 壳斗科栗属 | 120 | 11.4 | 112 | 11 | 新河镇，周圈村 | 新河镇人民政府 | 三级 |
| 32132200132 | 板栗 | Castanea mollissima Bl. | 壳斗科栗属 | 120 | 10.9 | 147 | 9 | 新河镇，周圈村 | 新河镇人民政府 | 三级 |
| 32132200133 | 板栗 | Castanea mollissima Bl. | 壳斗科栗属 | 120 | 12.2 | 115 | 9 | 新河镇，周圈村 | 新河镇人民政府 | 三级 |
| 32132200134 | 板栗 | Castanea mollissima Bl. | 壳斗科栗属 | 140 | 13.7 | 220 | 12 | 新河镇，周圈村 | 新河镇人民政府 | 三级 |
| 32132200135 | 板栗 | Castanea mollissima Bl. | 壳斗科栗属 | 120 | 9.2 | 104 | 7 | 新河镇，周圈村 | 新河镇人民政府 | 三级 |
| 32132200136 | 板栗 | Castanea mollissima Bl. | 壳斗科栗属 | 120 | 8.6 | 120 | 8 | 新河镇，周圈村 | 新河镇人民政府 | 三级 |
| 32132200137 | 板栗 | Castanea mollissima Bl. | 壳斗科栗属 | 120 | 8.8 | 128 | 6 | 新河镇，周圈村 | 新河镇人民政府 | 三级 |

续表6

| 编号 | 树种 | 学名 | 科属 | 树龄（年） | 树高（米） | 胸围（地围）（厘米） | 冠幅（米） | 具体生长位置 | 管护责任单位（人） | 备注 |
| --- | --- | --- | --- | --- | --- | --- | --- | --- | --- | --- |
| 32132200138 | 板栗 | Castanea mollissima Bl. | 壳斗科栗属 | 120 | 9.2 | 153 | 11 | 新河镇，周圈村 | 新河镇人民政府 | 三级 |
| 32132200139 | 板栗 | Castanea mollissima Bl. | 壳斗科栗属 | 140 | 15.7 | 190 | 14 | 新河镇，周圈村 | 新河镇人民政府 | 三级 |
| 32132200140 | 板栗 | Castanea mollissima Bl. | 壳斗科栗属 | 120 | 13.2 | 150 | 9 | 新河镇，周圈村 | 新河镇人民政府 | 三级 |
| 32132200141 | 板栗 | Castanea mollissima Bl. | 壳斗科栗属 | 120 | 11.3 | 104 | 8 | 新河镇，周圈村 | 新河镇人民政府 | 三级 |
| 32132200142 | 板栗 | Castanea mollissima Bl. | 壳斗科栗属 | 120 | 9.4 | 118 | 10 | 新河镇，周圈村 | 新河镇人民政府 | 三级 |
| 32132200143 | 板栗 | Castanea mollissima Bl. | 壳斗科栗属 | 140 | 13.7 | 172 | 12 | 新河镇，周圈村 | 新河镇人民政府 | 三级 |
| 32132200144 | 板栗 | Castanea mollissima Bl. | 壳斗科栗属 | 120 | 10.5 | 107 | 12 | 新河镇，周圈村 | 新河镇人民政府 | 三级 |
| 32132200145 | 板栗 | Castanea mollissima Bl. | 壳斗科栗属 | 120 | 10.5 | 136 | 11 | 新河镇，周圈村 | 新河镇人民政府 | 三级 |
| 32132200146 | 板栗 | Castanea mollissima Bl. | 壳斗科栗属 | 140 | 9.4 | 179 | 10 | 新河镇，周圈村 | 新河镇人民政府 | 三级 |
| 32132200147 | 板栗 | Castanea mollissima Bl. | 壳斗科栗属 | 120 | 7.8 | 131 | 9 | 新河镇，周圈村 | 新河镇人民政府 | 三级 |
| 32132200148 | 板栗 | Castanea mollissima Bl. | 壳斗科栗属 | 120 | 12.3 | 114 | 11 | 新河镇，周圈村 | 新河镇人民政府 | 三级 |
| 32132200149 | 板栗 | Castanea mollissima Bl. | 壳斗科栗属 | 140 | 13.2 | 182 | 12 | 新河镇，周圈村 | 新河镇人民政府 | 三级 |
| 32132200150 | 板栗 | Castanea mollissima Bl. | 壳斗科栗属 | 120 | 8.4 | 102 | 5 | 新河镇，周圈村 | 新河镇人民政府 | 三级 |
| 32132200151 | 板栗 | Castanea mollissima Bl. | 壳斗科栗属 | 140 | 9.7 | 212 | 12 | 新河镇，周圈村 | 新河镇人民政府 | 三级 |
| 32132200152 | 板栗 | Castanea mollissima Bl. | 壳斗科栗属 | 120 | 10.2 | 141 | 12 | 新河镇，周圈村 | 新河镇人民政府 | 三级 |
| 32132200153 | 板栗 | Castanea mollissima Bl. | 壳斗科栗属 | 120 | 11 | 156 | 12 | 新河镇，周圈村 | 新河镇人民政府 | 三级 |
| 32132200154 | 板栗 | Castanea mollissima Bl. | 壳斗科栗属 | 120 | 12.3 | 130 | 10 | 新河镇，周圈村 | 新河镇人民政府 | 三级 |
| 32132200155 | 板栗 | Castanea mollissima Bl. | 壳斗科栗属 | 120 | 9.2 | 152 | 10 | 新河镇，周圈村 | 新河镇人民政府 | 三级 |
| 32132200156 | 板栗 | Castanea mollissima Bl. | 壳斗科栗属 | 120 | 11.5 | 160 | 10 | 新河镇，周圈村 | 新河镇人民政府 | 三级 |
| 32132200157 | 板栗 | Castanea mollissima Bl. | 壳斗科栗属 | 120 | 11.2 | 158 | 11 | 新河镇，周圈村 | 新河镇人民政府 | 三级 |
| 32132200158 | 银杏 | Ginkgo biloba L. | 银杏科银杏属 | 120 | 18.8 | 185 | 12 | 新河镇，周圈村 | 新河镇人民政府 | 三级 |
| 32132200159 | 板栗 | Castanea mollissima Bl. | 壳斗科栗属 | 120 | 12.2 | 152 | 11 | 新河镇，周圈村 | 新河镇人民政府 | 三级 |
| 32132200160 | 板栗 | Castanea mollissima Bl. | 壳斗科栗属 | 140 | 12.3 | 200 | 10 | 新河镇，周圈村 | 新河镇人民政府 | 三级 |
| 32132200161 | 板栗 | Castanea mollissima Bl. | 壳斗科栗属 | 120 | 7.2 | 146 | 9 | 新河镇，周圈村 | 新河镇人民政府 | 三级 |
| 32132200162 | 板栗 | Castanea mollissima Bl. | 壳斗科栗属 | 140 | 11.3 | 193 | 11 | 新河镇，周圈村 | 新河镇人民政府 | 三级 |
| 32132200163 | 板栗 | Castanea mollissima Bl. | 壳斗科栗属 | 140 | 11.8 | 184 | 13 | 新河镇，周圈村 | 新河镇人民政府 | 三级 |
| 32132200164 | 板栗 | Castanea mollissima Bl. | 壳斗科栗属 | 120 | 6.8 | 115 | 8 | 新河镇，周圈村 | 新河镇人民政府 | 三级 |
| 32132200165 | 板栗 | Castanea mollissima Bl. | 壳斗科栗属 | 140 | 8.9 | 305 | 10 | 新河镇，周圈村 | 新河镇人民政府 | 三级 |
| 32132200166 | 板栗 | Castanea mollissima Bl. | 壳斗科栗属 | 120 | 5.8 | 106 | 6 | 新河镇，周圈村 | 新河镇人民政府 | 三级 |
| 32132200167 | 板栗 | Castanea mollissima Bl. | 壳斗科栗属 | 120 | 7.8 | 106 | 6 | 新河镇，周圈村 | 新河镇人民政府 | 三级 |
| 32132200168 | 板栗 | Castanea mollissima Bl. | 壳斗科栗属 | 140 | 7.4 | 216 | 10 | 新河镇，周圈村 | 新河镇人民政府 | 三级 |
| 32132200169 | 板栗 | Castanea mollissima Bl. | 壳斗科栗属 | 120 | 11.4 | 137 | 12 | 新河镇，周圈村 | 新河镇人民政府 | 三级 |
| 32132200170 | 板栗 | Castanea mollissima Bl. | 壳斗科栗属 | 120 | 6.7 | 91 | 5 | 新河镇，周圈村 | 新河镇人民政府 | 三级 |
| 32132200171 | 板栗 | Castanea mollissima Bl. | 壳斗科栗属 | 120 | 8.5 | 149 | 10 | 新河镇，周圈村 | 新河镇人民政府 | 三级 |
| 32132200172 | 板栗 | Castanea mollissima Bl. | 壳斗科栗属 | 120 | 5.3 | 80 | 8 | 新河镇，周圈村 | 新河镇人民政府 | 三级 |
| 32132200173 | 板栗 | Castanea mollissima Bl. | 壳斗科栗属 | 140 | 7.3 | 41 | 9 | 新河镇，周圈村 | 新河镇人民政府 | 三级 |
| 32132200174 | 板栗 | Castanea mollissima Bl. | 壳斗科栗属 | 140 | 9.6 | 171 | 10 | 新河镇，周圈村 | 新河镇人民政府 | 三级 |
| 32132200175 | 板栗 | Castanea mollissima Bl. | 壳斗科栗属 | 120 | 8.7 | 97 | 5 | 新河镇，周圈村 | 新河镇人民政府 | 三级 |
| 32132200176 | 板栗 | Castanea mollissima Bl. | 壳斗科栗属 | 140 | 8.3 | 182 | 5 | 新河镇，周圈村 | 新河镇人民政府 | 三级 |

续表6

| 编号 | 树种 | 学名 | 科属 | 树龄（年） | 树高（米） | 胸围（地围）（厘米） | 冠幅（米） | 具体生长位置 | 管护责任单位（人） | 备注 |
|---|---|---|---|---|---|---|---|---|---|---|
| 32132200177 | 板栗 | Castanea mollissima Bl. | 壳斗科栗属 | 120 | 7.1 | 88 | 5 | 新河镇，周圈村 | 新河镇人民政府 | 三级 |
| 32132200178 | 板栗 | Castanea mollissima Bl. | 壳斗科栗属 | 120 | 7.8 | 120 | 9 | 新河镇，周圈村 | 新河镇人民政府 | 三级 |
| 32132200179 | 板栗 | Castanea mollissima Bl. | 壳斗科栗属 | 120 | 5.5 | 125 | 4 | 新河镇，周圈村 | 新河镇人民政府 | 三级 |
| 32132200180 | 板栗 | Castanea mollissima Bl. | 壳斗科栗属 | 120 | 4.1 | 83 | 4 | 新河镇，周圈村 | 新河镇人民政府 | 三级 |
| 32132200181 | 板栗 | Castanea mollissima Bl. | 壳斗科栗属 | 120 | 4.3 | 98 | 4 | 新河镇，周圈村 | 新河镇人民政府 | 三级 |
| 32132200182 | 板栗 | Castanea mollissima Bl. | 壳斗科栗属 | 140 | 10.3 | 192 | 11 | 新河镇，周圈村 | 新河镇人民政府 | 三级 |
| 32132200183 | 板栗 | Castanea mollissima Bl. | 壳斗科栗属 | 120 | 4.7 | 109 | 5 | 新河镇，周圈村 | 新河镇人民政府 | 三级 |
| 32132200184 | 板栗 | Castanea mollissima Bl. | 壳斗科栗属 | 120 | 11.9 | 133 | 11 | 新河镇，周圈村 | 新河镇人民政府 | 三级 |
| 32132200185 | 板栗 | Castanea mollissima Bl. | 壳斗科栗属 | 140 | 10.3 | 185 | 11 | 新河镇，周圈村 | 新河镇人民政府 | 三级 |
| 32132200186 | 板栗 | Castanea mollissima Bl. | 壳斗科栗属 | 140 | 12.5 | 225 | 12 | 新河镇，周圈村 | 新河镇人民政府 | 三级 |
| 32132200187 | 板栗 | Castanea mollissima Bl. | 壳斗科栗属 | 120 | 8.5 | 118 | 5 | 新河镇，周圈村 | 新河镇人民政府 | 三级 |
| 32132200188 | 板栗 | Castanea mollissima Bl. | 壳斗科栗属 | 140 | 13.8 | 167 | 11 | 新河镇，周圈村 | 新河镇人民政府 | 三级 |
| 32132200189 | 板栗 | Castanea mollissima Bl. | 壳斗科栗属 | 120 | 8.1 | 135 | 4 | 新河镇，周圈村 | 新河镇人民政府 | 三级 |
| 32132200190 | 板栗 | Castanea mollissima Bl. | 壳斗科栗属 | 120 | 13.6 | 156 | 12 | 新河镇，周圈村 | 新河镇人民政府 | 三级 |
| 32132200191 | 板栗 | Castanea mollissima Bl. | 壳斗科栗属 | 140 | 13.1 | 177 | 10 | 新河镇，周圈村 | 新河镇人民政府 | 三级 |
| 32132200192 | 板栗 | Castanea mollissima Bl. | 壳斗科栗属 | 120 | 12.2 | 119 | 6 | 新河镇，周圈村 | 新河镇人民政府 | 三级 |
| 32132200193 | 板栗 | Castanea mollissima Bl. | 壳斗科栗属 | 120 | 12.3 | 120 | 7 | 新河镇，周圈村 | 新河镇人民政府 | 三级 |
| 32132200194 | 板栗 | Castanea mollissima Bl. | 壳斗科栗属 | 140 | 13.6 | 159 | 11 | 新河镇，周圈村 | 新河镇人民政府 | 三级 |
| 32132200195 | 板栗 | Castanea mollissima Bl. | 壳斗科栗属 | 140 | 13.5 | 240 | 14 | 新河镇，周圈村 | 新河镇人民政府 | 三级 |
| 32132200196 | 板栗 | Castanea mollissima Bl. | 壳斗科栗属 | 140 | 5.2 | 180 | 5 | 新河镇，周圈村 | 新河镇人民政府 | 三级 |
| 32132200197 | 板栗 | Castanea mollissima Bl. | 壳斗科栗属 | 120 | 7.8 | 100 | 7 | 新河镇，周圈村 | 新河镇人民政府 | 三级 |
| 32132200198 | 板栗 | Castanea mollissima Bl. | 壳斗科栗属 | 140 | 10.7 | 186 | 10 | 新河镇，周圈村 | 新河镇人民政府 | 三级 |
| 32132200199 | 板栗 | Castanea mollissima Bl. | 壳斗科栗属 | 140 | 11.7 | 192 | 10 | 新河镇，周圈村 | 新河镇人民政府 | 三级 |
| 32132200200 | 板栗 | Castanea mollissima Bl. | 壳斗科栗属 | 140 | 14.3 | 182 | 12 | 新河镇，周圈村 | 新河镇人民政府 | 三级 |
| 32132200201 | 板栗 | Castanea mollissima Bl. | 壳斗科栗属 | 120 | 10.5 | 105 | 9 | 新河镇，周圈村 | 新河镇人民政府 | 三级 |
| 32132200202 | 板栗 | Castanea mollissima Bl. | 壳斗科栗属 | 140 | 8.9 | 163 | 9 | 新河镇，周圈村 | 新河镇人民政府 | 三级 |
| 32132200203 | 板栗 | Castanea mollissima Bl. | 壳斗科栗属 | 120 | 7.8 | 130 | 8 | 新河镇，周圈村 | 新河镇人民政府 | 三级 |
| 32132200204 | 板栗 | Castanea mollissima Bl. | 壳斗科栗属 | 120 | 9.5 | 132 | 9 | 新河镇，周圈村 | 新河镇人民政府 | 三级 |
| 32132200205 | 板栗 | Castanea mollissima Bl. | 壳斗科栗属 | 120 | 11.3 | 140 | 8 | 新河镇，周圈村 | 新河镇人民政府 | 三级 |
| 32132200206 | 板栗 | Castanea mollissima Bl. | 壳斗科栗属 | 120 | 10.1 | 127 | 9 | 新河镇，周圈村 | 新河镇人民政府 | 三级 |
| 32132200207 | 板栗 | Castanea mollissima Bl. | 壳斗科栗属 | 140 | 7.8 | 200 | 8 | 新河镇，周圈村 | 新河镇人民政府 | 三级 |
| 32132200208 | 板栗 | Castanea mollissima Bl. | 壳斗科栗属 | 140 | 7.5 | 218 | 8 | 新河镇，周圈村 | 新河镇人民政府 | 三级 |
| 32132200209 | 板栗 | Castanea mollissima Bl. | 壳斗科栗属 | 140 | 4.2 | 204 | 4 | 新河镇，周圈村 | 新河镇人民政府 | 三级 |
| 32132200210 | 板栗 | Castanea mollissima Bl. | 壳斗科栗属 | 140 | 7.7 | 162 | 6 | 新河镇，周圈村 | 新河镇人民政府 | 三级 |
| 32132200211 | 板栗 | Castanea mollissima Bl. | 壳斗科栗属 | 140 | 5.5 | 203 | 7 | 新河镇，周圈村 | 新河镇人民政府 | 三级 |
| 32132200212 | 板栗 | Castanea mollissima Bl. | 壳斗科栗属 | 140 | 11.5 | 170 | 7 | 新河镇，周圈村 | 新河镇人民政府 | 三级 |
| 32132200213 | 板栗 | Castanea mollissima Bl. | 壳斗科栗属 | 140 | 8.3 | 200 | 10 | 新河镇，周圈村 | 新河镇人民政府 | 三级 |
| 32132200214 | 板栗 | Castanea mollissima Bl. | 壳斗科栗属 | 140 | 11.2 | 209 | 8 | 新河镇，周圈村 | 新河镇人民政府 | 三级 |
| 32132200215 | 板栗 | Castanea mollissima Bl. | 壳斗科栗属 | 140 | 7.4 | 194 | 7 | 新河镇，周圈村 | 新河镇人民政府 | 三级 |

续表6

| 编号 | 树种 | 学名 | 科属 | 树龄（年） | 树高（米） | 胸围（地围）（厘米） | 冠幅（米） | 具体生长位置 | 管护责任单位（人） | 备注 |
|---|---|---|---|---|---|---|---|---|---|---|
| 32132200216 | 板栗 | Castanea mollissima Bl. | 壳斗科栗属 | 120 | 7.7 | 165 | 9 | 新河镇，周圈村 | 新河镇人民政府 | 三级 |
| 32132200217 | 板栗 | Castanea mollissima Bl. | 壳斗科栗属 | 140 | 6.2 | 216 | 6 | 新河镇，周圈村 | 新河镇人民政府 | 三级 |
| 32132200218 | 板栗 | Castanea mollissima Bl. | 壳斗科栗属 | 120 | 9.5 | 135 | 9 | 新河镇，周圈村 | 新河镇人民政府 | 三级 |
| 32132200219 | 板栗 | Castanea mollissima Bl. | 壳斗科栗属 | 120 | 9.5 | 135 | 9 | 新河镇，周圈村 | 新河镇人民政府 | 三级 |
| 32132200220 | 板栗 | Castanea mollissima Bl. | 壳斗科栗属 | 140 | 11.4 | 164 | 7 | 新河镇，周圈村 | 新河镇人民政府 | 三级 |
| 32132200221 | 板栗 | Castanea mollissima Bl. | 壳斗科栗属 | 140 | 13.5 | 152 | 13 | 新河镇，周圈村 | 新河镇人民政府 | 三级 |
| 32132200222 | 板栗 | Castanea mollissima Bl. | 壳斗科栗属 | 140 | 13.1 | 164 | 10 | 新河镇，周圈村 | 新河镇人民政府 | 三级 |
| 32132200223 | 板栗 | Castanea mollissima Bl. | 壳斗科栗属 | 140 | 14.5 | 294 | 14 | 新河镇，周圈村 | 新河镇人民政府 | 三级 |
| 32132200224 | 银杏 | Ginkgo biloba L. | 银杏科银杏属 | 140 | 19.8 | 177 | 13 | 新河镇，周圈村 | 新河镇人民政府 | 三级 |
| 32132200225 | 银杏 | Ginkgo biloba L. | 银杏科银杏属 | 140 | 20.6 | 247 | 15 | 新河镇，周圈村 | 新河镇人民政府 | 三级 |
| 32132200226 | 板栗 | Castanea mollissima Bl. | 壳斗科栗属 | 140 | 10.1 | 219 | 11 | 新河镇，周圈村 | 新河镇人民政府 | 三级 |
| 32132200227 | 板栗 | Castanea mollissima Bl. | 壳斗科栗属 | 120 | 7.6 | 133 | 6 | 新河镇，周圈村 | 新河镇人民政府 | 三级 |
| 32132200228 | 板栗 | Castanea mollissima Bl. | 壳斗科栗属 | 140 | 14.5 | 286 | 13 | 新河镇，周圈村 | 新河镇人民政府 | 三级 |
| 32132200229 | 板栗 | Castanea mollissima Bl. | 壳斗科栗属 | 140 | 15.2 | 293 | 16 | 新河镇，周圈村 | 新河镇人民政府 | 三级 |
| 32132200230 | 板栗 | Castanea mollissima Bl. | 壳斗科栗属 | 120 | 14.1 | 130 | 9 | 新河镇，周圈村 | 新河镇人民政府 | 三级 |
| 32132200231 | 板栗 | Castanea mollissima Bl. | 壳斗科栗属 | 120 | 15.1 | 149 | 9 | 新河镇，周圈村 | 新河镇人民政府 | 三级 |
| 32132200232 | 板栗 | Castanea mollissima Bl. | 壳斗科栗属 | 140 | 10.9 | 194 | 7 | 新河镇，山荡村 | 新河镇人民政府 | 三级 |
| 32132200233 | 板栗 | Castanea mollissima Bl. | 壳斗科栗属 | 120 | 8.8 | 129 | 8 | 新河镇，山荡村 | 新河镇人民政府 | 三级 |
| 32132200234 | 木瓜 | Chaenomeles sinensis (Thouin.) Koehne | 蔷薇科木瓜属 | 160 | 9.9 | 41 | 8 | 颜集镇，方圩村 | 方胜 | 三级 |
| 32132200235 | 桑树 | Morus alba L. | 桑科桑属 | 130 | 20.7 | 164 | 12 | 西圩乡，范湾村 | 西圩乡范湾村委会 | 三级 |
| 32132200236 | 桑树 | Morus alba L. | 桑科桑属 | 130 | 19.9 | 348 | 21 | 西圩乡，范湾村 | 西圩乡范湾村委会 | 三级 |
| 32132200237 | 丝棉木 | Euonymus bungeanus Maxim. | 卫矛科卫矛属 | 110 | 15.6 | 195 | 8 | 西圩乡，范湾村 | 西圩乡范湾村委会 | 三级 |
| 32132200238 | 柿树 | Diospyros kaki Thunb. | 柿树科柿属 | 170 | 7.6 | 117 | 8 | 吴集镇，赵沟村 | 张金海 | 三级 |
| 32132200239 | 棠梨 | Pyrus betulaefolia Bunge | 蔷薇科梨属 | 110 | 8.8 | 100 | 12 | 吴集镇，大竹园村 | 孙维宇 | 三级 |
| 32132200240 | 银杏 | Ginkgo biloba L. | 银杏科银杏属 | 440 | 26.6 | 360 | 24 | 贤官镇，蒋园村 | 贤官镇蒋园村委会 | 二级 |
| 32132200241 | 木瓜 | Chaenomeles sinensis (Thouin.) Koehne | 蔷薇科木瓜属 | 440 | 9.8 | 154 | 6 | 贤官镇，蒋园村 | 贤官镇蒋园村委会 | 二级 |
| 32132200242 | 银杏 | Ginkgo biloba L. | 银杏科银杏属 | 100 | 14.2 | 200 | 9 | 扎下镇，沙巷村 | 扎下镇政府 | 三级 |
| 32132200243 | 梨 | Pyrus spp | 蔷薇科梨属 | 280 | 4.6 | 74 | 4 | 官墩乡，南庄村 | 郁光聪 | 三级 |
| 32132200244 | 梨 | Pyrus spp | 蔷薇科梨属 | 280 | 5.2 | 85 | 5 | 官墩乡，南庄村 | 郁东富 | 三级 |
| 32132200245 | 柿树 | Diospyros kaki Thunb. | 柿树科柿属 | 170 | 17.6 | 193 | 14 | 官墩乡，友谊村 | 郁乃德 | 三级 |
| 32132200246 | 桑树 | Morus alba L. | 桑科桑属 | 100 | 14.6 | 145 | 13 | 官墩乡，尤庙村 | 郁全 | 三级 |
| 32132200247 | 银杏 | Ginkgo biloba L. | 银杏科银杏属 | 270 | 22.6 | 355 | 17 | 钱集镇，大南村 | 钱集镇政府 | 三级 |
| 32132200248 | 银杏 | Ginkgo biloba L. | 银杏科银杏属 | 140 | 17 | 298 | 18 | 沂涛镇，沈集村 | 沂涛镇政府 | 三级 |

续表 6

| 编号 | 树种 | 学名 | 科属 | 树龄（年） | 树高（米） | 胸围（地围）（厘米） | 冠幅（米） | 具体生长位置 | 管护责任单位（人） | 备注 |
|---|---|---|---|---|---|---|---|---|---|---|
| 32132200249 | 丝棉木 | Euonymus bungeanus Maxim. | 卫矛科卫矛属 | 110 | 21 | 165 | 10 | 东小店乡，店北村 | 周成召 | 三级 |
| 32132200250 | 棠梨 | Pyrus betulaefolia Bunge | 蔷薇科梨属 | 120 | 11.8 | 82 | 5 | 刘集镇，郇河村 | 陈福金 | 三级 |
| 32132200251 | 棠梨 | Pyrus betulaefolia Bunge | 蔷薇科梨属 | 120 | 11 | 107 | 6 | 刘集镇，郇河村 | 陈福金 | 三级 |
| 32132200252 | 桑树 | Morus alba L. | 桑科桑属 | 110 | 16.7 | 123 | 9 | 刘集镇，郇河村 | 陈福金 | 三级 |
| 32132200253 | 桑树 | Morus alba L. | 桑科桑属 | 110 | 16.3 | 92 | 6 | 刘集镇，郇河村 | 陈福金 | 三级 |
| 32132200254 | 麻栎 | Quercus acutissima Carr. | 壳斗科麻栎属 | 120 | 11.5 | 204 | 16 | 刘集镇，槐树村 | 刘江 | 三级 |
| 32132200255 | 侧柏 | Platycladus orientalis (L.) Franco | 柏科侧柏属 | 100 | 12.8 | 99 | 6 | 悦来镇，枣林村 | 叶小林 | 三级 |
| 32132200256 | 榔榆 | Ulmus parvifolia Jacq. | 榆科榆属 | 130 | 19.8 | 155 | 10 | 李恒镇，柴南村 | 陈祝生 | 三级 |
| 32132200257 | 桑树 | Morus alba L. | 桑科桑属 | 120 | 17.6 | 104 | 17 | 李恒镇，柴南村 | 陈正涛 | 三级 |
| 32132200258 | 银杏 | Ginkgo biloba L. | 银杏科银杏属 | 110 | 23.6 | 206 | 23 | 李恒镇，徐庙村 | 陈德林 | 三级 |
| 32132200259 | 柿树 | Diospyros kaki Thunb. | 柿树科柿属 | 260 | 10.6 | 142 | 6 | 汤涧镇，郝圩村 | 张军 | 三级 |
| 32132200260 | 柿树 | Diospyros kaki Thunb. | 柿树科柿属 | 120 | 15.2 | 156 | 12 | 汤涧镇，郝圩村 | 江善国 | 三级 |
| 32132200261 | 银杏 | Ginkgo biloba L. | 银杏科银杏属 | 110 | 12.3 | 168 | 9 | 汤涧镇，张坦村 | 耿银柱 | 三级 |
| 32132200262 | 榆树 | Ulmus pumila L. | 榆科榆属 | 280 | 15.5 | 246 | 21 | 汤涧镇，三黄村 | 周正帮 | 三级 |
| 32132200263 | 银杏 | Ginkgo biloba L. | 银杏科银杏属 | 110 | 15.1 | 202 | 11 | 汤涧镇，三黄村 | 黄正放 | 三级 |
| 32132200264 | 梨 | Pyrus spp | 蔷薇科梨属 | 190 | 7.3 | 105 | 8 | 十字街道，周圩村 | 十字街道周圩村委会 | 三级 |
| 32132200265 | 梨 | Pyrus spp | 蔷薇科梨属 | 190 | 7.8 | 137 | 8 | 十字街道，周圩村 | 十字街道周圩村委会 | 三级 |
| 32132200266 | 梨 | Pyrus spp | 蔷薇科梨属 | 190 | 6.8 | 140 | 9 | 十字街道，周圩村 | 十字街道周圩村委会 | 三级 |
| 32132200267 | 梨 | Pyrus spp | 蔷薇科梨属 | 190 | 7.6 | 96 | 5 | 十字街道，周圩村 | 十字街道周圩村委会 | 三级 |
| 32132200268 | 柿树 | Diospyros kaki Thunb. | 柿树科柿属 | 210 | 12.4 | 151 | 9 | 七雄街道，道口村 | 葛志标 | 三级 |
| 32132200269 | 桑树 | Morus alba L. | 桑科桑属 | 120 | 17.5 | 261 | 22 | 七雄街道，道口村 | 金兆田 | 三级 |
| 32132200270 | 柿树 | Diospyros kaki Thunb. | 柿树科柿属 | 110 | 11.5 | 97 | 8 | 七雄街道，田桥村 | 张开发 | 三级 |
| 32132200271—32132200272 | 紫藤 | Wistaria sinensis Sweet | 蝶形花科紫藤属 | 280 | 4.2 | 128 | 14 | 沭城街道，建陵居委会，紫藤花园小区，2 株 | 沭阳县住建局园林管理处 | 三级 |
| 32132200273 | 国槐 | Sophora japonica L. | 蝶形花科槐属 | 220 | 9.2 | 72 | 11 | 沭城街道，建陵居委会，紫藤花园南侧广场 | 沭阳县住建局园林管理处 | 三级 |
| 32132200274 | 银杏 | Ginkgo biloba L. | 银杏科银杏属 | 440 | 27.1 | 82 | 12 | 沭城街道，建陵居委会，老公安局 | 沭阳县住建局园林管理处 | 二级 |
| 32132200275 | 凌霄 | Campsis grandiflora (Thunb.) Schum. | 紫葳科凌霄属 | 150 | 2.8 | 43 | 5 | 沭城街道，城北居委会，虞姬公园 | 沭阳县住建局园林管理处 | 三级 |
| 32132200276 | 梓树 | Catalpa ovata G.Don | 楝科梓属 | 100 | 12.1 | 90 | 4 | 沭城街道，建陵居委会 | 沭阳县住建局园林管理处 | 三级 |

续表 6

| 编号 | 树种 | 学名 | 科属 | 树龄（年） | 树高（米） | 胸围（地围）（厘米） | 冠幅（米） | 具体生长位置 | 管护责任单位（人） | 备注 |
|---|---|---|---|---|---|---|---|---|---|---|
| 32132200277 | 枸杞 | Lycium chinense Mill. | 茄科枸杞属 | 110 | 1.4 | 14 | 2 | 沭城街道，城北居委会，虞姬公园 | 沭阳县住建局园林管理处 | 三级 |
| 32132200278 | 木香 | Rosa banksiae Ait. | 蔷薇科蔷薇属 | 130 | 16.7 | 25 | 12 | 沭城街道，城北居委会，虞姬公园 | 沭阳县住建局园林管理处 | 三级 |
| 32132200279 | 木香 | Rosa banksiae Ait. | 蔷薇科蔷薇属 | 130 | 17.8 | 14 | 11 | 沭城街道，城北居委会，虞姬公园 | 沭阳县住建局园林管理处 | 三级 |
| 32132200280 | 皂荚 | Gleditsia sinensis Lam. | 云实科皂荚属 | 190 | 18.8 | 54 | 13 | 沭城街道，怀文居委会，一招院内 | 沭阳县住建局园林管理处 | 三级 |
| 32132200281 | 梓树 | Catalpa ovata G.Don | 楝科梓属 | 160 | 12.1 | 41 | 6 | 沭城街道，怀文居委会，文化新村小区 | 沭阳县住建局园林管理处 | 三级 |
| 32132200282 | 瓜子黄杨 | Buxus microphylla Sieb. Et Zucc. subsp. sinica (Rehd.et Wils.) Hatus | 黄杨科黄杨属 | 370 | 1.7 | 28 | 2 | 沭城街道，南关居委会，青少年广场 | 沭阳县住建局园林管理处 | 二级 |
| 32132200283 | 瓜子黄杨 | Buxus microphylla Sieb. Et Zucc. subsp. sinica (Rehd.et Wils.) Hatus | 黄杨科黄杨属 | 370 | 2 | 31 | 2 | 沭城街道，南关居委会 | 沭阳县住建局园林管理处 | 二级 |
| 32132200284 | 银杏 | Ginkgo biloba L. | 银杏科银杏属 | 110 | 23.5 | 94 | 8 | 梦溪街道，河东居委会 | 沭阳县住建局园林管理处 | 三级 |
| 32132201 | 板栗 | Castanea mollissima Bl. | 壳斗科栗属 | 120 | 10.2 | 163 | 11 | 新河镇周圈村 | 新河镇人民政府 | 群 265 株 |
| 32132202 | 板栗 | Castanea mollissima Bl. | 壳斗科栗属 | 140 | 11.2 | 151 | 13 | 新河镇山荡村 | 新河镇人民政府 | 群 543 株 |
| 32132203 | 板栗 | Castanea mollissima Bl. | 壳斗科栗属 | 110 | 9.7 | 182 | 10 | 颜集镇堰下村南园组 | 颜集镇堰下村委会 | 群 27 株 |
| 32132204 | 板栗 | Castanea mollissima Bl. | 壳斗科栗属 | 120 | 11.4 | 185 | 11 | 颜集镇许口村苗圃组 | 颜集镇许口村委会 | 群 82 株 |
| 32132205 | 板栗 | Castanea mollissima Bl. | 壳斗科栗属 | 110 | 10.5 | 192 | 10 | 颜集镇花晏村树园组（北侧） | 颜集镇花晏村委会 | 群 67 株 |
| 32132206 | 板栗 | Castanea mollissima Bl. | 壳斗科栗属 | 110 | 9.3 | 170 | 10 | 颜集镇花晏村树园组（路西） | 颜集镇花晏村委会 | 群 40 株 |
| 32132200286 | 桑树 | Morus alba L. | 桑科桑属 | 110 | 9.3 | 170 | 10 | 张圩乡水庄村 | 孙金武 | 三级 |
| 32132200287 | 桑树 | Morus alba L. | 桑科桑属 | 110 | 9.3 | 170 | 10 | 张圩乡水庄村 | 孙金武 | 三级 |
| 32132200288 | 桑树 | Morus alba L. | 桑科桑属 | 110 | 9.3 | 170 | 10 | 张圩乡水庄村 | 孙金武 | 三级 |
| 32132200289 | 桑树 | Morus alba L. | 桑科桑属 | 110 | 9.3 | 170 | 10 | 张圩乡水庄村 | 孙金武 | 三级 |
| 32132200290 | 榆树 | Ulmus pumila L. | 榆科榆属 | 280 | 15.5 | 246 | 21 | 钱集镇，大南村 | 刘宝华 | 三级 |

# 服务业

## 综　述

2021年，沭阳县委、县政府大力发展服务业，第三产业增加值559.73亿元，增长9.2%。金融市场稳步发展。年末，金融机构各项存款余额865.19亿元，比年初增加73.63亿元，增长9.3%；其中，居民储蓄存款余额584.94亿元，比年初增加77.56亿元，增长15.3%。年末金融机构各项贷款余额875.69亿元，比年初增加111.92亿元，增长14.7%；其中，住户贷款余额643.77亿元，比年初增加87.74亿元，增长15.8%。邮政电信整体稳定。全年邮政业务总量8424万件，下降2%；完成邮政业务总收入4.41亿元，下降3%。电信业务总量12.08亿元，增长16.6%；电信业务收入11.89亿元，增长15.3%。年末固定电话用户7.06万户；城市住宅电话用户1.47万户，农村住宅电话用户3.46万户；移动电话用户163.25万户，国际互联网用户135.04万户。旅游行业快速恢复。年末，全县共有旅游景区8个，其中国家AA级旅游景区4个，韩山风景区获评国家AAA级旅游景区。旅游从业人员数1171人。全年累计接待游客650万人次，增长46.3%；实现旅游收入53亿元，增长42.9%。消费市场复苏提速。全年实现社会消费品零售总额356.41亿元，比上年增长16.3%。限额以上单位实现社会消费品零售总额44.96亿元，增长20.9%；其中，化妆品类增长174.4%，中西药品类增长134.2%，石油及制品类增长85.3%，粮油、食品类增长53.4%，日用品类增长16.1%，汽车类增长12.3%。

## 金　融

### 中国人民银行沭阳县支行

【概况】 2021年，人行沭阳县支行全面贯彻中共十九届五中全会、中央经济工作会议及上级行工作会议精神，紧紧围绕“岗位争先，实干兴行”工作主线，着眼“争当表率、争做示范、走在前列”，争当排头兵，展现新作为，为答好“沭阳答卷”提供强有力的金融支撑。截至2021年12月末，全县金融机构人民币各项贷款余额875.69亿元，比2021年年初新增111.92亿元，增幅为14.65%，增量、增幅均居三县之首。再贷款资金投放稳步增长，全县累计投放支农支小再贷款25.34亿元，比2021年年初新增8.34亿元，增幅为49.06%，总量新增三县最多。两家法人机构普惠小微贷款累计延期率、新增普惠小微信用贷款占比分别为97.42%、53.06%，其中普惠小微信用贷款占比居全市第一。

【信贷服务】 信贷结构持续优化。制造业企业融资可得性显著增强，实施新一轮制造业培育计划，签订《沭阳县加快金融服务制造业高质量发展备忘录》，出台《沭阳县金融服务制造业高质量发展行动方案》，推动制造业融资稳步增长。截至2021年12月末，全县制造业贷款余额92.13亿元，同比增长21.46%，增速同比上升9.61个百分点，比2021年年初新增16.28亿元，是2020年全年增量的2.02倍。金融服务乡村振兴不断深化，出台《关于金融服务沭阳乡村振兴发展的实施意见》《沭阳县金融支持花木产业提档升级实施方案》，引导金融机构加大对特色农业产业项目的融资支持。截至2021年12月末，全县涉农贷款余额595.29亿元，较2021年年初增加69.59亿元，增幅13.24%。积极开展“新型农业经营主体信贷直通车”专项活动，出台《沭阳县新型农业经营主体信用评定暂行办法（试行）》，培育示范家庭农场及高素质农民，带动全县涉农机构向

2833户新型农业经营主体发放贷款10.44亿元。2021年，沭阳县支行被授予“中国人民银行脱贫攻坚先进集体”荣誉称号。小微企业金融服务能力有效提升，不断引导金融机构加大对普惠小微主体的贷款支持。截至2021年12月末，全县普惠领域贷款余额324.7亿元，较2021年年初增加60.40亿元，增幅22.85%。房地产金融审慎管理稳妥实施，指导两家法人银行制定过渡期内调整方案，逐步向集中管理要求收敛。截至2021年12月末，法人机构房地产贷款、个人住房贷款占各项贷款比重分别为15.08%、13.46%，较2021年年初分别下降3.38个、3.57个百分点。企业融资成本持续下降。人行沭阳县支行及时传达落实关于规范异地存款、周期付息型创新存款产品政策要求，推动辖区定期存款付息率进一步下降，为贷款让利实体腾出空间。2021年，全县发放企业贷款加权平均利率为4.73%，同比下降31个基点。与兄弟县区相比，分别比泗阳、泗洪低24个、13个基点。

【金融生态优化】 金融生态环境排名稳步提升。持续开展防范和处置非法集资工作，积极开展“两防一保”集中宣传活动，努力营造良好金融生态环境。沭阳县在全省金融生态环境综合评估排名中位居全省22位，较上年提升5个位次，被授予“2018—2020金融生态达标县”称号。

【金融风险监测预警】 持续加强风险监测预警，动态排查互联网金融、房地产市场等各类风险点，严格重大事项报告纪律，协助中心支行对昆山农商行沭阳支行重大事项报告制度执行情况开展现场核查，2021年，全县金融机构报告重大事项268件，比上年同期增加34件。做细做实存保监管与服务。扎实开展金融机构央行评级工作，做好评级结果反馈和风险提示。积极开展存款保险公众认知评估工作，创新存款保险“村村响”宣传，指导辖内农商行开发“怎样守护你的财产安全”知识问答小程序，加强地方法人投保机构运营监督。

【金融创新】 积极实施再贷款“1+X”助力乡村振兴等创新工作。1—12月，全县累计发放再贷款25.34亿元，撬动发放“花木贷”“草莓贷”等各类优惠贷款2.15万笔，金额24.3亿元；“新型农业经营主体信贷直通车”专项活动取得明显成效，全县累计支持新型农业经营主体2833户，金额10.44亿元；“苏碳融”融资服务实现零的突破，已办理该类业务4笔，金额2800万元。创新开发“国库业务桌面提醒程序”。实现对关键节点重要工作事项进行及时提醒，有效防止工作疏漏和违规操作，该程序被江苏省分库在全省范围内推广使用。创建市级金融教育示范基地。在沭阳县马厂镇创建宿迁市首家农村金融教育示范基地，完善阵地化、常态化金融知识宣传教育模式，提升农村地区金融消费者金融素养，增强金融消费者责任意识和风险防范能力。

【金融管理与服务】 法律消保方面，加强与县法院的沟通联系，充分发挥联系人制度，进一步规范“金融纠纷调解工作室”的运行，全年调解室共接收委派调解案件749起、结案575起，调解成功123件。支付结算方面，推行简易开户及前置尽职调查并推动落实支付手续费降费让利工作，促进账户领域营商环境改善。截至年底，两家法人金融机构降费规模达24.5万元，累计惠及小微企业和个体工商户1.51万户；通过建立银警协作机制、常态化约谈、组织开展涉案账户倒查和关联账户排查等措施，推动防控关口前移，使案件多发频发得到较好遏制，发案率全市县区最低。科技管理方面，加快金融科技在服务站点的安全应用，积极推动农村普惠金融服务站（点）标准化认证达标，2021年指导辖内普惠金融服务站（点）申请中金国盛认证，年内贯标完成率达62.8%；坚持“宣、访、帮、促”便利企业赋码，提高辖内涉外企业LEI编码覆盖率，2021年，完成辖内300余家活跃外向型企业赋码，涵盖本地新材料、纺织、花木等行业重点特色企业，数量居全市三县首位。货币流通方面，强化人民币流通管理，加大对拒收现金、非法使用人民币图样、假币违法犯罪行为等查处力度。2021年，没收非法使用人民币图样物件5万余张，处理拒收现金投诉举报9起，为群众办理残损币鉴定3.64万元，协助公安部门破获假币案件1起，收缴假币4527张，涉案金额39.29万元，收缴量全市第一。经理国库方面，积极支持财税金融改革，做好2021年个人所得税综合所得汇算清缴退税及职业年金征缴入库工作；在全市首创“农村储蓄国债销售示范点”，探索建设“农村普惠金融服务点+手机银行”国债销售新模式，畅通国债下乡渠道；年内建成示范点3个，累计销售国债23笔，金额75.76万元，相关做法被《金融时报》《江苏国库情况反映》推介。征信管理方面，扎实做好征信查询服务，累计提供各类查询服务94925人次，查询服务中心工作在全县总结大会上被通报表扬；筑牢征信信息安全基础，组织开展2次征信信息安全风险自查活动；深入开展“普惠金融信用县”创建工作，不断优化农村信用环境，涉农融资普惠性不断提升，辖内农户信用贷款授信33.52万户，授信金额285.83亿元；持续推广“政采贷”“我要贷款”融资服务模式，2021年，全县新增企业首贷户314户，完成应收账款融资交易90笔，实现融资11.7亿元，投放政采贷发放10笔、金额1998万元。反洗钱监管方面，进一步深化反洗钱监管合作机制，加强与公检法等部门的信息沟通和交流，强化政策宣导和信息共享，积极搜集洗钱犯罪线索。加强反洗钱日常管理，督促银行机构及时报送重点可疑交易报告及反洗钱工作动态，进一步提升金融机构反洗钱主体责任意识。外汇服务管理方面。优化外汇企业便利化工作，做好外汇企业开展网上名录登记工作，接受外汇企业咨询10余起，协助中心支行推进跨境金融区块链平台融资工作，为外汇企业争取更多的资金，对外汇企业进行政策宣传和调研指导，方便企业得到更好的服务和享受最优的外汇政策。

（张　引）

## 中国工商银行股份有限公司沭阳支行

【概况】 2021年，中国工商银行股份有限公司沭阳支行认真学习贯彻习近平新时代中国特色社会主义思想和中共十九届历次全会精神，围绕上级行党委和县委、县政府的决策部署，不断增强服务意识，扩大信贷投放，为沭阳经济社会的快速发展作出了有力的贡献。

【资产业务】 年末，各项贷款余额80.04亿元，比年初增加14.59亿元，增幅22.29%。

【负债业务】 年末，各项存款余额89.71亿元，比年初增加12.6亿元，增幅16.35%。

【经营效益】 全年实现拨备前利润3.04亿元，同比增加0.73亿元，增幅31.37%；净利润2.24亿元，同比增加0.73亿元，增幅48.68%。

（杨建华）

## 农业银行沭阳支行

【概况】 2021年，中国农业银行沭阳县支行紧紧围绕全县高质量发展的重要目标，聚焦年度银行业工作综合考核指标，立足沭阳县域地方经济发展，深入贯彻落实乡村振兴战略，加大实体经济信贷投放力度，大力推动普惠金融发展，不断提升金融服务水平和质效，全行保持平稳健康发展态势。沭阳县支行先后荣获总行级安全保卫“三化三达标”优秀一级支行、江苏省分行“人均创利进步行”“县域市场竞争力提升行”和“县域客群经营示范支行”等称号。

【主体业务】 2021年，全行本外币各项存款余额96.18亿元，比年初增加15.08亿元，增幅18.59%，同比多增12亿元。各项贷款余额88.39亿元，比年初增加12.79亿元，增幅16.92%。其中涉农贷款余额62.18亿元，较年初新增7.28亿元，增幅13.3%；普惠贷款较年初增加5.89亿元，增幅66.1%；制造业贷款较年初增加2.4亿元，增幅58.3%，完成县政府目标160%。

【经营效益】 2021年，全行实现营业收入4亿元，同比增幅27.4%；拨备后利润3.1亿元，同比增幅19.6%。

【中间收入】 2021年，全行中间业务收入4531万元，同比多收922万元，增幅25.55%。

（王杉杉）

## 中国银行沭阳支行

【概况】 2021年，中国银行沭阳支行始终严格按照总、省、市行各项工作部署，紧紧围绕“激发活力、敏捷反应、重点突破，奋力建设全球一流现代银行集团”的战略目标，锚定“对标市场、提质突破，建设高质量精品分行”的发展要求，稳步推进各项工作。

【资产业务】 年末人民币各项贷款余额70.97亿元，较年初增幅9%，其中公司贷款新增2.88亿元，个人贷款新增3.21亿元。资产质量持续向好。经过前期的大力化解和催收，年底前，支行不良贷款余额为2119万元，不良率为0.32%。

【负债业务】 年末，人民币一般性存款余额55.6亿元。

【经营效益】 截至12月末，中国银行沭阳支行实现营业收入2.55亿元，同比增加873万元，增幅为3.55%，实现净利润1.52亿元。

（晏　蒙）

## 建设银行沭阳支行

【概况】 2021年，建行沭阳支行以习近平新时代中国特色社会主义思想为指引，全力以赴抓党建，千方百计防风险，一心一意谋发展，奋力开启有质量有效益发展的新局面，多项工作有序推进、重点业务快速发展。

【存款业务】 截至12月末，一般性存款日均新增13.48亿元，新增位居同行业第二位，新增占比34.56%，余额份额提升1.48个百分点，其中个人存款新增7.18亿元，新增位居同行业第一位，对公存款新增6.3亿元，新增位居同行业第二位。

【贷款业务】 截至12月末，贷款余额108.33亿元，新增17.99亿元，余额、新增均位居同行业第一，余额占比提升0.65个百分点，新增占比34.94%，新增位居同行业第一；对公贷款余额继续保持同行业第一，新增占比31.09%，个人贷款余额系统内继续保持第一，新增占比同业36.85%，新增位次第一。

【中间业务收入】 截至11月末，中间业务收入5203万元，四行占比33.11%，四行第一；拨备前利润31437万元，继续保持四行第一。截至三季度末，建行沭阳支行继续列省分行县域机构标杆行考核第三级第一名，相比第二名溧水支行优势明显。“三大战略”快速推进，各项业务持续稳健发展。

【普惠金融】 截至12月末，建行沭阳支行普惠金融余额20.23亿元，较年初新增6.39亿元，普惠客户2459户，较年初新增636户，银保监口径同行业余额、新增保持双第一。

（陆 威）

## 江苏沭阳农村商业银行股份有限公司

【概况】 江苏沭阳农村商业银行股份有限公司于2011年11月份由原江苏沭阳农村合作银行改制设立，现有注册资本7.01亿元，下设19个职能部门、1个营业部、45个支行、2个分理处，是全县唯一一家服务机构所有乡镇全覆盖的银行。2021年，农商行坚定支农支小，发展阳光信贷，发力普惠金融，发挥农村金融主力军、乡村振兴主办行的作用，始终保持与县域发展的同频共振。先后获评全国农村商业银行标杆银行、全国支农支小服务示范单位、全省银行业金融机构小微企业金融服务工作先进单位、全省生产性服务业领军企业、全省文明单位等荣誉。

【存款业务】 各项存款连续保持县域金融机构市场份额第一。截至2021年年末，各项存款余额289.58亿元，比年初增加23.93亿元，同比增长31.77%。

【贷款业务】 各项贷款连续保持县域金融机构市场份额第一。截至2021年年末，各项贷款余额273.21亿元，比年初增加38.47亿元，同比多增11.54亿元。贷款户数达10.29万户，比年初净增1.17万户，增幅12.8%，其中对公贷款户数增幅27.7%。

【支农支小】 基于政策导向，优化贷款投向，优先支持涉农、小微、绿色等重点领域或薄弱环节，保障普惠型贷款增速快于总量贷款增速，保持“三占比、四增速”连续达标。加大脱贫小额信贷投放，助力脱贫攻坚成果与乡村振兴有机结合。加强制造业企业扶持，保持制造业贷款余额在全县制造业贷款总额的四成。加快“两项工具”、再贷款、转续贷等政策落实，主动减费让利，保持“六稳”“六保”稳定延续。农村普惠金融服务站(点)达446个，标准化建设改造达100%，全县乡镇覆盖面达90%。

【服务转型】 推进网点智能化转型，配齐智能机具，配优工作人员，优化考核引导，促进业务替代、人员分流、柜员转岗。推行“网格化”走访，坚持边走访、边授信、边投放，做好“三类客户”常态对接、精准服务。推广新的产品，陆续上线系列创业贷、系列花木贷、系列消费贷、系列信用贷、系列线上贷等一大批支农惠农产品。推动科技赋能，自建应用系统分为3大类、5大项、30个子系统，获得15个国家著作版权，自主研发运营小助手，结合移动办公工具，上门一次性解决客户一揽子金融需求，真正让客户“一次都不用跑”。

（谢岐鑫）

## 中国农业发展银行沭阳县支行

【概况】 2021年，中国农业发展银行沭阳县支行围绕年度工作目标，重点扶持明星企业，切实服务实体经济，扎实推进乡村振兴，各项业务稳健开展。截至2021年年末，累计投放贷款9.03亿元，累计收回贷款11.12亿元，贷款余额23.72亿元，信贷资产质量良好。

【服务企业】 中国农业发展银行沭阳县支行重点扶持“七大”明星企业。一是支持全国规模最大的生猪养殖企业牧原股份旗下公司——沭阳牧原农牧有限公司；二是支持苏北地区规模最大的花卉苗木企业——江苏苏北花卉股份有限公司；三是支持全市规模最大的杏鲍菇生产企业——绿雅（江苏）食用菌有限公司；四是支持全县规模最大的粮食购销贸易企业——沭阳县粮食购销总公司；五是支持全县规模最大的面粉加工企业——沭阳县方圆面粉有限公司；六是支持全县规模最大的大米加工企业——沭阳县华源米业股份有限公司；七是支持全县科技含量最高的米糠油加工企业——江苏康之源粮油有限公司。

【贷款业务】 全力保障国家粮食收购贷款，多方位、多渠道支持地方粮食企业开展政策性粮油收购工作。截至2021年年末，发放县级储备粮贷款3549.78万元，支持企业收购县级储备小麦525.59万千克、县级储备稻谷780.20万千克，发放省级储备粮贷款2944.71万元，支持企业收购省级储备稻谷1016.68万千克，发放自营收购贷款76609万元，支持企业收购小麦24507万千克，支持企业收购稻谷4819.43万千克。合力攻坚扶贫，支持购销企业结对帮扶贫困地区。由沭阳县粮食购销总公司与国家重点贫困县贵州省锦屏县高柳林业农民专业合作社、锦屏县铜鼓镇扶贫工作站三方签订帮扶协议。由该公司出资5万元用于帮助贫困户发展生产等，带动建档立卡贫困人口10人，帮扶期限为5年。2021年共投放扶贫贷款13笔，金额68087万元，截至12月末，带动10名贫困人口增收0.8万元。

（王　静）

## 江苏银行沭阳支行

【概况】 2021年，江苏银行沭阳支行紧紧围绕绿色金融、乡村振兴，坚持效益、质量、规模协调发展，迎难而上，创新作为，在自身实现高质量发展的同时，有力支持地方经济发展。

【贷款业务】 江苏银行沭阳支行积极响应国家对房地产行业的调控政策，及时调整信贷政策，降低房地产行业贷款占比。为推动绿色金融业务发展，江苏银行打造一套完整的绿色金融产品体系，推出了“环保贷”“绿色创新组合贷”“固废贷”等产品。2021年9月，支行落地宿迁市首笔碳配额质押贷款，成功帮助控排企业盘活碳配额资产，不仅降低了企业授信门槛，解决了抵质押担保不足的融资难题，而且为企业提供了一条成本低、利处多的融资新渠道。

【服务地方经济】 突出服务实体。主动服务好开发区、招商局、乡镇工业园，抢抓信息源头，加大制造业贷款营销，制造业贷款净增1.73亿元。突出服务小微企业。把普惠小微贷款投放作为全年工作的重中之重，不断加大信贷投放力度，最大普惠贷款余额。截至12月末普惠贷款余额7.87亿元，较年初净增1.71亿元。特别是加大信用贷款投放，全年小微领域信用贷款净增1亿元，实现与普惠贷款净增双破亿。突出服务“三农”。主动作为，进一步提高金融服务乡村振兴力度，助推乡镇土地流转，做好“成方连片”生态经济作物的跟进服务，运用好“苏农贷”“惠捷贷”“农户经营贷”等特色优势产品，加大对家庭农场、农业合作社等农村新型主体的金融扶持，先后信贷支持了一批粮食种植、稻虾套养、瓜蒌种植、农产品加工等涉农企业、家庭农场，带动了当地涉农企业的发展。截至12月末，普惠涉农贷款余额4.87亿元，较年初净增1.57亿元。

（钱　锦）

## 邮政储蓄银行沭阳县支行

【概况】 2021年，邮储银行沭阳县支行认真落实上级工作部署和监管部门要求，围绕年初制定的各项目标任务，坚持疫情防控与经营发展两手抓、两手硬，聚焦服务县域实体经济、服务百姓群众，加大小微企业客户支持力度，全力支持县域实体经济发展，全面做好城乡金融服务工作。2021年，该行荣获邮储银行江苏省分行2021年“十强”先进集体单位和邮储银行江苏省分行2021年模范职工之家称号。

【贷款业务】 截至2021年年末，支行各项贷款余额77.44亿元（不含网商贷为76.62亿元），实现净增9.54亿元（不含网商贷为8.7亿元）。其中，个人经营性贷款余额15.2亿元，实现净增3.9亿元；房产按揭贷款余额50.44亿元，实现净增3.27亿元；非房消费贷款余额6.97亿元，实现净增4024万元。小企业贷款余额3.99亿元，当年新增1.15万元。

【存款业务】 截至2021年年末，支行各项存款余额130.16亿元，实现净增16.56亿元（含邮政存款）。其中，个人储蓄存款余额115.78亿元，实现净增15.1亿元。公司存款余额14.46亿元，当年净增1.54亿元。

【普惠服务】 2021年，为进一步满足城乡居民的金融服务需求，支持乡村振兴工作，支行以“邮农贷”为切入点，服务乡镇。截至2021年末，支行本年邮农贷累计投放81笔，金额971.2万元，实现较大突破。此外，沭阳县支行依托自身优势，反哺实体经济与社会民生，组织开展“创业贷”推介会，对商户进行集中宣传、上门服务，为民众提供低成本的金融支持。截至年底前，全年投放创业贷339笔共计4930.5万元。同时，支行紧紧依托省综合金融服务平台，发布产品信息，获取需求信息，主动满足到位。严格落实小微企业扶持政策，下调利率降低融资成本，充分运用无还本续贷、延期还本付息等政策，不抽贷、不压贷。支行还将“三区一链”走访工作做到实处，稳扎稳打，拓宽客户来源渠道，增强客户黏度，将减利让费等普惠群众的政策宣传渗透到乡镇企业中，拓宽企业资金来源渠道。2021年，共投放房抵贷84笔3.12亿元，税务贷47笔5821万元，快捷贷33笔7753万元，抗疫贷2笔1300万元，医院贷2笔2000万元。

【创新发展】 支行围绕乡村振兴的新变化、客户的新需求，积极应对，加快创新驱动，满足广大百姓融资需求。在要素调整方面，支行提高单户信贷额度，单笔贷款限额由5万提升到最高500万元，在产品创新上，结合新时代农户经营特点，开办家庭农场、农保贷、线上信用户等产品，不仅满足了农户购买物资需求，还为农户购买农房提供信贷支持。2021年，支行共投放家庭农场贷2254笔，金额4.74亿元，农担贷20笔，金额1150万元，线上信用户投放32笔，金额164.5万元。

【内控管理】 2021年，支行全面贯彻落实省分行及地方监管部门关于案防合规管理工作各项要求，坚持以案为戒，持续健全内控案防体系建设，加强合规警示教育，深入开展各类风险排查工作，以“不发生案件及重大风险事件”为目标，狠抓问题整改，严格责任追究，保持了案件防控高压态势，促进了各项业务平稳健康发展。

（杨兴波）

## 交通银行沭阳支行

【概况】 2021年，交通银行沭阳支行认真贯彻落实上级行年度工作会议精神和年初县政府金融工作会议部署，深化落实高质量发展各项工作要求，以项目储备为抓手，进一步夯实客户基础，努力克服新冠疫情对业务经营带来的不利影响，聚焦零售转型，扎实做好经营管理各项工作。

【存款业务】 2021年，交通银行沭阳支行各项存款时点余额158973万元。其中，对公存款时点为102158万元，较年初下降22539万元；个人存款时点余额为56815万元，较年初减少9758万元。

【贷款业务】 2021年，交通银行沭阳支行各项贷款时点余额245736万元。其中，对公贷款70710万元，较年初下降5418万元；小企业贷款时点余额34448万元，较年初增加7206万元；个人消费贷款时点余额140577万元，较年初下降5304万元。通过支持实体企业发展，深耕沭阳当地市场，2021年年末，支行普惠“两增”口径贷款余额28933万元，较年初净增7140万元，增幅33%；“两增”口径客户数243户，较年初净增83户，增幅52%，“两增”贷款及客户净增数为支行成立以来最好水平。支行先后落地全辖首笔线上“政采贷”、全辖首笔“烟户贷”、分行首笔线上“苏酒贷”、分行首笔普惠E贷2.0、全辖首笔科创版普惠E贷4.0等、全辖首笔“苏科贷（2021新版）”等。线上“政采贷”全年累计投放近1000万元。

（张　峰）

## 南京银行沭阳支行

【概况】 南京银行沭阳支行围绕金融办工作部署要求，以服务实体经济为目标，早计划、早部署，进一步深化金融改革，狠抓工作落实，积极适应沭阳当地市场环境的变化，以严实的举措，扎实的作风，推进各项工作迈上新台阶。2021年，南京银行沭阳支行荣获2021年度银行业工作先进单位综合考核一等奖。

【贷款业务】 截至2021年12月末，南京银行沭阳支行贷款余额14.2亿元，比2021年初增加5.1亿元，完成目标考核任务102%；制造业贷款余额2.56亿元，较年初新增0.93亿元，完成目标考核任务117%；当年通过省综合金融服务平台累放贷款余额1.14亿，完成目标考核任务114%；新增首贷户19户，完成目标考核任务380%；普惠领域贷款占比1.01%，完成目标考核任务101%；企业贷款利率比上年下降0.27%。截至2021年12月末，个人贷款时点余额为4.33亿元，较年初新增2.04亿元。

【普惠金融】 南京银行沭阳支行立足沭阳小微企业蓬勃发展实际，持续做好培大扶强文章，重点围绕资本小、就业广、致富好授信金额1000万元以下项目支持力度，帮助小微企业提档升级。积极策应中央《关于加强金融服务民营企业的若干意见》和人行《关于金融服务乡村振兴的指导意见》精神要求，对1000万元以内的普惠贷款，按照“融资成本一季度不超过上年、逐季度下降”的要求，落实好减费降息措施，培育中小微企业成长壮大，加大普惠型金融重点领域的贷款投入。截至2021年12月31日，支行普惠贷款余额1.84亿元，比年初新增0.84亿元，完成目标任务的84%。

【服务乡村振兴】 2021年，南京银行沭阳支行进一步密切与扶贫开发和农口主管部门对接，延展产业富民项目服务清单，为沭阳县创建国家级金融服务乡村振兴创新示范区提供金融服务工作。持续做好重点扶贫片区的产业发展，产业扶贫的金融工作，金融资源向乡村振兴示范镇钱集镇倾斜。重点围绕花木特色产业、木材加工业、特色种养殖业、农产品深加工等，有的放矢，点面突破。在涉农企业上，推广“鑫农保”新产品的运用，促进产品间形成差异化互补格局。

（陈　娇）

## 民生银行沭阳支行

【概况】 2021年，民生银行沭阳支行紧紧围绕总、分行业务转型发展的战略要求，全行动员，多渠道宣传，扎实推动零售业务规模、零售收入占比的贡献度提升，全力做大公司实体客户授信户、对公有效户，利用支行低风险业务优势，做大对公存款规模。

【存款业务】 截至12月31日，沭阳支行总存款余额达7.4亿元，其中，对公约6.3亿元，储蓄存款余额约1.1亿元，金融资产3.3亿元。有效客户数468个，悠然客户98个，卓然客户35个，私银客户10个。

【贷款业务】 截至12月31日，小微贷款余额14209万元，按揭贷款余额28060万元，民易贷余额1386万元。公司贷款余额6.6亿元，其中，金诚5.2亿元（326项目1.5亿元，329项目0.9亿元，农田灌溉项目2.8亿元)；金地1.3亿元；贴现1040万元。另外，2021年全年苏酒供应链申报审批52户，获批52户，投放94笔，投放金额29926.3311万元。申报低风险业务额度审批业务9户，低风险银票出账业务32笔，合计金额66233.05万元。

【业务储备】 公司业务储备，低风险银票或者贴现客户，沭阳支行储备13户，拟授信金额近20亿元。实体客户储备7户，金额近1.6亿元。零售客户储备，按揭在手储备已批待放近2000万元，小微储备5000多万元；储蓄存款质押开票户储备4户，总授信金额约5000万元。

（周业伟）

## 沭阳县中小企业融资担保有限公司

【概况】 2021年，沭阳县中小企业融资担保有限公司（沭阳金诚资产经营有限公司）紧紧围绕工业强县战略，以推进苏北第一县现代化建设新征程、强富美高新沭阳为目标，坚持“和衷共济·笃行致远”发展理念不动摇，始终把服务企业放在第一位，为全县经济社会的发展起到了积极的推动作用。

【担保业务】 2021年，公司共为105户各类贷款主体办理担保业务193笔，累计担保贷款8.16亿元。同时为促进企业尽快复工复产，降低企业融资成本，减免企业担保费133.26万元。

【清收工作】 公司以“强化清收、稳定在保”为重点，推动担保业务、清收代偿等各项工作有序开展。2021年共收回代偿款15885.04万元，比上年增长126.26%，省委巡视反馈意见中2.62亿县领导签批担保代偿化解工作也取得一定成效，清收部门采取一企一策清收方案，截至2021年年底共回收14236.93万元。

【资产经营】 2021年，公司累计实现经营收入0.148亿元，累计拨付为民办实事重点工程款1.314亿元；上缴农商行分红收益0.075亿元。公司各类资产总体运营情况良好，2021年新增出租面积2920平方米，实现租金总收益0.073亿元，比2020年同期增长67.53%。

【债务管理】 2021年，公司归还银行贷款4.02亿元，累计实现到账置换融资0.8亿元，展期4.8亿元，成本控制在基准上浮20%。

【项目建设】 项目有序推进。一是2021年城区快速通道一期B标段铁路桥处完成合同签订、工程付款到工程开工建设，年底前正在进行桥桩施工。二是329省道沭阳段工程在2020年底通过交工验收，实现通车的基础上，2021年完成了交工验收后分部路段标志线、标志碑的补充，部分路段路边沟挡墙的修复，部分路段两侧树木的补植等。三是中心城区和3个社区污水管网工程，2021年完成学府路等11条路的管网施工、34个小区管网与主管网的连接及泰州路泵站的施工，并在12月底前完成了交工验收。

（刘　犇）

## 经济开发区企业融资担保有限公司

【概况】 2021年，沭阳经济开发区融资担保有限公司积极为中小微企业提供融资担保服务，加大对代偿项目的追偿力度，保证担保资金高效运行，获得了较好的经济和社会效益。

【担保业务】 公司主动担当、积极作为，与银行配合，保证对在保企业不断贷、不压贷，降低企业融资成本，满足企业融资需求。截至12月底，公司总资产为6.23亿元，净资产为2.27亿元，存出保证金8315万元，累计提取担保赔偿金1.15亿元，提取短期责任准备金8920万元；1—12月，公司在保企业户数为76户，累计办理183笔担保业务共计9.4989亿元，在保余额为9.2259亿元。

【代偿清收工作】 公司进一步强化担保业务风险管控，压降代偿率，同时将代偿款清收作为工作重心，多措并举，严格考核奖惩，将代偿款清收目标完成情况作为员工绩效考核的主要依据，加大代偿款清收工作力度。截至12月底，公司共为1家企业代偿逾期贷款969万元，代偿率为1.13%；全年共清收代偿款1.3亿元，超额完成县国资办下达的年度目标任务，年底前公司代偿款余额为3.19亿元。

（孙　健）

## 人保财险沭阳支公司

【概况】 2021年，人保财险沭阳支公司累计承保各类险种总数量29.9万单，基本涵盖了全县生产生活的各个方面；累计处理各类赔案25.5万件，共计支付赔款5.31亿元，全力履行了“经济减震器、社会稳定器”这一责任担当，在抗灾减损和灾后补偿中发挥了行业排头兵和主力军的作用。

【保险业务】 2021年，人保财险沭阳支公司整体保费收入再创新高，共完成保费收入6.61亿元，再次位居苏北县域第一。其中车险3.2亿，商非6801万元，农险9024万元，大病保险1.83亿元。累计纳税达4237万元，贡献度在全县金融企业中排名第二。

【民生服务】 助力民生保障。公司严格按照“保本运营”原则做好各项服务工作，通过配合政府建立大病保险、大病补充保险等制度，有效缓解了病患群众的医疗费用压力。2021年，全县享受大病保险14.3万多人次，补偿资金1.67亿元；享受大病补充保险10.52万人次，补偿资金2113.5万元。助力乡村振兴。公司充分发挥全县8个中心乡镇分支机构“触角”优势，确保惠农政策及时落地，第一时间满足基层群众承保理赔需求，提升农民满意度和获得感，为农业增产、农村稳定、农民增收撑起了“安全伞”。全年公司累计开办农业保险险种30个，主要种植业8个，高效设施农业共22个保险产品，其中新开办水稻收入保险、池塘淡水小龙虾、苗木种植保险、森林火灾保险、榆叶梅种植保险新业务5个。2021年，公司累计承担农业风险21.19亿元，累计处理案件11938件，受益农户190826户次。助力交通安全。公司全面深化警保联动服务，配备6名警保专员，承担了近35%的平台报案事故处理工作。全县警保合作以来，一共参与交通事故2.5万起，实现赔款达2.22亿元。2021年公司共为204137辆各类机动车提供保障，累计有效报案件数25638件，同比增长32.68%。服务大众健康管理。2021年，公司升级了“人人安康”“岁岁安康”两个产品，为所有客户提供包括导医导诊、全科医生咨询、费用垫付、国内二次诊断、健康测评、精神心理测评在内的六项温暖增值服务。江苏省医保部门把“全面推进与基本医保相衔接的商业补充医疗保险发展”纳入“我为群众办实事”项目重点推进。截至2021年年底，全县参保人数9.2万人，占全市参保人数的30%，“江苏医惠保1号”推广项目成为沭阳惠民工程的又一亮点。

【科技创新】 公司科技保险产品从无到2021年年底共有6个，覆盖科技企业产品研发、知识产权保护、贷款保证、关键研发人员健康和意外等多个方面。

（齐　惠）

## 中国人寿保险股份有限公司沭阳支公司

【概况】 2021年，中国人寿沭阳支公司以“心在长远，行在顶端”为准则，坚持“三真两实一高”的工作标准，持续推进职业化、专业化、科技化队伍建设，在高质量发展的道路上奋勇争先。

【保险业务】 2021年度共完成保费8.0426亿元。长险首年标准保费5988万元；首年期交保费1.2183亿元；10年期及以上保费7088万元；大短险保费5630万元。与人社局合作的“工伤预防”项目在全县范围内得到进一步推广，全年合计实现补充工伤保费约500万元；同时，在新开拓的残疾家庭补充保险中，依靠片区经理的深耕开拓，实现保费214万元，完成了过百万元的年初目标。银保立足银行渠道，快速转型，全面导向渠道经营，全年和市场8家银行主体实现常态业务合作。其中，中行渠道实现期交保费320万元，稳固了核心渠道的地位，建行、农行渠道分别实现期交保费280万元、265万元，成为新增支柱渠道。

【风险防控】 压实责任强化履职。进一步加强风控体系建设，专人专岗，强化职场风控信息员履职，加强各部门及职场风控执行力，将风险管理切实下沉到最末端。培训赋能加强排查。职场定期开展防非、销售误导、反洗钱等专题培训，风控联系人定期进职场检查，保留工作轨迹，进一步强化风险管控体系，建立三道防线纵向贯通、横向协同、末端融合的风控机制。将风险管理延伸到业务一线、管理末端，构建四级联动的销售风险防控体系。重点风险专项整治。2021年，对重点风险专项治理工作进行统一部署，统一设立专项治理方案，各部门各司其职，对照检查整改。对非正常退保、销售误导、非法集资、投诉、洗钱等重点风险常抓不懈，形成上下联动、齐抓共管的工作机制。严格执行“谁失责、谁负责”的问责制度。

（赵　江）

# 商贸流通

## 商业贸易

【概况】 2021年，沭阳县商务局坚持“以一流的标准服务好企业，以规范的行为管理好市场”的工作基调，紧紧围绕年初工作目标任务，坚持不懈狠抓利用外资，多措并举力促外贸增长，全面激发电商发展活力，规范商贸流通市场秩序，扎实推进安全生产整治行动，为县域经济社会发展作出积极贡献。

【实际使用外资】 2021年，沭阳县圆满完成市委、市政府下达的实际使用外资14000万美元的目标任务，其中战略性新兴产业实际使用外资占比提前、超额完成市委市政府下达的目标任务，全年实际使用外资完成进度快，外资质态也好于往年。

【对外贸易】 2021年，沭阳县外贸稳中提质持续增长。全年完成外贸进出口总额136296万美元，同比增长11.91%。其中出口130865万美元，同比增长11.55%。沭阳县外贸企业积极响应国家号召，全力开拓“一带一路”

沿线国家市场，截至12月，全县有100多家外贸企业与“一带一路”沿线39个国家有出口贸易往来，占县内有进出口实绩248家外贸企业47.62%，占“一带一路”沿线64个国家60.94%。

【电子商务】 2021年，沭阳县新增1家省级数字商务企业、1家省级数字商务社区，新增淘宝村20个，累计共有104个淘宝村、16个淘宝镇。2021年1—10月，沭阳县网络零售额预计412亿元，同比增长27%，快递发件量达38574万件，同比增长27%。同时，跨境电商的发展取得喜人的成绩，沭阳县跨境电子商务产业园立足县内纺织、木材加工等特色产业和良好电商发展基础，在园区载体建设、项目招引培育和业务培训等方面加大工作推进力度，全力打造优质特色的跨境电商产业园区，该园于10月被省商务厅认定为“省级跨境电子商务产业园”。

【市场管理】 加强成品油零售经营企业管理。对全县112座加油站（点）加强管理，做好2020年度成品油零售经营企业年检、到期换证、改扩建、新建站报批、法人变更等一系列审批事项的初审报批工作。同时，围绕全县加油站（点）管理开展一系列的培训、检查活动，以一流的标准管理服务好企业。联合相关部门开展成品油市场专项整治工作。根据省、市成品油专项整治工作相关文件要求，主动开展成品油市场专项整治，联合公安、市监、交通、应急等部门，开展联合执法。截至2021年年底，县商务局联合相关部门联合执法，出动人员300余次，共清理黑加油点37处，查扣流动加油车24辆，有力打击了非法经营成品油行为的嚣张气焰，维护了成品油市场经营秩序。

（郝丽丽）

## 供销合作

【概况】 2021年，沭阳县供销合作总社瞄准全国百强、全省二十强、全市“排头兵”县级社的目标定位，大力推进“四化”同步集成改革发展，强化主体责任，落实高质量发展举措，凝心聚力，争先创优，取得明显成效。沭阳县汇桑蔬菜种植专业合作社被中华全国供销合作总社评为“供销合作社系统农民专业合作社示范社”；沭阳县供销合作总社被省供销总社评为“2021年度全省二十强县级供销合作社”“江苏省供销合作社系统信息宣传工作优秀单位”，被市总社评为“综合业绩评价优秀单位”“改革创新先进单位”“信息宣传工作先进单位”。

【基层社建设】 按照省、市总社下达的2021年度重点工作目标任务，以改革创新为引领，突出抓好基层社标杆社创建、薄弱基层社改造、综合服务社提升、农民专业合作社建设，大力推进基层经营服务功能和质量大提升。2021年，全县完成村综合服务社提档升级6个，启动2个基层社改造工程，建成1个乡镇供销合作社购物中心，组建农民专业合作社2个，新增社员2501人。

【服务“三农”】 2021年，沭阳县供销合作总社积极探索土地托管服务，共开展统防统治面积1333.33公顷，化学农药使用总量减少10%以上。积极参与农业面源污染防治，在青伊湖供销合作社开展农药包装废弃物、农田残膜回收工作，共回收农药包装废弃物1吨。

【示范点打造】 按照宿迁市供销合作社关于开展“党建引领、村社共建”的实施方案，围绕“组织共建、资源共享、发展共谋、事业共兴”的思路，将沭阳县陇集镇墩前社区作为首个重点共建点，扎实推进党建带社建、村社共建工作，充分发挥社区“两委”的组织优势、供销合作社的服务优势、专业合作社的经营优势，通过为农民提供社会化服务，充分发挥社区党组织的引领功能，探索创新农村治理和农业社会化服务相融互通新模式，构建基层供销合作社、社区“两委”、专业合作社“三车共驾”的经营服务新体系。

（赵杉杉）

## 烟草专卖

【卷烟营销】 2021年，沭阳县烟草专卖局完成卷烟销售4.08万箱，实现卷烟销售额11.98亿元，完成税利3.44亿元，全年实现税收、上缴财政共计5315.35万元。

【专卖监管】 沭阳县烟草专卖局以信用监管为基础，相继开展了“利剑8号”、百日会战“铁拳”行动、电子烟市场专项整治等系列行动，打假破网成效明显，全年查获各类违法经营卷烟案件583起，假烟案件70起。其中“9.17”涉烟违法案件荣获国家局表彰。同时落实“放管服”改革要求，精简许可证办理流程，推行不见面审批，积极履行好社会责任，烟草窗口多次被沭阳县政务服务中心评为“效率之星”“服务之星”。

【吸烟环境优化】 在城市卫生创建中，沭阳县烟草专卖局积极助力地方文明吸烟环境建设，联系结对社区、城管局，为城区街道、公园、机关单位、社区等区域免费投入安装4000个“壁挂式烟灰柱”，文明吸烟环境覆盖面每平方千米达1.94个。

（赵　睿）

## 盐业供应

【概况】 2021年，沭阳县盐业有限公司紧紧围绕市公司年初工作会议精神，理清思路，强化管理，创新机制，扎实工作，有力地推动了公司各项工作的顺利开展。公司全年共购进各类盐产品7776吨，销售各类盐产品7511吨，其中小包装食盐销售2902吨，大包装食盐销售2690吨，工业盐销售1918吨，全年实现主营业务收入950万元，上缴各项税金38.27万元。

**【食盐销售】** 县公司优化渠道建设，不断拓展食盐主营业务能力。一是按照经营强基工作要求，全面梳理终端资料，进一步优化各片区人员配置，尤其是在下半年班子成员到一线兼任客户经理职责，示范引领作用得到充分体现。二是全面加强片区食盐营销终端拜访力度，实行外勤365计划拜访与临时拜访相结合的模式，加强日常基础工作考核，加强食盐配送服务质量和服务水平，保证了食盐营销工作顺利开展。三是全力做好区域内B类商超标准化建设工作，为区域内所有B类超市赠送淮盐货架，严格按照集团“863”要求进行铺货，尤其是加大对中、高端盐的铺货，全年共赠送淮盐货架130个。四是切实开展了销售渠道收复工作，针对省外竞品盐低价销售的特点，在城区润信、城北两个农贸批发市场定点投放惠美家食盐，进一步稳固了淮盐的主渠道供应地位。五是实行“亲情化”服务。在片区拜访配送服务过程中，注重做好与终端的沟通工作，认真倾听客户关于结块盐、盐箱破损、过期盐调换等利益诉求，积极拉近客情关系，切实维护客户的合法权益，为淮盐在沭阳县食盐市场的占有率稳中求进奠定良好基础。

**【非盐经济】** 为适应新形势下盐业发展的需要，按照市公司坚持主营业务与非盐业务两手抓两手都要硬的工作要求，县公司在巩固主营业务的基础上，积极探索新的经济增长形式，充分利用食盐配送渠道增值在非盐产品销售中的作用，积极与区域内金龙鱼、海天等一线调味品经销商合作，加强非盐产品和盐化工产品的销售，拓展校园平台业务与团购业务，在非盐业务上实现零的突破。

**【食盐储备】** 加强政府储备管理，进一步提升储备能力。县公司按照集团公司关于食盐政府储备工作相关要求，以国有企业食盐安全供应的政治责任和社会责任为担当，狠抓食盐政府储备各项工作的落实，高标准、严要求地完成了食盐政府储备工作。截至12月底，储备20千克复合膜绿标精制小包装食盐302.4吨、加碘腌制大包装食用盐200吨，合计502.4吨。每个批次在入库时均附有生产厂家的食盐检测报告，同时，不定期邀请省盐业质监站开展食盐抽样检测，确保储备盐质量安全。公司储备的所有食盐均符合GB/T 5461—2016《食用盐》标准。

（宋延鑫）

# 物流业

## 综　述

2021年，沭阳县物流业始终紧扣高质量发展主题，依托相对健全的综合交通运输网络，围绕“产业+物流”加快建设物流产业园和快递园区，逐步形成了以“百盟物流园”为龙头，新河花卉物流配载中心、新河电商快递园、北丁集江苏大桥冷链物流、扎下京沪停车场物流园，以及颜集堰下村快递一条街等为依托的县、乡、村三级物流发展模式。2021年，全县物流业开票收入为30亿元，公铁水货运总量为6283.47万吨，AAA级物流企业3家，AAAA级物流企业2家，AAAAA级物流企业1家，省重点物流基地1家、省级示范物流园1家。

## 品牌创建

**【企业品牌创建】** 沭阳县切实落实好促进物流业发展的各项扶持政策，并根据《县政府办公室关于印发进一步推进物流降本增效促进实体经济发展的实施意见的通知》要求，支持、鼓励县内物流企业进一步降本增效，做大做强，积极开展物流企业品牌创建工作。现有AAA级以上物流企业6家，其中AAA级3家（沭阳县四通危险品运输有限公司、宿迁市盛驰物流有限公司、三六零医药电子商务有限公司）、AAAA级2家（江苏百盟物流有限公司、沭阳田氏危险品运输有限公司）、AAAAA级1家（江苏百盟投资有限公司）；省级重点物流企业3家（江苏百盟物流有限公司、沭阳田氏危险品运输有限公司、沭阳恒通物流中心有限公司）。

**【物流基地创建】** 2021年，持续创建成省重点物流基地1家（沭阳百盟物流产业园），创建成省级示范物流园1家（沭阳百盟物流产业园）。

## 物流园建设

**【概况】** 沭阳县大力发展快递园区和物流点建设，不断提升物流服务能力。打造以“百盟快递物流园”为典型的县级物流园、以新河镇电商快递园为典型的乡镇快递园区、以堰下村快递一条街为典型的村级快递集聚区，构建沭阳“县乡村”三级物流发展模式和物流节点，为物流企业规模化运营和集聚发展提供了强大可持续动力。

**【信息平台建设】** 支持县内物流企业加快信息平台建设，沭阳百盟物流产业园已取得网络货运道路运输经营许可证，百之盟网络货运平台正在试运行中，通过物流信息化平台实现资源共享，降低车辆空载率，推动物业园区信息化建设。

【物流园区建设】 沭阳百盟物流产业园位于沭阳县宿迁大道及上海路交叉口，成立于2012年1月，注册资本金5000万元，现有员工约200人，园区规划总面积约1300亩（核心区面积约877亩），总建筑面积60万平方米，分5个功能区：公路物流区，建材物流区，快递物流区，仓储配送区，配套服务区。截至2021年年底，已建成沭阳百盟物流园一期、百盟车辆检测中心、百盟汽贸城、百盟快递物流小镇、百盟仓储中心、百盟司机之家、百盟建材城、百盟钢材物流园等项目。2021年，园区入驻企业营业总收入达58.11亿元，年纳税1.71亿元，带动约1万人实现就业。

（张　鹏　韩　天）

## 信息服务业

【概况】 2021年，沭阳县电信业务总量12.08亿元，增长16.6%；电信业务收入11.89亿元，增长15.3%。年末固定电话用户7.06万户；城市住宅电话用户1.47万户，农村住宅电话用户3.46万户；移动电话用户163.25万户，国际互联网用户135.04万户。

【中国电信沭阳分公司】 2021年，中国电信沭阳分公司牢固树立“用户至上，用心服务”的服务理念，充分发扬“求真务实、自强不息”的企业精神，较好地完成了上级交给的各项目标任务。电信业务收入完成情况继续位居苏北电信县级分公司第一名。在产品发展上中国电信沭阳分公司认真贯彻落实网络强国、数字中国等重要战略部署，充分发挥自身资源禀赋，坚持以客户感知为导向，践行健康可持续的发展理念，打造“平台+生态”服务模式，提升便民服务体验，探索5G应用场景，加快行业应用转型升级，积极推进云网、物联网等应用，坚持以服务地方经济发展、助力企业数字化转型为核心开展工作。电信服务工作方面，中国电信沭阳分公司持续加大电信服务的软、硬件建设力度，做细做好客户服务工作。一方面公司坚持以客户为中心，坚持客户视角，变“方便管理”为“方便客户”，认真打造电信服务品牌，全面提升客户感知。另一方面持续加强网络能力建设，加大对上争取力度，持续加强投资和资源配置，扩大5G基站和光纤网络建设规模，同时依托优质的电信5G网络，加强5G工业定制网平台建设，针对不同企业客户采用“致远、比邻、如翼”三种模式，做细中国电信5G定制网服务，为企业客户提供“主流应用+定制化”的高品质云服务。截至年底前，电信总出口带宽达920吉，进一步夯实了千兆光纤宽带、千兆WiFi网络、千兆5G网络的3000兆能力。

（董　昊）

【中国移动沭阳分公司】 2021年，中国移动通信集团江苏有限公司沭阳分公司主动融入全县经济社会发展大局，积极参与“智慧城市”建设，持续加快5G网络、光纤宽带、公共互联网等基础通信设施建设，拓展信息化应用，为沭阳县经济社会发展作出积极贡献。在市场运营上，保持高质量发展，截至2021年年底，全县通信用户数总量102万户；宽带用户数27.2万户，占比26.67%。在基础设施建设方面，全年建4G基站128个，实现4G网络城乡覆盖率99.9%以上；建设5G基站600个，率先实现主城区、乡镇5G网络覆盖；完成宽带投资172万元，新增用户8500户。在服务地方发展方面，积极响应国家“5G+互联网”行动计划，认真完成“5G+互联网”产业布局，以信息化助力地方经济发展；积极响应政府疫情防控、网络安全、志愿者服务等；加强网络安全监管，按月开展网络安全及信息安全专题会议，重点强化实名制要求；定期梳理疑似诈骗号码，开展专项整治工作；针对信息化产品及业务不定期开展安全漏洞扫描，全面提升业务的合规性和产品的安全性；保证节点机房安全运行，网络信号畅通无阻；信息化助力精确防疫，为全县范围内企事业机关提供“人体测温”服务，提供苏康码+人脸识别智能道闸服务、推广防疫大数据“燃信”业务；信息化助推各行各业，带领信息化提升党员突击队，积极参与当地为民办实事工程，承建党风廉政教育信息化建设、网红直播带货销售展示厅项目、沭阳县人民检察院办公办案网络改造服务项目、沭阳县外国语实验学校教室照明提升改造采购安装项目、沭阳县经济开发区管委会安防监控项目、江苏省国营青伊湖农场安防监控项目等。

（丁小丽）

【中国联合网络通信有限公司沭阳县分公司】 2021年，沭阳联通公司按照“苏北一流、全省领先，实现县分公司主营收入过亿的目标”扎实推进各项工作。在网络建设共建共享方面，积极推进5G基站建设，2021年和电信共建5G基站480个，和电信、移动、有线电视共建通信管道3.7千米；集客网方面，开通公安监控、应急管理局等单位专线252条；在固网建设方面，新建FTTH乡镇小区32个，老小区网络改造6个；在传输线路方面，布放接入光缆皮长230余千米，整治纤芯光缆60余千米。在创新收入方面，沭阳联通实现创新收入突破2000万元，其中ICT项目金额1800余万元。主要聚焦政务、医疗、教育、公安、金融行业，完成2所学校的标准化考场建设项目、在沭阳区域开通首家IPV6网络，完成宿迁地区首家金融行业IPv6网络升级改造项目、完成农业物联网及乡镇技防项目建设；在云计算、大数据、物联网方面实现收入200余万元，聚焦规模以上企业三星级以上“企业上云”业务的建设，聚焦物联网连接数拓展，聚焦大数据平台应用建设；公司提供2B、2C双轮驱动发展战略，稳步提升2B创新业务收入。在服务提升方面，沭阳联通公司积极组织开展宣传进企业、进农村、进小区活动，切实贯彻国家要求的提速降费工作，让广大群众了解相关政策，努力做到让群众对自己的通信服务满意；完善营业窗口服务机制，做到来有迎声，去有送声，完善服务人员考核机制，稳定服务人员队伍，加强培训辅导，围绕提升群众感知为工作重心开展工作；加强自主营业厅建设，提升服务品牌缩小服务区域，全年新建东城区、南城区自主营业厅2个，在马厂、贤官、韩山、刘集设立支局，实现自主人员下放至乡镇，缩短服务客户距离，提升用户服务感知；无偿为各单位企业提供网络安全培训服务，强化参培人员网络安全意识，降低网络安全风险，提升联通多维度服务能力。

（单口中）

【江苏有线沭阳分公司】 2021年，江苏有线沭阳分公司城乡有线电视网覆盖率达100%，双向数字网覆盖率85%，光节点数量5287个，其中城区和部分乡镇镇区网络采用EPON+EOC模式，其余镇区和行政村为FTTH模式；现有光缆总长8980千米，芯千米达11.1万千米，电缆总长9837千米。2021年，沭阳分公司亮点项目有“网信一体化指挥平台建设”“沭阳新时代文明实践中心智能化建设”“数字堰下”项目建设以及“沭阳淮海剧院”智能化项目建设等。在新冠肺炎疫情发生以后，启用覆盖全县3300个应急广播点位，就疫情防控知识、要求等开展全方位的宣传，受到了江苏卫视、《扬子晚报》、《荔枝新闻》、“交汇点”等国家级、省市级主流媒体的持续点赞。积极投身县委县政府重大会议保障，已实现县委106视频会议系统、县疫情防控应急指挥中心系统的建设保障全覆盖。主动发挥宣传喉舌作用，积极投身党史学习教育，推动强国TV、中国共产党在江苏VR电视馆、“视界观”App本地化推广应用，积极参与挂钩扶贫、结对共建、公益宣传、志愿服务、城市管理等，体现国企担当。加快低保户看电视政策落地、智慧广电乡村工程建设、预付费转换、宽带提质、5G战略协议签订、HINOC试点建设、降本增效等，大力推动工作落实。

（司书林）

# 邮政服务业

## 邮政管理

【概况】 2021年，沭阳邮政管理局紧紧围绕县委、县政府工作要求，精心编排工作计划，扎实开展工作。全县快递发件量45721.84万件，同比增长25.03%，其中属国有企业（邮政公司）快递发件量9650.06万件，属社会企业（民营快递公司）快递发件量36071.78万件；快递业务收入16.99亿元，同比增长21.79%。

【蝉联全国金牌项目】 沭阳邮政管理局充分发挥沭阳“花木之乡”“电商大县”这一优势，突出“乡村振兴”战略工作要求，促进全县快递与电商融合发展，“宿迁（沭阳）花木项目”成功入选第二批“全国快递服务现代农业示范基地”名录，2018—2021年连续四年荣获国家邮政局“快递服务现代农业金牌项目”称号，并一直位居榜首。

【花木寄递市场整治】 在县委县政府部署的花木领域整治“春雷行动”中，沭阳邮政管理局积极履行寄递市场监管职责，多管齐下对全县花木领域寄递市场进行整治。一是召开专题会议传达市县要求；二是下发文件对整治工作进行部署；三是对全县寄递企业内部运营管理工作进行规范；四是全员发动开展诚信守法经营宣传；五是层层签订《承诺书》约束寄递行为；六是协助属地乡镇查验“诚信标签”张贴工作；七是实地检查督促工作落实；八是配合相关部门进行案件查处；九是会公安、市监、自规等部门联合执法打击跨区揽件行为。

【行业监管】 2021年，沭阳邮政管理局严格监管“制度”落实，确保行业安全稳定，特别是在全国两会、“建党100周年”庆祝活动期间及“全运会”等重要时段，沭阳邮政管理局按照省、市局及县委县政府要求，不断强化行业管理。狠抓寄递安全监督检查，重点查控涉及危化品、毒品、枪支弹药及爆炸品等禁限寄物品通过寄递渠道流入社会；狠抓生产安全监督检查，重点检查企业员工在包装、分拣等快递场所生产作业时安全制度执行情况，避免安全事故发生；狠抓消防安全监督检查，重点督促企业强化消防意识，加大消防设备投入，杜绝火灾事故发生；狠抓交通安全教育，重点教育“快递小哥”在运输、投递快件过程中遵守交通秩序，防范交通事故发生。全年共检查200余家网点，出检300余人次，下发整改通知书47份，下达处罚决定书10份。

【安全管理】 沭阳邮政管理局强化企业安全主体责任，加大预警防范，与县内14家寄递企业签订《2021年度安全工作目标责任状》，明确各寄递企业2021年安全工作目标及任务，切实贯彻国家安全生产相关规定，强化企业安全生产责任。沭阳邮政管理局先后6次在寄递行业工作会议上开展安全宣讲活动，印发安全法规常识资料500余份，县内每个寄递企业均签订《企业“三苗”整治承诺书》《建党100周年庆祝活动安保维稳承诺书》《疫情防控承诺书》《作业场地安全承诺书》，所有处理场所和营业网点醒目位置均张贴“三项制度”、禁寄物品目录、安全生产制度，进一步压紧压实企业安全生产主体责任。沭阳邮政管理局还通过应用行业工作群，适时推送安全生产及极端天气预警信息，积极营造“人人知安全、时时讲安全、事事保安全”的氛围。

**【寄递服务保障】** 沭阳邮政管理局积极推进“网络问政”和12345热线办理工作领导小组和办理工作制度，及时上传办理工作专题会议纪要，做好申诉处理工作。全年共处理各类有效申诉600余件，为消费者挽回直接经济损失10余万元，群众对部门处理工作满意度达97%以上。

**【专项检查】** 2021年，沭阳邮政管理局开展“扫黄打非”专项检查6次，检查网点17个，重点检查网点培训情况和制度执行情况、网点收寄验视执行情况和员工“扫黄打非”查堵口径掌握情况等，得到了“扫黄打非”部门的充分肯定。

**【邮政服务用房和智能信报箱验收工作】** 2021年，沭阳邮政管理局开展全县新建小区验收9批次，其中验收邮政服务用房9批次，验收面积共计1085.6平方米，共验收智能信报箱29组，计7993个格口。截至2021年年底，全县共验收邮政服务用房69批次（设置智能信报箱的小区59个），面积共计4805.2平方米，共验收智能信报箱59批次，共计162组，33594个格口，惠及居民4万余户，给小区居民带来了便利，有效解决小区末端投递难题。

（陈巍巍）

## 邮政服务

**【概况】** 2021年，沭阳县邮政分公司累计实现收入48101万元，总收入规模位居全省县公司第3位；其中代理金融实现收入21986万元，全年指标完成率101.59%，同比增幅12.93%，位列全市第一，收入规模排全省第8位，增幅位居全省第8位，高于省均增幅3.48百分点；寄递业务实现收入23168万元，收入规模居全省第3位，快递包裹实现收入20596万元，连续三年居全省第一位。沭阳县邮政分公司连续三年荣获县2021年度“高质量发展综合考评先进单位”与“江苏省文明单位”称号；多名同志获得各级政府和上级党委的表彰，其中：王永涛被中国邮政集团有限公司江苏省分公司评为“2020十佳优秀投递员”，徐婷婷被中国邮政集团有限公司江苏省分公司评为“2020十佳优秀支局长”，董志敏被评为江苏省劳动模范。

**【代理金融】** 沭阳县邮政分公司围绕“客户为本、储蓄为基、资金为王”的总体要求，聚焦客户AUM一个核心，各项指标均位全市前列。截至12月底，AUM规模134.75亿元，较上年末提升17.12%；储蓄余额规模89.78亿元，年增12.38亿元，同比2.83亿元；2021年12月末储蓄市场占有率为15.46%，新增市场占有率为15.91%，两项指标均位居全市第一。2021年全年新增发卡7.8万张，三代社保卡累计发卡8743张，净增快捷绑卡客户数6.0万户，新增手机银行激活客户数5.1户，四项均列全市首位。全县三代社保卡市场占有率达28.6%，发卡规模、市占率均位居全市首位。

**【金融客群开发】** 立足苏北最有特色农业县区位优势，以红色惠农党建联盟示范基地为阵地开展电商掘金活动，累计走访合作社2379户、家庭农场649户、种养殖五类关键人，开展“惠农大讲堂”农技、贷款送上门服务活动13场。针对存量微邮付商户开展有效价值商户达标有礼活动、针对新客户开展办理微邮付双倍积分活动。截至12月底，微信邮付累计结存2.07万户，价值商户结存5251户，累计沉淀资金达12亿元。常态化开展政企客群共建活动，以护士节、医师节、教师节等节日为切入点，31家网点开展进政府、进医院、进学校、进企业活动，如组织网点与中小学开展“一封感恩信”共建活动，登记梳理教师与家长信息，并邀请老师参加请进来活动，全年实现新增开发政企客群2000户，新增资金0.5亿元，办理保险0.3亿元。板块联动走深走实破难题，12月5日开展“同心筑梦”电商培训暨“年终钜惠”感恩回馈活动，展现邮政多元化经营的发展势态，经过后续跟进，共策反他行资金0.4亿元，办理定期存款1285万元，长期期交146万元，实现文传业务收入10.8万元，渠道业务收入8.9万元。

**【财富管理】** 强化“财富管理”，完善金融生态圈建设。推进基金定投“万户倍增”、VIP客户黏度提升以及邮银协同客户倍增三个优质客户倍增计划，夯实客户以及资金基础，实现财富类业务迅速增长，截至12月31日，全县保险新保年增5.15亿元，排全市第二；累计折标13.11亿元，同比多增2.7亿元，排名全市第一；非货币基金销量3.85亿元，完成率101.2%，销量位居全市第一；理财月日均保有量10.6亿元，年增2722万元，位居全市第一。以基金业务抢占政企蓝海市场，靶向定位三类头部客户，以"方寸之间学党史活动"为载体，以"政企荟萃邮我同行"营销活动增产赋能；截至12月末，累计销售非货币基金3.85亿元，完成率101.2%，定投5372万元，完成率158%，其中大额定投1414户，完成率138.6%。

**【寄递业务】** 快包资费上调提质增效。为抢抓快包旺季发展效益，夯实快包全年发展基础，一季度，在快包新结算体系下，围绕分区提价、轻小件发件占比提升、大件异型件控量等维度，以春节服务费、面单费等形式对全县快包客户进行集中及分批上调资费3次，平均单价从2020年12月2.35元提升至最高2.66 元；三季度，为了实现淡季市场效益快速提升，从7月22日起再次对全县快包资费进行多轮上调，在双11前对全县90个花盆及泡件客户、其他943个快包客户、新增客户按照不同标准集中提价与分区报价；11月7日，以100克为基本单元细分颗粒度，坚持轻小件客户让利不让市场，泡件、异形件让量不让效益原则，重新测算分路向结算成本，指导营销端报价；2021年结算毛利率28.87%，较2020年四季度提升了11.87个百分点。特快加速发展拓规模。用竞赛营造比学赶超氛围，2月20日—4月30日，组织开展特快业务"战旺季 赢全年"专项劳动竞赛，通过政策宣传贯彻和责任压实，各经营网格迅速转换思路，主动作为，以长三角促销资费、偏远路向转化、快包发件配比等方式，实现特快收入规模迅速提升，活动期末，累计开发高端电商客户15个，吸收顺丰客户4个，提升收入60万元，全县完成特快收入616.37万元，同比增长32.3%；加快推进寄递客户"一户双号"，10月起，对全县495个VIP级及以上快包存量客户推行"一户双号"，在签订快包协议的同时签订特快协议，要求所有北京、青海、新疆和西藏路向改发特快，同时强化超3公斤以上的快包件针对性营销，也便于在特殊时期加强管理，有效提升特快转化率，最大程度减少业务量流失，2021年特快业务量365.6万件，同比增幅113.02%，实现收入2567万元，同比增幅43.5%，完成市定全年计划（2565万元）的100.08%，完成率居全市第一；"一周一户"夯实特快客户发展根基，做好城区营揽中心窗口交寄工作，严格执行实名收寄制度，做好客户信息采集，根据客户信息做好客户走访、储备和开发工作；做好乡镇营揽中心潜在客户挖掘工作，产品价值较高或者通达系头部客户，都是潜在客户，通过精准走访，摸清客户实际情况，提升客户需求匹配度，能有效提升客户储备和客户开发工作实质性进展；2021年，"一天一户，一周一户"活动客户储备520户，完成率160%，居全市第二位；客户开发90户，完成率107%，居全市第二位，疑似流失客户挽回88户，完成率126%。贤官营揽中心通过深挖当地特色产业特快业务需求，灵活运用特快长三角促销资费、花木集群优惠资费策略，对摸排的高端电商客户及时跟进开发，引导快包客户向高价值特快产品转化。2021年，贤官营揽中心累计实现特快业务量41.6万件，同比增幅238.13%，实现业务收入333.18万元，同比增幅199.71%，特快业务各项指标均居全市寄递网格之首。

**【惠农合作】** 沭阳县邮政分公司围绕县委县政府提出的打造"苏北最美乡村"，推进惠农合作持续深化。持续加强支部共建，自成立"红色惠农"党建联盟以来，42个网点利用20号主题党日与100个"红色惠农"示范村和170个"绿色金融"标杆村开展共建，在此基础上开展理事长拓展、行政村走访等农民合作社和家庭农场为服务对象的"我为群众办实事"活动；擦亮提升惠农品牌，2021年8月，协同县农业农村局提炼总结的"'农邮合作'模式助推农产品出村进城"经验成果，被评为"2021年全国数字农业农村新技术新产品新模式优秀案例"，成为省级25项优秀案例中唯一由邮政单位协同参与的案例；重点突出平台打造，依托线上邮乐系平台和线下"网点+站点"两个平台，深入拓展市场，助力农产品销售。2021年，累计实现线上农产品销售额145万元，线下依托邮乐食堂平台与电信、汤涧镇政府等单位形成农产品返城合作，并将31个支局和800个邮乐加盟店打造成"邮乐邻里"社区购示范自提点，拉动农产品交易1442.6万元。惠农合作创新"青伊湖模式"，沭阳县邮政分公司与青伊湖镇下属12个村支部成立股份制经济合作社，以农资业务形成村集体经营性收入129万元；同时在东小店、耿圩复制推广青伊湖合作模式，并开展2个乡镇村股份经济合作社市场，2021年，3个乡镇共代销农资867吨，为村集体实现增收239万元。

**【物流体系建设】** 加快"邮快合作"打通壁垒，2021年8月，沭阳县邮政分公司联合县邮政管理局携手申通、圆通等6家社会快递公司签订邮快合作下乡进村战略框架协议，探索代投、代收、共配等邮快合作模式，破解农村物流"最后一千米"难题。争取地方资源政策支撑，一方面推进"交邮合作"，2021年2月底与县交通运输局签署沭阳县交邮合作战略框架协议；另一方面争取县商务局政策支撑，已确定将电子商务示范县的500

2021年7月，沭阳县邮政分公司联合青伊湖镇为惠农示范农村合作社举行授牌仪式　　县邮政公司　供图

万资金向邮政奖补300万元左右；同时县商务局计划投入70万元在村级综合服务站投放智能包裹柜35组。加快村级综合服务站建设，沭阳县邮政分公司已建设邮乐购加盟店802家，已实现全县474个行政村覆盖率100%；完成122个村级综合服务站建设，每日代投邮件1000件以上，实现自然村覆盖率30%以上。扩大品牌宣传构建发展格局，2021年4月，省农业农村厅把“沭阳邮政联合地方政府在花木产业大镇和产业集群中心区，分别建立分拨中心和邮件处理副中心，实现对花木绿植物流运输全流程服务”在会上向全国作介绍；9月，在集团公司召开的“互联网+”农产品出村进城试点工作推进会中，沭阳县邮政分公司作为江苏唯一试点企业作汇报；10月，在省委网信办、省农业农村厅组织开展的“E路同行　智惠江苏——‘数字乡村’篇”网络活动中，沭阳县邮政分公司接受国家级主流媒体专题采访。

**【传统邮务】** 2021年，沭阳县邮政分公司丰富“邮文化+花乡文化”产品和内涵，在连续4年为花木节提供邮政服务的基础上，创新设计《红色印记》《虞姬故里　花香沭阳》等系列邮文化产品，发行后在地方获得一致好评；强化校园文化阵地建设，创新“驿路书香校园行”项目，获县“年度阅读推广示范项目”称号，入选市全民阅读推广示范项目，并借中国共产党成立100周年契机，在全县中小学校开展“方寸之间学党史”校园巡讲活动46场；加大市场开发拓展规模，开展“建党100周年”红色专项营销活动，销售党史类图书1.33万册，实现图书收入40余万元。销售《光辉足迹》《一号财富》等邮品718套，实现销售额212.48万元，完成率居全市首位。其中，沭阳县邮政分公司联合县委党史工委开发制作《红色印记》党史图文邮册，以图文并茂的形式全景式地反映了沭阳县26个中共党史教育基地和党员教育基地所承载的厚重历史，发行后受到社会各界的高度关注，形成销售收入35万元。

**【“邮帮办”品牌】** “邮帮办”品牌效应凸显，沭阳县邮政分公司累计建成警邮网点26个，2021年公安交管项目累计业务量2785笔，其中实现寄递类业务量886件，占比31.8%，寄递业务占比位居全市第一。2021年4月，学府南路支局成为全市唯一被中国邮政集团有限公司江苏省分公司表彰的警邮网点。累计建成税邮网点6个，2021年累计实现税邮收入58.63万元。

**【邮政改革创新】** 2021年，沭阳县邮政分公司积极落实中国邮政改革三年行动方案，把稳改革方向重创新实效。准加盟制再升级。在总结前两轮“准加盟”基础上，5月初，组织15个经营网格签订“准加盟”协议，实现准加盟“3.0”升级。首次将各营揽中心快包净利润目标纳入“准加盟”权重，并设置包括快包及特快的净利润提成奖励，强化效益发展导向；将特快收入目标设立为一票否决项，强化特快发展首位度意识；将合同期收益、超底标提成、净利润提成等全部纳入“准加盟”团队收益，对不同岗位分配比例标准予以明确，更加注重团队贡献；收益及提成参照整个合同期底标完成情况核算，结算方式更趋合理。同城网络运营体系再丰富。县邮政分公司整合县域普邮网和快递网资源组建县域同城网，打造“花乡同城、邮惠万家”品牌，构筑农产品流通绿色通道；加大乡镇仓配运营中心投入，运营庙头与耿圩邮件处理中心，为同城客户提供仓储服务；持续完善同城网络体系，于8月20日及9月5日成功运作淘菜菜、中虞美菜同城项目，日配送农产品订单3.6万件以上，已形成收入32万元。专业协同深度再推进。县邮政分公司坚持协同与开放一起抓，制定电商客群一系列专属权益，针对花木集群相继开展“深耕特色产业、厚植发展动能”“电商掘金　如虎添翼”等活动，维护产业集群及电商客户2498户，开展维护活动1000

余场，2021年策反他行资金4.23亿元，其中新增储蓄余额2.56亿元。规模化收单场景成功落地。县邮政分公司制定收单场景“开发三步曲”：一“画”：多渠道摸排丰富画像，二“访”：找准薄弱项推荐产品，三“促”：做实活动促双向引流；12月16日、27日规模化收单场景落地分别为贤官钻石客户“闻小宝超市”、十字街道鑫时代购物中心智慧商超场景，打造“收银体系+活动引流”场景合作模式，预计全年沉淀资金可达200万元。

（陈丹丹）

2021年6月，沭阳县邮政分公司在全县中小学开展《伟大历程——方寸之间学党史》沭阳县校园巡回宣讲活动　　县邮政公司　供图

## 旅游业

**【概况】** 2021年年末，沭阳县共有旅游景区8个，其中国家AA级旅游景区4个，韩山风景区获评国家AAA级旅游景区。旅游从业人员数1171人。全年累计接待游客650万人次，增长46.3%；实现旅游收入53亿元，增长42.9%。

**【重点项目】** 2021年，韩山风景区获评国家AAA级旅游景区，全县国家AAA级旅游景区累计达到4个。沭阳县淮海戏旅游休闲街区列入首批省级旅游休闲街区培育单位。开发沭阳旅游伴手礼20余件。成功举办沭阳花木节、海棠节等旅游节庆活动，打响沭阳花木旅游品牌。

**【资源开发与整合】** 县文广旅局认真开展文旅资源普查工作，完成9个主类资源信息采集、梳理，归档单体资源1500余个，形成了普查初步清单，为进一步推动沭阳文广旅事业发展奠定了基础。整理发布10条精品旅游线路，涵盖森林生态、历史人文、乡村农业、文化休闲、城市观光等，彰显了花乡魅力。

**【文旅融合】** 沭阳县出台《关于加快推进文旅融合发展的实施意见》，深化文旅融合发展理念，主动适应“双循环”新发展格局，整合集聚文旅优势资源，力争做到“宜融则融、能融尽融，以文促旅、以旅彰文”；利用“非遗+旅游”模式，将非遗项目引进景区，促进文旅融合，在胡家花园设立戏剧大舞台，在吴印咸故居设立周末书场，提升景区文化内涵和吸引力。

（周婷婷）

## 综　述

2021年，沭阳经济开发区获评全省唯一国家重点支持的产业转型升级示范园区，全年新落户亿元项目102个，占全县84.2%；年末经开区共承载各类项目885个，其中亿元以上项目277个；年末从业人员15.90万人；全年实现财政收入31.20亿元，增长4.7%；一般预算收入16.20亿元，增长4.5%；实际到账外资1.25亿美元，下降16.2%；年末规模以上工业企业256家；当年新增高技术企业11家，新增省级及以上研发机构13家，新增有效发明专利26件，新增智能车间、智能工厂、“专精特新”小巨人、三星级以上“上云”、工业企业电商应用数、登记入库科技型中小企业55个，新增领军人才2人。沭阳县昆沭高新技术产业园进入省特色园区候选名单，位居首位。年末落户工业项目167家，从业人员2.49万人；全年实现工业开票销售收入67.83亿元，一般公共预算收入8949万元，实际利用外资3500万美元，进出口总额2015.7万美元；凯佰乐科技、索拉咪等9个项目通过评审，精至医疗、晖昊科技等6个招商项目开工开业。沭阳县软件产业园活力显现，年末软件产业园共有企业485家，在孵企业162家，从业人员2825人；全年实现业务总收入428.41亿元，其中软件与服务外包业主营业务收入44.75亿元，完成税收收入5.83亿元；软件园区新入驻科技型企业62家，新获批国家科技型中小企业43家，累计获评国家高新技术企业7家，获批宿迁市现代服务业示范企业5家，建有省级研发机构1家、市级研发机构14家，企业获得科技奖补资金270.73万元，增长32.0%；沭阳县软件产业园被省商务厅评为年度江苏省电子商务示范基地和省级跨境电子商务产业园。高墟镇、马厂镇、贤官镇3个小城市区域工业园全部纳入“一区多园”管理体系，项目承载能力不断提升。

## 沭阳经济技术开发区

【概况】 沭阳经济技术开发区始建于2001年8月，2006年被批准为省级开发区，2013年11月升格为国家级经开区，是苏北五市中唯一一家落户县级城市的国家级经开区，规划总面积62平方千米，已建成面积45平方千米。现拥有各类企业800多家，高端纺织、装备

2021年6月，沭阳经济技术开发区　　沭阳经开区　供图

制造、电子信息、新能源新材料、健康医疗等产业已成规模。近年来，先后荣获中国(江苏)自由贸易试验区沭阳联动创新区、国家级产业转型升级示范园区、中国最具投资潜力开发区、全国知识产权试点园区、全国纺织产业高质量发展示范园区、中国包覆纱产业生产基地、国家智慧型纺织产业试点园区、全省抗击新冠肺炎疫情先进集体、省级生态园区、省级智慧园区等称号。2021年5月28日，被江苏省自贸办批准为中国（江苏）自由贸易试验区联动创新发展区；5月31日，2021年江苏纺织服装产业集群（园区）发展大会在沭阳召开，江苏省服装协会、江苏省纺织工业协会授予沭阳经济技术开发区“江苏纺织服装创新示范产业园”称号；6月9日，被国家发改委等部门认定为“十四五”时期重点扶持的产业转型升级示范区；10月19日，被江苏省发改委认定为第四批大众创业万众创新示范基地。

【园区建设】 沭阳经开区围绕企业生产生活需求，不断加大基础设施投入，完善功能配套，区内供水、排水、污水、供电、热力、通信、亮化、天然气、有线电视、绿化、学校、医院、车站、市场、邻里中心、蓝领公寓等设施配套完善，已建成道路190千米、供水管网205千米、排水管网320千米、污水管网200千米、供热管网75千米、天然气管网300千米、热电厂3座、污水处理厂4座、自来水厂1座，建成标准化厂房75万平方米、蓝领公寓和邻里中心45万平方米。2021年，建成迎晖路北延等5个路段，朝阳路等10条道路加快实施，临港产业园的通港大道、繁荣路、污水管道等基础工程有序推进，拓宽了经开区发展空间；常州路科技综合体、电子通信和半固态产业园相继投入使用或加快实施，优化了载体；尾水导流、污水处理厂提标、水体流域性整治等工程启动，将有效提升全区域水质安全水平。高墟临港产业园、贤官绿色家居产业园、马厂装备制造产业园获市批准，正式纳入经开区统一管理，进一步夯实了经开区高质量发展的“四梁八柱”。

【主要经济数据】 2021年，经开区坚持外引、内培并举，全力做大做强实体经济，努力将经开区建成县域高质量发展主阵地。2021年，全区业务总收入首超千亿元、达1202亿元，增长40%；财政收入31.2亿元、增长4.7%，一般公共预算收入16.2亿元、增长4.5%；工业开票销售595.8亿元、增长28.6%；工业税收19.2亿元、增长19.3%；工业增值税11.7亿元、增长25.7%，其中新增开票销售超2000万元企业50家、超亿元企业24家、超10亿元企业2家，累计分别达296户、115户、13户，天能集团连续三年开票销售超百亿，2021年达141.6亿元，位列宿迁百强企业前三。完成工业固投203亿元、增长30.5%，实际到账外资1.25亿美元，进出口12.8亿美元、增长12.2%。

【招商引资】 面对疫情冲击和复杂多变的国内外环境，经开区始终坚持“项目为王、招商为要”不动摇，聚焦百亿级项目，全力以赴大招商、招大商。2021年，经开区共引进亿元项目117个，其中超10亿元项目31个、超50亿元项目5个、百亿元级项目2个。经市认定，全县新签约亿元项目80个，协议投资795.2亿元；开工项目61个，协议投资442.7亿元，其中超10亿元项目19个、50亿元项目2个。新签约超50亿元项目和超10亿元项目数均为全市最多。经市认定，全县新开工项目67个、计划投资413.5亿元，新竣工项目54个、完成投资224.8亿元，超10亿元项目开、竣工数分别为19个和9个，计划投资额、超10亿元开竣工项目数全市最多。呈现“冷环境”下“热效应”。

【产业发展】 经开区围绕“园区产业化、产业特色化”的思路，装备制造、高端纺织、电子信息、新能源新材料、健康医疗等“五大产业”工业开票销售收入约占全经开区的90%。装备制造产业有睿阳精工、宋和宋智能、乍浦科技等企业120多家，主要涉及智能制造、精密零部件加工、机电泵阀等，年实现产值近400亿元，占据全市的“半壁江山”，被批准为“江苏沭阳装备制造科技产业园”；依托“国家千人计划”专家曹海平博士全球领先的半固态精密成型技术，建设了半固态精密成型技术产业园，已成功研发出国内首台套5500T超大型节能精密压铸机；宋和宋智能是国家“专精特新”小巨人企业，电子提花机销售额和规模均处于国内行业首位。高端纺织产业汇集桐昆集团、伊兰文科技、新东旭纺织、红柳纺织等规模以上企业180多家，建成全国首个智能针织产业园，拥有优质包覆纱、室内空气净化面料两个国家级生产基地，新上桐昆、红柳、伊兰文3个百亿级项目，形成包覆纱、特色家纺、智能针织、纺织机械四大板块，获批“全国纺织行业高质量发展示范园区”等5个国家级荣誉，拥有绿色聚酯长丝、电子提花机等6个单打冠军，年开票销售连续三年增长30%以上，成为江苏最年轻产业集群。电子信息产业有瑞声科技、华脉科技、乐昆电子等相关企业40余家，产品主要有电声器材、磁性材料、柔性声光模组等。其中，声学领军企业——瑞声科技集团在沭阳建有厂房近百万平方米，生产的微型元声器件约占全球份额的45%以上，是苹果在中国采购的第一供应商，CNC手机金属外壳系列产品是华为的主要供应商。企业规划的5G产业园，18万平方米标准化厂房已开建，重点引进电子信息材料、模组模块、光通信器件等5G应用性领域核心企业和相关配套企业入驻，提升产业垂直融合度。新能源新材料产业有天能集团、科泽新材、鑫达光伏等企业30余家，其中天能集团是行业内首家在香港联交所和上交所双上市公司，也是全市唯一拥有国家企业技术中心、国家绿色工厂、国家绿色供应链管理示范企业、中国工业大奖四个“国”字头企业；科泽新材主要生产可降解薄膜和光学功能薄膜，拥有20多项专利，其中可完全循环再生纳米改性技术为国际首创。健康医疗产业有康诺医疗、大红鹰药业、伟康洁婧、新克医疗等20余家企业，产品涵盖高端医疗装备和创新器械、中药和健康产品、防护和医用产品等。

【科技创新】　经开区以获批“国家知识产权试点园区”和“5321工程”为抓手，推进规模以上企业研发机构提档、创新型企业培育、科研公共服务平台等建设，2021年，全社会研发经费投入占GDP比重达3.3%。年底前，经开区累计获批国家高新技术企业133个、省级以上研发机构75个、省级智能车间7个等。天能沭阳公司获全市首家中国工业大奖，瑞声科技线性马达成为全球“单项冠军”，半固态成型技术书写“自主可控现代产业体系的沭阳篇章”，宋和宋、苏讯新材料、新时代照明荣获“国家专精特新‘小巨人’企业”称号，处于全市首位。

【园区管理】　全力做好环保、安全、稳定、廉洁及疫情防控工作。环保上，坚持标本兼治、“环保管家”科学治理和严格监管相结合，精、准、狠推进“水土气”治理并取得阶段性成效，循环产业园土壤治理扎实推进，有序实施能耗“双控”，较好守住了生态底线，荣获“全县污染防治攻坚工作先进单位”。安全上，坚持定期研究，按照“抓重点、强本质”工作思路，以“企业分类分级”为基础，以“四色监管”为手段，深入开展三年专项整治、三大百日行动、安全生产月等活动，安全生产形势总体平稳向好。稳定上，坚持“抓早抓小”，健全多元矛盾纠纷化解机制，及时有效解决矛盾和问题，维护了社会稳定。廉洁上，大力倡导“规范、规矩、程序、标准”文化，时刻把法律和规矩挺在前面。坚持全面从严治党，坚决扎紧制度“笼子”，拉紧监管“尺子”、打响问责“板子”，全年共问责处理60人，为全区营造了风清气正的发展环境。疫情防控上，严格落实省、市、县部署要求，疫情防控坚定有力，企业生产安全有序。

【党的建设】　经开区紧扣中国共产党成立百年主题，深入开展党史学习教育，组织近50名党员干部赴红旗渠干部学院开展党性锻炼，创新开展车间早会学党史、快板说党史、我和党旗合个影等系列活动，推进党史学习走深走实。坚持企业党建“五化”并举，建强“党建链”，筑牢“人才链”，提升“服务链”，激活“产业链”，“四链”融合同频共振，“党史红”实现非公企业“业绩红”的做法得到市委组织部的充分肯定。投入300万元高标准打造苏讯新材等6个党建示范点，以点带面，推动非公党建由“盆景芬芳”走向“花开满园”，《新华日报》《宿迁日报》等媒体对此多次聚焦报道。深入开展“冲刺苏北工业第一县，我们怎么办？”大学习大讨论活动，推进作风建设集中整改，“规范、规矩、程序、标准”文化渐入人心。

（李善仲）

2021年5月，瑞声科技集团厂房　　沭阳经开区　供图

## 2021年沭阳经济技术开发区重点企业一览表

表7

| 序号 | 单位名称 | 序号 | 单位名称 |
|---|---|---|---|
| 1 | 浙江天能集团 | 39 | 沭阳博大包装材料有限公司 |
| 2 | 瑞声科技集团 | 40 | 江苏美誉虹新材料科技有限公司 |
| 3 | 江苏桐昆恒阳化纤有限公司 | 41 | 江苏宋和宋智能科技有限公司 |
| 4 | 沭阳正中新材料有限公司 | 42 | 江苏新界机械配件有限公司 |
| 5 | 江苏新东旭纺织科技有限公司 | 43 | 鸿葳服饰沭阳有限公司 |
| 6 | 江苏苏讯新材料科技股份有限公司 | 44 | 江苏晶晶新材料有限公司 |
| 7 | 江苏腾盛纺织集团 | 45 | 江苏奕农生物股份有限公司 |
| 8 | 江苏红柳纺织科技有限公司 | 46 | 江苏万德力电缆有限公司 |
| 9 | 沭阳华腾铜业有限公司 | 47 | 江苏宝娜斯针织有限公司 |
| 10 | 江苏誉凯纸业有限公司 | 48 | 江苏新行健实业有限公司 |
| 11 | 江苏聚腾铜业有限公司 | 49 | 江苏上京工业有限公司 |
| 12 | 沭阳福之泰工贸有限公司 | 50 | 江苏东航羽绒制品有限公司 |
| 13 | 江苏机器时代文化创意有限公司 | 51 | 江苏冠源家居有限公司 |
| 14 | 江苏伟康医疗器械有限公司 | 52 | 江苏苏瑞精密复合材料有限公司 |
| 15 | 江苏上善纸业有限公司 | 53 | 江苏中迪制衣有限公司 |
| 16 | 江苏大红鹰恒顺药业有限公司 | 54 | 江苏一鸣生物科技有限公司 |
| 17 | 江苏沪江线业有限公司 | 55 | 江苏中郏文体用品有限公司 |
| 18 | 江苏东昊橡胶有限公司 | 56 | 沭阳东方文体用品有限公司 |
| 19 | 江苏福庆新材料有限公司 | 57 | 江苏蒙欣家私有限公司 |
| 20 | 江苏新动力沭北热电有限公司 | 58 | 江苏和乐文化创意股份有限公司 |
| 21 | 沭阳鑫达新材料有限公司 | 59 | 江苏永宏工贸有限公司 |
| 22 | 江苏新克医疗器械有限公司 | 60 | 康诺医疗器械（沭阳）有限公司 |
| 23 | 江苏久富金属制品有限公司 | 61 | 江苏衣道科技有限公司 |
| 24 | 江苏弘盛纸业有限公司 | 62 | 景晟纺织沭阳有限公司 |
| 25 | 江苏圣彼德机电股份有限公司 | 63 | 正将自动化设备（江苏）有限公司 |
| 26 | 江苏龙兴铜业有限公司 | 64 | 江苏友富薄板科技有限公司 |
| 27 | 沭阳宝连成装饰艺术品有限公司 | 65 | 沭阳县隆兴木业有限公司 |
| 28 | 沭阳凤凰画材有限公司 | 66 | 江苏陈氏伟业纺织科技 |
| 29 | 江苏鸿滨食品有限公司 | 67 | 江苏美斯达纤维有限公司 |
| 30 | 艾上沭阳新材料科技有限公司 | 68 | 沭阳双鲸科技有限公司 |
| 31 | 江苏太宝龙实业有限公司 | 69 | 江苏茂盛纺织科技有限公司 |
| 32 | 沭阳凌志水务有限公司 | 70 | 宿迁市新联发钢结构有限公司 |
| 33 | 江苏卡拉扬商务休闲用品有限公司 | 71 | 江苏华愉毛纺织有限公司 |
| 34 | 沭阳翔盛纺织有限公司 | 72 | 江苏玺鑫维生素有限公司 |
| 35 | 新界泵业（江苏）有限公司 | 73 | 沭阳裕展实业有限公司 |
| 36 | 沭阳俊达纸业有限公司 | 74 | 宿迁市苏林机械制造有限公司 |
| 37 | 江苏月源纤维科技有限公司 | 75 | 江苏华艺时装集团沭阳有限公司 |
| 38 | 江苏西南智能纺织有限公司 | 76 | 江苏华脉新材料有限公司 |

续表7

| 序号 | 单位名称 | 序号 | 单位名称 |
|---|---|---|---|
| 77 | 沭阳晶石科技有限公司 | 89 | 江苏邦杰绝缘材料有限公司 |
| 78 | 江苏红叶机械有限公司 | 90 | 江苏欧普电力科技有限公司 |
| 79 | 江苏臻善纺织品有限公司 | 91 | 江苏创维纺织印染有限公司 |
| 80 | 江苏邦源纺织有限公司 | 92 | 江苏华厦纺织有限公司 |
| 81 | 江苏勤丰管业有限公司 | 93 | 江苏恒春家纺有限公司 |
| 82 | 沭阳震锋精密电子有限公司 | 94 | 江苏豪悦实业有限公司 |
| 83 | 沭阳恒星时装有限公司 | 95 | 江苏新时代照明有限公司 |
| 84 | 傲丝生态（中国）有限公司 | 96 | 江苏联航机械科技有限公司 |
| 85 | 沭阳国华酒精酿造有限公司 | 97 | 江苏慧典新材有限公司 |
| 86 | 江苏樱竹恋纺织科技发展有限公司 | 98 | 江苏多彩包装材料股份有限公司 |
| 87 | 江苏恒顺沭阳调味品有限公司 | 99 | 江苏睿甲金属科技有限公司 |
| 88 | 沭阳恒联新能源科技有限公司 | 100 | 沭阳中源纺织科技有限公司 |

## 沭阳软件园

**【概况】** 2021年，沭阳软件园以“国家级科技企业孵化器”为主要抓手，统筹优化产业布局，强化重点企业培育，不断优化园区发展环境、提升企业创新能力、推动产业做大做强，确保年度目标保速保量、经济发展保质保效。2021年实现业务收入438.49亿元，实现税收5.84亿元，同比增长27.51%；企业上市工作取得新突破，江苏传智播客教育科技股份有限公司于2021年1月12日在主板上市，是国内A股首家教育类IPO上市企业；争创示范、争做试点取得新突破，2021年6月，园区被省商务厅评为“2020—2021年度江苏省电子商务示范基地”；2021年11月，被省商务厅评为“省级跨境电子商务产业园”。

**【项目招引】** 园区始终将发展作为转型升级的第一要务，全面加强企业培育及招商引资力度。招商工作成效显著，2021年新引进软件信息、科技服务等各类项目92个，累计入园企业480余家，在孵企业162家，从业人员达2800余人，产业集聚效应凸显；工业项目招引取得新进展，新招引外资企业法国黎漾有限公司投资新建的江苏自然鸟生物科技有限公司，项目投资总额10亿元，年内已开工建设，建成后年产值可达15亿元。

**【科技创新】** 加强科技创新主体培育，2021年园区新入驻科技型企业67家，新获批国家科技型中小企业46家，总数达84家。累计14家企业获评国家高新技术企业，5家企业获批宿迁市现代服务业示范企业。建有市级新型研发机构1家、市级研发机构14家，获批软件著作权、发明专利57项，79个科技成果转化投入使用。围绕知识产权创造、运用、保护和管理等环节，大力培育、招引科技服务机构，园区科技服务能力进一步增强。2021年园区企业获得科技奖补资金270.73万元，同比增长32%，企业的发展质态和服务实体经济能力得到显著提升。

**【电商特色产业】** 园区是县内重要电商集聚区，通过农村电商赋能乡村振兴。2021年6月园区获评“2021—2022年度江苏省电子商务示范基地”，2021年9月，沭阳花木京东自营专区成功启动建设，项目整合沭阳花木产业和京东自

2021年6月，沭阳县跨境电商综合服务平台　　县软件园　供图

2021年6月，传智专修学院　　县软件园　供图

营的品牌、流量、仓配物流等优势资源，在品牌形象塑造、产品溯源管理和资源优化配置等领域与京东深化合作。为更好构建国内国际双循环相互促进新发展格局，园区抢抓宿迁市获评国家跨境综合试验区发展机遇，建设7000平方米的跨境电商孵化服务中心，围绕“平台搭建、物流配送、代运营、跨境培训、金融服务、报关服务”等，建成“1+6”跨境电商全链条孵化服务模式，全力打造沭阳跨境电商孵化服务品牌。园区共集聚跨境电商企业40余家，跨境电商集聚和示范效应逐渐形成，2021年11月，园区成功获评“省级跨境电商产业园”，极大推动了跨境电商业务迈上新台阶。

【企业扶持】 按照“需求导向、市场机制、精准扶持”的思路，园区积极与县财政、科技、工信、商务等部门对接，有针对性地为企业争取省、市各项扶持资金、项目认定及各类扶持激励政策，抓好“一企一策”帮扶，努力把疫情不利影响降至最低。及时兑现产业扶持政策及各类科技奖补资金，为企业做大做强提供助力；设立公共孵化区域，为17家小微企业、创业团队免费提供办公场地及必备的办公条件；先后7次组织40余家企业参加市科技企业孵化器、众创空间、跨境电商专题论坛等活动，园区及企业从业人员的业务素质不断提升。

表8

2021年沭阳软件园部分企业运营发展情况表

| 序号 | 企业名称 | 行业类型／经营范围 | 2021年营业额（万元） |
|---|---|---|---|
| 1 | 江苏大网时代信息技术有限公司 | 信息传输、软件和信息技术咨询服务 | 117092.25 |
| 2 | 江苏传智播客教育科技股份有限公司 | 教育咨询、信息传输、软件和信息技术咨询服务 | 1984.99 |
| 3 | 江苏凤凰学易教育科技有限公司 | 教学软件研发和销售、应用软件开发 | 17599.51 |
| 4 | 宿迁市百宝信息科技有限公司 | 软件和信息技术服务、小程序开发与应用 | 22102.03 |
| 5 | 江苏酷威文化发展有限公司 | 批发和零售业、图书、报刊零售 | 556.15 |
| 6 | 宿迁市亿宝文化传播有限公司 | 电子商务 | 6629.27 |
| 7 | 宿迁品莫莫化妆品有限公司 | 电子商务、化妆品及卫生用品批发 | 522.20 |
| 8 | 江苏伽玛星医疗服务有限公司 | 医疗软件的开发、销售、技术服务 | 2026.43 |
| 9 | 宿迁欧梵路生物科技有限公司 | 电子商务、化妆品及卫生用品批发 | 2462.60 |
| 10 | 宿迁市尔宝信息科技有限公司 | 信息传输、软件和信息技术服务 | 862.96 |
| 11 | 和之美化妆品（宿迁）有限公司 | 电子商务、网络销售化妆品及卫生用品 | 932.46 |
| 12 | 宿迁画眉鸟生物科技有限公司 | 化妆品研发及销售 | 4487.09 |
| 13 | 宿迁本妍化妆品有限公司 | 电子商务、网络销售化妆品及卫生用品 | 2670.91 |
| 14 | 江苏丽影文化传媒有限公司 | 文化传媒、设计策划、知识产权服务 | 5486.13 |
| 15 | 春草阁宿迁化妆品有限公司 | 电子商务、网络销售化妆品及卫生用品 | 1368.90 |
| 16 | 宿迁市食在安心科技有限公司 | 租赁和商务服务 | 3315.41 |
| 17 | 宿迁初颜化妆品有限公司 | 电子商务、网络销售化妆品及卫生用品 | 506.60 |
| 18 | 宿迁市橙心橙意文化传播有限公司 | 信息技术服务、文化会展服务 | 1305.57 |
| 19 | 宿迁市绮宝文化传播有限公司 | 互联网广告服务 | 3253.62 |

续表8

| 序号 | 企业名称 | 行业类型 / 经营范围 | 2021 年营业额（万元） |
|---|---|---|---|
| 20 | 宿迁市兴宝科技有限公司 | 软件和信息技术服务、软件开发 | 3159.10 |
| 21 | 江苏中宏信息技术有限公司 | 软件和信息技术服务、应用软件开发 | 1743.47 |
| 22 | 宿迁米丁电子商务有限公司 | 电子商务、网络批发和零售生活用品、电子产品 | 26242.05 |
| 23 | 江苏华邦智慧城市信息技术有限公司 | 智慧软件和信息技术服务、应用软件开发 | 1066.26 |
| 24 | 宿迁巴伽供应链有限公司 | 批发和零售生活用品、电子产品、贸易服务 | 63688.17 |

（汤盈颖）

## 昆沭高新技术产业园

【概况】 2021年，昆沭高新技术产业园积极开展省级特色园区申报相关工作，2021年5月，昆山市市长办公会专题研究了特色园区申报、投资公司规范等事宜。园区基础建设稳步推进，基础设施配套全部达到“七通一平”标准。昆沭投资开发有限公司注册资金已增至1.8亿元，其中昆山方出资66.7%、沭阳方出资33.3%。定期召开股东会、董事会，进一步完善规章制度，规范公司运营。2021年，园区实现业务总收入69.8亿元，同比增长24.4%，工业增加值15.7亿元，同比增长23%。

【昆沭合作】 为加强昆沭南北合作，吸引更多企业来园区投资兴业，昆沭两地党委政府先后出台《关于扶持昆山转移来沭企业发展的意见》等一系列优惠政策，切实推动园区发展。园区出台了招商引资政策“金十条”，对设备奖励、企业贷款贴息、企业搬迁补贴都作了明确规定，提高了园区招商吸引力。2021年9月，举办了昆沭共建高质量发展企业座谈会暨重大项目签约仪式。

【招商引资】 落实昆沭双方签订的《关于进一步深化南北挂钩合作框架协议》，发挥产业转移引导资金作用，对从昆山转移到沭阳的项目给予产业扶持。全面整合招商力量，园区工作人员编成6个招商小组，不断提高招商成效。招商引入的凯佰乐科技、索拉咪等9个项目已通过评审，精至医疗、晖昊科技等6个项目已开工开业，总投资10.8亿元的精至医疗项目，实现了当年开工当年投产，被列入全市重大项目会现场观摩项目，全面投产后，年可实现产值30亿元、纳税1亿元。

2021年5月，昆沭高新技术产业园　　昆沭高新园　供图

【园区共建】 2021年，昆沭高新技术产业园逐步完善共建机制，2021年4月，昆山市副市长宋德强率队到沭阳考察，召开昆沭交流座谈会，双方就深化南北挂钩合作进行深入交流，会商园区的规划、建设和发展工作。12月，沭阳县委书记彭伟赴苏州参加苏宿南北共建20周年座谈会；沭阳县委副书记、县长王瑞到昆山考察，昆沭双方发改、教育、卫生、民宗等部门保持密切联系，交流合作领域实现进一步拓展。截至2021年年底，昆山方共投入1.8亿元对园区基础设施进行改造升级，共建成标准化厂房50万平方米，现已全部利用。园区充分发挥省奖励资金的作用，对园区变电、绿化、节点标识等进行改造，提升启动区整体形象。

【企业帮办】 疫情期间，昆沭高新园成立了“驻企专班”，24小时驻守岗位，以问题为导向，及时为企业生产中面临的各种困难。压实疫情防控责任，严格按照省、市、县疫情防控工作要求，督促企业落实疫情防控主体责任，消除疫情发生风险。扫清企业运营障碍，积极向企业传达中央、省、市、县最新扶持政策，协同县发改局、工信局、财政局等有关部门加快政策落实，主动为企业开通招工绿色通道，与昆山农商银行等有关金融机构沟通为企业协调周转资金，为符合条件的企业减免租金、降低生产成本等，全力打造“昆沭帮办”品牌。

（王　凯）

## 综 述

2021年，沭阳县以新型城镇化为引领，突出“完善功能、改善民生、丰富内涵、彰显特色”工作导向，扎实做好“六稳”工作，全面落实“六保”任务，全力打造生态环境良好、服务设施完善的区域副中心城市，城乡建设各项工作迈上新台阶。城市路网结构进一步优化，重庆南路建成通车，快速路二期工程（温州路至S326段）、淮河大道南延等8项工程开工建设。城市绿化档次明显提升，重庆南路、珠江路等5项绿化工程完工，沭阳植物园、竹园等5项工程正在筹备；全年新建、改建公共绿地面积35万平方米，人均公园绿地面积增加至12平方米，城区绿化覆盖率上升至43.8%。提升建筑行业发展质态，创建省级标化工地12项、市级标化工地19项、“项羽杯”15项。增强城市综合承载能力，老沭河健身公园绿化工程、上海南路绿化工程、萧山路绿化工程以及虞姬公园管养工程获得2021年度“项羽杯”优质工程奖。78个小区物业实现市场化运营，街道由“办物业”向“管物业”转变，涉及小区投诉量下降15.3%、满意率上升32.6个百分点。人行道改造提升、节日氛围营造、路灯亮化、老旧小区改造赢得群众点赞，文明城市年度测评位于全省同序列城市前列，距离全国文明城市更近一步。

## 城市建设

**【市政道路】** 2021年，沭阳县把提升道路基础设施配套功能放在城市建设的首位，进一步完善城市路网结构。年内，苏州路改造、万安路、重庆南路、淮河大道南延工程一标段、苏奥电商产业园规划道路顺利完工，快速路二期工程（温州路—S326线）（台州路—义乌路）、苏州西路跨淮沭新河大桥及引线工程等正在施工，快速路二期工程、台州路改造工程、常州路等工程正在办理开工前期各项手续。城市道路框架进一步拉开，逐步形成以快速路、主干路为骨架，以次干路、支路为补充，等级匹配、结构合理的路网系统。

2021年4月，淮河大道一标段工程　　县住建局　供图

【燃气供应】 2021年，全年新增天然气管道118千米，累计铺设天然气管道1798千米，天然气管道已覆盖主城区、开发区，除沂涛镇、华冲镇、颜集镇等3个建制镇外，其他建制镇天然气管道已通达，部分用户已使用天然气；天然气使用量不断攀升，截至2021年年底累计发展天然气用户21万户，年用气量达14235.58万立方米；瓶装液化气日销售量逾55吨，年用气量达20049吨。

【城市桥梁】 对城区46座城市桥梁开展年度常规检测，其中31座桥梁整体评定为A级，14座桥梁整体评定为B级，1座桥梁整体评定为C级（袁枚桥）；对和顺大桥进行荷载试验，试验结果表明其主桥承载能力满足“公路-Ⅰ级”荷载等级要求。相关检测数据已校核录入省住建厅桥梁管理系统数据库，并完善了桥梁管理资料。依据检测报告，县住建局会检测单位对桥梁病害作了分析研究，制定了《沭阳县2021年度城区桥梁检测工程桥梁养护维修建议书》，对城区桥梁的养护维修提出专业技术建议，根据养护维修建议开展桥梁维修工作，正在进行施工图设计。

【园林绿化】 2021年，沭阳县立足花乡优势，瞄准建设“大花园”目标，大力度推进“增花、增绿、增彩、增园”工程，努力打造苏北乃至华东地区富有魅力、宜居宜游的花园城市。三河湿地公园、城北公园等2个公园改扩建工程顺利投用，快速路一期（A标段）、珠江中路、金禾路南段、重庆南路等4条道路实现“一路一景”。城区新植8万平方米草本花、新增16.7万平方米城市绿化，新建、改建公共绿地面积39.7万平方米，城区重要节点实现草花全覆盖，为市民提供更多亲近自然的空间和机会。

【城建档案】 积极做好档案的利用和服务工作，2021年共接收、整理、归档档案4500卷，馆藏量已达86741卷。全年签订档案报送责任书62份、验收意见书49份，出具档案接收证明书34份；接收电子档案4500卷、声像档案入册照片12584张、光盘85张，电子和声像档案接收率达95%以上，完成6760卷存量档案的扫描和著录工作，实现了工程档案纸质、声像、电子“三位一体”。全年实现档案利用420人次、查阅档案670卷，复制并出具证明360份，下发整改通知单123份，较好地发挥了城建档案服务城市建设的重要作用。

（韦昊宇）

2021年4月，重庆南路绿化工程　　县住建局　供图

## 房地产建设与管理

【房地产管理】 2021年，沭阳县为贯彻落实中央关于“房住不炒”要求，进一步规范房地产市场秩序，促进房地产市场健康发展，出台《关于进一步加强城区商品房销售管理的暂行规定》《房地产开发企业信用评价办法》，对房地产开发项目实行售前、售中、售后全过程监管，不断激发市场活力，推动全县房地产市场健康平稳发展。全县批准预售商品房面积183.11万平方米，同比下降5.35%，其中，批准预售商品住宅13375套、159.09万平方米，同比分别增长0.29%、-3.83%。对73家开发企业的78个开发项目预售款使用审批进行监管，实现了在建在售开发项目全覆盖，确保监管率100%。

【老旧小区改造】 2021年沭阳县老旧小区改造项目为教育小区、学府花苑2个小区，其中教育小区建筑面积7万平方米，共16栋楼、61个单元，入住700余户；学府花苑建筑面积15.27万平方米，共33栋楼、148个单元，入住1720户。两个老旧小区改造总投资1515万元，已于当年改造完成，其中教育小区增设一部电梯，实现了电梯加装零的突破。

【保障性安居工程】 坚持把改善困难群众居住条件作为重要的民生工程，全面推进棚户区改造，抓好定销商品房建设，致力打造百姓幸福家园。2021年省下达沭阳县年度棚户区（危旧房）改造任务为新开工2000套、基本建成900套。全年累计完成新开工2601套，全部实物安置，完成率为130%；基本建成920套，完成率为102%。向76户发放公租房租赁补贴31.944万元，其中低保51户、低收入25户，提前、超额完成年度住房保障目标任务。定销商品房建设有序推进，流虹雅居、古城丽居、湾河丽居、龙汪丽居、桃园丽居等5个小区正在施工，官田丽居、金鑫嘉苑三期、十字丽居等3个项目正在办理前期手续。

【物业管理】 2021年，沭阳县城区共有92家物业服务企业，已交付居民（商住）小区237个。出台《沭阳县住宅小区物业服务"四考一评"暂行办法》，会同县委组织部、县文明办、县"12345"政府热线服务中心以及城区三个街道，围绕物业服务项目的服务质量、党建工作水平、文明创建、"12345"政府热线投诉率等方面进行了四次检查评比。出台《沭阳县物业服务企业信用管理办法》，对物业服务企业开展了上、下半年信用评定工作。完成属地街道78个自管小区的全部脱钩，实现了街道自管小区的物业服务市场化。明厚源华府、明厚源轩府、富园景都、昊园、大唐世家5个小区被宿迁市住建局评为"2021年度物业管理优秀项目"。对56家物业服务企业中的294名党员基本情况进行登记造册，符合条件的33家物业服务企业成立了功能性党组织，做到了应建尽建，尚城新世纪、奥体文景苑2个小区申报争创"2021年度省级红色物业示范点"。

（韦昊宇）

## 城市管理

【概况】 2021年，沭阳城管坚持"干"在实处，在提升服务水平上做示范，将解决群众痛点、堵点作为衡量党史学习教育成果的重要标尺，"沭阳城管五个一推动我为群众办实事落到实处"被《新华日报》专题报道。邀请县人大代表、政协委员、沭阳诗词协会会员等群体走进城管开展大讨论大调研活动。通过"小切口"来推动城管工作"大提升"，城管口碑和形象在老百姓心目中逐年提升。全年紧扣党史学习教育总体要求，以"学党史、悟思想、办实事、开新局"为目标，共组织学习观摩活动9次、领学活动37次、主题宣讲18次。注重党风廉政教育，坚持用身边事教育身边人，观看廉政警示教育片、剖析典型案例5次，组织全体党员走进展览馆、烈士陵园等党性教育基地3次。

【环卫保洁】 沭阳县城管局聚焦突出问题，大力实施环境秩序规范整治，高标准、系统化整改各类突出问题42个，全面彰显干净、整洁、有序的城市底色。在防汛排涝期间，沭阳县城管局共投入作业车辆262台次、作业工具1330件，出动人员2526人次，全力做好城市防汛排涝等应急保障工作，充分展现了城管人快速反应、实干担当的优良作风。

【生态环境改善】 县城管局深入推进垃圾分类工作，率先在22个居民小区开展"撤桶并站"试点工作，选定72个点位设置"智能化"垃圾收集房，通过客户端可清楚地掌握各小区可回收物收集种类、收集量等信息。2021年共回收废纸35.2吨、废玻璃4.9吨、废织物22.7吨、废塑10.9吨、废金属5.7吨。有效建立起分类投放、分类收集、分类运输、分类处理的"全链条"收运体系。城区餐厨垃圾日处理量从20吨增加至现在的80余吨。垃圾分类集中处理率达98%以上。完成省级全域垃圾分类试点乡镇2个、垃圾分类示范村庄435个，为36座乡镇垃圾转运站安装"天眼"；大力开展道路扬尘、渣土运输、餐饮油烟等治理，每天出动各类冲洗、洒水、抑尘车50辆（次），全年处罚渣土车抛洒滴漏、污染路面等违规行为8次，罚款8.7万元，整治餐饮经营单位316家，城区大气污染防治成效明显。

【创新服务】 2021年，沭阳县城管局创新城市服务管理，增进民生福祉。城北公园改造被列入政府民生实事项目，总投资1.61亿元，由原来的4.67公顷扩建为12公顷。2021年5月20日进场施工，12月28日全面开园，仅用时222天，实现老旧公园旧貌换新颜。自开园以来，一直受到市民群众的广泛称赞，得到了县委县政府的充分肯定，已成为当前的网红打卡地，受到人民网、中国江苏网、"学习强国"学习平台、"交汇点"等11家媒体报道。沭阳县青少年广场在修建时特意留了一扇可供轮椅通行的小门，并为骑着残疾车人员随身配备一把钥匙，方便他们进出广场锻炼。在城区缺少停车位的公厕，通过集中施划"公共卫生间应急车位"的停车标识，有效解决了司机的实际困难。

【路灯改造】 2021年，全县投入650万元，完成城区26条道路1745杆的老旧路灯改造工程，全部实现了单灯控制。启动"点亮城市街头巷尾"行动，将更换下来的灯杆灯具安装到21条背街小巷，有效解决市民夜间出行困扰。在改造的同时，注重"智慧赋能"，建立路灯远程管理平台，由原始粗放式的"实地巡查找故障"向"远程自动报警"转变，截至年底前，城区已有32条道路路灯纳入集中控制系统，既降低了运维成本，又提升了管理质量。

【违建查处】 以文明创建为契机，推动城市颜值不断攀升。坚持突

2021年12月，改造后的沭阳城北公园　　县城管局　供图

击整治和长效管理、错时管理和定点清除相结合，共取缔店外店经营2780余处、流动摊点4500余个，查处非机动车乱停放行为6500余起。违建查处始终坚持常态、长效两手抓两手硬。共拆除通信铁塔31座、高立柱广告14处、其他各类广告牌651块，拆除违法建筑1.6万平方米，严格做到发现一起、拆除一起，不断巩固违建“去存量、零增长”目标。广告设置按照“和而不同、各具特色”的设计要点，共受理店招标牌615处，其中，现场指导整改391处、颁发店招备案表524处、审批大型户外广告1处。

【城区亮化美化】　以氛围营造为目标，推动城市活力愈发彰显。节日氛围营造一度获得《人民日报》《新闻联播》接连点赞。先后在城区8条道路、3个广场、7座桥梁以及17千米长的河岸两侧安装夜景亮化工程；在重要节点摆放各类鲜花58万株、精塑大地景观绿化、398面国旗灯箱、1016只灯笼亮化，为中国共产党成立100周年增添了浓厚的喜庆氛围。

【规范执法】　贯彻执行执法管理全过程留痕、可溯源的要求，切实保障执法人员和被管理者的合法权益，接受社会监督。共组织学习《中华人民共和国大气污染防治法》《中华人民共和国行政处罚法》《宿迁市机动车停车场管理条例》等法律法规知识培训9次，参加培训考试人数共计1800余人次。持续推广“721”工作法，加快推动城市管理向服务转变。创新管理模式，建立智慧城管综合监管平台，在平常管理中运用智能化手段，通过视频监控、无人机取证等方式固定违法证据，减少见面执法可能引起的矛盾冲突；运用大数据、信用管理等手段来约束被管理对象，产生同频共振的效果，共同维护城市容貌和秩序。深入推进综合执法进小区，城区45个社区工作站实现全覆盖，通过在小区内张贴便民联系卡，架起城管与广大居民之间的“连心桥”。全年共召开规范执法联席会议162次，开展联勤执法276次，清理各类违规行为1562处，拆除违建4200余平方米。

【疫情防控】　沭阳县城管局始终认清疫情防控形势的严峻性、复杂性、紧迫性，把疫情防控作为常态化工作抓紧抓实，全系统干部职工（含行业监管部门）每月不低于一次全员核酸检测。对进出办公场所的外来人员严格落实“二必须三必查”（必须佩戴口罩、必须测量体温，行程码必查、健康码必查、疫苗接种情况必查）。加强新冠疫苗加强针接种，全年共完成核酸检测8650人次，加强针接种259人，严格按照“非必须、不离沭”原则，所有人员离沭必须履行高位请假。深入推进爱国卫生运动，大力开展区域“清洁”、环卫“大扫除”活动，疫情防控始终保持平稳有序开展。

（李倩倩）

## 国土管理

【空间优化】　沭阳县围绕“一张蓝图领全局、一张蓝图绘到底”，制定的《沭阳县国土空间总体规划（2021—2035年）》已获得相

台州路水晶灯亮化（2021年12月）　　县城管局　供图

关认证。编排了2022年沭阳县规划编制与课题研究项目，分为乡镇国土空间总体规划、控制性详细规划、专项规划及课题研究4类，共计69项。针对沭阳县乡镇布局优化、村庄拆迁撤并、农房项目规划选址等方面实际需求，开展并完成了镇村布局规划评估和调整工作。组织召开规委会，审议杭州路高级中学、观澜府等14个方案，对玉兰路幼儿园等7个项目规划方案进行批后公示，批前、批后规划公示率达100%。完成三个小城市规划。围绕宿迁“1129+N”城镇体系格局，完成高墟、贤官、马厂三个小城市发展规划编制工作，并制定小城市建设三年行动计划，指导三个小城市规划建设。完成四个道口规划。编制完成胡集、潼阳、扎下、十字四个高速道口产业园区规划，充分发挥高速出口对经济发展的辐射作用，带动其周边乡镇经济发展。对高墟镇杨跳村等6个村居开展了村庄规划编制工作。杨跳村、古泊村已完成方案编制、政府批复、省厅备案等工作。配合教育部门，积极做好南湖高级中学、第四实验小学、智慧路初中等重点项目选址。加强并保障了扶贫厂房建设。

**【保障发展】** 沭阳县加快经开区、南部城区、东部城区及小城市土地征收成片开发。全年供地50宗，面积255.53公顷；办理临时用地面积100.4公顷。全年编制3个批次25个片区成片开发方案，全部获批，获批片区数量和拟征收土地总面积均为全市第一。报批建设用地14个批次，面积537.53公顷，重点保障桐昆、宿连高速、宿连航道、华东花木大世界等列省、列市重大产业项目用地。优化配置增效。单宗住宅项目用地最大面积由小城市标准的7公顷调整为中等城市的标准的14公顷，使得沭阳县成为全省唯一执行中等城市标准的县，单宗住宅用地出让面积成功跻身中等城市方阵。制定年度土地供应计划，依法依规上市交易。挂牌成交经营性用地9宗，面积50.8公顷，成交总额61亿元，创历史新高。挂牌成交工业用地29宗，面积174.84公顷，成交金额1.57亿元。全力维护被征地农民合法权益，全年测算补偿项目（地块）76个，落实补偿资金6.32亿元。扎实做好自然资源领域安全生产工作。开展森林防火和城市地下管网两项专项整治，严格落实地质灾害值班值守、领导带班和巡查制度，全力做好“十四五”期间地质灾害防治规划的编制以及自然灾害综合风险普查工作，有效保护了群众生命财产安全。

（梁哨峰）

# 乡村振兴

## 综 述

沭阳县围绕《2021年度全省推进乡村振兴战略实绩考核实施方案》确定的重点目标任务，积极推进乡村振兴战略各项工作落实。2021年，县农业农村局在全省脱贫攻坚暨对口帮扶支援合作工作中，被江苏省省委、省政府评为先进集体；县农业农村局负责的钱集镇槽坊村乡村治理示范村，被中央农村工作领导小组办公室评为第二批全国乡村治理示范村；2021年，全县乡村振兴工作取得阶段性成效，在全省乡村振兴实绩考核中，沭阳县获评省乡村振兴进位奖第一等次，其中农林水支出预算、土地出让收入用于农业农村比例、绿色优质农产品比重、农民专业合作社发展水平、省级以上农业龙头企业销售（交易）额年增长率、农产品经营主体纳入质量平台监管数量、粮食播种面积和产量等7项考核指标获得满分；农业农村重大项目实施水平、家庭农场发展水平、农业农村大数据建设应用水、特色农业机械化水平、高标准农田建设水平、农村生态河道覆盖率、美丽宜居乡村建成率、农村公共基础设施管护机制落实等8项考核指标也取得一定成效。印发《2021年度沭阳县乡村振兴实绩水平考核细则》，推进各乡镇完成乡村振兴各项重点工作。

（陈月阳）

## 农业农村改革

【概况】 2021年年底，全县农村集体资产总额为17.12亿元，在全省率先实现村级零债务，基本完成农村集体产权制度改革工作；全县450个涉农村（居）通过空间治理村均实现增收21.36万元。

【农村集体产权制度改革】 截至2021年年底，全县农村集体资产总额为17.12亿元，其中经营性资产为9.01亿元，非经营性资产为8.11亿元。完成全县村级集体经济组织成员身份确认工作，并编制成员名册，全县共界定集体经济组织成员164.65万人、36.14万户。全县村级经营性资产股份合作制改革工作基本完成，所有涉改村（居）全部完成经营性资产股份量化工作，共计量化农村集体经营性资产总额为3.22亿元。根据《江苏省农村集体资产管理条例》等有关法律法规，制定出台《沭阳县农村集体资产股权管理办法》和《沭阳县农村集体经济组织集体资产股份继承管理办法》等文件，明确集体资产股份占有、收益、有偿退出及抵押、担保、继承等六大权能管理办法，全面完成集体资产确权赋能工作。全县涉改村（居）已全部完成集体经济组织登记赋码工作，共发放集体经济组织登记证书446本。支持低收入村突破村域限制，由乡镇或县级统筹安排，按照“产权清晰、收益归村”原则，抱团联合在区位优势地段联建或联购标准厂房、商铺门面、仓储设施等物业资产，增加村级物业收入。参与发展乡村产业。支持低收入村牵头领办合作社、乡村企业等经济实体，参与农业产业化经营、乡村振兴农村小型工程建设，开展生产生活服务等，实现村级集体经济收入增长。2021年，全县涉农村居集体经营性收入村均64.24万元，同比增幅8.83%。启用市县乡（镇）村四级联动的农村集体“三资”网络监管平台，对村级财务等工作的监督，扩大知情权、参与权、监督权，实现民主化管理。通过平台力量，改善了农村信息滞后、发展缓慢的现状，推进农村信息化建设，提升了农村“三资”管理水平。着重在巩固、提高、完善上狠下功夫，制定了一系列规章制度，印制了全县统一格式的具有可操作性的各类财务结报凭证。完善会计委托代理制度，定期开展业务培训，县级农业农村主管部门每年对乡镇（街道）会计委托代理中心人员进行培训不少于1次，建立村级代理会计待遇健康增长机制，保障会计队伍的长期稳定和村级财务管理水平不断提升。

【家庭农场发展水平提升】 2021年，全县录入全国家庭农场名录系统1875家，优化完善家庭农场名录系统信息，录入率、准确率均达100%；鼓励家庭农场申报示范家庭农场，全县培育县级及以上示范家庭农场201家，比2020年增加98家，其中省级58家、市级54家、县级89家；支持家庭农场发展，充分利用中央、省级财政补助资金，支持家庭农场提升生产、加工等运营能力，发展壮大。县农业农村局与沭阳县农商行合作，印发《沭阳农商行农户小额普惠信用贷款管理办法（试行）》，同时推广省级普惠金融发展风险补偿基金“苏农贷”产品，服务家庭农场，提供信贷支持；与沭阳邮政公司合作，充分发挥邮政优势，为家庭农场定制小额贷款、产品的寄递和销售等惠农产品包，提供“销售+寄递+金融”服务，推进农产品出村进城。

【农民专业合作社发展水平提升】 2021年，县委农办会同县市监局印发《关于深入推进农民专业合作社“空壳社”简易注销登记工作的通知》，县农业农村局、市监局、税务局和乡镇（街道）强力协作，全力推进“空壳社”清理注销工作，截至2021年年底清理注销“空壳社”500多家，全县农民专业合作社由年初的2500家大幅精减优化至944家；培育县级及以上示范合作社124家，其中，国家级3家，省级18家，市级67家，县级36家，县级及以上示范率13.14%，省级示范率16.94%；支持农民专业合作社发展，建立政府优先扶持农民专业合作社名录，充分利用中央、省级财政补助资金，支持农民专业合作社提升生产、加工、销售等综合服务能力和管理运营能力，促进发展壮大。与沭阳县农商行合作，印发《沭阳农商行农户小额普惠信用贷款管理办法（试行）》，同时推广省级普惠金融发展风险补偿基金“苏农贷”产品，服务农民专业合作社，提供信贷支持；充分发挥邮政优势，为农民专业合作社定制小额贷款、产品的寄递和销售等惠农产品包，推进农产品出村进城。

【农村公共空间治理】 2021年，沭阳县切实围绕全市关于新一轮乡村公共空间治理的相关工作要求，突出考核导向、目标导向、问题导向，聚焦重点区域，坚持“亮点”带动，围绕乡村振兴示范区、涟沭结合部重点帮促区、花乡绿道、振兴大道、五彩美道“两区三带”建设，建立问题销号、项目建设和责任任务“三项清单”，健全工作推进、督查、考核“三项机制”，做好乡村公共空间治理与集体经济发展“结合”、与人居环境整治“整合”、与公共配套建设“嵌合”、与乡村社会治理“融合”的“四篇文章”，全县乡村公共空间治理工作取得了一定成效。通过清理不规范合同，收回被侵占资源、资产，充分挖掘资产、资源潜能，累计收回资源、资产面积分别为1.57万公顷、78.39万平方米，其中发包集体资源、资产面积分别为1.03万公顷、72.14万平方米；通过公共空间治理，共计增加村级集体经营性收入2.33亿元，累计带动村均实现增收51.85万元，有效地规范了村级集体三资的管理，实现了收入水平跃升。2021年11月，全市开展新一轮乡村公共空间治理工作。截至2021年年底，全县完成“三生”空间实施项目968个，完成投资总额11.11亿元，其中：生产空间经营利用共实施完成项目18个，完成投资总额7.26亿元，新盘活资源386.67公顷，村集体增收1092万元，新盘活资产4.89万平方米，村集体增收591万元，通过空间治理村集体年累计增收1683万元；生活空间服务配套中镇区项目实施完成项目43个，完成投资3533万元，其中新增绿地公园2个、改造农贸市场3个、改建停车位1976个、改造商业主街2个、新增城市家具2263套、治理环境秩序问题8611个。社区项目实施完成项目71个，完成投资2.88亿元，达到“五通八有”标准的新型社区45个、改造老旧集中居住区10个。自然村庄实施完成项目279个，完成投资1241万元，达到“五改善”标准村庄204个；生态空间整治改善实施完成项目557个，完成投资4886万元，其中新建成生态河道179千米、新改造提升农村公路101千米、新清理垃圾2.89万吨、新建污水处理设施11个、新建改造污水管网10千米、新建户厕45个、新改造提升户厕125个。

（陈月阳）

## 农村经济新业态

【高效特色产业】 沭阳县围绕精品花木、标准化果蔬和优质稻米，加快县域“1+2”主导特色产业体系建设。花木产业迈入品牌发展“3.0时代”，坚持“稳面、提质、增效”，强化数字赋能，做大做强“颜色经济”，加速推进“六个转型”，呈祥园艺蝴蝶兰填补沭阳县高端花卉空白，根据《江苏省特色农产品优势区建设三年计划》，新河、颜集、庙头获评“全国乡村特色产业十亿元镇”，庙头镇聚贤村获评“全国乡村特色产业亿元村”，沭阳县耿圩多肉（花卉）产业园获认定为国家农村创业园区（基地）。围绕花木产业提档升级，沭阳县因势利导，以盆景赛事、盆景培训推动人才队伍建设，大力传承弘扬盆景艺术，探索以电子商务助推“沭派”盆景产业发展。围绕市“水稻+”百亿级产业体系建设发展目标，坚持优质化、品牌化、高效化发展方向，加快优质稻米产业建设，全县优质稻米达5.87万公顷；加快标准化果蔬发展，吴集白萝卜、西葫芦以及华冲番茄、茆圩草莓、潼阳辣椒等特色果蔬被纳入全县农产品公共品牌体系，引进沭阳元旺果蔬有限公司投资5400万元建设14公顷连栋温室大棚，种植车厘子等果蔬产品，全县白萝卜、西葫芦、番茄、草莓、辣椒等特色果蔬复种面积54.45万亩。全年建成市级农业重大项目28个，其中亿元以上项目5个，全年完成总投资约22.6亿元，完成固定资产投资13.2亿元，同比增加13.7%；钱集、耿圩、高墟、胡集、新河、刘集、吴集、塘沟、章集、李恒10个乡镇（街道）被县委、县政府表彰为农业重大项目建设工作先进单位。

2021年，钱集镇高效农业产业园火龙果基地　　县农业农村局　供图

**【农业产业化】** 2021年，沭阳县构建“一群四链”农业产业化体系。建设花卉苗木产业集群，围绕全国最大的花木集散中心建设，建设多个精品特色花木小镇，做大花乡旅游市场，将花卉苗木产业纳入国家优势特色产业集群，将花卉苗木产业培育成全国单打冠军。建设“绿色种植+精深加工+品牌营销”优质稻米全产业链，以高墟大米加工集中区为中心，重点发展精制米和米糠油产品，积极发展谷维素等稻谷生物工程制品，“高墟大米”创成省名牌产品；以悦来华源米业、刘集恒大米业、刘集华祥米业、刘集优鲜米业为依托，逐步装备稻米生物工程制品萃取提炼等工艺，延伸稻米产业链条，创建区域优质杂交籼米品牌。建设“种禽+孵化+饲料+养殖+屠宰+肉品加工+熟食加工+冷链配送”精深加工型肉禽全产业链，以江苏省沭阳汤涧现代农业产业园区为核心区，以众客种禽的肉禽新品种选育及种苗孵化，益客禽类养殖及肉禽精深加工、熟食品、羽绒深加工、冷链物流体系，立华饲料加工及禽养殖为支撑，构建以精深加工为关键环节的全产业链。建设“数字化繁育+生态养殖+屠宰加工+熟食加工+冷链配送”农牧循环型生猪全产业链，以省级汤涧园区龙头企业种猪场为重点，以禾嘉牧业、立华牧业为龙头，建立数字化良种繁育体系；加快3家屠宰加工企业的传统工艺现代化改造，在沂涛、悦来新建具有现代工艺的生猪加工企业，重点发展工厂化熏制、熟制、腌制等风味肉食品及低温冷鲜肉、速冻保鲜肉产品，并配套冷链配送系统。建设“种苗繁育+绿色种植+科技服务+批发销售+分类加工+配送直供”标准化果蔬全产业链。依托茆圩草莓、沂涛瓜蒌等特色产业基地，开展果酱、瓜蒌籽炒制等农产品加工；依托大桥冷链，培育大福食品等蔬菜加工企业，支持新增培育、分拣、包装、冷藏等设施设备，建立覆盖县城、延伸重点镇配送直供系统。积极引培新型经营主体，全县拥有各类粮食加工企业66家，其中县级以上农业龙头企业27家，年产量350万吨。2021年，全县新增（递补）沭阳县粮食购销总公司、江苏华建市政园林建设有限公司2家省级农业龙头企业，新增江苏欢欢宠物食品有限公司、江苏同芯木业有限公司、宿迁梦溪市政园林工程有限公司、沭阳县恒大米业有限公司、江苏蓬盛生态农业科技有限公司、江苏品品香生态食品科技有限公司、江苏恒源食品有限公司7家市级农业龙头企业，累计建成3家市级产业化联合体。截至2021年年底，全县县级以上农业产业化龙头企业124家，其中国家级1家、省级19家、市级66家、县级38家。全县86家市级以上农业龙头企业中，粮油类19家、畜禽类9家、园艺类27家、林业类22家、水产类2家、市场流通类3家、生物饲料类3家、农产品储藏保鲜类1家。2021年，全县省级以上农业龙头企业销售（交易）额年增长50.4174亿元，同比增长8.16%。

## 2021年沭阳县农业产业化龙头企业一览表

表9

| 序号 | 龙头企业名称 | 所在地（县级区域） | 级别（国家级、省级、市级、县级） |
| --- | --- | --- | --- |
| 1 | 江苏苏北花卉股份有限公司 | 沭阳县 | 国家级 |
| 2 | 江苏福庆木业有限公司 | 沭阳县 | 省级 |
| 3 | 江苏沭阳绿苑花卉景观工程有限公司 | 沭阳县 | 省级 |
| 4 | 沭阳县商业肉联厂 | 沭阳县 | 省级 |
| 5 | 沭阳益客食品有限公司 | 沭阳县 | 省级 |
| 6 | 绿雅（江苏）食用菌有限公司 | 沭阳县 | 省级 |
| 7 | 沭阳蓝添花木城经营管理有限公司 | 沭阳县 | 省级 |
| 8 | 绿美食用菌科技发展江苏有限公司 | 沭阳县 | 省级 |
| 9 | 江苏欢腾农业有限公司 | 沭阳县 | 省级 |
| 10 | 宿迁市立华牧业有限公司 | 沭阳县 | 省级 |
| 11 | 江苏康之源粮油有限公司 | 沭阳县 | 省级 |
| 12 | 江苏鸿丰生物科技有限公司 | 沭阳县 | 省级 |
| 13 | 沭阳天地实业有限公司 | 沭阳县 | 省级 |
| 14 | 江苏苏林建设有限公司 | 沭阳县 | 省级 |
| 15 | 江苏周圈园林建设工程有限公司 | 沭阳县 | 省级 |
| 16 | 江苏神画园林景观工程有限公司 | 沭阳县 | 省级 |
| 17 | 江苏圣龙市政园林工程有限公司 | 沭阳县 | 省级 |
| 18 | 江苏新艺园林工程有限公司 | 沭阳县 | 省级 |
| 19 | 江苏华建市政园林建设有限公司 | 沭阳县 | 省级 |
| 20 | 沭阳县粮食购销总公司 | 沭阳县 | 省级 |
| 21 | 江苏中邦木业有限公司 | 沭阳县 | 市级 |
| 22 | 宿迁大伟特种养殖有限公司 | 沭阳县 | 市级 |
| 23 | 沭阳县金森源木业有限公司 | 沭阳县 | 市级 |
| 24 | 沭阳县贤官翔宇木业制品厂 | 沭阳县 | 市级 |
| 25 | 江苏宿迁三叶园林植物有限公司 | 沭阳县 | 市级 |
| 26 | 江苏东航羽绒制品有限公司 | 沭阳县 | 市级 |
| 27 | 江苏三阳牧业有限公司 | 沭阳县 | 市级 |
| 28 | 江苏永丰生态牧业有限公司 | 沭阳县 | 市级 |
| 29 | 沭阳奇盛木业有限公司 | 沭阳县 | 市级 |
| 30 | 江苏蓝羊羊木业有限公司 | 沭阳县 | 市级 |
| 31 | 沭阳县桂林木业有限公司 | 沭阳县 | 市级 |
| 32 | 宿迁市江淮粮油有限公司 | 沭阳县 | 市级 |
| 33 | 江苏恒顺沭阳调味品有限公司 | 沭阳县 | 市级 |
| 34 | 沭阳县诚信米业有限公司 | 沭阳县 | 市级 |
| 35 | 沭阳县金陵米厂 | 沭阳县 | 市级 |
| 36 | 沭阳森林木业有限公司 | 沭阳县 | 市级 |
| 37 | 江苏笨笨猫新材料有限公司 | 沭阳县 | 市级 |
| 38 | 沭阳恒宇米业有限公司 | 沭阳县 | 市级 |
| 39 | 江苏楚天园林绿化有限公司 | 沭阳县 | 市级 |
| 40 | 江苏华阳园林绿化工程有限公司 | 沭阳县 | 市级 |

续表9

| 序号 | 龙头企业名称 | 所在地（县级区域） | 级别（国家级、省级、市级、县级） |
|---|---|---|---|
| 41 | 江苏全福利粮油食品有限公司 | 沭阳县 | 市级 |
| 42 | 沭阳县方圆面粉有限公司 | 沭阳县 | 市级 |
| 43 | 沭阳县高墟御珍珠米业有限公司 | 沭阳县 | 市级 |
| 44 | 沭阳县韩山宝洪米厂 | 沭阳县 | 市级 |
| 45 | 沭阳县黎明米业有限公司 | 沭阳县 | 市级 |
| 46 | 江苏德源包装材料有限公司 | 沭阳县 | 市级 |
| 47 | 江苏挚信花卉发展有限公司 | 沭阳县 | 市级 |
| 48 | 江苏三联环境建设有限公司 | 沭阳县 | 市级 |
| 49 | 沭阳县豪杰干花工艺品厂 | 沭阳县 | 市级 |
| 50 | 沭阳县江南木业有限公司 | 沭阳县 | 市级 |
| 51 | 江苏国明农业开发有限公司 | 沭阳县 | 市级 |
| 52 | 江苏晟植米业有限公司 | 沭阳县 | 市级 |
| 53 | 沭阳县华源米业有限公司 | 沭阳县 | 市级 |
| 54 | 景丰食品沭阳有限公司 | 沭阳县 | 市级 |
| 55 | 江苏福庆家居有限公司 | 沭阳县 | 市级 |
| 56 | 沭阳县新河联合花木工程有限公司 | 沭阳县 | 市级 |
| 57 | 江苏奕农生物股份有限公司 | 沭阳县 | 市级 |
| 58 | 江苏绿之源园林建设有限公司 | 沭阳县 | 市级 |
| 59 | 沭阳众客种禽有限公司 | 沭阳县 | 市级 |
| 60 | 江苏深特工艺品有限公司 | 沭阳县 | 市级 |
| 61 | 沭阳县旭东木业制品厂 | 沭阳县 | 市级 |
| 62 | 江苏苏林木业有限公司 | 沭阳县 | 市级 |
| 63 | 江苏康迪富尔饲料科技有限公司 | 沭阳县 | 市级 |
| 64 | 江苏万山园林建设有限公司 | 沭阳县 | 市级 |
| 65 | 沭阳明明绿化工程有限公司 | 沭阳县 | 市级 |
| 66 | 江苏金海棠农业科技有限公司 | 沭阳县 | 市级 |
| 67 | 江苏大桥冷链物流有限公司 | 沭阳县 | 市级 |
| 68 | 沭阳同轩工艺品有限公司 | 沭阳县 | 市级 |
| 69 | 沭阳县青盛木业有限公司 | 沭阳县 | 市级 |
| 70 | 江苏蓝羊羊装饰材料有限公司 | 沭阳县 | 市级 |
| 71 | 宿迁市华祥米厂 | 沭阳县 | 市级 |
| 72 | 沭阳县盛洁粉丝厂 | 沭阳县 | 市级 |
| 73 | 沭阳双马木业有限公司 | 沭阳县 | 市级 |
| 74 | 沭阳县正德木业制品厂 | 沭阳县 | 市级 |
| 75 | 宿迁鑫果园林绿化有限公司 | 沭阳县 | 市级 |
| 76 | 沭阳翔玮生态农业开发有限公司 | 沭阳县 | 市级 |
| 77 | 宿迁市嘉诺亚装饰材料有限公司 | 沭阳县 | 市级 |
| 78 | 沭阳润信农产品批发市场有限公司 | 沭阳县 | 市级 |
| 79 | 正虹集团（宿迁）农业发展有限公司 | 沭阳县 | 市级 |
| 80 | 江苏欢欢宠物食品有限公司 | 沭阳县 | 市级 |
| 81 | 江苏同芯木业有限公司 | 沭阳县 | 市级 |
| 82 | 宿迁梦溪市政园林工程有限公司 | 沭阳县 | 市级 |

续表9

| 序号 | 龙头企业名称 | 所在地（县级区域） | 级别（国家级、省级、市级、县级） |
|---|---|---|---|
| 83 | 沭阳县恒大米业有限公司 | 沭阳县 | 市级 |
| 84 | 江苏蓬盛生态农业科技有限公司 | 沭阳县 | 市级 |
| 85 | 江苏品品香生态食品科技有限公司 | 沭阳县 | 市级 |
| 86 | 江苏恒源食品有限公司 | 沭阳县 | 市级 |
| 87 | 沭阳县天宇木业有限公司 | 沭阳县 | 县级 |
| 88 | 江苏鸿滨食品有限公司 | 沭阳县 | 县级 |
| 89 | 宿迁柏特粮食设备有限公司 | 沭阳县 | 县级 |
| 90 | 宿迁市途睿生态农业科技有限公司 | 沭阳县 | 县级 |
| 91 | 沭阳明启工艺品股份有限公司 | 沭阳县 | 县级 |
| 92 | 沭阳县润泰园艺制品有限公司 | 沭阳县 | 县级 |
| 93 | 宿迁鑫犇生态牧业有限公司 | 沭阳县 | 县级 |
| 94 | 江苏昊林农业开发有限公司 | 沭阳县 | 县级 |
| 95 | 沭阳县宏亿木业制品厂 | 沭阳县 | 县级 |
| 96 | 沭阳凤凰画材有限公司 | 沭阳县 | 县级 |
| 97 | 沭阳县淀湖米业有限公司 | 沭阳县 | 县级 |
| 98 | 沭阳县西圩东大精米厂 | 沭阳县 | 县级 |
| 99 | 江苏德通园林工程有限公司 | 沭阳县 | 县级 |
| 100 | 江苏冠源木业有限公司 | 沭阳县 | 县级 |
| 101 | 沭阳县杰创园林建设工程有限公司 | 沭阳县 | 县级 |
| 102 | 江苏蓝鸽画材有限公司 | 沭阳县 | 县级 |
| 103 | 宿迁市苏丰米业有限公司 | 沭阳县 | 县级 |
| 104 | 沭阳县苏鲁粮业有限公司 | 沭阳县 | 县级 |
| 105 | 沭阳县华南木业制品厂 | 沭阳县 | 县级 |
| 106 | 宿迁市苏鲁木业有限公司 | 沭阳县 | 县级 |
| 107 | 沭阳县富华木业有限公司 | 沭阳县 | 县级 |
| 108 | 江苏巽阳园林建设工程有限公司 | 沭阳县 | 县级 |
| 109 | 江苏兆生源生物技术有限公司 | 沭阳县 | 县级 |
| 110 | 宿迁波波猴食品有限公司 | 沭阳县 | 县级 |
| 111 | 沭阳县苏唐园林工程有限公司 | 沭阳县 | 县级 |
| 112 | 宿迁市春晓景观工程有限公司 | 沭阳县 | 县级 |
| 113 | 沭阳县汇丰工艺品股份有限公司 | 沭阳县 | 县级 |
| 114 | 江苏一植绿化有限公司 | 沭阳县 | 县级 |
| 115 | 江苏红方花木有限公司 | 沭阳县 | 县级 |
| 116 | 沭阳县鑫泰园艺制品厂 | 沭阳县 | 县级 |
| 117 | 沭阳县青伊湖天缘精米厂 | 沭阳县 | 县级 |
| 118 | 宿迁中丰米业有限公司 | 沭阳县 | 县级 |
| 119 | 沭阳县万大面粉厂 | 沭阳县 | 县级 |
| 120 | 宿迁威海肉品有限公司 | 沭阳县 | 县级 |
| 121 | 江苏易其达羽绒制品有限公司 | 沭阳县 | 县级 |
| 122 | 江苏稻飘香米业股份有限公司 | 沭阳县 | 县级 |
| 123 | 沭阳源士园艺中心 | 沭阳县 | 县级 |
| 124 | 沭阳县陇集镇周大章养殖场 | 沭阳县 | 县级 |

【农业品牌建设】 2021年，沭阳县以创建省农产品质量安全县为抓手，推进绿色农产品、有机农产品、国家农产品地理标志和省绿色优质农产品基地"二品一标一基地"建设，加快绿色优质农产品培育，新申报绿色农产品企业7家，截至2021年年底，沭阳县累计认证绿色食品84个、认证有机农产品3个、认证国家地理标志农产品3个，全县绿色优质农产品面积7.33万公顷，占种植业食用农产品耕地面积比重为67.4%。大力推介特色农产品，2021年县农业农村局组织参加了江苏省农洽会、2021中国宿迁绿色食品洽会等农产品展示展销活动，20多家农业企业参展，展示展销花木、大米、蜜薯、粉丝等200多种优质品牌农产品。2021年，沭阳县潼阳镇和吴集镇入选首批"江苏省绿色蔬菜产业特色镇"；沭阳县天润西瓜种植专业合作社获评"江苏味美菜园"；2021年，开展中国南方"中华好梨"品鉴推介活动，沭阳县赵集青松果树种植专业合作社"赛贡"牌秋月梨获得金奖，"赛贡"牌华山梨获得银奖；万匹乡银霞蔬菜种植家庭农场"月光"牌黄瓜荣获首届江苏"好黄瓜"品牌品鉴银奖、"富楹牌"甜瓜荣获第三届江苏"好西（甜）瓜"品鉴金奖；绿雅（江苏）食用菌有限公司杏鲍菇荣获首届"江苏好鲜菇"品鉴银奖。积极争取"宿有千香"农产品区域公用品牌授权，提升"宿有千香"农产品销售额，鸿滨食品坚果类、波波猴食品坚果类被授权使用"宿有千香"农产品区域公用品牌。2021年，完成"宿有千香"农产品销售额5000万元目标任务。

【农业电商】 截至2021年年底，全县农产品网店3.8万家，网上销售额达112亿元，带动农村劳动力就业32万人。全县16个乡镇获评"中国淘宝镇"，104个村居获评"中国淘宝村"，是全国唯一花木淘宝村集群。沭阳县以"花木"为代表的农产品电商销售额位列农产品电商百强县第1名。2021年全国县域数字农业农村电子商务发展报告显示，沭阳县花卉绿植盆栽类农产品网络零售额位居县域农产品网络零售百强县第3位，江苏省县域第1位。按照实施方案，与试点合作企业"宿迁邮政"共同完成"互联网+"农产品出村进城工程试点县建设，包括1个电商产业园、1个电商运营中心、1个农业大数据平台、2个电商快递物流园、1个县级邮件集散中心、10个乡镇营揽中心、10个电商集聚区、10个电商供货基地、10个花木农业物联网基地、2个网红直播带货销售展示厅、3个区域农产品公用品牌。由沭阳县农业农村局和沭阳邮政公司共同完成的"农邮合作"模式助推农产品出村进城被评为"2021年江苏省数字农业农村新技术新产品新模式优秀案例"。沭阳县"互联网+"农产品出村进城工程试点获评2021年度宿迁市改革创新奖。沭阳蓝添花木城经营管理有限公司，宿迁市途睿生态农业科技有限公司入选"2021江苏省农业电子商务百佳案例"。加快农业物联网技术集成示范点建设，2021年新建设施栽培、畜禽养殖、水产养殖农业物联网技术应用示范点11个，其中7个设施花木、2个水产养殖、2个畜禽养殖，县域规模设施农业物联网推广应用占比达28%，全市第一。宿迁市立华牧业有限公司、江苏新艺园林工程有限公司入选省农业农村厅"2021江苏省智能农业百佳案例"。2021年，乡村振兴——农业农村大数据建设应用水平考核，沭阳县位居全市第一。全年"12316"惠农短信发送量达11万人次。

2021年扎下月季产业园　　县农业农村局　供图

【休闲农业】 沭阳县按照"农业景观化，景观生态化，生态效益化"的发展思路，坚持农旅融合，乡村呈现宜居、宜业、宜游的新态势。全县共有6家主体上榜省乡村休闲旅游农业"一园两基地"名单，其中沭阳县新河木槿花主题创意农园、新河月季花主题创意农园、桑墟条河榆叶梅主题创意农园入选省级主题创意农园，沭阳树人躬耕园入选省级农耕实践基地，苏北花卉园、呈祥花卉基地入选由江苏省农业农村厅认定的康美基

2021年陇北荡农业旅游基地　　县农业农村局　供图

地。2021年，全县共接待休闲农业观光人数497万人次，营业收入10.58亿元，其中农副产品销售收入9.69亿元，从业人员1.34万人，带动农户3.19万人。

（陈月阳）

## 农村土地资源保护

【耕地保护】 全面落实“藏粮于地、藏粮于技”战略，全县耕地总面积14.47万公顷，永久基本农田12.27万公顷，均超额完成目标任务。大力推进国土绿化行动，森林覆盖面积5.98万公顷，林木覆盖率达26.02%。

【土地执法监察】 突出做好重要时间节点、重点区域的动态巡查；坚持微信“亮”案、集中议案、公开办案，坚决打击违法违规用地行为。2021年，共开展土地执法巡查100余次，发现违法违规用地157宗，复垦土地26.67公顷。

【土地整治】 加快省以上投资土地整治项目竣工验收。3个省以上投资土地整治项目通过省自然资源厅验收，总投资1.57亿元，新增耕地85.87公顷，被省自然资源厅验收组评价为全省样板工程。加强土地增减挂钩项目实施，完成复垦土地1533.33公顷。完成工矿废弃地复垦166.67公顷。

（梁哨峰）

## 镇村建设与管理

【美丽乡村建设】 2021年，县住建局对4个乡镇12户破旧房屋进行改造，全部验收合格，实现“住房安全有保障”目标。刘集镇郇河村成功创建省级特色田园乡村。郇河新型社区开展村庄入口改造、公共基础配套设施建设和改造、村内灯光亮化，导视导览系统完善，智能化监控安装、沿河栏杆优化，若干庭院改造、设置警务站、环境整治、农田和鱼塘的整治和梳理、乡村文化挖掘。通过特色田园乡村建设，村庄面貌焕然一新，乡村旅游业配套得到进一步完善，促进了旅游产业发展。同时，本着以点带面、分批推进的原则，启动建设了一批宜居、宜游、宜业的美丽乡村，全年共完成144个美丽宜居乡村创建任务，美丽宜居乡村达标率为68.2%。

【污水处理设施建设】 2021年，韩山、马厂、贤官、耿圩、陇集、沂涛、钱集、塘沟、吴集、桑墟等19个污水处理厂已正式运营，各乡镇污水管网已基本实现全覆盖；337个行政村的生活污水得到处理，生活污水得到处理的村占比实现值为77.47%。

【农房排查】 2021年，县住建局组织乡镇开展农村房屋安全隐患排查整治工作，成立县级议事联席工作机构，制定沭阳县农村房屋安全隐患排查整治实施方案。截至2021年年底，累计排查房屋22.112万户，完成经营性用房排查工作，完成经营性用房隐患整改房屋25户。

【农房建设】 2021年，沭阳县计划改善5500户农户住房条件，开工农房项目7个、开工3264套，竣工农房项目16个、竣工5674套农房。截至2021年年底，沭阳县已协议搬迁6208户，任务完成率为112.9%，竣工18个项目。

（韦昊宇）

## 农村人居环境整治

【概况】 2021年，沭阳县在农村人居环境整治三年行动的基础上，开展农村人居环境整治提升行动。截至2021年年底，全县累计建成省级特色田园乡村3个、美丽宜居村庄144个；累计创建国家卫生乡镇4个、省级卫生乡镇5个、省级卫生村50个。新建农村公共厕所62座、村级污水处理设施55座，建设农村生态河道284条。

【农村生活垃圾治理】 探索建立“户分类投放、村分拣收集、镇回收清运、有机垃圾生态处理”的农村生活垃圾分类收集处理体系，在七雄街道、章集街道、十字街道、高墟镇、马厂镇、贤官镇、陇集镇、桑墟镇、青伊湖镇、耿圩镇等乡镇实施生活垃圾分类治理工作。配建农村垃圾分拣中心2个，易腐垃圾处理设备2套，对110个行政村配建垃圾分类集中收集点，新配套分类收集垃圾桶4.5万余个。

**【农村厕所粪污治理】** 沭阳县将农村“厕所革命”纳入农村重点工作进行考核，县卫健局、城管局分别牵头负责户厕改造、农村公厕建设。依据《农村三格式户厕建设技术规范》和《公厕建设标准》等技术规程，建设无害化卫生户厕、农村公共厕所和旅游厕所。截至2021年年底，完成农村无害化卫生户厕改造810户，全县农村无害化卫生户厕普及率达95.36%。新（改）建农村三类以上公厕62座。

**【农村生活污水治理】** 2021年，全县累计投资约8100万元，整治县乡河道1143千米，疏浚河道土方262万立方米；种植苗木5.3万株，铺植草坪2.1万平方米；建设农村生态河道284条1138千米，其中县级河道37条339千米，乡级河道247条799千米。采取纳管、建设小微站形式处理农村生活污水，新建污水处理设施55座，日新增生活污水处理能力1175吨。

**【农业废弃物治理】** 2021年，县农业农村局实施农作物秸秆肥料化、能源化、基料化、原料化综合利用，利用率达99.5%；开展废旧农膜回收处置工作，在全省率先建立废旧农膜“县乡村”三级回收体系，建立乡镇回收站27个、村组回收点27个，2021年回收废旧农膜3201吨，回收率为90.1%；开展农药包装废弃物回收处置工作，健全完善农药包装废弃物回收体系，全年回收农药包装废弃物147.94吨，处置140.4吨，回收率达60%以上，处置率达90%以上；推进畜牧业绿色循环发展，开展畜禽粪污资源化利用巩固提升行动，全县408家规模场、1480家非规模场实行“回头望”督查指导整改，粪污治理率达100%，资源化利用率达96%；打造种养结合典范5家；利用田间储存池收集处理利用粪污5.23万立方米，解决粪肥“最后一千米”问题，实现畜牧业绿色发展。

**【村容村貌提升】** 截至2021年年底，全县累计创建144个美丽宜居村庄、4个国家级卫生乡镇、5个省级卫生乡镇、50个省级卫生村、9个省级生态文明建设示范乡镇、7个省级生态文明示范村。全力打造“推窗见绿、抬头赏景、起步闻香、花开农家、果香庭院”的“五美庭院”，截至2021年底，沭阳县已建设市级“五美庭院”示范村（社区）21个，县级“五美庭院”示范村（社区）63个，评定县级“五美庭院标兵户”1258户，镇级“五美庭院”示范户30806户，村级“五美庭院”124462户。完成绿美村庄建设，累计建成绿美村庄54个；实施“点亮乡村”工程，全县27个乡镇自筹资金2476万元，对247条农村道路进行公共亮化建设，安装太阳能路灯13298杆。

（陈月阳）

# 基础设施

## 综 述

2021年，沭阳县大力加强基础设施建设，快进快出交通能力不断提升。新淮铁路纳入国家规划，前期工作实质性启动，宿连高速、宿连航道、京沪高速扩容改建等重点交通工程开工建设，329省道、重庆南路建成通车，苏北首条县级城区快速路部分通车，新建改建农村道路85千米，随着苏北智慧物流中心启动建设，正加速成长为苏北快递物流中心，货运周转量、客运量均为全市第一，快递发件量全省县级城市第四、苏北第一。全年实施交通基础设施项目97个，完成投资38.40亿元。淮沭新铁路正式列入规划，京沪高速沭阳段扩建工程、宿连高速沭阳段工程分别累计完成工程量的49.0%、34.0%。实施农村公路提档升级项目47个，共85千米，农村公路危桥改造18座，农村公路生命安全防护工程524.21千米。常态推进公路养护与路域环境整治，国省干线公路出动650个清扫机械台班，完成清扫里程约6.8万余千米，增设维修波形护栏6844米，修复增设标志牌454处，施划标线1.6万平方米，增设防眩板310个，沥青路面灌缝1.7万米，路面病害维修5.60万平方米，坑塘修补0.73万平方米，县道公路完成坑塘填补4150平方米。在全省先行先试开通沭阳至淮安、宿迁、泗阳高铁站便民车，被省厅明确为全省“高铁便民车”民生实事项目首个试点县；成功争创省交通厅2022年度农村物流达标县试点；县公路发展中心获得全市首张排污许可证。新沂河灾后应急治理工程投资7973万元，新建新沂河堤顶柏油防汛道路24千米、堤防防渗处理5663米、整治滩面2.55平方千米，加固维修漫水子堰闸1座，加固测流铁塔基础3座。沭河船闸拆建工程投资1100万元，在原沭河船闸上游100米处建设1座高、宽各2.5米的新闸1座。按照农村生态河道的建设标准，对县级河道30条、乡级河道248条进行集中整治，累计建设农村生态河道287条。扎实推进爱园—钱集改㚒新长变110千伏线路等7项输变电工程，投产110千伏及以上线路82.31千米、变电容量10万千伏安。1项输变电工程获江苏省电力公司银奖。新增分布式污水处理设施7座，每日可处理污水2.5万吨。建立“排污许可证+双随机+移动执法”的执法监管机制，全年共下达处罚决定书202件，累计处罚金额1783.04万元，切实保障城乡居民用水安全。

## 交 通

【概况】 至2021年年底，沭阳县公路总里程3813.008千米，公路密度达165.93千米/百平方千米。其中，高速公路55.67千米，一级公路249.869千米，二级公路422.478千米，三级公路233.667千米，四级公路2851.324千米。公路客运站场21个，其中，一级站2个，三级站1个，四级站18个。航道共有10条，总里程达215.6千米。其中，六级航道3条114千米，七级航道4条54.6千米，等外级航道3条47千米。港口共有作业区3个，码头泊位16个，规划岸线总长11250米。铁路里程达42.44千米，火车站1个。2021年，沭阳县交通运输综合行政执法大队党总支荣获省交通运输行业先进基层党组织，沭阳县运输服务中心党支部荣获全省交通运输现代化示范区建设先锋队暨党建引领“四个在前”标兵党支部，沭阳县公路事业发展中心205国道扎下停车区被评为“亲车沭路、花乡驿站”省级品牌。

【高速铁路】 2021年6月，淮沭新高铁列入国家《长三角地区多层次轨道交通体系规划》。

2021年沭阳火车站　　周东翔　摄

【公路建设】2021年，沭阳县实施公路基础设施项目96个，全年完成总投资约32.1亿元。京沪高速扩容改建累计完成工程量的49%，宿连高速累计完成工程量的34%。实施农村公路提档升级项目47个（85千米）、农村公路危桥改造18座、农村公路生命安全防护工程524.21千米；建成并验收通过农村特色旅游公路景观和党建配套工程、5座碍航桥梁改造工程；完成潼高线茆圩至京沪高速段等4条县道及连接线图纸设计工作，启动并发布其中3个项目施工招标；北京路下穿新长铁路立交工程、2座碍航桥梁改造工程、湖潼线提升改造工程等施工紧锣密鼓。

【运输生产】全年完成公路客运量142万人次、旅客周转量3.8亿人千米。完成公路货运量6241.59万吨、货运周转量160亿吨千米。完成水路货运量18.67万吨、货物周转量0.66亿吨千米。

【行业管理】全年共查处交通违法行政案件1838件，其中，非法营运337辆，超载超限车辆713辆，干线公路超限率下降至0.17%。全年投资公路维修资金约8072.1万元，按时实施国省干线公路春季、秋季小修计划，完成路面维修63273平方米，增设护栏7800米，施划标线16000平方米，埋设和维修各类交通标志465处。完成全年航道清障扫床工作任务，扫床里程378千米。开通高铁便民车定制班线3条，分别是沭阳至淮安、宿迁、泗阳，共投入运力14台，全天发28个班次，被省交通运输厅确定为省级“高铁便民车试点县”。

【安全生产】加强安全知识宣传活动，组织各类安全培训9期，培训人员800余人，组织行业安全生产应急演练14次。开展普货运输企业交通安全隐患整治，清理注销不符合许可条件的企业88家，完成4项市安委会挂牌督办的整改工作。创新安全工作举措，建立安全生产“互查互学”“安全生产微讲堂”“一企一档”工作机制，提升交通运输行业安全生产管理水平。

【文明创建】沭阳县交通运输综合行政执法大队党总支荣获省交通运输行业先进基层党组织，沭阳县运输服务中心党支部荣获全省交通运输现代化示范区建设先锋队暨党建引领标兵党支部，沭阳县公路事业发展中心205国道扎下停车区被评为“亲车沭路、花乡驿站”省级品牌。

（荣　超）

## 水　利

【概况】2021年，沭阳县水利局紧紧围绕县委、县政府下达的目标任务和重点工作，准确把握水利工作面临的新形势，扎实推进水利基础建设，全面提升水利高质量发展水平。2021年5月，沭阳县水利局被省委、省政府评为“2020年全省防汛抗洪工作先进集体”，2人被省委、省政府表彰为“2020年全省防汛抗洪工作先进个人”，新沂河抗洪巡堤查险经验得到省水利厅的高度肯定，并在全省推广，连云港、淮安、镇江等多家水利部门先后来沭阳考察学习。围绕市下达沭阳县单位GDP用水量较2020年下降4%的

2021年新修建的淮河大道　　县交通局　供图

目标任务，严格用水总量控制，在全市率先完成区域可用水量评价工作，开展灌区农业用水水资源论证，做好用水统计直报，将2021用水量控制在7.83亿立方米以下，顺利完成年度高质量考核目标任务，实现全市排名第一。

**【重点工程建设】** 2021年，县水利局共承担政府为民办实事、重点基础设施等项目5项，总投资2.8亿元。分别是新沂河灾后应急治理工程、沭河船闸拆建工程、城后河与三中沟黑臭水体流域性整治和新沂河沿线水漫桥拆建、维修工程。其中城后河、三中沟黑臭水体流域性整治2021年8月28日经县委主要领导批示同意移交住建局实施。新沂河灾后应急治理工程投资7973万元，新建新沂河堤顶柏油防汛道路24千米、堤防防渗处理5663米、整治滩面2.55平方千米，加固维修漫水子堰闸1座，加固测流铁塔基础3座。沭河船闸拆建工程投资1100万元，在原沭河船闸上游100米处建设1座高、宽各2.5米的新闸1座，与淮沭河堤防连接，涵洞引水流量9立方米/秒，有效提高了新沂河堤防防洪标准，改善了城区河道生态补水条件。新沂河沿线水漫桥拆建、维修工程共投资1200万元，对新沂河水毁严重的上海路南偏泓桥、扎下分水北偏泓桥和韩山宜兴的北偏泓桥3座桥进行拆建，对学府路等8座桥进行修复拆建，年底前已完成前期工作，并作为跨年度工程实施。

**【农村水利】** 2021年，沭阳县坚持“四先”工作思路，按照农村生态河道“河畅、水清、岸绿、景美”的建设标准，集中精力抓重点，对县级河道30条、乡级河道248条进行集中整治，累计建设农村生态河道287条，达到功能达标、水流通畅、水清岸洁、生态良好、管护到位的目标。实施水价改革巩固提升工程，投资750万元，对沭阳县91座损坏严重的老旧泵站进行维修。实施农村河道疏浚整治工程，投资537万元，对25条河道进行疏浚整治，建设生态河道。开展水土保持项目动态监管，2021年，国家水利部、省水利厅共分四次下发卫星遥感疑似违法违规图斑67个，已完成现场核查63个，认定违法违规项目50个，下发限期补编补报通知单50份，开展现场监督检查8次。推进新一轮河湖及水利工程管理范围划定工作，总投资426.23万元，划界河道长度约332千米，完成大中型灌区工程的干支渠及其建筑物管理范围划定任务，划界灌区干支渠732.95千米，制作埋设告示牌169个、界桩5320个。

**【水资源管理】** 严格落实水资源费征收管理制度、用水审计制度、灌区放水管理制度、取水工程规范化管理制度，促进水资源管理工作规范有序，集约高效。强化节水载体建设，2021年完成4所省级节水型学校、4个省级节水型社区、1家省级节水型企业、1个市级水效领跑者、2个市级节水示范项目创建工作，并以节水载体为引领，带动全县各行业节水。积极推进再生水利用，新建项目实行节水“三同时”，推进再生水回收利用，全年建成雨水回收利用设施8个，实现新增雨水回用量8万立方米/年。严格实行规范化管理，执行超计划用水累进加价收费制度，推进非居民用水超定额累进加价制度落实，有效保护水资源；对省、市级重点用水户开展用水审计，完成沭阳瑞泰科技有限公司用水审计，推动企业改进节水管理制度，不断开展节水技改；落实取水工程规范化管理制度，完成15个取用水户规范化管理任务。

**【水政执法】** 2021年，县水利局继续以打击非法采砂为重点，严格查处各类水事案件。全年共组织巡查河道156次，出动执法艇巡查27次，出动人员968人次，打击非法采砂19起，砸毁船只机具19台套并全部沉没；封填地下井274眼，立案查处22起，其中非法采砂1起、私采地下井19起、破坏堤防1起、水土保持1起，共罚款29.9万元，结案率100%，追缴水资源费190万元。

**【河长制落实】** 积极探索创新“河长+”工作机制。一是探索跨界共治新机制。分别与新沂市、东海县、灌云县、淮安市及泗阳县、宿豫区等市县（区）建立了26条跨界巡河共治河道机制。二是完善“河长+检察长”“断面长+检察长”“点位长+检察长”的“1+3”工作机制。三部门全年先后多次对古泊善后河、柴米河等设有国省考断面河道进行“三联”巡河，并对入河支流水质进行检测。三是创新“河长+专技”机制。2021年，在聘请339名县乡级河长制社会监督员、480名民间河长、208名乡贤河长、128名企业河长的基础上，聘请了26名专业技术员，推动河道水质全面达标、河道空间明显改观、水生态有效修复，全面提升河长制工作质量和效率。

**【水资源审批】** 全面贯彻落实“放管服”改革和优化营商环境工作要求，积极推动建设工程项目行政审批改革和中介超市工作，优化行政审批流程，简化行政审批程序，压缩审批时限，已完成建设项目水土保持项目许可35个，对11个已批复的项目进行监督检查；完成涉水工程防洪影响评价建设许可项目5个，取水许可审批5个。

（柏　周）

## 供　电

**【概况】** 2021年，沭阳县供电公司坚持稳字当头、稳中求进工作总基调，全力以赴落实好政府要求、企业需求、百姓诉求，加快建设坚强智能电网，着力优化电力营商环境，为全县经济社会发展提供了坚强的电力保障。全县共有35千伏及以上变电站40座，500千伏变电站1座，220千伏变电站9座，110千伏变电站28座，35千伏变电站2座。500千伏线路4条，220千伏线路29条，110千伏线路60条，35千伏线路9条，输电线路总长度1452.87千米。10千伏线路556条，配电线路总长度7186.44千米。2021年，全社会用电量71.66亿千瓦时，同比增长16.22%；工业用电量48.32亿千瓦时，同比增长18.49%。公司连续14年获得县委、县政府高质量发展“突出贡献奖”，荣获县2021年高质量发展综合考核先进单位称号。

【电网建设】 2021年，扎实推进爱园—钱集改接新长变110千伏线路等7项输变电工程，全力克服穿越京沪高速、新长铁路和地方政处等问题，投产110千伏及以上线路82.31千米、变电容量10万千伏安。1项输变电工程获江苏省电力公司银奖。全面开展配农网工程建设，累计建成标准接线供电网格24个，标准接线率提升至82.76%。新建和改造10千伏线路500千米、配变210台，年度用户平均停电时间4.42小时，同比下降50.72%。

【服务企业】 深化“阳光业扩”服务，开办业扩报装客户培训讲堂5期。推广“三零、三省”服务，完成业扩配套立项220个，为客户节省接电成本3600万元。与国家级经济技术开发区签订“开门接电”合作协议，推行政企共建，针织产业园、昆沭技术园新落户企业实现“开门接电”。实行重大项目“五个一”全程服务，建立“日跟踪、周协调、月会办”供电服务机制，积极跟踪协调桐昆、天能“百亿级”项目接入工程建设。全面推广线上办电，累计实现“房电联办”364户，全市最多。在省能监办发布的12家大型县级供电企业优质服务监管结果中排第8位。

【电力安全】 开展客户用电安全普查，企业用户100%上门检查，帮助企业消除用电安全隐患。开展农村50万户家用漏电保护装置排查专项行动，发放漏保隐患整改通知书5200份，发送安全用电提醒短信85万条，保障百姓生命财产安全。深化“线路长+网格化”精益运维模式，实现18个供电所和12个网格全覆盖，在施工工地、“三跨”区段、植树、钓鱼、风筝等危险点设置通道警示牌96块，清理异物挂线、破损广告布52处，安排24小时不间断值守，切实提升输电线路防外破能力，确保电力供应安全可靠。高质量完成中国共产党成立100周年、国际花木节等重要活动和会议保电任务223次。

（杨西光）

## 城乡供水

【概况】 2021年，城乡水务公司紧紧围绕县委、县政府的决策部署，始终践行“安全优质供水、真情服务万家”的宗旨，积极担当，主动作为，深入推进区域供水工程这一重大民生事业；科学调度，合理安排，全力保障城乡供水，继续巩固水厂一、二、三期项目运行，扎实推动庙头水厂四期工程建设项目。梦溪水厂供水能力达25万立方米/日，庙头水厂7.6万立方米/日，两个水厂全年完成总供水量7925.46万立方米（梦溪水厂5144.22万立方米，庙头水厂2781.24万立方米），比上年增长7.8%。供水能力大幅提升，从根本上解决了夏季用水高峰期时管供水水量少、压力不足问题，进一步保障了农村居民的正常生产生活用水。

【水质管控】 坚持以水质为核心的质量管理体系，严格取样、检测和化验制度，按国家有关标准和操作规程检测供水水质，并完善检测数据的统计分析和报表制度，认真对相关化验数据分析研究，持续对各水厂水源水、出厂水和管网末梢水进行检测（全年共254样次），每半月对公司管网水7项指标检测1次（全年共829样次），每天对水厂水源水至出厂水的各工艺段水质16项指标检测1次，聚铝检测149样次，活性炭检测4次，随时了解水质变化情况，及时在工艺流程上采取积极措施，确保水质安全。

【水费收缴】 通过现场缴费、银行代收、微信和支付宝支付等多种方式完成水费收取，不仅方便群众缴纳水费，也加强了对水费的集中收取和统一管理。全年共完成水费收入7574万元，同比增长12.36%，其中开发区3804万元，城市小区492万元，乡镇3278万元。

【供水工程】 全年实施企业接水130家、实施富园迎宾府等小区给水14家，实施桐昆管道迁移、湖潼线桑墟至茆圩段供水管网改造、宿连航道、义乌路管道铺设，龙庙老旧小区改造、韩山增压站等政府投资大项工程6项。

【民生项目】 实施韩山增压站项目，韩山镇位于沭阳县东北部，距县城30千米，处于全县供水末端，通过实施韩山增压站项目解决了当地居民用水水压不足的问题，进一步提升了当地居民的获得感、幸福感和满足感。实施农房改善项目自来水配套工程，2021年完成了花韵新城、汤涧小区、汤涧大李集中居住区、胡西、潼阳、后头、郇河、桥南村、老王圩村9个农房改善项目自来水配套工程，切实解决农村居民饮用水问题。

（杨朋军）

# 科学技术

## 综　述

2021年，沭阳县深入实施创新驱动发展战略，深化科技机制体制改革，通过加强实地调研走访、产学研合作、科技创新主体培育等措施，不断集聚人才、资金、技术等科技创新资源，全县科技创新能力得到显著提升。全年（发明）专利申请350件，（发明）专利授权72件，有效发明专利拥有量年度达608件，PCT申请8件；发明专利拥有量3.41件/万人，增长5.2%，研发经费支出占GDP比重由2016年的1.5%提升至2%，比上年提高了0.36%，国家高新技术企业达到142家，获批省级“三个中心”累计达到80个，建成全市唯一的国家级企业技术中心。全县实现技术合同成交额17.78亿元，实现科技政策减免税收1.75亿元，发放科技创新奖补资金4268.2万元。全年获批市高新技术企业培育入库80家，新备案国家科技型中小企业353家，全年新增高新技术企业50家，全县拥有国家高新技术企业达142家。加大对接高校院所开展产学研合作力度，全年招引科技型企业47个，数量全市最多。全年共组织开展产学研活动40余场次，达成合作意向205项，引进高层次人才60余人，获批省“科技副总”49人。2021年，沭阳县在全国科技创新百强县排名提升至第26位。

## 科技创新

【企业研发投入创新】 县科技局推动企业加大研发投入，建立研发经费投入动态监测、评估、督查、反馈工作机制，逐步完善以企业科技研发投入为主体、以财政科技研发投入为引导、银行贷款为支撑、社会资本为补充、优惠政策为扶持的全社会研发投入体系，研发投入占地区生产总值比重稳步提升，有效增强企业在源头创新与关键核心技术的创新能力。2021年，全县实现技术合同成交额17.78亿元，减免科技政策税收1.75亿元，发放科技创新奖补资金4268.2万元。

【科技型企业主体培育】 县科技局注重高新技术企业培育，通过高新技术企业“五建五制”培育新机制改革，着力推动高新技术企业培育提质工作，有效推动了科技型中小微企业向高新技术企业转化。全年获批市高新技术企业培育入库80家，新备案国家科技型中小企业353家，全年新增高新技术企业50家，全县拥有国家高新技术企业达142家。加大科技型企业引培力度，指导企业做好研发经费归集、知识产权申报等工作，加大对接高校院所开展产学研合作力度，全年招引科技型企业47家，数量全市最多。

【科技改革】 强化科技改革，促进科技成果转化，出台了《2021年沭阳县健全关键核心技术协同攻关、探索攻关任务“揭榜挂帅”机制推进工作方案》，健全关键核心技术协同攻关机制，探索攻关任务“揭榜挂帅”等新机制改革，通过发布“揭榜挂帅”项目榜单对接高校院所开展产学研活动，共引进53名博士来沭阳县科技企业兼职开展协同创新，获批省科技副总项目49项，全年完成市“5321”工程高科技成果转化数81项。

【创新载体建设】 围绕创新研发体系、创业孵化体系、科技公共服务体系、生活保障体系推进建设高新区、智能纺织、电子信息、软件园、高创园5个科技综合体建设。全县科技综合体总运营面积近20万平方米，入孵科技型企业210余家、转化科技成果85个、申请专利和软件著作权260余个。以加强产业创新为重点，着力打造创新型产业集群，为推动全县纺织服装、高端装备产业发展，沭阳县与武汉纺织大学、江苏海洋大学签订协议，共建沭阳纺织产业技术研究院、沭阳县高端智能装备产业技术研究院。

**【创新创业大赛】** 成功举办沭阳县第三届创新创业大赛。大赛共接收报名参赛项目54个，其中国家重大人才计划专家3人，博士研究生45人，硕士研究生9人，经过筛选比拼，18支参赛队伍进入决赛，参赛项目涵盖新能源新材料、装备制造、生物医药等领域，大赛共决出一等奖1名、二等奖2名、三等奖3名、优秀奖4名。杨红军团队的“人造血管的国产化替代和创新”项目荣获大赛一等奖，摘得100万大奖，并获得沭阳农商行500万元授信。此外，积极组织企业参加2021年度宿迁市创新创业大赛，共获市创新创业大赛二等奖2项、三等奖1项。

## 科技推广

**【产学研合作】** 不断创新校企合作模式，大力聚集创新资源。围绕装备制造、健康医疗、电子信息、纺织服装等特色产业深入开展产学研专题活动。先后邀请南京工程学院、江苏师范大学、武汉纺织大学、徐州工程学院等高校院所专家来沭阳开展各类产学研对接活动，带领县内企业到武汉纺织大学、华中科技大学等高校开展产学研对接活动。全年共组织开展产学研活动40余场次，达成合作意向205项，引进高层次人才60余人，获批省“科技副总”49人。

**【科技计划项目实施】** 着力推动产业关键技术研发与产业化，推动地方电子信息、生物医药、新材料、新能源等重点产业发展，积极组织企业申报实施省、市级科技计划项目，实施21个省级科技项目，共获批省级科技奖补资金1594万元。其中，江苏鑫亿鼎石英科技股份有限公司同南京工业大学实施的“超高纯电子级石英砂关键制备技术研发及产业化”省科技成果转化专项资金项目，获批省资助1000万元。项目突破超高纯石英砂提纯技术和规模生产的关键技术瓶颈，促进国内高纯石英砂产业结构调整和技术升级。

**【科技服务】** 积极发挥党组织的战斗堡垒作用和党员的先锋模范作用，深入开展科技政策宣传、科技业务培训、疫情防控等科技服务。推进科技创新“一走进三精准”工作法。走进企业宣传科技创新政策，及时征集企业创新需求，全年走访企业260多家，多角度、全方位宣传科技创新政策，共征集企业技术需求90多项，帮助企业解决技术难题28个。科技业务培训精准服务企业。结合地方产业发展和企业创新需求，先后邀请省、市专家来沭开展技术合同登记、研发投入归集、苗木花卉特色产业等科技业务培训20多次，精准服务企业创新需求。

（王　静）

## 科学普及

**【科普宣传】** 2021年，沭阳县科协根据省、市有关部门文件精神，联合县科普领导小组各成员单位，积极围绕“全国科普周”“全国科技工作者日”“全国科普日”等主题，组织开展送科技下乡、科普进农村、进社区、进学校、进企业、进机关等活动。以流动科技馆巡展、开展科普讲座、线上科普培训、科普展牌展示、科普电子屏播放、发放科普宣传手册等形式，普及科技知识，增强科学观念，激发全民的科技创新热情，积极营造大众创业、万众创新的良好氛围。全年共开展科普知识讲座17场次，办社区科普宣传栏15期，免费印发针对社区居民的科普宣传资料8万多份，发放科普图书3500多本，科普挂图300多套，制作展板4000多平方米。如科普宣传周期间，5月22日举行沭阳县第三十三届科普宣传周启动仪式暨广场科普宣传活动，围绕新冠知识普及、环境保护、健康生活方式、应急知识等方面向居民科普宣传，活动中，志愿者通过分发宣传手册与现场讲解等方式，用浅显易懂的语言向居民科普各种知识。5月27日上午，为推进苗木花卉方面农业科技科普宣传，举办沭阳县第三十三届科普宣传周花木专场，邀请江苏省农业科学院休闲农业研究所副所长兼规划设计研究院副院长、沭阳县人民政府副县长邓衍明作专题讲座。专题讲座中，邓衍明以《月季与绣球——世界花园植物中的“王炸”组合》为题，从中国休闲观光农业发展背景，“大王”月季的发展历史、种植技术要点、“小王”绣球的名字由来、种类、应用、病虫防治等方面进行了深入的讲解。活动中，还向与会人员发放《新冠知识疫苗接种知识问答》《家庭急救新理念知识手册》《急救手册》等宣传资料。5月28日举办沭阳县第三十三届科普宣传周环保专场。沭阳县科协邀请环保执法人员作《日常企业现场监察要点及相关典型案件介绍》专题讲座。讲座从常用的环境保护相关法律、法规，生产企业如何应对环保监察执法，现场检查内容，“水、气、声、渣”自查整改攻略等方面进行了细致讲解。

**【科普培训进乡村】** 科技工作者日期间，县科协慰问了全县科技工作者代表7名，还积极组织科技工作者开展培训活动。6月1日上午，联合韩山镇魏洪林植保服务专业合作社科普示范基地在韩山举行小麦赤霉病防治技术及成效现场教学研讨会，对韩山镇农民进行培训，让他们进一步提高小麦的种植技术。6月3日上午，县科协在沭阳县十字街道进行西瓜生产技术培训专场，对农民群众进行西瓜种植培训，提高他们对于西瓜的种植水平，用科技富民。6月4日上午，沭阳县科协联合江苏省企业科技服务创新中心在扎下镇举办了安全生产专题讲座，讲座邀请了江苏省危险化学品安全生产专家、江苏省港口危险货物安全生产专家姚干兵教授开展专题讲座，姚干兵教授从安全生产形势、安全生产特点、安全生产工作性质、事故案例分析4个方面向在场企业负责人展示了安全生产的重要性，数据翔实、画面丰富，对于提高企业安全生产意识有着重要作用。

**【科普进校园】** 在9月份全国科普日期间，县科协开展“创新科普启智”“健康科普益民”“农技科普惠农”“节能生态科普”“防灾减灾科普”等系列共10项活动。其中县科协与省力学会共同开展的“云科普”专题讲座——蛋壳宇宙（中小学）和第二届江苏省中小学生力学知识竞赛活动，全县共有11500多名学生参加。“蛋壳宇宙”13讲由南京农业大学王永健副教授倾情讲授，从鸡蛋的各种力学特性出发，讲述同学们身边的力学；线上“江苏省中小学生力学知识竞赛”，竞赛内容结合“云讲座”知识点和身边的力学常识，中小学生参加，设置一、二、三等奖和优秀组织教师奖，颁发证书。一等奖可优先参加江苏省力学学会组织的“高校科学营”，到省内985、211高校参观，在国家级实验室参加科学实践活动。9月10日，“沭阳县2021年全国科普日流动科技馆巡展活动”也在沭阳县东兴小学拉开序幕，巡展以‘体验科学，启迪智慧，享受快乐，感受科技魅力’为主题，内容包含科普影院、科学动手做、科普体验等。还在学府路小学、南关小学等展出，得到广大师生的热烈喜爱。

**【科普进社区】** 9月17日，县科协举行的院士专家“云科普”专题讲座——“疫情防控和个人健康管理”，为在沭城街道五里、东园、府苑等社区的党员和群众和东兴小学的师生送去了最新疫情防控知识，提高防护意识和技能。“碳达峰、碳中和——保护地球家园”展板进社区、进企业活动中，沭阳县科协、科技局组织志愿者进社区、进企业，开展“节能低碳 绿色发展”宣传进社区活动，向社区群众发放节能低碳宣传资料、主题科普挂图，鼓励居民采用布袋取代塑料袋、减少一次性筷子使用、尽量少用电梯、使用冰箱注意节能，合理使用电脑、打印机等，在生活中践行简约适度、绿色低碳的工作和生活方式，让社区居民了解到中国积极应对气候变化、推动构建人类命运共同体的责任担当。该活动获得中国科协线上推广，被市科协推荐申报2021年全国科普日优秀项目。

（陈德秀）

## 气象服务

**【基础气象业务】** 2021年，沭阳县气象局始终高度重视基础业务工作，全年地面综合气象探测业务质量指标99.87分，位居全省前列。周伟获得“江苏省气象局2020年观测网络业务质量先进个人”。

**【公共气象服务】** 做好汛期气象服务。更新调整2021年沭阳县汛期气象服务领导小组，落实领导值（带）班制度，实行局领导和业务人员24小时双值班制度，提高应急响应能力。及时利用广播、电视、电话、手机短信、电子显示屏、微博、微信等多种手段及时发布灾害性天气预警信息。汛期期间共发布预警信号43次；发布“重要天气报告”14份，周报11份，旬报9份，节假日专题4份；汛期发布各类预报预警服务短信217条，接收短信信息共计836535人次；发布微博123条，微信37条；共接受电视台采访1次。做好春运气象服务。制定了《2021年春运气象服务方案》，成立了春运气象服务领导小组，认真做好春运气象保障服务；春运期间共发布大雾和寒潮预警信号6次；发布重要天气报告2期、春运专题气象服务11期、春节天气展望1期、气象旬月报6期、一周天气6期等，春运期间共发布预报、预警短信87次。做好为农气象服务。修订完善了《2021年农业气象服务周年服务方案》，对春耕春播、夏收夏种、秋收秋种等气象服务工作进行统筹安排，按照有组织、有计划、有记录、有总结的要求，切实做好农业气象服务。全年共发布各种农业气象预报、月报、专报等服务材料共107期，其中春耕春播专报5期、夏收夏种专报10期、秋收秋种专报12期。

**【气象应急能力建设】** 2021年，县气象局切实加强气象应急能力建设。落实完善基层防灾减灾“六个一”标准化建设任务，通过2020年“乡村振兴”气象服务专项业务验收；更新了重大气象灾害预警信息快速发布机制成员单位联系人名单，继续稳定运行突发事件预警发布系统；县气象局与中共沭阳县委政法委员会签订合作协议，联合建成网格气象信息员队伍，将气象灾害预警信息传播等气象灾害防御相关工作纳入《沭阳县网格服务管理事项清单》，并通过各乡镇（街道）网格工作微信群进行网上培训；更新编制并通过政府办发文《沭阳县气象灾害应急预案》；高度重视重大社会活动气象服务，完成沭阳第六届海棠节、沭阳县“永远跟党走”合唱音乐汇、第九届中国·沭阳花木节气象保障服务工作；面对重大气象灾害及时启动应急响应，做好气象服务工作，全年启动内部应急响应命令3次，政府应急响应1次；完善人影业务制度体系和制定年度计划，安全完成人影作业2次。

【气象社会管理】 县气象局不断深化防雷综合治理，确定防雷检查重点，严格防雷资质管理。成立沭阳县气象局防雷安全专项整治工作领导小组，先后印发《沭阳县气象局2021年安全生产工作要点》《沭阳县气象局安全生产责任清单》，制定了大整治大排查工作方案，完成与住建部门燃气行业防雷监管任务的交接工作，更新了防雷重点监管企业名库；2021年3月10日，县气象局启动年度防雷安全专项整治工作，完成全县83家重点监管企业防雷安全全覆盖检查，实现重点企业一户一档，下达整改通知13个，完成复查13个，完成省防雷监管平台数据录入。认真贯彻市、县关于夏季和汛期安全生产工作决策部署，认真组织安全生产大检查活动，成立了安全生产工作领导小组，切实加强对安全生产工作的组织领导。先后印发《2021年“安全生产月”活动实施方案的通知》和《2021年防雷安全生产大检查实施方案的通知》。在“3·23”世界气象日、“5·12”防灾减灾日、“科普周”等重要时间节点开展多种形式的宣传教育活动15次。

【气候特点】 2021年主要气候特征是：年平均气温偏高，总降水量偏多，总日照时数正常略偏少。年平均气温15.8℃，较常年高1.7℃。年降水量1361.3毫米，较常年偏多543.3毫米，冬季和春季降水量较常年偏少，夏季和秋季降水量偏多。年日照时数1962.2小时，较常年正常略偏少83.8小时。年内寒潮、大风、雾、霾、强对流、暴雨、高温、台风、冰雹等灾害性天气时有发生，全年平均气温为历史最高，年降水量为有气象数据以来第二多，秋冬季寒潮过程频繁。

1.冬季（12—2月）。是年，季平均气温为3.6℃，比常年高1.7℃；季降水量为62.2毫米，比常年少2.0毫米；季日照时数为515.5小时，比常年多75.3小时。

2.春季（3—5月）。是年，季平均气温为14.9℃，比常年高1.2℃；季降水量为151.9毫米，比常年少7.8毫米；季日照时数为520.5小时，比常年少57.4小时。

3.夏季（6—8月）。是年，季平均气温26.6℃，比常年高1.1℃；季降水量970.8毫米，较常年多437.2毫米；季日照时数404.5小时，较常年少114.7小时。

4.秋季（9—11月）。是年，季平均气温17.3℃，比常年高1.9℃；季降水量293.9毫米，较常年多133.4毫米；季日照时数493.1小时，比常年少15.6小时。

【重大天气事件及其影响】 年均气温创历史之最 2021年年平均气温15.8℃，较常年偏高1.7℃，为1961年以来历史最高。

年初寒潮 受强冷空气影响，1月6—7日沭阳县出现6级左右阵风，48小时气温下降10℃左右，7—8日早晨最低气温-11～-12℃，有严重冰冻。

6月14—15日大到暴雨 6月14日至15日沭阳县普降大到暴雨，最大降水出现在钱集镇张圩社区，为92.6毫米，极大风速在西圩乡，为14.8米/秒（7级）。

7月7日大暴雨天气 7月6日夜至7日下午全县出现较强降水过程，并伴有雷电、短时强降水等强对流天气。最大降水量出现在韩山镇，为133.3毫米，最大1小时雨强出现在经开区，为51.7毫米。

7月15—16日强对流天气 7月15日夜至16日下午全县出现较强降水过程，并伴有雷电、短时强降水和雷暴大风等强对流天气。最大降水量出现在塘沟镇周集社区，为148.5毫米，最大1小时雨强出现在胡集镇，为43.8毫米，极大风速出现在塘沟镇周集社区，为18.9米/秒（8级）。

7月下旬台风“烟花” 受2021年第6号台风“烟花”影响，7月26—29日全县普降暴雨到大暴雨，并伴有短时强降水和大风。最大降水量出现在沭阳国家基本气象站，为267.7毫米，最大1小时雨强出现在胡集镇，为59.1毫米，极大风速出现在高墟镇湖东社区，为16.1米/秒（7级）。其中28日沭阳国家基本气象站雨量207.6毫米，为有气象数据以来第二高值。

秋冬季5次寒潮 11—12月期间冷空气活动频繁，强度较强，11月7—8日、21—23日、11月29日至12月1日、12月16—18日、24—26日出现5次寒潮天气过程。

12月两次强浓雾 12月10日凌晨至早晨，全县大部分地区出现能见度不足500米，部分时段能见度不足200米的浓雾和强浓雾。12月22日和23日凌晨至上午，全县大部分地区出现能见度不足200米，部分时段不足50米的强浓雾和特强浓雾。

【作物与气象】 1.小麦：是年小麦全生育期220天，生育期间总积温2284.8℃，较上年少61.4℃；降水量746.4毫米，比上年多405.1毫米；日照时数1242.9小时，比上年多21.8小时。小麦生育期间的气象条件利弊兼有，利大于弊，具体评述如下：

(1) 播种出苗期多晴少雨，不利于出苗及苗期生长。10月中旬到11月降水量仅29.4毫米，比常年少45.2毫米，雨水少不利于一播齐苗、一播全苗，冬前生长量不足。

(2) 越冬返青期，气温高、雨水充足，有利于安全越冬。12月到翌年2月，总积温388.7℃，比常年高118.6℃，比上年少44.6℃；降水量62.6毫米，比常年少7.4毫米，比上年少83.9 毫米，是年冬季气温偏高，降水量正常略少，有利于安全越冬；2月降水偏多，有利于春发。

(3) 3月是小麦穗数形成的有效时期。积温319.8℃，较常年多59.4℃；降水量49.3毫米，比常年多12.4 毫米；日照时数173.4小时，比常年少1.0小时。气象条件有利于小麦分蘖成穗。

(4) 4月下旬到5月中旬，小麦处于抽穗扬花阶段，是决定小麦粒数的关键阶段。积温为528.7℃，较常年低5.3℃；降水量93.4毫米，较常年多24.9毫米；日照130.2小时，比常年少74.9小时。此阶段雨水多、日照不足，不利于结实。

(5) 5月下旬到成熟，是决定小麦粒重的关键时期。积温478.0℃，比常年多31.2℃；降水37.1毫米，比常年少27.7毫米；日照165.1小时，比常年多47.2小时。

2.玉米：是年夏玉米全生育期101天，生育期内总积温2642.9℃，比上年多291.5 ℃；总降水量1128.8毫米，比上年多474.3毫米；总日照时数442.1小时，比上年多29.1小时。生长期内气候条件对玉米生长有利有弊，总体利大于弊。

6月中旬至7月中旬，玉米处于播种长苗期，日平均气温26.8℃，降水量491.7毫米，日照时数166.6小时，分别比上年同期高2.6℃、多211.7毫米、多89.2小时。气温高、晴雨相间，有利于夏玉米的播种出苗、有利于一播全苗和一播齐苗。

7月下旬至8月上旬，玉米处于拔节长穗和抽雄开花期。日平均气温27.8℃、降水量293.6毫米、日照时数101.1小时，比上年同期分别高0.6℃、多43.2毫米、少34.6小时。气象条件有利于穗分化，有利于穗粒数的提高。

8月中旬至9月下旬，玉米处于授粉结实、籽粒形成增重期。日平均气温24.5℃、降水量299.7毫米、日照时数191.8小时，分别比上年同期低1.0℃、多130.9毫米、少89.8小时，8月中下旬多连续阴雨、多阴寡照，不利于授粉结实；9月多晴少雨、日照充足有利于灌浆、有利于百粒重的提高。

3.水稻：是年水稻生育期间（5月1日至11月上旬）日平均气温23.0℃，降水量1311.7毫米，日照时数958.4小时。和上年同期相比，日平均气温高0.2，降水量多172.6毫米，日照时数多50.9小时。生育期间气候特点是：前期多晴少雨，中期多阴寡照，后期天气晴好。气候条件对水稻的生长有利有弊，利大于弊。

5月1日至6月10日，水稻育秧期，日平均气温21.6℃，降水量71.1毫米，日照时数275.7小时，平均气温比上年低1.1℃，降水量比上年多5.4毫米，日照时数比上年多2.7小时。温、光、水条件较好，有利于培育壮苗。

6月11日至7月15日，水稻移栽返青分蘖期，日平均气温26.9℃，降水量331.1毫米，日照时数135.4小时；平均气温比上年高2.6℃、降水量比上年少296.0毫米、日照时数比上年多20.4小时。晴雨相间有利于水稻的栽插，日照充足有利于分蘖成穗。

7月16日至9月10日，水稻拔节抽穗扬花期，日平均气温26.1℃、降水量755.9毫米、日照时数217.2小时，平均气温比上年低0.8℃、降水量比上年多321.5毫米、日照时数比上年少45.9小时。7月中下旬降水充足，有利于水稻的拔节生长；8月到9月上旬气温高、晴雨相间多晴少雨、日照充足，有利于水稻的开花结实。

9月11日至11月上旬，水稻灌浆期，日平均气温18.8℃，降水量153.6毫米、日照时数323.3小时，平均气温比上年高0.9℃、降水量比上年多141.7毫米、日照时数比上年多66.8小时。气温高、日照充足，且昼夜温差大，有利灌浆结实和千粒重的增加。

（时谦逊）

## 综 述

**【概况】** 2021年，沭阳县共有各级各类中小学、幼儿园282所，其中，职业学校3所，普通高中10所，初中58所，小学78所（不含10个农村保留教学点），特教学校1所，幼儿园132所；城区学校98所，农村学校184所；公办学校174所，民办学校108所。全县在校学生和在园幼儿共计约39万人，专任教师约2万人。

**【打造“苏北教育强县”战略】** 2021年7月16日，沭阳县委书记彭伟主持召开城区学校建设调度会。2021年7月25日上午，沭阳县委书记彭伟在中国共产党沭阳县第十三次代表大会的主题报告中正式提出，将沭阳县打造成苏北教育强县，要求全县教育系统围绕“立德树人”根本任务，锚定“苏北教育强县”目标定位，坚持教育优先优质发展，纵深推动义务教育均衡化、城乡教育一体化、教育发展现代化，努力让名校、名师、名生“三名工程”成为沭阳教育品牌的独特优势。

**【教育强县领导小组第一次会议】** 2021年10月9日，沭阳县委书记彭伟主持召开教育强县领导小组第一次会议。会议听取学校建设工作情况汇报。与会人员结合当前全县教育具体情况，对如何促进教育高质量发展提出积极的意见和建议。县领导王瑞、张莉萍、姜若鸣、段全猛、范以环及相关单位负责人参加了会议。

**【党史学习教育活动】** 2021年，沭阳县教育系统通过全员发动讲党史、实境课堂学党史、知识竞赛考党史、挖掘特色融党史、项目攻坚扬党史等“五个抓手”不断促进党史学习教育走深走实。全年集中开展党史和党的会议精神宣讲95场，推进“党建+”攻坚项目152个，发表党史学习教育宣传报道150篇，新增党史学习教育宣传栏、黑板报420多期，制作横幅或显示屏滚动标语2900多条，师生参观党史教育基地20余万人次。以党史学习教育为主题，沭阳县委教育工作委员会广泛开展讲百年党史、向英雄致敬、唱红色歌曲、扬青春风采、送巾帼寄语、访百名老党员、对话2035等“七个一”系列活动，以及100个建功好老师、100节花乡好课堂、100个时代好少年、100个党建好项目、100个先锋好党员、100个特色好学校、100个红色好节目等“七个一百”系列评选；以开展“大学习、大讨论、大调研、大展示”活动，全面推动全系统强筋健骨、立德树人。2021年6月29日，在第一实验小学报告厅召开全县教育系统庆祝中国共产党成立100周年大会，向28名“光荣在党50年”的老党员颁授了纪念章，并对全县教育系统先进基层党组织、优秀党务工作者和优秀共产党员进行表彰，并举行“庆建党百年”长征组歌展演活动。

**【“三名工程”实施】** 实施“名校”工程。2021年，沭阳县教育局充分发挥名校辐射功能，纵深推进城乡学校“四共一捆绑”集团化共同体办学，努力实现资源共享、管理共进、教学共研、文化共生，打造更多区域名校，江苏省沭阳高级中学获评北京大学首批“博雅人才共育基地”，沭阳华冲高级中学在省教育评估院四星级普通高中评审中获准“有条件通过四星级普通高中验收”，沭阳县南湖小学获评全国中华优秀传统文化传承学校，沭阳县李恒初级中学成为淮阴师范学院教学实践基地，全县新增省市内涵项目学校、特色学校14所。学校资源优化方面，投资3584万元建成耿圩镇淮西小学、桑墟镇舒窑教学点等10个农村保留教学点，增加农村优质学位3000多个。建成智慧路幼儿园、宁浦云庭幼儿园、文鼎汇苑幼儿园，启动新建杭州路高级中学、南湖高级中学、智慧路初级中学、万景路小学、第四实验小学、玉兰路幼儿园、万景路幼儿园、永康路幼儿园等8所学校或幼儿园。义务教育“改薄”工程新建校舍2万平方米、塑胶跑道5万平方米，极大改善了乡村教育面貌。

实施“名师”工程。2021年，沭阳县获准成立省级乡村骨干教师培育站2个、名校长名教师工作室9个，先后组织研训活动130余次，参培教师近2万人次，教师在市级以上竞赛中获奖3700余人次。名师团队建设成效显著，其中，孙方友、姜玉芹、杜建军3人被评为江苏省特级教师，丁银凯、徐利广、沙彩虹3人晋升正高级教师职称，沭阳如东实验小学张迎平、沭阳县实验小学宋春丽、沭阳县南湖初级中学李曼等17名老师获得省级优课奖，沭阳县第二实验小学魏良波、沭阳县南湖小学周芹等32位老师获省级书法比赛一等奖。为持续补充新教师，2021年，共新聘中小学在编教师818人，推动合理化教师流动514人。

实施“名生”工程。2021年，沭阳县教育局努力推动全县中小学生素质提升工程，唱响全县教育高质量发展主旋律。据不完全统计，全县中小学生参加市级以上奥数、征文、书法等各级各类竞赛活动，共计获奖4200余人次。2021年新高考，沭阳县首战告捷。沭阳县参加高考人数7726人，本科达线5567人，一本达线2234人。全县600分以上200人，一本达线人数、名校优生人数均占比全市40%。2021年中考，沭阳县高分段人数继续领跑全市。全市中考前10名，沭阳县占7人；全市中考前100名，沭阳县占65人，比2020年提高25个百分点；全市中考前1500名等各高分段人数，沭阳县均占六成以上，超过其他县区总和。

**【市委巡察组巡察整改情况】** 根据宿迁市委统一部署，2021年4月12日至6月11日，宿迁市委第一提级交叉巡察组对沭阳县委教育工委开展为期2个月的政治巡察。2021年8月4日下午，市委第一提级交叉巡察组召开反馈视频会议，向沭阳县委教育工委反馈巡察“回头看”情况。巡察反馈会后，沭阳县委教育工委按照反馈意见，梳理形成45个具体问题，并召开民主生活会，逐一认领问题、分析原因，研究制订了104条整改措施，认真推动整改落实。截至2021年12月底，沭阳县委教育工委已经整改到位17个问题，整改取得初见成效28个问题。巡察交办的81个信访件中，已处理息访46件，正在调查处理35件，总体整改完成率达50%。

**【全县教育工作暨庆祝第三十七个教师节大会】** 2021年9月10日上午，沭阳县召开全县教育工作暨庆祝第三十七个教师节大会，深入学习贯彻习近平总书记关于教育的重要论述，总结工作成绩，表彰先进典型，部署下一阶段教育改革发展的重要任务。沭阳县委书记彭伟出席会议并讲话。会议由张莉萍主持。会议宣读了县委、县政府致全县教育系统的贺信，并对先进集体和先进个人进行表彰。沭阳县教育局等相关单位负责人作了会议发言。

**【学校新冠疫情防控】** 2021年，沭阳县教育局严格执行“12345”校园常态防控机制，即执行“一张进校流程图”，固定“两个行动轨迹”，关注“三类特殊人群”，严控“四大重点区域”，加强“五门常态管理”。沭阳县各中小学、幼儿园常态化开展每日晨午检、通风消毒、因病缺勤追踪等日常工作。全年组织传染病防控知识培训8次、疫情处置应急演练6轮、疫情防控专项督查6次、“四不两直”飞行检查52次，累计下发通报400余条。全县师生实现新冠肺炎疫苗“应接尽接”全覆盖，全面筑牢全县教育系统免疫屏障。

## 学前教育

**【概况】** 2021年，全县共有幼儿园132所，幼儿60650名，专任教师3349名。其中，省优质幼儿园97所，市优质幼儿园18所；公办幼儿园69所（在园幼儿35607人），民办幼儿园63所（在园幼儿25043人）；城区幼儿园48所（在园幼儿29244人），乡镇幼儿园84所（在园幼儿31406人）。公办幼儿园和普惠性民办幼儿园在园幼儿有53857名，普惠性幼儿园幼儿占比88.8%，省、市优质幼儿园在园幼儿占比91.39%，公办幼儿园在园幼儿占比58.71%。2021年，沭阳县财政投入4349万元用于新规划幼儿园建设，拨付3118万元作为全县104所普惠性幼儿园生均公用经费，持续优化全县幼儿园园舍建设维修、设施设备添置和保育经费保障等。2021年，经省教育厅确认，沭阳县有1所幼儿园成功创建为省优质幼儿园（沭阳县杭州西路幼儿园），10所幼儿园通过省优质幼儿园复审（沭阳县城北小区幼儿园、沭阳豪园幼儿园、沭阳县沈阳路幼儿园、沭阳县沭河家园幼儿园、沭阳县马厂中心小学幼儿园、沭阳县沂涛中心小学幼儿园、沭阳县任巷小区幼儿园、沭阳县兴华幼儿园、沭阳县贤官中心小学幼儿园、沭阳县河滨新村幼儿园），4所幼儿园成功创建为市优质幼儿园（沭阳永康路伟才有限公司幼儿园、沭阳县京师幼儿园、沭阳县豆豆蚁儿童之家、沭阳县贤官新城马湖村幼儿园）。在江苏省学前教育学会举行的2021年第三届“幼芽杯”幼儿教育案例（微视频）评选活动中，沭阳县共有25位老师获奖。在江苏省2021年优秀幼儿教育论文评比中，沭阳县共有11位老师获得一等奖、25位老师获得二等奖。在江苏省2021年“师陶杯”幼特教教育科研论文评选中，沭阳县共有15位老师获二等奖。

**【学前教育“教学研共同体”建设】** 2021年，沭阳县教育局配备学前教育专职管理人员4名、兼职教研员16名，启动实施了学前教育结对研修试点工作。围绕《关于规范幼儿园保育教育工作防止和纠正“小学化”现象的通知》，全县成立了推进“幼小科学衔接”攻坚行动实施的专家团队和教研小组，制定《沭阳县推进幼儿园与小学科学衔接攻坚行动实施方案》，对全县幼儿园实施教研质量监管机制。经甄选，确立“沭阳县南湖小太阳幼儿园与沭阳县南湖小学”等11对县级幼小衔接结对试点园（校），其中“沭阳县第一实验小学附属幼儿园与沭阳县第一实验小学”成功申报首批“江苏省幼小衔接结对试点园（校）”。2021年，全县学前教育定期开展“王智慧名师工作室”、省学前教育乡村培育站、“蔓草读书”线上线下活动，组织幼儿“一日生活”课程故事、幼儿园区域游戏观摩等活动，以城区8所优质幼儿园为领衔园，建立“教•学•研”发展共同体，实施“四定三捆绑”共建模式，推动“领衔园、核心园、片区园”三方联动，稳步推进幼儿园课程游戏化的实施与发展。

**【学前教育一日常规管理】** 2021年，为规范幼儿园办园行为，加强安全管理，开学初，沭阳县教育局学前办根据《沭阳县幼儿园一日活动常规实施细则（试行）》，与132所幼儿园分别签订安全责任状。11月29日至12月1日，通过查看园所环境、活动场地、设施设备，以及查阅资料、师生访谈等方式，对全县幼儿园一日常规进行专项检查，现场提出整改建议并要求限时整改。12月6日，在教育局一楼会议室召开常规管理专项培训会，对幼儿园管理工作提出“四突出”要求，即：突出压实园长的安全工作第一责任人责任，突出抓好安全教育与应急演练，突出抓好校车接送与运行安全，突出抓好幼儿园安全制度机制建设。

**【学前教育保育教育费调整】** 2021年7月14日，沭阳县发改局、财政局、教育局、市监局等四部门联合印发了《关于加强全县幼儿园保育教育费管理的通知》。该文件规定，对全县普惠性幼儿园保育教育费收费标准实行“一园一定”，由幼儿园提交办园成本核算，教育部门提出初审意见，经四局批准审批后执行。调整后，公办幼儿园保教费基准价定为省优质园每个幼儿500元/月，市优质园360元/月，合格园240元/月。全额拨款的公办幼儿园不得上浮，下浮不限。差额拨款和自收自支幼儿园保教费按照《江苏省幼儿园收费管理办法》第十三条第二款规定执行，上浮幅度最高不超过30%，下浮不限。普惠性民办幼儿园保教费基准价定为省优质园540元/月，市优质园510元/月，合格园410元/月，上浮最高不超过30%，下浮不限。

**【无证幼儿园取缔】** 2021年8月，沭阳县严格按照省优质幼儿园标准和《宿迁市非公办教育机构设置和管理暂行规定》要求，加大对民办幼儿园年检力度，强化全县幼儿园的规范化、制度化管理。按照“准入一批、纳入一批、取缔一批、新建一批”的分类治理原则，督促、联合属地乡镇（街道）政府，全覆盖完成全县70所无证幼儿园治理工作，其中取缔58所，准入6所，纳入整改6所，清理完成率达100%。

**【承办宿迁市幼儿园教育活动研讨会】** 2021年4月29日，由宿迁市教育局教研室主办的全市幼儿园教育活动研讨会在沭阳县怀文幼儿园举行。本次活动以儿童“情趣阅读”为主题，特别邀请常州市新北区三井街道中心幼儿园园长徐英开设专题专家讲座“关于情趣阅读的‘展、收、放’”，宿迁市机关幼儿园张莉、宿迁市湖滨新区运河天玺幼儿园赵曼、泗阳县来安幼儿园丁娟等8名园长和老师从阅读的多样性、经验性、家园参与性、主题推进性、绘本游戏相融性、专业提升性等方面进行经验交流。宿迁市教育局教研室主任管叶青主持活动并进行了总结，来自全市400多位幼教老师参加此次活动。

**2021年沭阳县学前教育基本情况一览表**

表10　　单位：人

| 序号 | 学校名称 | 办学性质 | 学生数 | 教师数 |
|---|---|---|---|---|
| 1 | 沭阳县实验幼儿园 | 公办 | 1060 | 61 |
| 2 | 沭阳县第一实验幼儿园 | 公办 | 1112 | 62 |
| 3 | 沭阳县青少年广场幼儿园 | 公办 | 1130 | 57 |
| 4 | 沭阳县第二实验小学幼儿园 | 公办 | 1827 | 69 |
| 5 | 沭阳县第一实验小学附属幼儿园 | 公办 | 1663 | 66 |
| 6 | 沭阳县东关中心幼儿园 | 公办 | 680 | 49 |

续表10

| 序号 | 学校名称 | 办学性质 | 学生数 | 教师数 |
|---|---|---|---|---|
| 7 | 沭阳县沈阳路幼儿园 | 公办 | 200 | 16 |
| 8 | 沭阳县幸福幼儿园 | 公办 | 709 | 25 |
| 9 | 沭阳县广州路小学幼儿园 | 公办 | 388 | 30 |
| 10 | 沭阳县实验小学附属幼儿园 | 公办 | 774 | 41 |
| 11 | 沭阳县怀文中学附属幼儿园 | 公办 | 1340 | 77 |
| 12 | 沭阳县城北小区幼儿园 | 公办 | 178 | 14 |
| 13 | 沭阳县河滨新村幼儿园 | 公办 | 146 | 14 |
| 14 | 沭阳县任巷小区幼儿园 | 公办 | 175 | 14 |
| 15 | 沭阳县孙巷小区幼儿园 | 公办 | 807 | 37 |
| 16 | 沭阳县沭河家园幼儿园 | 公办 | 197 | 14 |
| 17 | 沭阳县长庄小学附属幼儿园 | 公办 | 970 | 50 |
| 18 | 沭阳县桃园小区幼儿园 | 公办 | 922 | 69 |
| 19 | 沭阳县教育局直属幼儿园 | 公办 | 880 | 22 |
| 20 | 沭阳县杭州西路幼儿园 | 公办 | 1009 | 28 |
| 21 | 沭阳县大连路幼儿园 | 公办 | 207 | 14 |
| 22 | 沭阳县宁波路幼儿园 | 公办 | 329 | 18 |
| 23 | 沭阳县南湖小学附属小太阳幼儿园 | 公办 | 514 | 33 |
| 24 | 沭阳县怀文幼儿园 | 民办 | 1519 | 109 |
| 25 | 沭阳县卫星幼儿园 | 民办 | 1030 | 61 |
| 26 | 沭阳县金色摇篮幼儿园 | 民办 | 1414 | 61 |
| 27 | 沭阳县沭城镇东城幼儿园 | 民办 | 1142 | 27 |
| 28 | 沭阳豪园幼儿园 | 民办 | 315 | 21 |
| 29 | 沭阳县七雄启萌幼儿园 | 民办 | 325 | 27 |
| 30 | 沭阳县香溢幼儿园 | 民办 | 710 | 15 |
| 31 | 沭阳县南京路幼儿园 | 民办 | 256 | 19 |
| 32 | 沭阳县书香名邸幼儿园 | 民办 | 187 | 19 |
| 33 | 沭阳县津典幼儿园 | 民办 | 241 | 19 |
| 34 | 沭阳县仰龙湾儿童之家 | 民办 | 349 | 30 |
| 35 | 沭阳县豆豆蚁儿童之家 | 民办 | 240 | 17 |
| 36 | 沭阳优童实验幼儿园 | 民办 | 175 | 14 |
| 37 | 沭阳县东方幼儿园 | 民办 | 195 | 15 |
| 38 | 沭阳永康路伟才幼儿园 | 民办 | 263 | 27 |
| 39 | 沭阳县大唐世家幼儿园 | 民办 | 276 | 12 |
| 40 | 沭阳县西城馥邦幼儿园 | 民办 | 341 | 20 |
| 41 | 沭阳县大风车幼儿园 | 民办 | 168 | 15 |
| 42 | 沭阳县颖都幼儿园 | 民办 | 108 | 15 |
| 43 | 沭阳天下景城幼儿园 | 民办 | 722 | 38 |
| 44 | 沭阳县京师幼儿园 | 民办 | 336 | 22 |
| 45 | 沭阳县沭城镇苏通花苑幼儿园 | 民办 | 970 | 36 |
| 46 | 沭阳县沭城镇祥和幼儿园 | 民办 | 392 | 20 |
| 47 | 沭阳虞姬幼儿园 | 民办 | 300 | 20 |

续表10

| 序号 | 学校名称 | 办学性质 | 学生数 | 教师数 |
| --- | --- | --- | --- | --- |
| 48 | 沭阳中新幼儿园 | 民办 | 53 | 6 |
| 49 | 沭阳县龙庙中心幼儿园 | 公办 | 870 | 53 |
| 50 | 沭阳县高墟中心幼儿园 | 公办 | 502 | 16 |
| 51 | 沭阳县湖东中心幼儿园 | 公办 | 479 | 19 |
| 52 | 沭阳县李恒中心幼儿园 | 公办 | 516 | 23 |
| 53 | 沭阳县马厂中心小学幼儿园 | 公办 | 184 | 14 |
| 54 | 沭阳县塘沟中心幼儿园 | 公办 | 555 | 32 |
| 55 | 沭阳县华冲中心幼儿园 | 公办 | 332 | 14 |
| 56 | 沭阳县七雄中心幼儿园 | 公办 | 819 | 49 |
| 57 | 沭阳县贤官中心小学幼儿园 | 公办 | 193 | 15 |
| 58 | 沭阳县西圩中心幼儿园 | 公办 | 180 | 14 |
| 59 | 沭阳县悦来镇中心幼儿园 | 公办 | 569 | 28 |
| 60 | 沭阳县新河镇中心幼儿园 | 公办 | 1051 | 56 |
| 61 | 沭阳县万匹中心幼儿园 | 公办 | 254 | 13 |
| 62 | 沭阳县韩山中心幼儿园 | 公办 | 292 | 20 |
| 63 | 沭阳县汤涧中心小学幼儿园 | 公办 | 152 | 10 |
| 64 | 沭阳县茆圩中心小学幼儿园 | 公办 | 858 | 32 |
| 65 | 沭阳县桑墟中心小学幼儿园 | 公办 | 113 | 12 |
| 66 | 沭阳县钱集中心小学幼儿园 | 公办 | 685 | 35 |
| 67 | 沭阳县官墩中心幼儿园 | 公办 | 545 | 16 |
| 68 | 沭阳县青伊湖中心幼儿园 | 公办 | 634 | 23 |
| 69 | 沭阳县颜集中心幼儿园 | 公办 | 690 | 42 |
| 70 | 沭阳县周集中心小学幼儿园 | 公办 | 183 | 14 |
| 71 | 沭阳县潼阳中心幼儿园 | 公办 | 653 | 37 |
| 72 | 沭阳县陇集中心幼儿园 | 公办 | 274 | 23 |
| 73 | 沭阳县刘集中心幼儿园 | 公办 | 601 | 41 |
| 74 | 沭阳县沂涛中心小学幼儿园 | 公办 | 145 | 15 |
| 75 | 沭阳县章集中心幼儿园 | 公办 | 176 | 12 |
| 76 | 沭阳县扎下中心小学幼儿园 | 公办 | 220 | 14 |
| 77 | 沭阳县胡集华光幼儿园 | 公办 | 58 | 9 |
| 78 | 沭阳县陇集镇李徐幼儿园 | 公办 | 286 | 16 |
| 79 | 沭阳县刘集镇桥南幼儿园 | 公办 | 2 | 2 |
| 80 | 沭阳县西圩乡邱庄村幼儿园 | 公办 | 407 | 7 |
| 81 | 沭阳县周集乡谢河幼儿园 | 公办 | 27 | 3 |
| 82 | 沭阳县贤官新城马湖村幼儿园 | 公办 | 625 | 29 |
| 83 | 沭阳县北丁集宋宅幼儿园 | 公办 | 17 | 2 |
| 84 | 沭阳县刘集第二中心幼儿园 | 公办 | 84 | 10 |
| 85 | 沭阳县张圩中心幼儿园 | 公办 | 314 | 16 |
| 86 | 沭阳县十字中心小学幼儿园 | 公办 | 358 | 8 |
| 87 | 沭阳县赵集小学幼儿园 | 公办 | 181 | 17 |
| 88 | 沭阳县耿圩中心小学幼儿园 | 公办 | 558 | 34 |

续表10

| 序号 | 学校名称 | 办学性质 | 学生数 | 教师数 |
| --- | --- | --- | --- | --- |
| 89 | 沭阳县北丁集中心幼儿园 | 公办 | 554 | 30 |
| 90 | 沭阳县庙头中心小学幼儿园 | 公办 | 791 | 16 |
| 91 | 沭阳县胡集实验小学幼儿园 | 公办 | 247 | 19 |
| 92 | 沭阳县韩山新城尚庄幼儿园 | 公办 | 53 | 15 |
| 93 | 沭阳县十字初级中学幼儿园 | 公办 | 445 | 30 |
| 94 | 沭阳县东小店中心幼儿园 | 公办 | 658 | 14 |
| 95 | 沭阳县沂涛中心幼儿园 | 民办 | 652 | 21 |
| 96 | 沭阳县太平幼儿园 | 民办 | 259 | 18 |
| 97 | 沭阳县马厂中心幼儿园 | 民办 | 289 | 25 |
| 98 | 沭阳县马厂镇英皇幼儿园 | 民办 | 302 | 37 |
| 99 | 沭阳县耿圩中心幼儿园 | 民办 | 567 | 13 |
| 100 | 沭阳县陇集镇实验幼儿园 | 民办 | 222 | 9 |
| 101 | 沭阳县周集中心幼儿园 | 民办 | 257 | 19 |
| 102 | 沭阳县周集乡新新幼儿园 | 民办 | 212 | 23 |
| 103 | 沭阳县西湖钟书幼儿园 | 民办 | 608 | 32 |
| 104 | 沭阳县十字中心幼儿园 | 民办 | 677 | 10 |
| 105 | 沭阳县悦来镇实验幼儿园 | 民办 | 327 | 11 |
| 106 | 沭阳县悦来镇叶新庄幼儿园 | 民办 | 110 | 15 |
| 107 | 沭阳县悦来镇芳芳幼儿园 | 民办 | 312 | 14 |
| 108 | 沭阳县颜集镇阳光幼儿园 | 民办 | 357 | 14 |
| 109 | 沭阳县北丁集乡润城幼儿园 | 民办 | 409 | 14 |
| 110 | 沭阳县柳口喜洋洋幼儿园 | 民办 | 95 | 10 |
| 111 | 沭阳县桑墟明星幼儿园 | 民办 | 101 | 42 |
| 112 | 沭阳红岩幼儿园 | 民办 | 228 | 64 |
| 113 | 沭阳县七雄官东幼儿园 | 民办 | 158 | 13 |
| 114 | 沭阳县青苹果幼儿园 | 民办 | 136 | 24 |
| 115 | 沭阳县兴华幼儿园 | 民办 | 196 | 45 |
| 116 | 沭阳县张圩乡蓓蕾幼儿园 | 民办 | 132 | 14 |
| 117 | 沭阳县湖东古北幼儿园 | 民办 | 590 | 9 |
| 118 | 沭阳县桑墟镇棒棒幼儿园 | 民办 | 1146 | 10 |
| 119 | 沭阳县桑墟镇爱心幼儿园 | 民办 | 204 | 34 |
| 120 | 沭阳县扎下镇中心幼儿园 | 民办 | 492 | 34 |
| 121 | 沭阳县马厂实验学校幼儿园 | 民办 | 442 | 42 |
| 122 | 沭阳县庙头镇中心幼儿园 | 民办 | 205 | 18 |
| 123 | 沭阳县汤涧中心幼儿园 | 民办 | 309 | 11 |
| 124 | 沭阳县梦溪幼儿园 | 民办 | 653 | 28 |
| 125 | 沭阳县钱集镇中心幼儿园 | 民办 | 172 | 16 |
| 126 | 沭阳县胡集镇中心幼儿园 | 民办 | 664 | 40 |
| 127 | 沭阳县潼阳镇晨光幼儿园 | 民办 | 241 | 16 |
| 128 | 沭阳县塘沟镇实验幼儿园 | 民办 | 378 | 7 |
| 129 | 沭阳县韩山镇汉王路幼儿园 | 民办 | 346 | 17 |

续表10

| 序号 | 学校名称 | 办学性质 | 学生数 | 教师数 |
| --- | --- | --- | --- | --- |
| 130 | 沭阳县仲林幼儿园 | 民办 | 105 | 9 |
| 131 | 沭阳县青伊湖镇世纪鹏幼儿园 | 民办 | 112 | 17 |
| 132 | 沭阳县博爱幼儿园 | 民办 | 351 | 20 |

## 义务教育

【概况】 2021年，沭阳县共有义务教育学校136所（初中58所、小学78所，不含10个农村保留教学点），在校生27.79万人，专任教师1.28万人。其中，城区义务教育学校37所，在校生约15.14万人；乡村义务教育学校99所，在校生约12.65万人。

【“双减”政策落地】 2021年，沭阳县围绕立德树人根本任务，着力加快建设高质量教育体系，推动义务教育“双减”政策落地见效，努力办好人民满意教育。校内方面，规范办学行为，促进作业“真减负”。制定《沭阳县中小学落实“五项管理”工作方案》《沭阳县义务教育阶段学生作业管理实施意见（试行）》，对学生作业、睡眠、手机、读物、体质五项管理提出明确要求。全县58所初中、78所小学严格落实“每周5天都开展课后服务，每天至少提供2小时课后服务”的“5+2”时间要求，确保课后服务的结束时间不早于本地正常下班时间。坚持需求导向和学生、家长自愿原则，全县26.07万名中小学生参与课后服务，覆盖率达93.81%，实现了“义务教育学校全覆盖、有需要的学生全覆盖”的工作目标。开设科普类兴趣小组61个、体艺类兴趣小组690个、阅读类兴趣小学1204个，组建音乐、书法、绘画、陶艺、球类等社团1721个，为学生的课后服务提供丰富的课程选择。校外方面，加大监管力度，引导培训“真规范”。印发《关于做好减轻中小学校外培训负担宣传工作的通知》，各中小学通过“给家长一封信”的形式，帮助家长了解政策要求。实行校外培训机构开展培训活动备案制度和减轻校外培训负担周报制度，成立“双减”和“规范民办义务教育发展”工作专班，依法依规严肃查处存在不符合资质、管理混乱、违反规定办学等问题的机构。2021年，在教育部基础教育司组织的“双减”统计——学生和家长对校内减负提质满意度调查中，沭阳县149745名学生参与调查，表达满意人数146011，占比97.51%；149746名家长参与调查，表达满意人数146334，占比97.72%。

【优秀课改模式推广】 2021年3月，沭阳县教育局评选确定8所义务教育课改示范学校，分别为沭阳县实验小学（“六要素四环节”教学模式）、沭阳县第二实验小学（“三段四步” 教学模式）、沭阳县第一实验小学（“1234学导式”教学模式）、沭阳县南湖小学（“三线五步”教学模式）、沭阳如东实验学校（“三六·智慧”教学模式）、沭阳安博银河学校（“126学堂”教学模式）、沭阳县修远中学（“求索课堂”教学模式）、沭阳县李恒初级中学（“1·3·5致知课堂”教学模式）。面向全县义务教育学校启动了优秀教学模式推广活动，推广8所课改示范学校的课改经验。全县中小学自主选择，分沂河南、北两片同步推进。2021年4月，组织全县义务教育阶段中小学优秀教学模式示范课观摩活动，课改示范学校24名优秀教师进行示范课展示，8名省特级教师、学科带头人对课堂教学进行点评引路，全县800余人参加观摩活动。2021年9月27—29日，全县义务教育阶段中小学通过录播教室系统开展名师送教暨片区教研活动，县内36位名师开设课堂教学示范课，共涉及政治、地理、语文、生物、数学、英语等六门学科。2021年10月19—20日、27—28日，沭阳县教育局开展为期4天的首届初中课改示范学校“课堂开放日”活动，开放课堂涵盖七至九年级的语文、数学、英语、物理、政治、历史、地理、生物八门学科，惠及一线老师1000余人。2021年，统筹安排全县中小学优秀教师走进乡镇学校传经送宝，开展送教172节，对161名乡镇教师课堂进行“把脉”，持续推动全县课改推广工作。

【全国中小学语文教学改革观摩研讨会】 2021年5月8—9日，第五届全国中小学语文教学改革观摩研讨会在沭阳县正德中学举行。全国近800名专家学者参加研讨会，对现代化学校管理和教学教育的深度转型进行研讨。研讨会由中国教师报和华樾（北京）教育科技研究院联合主办，沭阳县教育局协办，沭阳县正德中学承办。全国首届学术先锋人物、全国科研优秀教师钮勤章主持活动，沭阳县委教育工委委员、县教师发展中心主任徐春山发表讲话，沭阳县正德中学校长徐剑致欢迎词。研讨会上，国家督学、国务院教育督导委员会办公室原副主任、教育部督导局原副局长林仕梁发表题为《强化教

育督导机制建设 推进教育质量评价机制改革》的讲话，华樾（北京）教育科技研究院中小学教研中心主任、教育部财政部“国培计划”专家库专家毕英春作题为《新时代语文教育的转型》的专题报告，北京市特级教师、北京均优教育研究院特聘专家杨宏丽作题为《学校转型发展的方向与路径》的报告，中国戏剧文学学会理事林航做了题为《戏剧与语文教学》的报告。沭阳县正德中学语文学科教师徐琪在活动中展示《装在套子里的人》公开课教学，江苏省语文特级教师、江苏大学硕士生导师陆其勇，教育专家钟伟分别进行教学点评。

**【学校均衡发展】** 沭阳县积极探索“四共一捆绑”集团化办学管理模式，扎实推进城乡义务教育学校共同体建设。出台《沭阳县城乡义务教育学校精准帮扶改革试点方案》，开展优质初中与农村薄弱初中点对点教育教学质量提升帮扶活动，全力促进县域义务教育优质均衡发展。扎实推进农村中小学“改薄”工程，充分利用中央、省“改薄”专项补助资金4849万元，实施韩山中心小学学生餐厅等109个校舍改造及维修项目。依托特色课程，推进特色建设，沭阳县东关实验小学《坚守“粮”心 提升节俭品格》被确定为省级品格提升工程项目，沭阳如东中学、沭阳高级中学、沭阳建陵高级中学、沭阳如东实验学校、沭阳县怀文中学、沭阳县塘沟中学、沭阳县新河初级中学、沭阳县南关小学等学校的9个项目被确定为市级基础教育内涵提升项目。

**【控辍保学工作】** 沭阳县实行义务教育学校网格化管理，建立健全控辍保学责任分级包保制度。教育局领导班子成员每人负责1个片区，教育局机关工作人员每人联系1个乡镇或城区2～3所学校，定期组织缺课监测飞行检查，及时发现问题并反馈到学校，责成相关学校在规定期限内整改落实。鼓励学校从学生兴趣出发，开展体艺特长展示、专项技能培训等“乐学”活动，使学生喜欢学校、喜欢老师、喜欢同学、喜欢学习。及时将学校统计上报的辍学学生函告当地乡镇政府（街道办事处），提请乡镇（街道）加强劝返工作。启动控辍保学创新项目，评选控辍保学创新项目一、二、三等奖18个，充分调动学校、教师抓好控辍保学工作的积极性。

**【初中常规管理观摩推进会】** 2021年5月25日下午，召开全县初中学校常规管理工作观摩推进会，全县初中学校136名分管教学、食堂、宿舍管理的副校长参加会议。推进会现场观摩沭阳如东实验学校、沭阳安博银河学校的常规管理现场及制度建设情况，听取两所学校的常规管理工作经验。沭阳县桑墟九年制学校、沭阳县万匹初级中学、沭阳县修远中学等10所学校分管副校长进行观摩体会交流。会后，各学校对照榜样“照镜子”，主动查找工作不足之处；深入思考“动脑子”，积极寻求改进方法；切合实际“迈步子”，严格落实会议精神，切实推动全县初中常规管理工作抓细、抓实、抓好。

**【中小学教研工作】** 2021年，沭阳县义务教育阶段学校以“互助共进”为出发点，促进团队协同发展；以“争先评优”为生长点，促进教师显性发展；以“教学管理”为切入点，促进教学质量持续提升。名师专业发展取得喜人成果。全县有1名教师荣获江苏省“苏教名家”培养对象称号（杜建军）、3名教师荣膺江苏省特级教师光荣称号（姜玉芹、孙方友、杜建军）、3名教师通过江苏省正高级教师评审（沙彩虹、徐利广、丁银凯）、6名教师在省级教学比赛中获奖，16名教师在市级教学比赛中获奖。中小学生素养提升工程成效显著。在2021年“七彩语文杯”中小学生书法比赛中，沭阳县荣获省特等奖7人、省一等奖4人，荣获市特等奖12人、市一等奖27人，获省市特等奖、一等奖人数在全市遥遥领先。在宿迁市“我的书屋·我的梦”农村少年儿童阅读实践活动大赛中，全市共有130名学生获奖，沭阳县获奖人数62名，占比全市47.69%；在此项活动省赛中，宿迁市共有29名学生获奖，沭阳县获奖人数17人，占比全市58.62%，包揽所有市级一等奖。2021年沭阳中考取得历史性辉煌。全市前10名，沭阳县占7人；前50名，沭阳县占35人；前100名，沭阳县占65人；前200名，沭阳县占111人；前500名，沭阳县占254人；前5000名，沭阳县占2340人。

**2021年沭阳县小学学校基本情况一览表**

表11　　　　单位：人

| 序号 | 学校名称 | 办学性质 | 学生数 | 教师数 |
|---|---|---|---|---|
| 1 | 沭阳县陇集中心小学 | 公办 | 2013 | 107 |
| 2 | 沭阳县耿圩中心小学 | 公办 | 2112 | 105 |
| 3 | 沭阳县刘集中心小学 | 公办 | 2387 | 114 |
| 4 | 沭阳县北丁集中心小学 | 公办 | 2463 | 125 |

续表11

| 序号 | 学校名称 | 办学性质 | 学生数 | 教师数 |
| --- | --- | --- | --- | --- |
| 5 | 沭阳县塘沟中心小学 | 公办 | 1990 | 98 |
| 6 | 沭阳县胡集实验小学 | 公办 | 2655 | 168 |
| 7 | 沭阳县钱集中心小学 | 公办 | 2356 | 112 |
| 8 | 沭阳县东小店中心小学 | 公办 | 1471 | 89 |
| 9 | 沭阳县马厂中心小学 | 公办 | 3172 | 135 |
| 10 | 沭阳县李恒中心小学 | 公办 | 2418 | 71 |
| 11 | 沭阳县颜集中心小学 | 公办 | 1986 | 86 |
| 12 | 沭阳县潼阳中心小学 | 公办 | 3762 | 165 |
| 13 | 沭阳县新河中心小学 | 公办 | 3404 | 154 |
| 14 | 沭阳县贤官中心小学 | 公办 | 2552 | 131 |
| 15 | 沭阳县华冲实验小学 | 公办 | 3219 | 148 |
| 16 | 沭阳县赵集小学 | 公办 | 413 | 39 |
| 17 | 沭阳县韩山中心小学 | 公办 | 2152 | 76 |
| 18 | 沭阳县东关实验小学 | 公办 | 6686 | 273 |
| 19 | 沭阳县东兴小学 | 公办 | 4097 | 155 |
| 20 | 沭阳县人民路小学 | 公办 | 4244 | 167 |
| 21 | 沭阳县七雄中心小学 | 公办 | 3374 | 116 |
| 22 | 江苏省沭阳师范学校附属小学 | 公办 | 2013 | 102 |
| 23 | 沭阳县实验小学 | 公办 | 7158 | 327 |
| 24 | 沭阳县第一实验小学 | 公办 | 6350 | 344 |
| 25 | 沭阳县广州路小学 | 公办 | 3300 | 98 |
| 26 | 沭阳县第二实验小学 | 公办 | 6664 | 304 |
| 27 | 沭阳县南湖小学 | 公办 | 6791 | 237 |
| 28 | 沭阳县学府路小学 | 公办 | 3833 | 135 |
| 29 | 沭阳县南关小学 | 公办 | 3724 | 132 |
| 30 | 沭阳县开发区实验小学 | 公办 | 3575 | 150 |
| 31 | 沭阳县深圳路实验小学 | 公办 | 3373 | 94 |
| 32 | 沭阳县如东实验小学 | 公办 | 3701 | 143 |
| 33 | 沭阳县第三实验小学 | 公办 | 5035 | 166 |
| 34 | 沭阳县沂涛九年制学校 | 公办 | 2242 | 97 |
| 35 | 沭阳县梦溪实验学校 | 公办 | 6004 | 230 |
| 36 | 沭阳县高墟九年制学校 | 公办 | 2286 | 93 |
| 37 | 沭阳县万匹九年制学校 | 公办 | 590 | 58 |
| 38 | 沭阳县吴集九年制学校 | 公办 | 1683 | 99 |
| 39 | 沭阳县青伊湖九年制学校 | 公办 | 1560 | 92 |
| 40 | 沭阳县桑墟九年制学校 | 公办 | 3239 | 112 |
| 41 | 沭阳县章集九年制学校 | 公办 | 1040 | 83 |
| 42 | 沭阳县外国语实验学校 | 公办 | 4651 | 120 |
| 43 | 沭阳县西圩九年制学校 | 公办 | 1433 | 71 |
| 44 | 沭阳县张圩九年制学校 | 公办 | 952 | 74 |
| 45 | 沭阳县扎下九年制学校 | 公办 | 2034 | 136 |
| 46 | 沭阳县官墩九年制学校 | 公办 | 2259 | 105 |

续表11

| 序号 | 学校名称 | 办学性质 | 学生数 | 教师数 |
|---|---|---|---|---|
| 47 | 沭阳县汤涧九年制学校 | 公办 | 1122 | 73 |
| 48 | 沭阳县茆圩九年制学校 | 公办 | 1456 | 90 |
| 49 | 沭阳县湖东九年制学校 | 公办 | 2083 | 92 |
| 50 | 沭阳县庙头九年制学校 | 公办 | 1847 | 111 |
| 51 | 沭阳县悦来九年制学校 | 公办 | 3833 | 149 |
| 52 | 沭阳县龙庙九年制学校 | 公办 | 1629 | 145 |
| 53 | 沭阳县十字九年制学校 | 公办 | 3146 | 164 |
| 54 | 沭阳县周集九年制学校 | 公办 | 1286 | 77 |
| 55 | 沭阳县耿圩镇沂南教学点 | 公办教学点 | 121 | 13 |
| 56 | 沭阳县耿圩镇淮西小学（教学点） | 公办教学点 | 628 | 47 |
| 57 | 沭阳县刘集镇西周集教学点 | 公办教学点 | 151 | 12 |
| 58 | 沭阳县颜集镇房圩小学（教学点） | 公办教学点 | 303 | 13 |
| 59 | 沭阳县潼阳镇马岭小学（教学点） | 公办教学点 | 215 | 12 |
| 60 | 沭阳县贤官镇官林小学（教学点） | 公办教学点 | 336 | 38 |
| 61 | 沭阳县桑墟镇舒窑教学点 | 公办教学点 | 683 | 40 |
| 62 | 沭阳县湖东镇杨湾小学（教学点） | 公办教学点 | 142 | 7 |
| 63 | 沭阳县韩山镇尚庄教学点 | 公办教学点 | 104 | 8 |
| 64 | 沭阳县李恒镇汤山教学点 | 公办教学点 | 99 | 8 |
| 65 | 沭阳南洋学校 | 民办 | 3059 | 121 |
| 66 | 沭阳县颜集文德学校 | 民办 | 951 | 32 |
| 67 | 沭阳县贤官镇光华小学 | 民办 | 302 | 15 |
| 68 | 沭阳县贤官镇文集学校 | 民办 | 1414 | 44 |
| 69 | 沭阳县扎下汉坊双语学校 | 民办 | 190 | 17 |
| 70 | 沭阳县怀文小学 | 民办 | 3592 | 142 |
| 71 | 沭阳县华冲镇荡南学校 | 民办 | 655 | 34 |
| 72 | 沭阳县万匹乡红星学校 | 民办 | 443 | 20 |
| 73 | 沭阳县厚邱学校 | 民办 | 1337 | 20 |
| 74 | 沭阳县桑墟沭海学校 | 民办 | 218 | 18 |
| 75 | 沭阳县翰林学校 | 民办 | 744 | 33 |
| 76 | 沭阳县西湖外国语学校 | 民办 | 1022 | 27 |
| 77 | 沭阳县贤官镇行知学校 | 民办 | 302 | 24 |
| 78 | 沭阳县胡集新兴学校 | 民办 | 363 | 14 |
| 79 | 沭阳安博银河学校 | 民办 | 2884 | 118 |
| 80 | 沭阳县悦来西南学校 | 民办 | 70 | 12 |
| 81 | 沭阳县刘集天骄学校 | 民办 | 209 | 14 |
| 82 | 沭阳县钱集神舟学校 | 民办 | 546 | 20 |
| 83 | 沭阳县马厂实验学校 | 民办 | 1259 | 63 |
| 84 | 沭阳县沂涛双语学校 | 民办 | 927 | 47 |
| 85 | 沭阳红岩学校 | 民办 | 1416 | 47 |
| 86 | 沭阳县十字宏志学校 | 民办 | 146 | 11 |
| 87 | 沭阳县广宇学校 | 民办 | 2645 | 122 |
| 88 | 沭阳县新华中学 | 民办 | 705 | 34 |

## 2021年沭阳县初中学校基本情况一览表

表12　　　　　　　　　　　　　　　　　　　　单位：人

| 序号 | 学校名称 | 办学性质 | 学生数 | 教师数 |
|---|---|---|---|---|
| 1 | 沭阳县沭河中学 | 公办 | 2934 | 164 |
| 2 | 沭阳县贤官初级中学 | 公办 | 1029 | 58 |
| 3 | 沭阳县韩山初级中学 | 公办 | 578 | 51 |
| 4 | 沭阳县梦溪实验学校 | 公办 | 3491 | 171 |
| 5 | 沭阳县东小店初级中学 | 公办 | 449 | 36 |
| 6 | 沭阳县颜集初级中学 | 公办 | 1077 | 43 |
| 7 | 沭阳县耿圩初级中学 | 公办 | 736 | 56 |
| 8 | 沭阳县刘集初级中学 | 公办 | 667 | 47 |
| 9 | 沭阳县北丁集初级中学 | 公办 | 1735 | 56 |
| 10 | 沭阳县胡集初级中学 | 公办 | 458 | 44 |
| 11 | 沭阳县七雄初级中学 | 公办 | 1974 | 78 |
| 12 | 沭阳县实验初级中学 | 公办 | 3203 | 149 |
| 13 | 沭阳县怀文中学 | 公办 | 9812 | 454 |
| 14 | 沭阳县外国语实验学校 | 公办 | 5425 | 239 |
| 15 | 沭阳县马厂中学 | 公办 | 1309 | 86 |
| 16 | 沭阳县李恒初级中学 | 公办 | 565 | 36 |
| 17 | 沭阳县潼阳初级中学 | 公办 | 2579 | 90 |
| 18 | 沭阳县钱集初级中学 | 公办 | 1699 | 56 |
| 19 | 沭阳县新河初级中学 | 公办 | 1226 | 54 |
| 20 | 沭阳县章集九年制学校 | 公办 | 240 | 23 |
| 21 | 沭阳县沂涛九年制学校 | 公办 | 316 | 33 |
| 22 | 沭阳县青伊湖九年制学校 | 公办 | 498 | 27 |
| 23 | 沭阳县桑墟九年制学校 | 公办 | 1747 | 58 |
| 24 | 沭阳县万匹九年制学校 | 公办 | 207 | 28 |
| 25 | 沭阳县吴集九年制学校 | 公办 | 474 | 59 |
| 26 | 沭阳县西圩九年制学校 | 公办 | 401 | 20 |
| 27 | 沭阳县张圩九年制学校 | 公办 | 69 | 15 |
| 28 | 沭阳县扎下九年制学校 | 公办 | 544 | 36 |
| 29 | 沭阳县官墩九年制学校 | 公办 | 1460 | 50 |
| 30 | 沭阳县汤涧九年制学校 | 公办 | 271 | 27 |
| 31 | 沭阳县茆圩九年制学校 | 公办 | 305 | 38 |
| 32 | 沭阳县湖东九年制学校 | 公办 | 1103 | 73 |
| 33 | 沭阳县庙头九年制学校 | 公办 | 215 | 67 |
| 34 | 沭阳县悦来九年制学校 | 公办 | 1766 | 61 |
| 35 | 沭阳县龙庙九年制学校 | 公办 | 174 | 32 |
| 36 | 沭阳县十字九年制学校 | 公办 | 1207 | 66 |
| 37 | 沭阳县周集九年制学校 | 公办 | 371 | 25 |

续表12

| 序号 | 学校名称 | 办学性质 | 学生数 | 教师数 |
|---|---|---|---|---|
| 38 | 沭阳县陇集初级中学 | 公办 | 628 | 52 |
| 39 | 沭阳县塘沟中学 | 公办 | 527 | 40 |
| 40 | 沭阳县华冲初级中学 | 公办 | 2093 | 80 |
| 41 | 沭阳县南湖初级中学 | 公办 | 3570 | 160 |
| 42 | 沭阳如东实验学校 | 公办 | 6529 | 303 |
| 43 | 沭阳县人民路初级中学 | 公办 | 2474 | 122 |
| 44 | 沭阳县悦来西南学校 | 民办 | 124 | 10 |
| 45 | 沭阳县刘集天骄学校 | 民办 | 137 | 7 |
| 46 | 沭阳县钱集神舟学校 | 民办 | 654 | 26 |
| 47 | 沭阳县马厂实验学校 | 民办 | 884 | 35 |
| 48 | 沭阳县沂涛双语学校 | 民办 | 586 | 25 |
| 49 | 沭阳红岩学校 | 民办 | 1431 | 63 |
| 50 | 沭阳县十字宏志学校 | 民办 | 113 | 10 |
| 51 | 沭阳县广宇学校 | 民办 | 2865 | 121 |
| 52 | 沭阳县新华中学 | 民办 | 300 | 8 |
| 53 | 沭阳安博银河学校 | 民办 | 1687 | 86 |
| 54 | 沭阳县修远中学 | 民办 | 3515 | 172 |
| 55 | 沭阳县潼阳中学 | 民办 | 1883 | 97 |
| 56 | 沭阳南洋学校 | 民办 | 1686 | 89 |
| 57 | 沭阳县正德中学 | 民办 | 1463 | 75 |
| 58 | 沭阳梦溪中学 | 民办 | 3423 | 178 |

## 高中教育

【概况】 2021年，全县共有普通高中10所，其中，公办高中5所，民办高中5所；省四星级高中3所(江苏省沭阳高级中学、沭阳如东中学、沭阳县建陵高级中学)，三星级高中5所(沭阳华冲高级中学、沭阳县修远中学、沭阳梦溪中学、沭阳县正德中学、沭阳县潼阳中学)，二星级高中2所(沭阳南洋学校、沭阳杭州路高级中学)。全县普通高中在校生36956人，其中，四星级高中在校生15480人，占比41.89%；公办高中在校生21079人，占比57.04%。全县普通高中共有教职工3002人，其中，专任教师2615人。在2021年全国数学奥赛中，沭阳县共有沭阳高级中学华雪峰等34人荣获国家级二等奖，92人荣获国家级三等奖，19人荣获省级三等奖。在2021年全国化学奥赛中，沭阳县共有17人荣获省级一等奖，44人荣获省级二等奖，8人荣获省级三等奖。在2021年全国生物奥赛中，沭阳县共有11人荣获省级一等奖，23人荣获省级二等奖，55人荣获省级三等奖。在2021年江苏省第二十届“中学生与社会”作文大赛中，沭阳如东中学牟余新等6人荣获省级一等奖，7人荣获省级二等奖。在2021年江苏省青年教师数学基本功竞赛中，沭阳高级中学黄金晶荣获二等奖。在宿迁市高中数学优课评比、高中数学教师基本功比赛、高中语文整本书阅读指导课评比、高中英语优质课评比、高中物理优课评比、高中政治“同讲党史”优质课评比、高中地理教师基本功竞赛等市级比赛中，沭阳县高中教师张资阳、宋卫国等14人荣获市级一等奖，20人荣获市级二等奖。

【2021年新高考情况】 2021年，沭阳县在新高考中首战告捷，沭阳县参加高考人数7726人，本科达线5567人，其中一本达线2234人。全市理科前10名，沭阳占4人(分别列市第1、2、8、9名)，其中江苏省沭阳高级中学学生李少煊以裸分691分获得全市、全省理科第一名。全市文科前10名，沭阳占6人(分别列市第1、3、4、5、6、9名)，其中，江苏省沭阳高级中学周利伟同学获得全市文科第一名、全省文科第七名。全县600分以上200人，一本达线人数、名校优生

人数均占比全市40%；考取清华大学、北京大学10人，考取南京大学27人，考取南京大学人数位居苏北县级第一。

**【沭阳杭州路高级中学新建招生运行】** 2021年，沭阳县认真贯彻落实《宿迁市普通高中基础设施（2021—2023年）建设计划》，科学优化高中教育布局，努力增加高中学位供给。2021年4月，沭阳杭州路高级中学建设工作正式启动，学校位于杭州东路北侧、昆山路东侧，总建筑面积约6.87万平方米，资金总投入3.87亿元，按照20轨、60班、在校生3000人设计。2021年10月底完成招投标工作，11月初开工新建，年底前完成主体工程建设。2021年6月16日，副县长范以环主持召开沭阳杭州路高级中学招生工作会办会。会议决定，沭阳杭州路高级中学由沭阳高级中学领办，2021年招收高一新生1200人，宿迁经贸学院作为过渡校区。成立由县政府分管领导任组长，政府办分管负责人、教育局主要负责人任副组长，县委组织部、县委宣传部、县委编办、县人社局、县财政局、县公管中心、宿迁经贸学院、沭阳高级中学分管负责人为成员的沭阳杭州路高级中学过渡期相关工作领导小组。县教育局成立由县教育局主要负责人任组长，沭阳高级中学分管负责人任常务副组长，教育局、宿迁经贸学院分管负责人为成员的杭州路高级中学筹备工作组，牵头负责杭州路高级中学聘师、招生以及过渡校舍改造、设施设备购置等工作。2021年7月5日，沭阳杭州路高级中学招生工作顺利完成，当年招收高一新生1218人。

**【特色化办学】** 2021年，沭阳县高中学校依据自身优势，打造办学特色。沭阳如东中学以“担当”为校训，培养学生自立、自强、自立精神。沭阳高级中学把学生心理健康教育和德育教育融为一体，努力促进学校管理和教学质量的全面提升。沭阳县建陵高级中学突出日语、音乐和美术教育，努力提升高考达线人数增长点。沭阳华冲高级中学积极推进四星级高中创建，江苏省教育评估院给予“有条件通过省四星级高中评估”的评价。沭阳县正德中学从体育角度切入，形成了以“中置足球”为主体的体育特色。2021年，全县高中学校获评省中小学品格提升工程项目1个（江苏省沭阳高级中学）、宿迁市普通高中课程基地项目2个（江苏省沭阳高级中学、沭阳县建陵高级中学）。

**【省三星级高中复审】** 2021年11月29日至12月1日，受江苏省教育评估院委托，以连云港高级中学校长蒋捍为组长的省星级高中复审专家组一行四人对沭阳县正德中学、沭阳县潼阳中学进行了省三星级高中复审现场考察。考察期间，考察组召开了复审自评说明会，实地察看了两校设施场所，随机推门听课，并与师生个别访谈、查阅了资料、开展了问卷调查。

**【普通高中教学视导月活动】** 2021年10月，为积极响应县委、县政府号召，努力办好人民满意的教育，扛起“苏北教育强县”的使命担当，沭阳县教育局组织开展了普通高中教学视导月活动。视导月期间，视导组进班听课，查阅教案、听课笔记、集体备课、学生学案、作业等资料，听取学校教育教学工作汇报，对学校教学情况进行了深入考查与调研，视导组共计听课408节，查阅教案357份，查阅学生作业3240份。在此基础上，视导组逐校组织反馈交流，对“三新”背景下的高中学科教学、教学管理等工作提出可行性建议。

**2021年沭阳县高中学校基本情况一览表**

表13　　单位：人

| 序号 | 学校名称 | 办学性质 | 学生数 | 教师数 |
|---|---|---|---|---|
| 1 | 沭阳如东中学 | 公办 | 4893 | 411 |
| 2 | 江苏省沭阳高级中学 | 公办 | 5653 | 497 |
| 3 | 沭阳县建陵高级中学 | 公办 | 4934 | 422 |
| 4 | 沭阳华冲高级中学 | 公办 | 4381 | 305 |
| 5 | 沭阳杭州路高级中学 | 公办 | 1218 | 112 |
| 6 | 沭阳县修远中学 | 民办 | 3715 | 188 |
| 7 | 沭阳梦溪中学 | 民办 | 4024 | 258 |
| 8 | 沭阳县潼阳中学 | 民办 | 3780 | 146 |
| 9 | 沭阳县正德中学 | 民办 | 2931 | 207 |
| 10 | 沭阳南洋学校 | 民办 | 1427 | 69 |

## 职业教育 社会教育

【概况】 2021年，沭阳县职业教育紧紧围绕建设工业强县和现代化中等城市的目标，以服务为宗旨，以市场为导向，不断探索创新，着力构建立足经济、面向社会、服务行业的现代化职业教育新格局。从办学主体来看，全县既有政府主导举办的公办职业学校，也有社会力量举办的民办职业学校，初步形成了中职与高职协调发展、公办与民办共同发展、学历教育与非学历教育并举发展的职业教育发展格局，为县域经济社会发展做出了积极的贡献。全县共有学历教育职业学校3所，其中，高等职业教育学校1所，即江苏省宿迁经贸高等职业技术学校，为市直管学校；中等职业教育学校2所，即江苏省沭阳中等专业学校（公办）、沭阳鸿星中等专业学校（民办）。全县职业教育学校占地总面积共计93万平方米，建筑面积35万平方米，固定资产总额10亿多元，实习实训设备资产总额10709万元。2021年，全县共有中职学历教育在籍生1.46万人，比2020年增长32%。

【职业教育品牌效应形成】 2021年，全县中职学校共开设机械加工、电子技术应用、数控技术应用、服装制作与生产管理、计算机技术应用、旅游服务与管理、汽车运用与维修等30多个专业。其中，省级现代化实训基地6个、省级现代化专业群7个、省级特色专业2个、省级现代学徒制试点专业1个、省职业教育体验基地3个、省名师工作室4个、省技能大师工作室1个、省教学创新团队1个、省智慧校园2个、省现代化示范性职业学校2个。全县职业教育结构及规模基本适应产业结构调整的要求，初步形成了“围绕产业办专业，办好专业促产业”的良性发展局面。一年来，沭阳职业教育围绕教学品质提升进行了深入探索，不断增强区域竞争力，提升社会贡献度。全县职业教育以实训基地建设为抓手，全面推动中职学校与优秀企业开展校企合作，加强管理制度、专业发展、学生活动等各领域的交流，实现互惠共赢。与此同时，全县职业教育以省、市级各类大赛为突破口，加大创建力度，不断提高职业技能培训的数量和质量，优化培训内涵，促进了职业学校教育教学常规管理的精细化落实，全县职业教育学校教育教学工作规范、有序、优质开展，技能鉴定合格率达到90%以上。2021年，沭阳县职业教育共计输出中职毕业生2934人，就业率100 %，对口就业率79.24%；完成农村劳动力转移就业培训、残疾人技能培训、创业培训、退役军人职业技能培训、成人学历教育培训7500多人。

【职业教育办学质量提升】 2021年，江苏省宿迁经贸高等职业技术学校和江苏省沭阳中等专业学校成功创建成省级青少年体验中心2个、省教学创新团队1个、市级“教学做合一”教学实验点1个、市级青少年体验中心2个、市级职业院校“双师型”教师培育培养基地1个、市级职业教育校企合作示范项目2个、市级现代学徒制试点专业4个，在江苏省职业院校教学大赛中获得一等奖1个、二等奖4个、三等奖2个，在江苏省职业学校技能大赛中获得4金、8银、27铜共39枚奖牌，在宿迁市职业学校技能大赛中获得23金、31银、31铜共85枚奖牌，在宿迁市教学成果奖评选中，获得一等奖1项、二等奖3项。省级教科研课题结题9项、立项9项，市教育科学规划课题结题2项，市教育学会课题结题10项，发明专利14项。2021年，江苏省沭阳中等专业学校对口单招学生97.4%通过对口高考、注册入学等渠道进入本、专科院校学习，教师获得省论文评比竞赛22项，其中一等奖6项，胡闯获评“江苏省工匠”，9位同志被评为宿迁市“千名拔尖人才”。2021年，江苏省宿迁经贸高等职业技术学校荣获“江苏省教科研工作先进集体”称号和“全市职业学校办学实绩考核一等奖”“市直教育系统目标考核优秀奖”等多项荣誉，五年制专转本升学录取率达41.98%，课程思政“情动古诗词”项目被评为省级示范课程。

【社会教育】 2021年，全县社会教育秉承“政府搭台、教育唱戏”主导方向，坚持以县开放大学为龙头，乡镇（街道）社区教育中心为主体，村（居）委员会居民学校为补充的三级运行机制，整合利用了县域内各类有效教育资源，积极参与学习型社会建设。认真做好省级社区教育品牌项目的遴选与报送工作，东小店社区教育中心的“大麦干花”被评为省品牌项目。2021年7月中下旬，在县域内全面开展了学习型组织、学习型家庭、学习型个人等评选活动，通过自下而上、上下联动等形式，层层筛选，共评选出50个学习型组织、53个学习型家庭、50个学习型个人，加快了全县学习型社会的建设。2021年，全县社会教育培训成绩突出，共培训农村实用技术人员5.9万人次，培训农村劳动力创业3120人次，培训退役军人460人次，组织农村精神文明培训12万人次，城镇居民社区教育活动参与率达59.2%，农村社区教育活动参与率达33.1%，从业人员继续教育参与率达52.2%。2021年，沭阳县教育局被评为“省社会教育先进集体”，东小店社区教育中心、华冲镇社区教育中心等被评为“宿迁市先进社区教育中心”。胡集镇社区教育中心的“开华文化大院”原是江苏省社区教育品牌项目，基础设施雄厚，社会影响面较广，2021年又被评为“江苏省社区教育体验基地”。

2021年沭阳县职业教育学校基本情况一览表

表14 单位：人

| 序号 | 学校名称 | 办学性质 | 学生数 | 教师数 |
|---|---|---|---|---|
| 1 | 江苏省宿迁经贸高等职业技术学校 | 公办 | 3501 | 228 |
| 2 | 江苏省沭阳中等专业学校 | 公办 | 8584 | 266 |
| 3 | 沭阳鸿星中等专业学校 | 民办 | 2531 | 95 |

## 特殊教育

【概况】 2021年，沭阳县有特殊教育学校1所，在籍生391人，专任教师30人。

【全县残疾儿童及青少年教育保障全覆盖】 2021年9月，沭阳县成立由教育、民政、卫健、残联等部门组成的特殊教育专家委员会，出台全县特殊教育清单制度、集体审议制度、教育评估安置制度、个别化教育制度、特教班设置与管理制度、特教设备配置与周转制度。据沭阳县残联统计，2021年全县共有3～5周岁学前残疾儿童923人、6～14周岁持证残疾儿童少年1386人、15～18周岁持证残疾少年355人。其中，391人在县特殊教育学校就读，15人在县内普通幼儿园就读，963人在县内普通中小学随班就读，16人在县内普通高中就读，18人在县内职业学校就读，12人在县外特殊教育学校高中阶段就读。沭阳县特殊教育指导中心配置“特殊需要学生网络评估系统”，并多次组织巡回指导教师进行系统操作培训，对特殊需要学生进行系统评估，根据学生情况普通班随班就读、资源中心支持教学、特殊教育学校、县康复机构等多种形式进行转衔安置。全县建立以特殊教育学校为骨干、随班就读为主体、送教上门及康复医疗为补充的特殊教育体系，1415名残疾儿童少年在校生全部纳入统一的中小学学籍管理系统，其他所有残疾儿童、青少年“一人一策”落实送教、帮教等教育措施。

【融合教育资源中心建设】 在特殊教育发展过程中，沭阳县根据融合教育资源中心建设规划，对照省融合教育资源中心建设标准，按照幼儿园、小学、初中统筹兼顾的原则，逐步推进融合教育资源中心建设。2021年8月，完成沭阳县第二实验小学幼儿园、沭阳县杭州西路幼儿园、沭阳县如东实验小学、沭阳县北丁集中心小学、沭阳县韩山中心小学、沭阳县东小店中心小学、沭阳县胡集实验小学、沭阳县沂涛中心小学、沭阳县吴集九年制学校、沭阳县青伊湖九年制学校等10所学校融合教育资源中心建设，总投资76.8万元。截至2021年，全县累计建成幼儿园、小学、初中融合教育资源中心25个，其中幼儿园4个、小学14个、初中7个，努力为全县城乡随班就读特殊学生提供良好的教育资源。

【省特殊教育专家组到沭阳调研】 2021年12月28—29日，由南京特殊教育师范学院教授、省高校融合教育资源中心主任陈蓓琴，省残联教育就业处四级调研员黄慧，徐州市东方人民医院儿少精神科主任周勤，南通市教育科学研究院、特殊教育教研员陈青云等四位专家组成调研组，在宿迁市教育局副局长陈向阳等领导的陪同下，对沭阳县贯彻落实“省第二期特殊教育提升计划”情况进行调研。12月28日下午，调研组一行4人对沭阳县特殊教育学校进行调研，听取沭阳县特殊教育学校校长吴爱平作的工作汇报。12月29日上午，调研组抽查了沭阳县南湖小学、杭州西路幼儿园、庙头中心小学等3所学校的融合教育资源中心建设。

## 民办教育

【概况】 2021年，沭阳县共有民办学校、幼儿园108所（所有九年制学校、十二年制学校均按学段分开统计）。其中，民办中等职业学校1所、高中5所、初中15所、小学24所、幼儿园63所。全县民办学校在校生8.9万人，专任教师4549人。

【民办教育办学条件核查】 2021年，沭阳县教育局深入贯彻《中华人民共和国民办教育促进法》，坚持依法行政，强化日常管理。7月2日，县教育局召开全县民办义务教育学校举办人会议，传达学习中共中央办公厅、国务院办公厅印发的《关于规范民办义务教育发展的意见》《民办教育促进法实施条例》《江苏省义务教育学校办学标准（试行）》等政策文件，帮助民办义务教育学校掌握政策，认清形势，明确要求，提前规划好学校发展方向，引导薄弱民办学校有序退出。7月21日，县教育局印发《关于开展沭阳县民办义务教育学校基本办学条件自查整改的通知》，制定《沭阳县民办义务教育学校办学标准对照自查整改表》，组织各民办学校对照江苏省义务教育学校办学标准，对校园建设、教育装备、教师队伍、教育教学等方面认真自查，引导加大资金投入，全面提高教育教学装备水平。12月2日，沭阳县民办教育服务中心牵头，抽调部分公办学校分管副校长成立3个核查组，对28所民办义务教育学校基本办学条件逐校逐项进行现场核查。

【民办教育机构办学水平评估】 2021年，沭阳县教育局从党建、依法办学、办学条件、财务管理、安全管理等8个方面，对全县143所民办教育机构进行全面办学水平评估，最终确定优秀民办教育机构7所、不合格民办教育机构11所、3所民办教育机构停办。被评为优秀等次的民办学校分别为沭阳安博银河学校、沭阳县怀文小学、沭阳县桑墟棒棒幼儿园、沭阳县七雄启萌幼儿园、沭阳县佳一教育培训中心、沭阳县鑫牌辅导中心、沭阳小桔灯教育培训中心。被评为不合格的民办教育机构分别为沭阳县十字宏志学校、沭阳县贤官镇行知学校、沭阳县贤官光华小学、沭阳县七雄官东幼儿园、沭阳尚学教育培训中心、沭阳途远教育培训中心、沭阳县文化艺术学校、沭阳诺博教育培训中心、沭阳玛玛洛可教育培训中心、沭阳清北教育培训中心、沭阳安博教育培训中心，分别给予取消财政补贴、评优评先资格等处罚，并责令限期整改。沭阳县张圩新苗幼儿园、沭阳县胡集大徐幼儿园、沭阳县天地辅导馆等3所机构停办。2021年8月，沭阳高墟志远学校停止办学，全校1300余名师生平稳分流。

【民办学校党组织建设】 2021年，沭阳县委教育工委实施“夯实民办学校党建规范提升专项行动”书记项目，靶向治理民办学校党建薄弱环节。对符合党组织成立条件的民办学校，单独组建党支部17个。对有党员但不具备建立党组织条件的学校，与社区（村居）或中心校联合组建党支部4个。对没有党员的民办学校、幼儿园，派出党建指导员51人，推进党建指导员“挂牌上岗”，每月开展一次进校督导，从路线方针、意识形态、日常党务、纪律巡查等4个方面进行党建引领，切实推动民办学校合规、公益、优质发展。截至2021年12月15日，全县90所民办学校（幼儿园）全部完成对办学章程的修订整改，新修订的办学章程全部纳入党的建设有关内容，实行党支部领导下理事会决策的校长负责制，强化党对民办学校（幼儿园）的全面领导，实现“党管民办教育方向、党管民办教育保障、党管民办教育机制、党管民办教育组织”。

【校外培训机构治理】 2021年，为贯彻落实中共中央办公厅、国务院办公厅《关于进一步减轻义务教育阶段学生作业负担和校外培训负担的意见》精神，沭阳县教育局持续加大校外培训机构管理力度，对学科类培训机构的安全管理、培训时间、培训内容、收费标准、财务状况等情况进行严格监管，将违规培训机构纳入“黑名单”直至取消办学资格。印发《关于做好减轻中小学生校外培训负担宣传工作的通知》，提醒家长慎重选择校外培训机构，不能一次性缴纳超过3个月或60课时以上的学费，不在双休日、国家法定节假日以及寒暑假将孩子们送至校外培训机构补课。配合市监部门对以托管、教育咨询、文化传播等名义举办的非学科类培训机构从事面向中小学生的学科培训或补习辅导等违规行为进行查处，实现中央“双减”政策真正落地落实。截至2021年年底，全县52所学科类校外培训机构中，鑫牌教育培训中心、北辰教育培训中心、尚知教育培训中心等3所学科类培训机构由营利性转为非营利性，其余49所全部压减到位。其中，转型为非学科类培训29所，分别为：沭阳佳贝教育培训中心、沭阳麦粒教育培训中心、沭阳智格教育培训中心、沭阳博文教育培训中心、沭阳倍多分教育培训中心、沭阳新朗教育培训中心、沭阳学易成教育培训中心、沭阳易达教育培训中心、沭阳小桔灯教育培训中心、沭阳彼岸教育培训中心、沭阳嘉名教育培训中心、沭阳诺博教育培训中心、沭阳爱美语教育培训中心、沭阳朗诚教育培训中心、沭阳郎锐教育培训中心、沭阳芳草地教育培训中心、沭阳京雨教育培训中心、沭阳昂立教育培训中心、沭阳华书教育培训中心、沭阳县实力教育培训中心、沭阳秦学教育培训中心、沭阳智慧多教育培训中心、沭阳优冠教育培训中心、沭阳星诺教育培训中心、沭阳县卓越教育培训中心、沭阳学思卓越教育培训中心、沭阳县大山教育培训中心、沭阳途远教育培训中心、沭阳清北教育培训中心。停办20所，分别为：沭阳笔畅教育培训中心、沭阳书成教育培训中心、沭阳天下华亿教育培训中心、沭阳星图教育培训中心、沭阳承文教育培训中心、沭阳西典教育培训中心、沭阳首指教育培训中心、沭阳义学教育培训中心、沭阳德一教育培训中心、沭阳诺言教育培训中心、沭阳睿哲教育培训中心、沭阳星星汇教育培训中心、沭阳安特思库教育培训中心、沭阳优学教育培训中心、沭阳佳一教育培训中心、沭阳德辰教育培训中心、沭阳尚学教育培训中心、沭阳杨炳亮教育培训中心、沭阳县智适应教育培训中心、沭阳安博教育培训中心。

## 学校建设

【概况】 2021年，沭阳县持续增加教育资金投入，全年总投入10.95

亿元，组织推进了4所学校、4所幼儿园以及10个农村保留教学点的标准化建设工程，持续优化配置教育资源，改善全县学校办学条件。

【沭阳县智慧新城幼儿园竣工投用】2021年8月，沭阳县智慧新城幼儿园（原规划名为沭阳县智慧路幼儿园）竣工投用。该园位于智慧路北侧、王华路西侧，占地0.65万平方米，建筑面积0.39万平方米，总投资1300万元。2021年11月，经法人登记备案，启用“沭阳县智慧新城幼儿园”园名，办学规模为4轨、12班、360个学位。

【新建学校工程推进】沭阳杭州路高级中学：办学规模20轨60班，位于杭州东路北侧、昆山路东侧，占地8.33公顷，总建筑面积约6.87万平方米，总投资3.6亿元，提供2700个学位。截至2021年年底，该工程已完成临时设施及项目基础建设。

沭阳南湖高级中学：办学规模22轨66班，位于重庆南路西侧、创晓路南侧，占地10公顷，总建筑面积约8.5万平方米，总投资3.4亿元，提供3564个学位。截至2021年年底，该工程已完成选址意见书、项目建议书、可行性研究报告。

沭阳县智慧路初级中学：办学规模12轨36班，位于智慧路北侧、重庆南路东侧，占地5.04公顷，建筑面积4.5万平方米，总投资2.5亿元，提供1620个学位。截至2021年年底，该工程已完成选址意见书、项目建议书、可行性研究报告。

沭阳县万景路小学（含幼儿园）：位于沭阳县瑞声大道与万景路交界处，总投资1.6亿元，其中万景路小学办学规模6轨36班，占地3.54公顷，建筑面积2.34万平方米，提供1620个学位。截至2021年年底，该工程已完成主体封顶。

沭阳县第四实验小学：办学规模6轨36班，位于高墟镇临港大道南侧，占地3.72公顷，建筑面积4.61万平方米，总投资2.5亿元，提供1620个学位。截至2021年年底，该工程已完成选址意见书、项目建议书、可行性研究报告。

沭阳县万景路幼儿园：办学规模4轨12班，占地0.79公顷，建筑面积0.4万平方米，提供360个学位。截至2021年年底，该工程已完成主体封顶。

沭阳县玉兰路幼儿园：办学规模4轨12班，位于玉兰路北侧、绿苑路西侧，占地0.65公顷，建筑面积0.4万平方米，总投资1300万元，提供360个学位。截至2021年年底，该工程已完成主体封顶。

沭阳县永康路幼儿园：办学规模4轨12班，位于永康路东侧、杭州东路南侧，占地0.7公顷，建筑面积0.4万平方米，总投资1300万元，提供360个学位。截至2021年年底，该工程已完成主体封顶。

【农村保留教学点提档升级工程】2020年，沭阳县按照省定办学标准实施10个农村保留教学点标准化建设工程，总投入3584万元。此项工程于2021年8月底全部建成投用，完成提档升级，共计增加学位2500个。10个农村保留教学点分别为耿圩镇淮西小学、贤官镇官林小学、颜集房圩小学、桑墟镇舒窑教学点、耿圩镇沂南教学点、湖东镇杨湾小学、刘集镇西周集教学点、潼阳镇马岭小学、李恒镇汤山小学、韩山镇尚庄教学点。

【教室照明改造提升工程】2021年，沭阳县共投入564.27万元，完成15所义务教育学校教室照明改造提升项目工程，提高了教室照明质量，改善了学生学习环境。15所义务教育学校分别是：沭阳县开发区实验小学、沭阳县南湖小学、沭阳县学府路小学、沭阳县东兴小学、沭阳县南关小学、沭阳县庙头中心小学、沭阳县广州路小学、沭阳县梦溪实验学校、沭阳县深圳路实验小学、沭阳县第一实验小学、沭阳县第二实验小学、沭阳如东小学、沭阳县南湖初级中学、沭阳县外国语实验学校、沭阳县人民路小学。

（张先明　苏　秦）

## 学校选介

【江苏省宿迁经贸高等职业技术学校】2021年，江苏省宿迁经贸高等职业技术学校获“全市职业学校办学实绩考核一等奖”“市直教育系统目标考核优秀奖”“江苏省教科研工作先进集体”等多项荣誉。在省职业学校技能大赛上，获4金、8银、23铜共35枚奖牌，奖牌总数位居全省第四。在市职业学校技能大赛上获18金、21银、20铜59枚奖牌，位居全市第一。第十二届江苏省中等职业学校“文明风采”竞赛成绩优秀，学校获评“组织奖”。省职业院校教学大赛获一等奖1个、二等奖4个、三等奖2个。五年制专转本升学录取率达41.98%，位居全省前列。课程思政“情动古诗词”项目被评为省级示范课程。中职学业水平考试文化课合格率、专业理论及专业操作合格率，在全市名列前茅。省级教科研课题结题5项、立项9项，市教育科学规划课题结题2项，市教育学会课题结题10项。在省级以上正规刊物发表论文70余篇；发明专利14项。宿迁市教学成果奖一等奖1项、二等奖3项；江苏联合职业技术学院第八届教学成果奖一等奖1项。成功申报工业机器人技术五年制高职专业，建成大数据技术、表演艺术2个市级现代学徒制试点项目；建成计算机维修与数据恢复、旅游服务市级职业教育体验中心；建成旅游服务省级职业教育体验中心;建成市级校企合作示范项目“双元主体、精准育人”项目;建成广告艺术设计市级教学做合一教学实验点。与苏州旅游财经高职校合作,打造全国一流专业。2021年,录取全日制新生650人,录取函授本科生301人,生源结构更加多元。

(殷晓雷)

**【沭阳中等专业学校】** 2021年,沭阳中专电大招生1836人,毕业1345人,均居全省前列,获评国家开放大学江苏分部网上教学优秀单位、国家开放大学江苏分部优秀管理团队。驾校全年招生1600人,被评为2021年沭阳县优秀驾培机构。社培办培训退役士兵学员321人、非全日制涉农专业学员3570人。2021年,学校顺利完成2次全国计算机等级考试,上半年完成949人次考试,下半年完成735人次考试。承办市体育艺术、德育、机电等专业类别的中心组、学科基地活动,其中德育教科研基地、体艺教科研基地被评为市优秀学科基地。作为江苏省学业水平测试考点,学校组织63个考场的学测考试工作,学校还申报省学业水平测试专业技能考点,并通过省市专家验收,圆满完成2021年学测技能考试任务。学校高度重视项目建设,2021年共创建成功省级青少年体验中心1个(双元产业学院),宿迁市职业院校“双师型”教师培育培养基地1个,宿迁市职业教育校企合作示范项目1个,宿迁市现代学徒制试点专业2个。校园信息化建设加速推进。2021年,在完成智慧校园一期工程建设的基础上,继续在信息化基础设施与应用平台建设、信息化综合实训平台建设、数字资源建设等方面加大力度,建立起基于超星泛雅平台的信息化管理与教学系统,现覆盖所有开设的专业,核心课程覆盖在80%以上。在市技能大赛中,学校共获得46枚奖牌,52人次获奖。在省技能大赛中获得9枚奖牌。在宿迁市状元大赛中,学校获得一等奖1个,二等奖1个,三等奖2个。在省创新大赛中,1位老师获一等奖,2位老师获省三等奖,6位老师被评为省优秀指导教师。学校12位老师在市课堂教学大赛中获奖,4项省教改课题成功结题,12个课题被列为市职教教改课题,3项课题被市社科联立项,4项课题被市人社局立项。有22篇论文在省级论文评比中获奖,其中一等奖6篇,有18篇论文在市职教论文评比中获奖,其中一等奖5篇。1位老师获评“江苏省工匠”,9位老师被评为市“千名拔尖人才”,获得市教学成果一等奖1项。

(李银萍)

**【江苏省沭阳高级中学】** 学校现占地面积24万平方米,校舍面积6.7万平方米。在校生5400余人,教职工525人。其中,省特级教师4人,教授级中学高级教师3人,市名教师、领军人物、学科带头人56人,市骨干教师46人,硕士研究生70人。2021年,江苏省沭阳高级中学高考成绩实现新突破:李少煊同学以691分获得江苏省理科第一名,创造了苏北5市高考的新历史;周利伟同学以647分获得宿迁市文科第一名;应届一本达线1055人,一本达线率比2020年提升6.2个百分点;本科达线率97%;600分以上102人,6人进入全省前100名。8位同学考取清华北大。2011年以来,省沭中共117名优秀学子考取清华、北大,清华、北大录取人数连续十一年位居苏北县中第一,全省前列。87位老师在各类竞赛中获奖,68人获县级以上表彰,其中35人获得县“功勋教师”称号,69人论文发表获奖。学校先后获得省“文明校园”、市“教育工作先进集体”、县教育教学质量提升工作先进集体等多项荣誉表彰。在党史学习教育活动中,7人获上级党组织表彰,鲍苏云老师获得江苏省党史知识竞赛二等奖,4人获得省“我心向党”诵读比赛一等奖,学校获得县党史学习教育示范校、先进基层党组织、庆祝中国共产党成立100周年艺术展演特等奖等多项荣誉。4月10日,工程院院士、省沭中62届著名校友李德毅获得第十届吴文俊人工智能最高成就奖,该奖项被誉为“中国智能科学技术最高奖”。4月12日,北京大学授予省沭中“博雅人

省沭中2021年考入清华、北大的8位学子合影(从左至右依次为:曹卓雅、仲冠宇、周文韬、李少煊、周利伟、汤同德、王高高、苗天翼

江苏省沭阳高级中学 供图

才共育基地”牌匾，学校入选江苏省首批18所北大博雅人才共育基地校。北京大学、清华大学、复旦大学、南京大学、西安交通大学、北京理工大学、东南大学等数十所著名高校向省沭中发来喜报、贺信，祝贺学校学子在高校取得优异成绩，彰显了省沭中毕业生的优秀素质。9月9日，“感动江苏教育人物——2021最美中学教师”推选结果揭晓，学校朱漫丽老师当选江苏省“2021最美中学教师”。11月3日，中共中央、国务院在北京隆重举行国家科学技术奖励大会，密码专家、学校60届杰出校友吕述望荣获“国家科技进步奖一等奖”。

（童凤龙）

**【沭阳如东中学】** 沭阳如东中学是沭阳、如东两地党委、政府联合创建的江苏省四星级高中。学校占地面积25万平方米，总投资2.5亿元。现有90个教学班，学生4955人，教职工420人，其中全国模范教师2人，江苏省特级教师、中小学正高级教师5人，中高级职称教师328名。2021年，学校秉承“担当”为校训，大力弘扬“特别能吃苦、特别肯钻研、特别善协作、特别讲奉献”的学校精神，自觉践行“对每一名学生负责，不让一名孩子掉队”的办学理念，形成了“勤学、守纪、求实、创新”的校风，“严谨、善教”的教风和“刻苦、多思”的学风，擦亮了担当文化的办学特色，赢得了良好的社会声誉和广泛的社会肯定。2021年度，学校先后获得“江苏省文明校园”“江苏省教育系统先进集体”“空军招飞工作先进单位”等荣誉称号，周桂官校长获得“中国好人”“江苏省道德模范”“江苏省优秀共产党员”“宿迁市最美基层共产党员”荣誉称号，张立峰获得“空军招飞工作先进个人”荣誉称号，24位教师获得沭阳县“功勋名师”荣誉称号、100位老师荣获“周桂官教育奖励基金杰出教师奖”，一大批师生在省市县各类优课、基本功、学科竞赛中取得优异的成绩。在教育教学方面，学校顺应“新课标、新教材和新高考”，在坚持“生为本，学为上”的教学理念，完善“基于情境设计、问题解决的‘301515’课堂教学模式”的基础上，守正创新，与时俱进，以“创设情境，牵引问题，夯实基础，凸显能力，涵育素养，导向价值”为教学指导思想，自觉推进教学方式改革，打造课堂改进的升级版，努力让学生在教学中获得有温度的认知体验，有灵动的思考空间，有品质的素养提升，有亮度的价值引领。2021年学校高考再创佳绩，应届文化类毕业生1282人参考，达一本线917人，达线率71.5%，一本达线率再创宿迁历史新高。全县理科650分以上4人，学校3人，牛放同学位居全市第二名，5名同学达清华、北大录取线。10月，学校与省如东高级中学、省姜堰中学联合举行“‘三新’背景下的新课堂”同课异构教研活动，宿迁市教研室、县区教研室以及如东县教育局教师发展中心研究员、全市四星级高中学科组长共300多人参加了此次活动，来自省如东中学、姜堰中学和沭阳如东中学的36位老师开设的观摩课精彩纷呈；学校教师以周桂官校长的教学思想为指导，创新教学设计，聚焦素养培育，体现价值引领，呈现了课堂教学新样态，受到专家的充分肯定和同行的高度赞扬。12月市教育局来校视导，视导组专家共听课64节，其中优课24节，优课率37.5%，居全市四星级学校之首。在德育工作方面，学校坚持五育并举，德育为先，积极探索“德育+”五育融合模式，自觉克服“疏德”“弱体”“抑美”“缺劳”的不足，促进学生德智体美劳全面发展。坚持知行合一，积极探索社会主义核心价值观教育新路径，引导学生实现由“知道”向“践行”的升华。2021年，5月15日，江苏省教育厅公布首批31个“一校一案”落实《中小学德育工作指南》典型案例名单，学校《从“知道”走向“践行”》德育案例成功入选，并被交流推广。学校在坚持学科育人的同时，突出思想政治课关键地位，努力打造“让学生真心喜爱、终身受益”的难忘课，2021年，学校入选宿迁市“思政育人特色学校”。学校开展活动育人，先后组织“光盘行动，送别袁老”“拒绝升学宴、引领新风尚”“党史教育进军训场”等活动，先进事迹被《新华日报》、《人民日报》、“学习强国”学习平

沭阳如东中学热烈庆祝第37个老师节暨第八届“周桂官教育奖励基金杰出教师奖”颁奖典礼　　沭阳如东中学　供图

台、《扬子晚报》等多家媒体报道。省委宣传部副部长、文明办主任葛莱一行视察学校精神文明建设工作，对学校大力开展社会主义核心价值观教育、宣传道德模范事迹、拒绝升学宴倡导新风尚等工作给予充分肯定。在社会服务方面，学校积极组织广大青年投身志愿服务活动，开展防汛志愿服务、文明交通志愿者、志愿服务进社区、高考志愿填报等志愿者服务活动20多次。利用中秋、春节等节点，组织教师向挂钩帮扶的万匹三个村300多户低收入户送去米面油等生活物资，让他们感受到党和政府的温暖。开学之初，学校对贫困家庭子女进行统计，登记造册，安排专人负责，把党和政府的关怀、爱心人士的捐助送到入读我校的贫困子女手中，让他们安心学习，绝不让他们因贫因困辍学，充分弘扬了学校的"担当"精神，用实际行动践行了教育者的初心和使命。

（杨卫国）

**【沭阳县建陵高级中学】** 2021年，沭阳县建陵高级中学2021届高考再次取得历史性突破，本科达线人数818人，一本达线人数84人，本科达线数连续六年增长。其中理科最高分张成成同学603分，全省排名6792名，被湖南大学计算机专业录取。学校连续四年荣获县委县政府表彰的教育教学质量提升工作先进集体(特等奖)。学校学生在各类学科竞赛中，先后共有41位同学获得一、二等奖。在科技创新方面学校学生先后荣获2个国家级奖项，2个省一等奖，4个省二等奖，2个省三等奖，9个省级表彰，其中高三学生胡迎娣、徐正阳、叶梦如3位同学发明的新型花木扦插装置，获第三十二届江苏省青少年科技创新大赛高中组二等奖，江苏教育电视台专门予以报道，并被收入"学习强国"学习平台，该装置已经成功申请国家实用新型专利证书。学校德育活动异彩纷呈，学校先后举办了校园主持人大赛、秋季学生运动会、"跨越青春""一二·九"诗歌朗诵比赛，创设"家务劳动清单化、校园劳动岗位化、服务劳动学分化、创造劳动课程化"劳动教育体系，建立多元立体、丰富多彩的劳动教育实践空间，让校园成为劳动实践育人主阵地，学校正积极申报省劳动教育学校。教师专业成长有新的突破。学校利用各种平台积极组织青年教师参加县内外各种教学竞赛，均取得了优异的成绩。学校沈小璐老师荣获宿迁市地理基本功大赛一等奖，代表宿迁市参加江苏省青年教师基本功大赛，获得二等奖。耿甜甜、侯方丽、李明珠等7位老师，在市各类学科竞赛中分别荣获一、二等奖；侯丽娜、宋丽娟、吴月芹等18位老师获县各类学科竞赛中获一等奖。王盛、汪林静、司红旺等18名老师教学成绩突出，被县委、县政府表彰为功勋教师。党员教师司立崇积极主动赴新疆支教，彰显建陵人的责任担当与教育初心。党员教师吴月芹、梁韬带头参与县脱贫攻坚工作，助力打赢脱贫攻坚战，工作突出，表现出色，获得全县嘉奖。课堂教学改革得到有力推进。学校针对新课程、新高考，全面向45分钟课堂要质量，打造高效课堂，推动课堂革命，装配智慧课堂系统，努力探索人工智能教学，充分利用信息化教学设备，用智慧课堂引领提升教学效率。对"协同教学模式"进行再完善，将"三让三限"作为课堂教学的操作准则，提出让角色、让展示、让时间，做到限时授课、限量教学、限时作业，把坚决控制老师的讲课时间和充分发挥学生的主体作用作为改变方向，即学生合作研讨不少于10分钟，学生展示点评不少于15分钟，老师讲授不超过20分钟，充分激发学生自主思考、自主探究、自主发现。学校育人环境不断改善。学校根据宿迁市普通高中基础实施三年（2021—2023年）建设计划要求，对校园基础设施逐步进行改造升级。一年来，学校投入资金改造了教工阅览室、教学楼卫生间，升级理化生实验室。利用体育馆辅助用房，建成师生课余活动的舞蹈房。全面翻新运动场，更换草坪和塑胶跑道。经过校园改造，学校基础设施条件得到明显改善，校容校貌更加优美。

（赵子伦）

**【沭阳县杭州路高级中学】** 沭阳杭州路高级中学是县委、县政府2021年为民办实事项目。学校是一所依据省四星级高中标准创办的公办普通高中，校址位于杭州东路和昆山路交界处，占地面积8.3万平方米，建筑面积约7万平方米，计划总投资3.7亿元，将于2022年7月正式投入使用。根据县委、县政府文件精神，明确将沭阳杭州路高级中学定位为江苏省沭阳高级中学东校区。学校依托江苏省沭阳高级中学资源优势，传承江苏省沭阳高级中学先进教育教学理念，借鉴江苏省沭阳高级中学高效管理模式，积极打造沭阳高中教育新品牌，为学生成长提供优质资源。学校坚持"低起点、小坡度、重基础"的教学思想，以"尊重、赏识、包容"理念为引领，探索"六步导学法"，打造高效课堂。2021年，学校通过组织军训、授予"国防班"旗、编写手抄报、"庆国庆"摄影、纪念"一二·九"歌咏比赛等活动开展爱国主义教育，提倡"尊敬老师从问好开始，友爱同学从互助开始，文明礼仪从仪表开始"开展学生思想道德教育，通过拔河比赛、跑操比赛、歌咏比赛等文体活动丰富学生课余生活，开展系列主题教育，促进学生全面发展，着力培养人格心理健全、综合素养优良的学生群体，打造"少年心、鲲鹏志、报国梦"的学子形象。

【沭阳县怀文中学】 沭阳县怀文中学创办于1998年4月，现拥有学府路校区和开发区校区两个校区。学校现有江苏省特级教师、正高级教师1人，省教学名师1人，市名教师2人。2016—2021年，教师获评市学科带头人19人次，市骨干教师25人次，市教学能手30人次，市教坛新秀30人次。学校坚持规范办学，科学管理，把“教以人为本，校以师为本，师以生为本，生以德为本”作为办学指导思想，把“让每一个学生都拥有成功的机会，让每一个教师都拥有创新的舞台，让每一个家庭都拥有回报的欢乐”作为办学宗旨，坚定不移落实立德树人根本任务，担当“为党育人，为国育才”责任，培养心中有梦、眼中有光、肩上有责的时代新人。学校高度重视学生全面发展，成立了舞蹈、合唱、篮球、排球等学生社团，每月开展一次“怀文大舞台”活动，展示学生特长，培养学生综合素质。学校以“全面提升教育教学质量、办人民满意教育”为目标，积极探索以“三动课堂”为核心内容的生态化教学思想。“三动课堂”教学思想被省教育厅授予“基础教育改革成果二等奖”，学校积极打造办学特色，楹联育人工作取得了优异成绩，被中国楹联学会评为“全国优秀楹联教育基地”。学校编印的《校园楹联报》被定为中国楹联学会教育专业委员会会报，办刊以来，先后获评“全国最佳校报特等奖”和“江苏省百佳优秀中学校报校刊”。学校牵头编写的《对联》一书由中国楹联出版社正式出版，并在全国推广使用。

【沭阳如东实验学校】 沭阳如东实验学校创办于2011年4月，是沭阳、如东两地党委政府联合办学的又一成功典范。学校地处南部新城区，毗邻县体育馆和沭阳如东中学，占地面积9.5万平方米，建筑面积6.2万平方米。现有学生6440余人，88个教学班，专任教师329人，其中特级教师1人，市县学科带头人、骨干教师102人，高级教师82人，教师学历合格率100%。学校立足“智慧”校训，以“办有灵魂学校、做有灵魂教师、育有灵魂学生、做有灵魂教育”为理念，建设“钟灵毓秀、追求卓越”校风，“崇德敬业、乐教善研”教风，“明理求真、笃学睿思”学风，着力打造“花香、书香、墨香、心香”四香校园。办学以来，八届中考共计12469名学生，录取沭阳如东中学、沭阳高级中学8304人，有9名同学荣获市、县状元，5人获江苏省“中学生与社会”作文大赛省特等奖，18人获省一等奖。

【沭阳县实验小学】 沭阳县实验小学坐落于沭水河畔，袁公藤旁，其前身为沭阳县高等小学堂，始建于清光绪三十年（1904），是科举制度废除后沭阳县内创办的第一所公立学校。至2021年，学校七迁校址，十易校名。1979年2月，恢复“沭阳县实验小学”校名，成为沭阳县试行教学改革和推广教学的基地，因“在社会主义现代化建设中成绩优异”，获颁江苏省人民政府嘉奖令。1981年，学校被列入江苏省教育厅首批95所重点小学之一。随着沭阳社会经济发展，沭阳县实验小学步入全面大发展阶段，规模不断扩大，办学质量全面提高，成为沭阳小学教育的领头羊。1995年，沭阳县实验小学入围“江苏省名小学”。1998年，沭阳县实验小学被确认为“江苏省实验小学”。学校校园环境优雅，育人氛围浓厚，现有前校区、后校区和南校区三个校区，总占地面积13.3万平方米，114个教学班，7100余名在校学生，300余名教职员工。其中，省特级教师1名，市县学科带头人80余名。学校秉承百年传统，铭记“知行合一”校训，先后被评为“国家级德育科研先进实验学校”“全国小学德育实验基地”“国家体育课题优秀实验学校”“国家青少年体育俱乐部”“江苏省模范学校”“江苏省科技教育特色学校”“江苏省和谐校园”“江苏省体育传统项目学校（排球）”“江苏省奥林匹克体育俱乐部”“江苏省首届苏港澳姊妹学校”。

【沭阳县智慧新城幼儿园】 沭阳县智慧新城幼儿园2021年8月建

2021年7月，沭阳县智慧新城幼儿园　　县教育局　供图

成投用，位于智慧路北侧、王华路西侧，总投资约1800万元，幼儿园占地面积0.65万平方米，建筑面积0.39万平方米，为1栋3层教学综合楼，办学规模4轨12个教学班，可按标准提供360个学位。幼儿园整体建筑设计现代、简约、环保，设施设备齐全、环境温馨雅致、安保完善、充满童趣。园内设有多功能活动室、绘本阅读室、科学体验馆、陶艺坊、木工坊、印染坊、本草坊等专用活动室。户外活动场地设有升旗广场、标准化塑胶跑道、沙池、戏水池、大型器械运动区、音乐游戏区、种植园地等。所有班级均配置了现代化教学一体机、钢琴、空调、开放式玩具柜、实时监控、消毒柜、自动手部消毒机、电子班牌、晨检机器人等智能化教学设施和生活设备，幼儿园集美化、教育化、儿童化于一体，满足幼儿生活、探索、发展的需要，为幼儿和谐发展提供良好的环境与条件。自2021年9月开园以来，已开设小、中、大班共7个班级，幼儿260人，教职工30人，保教人员学历达标率100%。幼儿园本着“享受快乐、启迪智慧”的办园宗旨，以“爱运动、乐探索、会合作、善表达”为幼儿发展目标，赢得良好的家长口碑和社会广泛赞誉。

（张先明　苏　秦）

续表11

## 综　述

2021年，沭阳县体育事业实现高质量发展，也实现“十四五”良好开局。副县长范以环和县教育局（体育局）分别获评“全国群众体育先进个人”和“全国群众体育先进单位”，县少年业余体校成功创建2021—2024国家田径（中长跑）单项高水平后备人才基地，沭阳县成功获批江苏省首批体育消费城市试点单位，老沭河健身步道被省体育总会评为“2021江苏省最美跑步线路”，积极推荐沭阳体育中心申报“江苏省体育服务综合体”。

## 群众体育

**【全民健身】** 2021年，沭阳县体育运动中心充分利用春节、“全民健身日”、国庆假期、花木节等重要时间节点，举办了2021年沭阳县居家健身和网络四项（太极拳、健身气功、跳绳、体育舞蹈）全民健身活动、江苏省“迎新春　抗疫情”健身气功·八段锦网络公开赛（沭阳站）、沭阳县“全民健身日”视频展演活动、第九届中国·沭阳花木节跑骑跑活动、第九届沭阳花木节花香绿道健康行、江苏省广场健身舞百万人大展演沭阳分会场、沭阳县首届广场曳步舞比赛等众多有影响、规模大、示范性和引导性较强的全民健身活动7次，参与全民健身服务志愿者近3200人次，办赛质量、群众参与度均得到大幅提升。做好做优“沭阳花木节体育系列活动”文章，通过举办跑骑跑挑战赛、花乡绿道健康行等全民健身活动，较好实现“体育+农业”“体育+文旅”等“体育+多产业”深度融合。此外，扎实开展“青少年学生阳光体育运动”，确保青少年学生“每天锻炼一小时”。统筹兼顾各类人群健身需求，积极组织面向单位职工、老年人和残疾人等群体的体育健身活动，全民健身氛围日益浓厚，人民群众的幸福感和获得感不断提升。

### 2021年度沭阳县全民健身赛事活动一览表

表15

| 序号 | 体育赛事活动名称 | 活动时间 | 主办单位 | 承办单位 |
|---|---|---|---|---|
| 1 | 沭阳县庆元旦气排球邀请赛 | 1月2日 | 沭阳县体育局、沭阳县体育运动中心、沭阳县体育总会 | |
| 2 | 沭阳县2021年篮球俱乐部篮球联谊赛 | 1月7日 | 沭阳县体育局、沭阳县体育总会 | |
| 3 | 沭阳县春节居家网络太极拳、健身气功、跳绳、体育舞蹈四项全民健身活动 | 2月12—22日 | 沭阳县体育运动中心 | |
| 4 | 2021年沭阳县“大峰机电杯”三八妇女节羽毛球比赛 | 3月7日 | 沭阳县体育运动中心、沭阳县体育总会 | |
| 5 | 江苏省“迎新春　抗疫情”健身气功·八段锦网络公开赛（沭阳站）暨沭阳县居家健身网络视频赛 | 2月22日至3月12日 | 江苏省体育局、江苏省卫健委、江苏省体育总会、江苏省广播电视总台 | 沭阳县体育局、沭阳县体育运动中心、沭阳县体育总会 |

续表15

| 序号 | 体育赛事活动名称 | 活动时间 | 主办单位 | 承办单位 |
| --- | --- | --- | --- | --- |
| 6 | “亚足联女足日”女孩足球节（宿迁站） | 3月19日 | 亚洲足球联合会·中国足球协会 | 江苏省足球运动协会、沭阳县人民政府 |
| 7 | 苏北第六届“双沟牡丹杯”空竹联谊会 | 4月25日 | 沭阳县体育运动中心、沭阳县体育总会 | |
| 8 | 沭阳县空竹协会庆祝中国共产党成立100周年空竹表演活动 | 6月15日 | 沭阳县体育总会 | |
| 9 | “百年追光、与党同行”沭阳县庆祝中国共产党成立100周年骑行活动 | 6月26日 | 沭阳县体育总会、沭阳县融媒体中心 | |
| 10 | 沭阳县庆祝柔力球协会成立三周年联谊活动 | 9月30日 | 沭阳县柔力球协会 | |
| 11 | 2021第九届沭阳花木节跑骑跑挑战赛 | 10月2日 | 中共沭阳县委、沭阳县人民政府 | 沭阳县体育局、沭阳县体育运动中心 |
| 12 | 2021第九届沭阳花木节花乡绿道健康行活动 | 10月6日 | 沭阳县人民政府 | 沭阳县体育局、沭阳县体育运动中心 |
| 13 | “颂歌献给党 幸福舞起来”江苏省广场健身舞百万人大展演沭阳分会场活动 | 10月16日 | 江苏省体育局、江苏省文明办、江苏省妇联、江苏省体育总会、江苏省广电总台、江苏省体育产业集团 | 宿迁市体育局、宿迁市文明办、沭阳县体育局、沭阳县体育运动中心 |
| 14 | 2021科学健身进社区活动启动仪式暨优秀健身项目展示 | 10月30日 | 沭阳县体育局、韩山镇人民政府、沭阳县体育运动中心 | |

**【健身指导服务】** 县体育运动中心积极提升科学健身指导服务水平，全年组织以广场舞、太极拳为主题的社会体育指导员培训3期。当年新增一级社会指导员37人、二级116人、三级466名。2021年末，全县拥有各级社会体育指导员6225人。本地社会体育指导员中拥有等级教练员、等级裁判员等专项技能人才375人。全县2021年末常住人口167.92万人，万人拥有社会体育指导员37.07名。

**【国民体质测定与运动健身指导】** 2021年疫情防控期间，县体育运动中心充分利用省市体育局官方网站、《宿迁日报》“今日沭阳”版面、县融媒体中心等媒体，大力推广居家科学健身方法。经过精心筹备，成功开展篮球业余运动等级测试实验。根据《2021年宿迁市国民体质监测工作方案》，组织专业人员在悦来镇、庙头镇等乡镇开展国民体质测试，超额完成上级下达的测试指标。公共体育场馆开放期间，免费为前来运动健身的社会大众开展体质监测和健身指导服务。

**【体育社团】** 县体育总会充分发挥服务社团、管理社团作用，体育社会组织管理制度改革基本到位，直接登记与双重管理相结合的管理制度不断成熟，体育社团内部治理机制日趋完善。2021年，新成立体育协会1家、体育俱乐部2家，全县共拥有体育协会33家，体育俱乐部29家。在落实好疫情防控各项措施的前提下，认真举办和参加各项社团类体育赛事。组织参与第九届沭阳花木节展演、江苏省老年体育节宿迁分会场等活动，成功举办“颂歌献给党 幸福舞起来”江苏省广场健身舞百万人大展演活动（沭阳分会场）、宿迁市民时尚体育门球大联赛（沭阳站）等活动，进一步展示新时代沭阳社团体育发展成果，调动社团更加积极主动参与全民健身事业，实现“体育总会搭建平台、体育社团精彩唱戏”的活跃局面。

## 竞技体育

**【比赛获奖情况】** 2021年，沭阳县代表队参加田径、举重、体适能、跆拳道等四个项目的省级县组锦标赛，喜报频传。其中：田径队获得4金3银1铜，团体总分124分、排全省第10名；举重队获得团体总分202分，排全省第17名；少儿体适能获得男子跑酷团体项目获得第1名，女子跑酷团体获得第8名，团体总分10分、排全省第6名；跆拳道队获得3金1银1铜，团体总分125分、排全省第3名。

**【体教融合】** 2021年，县体育运动中心全力推动体教工作深度融合，以普通高中为龙头，联合周边初中以及初中学区内的小学，以传统、优势、新兴体育运动项目为纽带，构建项目发展共同体。在推进中小学“一校一品”“一校多品”建设基础上，遴选田径、排球、篮球、跆拳道、游泳、体适能等5个以上特色体育项目，每个项目至少布局6所小学、2所初中、1所高中，推进实施青少年体育“5621”计划。县少体校选派汪玲珑、谷洪建等教练员担任排球、跆拳道等项目主教练，聘用魏加财、李永峰、单松岩、叶瑜等优秀退役运动员担任田径、跆拳道、排球等项目主教练员，各项目布点校已完成组队工作，并正常开展业余训练。

【体适能项目】2021年，沭阳县体适能项目火热开展，共选派3名骨干教练员（教师）参加省级少儿体适能培训班，选派9名骨干教练员（教师）参加市级少儿体适能实践观摩培训。组队参加省少儿体适能锦标赛触式橄榄球比赛获得全省第三名。

【队伍管理】体育运动员、教练员队伍管理平稳有序，完成2022年度江苏省省级青少年儿童体育17个项目、351名竞赛教练员、运动员注册工作，确保参加江苏省第二十届运动员青少年部所有人员均完成注册。加强反兴奋剂教育学习，及时上报运动员行踪信息，确保“纯洁体育”App上线率100%。

**2021年沭阳县体育教练员队伍情况一览表**

表16

| 序号 | 姓名 | 性别 | 工作单位 | 项目 | 所带运动员最好成绩 | 教练员专项最好成绩 | 运动员数（人） | 带队时间 |
|---|---|---|---|---|---|---|---|---|
| 1 | 张林松 | 男 | 体育运动中心 | 田径 | 2015年亚洲青年运动会冠军 | 全国少年锦标赛第三名 | 24 | 1993年 |
| 2 | 李永峰 | 男 | 南湖小学 | 田径 | 2018年全国U系列田径锦标赛第一名 | 省十五届运动会800米、1500米二级运动员 | 17 | 2009年 |
| 3 | 祖　伟 | 男 | 南湖小学 | 田径 | 2018年全国U系列田径锦标赛第一名 | 田径1000米二级运动员 | 17 | 2016年 |
| 4 | 单松岩 | 男 | 实验小学 | 跆拳道 | 2018世界跆拳道团体锦标赛亚军 | 1996江苏省拳击锦标赛第二名 | 22 | 2009年 |
| 5 | 宋明颖 | 女 | 实验小学 | 跆拳道 | 2018世界跆拳道团体锦标赛亚军 | 2012江苏省跆拳道锦标赛第一名 | 22 | 2015年 |
| 6 | 汪玲珑 | 女 | 体育运动中心 | 排球 | 2019年江苏省青少年沙滩排球锦标赛冠军 | 第二届亚洲大学生女子排球赛（泰国）亚军、一级运动员 | 12 | 2014年 |
| 7 | 魏加财 | 男 | 华冲高级中学 | 排球 | 新组建队伍 | 第十二届全运会第五名、全国男子排球锦标赛第一名、运动健将 | 20 | 2020年 |
| 8 | 叶　瑜 | 女 | 实验小学 | 排球 | 2020年全国女子排球锦标赛第八名 | 2015年全国青年沙滩排球锦标赛第九名 | 26 | 2013年 |
| 9 | 刘　鎏 | 男 | 实验小学 | 排球 | 2020年全国女子排球锦标赛第八名 | 第十二届全运会第七名、一级运动员 | 26 | 2016年 |
| 10 | 齐偲雅 | 女 | 第二实验小学 | 排球 | 2019年全国小学生排球联赛第一名 | 2007年全国青少年排球锦标赛第一名 | 27 | 2019年 |
| 11 | 曹成建 | 男 | 如东实验学校 | 排球 | 2021年省青少年U13排球锦标赛第3名 | 2014年全国U19排球锦标赛第六名 | 24 | 2019年 |
| 12 | 邓玉国 | 男 | 如东实验学校 | 排球 | 2021年省青少年U13排球锦标赛第3名 | 1988年全国甲组排球锦标赛第二名 | 24 | 2013年 |
| 13 | 徐添长 | 男 | 第二实验小学 | 足球 | 2019年市“市长杯”甲组第一名 | D级足球教练员 | 70 | 2017年 |
| 14 | 徐　权 | 男 | 学府路小学 | 少儿体适能 | 省少儿体适能锦标赛触式橄榄球第三名 | 体育教师 | 25 | 2020年 |
| 15 | 马银成 | 男 | 正德中学 | 橄榄球 | 省十九届青少年橄榄球比赛第四名 | 体育教师 | 63 | 2018年 |
| 16 | 孙昌军 | 男 | 潼阳中学 | 五人制篮球 | 市四运会篮球比赛初中男子组第二名 | 体育教师 | 29 | 2019年 |

续表16

| 序号 | 姓名 | 性别 | 工作单位 | 项目 | 所带运动员最好成绩 | 教练员专项最好成绩 | 运动员数（人） | 带队时间 |
|---|---|---|---|---|---|---|---|---|
| 17 | 朱文达 | 男 | 银河学校 | 少儿体适能 | 江苏省少儿体适能县组锦标赛冠军 | 山西省跑酷比赛季军 | 47 | 2020年 |
| 18 | 张　绪 | 女 | 桑墟棒棒幼儿园 | 少儿体适能 | 新开展项目 | 幼儿教师 | 9 | 2021年 |
| 19 | 王珊珊 | 女 | 南湖小太阳幼儿园 | 少儿体适能 | 新开展项目 | 幼儿教师 | 12 | 2021年 |
| 20 | 王　莹 | 女 | 南湖小太阳幼儿园 | 少儿体适能 | 新开展项目 | 幼儿教师 | 12 | 2021年 |
| 21 | 王彦科 | 男 | 轮滑协会 | 速度轮滑 | 2019全国中小学轮滑锦标赛亚军 | 2019滑向鸟巢中国轮滑嘉年华季军 | 22 | 2019年 |
| 22 | 魏　猛 | 男 | 英豪散打俱乐部 | 拳击 | 2020年省拳击锦标赛男子75公斤级第二名 | 2014年沭阳县散打邀请赛60kg第一名 | 20 | 2020年 |

## 体育产业

【健身设施】 积极改善城乡社区体育设施基础条件，完善体育公园、健身步道等户外体育设施建设。全县拥有各类体育设施面积428.8万平方米，人均拥有体育场地面积2.56平方米。高标准建成城市社区“十分钟健身圈”，拥有规模以上体育公园10个，全县乡镇场（街道）基本建成五个健身项目以上的2000平方米的多功能运动场地，进一步扩大公共体育服务供给。全县新建健身步道17.2千米，均配置健身器材、健身标识等体育元素。组织人员高质量完成2021年度体育场地统计调查工作。在疫情防控常态化形势下，严格执行省、市、县有关要求，在做好各项防控措施，保证安全前提下，县体育系统所属公共体育设施全部按标准、按要求对社会开放，并及时在省体育局网站、县政府官方网站等媒体平台发布开放信息。

**2021年沭阳县体育公园汇总表**

表17

| 序号 | 体育公园名称 | 级别 | 体育健身项目数量（个） |
|---|---|---|---|
| 1 | 沭阳体育中心 | 市级 | 18 |
| 2 | 沭阳县苓生公园 | 县级 | 11 |
| 3 | 沭阳县孙巷公园 | 县级 | 11 |
| 4 | 沭阳经济技术开发区公园 | 县级 | 11 |
| 5 | 沭阳县八一公园 | 县级 | 9 |
| 6 | 沭阳县青少年广场公园 | 县级 | 12 |
| 7 | 沭阳县老沭河健身体育公园 | 县级 | 9 |
| 8 | 沭阳县南湖公园 | 县级 | 8 |
| 9 | 沭阳县虞姬生态园 | 县级 | 8 |
| 10 | 沭阳县城北公园 | 县级 | 12 |

【体彩销售】 2021年，县体育运动中心牢固树立服务理念，严密跟踪体育彩票销售形势，全年体育彩票销售安全运行。全年体彩销售再创佳绩，实现体育彩票销售额1.59亿元。除13个大市外，在全省排名第17位、苏北排名第1位。

（张苓苓）

## 综 述

2021年，全县文广旅系统坚持以习近平新时代中国特色社会主义思想为指导，全面贯彻中共十九大和十九届历次全会精神，深入学习习近平总书记关于文化广电和旅游工作的重要论述，增强“四个意识”、坚定“四个自信”、做到“两个维护”，牢记初心使命、勇于担当作为、奋力开拓创新，扎实推动文化广电和旅游高质量发展，各项工作取得积极进展。全年全县共送戏下乡165场，培育优秀群众文化团队进基层演出125场；围绕中国共产党成立100周年等主题开展各类文化惠民活动610场；沭阳县创排的现代淮海戏《乡村爱情》入选第五届江苏省文华奖优秀舞台艺术作品展演计划，三人舞《拓荒人》获评江苏省文华奖“优秀节目奖”，年度完成《英气贯长虹》《三戡枭》《锄奸》3部大戏并搬上舞台。全年共立案查处“扫黄打非”案件32起，移送公安机关涉嫌犯罪案件9起，严厉打击了侵权盗版等违法违规经营行为。

## 公共文化

【文化设施】 2021年5月，县文化馆新馆投入使用，博物馆被确定为宿迁市干部教育培训现场教学点，博物馆、文化馆入选江苏省“最美公共文化空间”打造对象，沭阳县的公共文化云工作荣获江苏省文化馆的表彰。2021年，新建青伊湖文化站、扎下镇文化站，胡集、庙头文化站完成提档升级工作。

【送戏下乡】 2021年全县完成送戏下乡165场。

（周婷婷）

## 文艺活动

【建党百年大型文艺活动】 围绕中国共产党成立100周年和全面小康等重大主题，由县委宣传部牵头举办“永远跟党走”庆祝中国共产党成立100周年大合唱比赛和万人大合唱展演活动。77支展演队1.8万余名干群参加大合唱展演，多家线上平台同步直播，400余万人次线上观看，得到中国新闻网、人民网、“学习强国”学习平台、“国际在线”及省市媒体平台聚焦报道，社会各界反响强烈。开展了“百场剧目演党史”展演活动，红色大型淮海戏《三戡枭》等巡演120场，直接受教育党员干群20余万人。

【文化惠民活动】 2021年，全县广泛开展“建党百年”系列群众文化惠民活动，举办第十一届“花乡歌会”、首届淮海戏艺术节、“花乡故事会”大赛、“青春心向党 放歌新时代”歌手大赛、“淮海大地，戏出沭阳”淮海戏大家唱活动、“动感沭阳·活力有我”广场曳步舞大赛、非遗项目展演、摄影展等19项大型群众文化惠民活动。举办“云相约·‘艺’周乐”群众文艺活动20余场，线上线下共172万人次观看演出。结合第九届沭阳花木节，开展了具有地方特色的系列文艺演出，沭阳县楹联协会在第九届沭阳县花木节上举办楹联文化书法展。全年全县共送戏下乡165场，培育优秀群众文化团队进基层演出125场；围绕中国共产党成立 100 周年等主题开展各类文化惠民活动610场。

【文艺创作】 围绕中国共产党成立百年主题，2021年，新编排三部红色大型淮海戏《三戡枭》《英气贯长虹》《锄奸》、小康题材淮海戏《农房改善》。其中，淮海戏《三戡枭》全市巡演60场，淮海戏《锄奸》全县巡演30场，淮海戏《英气贯长虹》全县巡演30场。市委宣传部对沭阳县长篇小说《沭河晚霞》《落纸云烟》、歌曲《红色考验》《校园防疫歌》、小戏《人情债》等27件文艺作品进行扶持，共拨付文艺精品扶持奖励资金45.208万元。电影《摄影师青年吴印咸》公映许可证已于10月底发布；淮海戏《三戡枭》、电影《摄影师青年吴印咸》、长篇小说《归队》、歌曲《等你归来》等文艺精品准备冲刺2022年省“五个一工程”奖项目。沭阳县创排的现代淮海戏《乡村爱情》入选第五届江苏省文华奖优秀舞台艺术作品展演计划，三人舞《拓荒人》获评江苏省文华奖“优秀节目奖”。

**【文艺之乡创建】** 成功创成“中国楹联文化县”，中国楹联学会、江苏省楹联研究会莅沭举行授牌仪式。启动“中国摄影之乡”创建工作，确保2022年创建成功。举办了淮海戏艺术节，进一步擦亮“中国淮海戏之乡”品牌。

（黄 杰 周婷婷）

## 文化产业

**【产业规划】** 2021年，县委宣传部牵头编制并发行《沭阳县“十四五”文化产业发展规划》，县委宣传部会同经开区、软件园、统计局、发改局等部门完成市目标考核文化企业招引任务，沭阳县文化创意产业园建成并投入使用。

**【文化产业门类】** 2021年，全县文化产业涵盖节日礼品、婚庆礼品、旅游用品、文体玩具等9个门类，已形成了包括数字出版、新闻出版发行服务、广播电视电影服务、文化艺术服务、文化创意和设计服务、文化休闲娱乐服务、工艺美术品、文化用品等行业为主体的文化产业门类。全县文化产业企业2000余家，从业人员2万余人，其中规模以上企业91家。文化产业重点项目中，有国家文化出口重点企业4家，国家部级认定动漫企业1家，省级文化产业示范基地1家，省级重点文化产业园区1家，市级文化产业示范园区1家，市级文化产业培训实训基地4家。截至年底前，沭阳县拥有东方文体、凤凰画材等文化科技企业20家，产品涉及节日礼品、画框画材、文体玩具等10多个门类，产品2000多种，年产值达10多亿元；具有国家高新技术企业8家，奥光智慧等企业建有3个江苏企业研究生工作站，增强了文化产业对其他产业的渗透提升和带动能力，推动文化产业融合发展。

（黄 杰 周婷婷）

## 文化遗存保护

2021年，沭阳县新增市级非遗传承基地3个。县级非物质文化遗产保护项目已达113项。其中，市级20项、省级5项；县级代表性传承人120余人，市级代表性传承人70人，省级代表性传承人4人。全年开展非遗线上春晚、非遗日、庆祝中国共产党成立100周年等展演、展览类活动共计32场，持续推进非遗大课堂、非遗进校园传承培训活动310余次。相关活动被“学习强国”学习平台、江苏电视台、中国江苏网等媒体报道10余次。2021年，县博物馆先后举办了《心手相承——中国蓝印花布艺术展》《持风——折扇文化意象展》等6场展览；与南湖小学、南湖中学等学校开展馆校合作活动，开展各类社会教育活动8次，累计接待群众达30万人次。

（周婷婷）

## 文化市场管理

**【市场整治】** 2021年，县文广旅局依法查处违规接纳未成年人行为。对娱乐场所、网吧等场所进行检查，对接纳未成年人等违法违规进行全面整治。全年立案查处文化和旅游市场案件17件，其中旅游案件1起、涉未成年人案件15件，1家网吧被依法吊销许可证。

**【专项行动】** 以案件查办为先导，全力“聚焦执法，专注办案”，扎实开展版权执法工作，严厉打击侵权盗版违法违规行为。全年共立案查处“扫黄打非”案件32起，移送公安机关涉嫌犯罪案件9起，严厉打击了侵权盗版等违法违规经营行为。

（周婷婷）

2021年5月，沭阳博物馆 周东翔 摄

## 广播电视

【安全播出】 2021年，全县广电系统扎实开展安全播出大检查、应急演练。建党百年重要保障期间，216人次在岗值班值守，圆满完成安全播出保障任务，全年安全播出零事故。

【应急广播】 县级平台共制作播出语音信息9322条，在党史学习教育、新冠疫情防控政策宣传、应急信息发布过程中，充分发挥了党委政府的喉舌作用；智慧广电乡镇建设方面，沭阳县完成了首家试点乡镇——贤官镇的智慧广电乡镇建设，并以宿迁地区五家试点乡镇评分第一的成绩顺利通过省广播电视局的验收。

【广电惠民】 2021年，沭阳县共有21510户低保户享受到了“低保农户看电视”的优惠政策，农村低保户每年仅需48元，即可享受有线电视服务。

（周婷婷）

## 融媒体工作

【概况】 2021年，县融媒体中心按照融媒宣传、产业发展、服务保障三方面职能总体布局，积极探索推进媒体深层次的融合，做大做强县级融媒体中心，巩固壮大舆论宣传阵地，弘扬主旋律，传播正能量，为全县高质量发展提供强大的精神力量和舆论支撑。

【新闻宣传】 秉持“党媒姓党，绝对忠诚，围绕中心，为民服务”宗旨，精心抓好宣传的策采编发各个环节。在内宣方面，广播、电视、新媒体等全媒体矩阵共发稿3.2万余条，其中围绕庆祝中国共产党成立百年和党史学习教育等重大主题，开设专题栏目26个；围绕县委、县政府中心工作，出专栏36个。在外宣方面，围绕“跳出沭阳宣传沭阳”的工作思路，全年央视上稿57条，其中《新闻联播》11条；省台上稿385条，其中，《江苏新时空》88条，“学习强国”学习平台用稿52条，省以上报刊、网站、客户端上稿65条，均创历史新高。

【媒体融合】 突出融合宣传的核心职能，推动“1+5”架构实现流程融合。按照“1+5”模式精心架构，包括1个融媒指挥中心（总编室）和通联、采访、编辑、节目、播出技术5个部门，推动62名采编人员协调联动，高效运行9个传媒平台。突出移动优先的内在要求，推动“1+N”架构实现平台融合。按照“1+N”架构，所有传播平台全部对应落实到相关部门；整合后的移动传播矩阵因其内容生产全面提升，成为宣传推介沭阳的核心平台。突出“传媒+服务”的总体定位，推动“1+3”架构实现事业融合。“1+3”模式赋予“媒体+服务”新定位，事业产业发展实现“质效双提”。截至2021年年底，“爱沭阳”App下载量78.4万次，注册量62.7万次，比上年增长10倍以上。此外，积极拓展平台号业务，先后开设沭阳融媒抖音号、快手号、广电大院抖音号、微博、今日头条等，策划发布短视频1560余条，粉丝量达100万人，位居全市前列。

【精品生产】 在坚持抓好电视台的《沭阳新闻》《花乡党建》《百姓问政》等自办电视栏目的基础上，推出了一档为民、便民、惠民的“媒体+服务”直播节目《有事找小融》，全年播出46期，为群众解决“急难愁盼”问题近400件，节目被省委网信办、省广播电视总台关注推广，被市委网信办评为全市网络公益优秀节目。电台拥有《健康之路》《娜娜来帮忙》《乐动985》《你好少年》等九档自办节目，全天播出时长17小时。新媒体平台积极策划推出一批有影响的作品，其中《沭阳抗战老兵、老党员再现当年杀敌情景》《沭阳县堰下村：广而告之！这样的祝福有排面》《开学第一天，沭阳这两枚小可爱“以武会友”》等播放量超千万的“爆款”短视频，成为“现象级”新闻产品。全年共有38件作品在省、市节目创优评比中获奖。其中，获省电视新闻长消息三等奖1件，纪录片《“疆苏”大叔米尔扎提：圆梦花乡》获长三角白鹭豚原创网络视频大赛铜奖，沭阳县庆祝中国共产党成立100周年万人大合唱直播被评为全市最“火”融创产品。

【安全播出】 融媒体中心始终高度重视安播工作，做到“人防、技防、制度建设”三结合。在人防方面，抓好员工的安播业务培训和演练，强化员工的安全意识教育和管理，要求机房值班人员认真监听监看节目，做好值班日志登记，杜绝人为因素所造成的安全隐患。在技防方面，投入510万元更新改造播出发射设备，添置4G、5G高清背包传输设备，及时更新出现故障的核心设备，夯实安播之基。在制度建设方面，制定出台了工作标准、规范和业务流程，做到制度管人、流程管事，全年保障县委、县政府重大活动直录播34次，实现了保障及时、有力、无误的目标。

（毛　双）

## 档案工作

【基础业务】 县档案馆深入推进《中华人民共和国档案法》（以下简称《档案法》）普法宣传，在“6·9”国际档案日、“12·4”法制宣传日等重要时间节点，运用举办展览、印发宣传单、新闻宣传等形式广泛宣传，大大提高了社会对档案事业的关注度和认知度。召开档案业务能力提升班，对全县专兼职档案员进行《档案法》和档案管理相关规定的培训。积极配合县委办（档案局）进机关、企业围绕党管档案、档案工作责任制落实、档案安全管理等开展档案执法检查。县档案馆还结合市县级国家综合档案馆业务评价工作和县乡镇布局优化工作，下发档案接收进馆通知，对全县各立档单位档案进馆情况进行跟踪指导，切实做好档案进馆工作，不断丰富馆藏档案资源。

【为民服务】 完善馆藏档案查阅利用目录体系，加快推进馆藏档案全文数字化工作。最大限度发挥数字档案馆系统平台，不断优化查阅利用环境，增添便民服务措施，简化档案服务手续，进一步提升服务效率和质量。党员干部坚守服务一线值勤执守，通过电话查档、现场查档、网络查档，及时为利用者提供档案查询服务。查档服务窗口工作人员还通过节假日预约查档、延时查档等方式提供查档服务。截至2021年11月，累计接待查档群众3000人次，利用档案20000余卷（册）。

【征集编研】 2021年，县档案馆专题部署编研工作，以重大事件、重大活动、重要人物等专题为切入点，认真做好档案资料征集，征集到重要人物专题档案5个（荣静、严会莲、胡道亮、夏晓芳、王娟），重要活动专题档案5个，出版图书6本。为献礼中国共产党成立100周年，开展了新中国成立前入党的老党员口述史档案采集工作。

【主题展览】 县档案馆扎实开展党史学习教育，认真挖掘红色档案，丰富《中国共产党在沭阳》展厅内容，接待县内外机关企事业单位参观近200批次2万余人次。2021年8月，《中国共产党在沭阳》展厅列入全市干部教育培训党史教育类现场教学点。2021年“6·9”国际档案日期间，先后举办了“档案话百年——沭阳革命历史档案专题展”和“信仰初心——新中国成立前老党员图片展”，让党员干部、广大群众，尤其是青少年一代了解党领导带领沭阳人民走过的革命历程，从而弘扬优良传统，激发党员干部初心使命，激发青少年家国情怀。

（卢　璐）

## 史志工作

【概况】 2021年，县委党史工委（县志办）根据部门职责和县委、县政府的安排部署，始终坚持围绕中心，服务大局，结合庆祝中国共产党成立100周年的历史机遇，以“二次创业”的姿态提振精气神，确立了“市内同行争第一、县直排名争进位”的目标导向，扎实推进党史学习教育和史志编研工作，取得了良好成绩。启动《康熙重修沭阳县志》《民国沭阳县志》2本旧志的点校工作，获省地方志办公室特色创新项目奖。编辑出版的《沭阳年鉴（2020）》被省地方志办公室评选为地方综合年鉴综合优秀三等奖。“江苏方志大讲堂”新年首场在沭阳县张圩淮海军政大礼堂成功举办，党史工委副主任荣铁利以《江淮河汉今谁属，红旗十月满天飞》为题，深情讲述淮海抗日根据地的峥嵘岁月。这是“大讲堂”第一次走进乡村，第一次由基层史志工作者担任主讲；3人入选党史学习教育县委宣讲团，举办专题讲座15场；常态化开展地方党史宣讲，为全县各级各类培训班开设专题党课20余场（次）；牵头组织、合作拍摄红色故事短视频，两部作品《红心伟业　民铸丰碑》《吴苓生：革命事业的杰出开拓者》在全市观摩评比中分别获全市第九届党员教育全媒体作品观摩交流活动培训片类优秀奖、纪录片类二等奖。

【年鉴编纂】 2021年初，县委党史工委启动《沭阳年鉴（2021）》编纂工作，根据省年鉴业务培训会精神以及相关专家的意见，并参照借鉴多部精品年鉴成功经验，《沭阳年鉴（2021）》的编修从专题图片、框架设计到内容都作了创新调整。在专题图片中增设了“沭阳名片”“年度荣誉”栏目，并将图片分为“数说沭阳”“活力沭阳”“幸福沭阳”“疫情防控”专题，集中反映沭阳的年度特色和亮点工作。在框架设计上增设了特载、乡村振兴、人物荣誉等类目，类目由原来的26个拓展到33个，整个框架设计覆盖全面、分类科学合理、层次清晰、领属得当、编排有序。沭阳是花木生产大县，为突出这一特点，年鉴设立了花木产业类，具体记述年度内沭阳的花木生产、花木旅游、花木销售及特色花木等情况。《沭阳年鉴（2021）》约100万字，12月由江苏人民出版社出版发行。同时，完成《宿迁年鉴（2021）》涉沭部分1.3万字供稿任务。

【地方史志编纂】 完成《“沂涛新歌”历史资料汇编》的编纂出版工作。按照上级的统一部署，积极启动《“沂涛新歌”历史资料汇编》一书编纂工作，深入挖掘本地丰富的特色红色资源，为地方党史学习教育提供助力。完成《风华——沭阳发展印记》地方党史的编纂工作。为庆祝中国共产党成立100周年，也为党史学习教育提供优质党史读物。年初，党史工委把《风华——沭阳发展印记》的编纂作为2021年改革创新课题。该书以时间为顺序，以事件为线索；以当下为重点，以传播红色文化，弘扬奋斗精神，凝聚发展力量为主旨；以图文并茂形式全景式、多视角展示新中国成立以来沭阳人民在中国共产党领导下走过的峥嵘岁月、奋斗历程和取得的辉煌成就和发展成果，向党的百年华诞献礼。完成《沭阳红色印记——中共沭阳历史知识读本》编印工作。该书涵盖沭阳党史大事记、党史故事、党史人物等内容，共25万多字，由县委党史学习教育领导小组办公室审核付印，印刷6万册，为全县党史学习教育提供助力。启动《沭阳地方志辑成》丛书编纂工作。该丛书含《民国沭阳县志（点校本）》《康熙重修沭阳县志（点校本）》。

**【党史宣讲】** 党史工委认真做好党史宣讲工作，入选党史学习教育县委宣讲团的3名人员，共到县直单位和乡镇开展党史宣讲15场，受教育学员达800多人次；年初，江苏省地方志办公室主办的“江苏方志大讲堂”新年首讲在沭阳举办，活动邀请沭阳县党史工委（县志办）副主任荣铁利作题目为《江淮河汉今谁属　红旗十月满天飞——淮海抗日根据地的峥嵘岁月》讲座，由新华报业集团交汇点全程录制视频，并在“交汇点”公开课推送播出，在全省引起强烈反响和好评。另外党史工委陈志胜、荣铁利在学习贯彻习近平总书记“七一”重要讲话精神宣讲中，理论联系实际，结合中共沭阳历史，又分别到基层和部门开讲6场和7场，以丰富的图片资料，通俗易懂的语言，获得了听讲人员的一致好评。积极开展党史“七进”工作，为新华书店青条石书屋赠送100册地方党史资料，丰富了青条石书屋的地方文献专区，拓宽了党史教育阵地；向沭城新桥、健康、沭河等8个社区及七雄街道徐圩居委会赠送各类党史、地方志书籍200余册（套），帮助小区建设“党建读书吧”，助力全民阅读，引导干部群众主动学、深入学。用心拍摄地方党史微视频。党史工委积极用现代传媒等新形式宣传地方党史，与县融媒体中心联合拍摄的微视频《吴苓生：革命事业的杰出开拓者》《红心伟业　民铸丰碑》等登上“学习强国”学习平台等多家媒体，引起较大反响；两个微视频在宿迁市党史工委主办的党史微视频作品征集评选中分获二等奖和优秀奖。扩大党史学习教育和对外宣传。会同县邮政公司组织开展“方寸之间学党史”校园巡回宣讲活动；积极参与县国资系统和县委组织部、县委宣传部组织的党史知识竞赛，为竞赛提供党史知识题库，对比赛题目进行审核把关；与团县委合办青少年书画大赛；协助中央电视台在沭阳拍摄《战旗》等。同时，积极向“方志江苏”“宿迁史志”微信公众号和花乡沭阳网站、县《党委信息》、“学习强国”学习平台等投稿宣传推介沭阳史志文化。党史稿件共被县委党史学习教育领导小组简报采用4篇，《方志江苏》采用2篇，《宿迁日报》采用6篇，《华人时刊》采用一篇，制作的视频被“学习强国”江苏学习平台采用。一名工作人员2020年、2021年连续两年被评为省党史宣传工作先进个人。

1月29日，荣铁利在“江苏方志大讲堂”新年首场授课

县委党史工委　供图

**【机制创新】** 制定出台审读机制。为进一步强化意识形态风险防控意识，发挥业务部门专业特长，认真落实意识形态工作责任制，县党史工委主动作为，创新党史审读机制。制定出台《沭阳县地方党史文本审读工作方案》，成立地方党史文本审读工作小组，健全审读机制，规范审读流程，对县级媒体及相关单位发布的地方党史资料进行精读，保证其资料史实的真实性、政治性，截至年底前已审读11批次、书稿20余篇，合计90余万字。编制史志“十四五”工作规划。为推动全县史志事业高质量发展，根据省、市、县统一安排，党史工委制订出台《沭阳县2021—2025党史工作规划》《沭阳县“十四五”地方志工作发展规划》，已由分管领导审阅同意，并报县发改局备案

（张鹏程）

# 卫生

## 综 述

2021年，全县卫生健康系统扎实抓好新冠疫情防控、疫苗接种、公立医疗体系建设、基本公共卫生服务、卫生行政执法等卫生健康各项重点工作，推进全县卫生健康事业快速、健康、稳步发展。常态化开展国家卫生县城、卫生乡镇和卫生村创建工作，创成国家级卫生乡镇1个（吴集镇）、省级卫生乡镇2个（桑墟镇、钱集镇）、省级卫生村17个。按照“外防输入、内防反弹”总要求，常态化开展疫情防控工作，截至2021年12月31日，累计排查县外返沭人员11.69万人，对全县19类重点人群检测核酸38.49万份；指定沭阳县第一人民医院为定点救治医院，投入2800万元完成布局改造；组建185人医疗救治团队，配备救护车56辆、负压救护车22辆，建成洗消中心；配备PCR扩增仪116台，储备7500名核酸检测采样人员；建成全市第一家标准化集中隔离点蓝领公寓，配有1170个标准化房间；加强疫苗接种工作，截至12月31日，全人群接种329.7860万剂次，加强针接种370453剂次，3～11岁人群接种246605剂次。积极推进实施妇幼保健院能力提升工程，县妇幼保健院成功晋升为二级甲等妇幼保健院；全年完成免费孕前优生健康检查4462对，完成率105.23%；完成“两癌”筛查30718人筛查任务，完成率104%。

## 公共卫生

【爱国卫生运动】 2021年，沭阳县常态化开展国家卫生县城创建工作，创成国家级卫生乡镇1个（吴集镇）、省级卫生乡镇2个（桑墟镇、钱集镇）、省级卫生村17个。大力开展除“四害”工作，防止病媒生物传播疾病的发生流行，“四害”密度得到有效控制。

【公立医疗体系建设】 沭阳县积极探索研究县乡公立医疗体系建设，完善医疗卫生服务体系，形成多元化办医格局，不断增强办医活力。2021年，韩山人民医院、马厂人民医院先后投入运行。韩山人民医院已顺利通过省、市验收，创建成省农村区域医疗卫生中心，其他医疗机构建设正在有序推进中。

【智慧健康项目工程】 智慧健康项目工程快速推进，加快数据汇聚，13家二级以上医院实现与市人口健康信息平台互联互通。加强信息系统规范建设，15家二级以上医院完成电子病历结构化改造，1家三级医院电子病历评级达到5级，1家三级医院电子病历评级达到4级。持续推动惠民升级，完成医疗信息系统新医保接口改造，实现63家医院全覆盖。做好公共卫生信息化服务升级，投入37万元升级人口健康一体化平台数据库硬件资源。加强医疗资源下沉，建立远程会诊中心2个，远程影像中心1个，远程心电中心1个，覆盖35家乡镇医院和2家区域医疗服务中心。

2021年沭阳县医疗卫生机构基本情况一览表

表18

| 类别 | 个体诊所 | 个体卫生室 | 医务室 | 门诊部 | 村卫生室、医疗点 | 三级医院 | 二级医院 | 一级医院 | 疾病预防控制中心 | 专科疾病防治院 | 卫生和计划生育服务中心 |
|---|---|---|---|---|---|---|---|---|---|---|---|
| 数量（家） | 180 | 21 | 14 | 14 | 543 | 2 | 13 | 50 | 1 | 1 | 40 |

【公共卫生服务】 沭阳县按照“政府主导、部门监管、契约服务、社会参与”的总要求，形成责任明确、上下联动、协调一致的服务管理新格局，推动31大类基本公共卫生服务项目高效落实。全年建立电子健康档案1419969人，健康规范管理高血压患者98638人、Ⅱ型糖尿病患者26126人、严重精神障碍患者6953人，开展家庭医生签约服务覆盖53.45万人。45家医疗机构通过老年友善医疗机构的验收，完成省民生实事胡集护理院建设，完成6800人次老年智能化手机培训任务。

【中医药服务】 沭阳县完善中医药服务网络，全县拥有中医医疗服务机构43家，其中，三级乙等中医院1家，二级中西医结合医院1家，中医门诊部2家，中医诊所39家。全县37家乡镇医院均建有中医馆，建成达到省标准化中医馆15家，建成104个中医阁中医药健康文化知识角4个。发挥中医药在疫情防控中的独特优势，全年为集中隔离点1514名隔离人员和工作人员提供9084份中药预防汤剂。开展中医药文化宣传活动，全年开展28场线上直播巡讲，惠及三十余万名群众。

（王之枚）

## 新冠疫情防控

【专题会议】 1月8日上午，县疫情防控工作指挥部召开第十二次会议，全面贯彻落实上级有关疫情防控工作决策部署，分析研判当前疫情防控形势，安排部署全县疫情防控工作，努力为“十四五”开局起步创造和谐稳定的发展环境。卞建军、彭伟等县领导及相关单位负责人员参加会议。会议期间，县委副书记、县长、县疫情防控工作指挥部总指挥彭伟传达了省委书记娄勤俭在省委常委会上关于疫情防控工作的讲话精神、全市冬春疫情防控专题会议精神。副县长、县疫情防控工作指挥部副总指挥范以环通报了全县疫情防控工作开展情况及下一步工作建议。

1月17日上午，县委副书记、县长、县疫情防控工作指挥部总指挥彭伟主持召开全县疫情防控工作调度会，深入学习贯彻中央和省、市有关疫情防控工作会议精神，调度部署现阶段全县疫情防控重点工作。

3月23日，沭阳县召开新冠病毒疫苗接种工作推进会，贯彻落实国家和省、市最新会议精神，组织和动员全县上下提高政治站位、引起高度重视，全力以赴做好全县新冠疫苗接种工作。

3月27日上午，县委副书记、县长彭伟主持召开全县新冠病毒疫苗接种工作推进会。

5月24日上午，沭阳县召开新冠肺炎疫情防控和新冠病毒疫苗接种工作会议。县委副书记、县长彭伟出席会议并讲话。各乡镇（街道）、县直各单位相关负责人参加会议。

7月20日晚，沭阳县召开全县疫情防控指挥部工作会议，深入贯

3月23日，沭阳县召开新冠病毒疫苗接种工作推进会

沭阳县人民政府网　供图

5月24日，沭阳县召开新冠肺炎疫情防控和新冠病毒疫苗接种工作会议

沭阳县人民政府网　供图

7月20日，沭阳县召开全县疫情防控指挥部工作会议

沭阳县人民政府网　供图

7月22日晚，沭阳县召开全县疫情防控指挥部工作会议

沭阳县人民政府网　供图

11月1日上午，沭阳县召开新冠肺炎疫情防控工作专题培训会

沭阳县人民政府网　供图

彻落实全省、全市疫情防控工作视频会议精神，部署安排当前及今后一段时期疫情防控和疫苗接种工作。县委副书记、代县长王瑞主持会议。

7月22日晚，县委书记彭伟连夜主持召开全县疫情防控指挥部工作会议，全面贯彻落实省、市疫情防控最新会议精神，研判当前疫情形势，安排部署下一步疫情防控工作，动员全县上下闻令而动、听令而行，全力做好疫情防控工作。县委副书记、代县长王瑞就疫情防控工作进行了安排部署。

7月27日，沭阳县连夜召开疫情防控工作调度会。县委书记彭伟出席会议并讲话。县委副书记、代县长王瑞主持会议并安排部署了全县疫情防控工作。

7月31日上午，县委书记彭伟主持召开全县疫情防控指挥部工作会议。县委副书记、代县长王瑞参加了会议。

7月31日下午，县委书记彭伟主持召开疫情防控工作调度会。县委副书记、代县长王瑞参加会议并就疫情防控工作进行安排部署。

8月14日上午，沭阳县召开全县疫情防控指挥部工作会议，全面贯彻落实省、市最新会议精神，研判当前疫情形势，从严从紧安排部署下一步疫情防控工作。县委副书记、代县长王瑞主持会议。

8月21日下午，沭阳县召开全县疫苗接种工作推进会，县委副书记、代县长王瑞出席会议并讲话。会议通报了全县疫苗接种情况，安排部署了近期疫苗接种工作任务，相关乡镇、街道作了表态发言。县领导范以环以及相关单位和乡镇（街道）负责人参加会议。

11月1日上午，沭阳县召开新冠肺炎疫情防控工作专题培训会，会议邀请市疾控中心副主任陈晓军就新冠肺炎疫情防控工作做专题培训。县委副书记、代县长、县疫情防控指挥部总指挥王瑞出席会议并讲话。会议由副县长范以环主持。县疫情防控指挥部“一办十二组”组长、各组牵头部门和部分重点行业主管部门主要负责同志以及各乡镇（街道）政府主要负责人参加会议。

（周大扬 张 岩 王 琪 杜文正等）

**【精准人员快速排查管控】** 沭阳县充分运用“555联防联保联控”机制，加强县乡村三级联动，公安、工信、公共卫生部门协同作战，坚持“四查”工作机制（公安部门数据查、村（社区）干部上门查、发动群众举报查、行业部门联动查），把牢村居和社区防控关。全力抓好境外、中高风险地区来沭人员、返乡人员的信息登记和健康管理工作。南京、扬州疫情暴发期间，先后派出三批次106名医务人员支援疫情防控；对返沭人员连夜排查，从严管控，累计排查南京返沭23440人，扬州返沭21408人，涉及人员均落实集中隔离措施。截至12月31日，累计排查县外返沭人员11.6933万人，其中，境外返沭917人、国内中高风险地区返沭2462人，全部落实核酸检测，结果均为阴性；累计隔离4113人。

**【新冠防控重点环节管理】** 持续加强各类重点场所测温、验码、戴口罩、消杀、通风、“一米线”等防控措施落实，严防聚集性疫情发生。全面规范医疗机构管理，充分发挥医疗机构的哨点作用，督促医疗机构规范设置预检分诊点，落实预检分诊措施，强化发热门诊建设，守住疫情防控底线。全力做好核酸“应检尽检”，全县19类重点人群应检人数3.95万人，累计检测份数38.49万份。持续加大对全县15个农贸市场、10家大型商场超市、192家冷库等场所的排查检查力度，全年采集样本14306份；国外进口物品采集800批次4830份样本；村卫生室、村民活动室、公共浴室、公共卫生间、养老院等重点场所外环境采集样本20959份；全县所有隔离点的缓冲区、污染区、清洁区等区域外环境采样520份，检测结果均为阴性。

**【应急处置能力建设】** 严格对照省、市《新冠肺炎疫情应急处置能力项目清单》，全面加强公共卫生应急处置能力建设。指定沭阳县第一人民医院为定点救治医院，共投入2800万元，按“三区两通道”完成病区布局改造，配备40张ICU专用病床、400张普通病床，配齐救治设备。组建72人的普通医疗队、30人的中医医疗队、24人的核酸检测队和3支县级医疗救治梯队，共计185人。快速提升转运能力，配备救护车56辆、负压救护车22辆，救护车洗消中心基本建成。全面提升核酸检测能力，现有PCR扩增仪116台，日检测能力单管8.4万份，储备7500名核酸检测采样人员。督促二级以上医院全部建设规范化发热门诊。建成全市第一家标准化集中隔离点蓝领公寓，累计投入100余万元进行改造升级，配有1170个标准化房间，工作人员77人，可满足大规模集中医学观察需要。

**【新冠疫苗接种】** 认真贯彻落实上级关于新冠疫苗接种工作新部署、新要求，积极采取有效措施，加强接种能力建设，全县上下合力推进，紧紧围绕重点人群，合理规范有序推进，确保新冠疫苗接种工作正常开展。截至12月31日，全人群累计接种329.7860万剂次，其中第1剂149.7515万剂次，占比84.84%；大力推进新冠疫苗加强针，共接种370453剂次，完成任务数的57.12%；周密部署3～11岁人群新冠疫苗接种，首剂共接种246605剂次，完成率91.87%。

（王之枚）

## 基层医疗卫生

**【基本药物制度完善】** 2014年在乡镇民营医院试点实施基本药物制度，2015年实现乡镇医院全覆盖，经过几年巩固和完善，形成了一套行之有效的监管考核机制、经费补偿机制，促进基药制度规范、有序运行。2021年1—12月，沭阳县乡镇医院共采购基本药物14352.68万元，销售基本药物13110.9万元，占比64.63%，平均使用基本药物品种数251种，占比64.21%，基药销售品种数和金额均达到预定目标（60%）。乡镇医院平均处方值39.7元，住院次均费用2450.75元，分别较基药实施前下降41.71%、1.54%，群众的医药费用负担得到持续减轻。

**【妇幼健康服务】** 沭阳县积极推进实施妇幼保健院能力提升工程，县妇幼保健院成功晋升为二级甲等妇幼保健院，2021年10月计划生育科获得省妇幼健康重点学科建设单位。全年完成免费孕前优生健康检查4462对，完成率105.23%；完成“两癌”筛查30718人筛查任务，完成率104%；开展产前筛查4920人，针对性建议终止妊娠16人，有效降低残障儿出生率；开展新生儿先天性心脏病筛查12713人，其中阳性388人，已免费治疗53人。简化办证程序，全年共办理生育登记9186例，人口监测率98%，为全县60938人落实了计生系列保险300万元，全力维护计划生育家庭合法权益。

**【分级诊疗】** 县卫健局积极推进分级诊疗工作开展，分级诊疗工作机制逐步健全。通过组建医联体、医共体，有序引导城区二三级医院优质医疗资源下沉基层，鼓励城区二三级医院卫技人才定期到基层坐诊、查房，提升基层医疗机构服务水平。同时，出台《关于推进县域内紧密型医疗共同体建设的通知》等文件，探索发展紧密型共同体，让城区医院基础设施建设、医院管理、业务开展等方面的经验做法下沉基层，促进基层诊疗量提升，2021年基层诊疗量同比增长10.6%，先进经验做法于2021年9月28日在《新华日报》专版报道。

（王之枚）

## 卫生监督管理

**【医疗质量管理】** 沭阳县卫健局继续实施新一轮改善医疗服务三年行动计划，不断加强医疗质量管理、院感管理和医疗安全管理。建立医疗机构定期约谈制度，及时提醒和警示违规违纪行为。深入开展医疗市场专项整治活动，全年先后开展血液透析专项检查、医疗行业专项整治周活动等专项检查30余次。同时，常态化开展处方点评、病历质量评审等工作，上半年，组织专家对全县随机抽取的650份住院病历、11388张处方进行了评审，着重就不合理用药、不合理检查、不合理治疗等方面进行评审。

**【职业健康监管】** 沭阳县卫健局强化综合监督，依法履行医疗卫生、公共卫生、计划生育、中医药、职业卫生监管职责。全年共出动执法人员28000余人次，执法车辆7500余台次，监督各类单位9140余户，开展各类专项检查活动20余次，完成国家双随机209家、省双随机136家、县双随机22家监督检查任务。全年一般程序行政处罚立案169件，简易程序行政处罚立案38件，取缔无证行医场所39个，暂停执业1人，移送司法机关3件，申请法院强制执行7件。

**【卫生监督】** 沭阳县卫健局扎实开展职业卫生服务机构依法执业专项整治、职业健康领域省级挂牌督办重大风险隐患化解、职业卫生用人单位双随机监督抽查等专项活动，全年对2家存在违法行为的企业进行了立案查处，保护劳动者健康及其相关权益。同时，开展职业健康知识进企业活动和职业健康优秀传播作品展示活动。累计发放宣传手册220余本，宣传折页20000余份，张贴海报200余份，组织企业员工观看职业健康传播作品300余份。

（王之枚）

## 医院选介

**【沭阳医院】** 沭阳医院暨徐州医科大学附属医院，是国家三级乙等综合医院。医院医疗用房面积12.59万平方米，核定床位1000张，可开放1600张。医院拥有1个省重点专科，14个宿迁市重点专科，拥有胸痛中心等五大诊疗中心及生殖医学中心。现有职工1277人，其中，卫技人员1118人，高级职称201人。

**【沭阳县中医院】** 沭阳县中医院是一家三级乙等中医医院，是南京中医药大学附属医院筹建单位、扬州大学医学院临床学院。医院医疗用房面积12.6万平方米，核定床位1200张，可开放1600张。医院设临床科室33个、医技科室8个，拥有省市级重点专科19个。现有职工1569人，卫技人员1356人，高级职称246人。

（王之枚）

# 人民生活

## 综　述

2021年，沭阳县年末总户数50.55万户，户籍总人口198.36万人，年末常住人口167.92万人。其中，城镇常住人口100.75万人，常住人口城镇化率60.0%，较上年提高1.1个百分点。居民收入稳步提升。全体居民人均可支配收入28700元，增长10.1%。按常住地分，城镇居民人均可支配收入34604元，增长9.4%；农村居民人均可支配收入21828元，增长10.6%。消费能力不断增强。全体居民人均生活消费支出18399元，增长18.6%，全体居民恩格尔系数30.6%。其中，城镇居民人均生活消费支出21622元，增长16.5%，城镇居民恩格尔系数30.2%；农村居民人均生活消费支出14648元，增长21.7%，农村居民恩格尔系数31.3%。就业保障不断提升。成功举办线上直播“带”岗招聘会15期，线下“送岗位进村居”和“流动大篷车”系列招聘会92场，为197家重点企业推介岗位3.13万个，达成就业意向2.25万人；发放创业补贴366.9万元，稳岗补贴420万，社保补贴1665.7万元，办理富民创业担保贷款9996万元；打造“沭水优才”品牌，开展“产业引才”自主特色招聘活动25场次，引进人才4000人，其中博士硕士及“双一流”高校毕业生500人、博士后1名；认定高级工以上技能人才60批次4520人；培养企业新型制学徒465人，开展就业技能培训9006人、创业培训1672人，创业带动就业1.2万人。社会保障稳固加强。实施全民参保计划，全县职工养老、居民养老、工伤、失业参保分别达14.12万人、58.28万人、9.76万人、6.8万人；城乡居保基础养老金由每人每月160元提至173元，为建档立卡等困难群体代缴城乡居保费1067.43万元；推出不打烊社保自助服务，新建标准化“人社24小时自助服务厅”2个、社银合作网点5个，实现人社业务自助查询、自助办理28项；受理劳动争议案件1620件，为劳动者追索工资、经济补偿、工伤待遇等5000万元。

## 就业与创业

**【概况】** 2021年，沭阳县坚持将“稳就业”摆在首位，采取一系列促就业、助创业措施，加快推动实现更高质量更充分就业，城镇新增就业9896人，城镇登记失业率控制为3.3%。

**【“春风行动”】** 深入开展就业创业“春风行动”，通过直播带岗、

2月16日，开展就业创业“春风行动”线上“直播荐岗”活动

县人社局　供图

云招聘、现场招聘、流动大篷车等“线上线下”双招聘模式，成功举办15期线上直播“带”岗招聘会，92场线下“送岗位进村居”和“流动大篷车”系列招聘会，为192家重点企业推介2.86万个就业岗位，达成就业意向2.2万人。

【政策扶持】 2021年，沭阳县共为483名创业人员发放创业补贴，补贴金额366.94万元；为255人发放创业租金补贴，补贴金额147.947万元；为668人办理富民创业担保贷款，贷款金额9998万元。沭阳国际花木城完成市级创业示范基地创建和省级创业孵化示范基地备案，沭阳国际图书城通过省级创业孵化示范基地复评工作，并获得100万元的专项扶持资金。

【创业典型选树】 积极开展创业典型评选，1人获评市“十佳创业培训讲师”称号，8人获评市“返乡创业先进个人”称号，科泽新材料等5家企业获评“吸纳返乡就业典型企业”称号，1人获得第三届“创赢宿迁”大学生创业大赛创业项目二等奖。沭阳县作为唯一县级代表在全国发改就业系统工作暨返乡入乡创业视频会议上作典型经验交流，引领创业就业相关做法在全国推广。

省级创业孵化示范基地——中国沭阳国际图书城　　县人社局　供图

【技能培训】 实施职业技能提升行动，形成覆盖城乡的职业技能培训体系。推行学徒制培训，培养企业新型制学徒465人。深化校企合作培训，采取“订单式”“定向式”培养模式，指导企业开展岗位技能提升培训3354人，面向城乡劳动者开展就业技能培训12956人，面向就业困难人员开展创业培训630人。

## 人事人才

【概况】 2021年，沭阳县紧紧围绕“6+3+X”新型产业体系和技能型人才与专业型人才需求，全面加强高层次人才引进，高技能人才培养，促进转型升级，全县拥有产业人才总数达8.27万人，专业技术人才总量达7.2万人。

【紧缺急需人才引进】 举办第三届沭阳县高层次人才创新创业大赛，打造“沭水优才”品牌。开展“产业引才”自主特色招聘活动25场次，引进人才4000人，其中博士硕士及“双一流”高校毕业生500人、博士后1名。沭阳康顺磁性器材有限公司获批省博士后创新实践基地，2人获批“千名拔尖人才培养工程”培养对象。

【高技能人才培养】 依托沭阳花木特色产业，成功承接《盆景工国家职业标准》制定工作。认定高级工以上技能人才60批次4520人，王义力工作室获批“市技能大师工作室”，胡闯被表彰为“江苏省工匠”，杨可平获批“江苏省企业首席技师”。天能电池、睿甲金属等14家企业获批技能等级认定评价资质。

【乡土人才培育】 打造乡土人才培育评价品牌，从人才挖掘、平台搭建、职称评审、技能等级认定和激励保障等方面，为乡土人才发展、助力乡村振兴保驾护航。承办第六期盆景工匠培训班，举办盆景和园艺初级、中级、高级技能人才培训班，发放技能等级证书730人。为花卉苗木、盆景制作等91名乡土人才申报职称。

## 社会保障

【概况】 2021年，沭阳县坚持全覆盖、保基本、多层次、可持续方针，积极构建更加完善的社会保障体系，推动养老、失业、工伤保险保障能力持续提升，基本养老保险覆盖率达98.16%。

【社会保险扩面】 深入实施全民参保计划，常态化开展社保扩面，2021年全县职工养老、居民养老、工伤、失业参保分别达11.55万人、58.57万人、9.66万人、6.8万人，城乡基本养老和失业保险参保率分别提高至98.13%、98%。沭阳县养老保险工作荣获省政府督查激励。

【待遇水平提升】 企业退休人员、机关事业单位人员养老金待遇水平分别提高至2468.15元/人·月、5237.7元/人·月。城乡居民基本养老保险人均基础养老金水平提高至173元/月。全县基本养老保险基金、失业保险基金当期结余分别为2.52亿元、1356.41万元。为建档立卡等困难群体代缴城乡居保费1067.43万元。全县符合参保条件的低收入贫困人口参保率100%，基础养老金发放率100%。

【工伤保障】 推进补充工伤商业保险，累计参保企业193家，参保人数5523人，收取保费402.7万元。开展工伤预防宣传5场，培训1215人次，实施现场互动与持续改善式培训10家。

## 劳动维权

【概况】 2021年，沭阳县坚持促进企业健康发展和劳动者合法权益“双向维护”，建立了规范有序、公正合理、互利共赢、和谐稳定的劳动关系。全县规模以上企业劳动合同签订率、集体合同签订率持续稳定在99%以上。

【农民工工资保障】 开展保障农民工工资支付夏季专项行动和根治欠薪冬季专项行动，共接待投诉举报案件628起，立案查处267起，依法追讨农民工工资452.8万元，涉及人数768人，向公安机关移送涉嫌拒不支付劳动报酬犯罪案件6起。

【和谐劳动关系创建】 出台用人单位劳动保障守法信用分级分类监管制度，全面推行“A、B、C”三级和谐企业劳动关系标准，评定县级劳动关系和谐企业25家。天能电池、科泽新材料被评为“江苏省优秀劳动关系和谐企业”。天能电池、东方文体、立华牧业被认定为“市劳动关系和谐企业”。双马木业张凯获评“全省优秀农民工”。

【劳动争议仲裁调解】 打造1家市级金牌劳动人事争议调解组织，共受理劳动争议案件1620件，为劳动者追索工资、经济补偿、工伤待遇等5000万元。劳动人事争议仲裁案件结案率达100%，调解成功率达85%。2人被评为“市金牌劳动关系协调员”，1人被评为“省级金牌劳动关系协调员”。

（唐　广）

## 医疗保障

【概况】 2021年，沭阳县医疗保障局坚持“以人民为中心”的发展理念，锐意进取，开拓创新，切实推进医保政策落地见效，医保改革纵深推进，医保服务持续优化，医保管理更加精细，持续增进人民群众民生福祉，圆满地完成了上级交办的各项任务，得到了各级党委、政府的充分肯定。

【城镇职工医疗保险】 全年，全县职工参保人数12.9万人，同比增长11%；收取保费63044.58万元，同比增长28.17%；支出金额52438.86万元，同比增长31.53%。

【城乡居民医疗保险】 城乡居民参保筹资标准为910元/人·年，其中个人缴纳300元/人·年、财政补助610元/人·年。参保人数163.44万人，同比减少0.01%；收取保费164084.12万元，同比增长11.12%；支出金额173343.82万元，同比增长40.66%。

【基金监管】 开展“打击欺诈骗保，维护基金安全”集中宣传月活动，创新基金监管方式，规范医药服务行为和维护基金安全，投入资金110万元，探索购买第三方监管服务，持续对全县定点医药机构开展各类专项检查、病例审核、第三方专业机构审核、审计监督等。2021年，对全县定点医药机构展开全覆盖检查，处理违规236家、约谈95家、通报批评35家、限期整改196家、暂停医保51家、解除医保15家、移送司法机关2起、移交纪检监察机关4起、行政处罚1起，追回医保基金1733.44万元，举报奖励2起，主动曝光案例79起，定点机构的医药服务行为持续向好。

【异地就医】 顺应民意，响应群众呼声，将异地就医备案和转诊权限下放至乡镇，让参保群众在家门口即可办理业务，制定外出转诊“零门槛”政策，群众获得感越来越好。2021年办理异地就医备案15091人次，比上年同期11265人次增长34%。实施异地就医直接结算，点对点联系门诊特殊病、门诊慢性病等需要长期治疗的患者，将其医保关系直接转诊至居住地，增强患者就医便利度。2021年异地联网结算57518万元，比上年同期43642万元增长32%；2021年审核异地外伤材料1545份，比上年同期1270份增长21.65%。

【生育保险】 2021年1—12月，生育保险医疗费910.81万元，同比增长1.5%；生育津贴1543.62万元，同比减少0.72%；一次性营养费205.73万元，同比减少0.03%。

【门诊慢性病特殊病】 全年共计发放门诊慢性病待遇证7551人，比上年增加8%；发放门诊特殊病待遇证4182人，比上年增加15%。

【医疗救助】 全年救助建档立卡贫困户、城乡低保户、特困供养人员及孤儿等1142911人次，救助金额118911675.8万元。

【药品耗材招标采购】 严格贯彻执行上级有关药品、医用耗材、医疗服务项目、医疗服务设施等医疗保障目录和支付标准及配套政策。国家集采药品采购、省集采药品采购、省医用耗材联盟采购、有序开展。2021年共涉及医疗机构83家，采购金额196622.89万元。

【支付方式改革】 重点推进DIP支付方式改革，加快完成医疗机构、病种数、入组结算率、医保基金“四个全覆盖”目标任务，确保二级以上综合医疗机构全部开展DIP实际付费。2021年，宿迁市推进DIP支付方式改革现场会在沭阳医院召开。

【社会管理创新】 始终把“为群众办实事”实践活动贯穿党史学习教育全过程，针对群众反映强烈的“急难愁盼”问题，从“小切口”入手，构建“医保链”去堵点服务机制，实现“政策秒懂、支付秒到、末端秒办”，有效解决好参保群众的操心事、烦心事、揪心事1029件。《人民日报》(海外版)、《新华日报》、“学习强国”学习平台、《宿迁日报》等主流媒体对沭阳县的创新做法予以报道推介。

【队伍建设】 配优配强乡镇医保协理员，专门从事各项基层医疗保障服务工作，确保广大群众就近享受全链条、“零距离”的医疗保障服务。借助县医保中心搬进新行政服务中心办公机会，着力打造省级医保服务示范点。组织开展“工作之星”“服务之星”“学习之星”评选活动，激励干部职工严明纪律、转变作风、赶有目标、学有榜样。努力打造一支思想水平高、业务能力强、政策清、有激情和创造力的干部队伍，让群众充分享受到国家医疗保障政策的实惠。

（庄惠明）

## 社会福利

【概况】 2021年，沭阳县民政局全面贯彻落实中央和省市县关于民生民政工作的决策部署，坚持以高质量发展为主题主线，聚焦聚力省市高质量发展两大考核，持续夯实“精准救助、安全生产、疫情防控、纪律规矩”四条底线，统筹落实好基本民生保障、基层社会治理、基本社会服务等职责任务，深入开展“我为群众办实事”实践活动，以新作为跑出沭阳民政高质量发展加速度。

【民生保障】 2021年，沭阳县出台《沭阳县帮扶救助联席会议制度》，深化农村低保制度与扶贫开发政策有效衔接，将符合条件的建档立卡贫困户全部纳入农村低保。建立低保标准与消费水平挂钩自然增长机制，从7月1日起城乡低保标准提高至620元，年发放低保金49109万元。落实特困人员生活、照料护理和关爱监护制度，及时将符合条件的对象纳入救助供养范围，全县现有特困人员3446人，年发放供养经费4061万元。加大疫情期间生活困难群众临时救助力度，年发放临时救助3001人950万元。启动低收入人口认定工作，建立数据库实现动态监测。

【流浪乞讨人员救助管理】 实施流浪乞讨人员救助管理服务质量提升年行动，常态化开展“在站寻亲、让爱回家”主题活动，成功寻亲6人、护送返乡43人。持续开展“夏季送清凉”“寒冬送温暖”专项行动，年内救助流浪乞讨、临时遇困人员89人(次)，发放救助物资和生活用品40余万元。加快推进县救助管理站规范化建设，并于12月投入使用，接回安置塘沟医院寄养点长期滞留人员58人，其中站内照料37人、站外就医21人。

【养老服务】 实施“3+1+N”养老服务体系工程建设，即在3个现代新型小城镇各新建1个区域性养老服务中心，将敬老院空余床位对社会开放，不断优化养老服务供给。积极创建食品安全示范县，乡镇(街道)敬老院食堂、消防设施管护实现全覆盖。聘请第三方每月对养老机构进行综合评估，实现专业化、长效化监管。完成580户困难老年人家庭适老化改造，进一步改善老年人的居家生活环境。强化经费保障，年发放尊老金43195人(次)299.23万元、居家养老服务补贴1150万元、居家养老机构补贴288万元。

**2021年沭阳县养老服务机构一览表**

表19

| 序号 | 机构名称 | 机构负责人 | 序号 | 机构名称 | 机构负责人 |
|---|---|---|---|---|---|
| 1 | 铭和养老服务中心 | 袁建领 | 7 | 塘沟敬老院 | 吴继康 |
| 2 | 沭城敬老院 | 蔡秀芹 | 8 | 周集敬老院 | 沈立恩 |
| 3 | 九如城沭城养老服务中心 | 袁　英 | 9 | 胡集敬老院 | 陈尚林 |
| 4 | 康泰老年公寓 | 张正文 | 10 | 钱集敬老院 | 冯德军 |
| 5 | 沂河日间照料中心 | 王倩茹 | 11 | 张圩敬老院 | 顾从全 |
| 6 | 塘沟东渡养老互助之家 | 姚小萍 | 12 | 东小店敬老院 | 胡爱中 |

续表19

| 序号 | 机构名称 | 机构负责人 | 序号 | 机构名称 | 机构负责人 |
|---|---|---|---|---|---|
| 13 | 十字敬老院 | 万树林 | 32 | 樊小翠幸福小院 | 樊小翠 |
| 14 | 东小店幸福老年关爱之家 | 王义巧 | 33 | 龙庙敬老院 | 史良英 |
| 15 | 胡集金阳光老年公寓 | 徐　建 | 34 | 青伊湖敬老院 | 倪永银 |
| 16 | 塘沟红太阳老年关爱之家 | 张益桂 | 35 | 桑墟敬老院 | 付怀全 |
| 17 | 马厂温馨老年公寓 | 杨　琴 | 36 | 万匹敬老院 | 杨光来 |
| 18 | 马厂敬老院 | 王　浩 | 37 | 北丁集福尔康养老服务中心 | 王才勤 |
| 19 | 沂涛敬老院 | 汤化朋 | 38 | 庙头敬老院 | 王士震 |
| 20 | 汤涧敬老院 | 周立东 | 39 | 贤官敬老院 | 仲从明 |
| 21 | 李恒敬老院 | 刘中朋 | 40 | 茆圩敬老院 | 孙士国 |
| 22 | 章集敬老院 | 胡爱中 | 41 | 潼阳敬老院 | 张颖超 |
| 23 | 七雄敬老院 | 陆森林 | 42 | 新河敬老院 | 张松田 |
| 24 | 龙庙一家人养老服务中心 | 徐法春 | 43 | 颜集敬老院 | 叶　辉 |
| 25 | 韩山敬老院 | 魏善权 | 44 | 扎下敬老院 | 胡　永 |
| 26 | 官墩敬老院 | 周光芹 | 45 | 扎下鸿福老年关爱之家 | 王跃华 |
| 27 | 高墟（湖东）敬老院 | 徐高政 | 46 | 陇集敬老院 | 董志高 |
| 28 | 吴集敬老院 | 魏从标 | 47 | 北丁集敬老院 | 乔　军 |
| 29 | 西圩敬老院 | 周以梅 | 48 | 耿圩敬老院 | 张　琼 |
| 30 | 韩山老年公寓 | 范育忠 | 49 | 悦来敬老院 | 钱士才 |
| 31 | 华冲敬老院 | 周卫芹 | 50 | 刘集敬老院 | 王长怀 |

【困境儿童保障】 完成年度摸底排查，全县共有困境儿童870人，年发放保障金1050.32万元。投入83万元推进留守儿童、困境儿童“关爱之家”和“爱心暑托班”项目建设，其中“爱心小屋”项目对40个留守、困境儿童住房进行改造，有效改善了孩子们的生活学习环境。对涉案未成年人开展帮教服务，其中6名帮教对象通过转介就学考入大专院校。实施“明天计划”和“孤儿助学”项目，资助15名孤儿助学金15万元。依法办理收养登记3例，切实维护孤儿合法权益。联合“沭阳县小小爱心志愿者协会”等公益组织开展“爱心周末”活动，丰富留守儿童、困境儿童假日生活。

【残疾人补贴】 扩大补贴保障范围，将符合条件的低保外无固定收入的智力、肢体、精神、盲视力重度残疾人及持有一、二级重度残疾证的残疾人全部纳入保障，实现救助范围全覆盖。严格补贴发放标准，低保内三级智力精神残疾人、轻度残疾人、重度残疾人和一户多残依老养残以及无固定收入残疾人分别按低保标准的20%、25%、35%、60%和100%发放，护理补贴城镇每人每月130元、农村每人每月90元。全面规范动态管理，全县现有低保内残疾人15947人、低保外残疾人9102人，享受护理补贴残疾人20766人，年发放“两项补贴”10362.71万元。

【福彩发行】 坚持以市场为导向，以“安全运行　健康发展”和“保量晋位”为目标，以队伍建设和规范管理为抓手，积极探索疫情防控常态下福彩销售工作，科学搭建平台，上下联动，确保福彩工作安全有序推进，全年完成福彩销售5364.55万元，筹集公益金536万元，为推动全县社会福利事业发展做出贡献。

（荣　超）

## 社会事务管理

【疫情防控】 沭阳县民政局进一步压实防疫主体责任，对民政服务机构和特殊困难群体实行封闭管理，狠抓措施落实，确保“可知可控、精准防控”，坚决守住民政系统“零输入”“零感染”底线。同时优化常态化疫情防控状态下的民政服务流程，改进服务方式，加强受疫情影响困难群体救助，保障基本生活和基本服务不断档。

【安全生产】 牢固树立“防重于治”的理念，分析研判资金管理、民生保障、养老服务、社会福利、社会事务、社区建设、社会组织等领域可能存在的政治安全和社会稳定风险，把责任落实到最小工作单元，及时防范化解各类风险隐患。紧盯民政重点领域和薄弱环节，持续深化安全生产专项整治，推行安全隐患排查整治和闭环管理，对发现的违法行为100%查处，对发现的安全隐患100%整改，全力营造安全稳定的发展环境。

【制度建设】 推进婚姻登记、困境儿童保护等领域政务服务事项“省内通办”“跨省通办”，提升民政服务窗口满意度。推行社会组织、残疾人补贴证明事项告知承诺制，切实做好便民利民服务。落实集体讨论决定制度，不断提高科学民主决策水平。完善法律顾问制度，充分发挥法律顾问、公职律师在法制审核中的作用。严格执行三项制度，不断提高行政执法的规范化水平。加强民政法治队伍建设，安排14名业务骨干参加县法治培训考核，全部取得行政执法资格。突出法治为民办实事项目建设，发放残疾人两项补贴4.58万人10362.71万元。

【社区治理】 依法推行全县第十二届村（居）两委换届，选举产生新一届村（居）委会班子2574人，班子年龄、学历、妇女干部和“一肩挑”比例实现“一降三升”，加强业务培训，指导乡镇（街道）推选新一届村（居）监督委员会成员，修订村规民约和村民自治章程，为实现乡村振兴提供坚强的组织保障。指导乡镇（街道）签订《基层群众自治组织协助政府管理协议书》，明晰基层政府与基层自治组织的权力边界和职责范围，从源头上遏制社区“七多”现象。推进社区服务中心建设，完成马厂镇、李恒镇5个村（居）社区服务中心项目建设和塘沟镇、钱集镇4个村（居）社区服务中心升级改造。建成社工站30家，配备专职社工60名，为乡镇（街道）开展社会工作提供了人员和场所保障。

【社会组织管理】 县政府办印发《关于开展“僵尸型”社会组织专项整治行动的通知》，在全县开展“僵尸型”社会组织专项整治，净化社会组织发展环境。加大监督管理执法力度，会同公安、政法等部门，依法取缔东望集团沭城课堂、十字课堂、马厂课堂、沂涛课堂等4家社会组织。加强行业协会商会管理，社会组织兼职干部均报组织部门备案审批。规范社会组织登记管理，全县现有在册社会组织1827家。

【殡葬管理】 完善殡葬设施建设，投入900万元引进4台智能火化炉及尾气环保处理设备，投资558万元改造殡仪馆火化间，投入50万元打造园林式万福园，殡仪服务质量和墓园祭祀环境得到有效提升。启动清明安全祭扫应急预案，全年共接待祭扫群众23万人、车辆近2万辆（次）。规范天府园销售管理，年完成收入2270万元。落实惠民政策，年减免群众丧葬费9116人899.14万元。深化殡葬体制改革，将全县35个乡镇公墓移交县追思园殡葬服务有限公司运营管理。

【婚姻登记】 广泛开展《中华人民共和国民法典》和婚姻登记法规政策宣传，增设离婚调解室，加大“冷静期”调解力度，其中1427对申请离婚当事人（占申请离婚总数的37.29%）改变离婚意愿，离婚登记率较上年明显下降。开展颁证宣誓服务，提升结婚新人对婚姻家庭的重视程度。坚持依法登记文明服务，全年办理婚姻登记22539对，登记手续合格率100%。

【行政区划】 完成行政区划变更组织实施工作，全县现有30个乡镇（街道），比变更前减少10个；平均区域面积76.63平方千米，比变更前增长33.33%；平均人口6.63万人，比变更前增长33.40%，进一步夯实高质量发展和高效能治理基层基础。完成“连宿线”第四轮行政区域界线联合检查工作，及时排查整改边界纠纷隐患，维护边界地区社会稳定。

（荣　超）

## 残联工作

【概况】 2021年，沭阳县残联紧扣省、市残联年初目标任务，紧密结合全县残疾人工作实际，着力改善和提升残疾人生活质量，各项工作取得了显著的成绩，年度综合考评获得全市“优秀单位”。

【康复工作】 全年为精神病患者办理免费服药救助1300多人次。

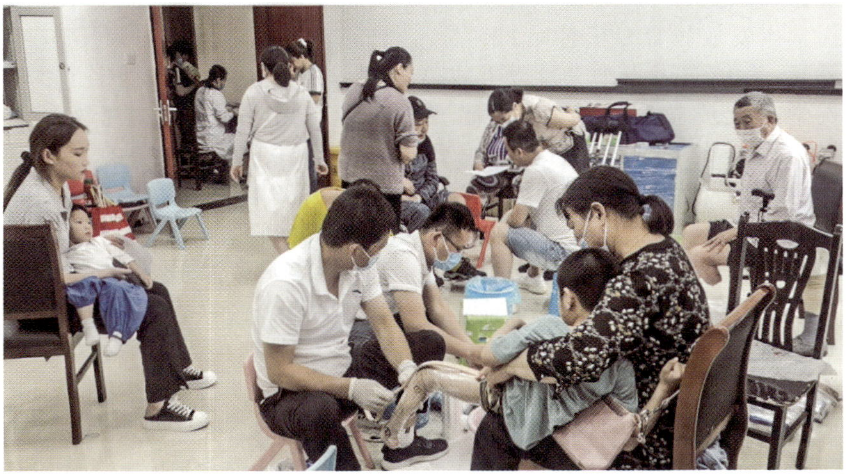

2021年7月，县残联组织省辅具中心专家为残疾人免费安装假肢、矫形器取模

县残联　供图

通过组织筛查有康复需求0～6周岁残疾儿童1085名、7～14周岁残疾儿童239名，已全部建档立卡，并输入精准康复服务管理系统，转介到各定点机构进行康复训练治疗。按省、市残联统一部署，对康复机构进行公开招标，有6家康复机构中标。全年共为1500名残疾人发放轮椅等各类辅助器具1800余件，完成303户残疾人家庭无障碍设施改造工作。复明工程共为白内障患者实施手术500多例。在爱耳日、助残日期间，联合县中医院等单位举行残疾预防宣传工作，着力普及康复知识，提高全民康复意识。

【照护服务】 通过招标第三方加强对“残疾人之家”进行常态化监管，为1100余名各类残疾人提供文化娱乐、康复训练等日间照料服务，有1000余名残疾人实现辅助性就业。落实省政府办公厅苏政办发〔2021〕28号、市政府办公室宿政办发〔2021〕35号精神，县级残疾人托养中心和脑科医院精神残疾人托养机构正常运行，有120多名残疾人接受托养服务。

【社会保障】 2021年，县残联为全县所有持证残疾人购买意外伤害保险，为99名高等教育阶段残疾学生发放教育专项补贴12.75万元，为17名考入中专及以上残疾学生发放教育奖励2.4万元。16名高中及以上在读的残疾人家庭子女评选为全省“阳光学子”，发放奖励资金4.8万元。助残日期间，联合县慈善总会共为全县400名易致贫、易返贫的持证残疾人发放救助金20万元。组织各专门协会以及各类爱心志愿者先后11次开展参观红色教育基地、走访慰问等活动，服务贫困残疾人100余人次，赠送慰问品、慰问金3.6万元。

【劳动就业】 2021年年初，县残联结合开展就业援助月活动，共走访困难残疾人家庭120户，实名制纳入年度培训计划300人，通过开展2期线上培训、依托沭阳中专开展线下培训，为280多名残疾人培训美容美发、电子商务、服装、家政服务、电子商务，新增实名制就业225名。选送11名视力残疾人参加全市盲人保健按摩培训班学习，有2名选手在全市第二届盲人保健按摩技能大赛中分获一、二等奖。在沭城、南湖、梦溪等6个街道为100名残疾人购买社区辅助性就业和服务性岗位。与税务部门协作对44家用人单位进行就业年审。

【文体活动】 县残联积极做好残疾人运动员的选送和保障工作，有13名运动员在省体训中心正常训练。在东京残奥会和全国第十一届残疾人运动会上，胡道亮、荣静等6名运动员共夺得7金9银4铜，其中胡道亮、荣静在东京残奥会夺得3金3银1铜。选送17件残疾人文艺作品参加“全省残联系统庆祝中国共产党成立100周年活动”，有一件作品获得优秀奖。通过发放宣传单、张贴海报、电子屏、微信群等媒介扎实开展惠残政策、预防网络诈骗宣传工作。在“学习强国”学习平台和省、市残联网站以及报刊等媒体上稿150余篇。

【组织维权】 县残联制定了乡镇（街道）残疾人专职委员考核办法，加强对残疾人专职委员的管理，采取专会、以会代训等形式进行培训，提高残联系统干部队伍理论和业务水平。妥善处理来信、来电、来访以及“12345”热线80余人次，无一起残疾人集访或越访案件发生。全年换发残疾人证1.5万本。为58名肢体残疾人发放轮椅车燃油补贴1.5万元。全县有4800余名残疾人办理城区免费乘车“爱心卡”。

【状况调查】 根据上级残联要求，县残联通过开展业务培训，制定序时计划，把30个乡镇（街道）划分为6个片区，每个片区设立负责人和业务员，于10月中旬全面启动调查工作，用1个月时间完成4.1万名持证残疾人的调查工作。

（单继亭）

## 红十字会工作

【概况】 2021年，沭阳县红十字会大力弘扬“人道、博爱、奉献”的红十字精神，把强化基层组织建设作为一项重要工作，通过完善工作网络，健全运行机制，推动红十字事业不断拓展。联合韩山、沂涛等3家乡镇街道建设基层红十字会。稳步推进学校红十字组织建设和红十字会青少年工作。全县中小学建会率达100%，新建成沂涛镇、章集街道、南湖街道、梦溪街道等10个博爱家园，依托“红十字博爱家园”开展养老救护志愿服务，养老救护培训480余人，入户志愿服务近240户，受益人数近580人。

【救助培训】 县红十字会加强救护培训，着力提质扩面增效。突出应急救护培训的群众性、普及性和实效性，使之进机关、企业、社区、学校和农村。全年完成初级救护员培训1674人，普及性培训17138人。不断加强师资队伍建设，选派10名学校体育教师参加市红十字会师资培训，充实师资队伍。同时定期开展师资观摩课，为师资提供更多互相观摩、互相切磋的机会，进而规范教学流程和提高教学质量。应急救护培训工作的有力开展，增强了全县广大群众的自救互救、防灾避险的意识，提高了应急救护技能，同时也扩大了红十字会的影响力，产生了良好的社会效果。

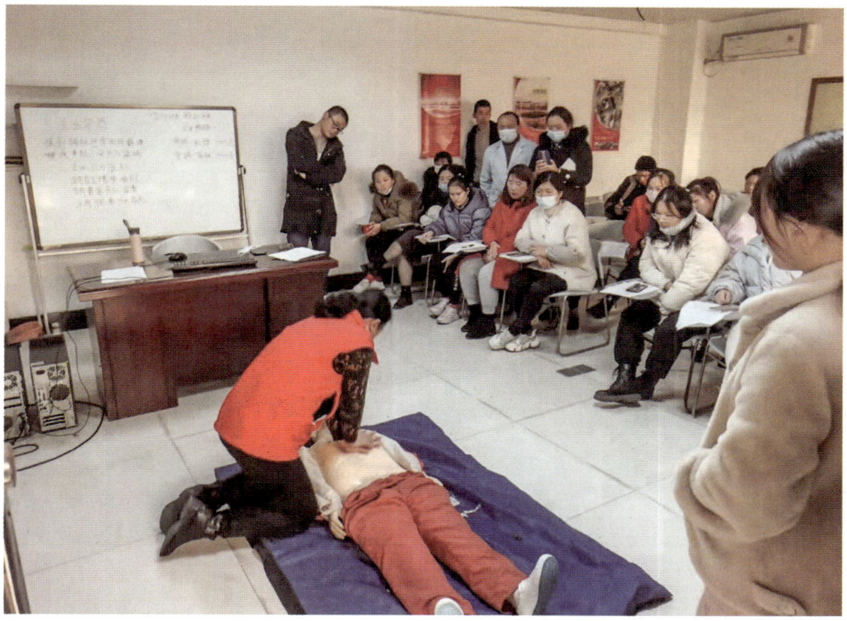

2021年12月，组织应急知识培训进小区活动现场　　县红十字会　供图

**【人道救助】** 县红十字会不断开拓创新，增强筹资能力，通过微信公众号开发网络募捐系统，发布“助学项目”“人道救助”“博爱一日捐”3个募捐项目，所有渠道全年共接收募捐款物近110万元。春节前开展“博爱送万家活动”，对近20个乡镇的特困户进行了救助，累计发放350床棉被、近1000箱食用油等物资，救助困难户资金近15万元，受益人数4300余人。为15名0~18周岁白血病患儿成功申请中国红十字基金会资助金49万元，在一定程度上帮助困难家庭缓解了困难。

**【“三献”工作】** 遗体（器官）捐献工作突破发展。县红十字会以播放宣传片、发放宣传单等形式宣传遗体（器官）捐献，全年新增1720名遗体器官捐献志愿者，完成协调器官捐献2例，眼角膜捐献3片。积极开展造血干细胞捐献工作。拓宽宣传渠道，加大对捐献造血干细胞知识的普及，全年新增104个造血干细胞样本，为增加中华骨髓库的容量作出贡献。科学开展无偿献血工作。以世界献血者日为契机，在乐之地商业广场通过横幅、发传单、现场讲解等方式开展宣传无偿献血活动，累计收到献血达1900毫升，为人民群众身体健康和生命安全提供了坚实保障。

**【社会宣传】** 2021年，县红十字会利用“5·8”世界红十字日为宣传契机，组织志愿者在乐之地商业广场发放造血干细胞捐献、遗体（器官）捐献等各类宣传资料共430余份，宣传无偿捐献造血干细胞与遗体（器官）捐献的重要作用和意义；在县融媒体中心播放字幕宣传红十字精神、防灾救灾等知识。同时，对开展公益募捐、防灾减灾、博爱送万家、各种志愿服务活动等进行宣传报道，使“人道、博爱、奉献”的红十字精神在广大人民群众中普遍传播，为政府支持、社会各界了解参与红十字工作营造良好的舆论氛围。

（赵志功）

# 应急管理

## 安全生产监督管理

【概况】 2021年，沭阳县应急管理局牢固树立“安全是底线中的底线”思维，对标对表“三年大灶”，聚焦重点行业领域，到边、到底排查隐患，落细、落实整改措施，系统防范化解安全风险，不断提升应急处突能力。1—12月，全县发生安全生产事故起数和死亡人数实现较大幅度“双下降”，同比分别下降21.1%、35%，安全生产形势持续稳定。

【安全生产专项整治】 沭阳县应急管理局在2021年底高标准完成“一年小灶”的基础上，紧紧围绕全市年度安全生产重点工作和“三年大灶”总体要求，深入组织谋划部署推进“三年大灶”的各项工作。高位谋划抓整治。一年来，县级层面先后组织召开13次县委常委会、县政府常务会、县委理论中心组学习会，131次专题会办会、推进会、调度会，学习、研究、部署安全生产工作。严格按照三年专项整治方案和市级层面28项、重点行业领域94项、县（区）44项重点工作任务清单，从严压实“三个责任”，扎实推动各项措施落地落实。聚焦重点抓整治。聚焦消防、危险化学品、交通运输等10个领域，结合沭阳实际，先后部署开展农村商店超市、农村危桥、建筑施工（既有建筑）、城镇燃气、电动自行车消防安全等专项整治，持续开展“拉网式”“地毯式”排查，全力防控重大安全风险。专项整治工作开展以来，累计排查企业近5万家次，排查整改隐患3.36万条，停产整顿企业746家，关停取缔企业513家，移送司法机关18人。督导巡查抓整治。对国务院和省、市安全生产督导组交办的问题，逐项逐条明确责任单位、时间节点、整改标准和工作举措，实行清单整改、销号管理。专项整治以来，国务院督导组交办的18个问题、省督导组交办的129个问题（含2020年交办的27个问题和省安全生产第二十一巡查组巡查发现的23个问题），以及市督导组交办的54个问题，已全部办结。

【工贸行业安全监管】 打好长效提升和严格执法的“组合拳”，扎实开展安全风险报告、粉尘涉爆整治提升、安全专项执法、多层厂房隐患排查集中攻坚等行动，通过业务辅导、专家帮扶、督查推动、定期通报等方式推动企业主体责任落实。全年对全县332家粉尘涉爆企业逐一过堂，完成整改提升296家（其余36家均被采取停产整顿措施）。全县5908家（规上企业684家、规下企业5224家）已全部完成首次安全风险报告，填报较大风险7598条、重大风险30条。3469家无生产企业已全部完成销号，完成率100%。

【法律宣传】 沭阳县应急管理局走在全市前列，谋划部署新《中华人民共和国安全生产法》（以下简称《安全生产法》）学习宣传贯彻新闻发布会，发布全县学习新《安全生产法》宣传贯彻主要活动，介绍新《安全生产法》学习宣传贯彻活动亮点。提请党政领导带头学习。邀请市应急管理局领导到沭授课，县政府领导班子全体成员参加学习，形成自上而下的浓厚学法氛围。在县融媒体中心开设“新《安全生产法》学习宣传贯彻专栏”，及时更新全县新《安全生产法》学习宣讲动态，刊发新《安全生产法》释义难点，滚动播放新《安全生产法》亮点视频。同时，印发12000份新《安全生产法》手册，分发至乡镇街道及辖区企业。在全县范围内开展巡回普法讲座活动，广泛宣传新《安全生产法》的立法精神和实质内涵，2021年共宣讲15站，宣传普及1200余人。

【强化事前执法】 制定《沭阳县应急管理局2021年度安全监管执法工作计划》，做到执法检查“有计划、全覆盖、规范化”，依法严厉打击习惯性、顽固性和屡整屡犯、反复发生的违法行为，强化事前执法，坚决纠正“重检查、轻执法”问题，切实做到有法必依、执法必严、违法必究，真正达到“执法一次、触动一片，处罚一家、警示万家”的效果，不断提升安全生产监管执法效率与水平。2021年，累计检查企业308家，出具执法文书2403份，发现隐患777条，已整改706条。事前立案107起，同比上升62.5%；罚款240.26万元，同比上升208.4%，在全市率先超额完成市局下达的年度执法任务。

（蔡维达）

## 抗洪抢险

【概况】 2021年汛期，受台风及强降雨影响，新沂河自6月16日至10月18日间多次行洪，行洪时间达73天之久，属多年罕见。7月29日新沂河沭阳站最高水位10.88米，超警戒水位1.38米，流量5060立方米/秒。全县干群一线作战，严防死守，做到了调度有效、防守有序，夺取了新沂河防汛抗洪斗争的全面胜利。沭阳县巡堤查险工作得到省水利厅肯定，经验在全省推广。

【汛前检查】 汛前对水利设施进行检查，研究抢险措施，建立工程检查档案，对影响安全度汛工程提出处理意见。清理新沂河沿线颜集、新河、耿圩、沭城、扎下等乡镇境内网箱150个、高杆树木10万平方米、渔罾20处、拦河渔网6处、养殖棚舍2处、塑料大棚5000平方米。

【防汛物资储备】 在全县囤积储备编织袋135.9万只、麻袋2万条、彩条布6万平方米、木材3111.5立方米、石子3000吨、黄砂3000吨、块石4.2万吨、铁丝5000千克、救生衣200件、管涌抢险一体化模袋1500平方米、小型灯塔2座、围井200片、滤垫2000片、防汛钢管11吨、钢丝笼200只等防汛物资，确保抢险时随用随调。

【汛期巡查】 结合往年防汛抗洪工作的经验，完成了《沭阳县城市超标准洪水防汛预案》等4个预案的修订和完善工作，及时启动防汛Ⅱ级应急响应，组织沭阳县各乡镇及有关单位全力开展城区、农田排涝，县防指组织30个乡镇（街道）共2.43万人准时到达新沂河、淮沭河及岔流河堤防指定位置，开展24小时不间断巡查，保证了河道行洪安全。

（柏　周）

## 消防安全

【概况】 2021年，沭阳县消防救援大队主动对标“全灾种、大应急”要求，全体消防救援人员自我加压、主动作为，积极推动各项工作深入开展，圆满地完成了上级交给的各项工作任务，为地方经济社会和谐、健康、稳步发展做出了应有的贡献。2021年，沭阳县消防救援大队被省文明委授予“2019—2021年度江苏省文明单位”称号，被省消防救援总队授予“2021年度消防安全专项整治先进大队”称号，沭阳县苏州路消防救援站被省消防救援总队授予“2021年度基层建设先进消防救援站”称号，沭阳县苏州路消防救援站援豫抗洪战斗班被省消防救援总队授予“最强战斗班组”称号；徐成被国家应急管理部消防救援局授予“优秀消防救援站指挥员”称号，冯建奇被省消防救援总队授予“优秀共产党员”称号，张博被省消防救援总队授予三等功。

【思想政治建设】 大队坚持守正创新，强化政治工作“生命线”作用，通过专题党委会、常态化政治教育、主题党课等形式，扎实开展党史学习教育系列活动，紧密结合“牢记领袖训词，永做忠诚卫士”主题教育，为全体党员配发党史学习书籍600余册，与沭阳档案馆、扎下镇分水社区等开展党建共建，全年在中央、省级媒体上稿9篇，“学习强国”学习平台1篇，总队经验交流1篇；认真贯彻民主集中制原则，健全党务公开机制，切实发挥大队党委的核心领导作用，培养1名大学生消防员顺利通过部局考核，成长为新录用干部；按照党风廉政建设责任制要求，加强党风廉政建设工作，开展消防执法“微腐败”专项整治，教育引导全体消防救援人员提高政治站位，强化纪律意识、规矩意识和敬畏意识，做到学思悟贯通、知信行统一。

【消防救援】 2021年，大队共开展火灾扑救和抢险救援1480起，出动车辆2187辆次，出动消防救援人员12664人次，抢救疏散被困人员185人，抢救财产价值约2000万元。开展实战演练217次，修订完善预案196份。圆满完成庆祝中国共产党成立100周年、沂沭泗流域抗洪抢险前置备勤、增援河南抗洪抢险、增援淮安富强新材料有限公司爆炸事故等重大任务。依托沭阳南部新城政府专职队组建战勤保障分队，研究出台《沭阳县灭火救援“335”联勤联动机制实施方案》，加强社会救援力量整合，有效补足沭阳县乡镇地区灭火救援工作短板。建成经开区一级政府专职消防站、贤官二级政府专职消防站以及利用桑墟镇国土所改造的桑墟消防站，已基本投入执勤。

【防火监督防控】 主动作为，拧紧消防责任链条。大队积极争取地

消防队员救火现场　　　　县消防救援大队　供图

方党委、政府重视支持，多次提请县委、县政府研究、解决消防重点工作。审议通过《沭阳县较大以上火灾事故应急预案》、印发《关于明确沭阳县消防安全委员会成员单位及工作职责的通知》，逐步夯实消防工作基础。举办大型商业综合体、医疗机构消防安全标准化管理达标创建现场会，全面开展社会单位“1234+N”达标创建和“三自主两公开一承诺”活动。精准施策，火灾防控成效明显。大队紧抓消防安全突出问题和薄弱环节，先后部署开展出租厂房、“三合一”场所、商（市）场、工业企业、人员密集场所、大型商业综合体和医疗建筑等整治行动，大力排查整治火灾隐患，2021年，共检查单位1342家次，督促整改隐患2122处，临时查封56处，下发行政处罚决定书102份，下发行政强制决定书1份，责令“三停”（停止施工、停止使用和停产停业）25家，开展火灾事故调查61起，处理举报投诉和信访工作558起。固化“大数据+网格化+铁脚板”工作机制，深化政府专职队“防消联勤”工作，政府专职队员和网格员已开展检查巡查单位6215家次。

【消防安全宣传】 大队推行“一园、一街、一基地”宣传模式，以应急科普教育基地为基础，全力打造消防主题街区、主题公园等宣传阵地，不断提升全民消防意识。全年接受学校师生、企事业单位人员等到队参观1.3万人次；开展“百名消防指挥长宣讲消防安全”活动，结合消防宣传“五进”，单位主要负责人带头开展消防安全知识宣讲23次；结合军训工作，12次深入学校开展消防专题教育。2021年，共出动消防宣传车136次、发放各类宣传资料1.7万余张、发送短信提醒8.1万条，组建3支消防宣传志愿服务队，招募志愿者425人，开展志愿活动48次，发放“三清三关”宣传单页6000余份。

（吴立波）

## 综　述

2021年，沭阳生态环境局以习近平生态文明思想为指引，践行“两山”理念，坚持生态优先、从早抓起、从事做起，深入打好污染防治攻坚战，全面推动县域生态环境高质量发展。积极推动“绿色标杆”示范企业培育工作，落实企业污染治理主体责任，引导激励全县涉气工业企业积极建设“绿色标杆”，通过开展推进会、领导领队入企宣传等形式，积极向企业传达相关文件精神与政策情况，沭阳亚森同汇实业有限公司成为全市第一批“绿色标杆”示范企业。持续优化营商环境，贯彻落实深化“放管服”改革要求，通过精简审批项目，压缩审批时限为“公示+1”“容缺+信用承诺”等措施，优化审批流程，助力营商环境创建。分类推进全县23个乡镇工业集中区完成规划环境影响评价，通过画框子，调优布局，加强项目环评与规划环评联动，推动项目快速落地。落实环评审批正面清单，依据项目类型分类实行环评豁免、登记表网上备案、告知承诺制审批等，全年完成了30个项目的承诺制审批。生活环境更加宜居。$PM_{2.5}$浓度为37.6微克/立方米，空气质量优良天数比率79.5%。环保投资5.78亿元，新增分布式污水处理设施7座，每日可处理污水2.5万吨。建立“排污许可证+双随机+移动执法”的执法监管机制，全年共下达处罚决定书202件，累计处罚金额1783.04万元；涉嫌环境违法犯罪移送公安机关案件5件。

## 污染防治

【概况】 2021年，沭阳县$PM_{2.5}$平均浓度为37.6微克/立方米，同比改善15.3%；优良天数比例为79.5%，同比上升1.9个百分点。国省考断面由“十三五”期间7条河流8个断面调整为11条河流13个断面，13个国省考断面水质达标率为84.6%，其中国考古泊善后河李套渡口、省考沂南河大六湖2个断面暂未达标。

【大气污染防治】 沭阳生态环境局确保大气质量“双提升”，坚决打赢蓝天保卫战。狠抓重点区域管控。围绕2个省控站点，科学系统抓好空气质量治理。严格执行《沭阳县第一实小、经贸学院省控空气监测站点空气环境质量巩固提升方案》，深入排查治理站点周边1～3千米范围内各类污染源。全面开展“清洁城市行动”，对大气监测点周边区域1千米范围内的道路，采取“大型洗地车”“小型路养车+人工”等方式，对路面积尘进行冲洗，有效降低$PM_{2.5}$平均浓度和降尘量。强化餐饮油烟整治，对站点周围餐饮油烟污染情况进行排查，完成对269家餐饮店“回头看”工作，并登记造册。积极督促未按要求安装使用油烟净化设备的商户进行整改，对站点所在学校食堂加强监管，督促完善油烟净化装置。狠抓扬尘源管控。按照《县建设领域扬尘防治指导意见》，明确建筑工地、市政工程、园林绿化施工现场、征收拆迁工地、商品混凝土企业等扬尘污染防治总体要求及具体标准。全年共开展检查50余次（项），下发《限期整改通知书》11份、《停工整改通知书》2份，立案处罚1次。狠抓工业源管控。压实企业责任，按照《挥发性有机物无组织排放控制标准》，督促45家重点企业完成“贯标方案”编制工作。组织执法人员检查挥发性有机气体的收集设施、治理设施、在线检测等建设与运行情况，累计出动1500余人次，查处涉VOCs案件66起，处罚金额329.8万元；加强远程监控，在527台生物质锅炉进料口安装视频监控，安装17家

4蒸吨/小时以上生物质锅炉在线检测设施，推进9家涉VOCs排放企业安装在线检测，实现线上远程监管，严厉打击超标排放等行为。狠抓移动源管控。加大劣质汽、柴油销售、违规渣土运输等行为打击力度。2021年，共查扣违法运输渣土车1辆，罚款3万元；查处车辆抛洒等违法案件92起，其中实施顶格处罚11起，共计给予罚款13.5万元；通过联合执法查扣非法加油车2辆，汽油3000余升；巡逻盘查可疑车辆4011辆，查扣车辆82辆，查获汽、柴油207.11吨，加油设备64套，取缔非法加油点48处，其中立案涉成品油刑事案件共6起，采取刑事强制措施7人。深入开展柴油货车路查路检，全年共开展柴油货车入户检测110台、路检路测409辆、抽测非道路移动机械143台，对其中不合格的责令整改44台。

【水污染防治】 沭阳县生态环境局坚持“保好水、治差水”，全面推进碧水保卫战。开展国省考断面达标建设工作。及时调查和处置断面水质异常波动，每月关注断面水质状况，调度断面治理相关工作，确保断面水质达标；每月对国、省考断面至少监测一次，汛期加强监测频率，为领导决策提供依据；积极开展地表水国省考断面“保Ⅲ增Ⅲ”攻坚行动，稳步推进实施国省考断面达标方案，保障断面水质稳定达标。开展集中式饮用水水源地保护工作。2021年，淮沭河沭城闸南、闸北饮用水水源地水质均达到或优于Ⅲ类；对县集中饮用水源地每月监测一次，汛期加密监测，监测数据及时上报省市县等有关部门，保障县域人民饮水安全。积极推进水污染防治重点工程。根据省市文件要求，梳理汇总了各相关单位填报的2021年水污染防治重点工程，共计13个项目，年底前已完成4个项目，2个项目取消（古泊善后河生态修复工程、柴米河生态修复工程），2个项目计划2022年底前完成（圩东河黑臭水体流域整治，古泊善后河、柴米河沿线乡镇边界水质自动站），5个项目在建（凌志水务提标改造工程、城南污水处理厂三期扩建工程、循环经济产业园污水处理厂提标改造工程、县区污水处理厂尾水导流工程、城后河黑臭水体流域性整治工程、三中沟黑臭水体流域性整治工程）。

【土壤污染防治】 沭阳生态环境局聚焦“吃得放心、住得安心”，持续推进净土保卫战。推进污染地块相关土壤调查和防治工作。全国污染地块土壤环境管理系统名录中沭阳县共有15个地块，其中沭阳循环经济产业园区樱花路两侧污染地块已完成风险管控工程施工，正在开展管控工程运行和风险效果评估；曙光化工地块由第三方江苏省环境工程技术有限公司开展土壤污染状况详细调查；其余13个地块的土壤污染状况调查已完成公开招标，开展土壤污染状况调查和风险评估，明确土壤环境质量状况。做好土壤污染防治专项审计调查和整改工作。按照《市政府办公室关于印发宿迁市土壤污染防治专项审计发现问题整改方案的通知》要求，涉及沭阳县的“部分地块应作为而未作为污染（疑似污染）地块管理问题”的18个地块土壤污染状况调查工作滞后，其余问题已基本整改完成。开展土壤环境重点监管企业和经开区周边土壤及地下水环境质量状况监督性监测工作。年底前已完成采样布点方案评审、样品采集、检测分析和报告编制工作。根据检测报告，沭阳县重点监管企业和经开区周边土壤及地下水环境质量总体稳定，但呈现累积效应。开展重点行业企业用地土壤污染状况调查，年底前已全部通过验收总结工作。

（绪　辰）

2021年5月，沭阳环境监测站开展水质现场取样

沭阳生态环境局　供图

## 环境执法与管理

【概况】 2021年，沭阳生态环境局持续加强与检察院、公安局等部门的联动，对环境违法企业坚决查处到位。强化行政处罚程序正当化，所有案件处罚金额和责令整改措施等程序，须经局案审会讨论后决定，超过一定数额的及特殊情况报党组会研究决定。全年共出动行政执法7010余人次，核

查企业3500余家，累计下达行政处罚决定书202件，累计处罚金额1783.04万元；涉嫌环境违法犯罪移送公安机关5件；11个到期未履行案件被移送法院申请强制执行。同时加强环境管理，持续分批开展重点行业企业污染物全面达标排放整治工作。抓好清洁生产审核工作，持续推动重点企业强制性清洁生产和验收工作，对瑞泰科技有限公司等5家企业开展清洁生产工作。扎实推进生态损害赔偿工作，对鑫达新材料、二江仓储等16家企业开展生态损害赔偿工作。

**【污染源自动监控系统建设】** 截至11月，全县共有400家企业安装并使用了污染防治设施用电监控系统，有效提升了对企业的监管效率。针对在线监控企业开展核查，共出动1340余人次，核查企业670家，对在线数据超标、异常等相关情况进行核查处理。

**【“双随机”抽查制度落实】** 沭阳生态环境局按照上级要求建立“双随机”抽查系统，其中污染源日常监管动态信息库一个（一般污染源企业1225家，重点污染源企业62家），执法检查人员名录库一个（监察人员数量21个）。1—11月共出动检查人员500余人次，检查企业250家，对20余家企业环境问题责令整改，对14家企业的环境违法行为立案查处。

**【环境信访工作】** 1—11月，共接待群众来访和电话来访46次，接省市交办信访件91件，接全国“12369”环保举报联网管理平台交办案件共计177件，接县12345热线交办信访件1228件，案件按期办结率98.2%。以此为案件信息来源，累计通过信访来源立案处罚环境违法案件51件，处罚金额361.71万元。

环境执法人员开展常态化“双随机”检查

沭阳生态环境局　供图

**【专项执法检查】** 持续开展固危废专项检查、错峰专项检查、安全与环境治理设施联合检查、秋冬季大气应急管控专项检查、活性炭专项检查。持续高压态势，针对国考古泊善后河李套渡口、省考沂南河大六湖、省考大涧河地涵东3个断面开展国省考断面“保Ⅲ增Ⅲ”执法检查，推动沭阳县国省考断面稳定达标。

**【行政审批许可】** 环评审批情况。落实环评审批正面清单，依据项目类型分类实行环评豁免、登记表网上备案、告知承诺制审批等，全年完成了30个项目的承诺制审批，服务项目累计总投资160.73亿元，环保投资5.78亿元。建立以排污许可制为核心的固定污染源监管制度，严格落实排污许可证制度，完成了覆盖所有固定污染源的排污许可证核发工作，推进生态环境治理体系和治理能力现代化。

**【企业环保信用评价和信用体系建设】** 实施环保领域诚信激励机制，推行企业环保信用评价，评选“绿色信任企业”。2021年，沭阳县共有1554家企业参与环保信用评价，其中4家企业被评为绿色信任企业，享受压减检查频次、免予执行停产限产等诚信激励措施。

**【环境安全】** 开展实战化应急队伍演练工作。定期组织重点企业开展环境突发事件演练，牵头组织应急、监测人员开展实战化演练，防范化解企业环境安全风险，提升突发环境事件应对处置能力。开展重点企业环境应急管理专项整治。下发《关于开展全县工业企业环境应急管理专项整治工作的通知》，要求重点工业企业开展环境应急管理专项整治，已完成44家企业环境隐患自查排查报告。督促天能和苏讯两家重点企业对照环境应急预案完善应急物资储备工作。做好企业环境应急预案审查备案工作。2021年共完成99家企业审核备案（修编），并及时按要求上传到省应急管理平台。

**【核与辐射安全监管】** 根据市生态环境局《全市核与辐射安全风险隐患排查治理三年行动方案》的要求，对全县范围内的88家核技术利用单位开展现场监督管理检查，对发现的安全隐患等问题及时交办企业整改。年内发现问题的放射源单位和射线装置单位均已完成整改。

【危废固废管理】 重点排查产废企业在固废危废环境管理当中存在的环境安全隐患问题，全年检查经营单位6家，排查危险废物产生单位128家，行政处罚7家，罚款总金额114.7万元。沭阳县126家产废单位和6家经营单位按要求接入江苏省危险废物全生命周期监控系统。2021年共发现6起非法倾倒固废危废案件，已配合公安机关处理。

【医疗废物专项检查】 为扎实抓好疫情常态化防控工作，沭阳生态环境局持续开展医疗废弃物和医疗废水专项检查，强化与卫生健康部门的沟通协调，完善医疗废物联防联控机制，切实做好医疗废物收集、转运、处置各环节全过程监管，坚决守住疫情防控的最后一道防线。

（绪　辰）

## 生态建设与保护

【生活污水处理设施提升改造】 落实全县农村有动力生活污水处理设施提升改造，对全县2020年12月底之前已建成的有动力农村生活污水处理设施进行提升改造，安装流量计、用电监控及运营维护，按工程招投标程序办理招投标。

【污染源治理】 开展地下水污染防治分区划分工作，进行实地踏勘和建井采样。会同县相关部门开展沭阳县农业农村污染治理攻坚战实施成效自查评估，形成了《沭阳县农业农村污染治理攻坚战实施成效自查评估报告》。开展沭阳县农村黑臭水体排查治理工作，在对全县黑臭水体进行排查的基础上，组织编制《沭阳县农村黑臭水体治理方案》并通过了专家评审，已制定年度实施计划，由各乡镇根据“一河一案”，做好项目落地、资金使用，落实管护职责。2021年拟治理黑臭水体40条，年底前已完成14条，正在治理中26条。建立河道长效管理机制，聘请县级河长制社会监督员62名、经开区企业河长8名、乡级社会监督员277名、民间河长480名、乡贤河长208名、企业河长120名，定期对河道管护情况进行监督和评价。推进农村生态河道建设，集中整治县级河道30条、乡级河道248条，累计建设农村生态河道287条。

【野生动物保护】 组织开展生物多样性摸底调查工作，已完成秋季野外调查工作。

（绪　辰）

## 高墟镇

【概况】 高墟镇位于沭阳县东北角，与连云港市的东海、灌云两县交界，东与西圩乡毗邻，南与韩山镇相邻，西与青伊湖镇、华冲镇相连，北与东海县平明镇接壤。2021年3月12日，沭阳县部分行政区划变更，撤销高墟镇、湖东镇，设立新的高墟镇，以原高墟镇、湖东镇的行政区域为新的高墟镇行政区域，全镇行政区划面积124.68平方千米，耕地面积12.3万余亩，辖2个居委会、20个村委会，户籍人口8.39万；镇区规划面积17.9平方千米，现有镇区面积4.7平方千米。韩高穆线（桑高路）、S344省道贯穿南北；古泊河、蔷薇河贯穿境内东西，其中古泊河三级航道直通连云港徐圩港，离连云港花果山国际机场35千米，离沿海高速25千米，离京沪高速35千米，水陆交通便捷。高墟镇是宿迁通江达海前沿阵地和唯一出海口、沭阳县临港纺织产业园的承载地，也是江苏省首批“味稻小镇”，“高墟大米”获得沭阳首批“国家农产品地理标志”称号；“高墟碱米”列入“宿有千香”的“三品”之一，并成功入选江苏“水韵苏米”。2021年，全镇实现地区生产总值21.26亿元，增幅11%；完成财政总收入8533万元，同比增长56.28%，其中一般公共财政预算收入5027万元；实现居民人均可支配收入21911元。

【特色农业】 高墟镇是江苏首批“味稻小镇”，拥有优质水稻生产基地11万余亩，大米加工企业20家，年生产能力达70余万吨，年产量达30余万吨。2019年，“高墟大米”获得沭阳首批“国家农产品地理标志”称号；“高墟碱米”列入“宿有千香”的“三品”之一，并成功入选江苏“水韵苏米”。该镇充分发挥优良的生态环境、特有的土壤和水优势，全力做好稻米品种、品质、品牌的“三品”文章，着力打造“健康碱米”“高墟大米”特色健康农业品牌。依托省农科院、南京中山生命科学院，立足高墟气候、环境、土壤等先天条件，应用“超日标”品控体系，选优、选强稻米新品种，扩大高墟碱米种植规模，培育农业新型主体。2021年，全镇新增家庭农场8个、大米加工企业20家，申报绿色食品种植面积0.6万亩。

【工业发展】 2021年，全镇工业开票24.91亿元，增幅52.6%；工业税收4531万元，增幅38.8%。新增6家规模企业，新增开票销售超亿元企业1家，新增市级以上企业研发机构2家，新增企业发明专利4家，招引3家纺织企业入驻镇工业区，纺织服装产业集群初现规模。总投资150亿元的桐昆项目落户高墟，建成投产后，将形成年产240万吨新型功能纤维、90万吨功能性DTY纤维、25万吨高端面料坯布及10亿米绿色纺织面料的生产规模，实现产值300亿元、纳税10亿元、用工1万余人。

【民生实事】 2021年，高墟镇投入3000万元对临港大道进行提档升级，两侧商住用房全部进行统一外墙粉刷、统一店招，建设口袋公园4个、节点公园2个；投入5000万元对湖潼线3.32千米高墟段进行提档升级；投入3800万元新建1.85千米繁荣南路；投入6580万元新建3千米通港大道；投入9000万元新建通海大桥、湖东新桥；在已有1所中学、2所中心小学、5所幼儿园的基础上，投入2.5亿元新建沭阳县第四实验小学，占地面积72亩，学校高标准配置6轨36班规模的标准化小学教室，另预留2轨12班的普通教室，可容纳1800名学生，此外还配置了300米小型标准运动场及各类球类场地，高标准满足“江苏省义务教育学校办学标准”的相关要求；全镇拥有一级医院2所，村（居）卫生室（点）26个，审批核准床位98张，医护人员159人；拥有敬老院一所，占地11亩，可容纳80人居住。

【生态环境治理】 2021年，高墟镇围绕“生态高墟、秀美乡村”持续开展治水治气防污行动。摸排出沿河畜禽养殖户233家，累计关停取缔畜禽养殖户78家，升级改造155家；对全镇57条县乡河道进行全面清理疏浚，古泊善后河及各级支流水质持续改善，24条88.9千米河道通过生态河道验收；投入500万元建成污水管网11千米，全力推动镇区“十必接”管网建设；投资1.2亿元，建成污水处理厂1座，村级污水处理站9个，不断增强污水处理能力。2021年度，全镇$PM_{2.5}$始终处于全县较低水平，空气优良天数比率为81%。

（卞大抗）

## 马厂镇

【概况】 马厂镇位于沭阳县东部，距县城约18千米，镇域面积85平方千米，耕地6.3万亩，辖19个行政村、5个居委会，户籍人口7.3万人。镇区规划面积6平方千米，常住人口2.8万人。马厂镇水陆交通便利，古港河、柴米河、柴南河流经镇区；326省道傍镇横贯东西，东接宁连高速、西连205国道、京沪高速。1997年，该镇被批准为江苏省小城镇建设试点示范镇；2014年，被评为国家级重点中心镇。2021年，全镇实现地区生产总值15.63亿元，完成财政总收入1.64亿元，实现居民人均可支配收入22382元。

【工业】 2021年，马厂镇全年新招引企业3家，总投资额6亿元，新登记法人企业294家。全镇工业开票销售15.7亿元，同比增长23.37%；工业增值税6182万元，同比增长16.07%；规模以上工业企业10家，全年开票销售12.1亿元，带动就业550人次，用电量2638万千瓦时，同比增长10.19%。在科学规划基础上，马厂镇启动并完成了马厂机械制造产业园区杨桥路、合肥路两条主干道建设，为工业进一步发展打下基础。

【镇村建设】 马厂镇厂南新城家园、老王圩农村新型社区、双圩幸福小区3个农房项目顺利通过省级验收，厂东新村二期和厂北福兴家园安置项目完成扫尾，群众居住条件得到有效改善，加快人口向镇区集聚。完成为民服务中心建设，进一步提升基础配套、综合服务水平。做好苏州路、北京北路延伸工程建设，着力构建更加完善的交通经络。

【农村治理】 马厂镇开展“三清一改”，整治农村人居环境，完善日常保洁、垃圾清运机制。细化排查“五类地块”，推动农村公共空间治理，全镇各村居2021年通过空间治理产生收益近413.68万元。加强交通环境整治，对北京南路、上海路等镇区主要干道开展环境治理与维护。积极开展文明城市创建工作，加大对镇区商户的积极引导力度，保障镇区商业的经营秩序，营造文明有序的商业环境。

【民生事业】 2021年，马厂镇全面排查民生问题，全年为89名特困人员、2871名低保人员、606名优抚人员和237名残疾人购买合作医疗保险，全镇城乡居民医保参保率达99.93%。对低保人员实行动态调整，差异化管理493人，一般低保救助3007人，临时救助90余人次，所有困难群众的最低生活需求得到全面保障。为172名重度残疾人和670名低保残疾人发放生活补贴，避免因疫返贫情况发生。所有适龄儿童全部入学，教育资源全面保障，教学质量稳步提升。

（谢永伟）

## 贤官镇

【概况】 贤官镇是一座文化底蕴深厚与充满发展活力的文化古镇，距县城14千米。2021年3月12日，沭阳县乡镇区划调整，撤销贤官镇、万匹乡，设立新的贤官镇，以原贤官镇、万匹乡的行政区域为新的贤官镇行政区域，全镇行政区域面积84.99平方千米，人口9.41万人，辖6个居委会、16个村委会。全镇交通路网便捷，境内有245省道、沭新河航道穿境而过，距京沪高速出口处6千米。贤官镇这片土地拥有深厚的历史文化底蕴，现存万北遗址、清凉寺、观音庵、古泉井、驻丘井、贤官亭等历史遗存，据考古证实，早在7000年前就有人类在此居住，1981年南京博物院在贤官镇（原万匹乡万北村）考古发现万北遗址，是全县唯一省文物保护单位，也是江苏省最早的新石器时代遗址。贤官镇是沭阳木材产业带“一核五点”的核心乡镇，拥有市级园区宿迁生态板材产业园，主导产业是木材加工及家居制造。2021年，全镇实现地区生产总值48.13亿元；完成财政总收入2.13亿元，同比增长22.0%，一般公共财政预算收入1.2亿元，同比增长24.4%，税收占比93%；实现居民人均可支配收入24918元。

【工业】 2021年全镇引进工业项目7个，协议总投资47.1亿元。乡村振兴产业园实现建设与招商同步推进，投资10亿元的狄米特尔项目和投资10.5亿元的板盟店新材项目已成功签约，投资2.2亿元的云朵集团已顺利开工建设，投资15亿元的国丰新能源一期顺利并网发电，投资6亿元的正和牧业、1.5亿元的东宇鸿翔等项目建成投产。2021年，全镇完成工业开票销售73.6亿元，同比增长63.35%；实现工业税收1.84亿元，同比增长21.5%。

【乡村振兴】 贤官镇按照“河畅、水清、岸绿、村美”标准，每月拿出30万元作为村级奖励经费，扎实推进镇村人居环境整治和公共空间治理，通过创建“美丽工厂”“五美庭院”等措施，实现镇村环境全面提升，群众的幸福感和满意度不断提升。全镇22个行政村集体经济收入全部达到50万元以上。农业产业全面升级，富盈甜瓜、小仲甜柿、阿布葡萄等一批品牌农业产品不断涌现，发展果蔬、花木、水产等特色产业基地6个。

【小城市建设】 2021年，贤官镇被确定为宿迁市9个小城市之一，同年完成城市总体规划和详细规划。滨水公园设计方案通过审核，245省道沿线绿化、亮化和镇区街景提升工程成效明显，园区道路提升工程完成招标，文体中心改造方案正在完善，贤官大桥搭建临时便道实现通车，镇区主干道提升工程、路灯安装和维修工程有序推进。全年共铺设镇村道路11条，共计17.95千米。

【安全环保工作】 2021年贤官镇共开展各项安全检查200余次，清理“散乱污”企业12家，问题企业全面实现整改销号。依托指挥调度一体化平台，在全市率先搭建粉尘涉爆企业物联网动态监管平台。深入开展大气和水污染防治，杜绝“冒黑烟”现象，大力开展古泊善后河、万公河治理，水质明显提升，达到“国考”标准，全年共清理河道45条、清理畜禽养殖12户。

【社会治理】 2021年解决矛盾纠纷300余次，完成信访结案122件。建成全县首家政务公开体验区，打通服务群众“最后一千米”问题。运用物联网、人工智能等信息手段，倾力打造指挥调度一体化平台，实现党的建设、社会治理、民生服务、安全监管等工作深度融合。

【社会事业】 贤官镇“民生提档”不断升级，完成便民服务中心、北部片区主干道等提升改造工程，镇村形象进一步提升。做好常态化疫情防控，“外防输入、内防反弹”，强化应急演练，全面提升紧急医疗救援保障能力，有序开展疫苗接种，12周岁以上人员疫苗接种率达93%，3～11周岁人员接种率达98%。不断落实惠民政策，新型农村合作医疗参保率98%。建立城乡低保动态管理机制，实现“应保尽保”，孤儿基本生活保障金、困难残疾人补贴足额发放。群众文化丰富多彩，全年开展各种文体活动176场次。

（杜秀波）

## 梦溪街道

【概况】 沭阳县梦溪街道于2013年8月组建，位于沭阳县东城区。东至章七路，与七雄街道、章集街道接壤；南到326省道，与十字街道毗邻；西至永康路，与沭城街道相连；北至新沂河大堆。205国道和京沪高速穿境而过，县汽车客运东站坐落辖区，交通十分便利。梦溪街道区域面积53平方千米，下辖10个居委会，辖区常住人口10.6万人，户籍人口5.1万人。2021年，街道实现地区生产总值29.33亿元，完成财政总收入4757万元，实现居民人均可支配收入25458元。

【工业】 梦溪街道始终把招商引资作为推动转型升级、高质量发展的第一抓手，明确街道领导班子成员带队，组建13个招商团，紧盯重点区域、重点企业，全力以赴大招商、招大商。2021年搜集有价值招商信息60余条，引进县经济技术开发区亿元项目1个，即江苏艺晨实业有限公司，该项目占地面积124亩，项目总投资5亿元，其中设备投资3.5亿元，注册资本1亿元。

【土地征收】 紧紧围绕服务县政府和县经济开发区项目土地征收工作需要，组织街道和社区工作人员，全面完成了机器时代、嘉友食品、快速路、崇文府、碧桂园、红星二期、洲际纺织、常沭新材料、污水导流工程、赛飞科技项目等地块房屋及土地征收工作任务。完成协议签订180余户及大棚、花木等附属补偿工作。涉及土地面积2000余亩，协调处理涉及棚改、县经济开发区用地项目遗留问题50余起。同时按照县政府统一部署，组织街道和社区两级工作人员认真做好安置房清理工作，对照目标任务，加大力度、责任到人、协同推进，全年已清理2800余户。

【疫情防控】 梦溪街道明确各类工作人员的主体责任，对疫情防控工作实行分片包干，包保到人，形成上下联动，多岗同责的工作机制。同时，还完善了小区管理制度，建立了“六级联保机制”，启动了楼栋长“红色代办”机制，使管控力度更大，管控措施更实。截至年底前，全街道共排查出外地返沭4235人，其中境外累计返沭52人，累计对返沭人员采样1121份、境外返沭人员采样156份、医务人员采样1505份、到开发区对进口材料及进口食品采样1029份。新冠肺炎患者实现“零确诊”“零疑似”，疫情防控工作取得了阶段性胜利。同时，大力推进全民新冠疫苗接种工作，街道接种点累计接种疫苗128793人次，其中18周岁以上首针累计接种47654人次，3~11岁首针累计接种14076人次，每天保证新冠疫苗零库存。

【民生实事】 梦溪街道在认真做好2020年确定的梦溪实验学校建设、新沭城派出所搬迁等20件民生实事的后续服务工作的前提下，聚焦辖区群众“急难愁盼”问题，加快推进桃园俪居小区建设、杭州路高级中学建设、一老一小关爱、红星国际商业广场、老旧小区提档升级等梦溪街道21件民生实事，并把三套班子成员、中层干部、社区书记明确到每一个为民办实事项目上，定人、定项目、定岗位、定责任，确保各项民生实事得以有序推进。同时，还以创建全国文明城市为契机，快速修复更换辖区内的破损健身器材，破损道板砖，方便了群众健身和出行，有力地提升了辖区群众的获得感和幸福感。

【环境保护】 梦溪街道坚持主要领导亲自挂帅、班子成员分段负责，层层签订《河长制工作目标责任书》，将护河治水工作纳入常态化管理，要求乡级河长河道巡查每月不少于2次，村级河长每月不少于4次，聘请多位乡贤河长参与管理“五小水体”，各企业河长和民间河长与街道各级河长共同履职，共同参与。加强“五彩河”治理工作，落实各级河长巡河制度，及时上报县河长办、县经开区、沭阳生态环境局各类水质污染事件20起，使“五彩河”治理取得明显成效。与此同时，做好秸秆禁烧、禁养区管理、黑臭水体治理等工作。秸秆禁烧从秸秆还田、秸秆清运、人员值守等方面入手，确保实现“不着一把火、不冒一处烟、不污一条河”的总体目标。禁养区管理按照属地管理原则，压紧压实责任，确保辖区无家禽养殖现象。黑臭水体治理，采取治理与疏浚相结合的办法，堵住污染源头，彻底治理被污染水体，确保水源清澈，环境优美。

（仲其竹）

## 南湖街道

【概况】 南湖街道成立于2013年8月，地处沭阳南部城区，北、东与沭城街道接壤，南与十字街道相邻，西到淮沭河堤，街道办事处驻南湖社区，办公地址在承辉路与园东路交汇处城市之家。辖中心、前巷、湾河、新南、刘洪、项荡、南湖7个社区和1个良种繁育场。行政区域面积42平方千米，常住人口6.99万。2021年，街道实现地区生产总值52.29亿元，增速7.2%；完成财政总收入6459万元，比上年增长21.6%；限额以上单位贸易额12.7亿元，固定资产投资增长率3%；新增列统企业6家，列统企业主营业务收入35亿元；工业开票销售收入完成2.8亿元，增速7%。

【棚改征收工作】 2017年6月实施棚改征收工作以来，南湖街道先后完成土地征收补偿项目共43个，征收清障总面积6700余亩，总计已征收农户房屋与企业厂房5016户，剩余476户未拆（主要集中在湾河、中心社区）；街道共为被征收户中的符合进保条件的7000余人办理进保相关手续。

【招商引资】 2021年引进盘活1.2亿元沭阳国美工贸有限公司、投资1亿元的高度服饰有限公司和投资1.2亿元的邦森袜业。

【城市管理】 南湖街道围绕“服务南部城区建设、优化南部城区管理”发展定位，在国家卫生城市、文明城市创建中完成3个老旧小区改造，打造1个省级示范小区，打造5个市级示范点和9个县级示范点。完成占地80.77亩建设面积3.46万平方米的如东实验小学建设。服从服务南部新城规划建设，为重点工程、重点项目无障碍施工提供有力保障。全力办好民生实事，街道领导班子成员全部安排到社区、小区，拉网式排查群众“急难愁盼”之事，列出清单，明确责任人和完成时限。2021年共分6批对75条“我为群众办实事”项目清单进行公示并组织实施。

【矛盾调解】 南湖街道按照“属地为主、便于管理、便捷服务、规模适度、无缝对接、相对稳定、一格多用”的原则，将辖区范围划分为50个综合网格，共配备网格员50 名。在全县率先设立街道联合调解工作室暨审务工作站调解矛盾纠纷。2021年6月底辖区40余名业主经诉前调解，签订了调解协议，成为“经典”案例。首批试点开展“小区说事会”活动，从源头清单式化解小区矛盾纠纷，回应办理居民诉求。

【党建引领】 按照把支部建进小区要求，2021年，南湖街道成立14个小区党支部，并选优配齐小区党支部书记。推行“三位一体”工作机制、深化“四级吹哨”响应处置机制，系统集成红色物业服务进小区、综合执法服务进小区、部门联动服务进小区、社会组织服务进小区工作成效，逐步形成“事务联商、活动联抓、服务联办”的共建共治格局，着力将“南湖经验”打造成“南湖品牌”。

（赵金浩）

## 七雄街道

【概况】 七雄街道地处沭阳城区东部，西靠县经济开发区，东邻李恒镇，南靠章集街道，北临新沂河。街道区域总面积43.57平方千米，耕地面积3.61万亩，辖9个居委会，人口3.5万。2021年，街道实现地区生产总值8.48亿元，增速5.7%；完成财政总收入3526万元，同比下降6.89%；其中税收收入完成3526万元，同比下降6.9%；一般公共财政预算收入完成1984万元，同比下降3.1%，税收占比达到90.1%。

【工业】 七雄街道积极探索新型工业化道路，重点在壮大工业园区、培育主导产业、扶持本土企业做大做强上做文章。2021年完成工业开票销售收入7.05亿元，同比增长21.21%，规模以上工业用电量362万千瓦时，同比增长40.33%。

【生态建设】 2021年，七雄街道投入约32万元对人居环境、黑臭水体、乱搭乱建等问题进行大力整治，对中心街两侧停车位进行划线管理，切实解决车辆乱停乱放、店外店等问题，集镇区环境和秩序得到有效改善。扎实开展生态河道建设，组织开展“散乱污”企业整治，高效推进“十必接”工程施工，定期安排洒水车对集镇区范围内主干道洒水除尘，组织机械、人力对沂南河及新官西排涝河水中漂浮物、垃圾、水草进行清理，极大改善了区域水质和生态状况。扎实开展人居环境整治工作，先后组织观摩会2次，评选五美庭院80户，各村居比学赶超氛围浓厚，人居面貌日益改善。

【民生实事】 七雄街道配合完成省级土地整理项目，新建道路6.5千米、桥涵5座、地涵12座、斗渠龙门12个。完善道路交通安全设施建设，投入约3万元对重点路段安装护栏、防撞柱、标志牌等设施。持续推动村级集体经济增收，完成集体经营性收入451.92万元，其中公共空间收入112.6万元，村均收入50.21万元。高标准率先完成7个村企联建项目省审核验收，综合评分进入全省第一方阵。

【社会事业】 2021年，街道新增农村低保33户73人，临时救助104户，已将符合两项补贴条件的残疾人全部纳入残疾人两项补贴救助范围，街道残疾人享受两项补贴共计864人。其中，困难残疾人生活补贴人数491人，护理补贴人数373人。

【征地保障】 全力做好经开区重点项目用地保障工作，2021年，共征地18宗、4300余亩。

（李　杨）

## 十字街道

【概况】 十字街道古称十字桥，是沭阳古镇之一，与沭阳主城区、开发区相连，地处城区南大门、城乡结合部，面积70平方千米，耕地面积6.45万亩，辖17个居委会、5.8万人，其中农业人口4.2万人，11000户，177个村民小组，32个支部，1514名党员。街道西以淮河为界，与耿圩镇隔河相望，东与章集街道接壤，北与开发区、沭城街道、南湖街道、梦溪街道毗邻，南与胡集镇相连，新长铁路、京沪高速公路、新老205国道、宿沭一级公路穿境而过，境内有乡村水泥道路110千米，交通便利。水路运输四通八达，境内淮沭河、柴米河等纵横交错，紧邻江苏省20大港口之一——沭阳港。2021年，实现地区生产总值25.67亿元，财政总收入3.5亿元，全县排名第三，同比增长57.1%；一般公共财政预算收入1.94亿元，同比增长56.5%。实现工业开票销售收入22.98亿元，全县排名第七，同比增长20.42%；工业税收8253万元，全县排名第六，同比增长40.28%，居民人均可支配收入22324元。

【工业】 十字街道坚持项目为王、招大引强，加快招引财源型、税源型项目，取得了较好成果。落户沭阳经开区投资2亿元的宿迁泽和新材料有限公司已竣工投产、投资10亿元的宿迁瑞鸿铭新材料有限公司已达到开工条件；落户十字工业园区投资2020万元的江苏富力恒金属制品有限公司已竣工、投资5亿元的沭阳宏润新材料科技有限公司已开工。

【农业】 2021年，十字街道加大对上争取和财政投入力度，组织实施2.48万亩高标准农田建设项目，先后建设排灌站17座、排涝站1座、涵闸工程142座、生产桥45座、田间道路26.8千米、防渗渠道10.4千米，农业生产能力持续增强。

【拆迁征收】 十字街道牢固树立“立足主城区，当好主力军，做好减法”的角色定位，切实抓好“两严”管控，杜绝违章建筑，杜绝违法用地，做到未批准不添一砖一瓦。积极呼应和抢抓城市发展机遇，全面推进农房改善、棚改征收工程。累计（含以前年度）完成棚改征收8期1160户、农房改善7期1663户。全面参与重大项目建设，全力保障宿连高速、快速路二期等12个重点工程项目用地，完成涉及的近4000亩土地征收、2444名失地农民参保，确保了重点工程项目顺利施工。

【民生实事】 十字街道以创建文明城市为契机，多次组织开展老205国道沿线环境整治。全年新铺砂石路36千米、改造维修道路14千米。提升公共服务水平，全面落实常态化疫情防控和疫苗接种工作，保障人民健康。防汛防台、城乡居民医保、养老保险、社会保障等民生工作也取得了较好成绩。

**【基层党建】** 2021年，十字街道新建王涧、张圩2个党群文化广场，对十字、周圩等3个党群服务中心提档升级。注重发挥党小组长在民情收集、矛盾化解、政策宣讲、社会治理等方面的重要作用，让党小组成为支部堡垒的“前哨”。加强街村两级党员干部教育管理，通过一班人影响一层人，通过一层人带动一群人，在全街道树立正气、打击邪气、化解怨气、鼓舞士气，凝聚民心，转变民风，社会风气得到较好扭转，助推各项工作顺利落实。

**【安全稳定】** 十字街道落实属地管理责任，全力守好安全稳定环保工作底线，工业园区空气质量监测点$PM_{2.5}$浓度达标，全街道事故率持续下降。把“无讼街道”创建作为社会治理的关键环节，在全县率先全覆盖开展“无讼村居”创建工作。2021年，街道万人起诉率为32.4件，正向排序位于全县第2名。街道成功创建为宿迁市法治街道，司法所获评全省先进单位，人民来访接待中心创建成省级信访“人民满意窗口”。

（王　晴）

## 沭城街道

**【概况】** 沭城街道地处沭阳县城区中心区域，是沭阳县委、县政府所在地，全县政治、商业和文化中心。2013年原沭城镇撤镇设街设立沭城街道，东与梦溪街道接壤，南与南湖街道、十字街道相连，西依淮沭河，北濒新沂河。街道下辖城东、城南、东关、东园、果园、河南、城西、城北、长安、长庄、府苑、古城、怀文、河西、河东、建陵、南苑、沭河、五里、新桥、沂河、健康、南关、孙巷、圩东、西园、叶庄、昭德等28个社区和鱼种场，常住人口38.6万。2021年，街道实现地区生产总值259.75亿元，完成财政总收入3.05亿元，实现居民人均可支配收入35893元。

**【中国共产党成立100周年纪念活动】** 2021年，沭城街道举办庆祝中国共产党成立100周年“云相约·‘艺’周乐”文艺晚会，组织观看《党史故事100讲》系列专题片58场，开展“老党员讲党史”活动29场次，打造府苑社区党史教育示范基地，通过群众喜闻乐见的形式，教育启迪、鼓舞激励广大党员不忘初心跟党走，牢记使命勇担当。组织街道社区党员干部开展祭扫烈士墓活动，广大党员干部在追忆历史、缅怀革命先烈中接受思想洗礼、汲取精神力量。举行“翰墨颂党恩 红色咏传承——党史宣讲百米长卷书法展”活动，开展宣讲活动96次，累计受众人数3万余人。

**【新冠疫情防控】** 面对严峻复杂的疫情防控形势，沭城街道第一时间启动应急预案，坚持全面发动、全民动员、全力排摸，用最严的措施、最严的作风，全力抓好“外防输入”工作。充分发挥“大数据+网格化+铁脚板”机制优势，及时排查大数据推送的重点人员1.3万人，并落实“五包一”和“人机共防”管控措施，确保防控措施落细落实。全力推进疫苗接种工作，通过强化宣传引导，优化接种服务，建立接种台账等工作措施，不断提高疫苗接种率，实现了疫苗应接尽接、应种尽种，在中心城区筑牢免疫屏障。

**【城市治理】** 按照“一小区一支部”原则，建成152个小区党支部，街道机关及社区所有干部全员编入小区，创造了基层社会治理“沭城经验”。每天8：30至10：00，所有干部集中开展巡查走访，了解社情民意，及时排查整改安全隐患、化解矛盾纠纷、服务群众需求。建立日点评、周总结、月考核机制，真正做到“人到小区去、事在小区办、难在小区解、情在小区结”，一些困扰基层治理的瓶颈问题有了突破，群众投诉总量比上年同期下降30%以上。

**【经济发展】** 沭城街道紧紧围绕“苏北工业强县”目标定位，紧扣“项目招引”“项目建设”两大主题，成功招引投资5亿元的源乐科技有限公司入驻经开区，实现工业项目单体投资历史性突破。加大帮办服务力度，世杰乳胶、炫彩包装、好润玩具等亿元以上项目，均全面建成并投产达效。

**【房屋征收】** 沭城街道充分发挥属地作用，积极组织精干力量，通过开展政策宣传、加强思想引导、实施重点突破等方法，保证了征收项目快速、有序推进，为城区重点工程建设提供了坚强保障。2021年，先后对河东社区第三实小东侧地块、修远中学地块等项目进行了征收，共计完成征收总户数118户；加大化解力度，成功解决2012年7S店项目和2016年西北片区两户历史遗留问题。

**【安全生产】** 沭城街道针对安全生产高风险、安全监管高负荷、安全形势高压力的现状，牢固树立安全发展理念，坚持做到守土有责、守土负责、守土尽责，相继开展托管机构、群租房、商店超市、工业企业消防安全、危化品使用等专项整治。排查整改校外托管及辅导机构298家、商店超市608家、工业生产企业43家、餐饮业1488家，不断筑牢安全屏障，提高防范化解重大安全风险的能力水平。

**【社会事业】** 2021年，沭城街道加大居民小区管理力度，不断打造小区优美环境、优良秩序和优质服务，完成教育小区改造工程。安装小区充电棚805个、充电桩3200个，逐步排除飞线充电安全隐患。完成162个小区安装智能门禁，智能门禁覆盖率达90%以上。铺设、修复小区内外道路、道板砖7.1万平方米，小区内外环境全面提升，物业类“12345”投诉明显回落，居民满意度、获得感、安全感显著提升。

（周立奎）

## 章集街道

【概况】 章集街道位于沭阳东部城区，京沪高速、205国道、326省道三条一级公路，柴米河、柴南河、柴沂干渠三条河流穿境而过，卢辛大沟、店东大沟、店西大沟、胡北大沟四条大沟纵贯南北；西与国家级沭阳经济开发区、十字街道相接，东邻马厂镇，南与塘沟镇、胡集镇毗邻。1957年设立章集乡，1958年成立章集人民公社，1983年改称章集乡，2000年设立章集镇，2005年沭阳县部分乡镇区域调整，撤销章集镇，将章集镇并入沭城镇改为沭城镇章集社区（乡级），2013年7月设立章集街道，下辖10个居委会，81个村民小组，社会人口3.9万人，面积46.86平方千米，耕地3.4万亩。2021年3月12日，沭阳县部分行政区划变更，撤销章集街道、东小店乡，设立新的章集街道，以原章集街道、东小店乡的行政区域为新的章集街道行政区域，街道下设11个居委会，10个村委会，共有161个村民小组，18942户，社会人口74063人，面积97.22平方千米。2021年，章集街道实现地区生产总值20.76亿元，财政总收入为8354万元，上年同期为7221万元，增幅15.7%。其中，税收完成8354万元，上年同期7153万元，增幅16.79%；完成一般公共财政预算收入4632万元，上年同期3966万元，占计划4610万元的100.48%，增幅16.8%；税收占比92.8%，实现居民人均可支配收入20821元。

【工业】 2021年，章集街道实现开票销售171859万元，同比增长26.1%；工业增值税3833万元，同比降低5.1%；工业用电量1684万千瓦时，同比增长4.58%。2021年落户县园区项目为江苏启皓新材料有限公司，总投资额3亿元；落户街道项目2个，分别是投资300万元的江苏凡塔斯运动科技有限公司和总投资1500万元的沭阳润祥建设工程有限公司；安基项目实现增资8亿元；增资招引总部经济项目3个，分别是江苏浩之锦机械有限公司、沭阳县东之旺机械有限公司和沭阳光束幕墙材料有限公司，招商引资及帮办工作受到县委、县政府表彰。

【农业】 截至2021年年末，东小店片流转土地9120亩，建成家庭农场41个，成立农村土地股份合作社2个，打造瓜蒌种植、牛蛙养殖、藕+虾、紫穗槐种植等特色农产品生产基地10个，总面积达1560亩；建成张王庄、店东、王圩、店南生态成片林505亩。2021年共完成土地流转4笔，流转土地面积1442.81亩。全街道共有稻田（藕田）综合种养项目4个、水产养殖基地1个。全年共新增家庭农场4个，新增成片林200亩，四旁植树7万株，更新造林233亩，农业项目成绩显著，农业重点项目建设受到县委县政府表彰。

【基础建设】 2021年，章集街道完成了投资48.98万元实施的2020年沭阳县章集街道高标准农田建设（结余资金）项目。项目涉及老戚庄、曙光、长兴、范陈等村（居），建设水泥路600米、衬砌渠道600米、配套建筑物16座；完成水利部门“十四五”规划和柴塘大型灌区规划。

【社会事业】 做好残疾人两项补贴及尊老金发放工作。章集街道共有持证残疾人员1687人，其中享受生活补贴936人、护理补贴776人；街道共有80周岁以上老人1867人，其中80～89周岁1575人、90～99周岁284人、100周岁以上8人，月发尊老金10.9万元，所有人员做到动态管理到位，每月核实一次。深化困境青少年关爱活动，摸排出街道6～16岁事实无人

安基工业有限公司　　章集街道　供图

抚养儿童共计19名，街道紧扣困境儿童实际困难和现实需求，切实改善困境青少年居住条件简陋、生活设施缺乏的实际状况，共花费近7万元完成“梦想小屋”改造7间。采取团干部与困境青少年“一对一、多对一”的结对方式，构建“1+3+6”关爱服务体系，推进常态化的物质帮扶和精神关爱活动，为困境青少年群体提供精准链式，持续贴心服务，助其健康成长。章集街道实行低保动态管理，做到应保尽保、应退尽退制度。街道现有农村低保1447户2875人，月发低保金138.1万元；共有农村分散供养特困人员114人，集中供养特困人员55人，护理部在护理人员46人，月发供养金约12.8万元。根据县民政局统一安排，章集街道从9月开始开展低收入人口认定工作，共有新申请户数1179户，其中，符合条件的已入户125户，待入户48户，通过审核50户。街道居家养老服务按照县民政局制定的标准正常运营；服务A类特困人员和低保家庭中失能老人共7人，每月上门服务2次，150分钟/次；服务D类（当地80周岁以上高龄的老年人）1802人，每月上门服务1次，60分钟/次。

**【疫情防控】** 章集街道按照新冠肺炎疫情“五有一网格”要求，加强新冠疫情常态化防控。组织疫情防控模拟演练，防患于未然，及时追踪核实返乡及外来人员信息，对上报的返乡人员第一时间按文件要求分类落实管控措施，尤其对境外、国内中高风险地区返沭人员落实集中隔离观察、居家健康观察、核酸检测等措施，做到万无一失、万无一漏。2021年，全街道共排查重点地区返乡人员2828人，追踪核实2828人，其中省内市外返沭累计1120人、省外返沭累计116人、境外返沭6人；落实集中隔离19人、居家健康观察管理258人；落实核酸检测2288人次，采集环境及物品核酸检测样本630余份，并及时按规定送检。

**【安全生产】** 2021年，章集街道对辖区141家企业进行全面摸排，共有13家危险化学品使用单位，无经营存储单位。使用单位已按照时间节点要求完成申报，并要求按照国家法律法规规范危化使用单位主体责任落实及规范管理，不断加强危险化学品的购买、运输、使用、存储等环节的管理管控，确保辖区危险化学品专项整治工作取得实效。完成了辖区内11家粉尘涉爆企业的检查整改全覆盖，发现问题隐患22条，均已实行闭环管理，逐一复核销号，确保所有安全隐患整改落实到位。加强全街道商店超市消防安全管理，严防商店超市“小火亡人”事故发生，街道于4月底对辖区内商店超市进行了全面排查，共计76家，其中，300平方米以下68家，300～1500平方米超市8家，无1500平方米以上超市。大部分超市存在消防管理制度缺失、意识淡薄、消防器材配备不足、年检不及时等共性问题，根据检查结果组织召开了专项培训，制定消防管理制度120张，消防警示标识120张，切实保证了火灾隐患得到有效治理，消防安全管理更加规范，全面提升商店超市火灾控制能力。

2021年4月，乡村振兴新村干赵紫萱在直播铁线莲为农增收

章集街道　供图

**【法治创建】** 2021年，章集街道每月开展一次法治宣传工作，宣传内容涉及平安建设、国家安全教育、扫黑除恶、网格化治理等，宣传覆盖街道100%居民。开展巡逻活动，街道常态化开展巡逻活动，社区（村）每晚进行巡逻，街道执法队伍、派出所民警，每周巡逻不少于3次，群众安全感明显提升。做好网格服务工作，街道共40名网格员，每天进行入户走访服务群众，发放便民联系卡，入户率达90%以上。做好易肇事肇祸精神病患者、重点青少年、社区服刑人员等重点人群的管理监督工作，确保辖区内安全稳定。

（赵登亚　郁　乔）

## 耿圩镇

**【概况】** 耿圩镇位于沭阳县西南部，距城区5.5千米。2021年3月12日，沭阳县部分乡镇行政区划变更，撤销耿圩镇、北丁集乡，设立新的耿圩镇。以原耿圩镇、北丁集乡的行政区域为新的耿圩镇行政区域，全镇行政区域面积109.37平方千米，人口6.98万人，辖2个居委会、18个村委会，耕地面积8.83万亩。2021年，全镇实现地区总产值22.18亿元，完成财政收入5256万元，实现工业开票销售收入7.1亿元，同比增长17.7%，人均纯收入23260元。耿圩多肉花卉产业园获评“全国农村创业园区”，苏台花木产业示范园、蝴蝶谷兰花盆景产业园项目成功举办第九届花木节分会场，并被多家国家级媒体平台报道。

**【工业】** 2021年，耿圩镇紧紧抓住邻近南部新城的优势，将招商引资工作聚焦在招引亿元项目和县经济开发区项目上来。全年共引进工业项目4个，投资5亿元的睿博纺织和投资1.5亿元的江苏华宏纺织科技有限公司落户县经济开发区，其中睿博纺织一期已竣工投产，华宏纺织已开工建设。投资1.2亿元的中邦木业盘活项目和投资4000万元沭阳宝笛纺织项目落户镇工业区。

**【农业】** 耿圩镇紧紧围绕乡村振兴总要求，以“多肉小镇”亮品牌、“淘宝镇”扩总量、“旅游小镇”升内涵、“全域美丽乡村”呈精品为总体思路，不断促进特色产业的结构调整和转型升级。多肉销售线上化、精品化趋势明显，苏台新品种研发已常态化、前沿化，全年全镇多肉花卉线上线下销售额超4亿元。蝴蝶谷兰花盆景产业园新建高标准玻璃温室7万平方米。苏台花卉产业园与蝴蝶谷兰花盆景产业园分别承办全县花木节的分会场。中央电视台连续两次专题报道耿圩镇产业富民典型，苏台花木产业示范园、蝴蝶谷等项目荣登多家国家级媒体平台。集体和农民通过组建合作社、购置集体资产、服务外包、入股、出租、土地流转等方式，把集体经济与个体私营优势融为一体，在引导农民致富的同时发展壮大了集体经济。2021年全镇村集体经济收入均超40万元，周王、汪圩等村集体经济收入突破70万元。全年完成高标准农田建设1.5万亩。

**【镇村建设】** 2021年，耿圩镇启动了“全域美丽乡村”建设工程，坚持建设和管理并重，多渠道筹措资金，不断提升集镇区配套服务功能。年底前，淮西新农村建设工作已取得阶段性成果。在此基础上，盘活用好存量建设用地，激发民间资本，建设多功能新镇区。淮西社区、周王小区、阳光新城等项目，累计近4000套安置房投入使用或基本完工。累计投入3000余万元，用于沭悦路形象提升、绿雅大道、多肉培植园绿化改造、245省道节点打造、群众群乐方块等重点工程建设，年底前已全面完成。镇区污水管网“十必接”工程加快推进。投入220万元建设乡镇影院，组织60场惠民文艺演出，投入290余万元新修耿淮线、北周线，维修绿雅大道、丁陇线、尚庙线、汪周线、沂南线。投入514万元，新建教学楼1800平方米，铺设跑道、运动场1000平方米。

**【镇村环境】** 耿圩镇着力改善农民居住环境，在做好《耿圩镇总体规划》、镇区市容环境整治等工作的同时，镇领导带头落实巡河责任制，组建2支专职保洁队伍，落实物资、经费保障，常态开展河道保洁。全年累计投入700万元对全镇的农田、沟渠、河道、主要道路开展全面清理，清理乱堆乱放、乱搭乱建1156处，清理农业生产废弃物4562吨，清运生活垃圾8126吨，清理河塘沟渠累计53千米。加快花乡绿道耿圩段建设，以违建拆除为重要抓手，清除全镇范围内的各种乱搭乱建，建设花乡绿道耿圩特色版块。

**【社会事业】** 耿圩镇结合扫黑除恶专项斗争，开展“大走访、大调研”活动，全面收集民生诉求及排查不稳定因素，采取调解、座谈、帮扶等方式，全面排查化解民生诉求及排查化解矛盾纠纷15起，维护了社会稳定。抓好脱贫攻坚工作，以绣花功夫推进精准扶贫，精准脱贫，全镇3145户建档立卡贫困户10231人实现稳定脱贫。累计投入888.35万元建成的产业扶贫项目，初步形成了多肉种植、农产品深加工为主体的产业发展格局。建成2个村级扶贫基地，带动贫困户1560户就业。及时发放金融扶贫贷款2345户（次）7047万元，有效解决了贫困户发展产业缺资金难题。充分做好安全生产工作。党委、政府先后五次专门研究安全生产工作，优化安全生产工作领导小组，将安全生产工作纳入年度工作考核，按照“党政同责”“一岗双责”“属地管理”“包保负责”的责任分工要求，细致厘清了各分管领导的安全生产监管责任，全方位排查、闭环式整改，确保全镇安全生产形势持续稳定向好。2021年，对敬老院进行提档升级改造，让109名孤寡老人安度晚年。全镇20个村居1289户实施城乡居民最低生活保障。

**【基层党建】** 2021年，耿圩镇牢固树立“主业、主责、主角”意识，党委召开了13次党建专题会议，解决基层党建问题31个，提出党建议题4个，党建创新项目1个，派驻党建指导组23个，推动镇领导挂点、镇干部驻村。实施党建考核末位谈话制度，党委主要领导约谈党建工作不力的党组织书记9人次，领导班子随机调研17轮次，深入村组讲党课40次。抓好农村文化阵地建设，20个村居建起农家（社区）书屋，拥有各类图书4万册。强化党风廉政建设，切实转变机关作风，抓好医疗卫生改革，着力解决群众看病难、看病贵和贫困儿童入学困难等问题。

（徐效平）

## 韩山镇

【概况】 韩山镇位于沭阳县的东北部，新沂河北岸，东靠吴集镇，西邻龙庙镇，北与高墟、华冲两镇接壤。位于镇中心区的韩山是沭阳最高峰，海拔66.08米，占地0.48平方千米，韩山主题公园属国家AAA级旅游景区。2021年3月12日，沭阳县乡镇区划调整，撤销韩山镇、官墩乡，设立新的韩山镇，以原韩山镇、官墩乡的行政区域为新的韩山镇行政区域，调整后全镇镇域面积121.62平方千米，耕地面积10.22万亩，辖3个居委会、20个村委会，镇域户籍人口8.03万人。镇域范围内324省道横贯东西，205国道、344省道、官塘线县道贯穿南北，镇政府所在地距宁连高速灌云入口及京沪高速扎下入口均约25千米，交通便利。2021年，全镇实现地区生产总值24.92亿元；完成财政总收入7913万元，与上年同比增长70.5%；完成一般公共财政预算收入4330万元，同比增长69.7%，税收占比92%；实现居民人均可支配收入21105元。

【工业】 韩山镇立足实际，高举工业强镇大旗，一手抓项目引进，一手抓本土企业培育。以镇工业集中区为载体，做大做强优势产业，培育发展新兴产业，创新招商思路，强化帮办服务，改善营商环境，推动工业经济快速发展。招商引资成效显著。该镇成立由党委书记任总指挥的招商引资指挥部，下辖9个以镇领导班子成员为组长的招商引资协作组。通过开展专业招商、以商招商等多种形式的招商活动，共引进工业项目13个，其中亿元项目3个，落户县经济技术开发区项目1个（投资3.5亿元），引资总额超10亿元，使全镇经济实力显著增强。营商环境逐步优化。围绕企业需求，坚持“立即办、保姆式服务”，做到客商需要时无处不在、客商不需要时无影无踪。时刻强化对企业的帮办服务，始终做到有障必清、有困必帮、有诺必践，确保客商投资放心、生活舒心、经营安心。2021年，该镇完成工业开票销售收入16亿元，同比增长53.34%，工业增值税5933万元，同比增长131.25%，工业规上企业用电量899万千瓦时，同比增长54.5%。

【农业】 韩山镇围绕“一村一品”目标，坚持打造特色生态农业，形成了各村各具特色的生态农业项目。石平及桔园村的蜜薯、尚庄村的苹果、范圩村的豆丹、顺河集村的稻虾养殖、宋庄和花圩村的葡萄、尤庙草莓、友谊翠竹等特色品牌，打造了农业特色名片，聚集人气、做旺商机，形成休闲农业、观光农业、特色农业融合发展的现代农业体系，使农文旅更加融为一体。全年落户农业重大项目2个，分别为宿迁市恒源食品、沭阳恒大米业。积极推进高标准农田建设，加大资金投入，新建泵站5座，改造泵站4座，新建防渗渠6.4千米、铺设田间生产路17.42千米，总投资约1941万元，涉及姜洼、尤庙、花圩等6个村。

【生态环境改善】 韩山镇加大对村庄绿化、亮化、美化力度，全面开展村容村貌、黑臭水体、人居环境整治。完成韩山、官墩垃圾中转站改造，拆除垃圾池200余个，新建垃圾分类亭26个，更换垃圾桶300余个，新建公厕6座。重点实施324省道两侧及镇区环境提升工程，铺设污水管网9200米，安装路灯390盏。疏浚河道20余条，长92.4千米，开挖土方180万立方米，并于2021年12月底全部通过省水利厅现场验收。完成房屋外立面出新2.78万平方米，栽植绿化苗木3160余株。该镇积极开展污染防治整治，坚决守护蓝天、碧水和净土，加强企业环保问题督查，落实包保责任，严格按照上级规定，对环保不达标的立即予以关停整改，对5家环保不达标企业采取断电、断水等“两断三清”措施。同时，督促工地做好雾炮喷淋，裸土覆盖等扬尘管控措施，$PM_{2.5}$年均浓度始终保持在37.6微克/立方米以下，全县排名位居第一。同时，大力开展县乡河道治理和秸秆综合利用工作，达到了天蓝、河清、水秀、岸绿、景美的预期目标。

【镇村建设】 韩山镇紧紧围绕“产业兴旺、生态宜居、乡风文明、治理有效、生活富裕”的工作总目标，提品位、重管理，镇村面貌持续改善。认真贯彻落实县委、县政府关于新型社区建设的决策部署，把新型社区建设作为头等民生工程进行推进，完成顺河集村199户拆迁工作。郁圩新型社区一期、尚庄新型社区全面通过省、市、县验收，净增可耕种土地64公顷。同时还全力做好农房改善“后半篇”文章，在搬得出、稳得住的基础上，聚力聚焦能致富、生活好，使小区与周边的农业、工业项目结合，带动创业就业，实现家门口就业，真正让农民口袋“鼓起来”。加强农村公路建设，全年新铺设“一事一议”奖补道路722米，铺设沥青路面16.1千米（韩顺路和韩信路），新建加固农桥8座，方便群众出行。加强党群服务中心建设。该镇针对部分村面积未能达到400平方米的历史遗留问题，新建大吕庄村党群服务中心。筹资20多万元对郇圩社区新党群服务中心进行了打造，工作及阵地标杆示范效应得到彰显。对戴山、先锋、姜洼、丰收、南庄、尚庄、顺河集等7个村党群服务中心进行了提档升级，彻底解决党群服务中心标准化建设问题。

【民生实事】 围绕“服务人民、优于周边”理念，大力推进民生事业，民生支出占比创历史新高，民生蛋糕越做越大，各项工作取得了可喜成绩。推进镇村生活污水设施建设，加大对占地2.11公顷、投入1.2亿元、日均可处理5000吨污水处理厂支管网汇接力度，督促尚庄、赵口、宋庄小污站使用质态提升，全力推进顺河集、大吕庄、石平、南庄、戴山5个村庄污水小微站建设，到2021年年底全部完工并投入运行。推进农户饮用水设施建设改造，全年投入300余万元，铺设700米主管网、新建3座增压站，彻底解决韩东康居小区、韩西小区、北苑新城小区1700余户居民因小区海拔高造成水压低吃水难问题。截至2021年年底，该镇1.62万户农户全部吃上“干净水、放心水”，群众满意度进一步提升。落实社会保障，农村养老、医疗保险制度实现全覆盖，五保、低保、社会救助等全面“兜底”。改善医疗条件，完成村（社区）卫生室提档升级工作。韩山人民医院按照二级甲等综合医院标准建设，总建筑面积34567平方米，设置床位200张，已于2021年9月投入使用，辐射周边乡镇24.02万人，辐射面积364.06平方千米，成功创成省农村区域医疗卫生中心。全面做好疫情防控工作，全区域、常态化对23个行政村（社区）、各企、事业单位、生产经营单位全面实行网格化管理，强化重点人员管控，形成联防联控、群防群治局面，并开展疫情防控应急演练。截至2021年年底，全镇已完成全程接种新冠疫苗3.6万人、加强针接种0.82万人，疫情防控始终处于稳定可控状态。加强教育教学管理，教育教学质量持续攀升，官墩九年制学校、韩山中学2021年考取重点高中42名，沭阳县南湖小学与韩山中心小学成功联盟共建，实现资源共享、优势互补，创新教育教学的新模式。同时，按照上级要求，依法依规清理取缔5所“无证幼儿园”。

【脱贫攻坚】 韩山镇2021年建有扶贫产业光伏电站4座，收益8万元；入股沭阳恒利木业、沭阳超越体育收益分红4万元；扶贫厂房租金收入45万元，共计收入57万元。通过镇村干部对4049户入户走访调查，发现存在收入风险、支出风险60余户，经镇村两级会办，将收入资金用于风险化解，较好地巩固了脱贫攻坚效果，为乡村振兴打下坚实基础。

（毛善军）

## 胡集镇

【概况】 胡集镇地处沭阳县东南部，距城区19千米，镇域面积68.68平方千米，耕地6.3万亩，户籍人口5.72万，下辖16个村（社区），拥有1个中心集镇和5个农村集市。205国道、新长铁路、京沪高速公路和淮沭新河等水陆交通要道横贯全镇，境内有京沪高速公路出入口和淮沭新河水运码头（该码头可与京杭大运河航线相接），水陆交通运输非常便利，交通区位优势十分明显。2021年，全镇实现地区生产总值20.17亿元，完成财政总收入6897万元，实现居民人均可支配收入22254元。

【工业】 突出重大项目招引、重点产业发展和重要税源培育，大力实施招商引资“一号工程”，深入开展“项目招引百日冲刺”活动，有针对性招引一批关键环节项目、行业领军项目，把全镇招商引资工作推向新高潮。不断优化发展环境，切实转变工作作风，提高服务效能，组建专业帮办队伍，全力推动储备项目快落地、签约项目快开工、在建项目快竣工、建成项目快增产。投资28.16亿元的江苏福汇林木业有限公司年产90万立方米人造板项目，占地420亩，建筑面积12.7万平方米，实现当年开工、当年投产目标，全部建成后预计年产值20亿元，纳税1亿元。

【道口经济】 胡集镇道口经济产业园沿胡集高速公路出口连接线南北两侧进行布局，总规划面积6800亩，其中一期规划面积2989亩。2021年10月，全县第四季度工业项目集中开工仪式在胡集镇道口经济产业园举行。截至2021年年底，胡集道口经济产业园已招引亿元以上项目10个，计划总投资规模36.5亿元，项目涵盖了新能源、精密机械、汽车配件、绿色建材等产业。年底前，贝拉德电缆、一腾机械、凯雅特新能源3个项目已进场，厂房规划方案初审、营业执照办理等前期准备工作已完成，并提交有关部门立项。

【农业】 2021年，胡集镇发展高效农业种植面积约3500亩，中药材、鲜切花基地、生物科技、果蔬基地项目等7个市高效生态农业重大项目已申报获批。其中，投资2.7亿元的江苏蓬盛生态农业科技股份有限公司已建成1.3万平方米玻璃连栋大棚、6万平方米温室大棚和2万立方米冷库；投资1.2亿元、占地1000亩的沭阳元旺果蔬有限公司已建成连栋大棚38.5万平方米，果蔬基地初步形成。江苏昊林农业开发有限公司年加工“沭记”瓜蒌籽10万千克，年总产值约1500万元，是苏北最大的瓜蒌一条龙生产基地。2021年，胡集镇荣获县“农业重大项目建设工作先进单位”“乡村振兴工作先进单位”称号。

**【镇村建设与管理】** 2021年，全镇共计投入资金895万元用于镇域路桥改造提升工程，改善镇域交通网。投入资金100余万元完成胡西新型社区基础设施提档升级工程，通过省级宜居村庄创建市级验收。积极推进省卫生镇创建，投入资金30余万元建设农贸市场疏导点，清理乱堆乱放280余处，清理店外店300余家，查处办理乱搭乱建30余处。完成改厕228户，新建2座三类水冲式公厕，安排专人定期维护管理。2021年，胡集镇文体公园获得“江苏省最美乡村健身公园”荣誉称号。

**【社会事业】** 胡集镇积极推进星级敬老院创建工作，投入150万元对敬老院进行消防改造提档升级。着力推进基本公共卫生，定期更换村卫生室宣传栏216次，发放宣传资料21670余份，开展健康知识讲座等活动96次，为辖区居民建立电子健康档案40153人。为返乡青年大学生提供创业贷款、补贴19人次，贷款195万元，补贴3万元。调处拖欠农民工工资纠纷98批次，完成新农保扩面140人。

**【党建工作】** 扎实开展党史学习教育，采用集中学习与自主学习相结合的方式，确保主题教育各项活动落到实处，2021年，镇开展的“党史学习教育暨基层实务微课”活动，被评为宿迁市基层党课示范点。深入推进“四事工作法”，落实以议事会议大事、村书记述村事、村监会释疑事、服务组调民事为主要内容的村级治理模式，广泛听取群众建议，解决各类问题550余个。开展发展党员排查整顿，全面排查中共十八大以来全镇发展党员是否存在“带病入党”、弄虚作假、徇私舞弊、严重违反入党程序等问题，确保发现一起、查处一起、整顿一起，从源头上保持农村党员队伍的先进性、纯洁性。2021年，全镇2名村支书被推荐为全省“百名示范”“千名领先”村书记推荐人选，1名村支书被选聘进入事业编制。

（孙含笑）

## 华冲镇

**【概况】** 华冲镇位于沭阳县北部，距离县城约20千米。东与西圩乡、韩山镇相邻，北与青伊湖镇、湖东镇接壤，南接龙庙镇、韩山镇，西连贤官镇。华冲镇历史悠久，是沭阳古镇之一，镇域面积56平方千米，耕地面积5.3万亩，下辖12个行政村（社区），户籍人口5.22万，镇区规划面积3.1平方千米。华冲镇交通及区位条件突出，新沭灌路、龙青路、桑高路穿境而过，龙青路纵穿南北，新沭灌路横贯东西，东接344省道，西连245省道。镇域内河网水系丰富，水路交通便利，古泊河建成后可通行千吨级船舶。2021年，全镇实现地区生产总值23.0亿元，完成财政总收入8409万元，实现居民人均可支配收入21977元。

**【工业】** 2021年，全镇实现工业开票销售收入15.22亿元，工业增值税4270万元，工业用电量363万千瓦时。成功引进亿元项目2个，即投资1.3亿元宿迁联和饲料有限公司和投资1.1亿元的江苏明远创意家居科技有限公司。截至年底，全镇共有工业企业136家，其中开票超2000万元规模以上工业企业18家，玩具企业42家。

**【农业】** 按照县委县政府“支书领头调结构”工作部署，华冲镇始终坚持以“五个一万”（即万亩蔬菜基地、万亩良种繁育基地、万亩种养结合基地、万亩花卉苗木基地、万亩水果基地）农业结构调整发展规划为指导，结合实际，发展特色农业。江苏宥森生态农业有限公司流转2100亩土地进行稻虾共作，总投资2000余万元，连片集中，统筹规划，利用稻田浅水环境，挖沟垒坝，实现一水两用，一田双收，改变传统的种养模式向优质、高效、立体、生态种养模式转变，项目可年产优质稻50万千克、小龙虾15万千克。江苏国明农业投资8000万元建设美丽猪场，占地350亩，建设存栏6200头基础母猪的繁育场，年出栏优质商品猪8万头。2021年华冲镇公共空间治理新收回土地330.9亩，产权交易面积3387.16亩，年增收216.32万元；累计收回资产13392.49平方米，产权交易面积12861.99平方米，年增收70.45万元；资产资源利用率97.88%，现行有效合同369份。

**【民生实事】** 2021年，华冲镇通过积极对上争取，对沭河支渠下游、蒋庄十一斗渠等河道进行清理疏浚，提高了河道治理能力，改善周边水生态环境。投入120余万元修建3290米的水泥路。柳口村投入38500元，安装路灯75盏。华冲镇因地制宜，推动经堂村美丽乡村建设，先后投入29万元建设污水管网，1.1万元安装路灯6盏，8.5万元新建公厕1座，不断优化农村人居环境。

**【基层党建】** 华冲镇按照村基本阵地规范化建设标准，投入110万元新建东园村党群服务中心。投入20余万元对丁庄基础设施进行改造，精准整顿转化丁庄村软弱后进党组织。投入20万元打造各村（社区）文明实践站，进一步对各村（社区）党建阵地进行提档升级，打造党员群众愿意来的“红磁场”。全年专题举办5次党支部书记专业能力提升轮训班，切实提升支部书记履职能力。组织召开村干部学习培训会25次，全面提升基层干部思想政治水平、履职能力和业务素质。对村支“两委”进行换届，共有55名年轻干部加入到村支“两委”队伍中来，配齐配强村支“两委”干部队伍，补聘3名新村干，村干部队伍工作能力全面提升。

【特色农产品】 1978年，华冲镇大尖村开始种植番茄，后辐射到站墩、仲林、华冲、官沟等12个村，常年种植面积6000余亩。华冲番茄栽培方法独特，采用稻菜轮作方法生产，对蔬菜病虫害的发生有极好的抑制作用。具体方法为水稻收获后的11月份安装钢架塑料大棚，保温育番茄苗，4月底在番茄行内套种瓜类或豇豆类，6月中下旬清棚栽插水稻。20世纪90年代，东园村农民开始广泛种植红富士苹果。经过30余年的发展，农民积累了苹果树栽培与管理技术，所产出的东园苹果遍体通红，果肉紧密，口感甜润清脆，曾荣获“江苏省优质苹果奖”。现种植面积达1500余亩，辐射周边村（社），带动就业1000余人。20世纪80年代，华冲镇站墩村农户开始广泛种植芦蒿，并向周边乡镇辐射，现已发展成华冲镇的特色产业。芦蒿适应性强、病虫害少、味甘甜美、营养丰富，且具有药用性，已经成为广大农户发家致富的有效途径。通过当地村民40余年的共同努力，已经让“小芦蒿”长成“大产业”，截至2021年，华冲镇站墩村芦蒿种植面积已达1000余亩，亩产年均创收1万元以上，带动当地老百姓增收致富的同时，拉动周边的经济发展。

（周　舟）

## 李恒镇

【概况】 李恒镇，因一位乐善好施的艄公而得名，位于沭阳县东部，与连云港市灌南县隔柴米河相望，处市县交界处。2021年3月12日，沭阳县乡镇区划调整，撤销李恒镇、汤涧镇，设立新的李恒镇，以原李恒镇、汤涧镇的行政区域为新的李恒镇行政区域，调整后行政区域面积122.64平方千米，辖2个居委会、22个村委会，户籍人口8.61万人。2021年，全镇实现地区生产总值29.93亿元，完成财政总收入7.56亿元，一般公共财政预算收入4.27亿元，两项指标均列全县第一。连续两届被评为“江苏省文明乡镇”，连续两年被评为“江苏省基层党员冬训工作示范乡镇”，被市委、市政府、市军分区评为“先进基层武装部”，被市农房办评为“农房改善工作先进集体”，被县委县政府评为“高质量发展综合先进单位”，位列全县同类乡镇第七，连续三年荣居县域高质量发展第一方阵。同时，被县委、县政府评为“农业重大项目建设工作先进单位”“财税工作先进单位”“污染防治攻坚工作先进单位”。

【工业】 2021年，全镇实现工业销售收入68.38亿元，同比上升106.86%，全县排名第三；工业增值税6.21亿元，同比上升160.21%，全县排名第一，工业经济已成为李恒镇高质量发展的强力保障。项目招引实现新突破，全年新增亿元工业项目13个，总投资22亿元，其中引进国开区项目2个，新签约项目中，实现投产项目7个，在建项目6个，新增项目数量与投产项目数量全部达到既定目标，经济发展基础更实。

【农业农村】 江苏益客食品集团股份有限公司在深交所创业板敲钟上市，进一步夯实了李恒镇作为江苏省沭阳现代农业（渔业）产业园区和江苏省沭阳现代畜牧业示范区的区域核心地位，为创建国家级示范区奠定了坚实基础。牧辉农业成功申报并通过2021年度高效农业重点项目，立华牧业、众客种禽、益客食品等9家市级以上农业龙头企业引领农业现代化进程稳步推进。更多“李恒牌”特色产品走出家门、走向市场，李恒老鹅、翠冠梨、茶馓、生态稻虾米、芡实等特色农副产品的知名度和市场影响力逐渐增强。

【镇村建设】 李恒镇统筹规划小城镇布局，开创美丽宜居乡镇新局面。铺设腾飞路9000平方米，打通镇区交通瓶颈，解决学校、老李恒医院附近交通拥堵问题。新建沭阳中医院李恒分院4500平方米，总投资1500万元，设定床位200张，李恒群众就医条件得到大幅提升。新建镇区西出口河道景观带和镇区居民健身广场，为群众提供休闲健身场所；投入30万元新建健身步道550米；投入30万元对曙光路进行改造；投入100万元新增绿化苗木1500株。同时，积极开展“厕所革命”，投入120万元新建4座高规格公厕。响应“点亮乡村”号召，安装沭李路镇区段、安宁路、曙光路、腾飞路、刘山中心路、曙红中心路路灯共1100盏。持续加大镇区污水管网配套力度，投入240万元对镇区污水管网和中心小学公厕进行改造，群众生活的便利程度和文明程度得到大幅提高。

【社会事业】 2021年，李恒镇党委、政府大力推动“为民办小事”工程，以1471件惠及民生的小事、实事构筑起干群关系的金色桥梁，以农房改善、脱贫攻坚、城镇建设等民生大项目，不断提升人民群众的幸福感和获得感，人民福祉得到大幅提升。交通网络加速完善。柴米河李恒新大桥已开工建设，267省道前期准备工作有序进行，沭李路改造完成全面通车，江圩村圩西组南北路、西河村河西组庄台路、郝圩村郝圩北路、柴南村后陈路、藕池村大成组生产路、汤涧中心路、东山公园东侧道路、大黄村后陈东西路、顾洼村中心路、李柴路等10条道路提档升级完成，镇域路网格局更加完善，群众出行更加方便快捷。公共服务优化供给。中考成绩捷报频传，被省沭中、如东中学、建陵中学等重点高中录取人数实现“三连增”。沭阳中医院李恒分院、汤涧医院、村级卫生室有效运行，免疫接种门诊达到省规范化门诊要求。按照市、县“东大门”的标准，投入180万元，在沭李路两侧打造东山公园一座，结合柴米河、艄公李恒及创业发展理念，设计迎宾标志，努力打造成为“县域乡村最美门户公园”。镇区西出口景观带，整体向西延伸，“创业李恒”的文化影响力得到进一步扩大。住房条件有效改善。徐庙小区、汤涧小区已经全面交付使用，在物业服务、小区配套、农户增收等方面统筹谋划，聘请专业物业公司管理服务，投入300万元对农房改善沿线环境进行提升整治。大李小区、马屯小区在保障工程质量的同时稳步推进。农民增收成效显著。全镇大力实施“创业点”建设工程，鼓励群众家门口创业，2021年累计新增创业点40个，带动群众就业1000人，人均可带动增收20000元。持续加大项目招引力度，帮助群众更大程度实现家门口就业，新增用工500人，人均月工资可实现4500元，富民增收的“李恒模式”得到多家媒体深度报道。

**【生态环保】** 李恒镇围绕美丽乡村建设要求，纵深推进水、路、田园空间整治，动用人力1000余人次、机械100台套，累计清理支渠60千米、主干道路80千米，并全部栽植油菜，建立起生态环境保洁的长效机制，有效解决公共空间整治后被二次侵占难题。投入200万元打造柴米河生态廊道，全长1.3千米，栽植海棠9000株，园内铺设印花游园步道1.3千米，“河畅、水清、岸绿、村美”由蓝图成为现实。

（徐振阳）

## 刘集镇

**【概况】** 刘集镇位于沭阳西南部，地处宿豫、泗阳、沭阳三县（区）交界处，素有“沭阳西大门”之称，距南部新城区约9千米，宿沭一级路、245省道穿境而过。镇域面积72平方千米，耕地面积6.05万亩，下辖12个行政村（社区），户籍人口4.27万。2021年，全镇实现地区生产总值21.56亿元，完成财政总收入7581万元，实现居民人均可支配收入20758元。

**【农业】** 2021年，刘集镇持续推进农业结构调整战略，不断加大农业基础设施建设力度。涉及刘集社区、南长庄村、西周集村、涧西村等4村共8200亩的2021年度高标准农田项目已开工建设，投资1435万元。2021年共招引2个农业项目，分别是投资6000万元的宿迁优鲜米业、投资2000万元的宿迁立华牧业二期工程。2021年4月2日，成功举办沭阳县第六届海棠花海乡村旅游节，景区内70余个品种1800余亩海棠花竞相盛开，极大丰富了城乡居民休闲娱乐生活。完成2021年县级生态河道建设任务14.3千米，乡级生态河道建设任务21.9千米。

**【工业】** 2021年，刘集镇完成一般公共财政预算收入4214万元，同比增长33.4%，完成全年任务3670万元的114.82%。全年完成工业开票销售收入21.17亿元，同比增长146.73%，实现工业增值税5452万元，同比增长47.17%。2021年，该镇引进江苏志灏铜业有限公司、金展铜业（沭阳）有限公司、宿迁凯之硕新型建材有限公司、江苏逸鸿智能装备制造、沭阳科力高分子科技有限公司、江苏腾尔达再生资源有限公司等6个亿元项目，固定资产投资1000万元以上的项目5个。

**【基础设施建设】** 2021年，刘集镇先后投入140万元对桥南村刘北路、丰产路进行道路改造。投入21万元对腰庄路、街中路、刘槐线三条道路进行修补。对刘保线、吉湖线5千米道路进行黑色化改造。投入300余万元对西周集小学进行扩建，配备综合楼、学生餐厅等校舍建设1790平方米，运动场2600平方米，中心路、广场等配套工程5000平方米。

**【农房改善】** 2021年，刘集镇按照“规划引领、分类指导、稳妥推进”的工作思路，统筹推进郇河新型社区、桥南新型社区、御景嘉园小区、西周集新型社区、吉湖新型社区等5个农房改善项目。郇河新型社区和桥南新型社区已如期完工，向群众交上暖心钥匙，其中郇河新型社区获批2021年全县唯一一家省级特色田园乡村。其余3个项目按序时进度推进。

（丁建亚）

## 陇集镇

**【概况】** 陇集镇地处沭阳县西南部，东面、北面与耿圩镇为邻，南与刘集镇相连，西与悦来镇接壤，324、245省道穿境而过，交通十分便利，辖区总面积46.88平方千米，辖陇集、陇东2个居民委员会，孟玉、丁曹、墩前、李徐、谢桥5个村民委员会，95个村民小组，总户数6000余户，人口2.8万人。2021年，全镇实现地区生产总值14.1亿元，完成财政总收入1.08亿元，实现居民人均可支配收入20719元。

【工业】 2021年，陇集镇成功招引驻镇工业园区千万元以上项目6个，其中艾尔斯水休闲用品、元鼎服饰等项目已投产。全年实现开票收入8.24亿元，工业税收2059万元，财政收入连续两年突破亿元大关。

【花木及农旅产业】 2021年，总投资30亿元的列省重大项目华东花木大世界成功落户陇集，该项目位于324、245两条省道交会处，地处沭阳国家级现代农业产业园核心区域，一期总占地1500余亩，其中主展馆占地210亩。项目设有交易中心、会展中心、电商中心、精品花卉园和若干个盆景大师工作室，布局花木、盆景、奇石、宠物等功能，实现生产、制作、传播、营销全过程高效融合，项目建成后，年可实现产值3亿元，入驻商户3000余家，年交易总额超百亿元。3134亩俄乐岗彩色苗木基地全面建成，1000亩呈祥园艺高端花卉一期投入使用，7000余亩成方连片陇北荡藕虾基地初步形成，土娃娃农旅综合体基本建成并试运行，324省道优质农业示范带初具规模。另外，陇集镇充分挖掘农文旅元素，深入实施《陇集镇旅游产业发展三年规划》，对旅游公路沿线及重要节点景观进行提升，将其与墩前、李徐、镇区、彩色苗木基地等观光地全面串联，逐步形成以华东花木大世界为龙头，以陇北荡藕虾基地、俄乐岗彩色苗木基地、土娃娃农旅综合体、李徐特色田园乡村等为景点的全域旅游特色线路，不断完善“吃、住、行、游、购、娱”六要素配置，全力打造农文旅融合发展陇集样板。

【城镇建设】 陇集镇按照“1+5”居住格局，加强镇区规划和设计工作，镇区“三纵四横”七条街已经改造6条，新镇区9条市政道路基本完成，建筑面积8000平方米的陇集医院住院楼顺利建成并投入使用，城镇承载服务能力进一步提升。

【人居环境改善】 墩前小区、陇上华府2个共2000余户农房安置小区均已交付装修，墩前老旧小区完成改造，首批小菜园顺利建成，物业管理公司进驻，群众生产、生活、生态空间得到全面优化。推进李徐特色田园乡村建设，配合“花乡绿道”旅游专线建设，实施镇村环境整治、看护用房整治、农业废弃物整治，不断丰富“全域改善”内涵。

【乡村振兴】 陇集镇全面推进乡村振兴战略实施，做好全面小康和脱贫攻坚之间的工作衔接，坚持项目带动、共享发展，全镇扶贫资产高达2900万元，年收益190万元，村均收益27.14万元。加大公共空间治理，村均收回集体土地790.72亩，村均收益75.57万元。

【基层党建工作】 陇集镇以服务型党组织建设为抓手，将墩前新型社区作为试点，通过锻造新型社区党建工作站这一“能量核”，构筑融合型智慧化社区治理、群众10分钟便利生活、特殊群体居家照料、乡村特色文化休闲、农旅融合产业共振五大功能圈，着力打造农村社区党建“聚能环”，党的建设、社会治理、为民服务水平不断提升。

（方　颖）

## 龙庙镇

【概况】 龙庙镇位于沭阳县城东北部，新沂河北岸，距沭城8千米，镇域面积49.9平方千米。耕地面积3.2万亩，辖11个行政村，2个居委会，户籍人口5.5万人。205国道、324省道横贯东西，立派路、龙华路、红万桑路、344省道穿越南北，交通优势突出。2021年，全镇实现地区生产总值19.53亿元，年均增长7.2%；完成财政总收入8111万元，比上年增长13.3%；实现居民人均可支配收入22045元。

【工业】 2021年，龙庙镇实现工业开票17.6亿元，年均增长30%；工业增值税6019万元，年均增长28%；规模以上工业总产值12.9亿元，年均增长23.2%。共引进各类招商引资项目5个，其中亿元以上项目1个，5000万元项目2个，新增规模以上企业3家。全镇现有工业开票实绩的各类工业企业104家，新引进并落户镇工业集中区的汇宇新材料投资5亿元，沭阳创铄智能科技有限公司投资8000万元，江苏派派乐科技集团有限公司投资6000万元。

【农业】 2021年，龙庙镇共投入1320万元，在沙堰、朱庄、仲湾3个村建设高标准农田项目，新建电灌站2座，铺设防渗渠4.7千米，新建生产桥、涵88座，疏浚河道28千米，农业设施进一步完善。

【镇村建设】 龙庙镇先后投入1600余万元资金，铺修道路计50千米，修复破损路面262处。幸福路、瑞雪路、中小学门前道路等3条重要道路建成通车，镇域路网骨架进一步优化。1853米205国道辅道和河滨路延伸段彩色沥青道路铺设完成，579米镇区道路人行道板更换完毕，实现道路美观与安全同在。先后投入3765万元，完成沙堰特色村建设，对核心区122户居民住房和“崇孝苑”进行综合提升改造，修建道路1.5万平方米，完成房屋外立面改造2万余平方米，并完成绿化、亮化、水体景观、清水平台等配套设施建设。新建党建文化广场、公共厕所、雨污分流、小污站、崇孝广场等公共设施。投入1183万元的龙泽新村小区初步建成。完成镇区立派路、人民路、红万桑等13条道路绿化及亮化，全镇绿化面积达2.6万平方米，乡村魅力进一步凸显。新建为民服务中心一座，党群服务中心和党建文化广场6个，为民服务质量进一步提升。

**【民生事业】** 2021年，龙庙镇农民生活条件明显改善，全镇13个村（居）共实现村级收入811.91万元。全镇新农保参保率在99%以上，60周岁以上符合条件人员全部正常领取养老金。实现全镇留守老人、孤寡老人养老服务全覆盖，为全镇重度残疾人办理护理补贴90元/月，对符合条件的重度残疾人办理重残单人保，发放生活补贴620元/月。2家养老机构完成升级改造，各村（社区）居家养老服务覆盖率达100%。农村公共空间治理持续发力，人居环境整治三年行动圆满收官。完成1205座改厕任务，6条河道共37.69千米的生态河道建设工作。

**【文化教育】** 2021年，龙庙中心小学与县怀文小学达成三年合作共建计划，进一步借鉴吸收优质教育资源。新建新时代文明实践所一座、新（改）建新时代文明实践站13座，群众文化生活不断丰富。实现13个村农家书屋建设全覆盖，每个村“农家书屋”配备2000册以上图书，沙堰村“崇孝苑”图书存量达万册以上。

**【社会治理】** 龙庙镇社会治理措施不断创新，微信线上调解工作得到市司法局高度评价并在全市各级调委会推广。规范化管理社区矫正、刑释解教和吸毒人员，帮教率100%。深入推进“平安龙庙”建设，成功申报葛巷村、联合社区、沙堰村、红河村四个省级法治示范村，群众平安指数、幸福指数不断提升。

**【精神文明建设】** 2021年，龙庙镇扎实开展全国文明城市创建工作，代表沭阳迎接省文明城市测评。持续推进人情减负、移风易俗工作，得到群众积极响应，大操大办、恶习陋俗逐步摒弃。连续开展三届“龙庙好人”“龙庙孝星”“龙庙五好家庭”评选活动，挖掘典型，学习先进，聂湾村党支部书记葛岩勇救两名落水人员，荣获“沭阳好人”称号，社会风气进一步向善向好。连续三年引导社会爱心人士开展捐资助学活动，累计为近400名莘莘学子提供资助奖励。

（刘永林）

## 庙头镇

**【概况】** 庙头镇距沭阳县城10千米，是沭阳西部经济重镇。全镇总面积58平方千米，其中耕地面积5.3万亩，下辖13个行政村，2个农场，人口5.1万人，京沪高速公路、新长铁路、205国道横贯全境，交通便捷，区位优越。2021年，全镇实现地区生产总值24.62亿元，完成财政总收入19090万元，实现居民人均可支配收入23463元。先后获得全国一村一品示范镇、中国淘宝镇、全国乡村特色产业十亿元镇、江苏省文明镇、江苏省党员冬训工作示范镇、宿迁市五星级满意窗口、宿迁市法治镇等荣誉称号，庙头千张获得国家地理标志产品公示，在2021年度全县高质量发展考评中荣获先进单位称号（连续第六年）。

**【工业】** 2021年，庙头镇工业经济指标实现大幅提高。工业开票销售收入11.2亿元，增幅达38.77%；工业增值税2522.36万元，增幅达6.68%；一般公共财政预算收入10435万元，增幅达174.8%；固定资产投资额4.48亿元，增幅达81.1%；新增列统工业企业数6个，增幅200%；列统工业企业主营业务收入7.29亿元，增幅达43.48%。在全县经济竞赛中进位7位，排名第9位。

**【招商引资】** 2021年，庙头镇项目招引成效显著，与县经开区合引10亿元以上项目1个（赛诺新材料），引进入驻镇工业集中区亿元以上项目3个（服装加工企业、戈茵新材料、无锡鑫昌源设备有限公司），增资超3000万元以上项目两个（铭旭新材料、若贝尔科技），达成意向投资亿元以上项目4个（宾爵电梯、铝质模板、电瓶车轮胎、电子设备、机械制造）。新增规模以上企业6家，新增市级专精特新小巨人企业1家（向日葵肥业），新增股改企业2家，实施并购重组企业3000万元项目一个（若贝尔科技入股尚金实业）。年底前，全镇有工业开票实绩企业已达62家。

**【镇村环境】** 庙头镇紧紧围绕建设苏北最美乡村的目标定位，优规划、强基础、建长效，全力建设“水美胜地、繁花庙头”。2021年，先后投入300余万元全域推进人居环境整治工作，先后投入机械2000余台次、人力5万人次，墙体出新60000平方米，绿化14.75万株，新植绿化10000平方米，拆除违建3200平方米，清理积存垃圾7000余吨，切实推动全镇人居环境在现有基础上“更加整洁、更加靓丽、更加文明”，不断提高群众获得感、幸福感和安全感。投入200多万元实施生态河道建设工程，对沙河、赶埠大沟等河道共29.2千米实施生态河道建设工程，成功打造省级生态示范河道1条，达到县级生态示范河道标准3条，并全部通过县生态示范河道考核验收，初步实现河畅、水清、岸绿的生态治理目标。在全市人居环境三年查验销号工作中，庙头镇首批获得通过。

【民生实事】 扎实推进农房改善工作。吕庄、唐庄、后头、长探4个新型社区建成交付使用，牛墩、顾庄、何桥、花韵新城等4个项目正在扎实快速推进。结合为群众办实事，大力实施镇区提档升级、生态河道、道路建设和亮化工程等民生项目建设。其中：镇区提档升级方面，涉及10个项目，总投资1135.65万元。生态河道项目共涉及赶埠大沟、顾庄中沟、五中沟、纲要大沟、沙西支渠、二中沟、三中沟以及赵圩中沟等8条，总投资279万元。道路建设项目共涉及5条道路，总投资307万元。亮化工程项目总投资300万元，涉及205国道、茆新路、湖潼线、庙贤路、聚贤路、后圩路、长探路、东柳路等镇村道路13条，总里程31.5千米，安装路灯1086盏。

【精神文明建设】 庙头镇结合文明城市创建工作，常态化开展诚信电商、好人好事、五美庭院等评选和宣传，推动文明诚信理念深入人心。建成镇新时代文明实践所、全市乡镇第一家24小时读书吧、聚贤新时代文明实践站，成功通过市示范所、示范站验收。积极开展各类新时代文明实践活动，形成人人支持创文、人人参与创文的良好局面。开展诚信电商评选3期、庙头好人评选2期、五美庭院2期，推动文明诚信理念深入人心。

（宋　博　王德法）

## 钱集镇

【概况】 钱集镇地处宿迁、淮安两市三县交界处，位于沭阳县城东南部29千米，北界胡集镇、塘沟镇，南临北六塘河与淮安市的徐溜、古寨等乡镇隔河相望，西接泗阳县的庄圩乡，东与涟水县相邻。京沪高速公路、205国道、新长铁路和北六塘河都从境内穿过，区位优势突出，交通便利，有“六塘河畔小南京”之誉。钱集，水旱码头，商贸古镇。这里原是湖畔村落，相传元末年间已有人在此劳作、繁衍、生息，清康熙四十二年（1703），由奉政大夫钱徽发起兴集，故名“水旱码头钱家集”，后称钱集。2021年3月12日，沭阳县乡镇区划调整，撤销钱集镇、张圩乡，设立新的钱集镇，以原钱集镇、张圩乡的行政区域为新的钱集镇行政区域，调整后全镇辖15个行政村、2个居委会，共14583户，社会总人口6.09万人，镇域总面积88.54平方千米。2021年，全镇实现地区生产总值18.2亿元，同比增长6.6%；完成财政总收入4373万元，一般公共预算收入2466万元；实现工业销售7.54亿元，同比增长34.8%；实现工业税收2031万元，同比增长12.2%。实现居民人均可支配收入20433元。

【农业】 2021年，钱集镇完成宿迁市立华牧业有限公司张圩种猪场、花境植物园、新桥农业产业园、现代农业产业园4个全市农业重大项目招引建设工作，新创建2.6万亩绿色优质农产品（小麦）基地一个。引进1000亩花境植物园、新建新桥蔬菜基地温室大棚25万平方米；现代农业产业园新建温室大棚20万平方米；与全国脱贫攻坚楷模赵亚夫合作，发展200亩越光稻虾田；新创建2.6万亩绿色优质农产品基地，通过特色产业发展增加村集体经济收入50万元，带动就业300人，人均月增收2500元。

【新型工业化】 钱集镇大力引导扶持企业“微小企业上规模、规模企业上台阶”，在项目上实现量质双升。在钱集和张圩2个工业园区分别成立园区管委会，强化与企业的沟通指导，加强对园区厂房盘活、土地资源整合等工作。2021年，盘活厂房并入驻企业2个，分别是江苏嘉沃能源有限公司、沭阳县顺鑫模具机械制造有限公司；新引进宿迁安迪智能科技有限公司、江苏力贝思文化用品有限公司、江苏沭宁美居文化用品有限公司3个项目，总投资3.9亿元；引导江苏凯盛纸业有限公司实施技改，投资2亿元；完成股改企业1家，实施技改项目超千万元项目2个，完成当年竣工千万元技改项目1个，新增市级以上企业研发机构任务1个，新增企业发明专利3个，新增三星级以上“上云”企业2家。

【民生实事】 农房改善建设方面，围绕钱集家园建设和徐码、陈圩小区配套建设，强化推进和监管；完成钱西小区选房上房工作，全镇累计搬迁1706户，复垦土地1578亩。围绕“一委五会”治理模式，开展星级文明户评比、小桥议事、五美庭院等活动，全面激发“红磁场”效应。实施老旧农贸市场升级改造、人民公园提档升级民生实事项目。成功创建省级卫生镇，永兴村汪小元、陈圩村街北庄顺利通过美丽宜居乡村验收。全面完成李庄线钱集段道路提档升级、淮海大道连接线工程、三师路拓宽和集镇区沿河街道路建设，全镇道路全面实现外联内通。2021年，钱集镇荣获“宿迁市先进基层党组织”荣誉称号，钱集镇槽坊村获“全国乡村治理示范村”荣誉称号，钱集镇效佐社区获“全省脱贫攻坚暨对口帮扶支援合作先进集体”荣誉称号,钱集镇新桥社区获宿迁市级“示范党支部”荣誉称号。

(徐　野)

## 青伊湖镇

【概况】 青伊湖镇位于沭阳县最北端,2021年3月12日,沭阳县乡镇区划调整,将青伊湖农场划入青伊湖镇行政区域,全镇行政区域面积71.19平方千米,辖1个居委会、11个村委会,5个分场,13742户,人口5.4万人,1674名党员。2021年,全镇实现地区生产总值35.59亿元。完成财政总收入2.67亿元,同比增长28.4%;完成一般公共财政预算收入1.46亿元,同比增长29.4%;固定资产投资10.07亿元,同比增长47%;新增列统企业10个,同比增长28.6%;列统企业主营业务收入49.04亿元,同比增长53.6%;工业开票销售收入65.35亿元,同比增长41.86%。74项目标考核体系指标中,多项全县第一、部分领跑全市,连续两年获得全市推进高质量发展先进乡镇、连续九年获得全县目标考评先进乡镇、连续三年获得全县同档乡镇目标考评第一名,荣获宿迁市法治乡镇、宿迁市信访工作示范乡镇、宿迁市党员冬训工作先进乡镇、江苏省生态文明建设示范乡镇、江苏省文明镇等称号。

【招商引资】 2021年,青伊湖镇引进亿元以上工业项目13个。其中入驻县经济技术开发区项目6个,盛景纺织二期投资5亿元实现开工竣工、圣以泵业投资1亿元实现开工竣工,纳斯德紧固件投资5亿元达到开工条件,投资5亿元的席邦工具完成选址,“四新”项目全市最多。引进镇工业园区项目7个,其中,雨雪智能实现投产,鑫亿鼎二、三期安装设备,生态板项目开工建设,6亿元宾爵电梯项目实现签约,20亿元秸秆人造板通过会审,50亿元光伏项目正在洽谈。人才类项目实现重大突破,国家级人才李金军创办企业被认定为5亿元开工竣工项目,鑫亿鼎中科院团队被认定固定资产投资3000万元,人才类项目领跑全市。

【工业】 2021年,青伊湖镇实现工业开票销售收入65.35亿元,工业增值税2.09亿元,规模以上企业用电量5446万千瓦时,同比增长41.85%、26.72%、4.75%,工业开票位居全县第四,增值税位居全市前三强。新增国家高新技术企业1家,累计达4家,位居全市乡镇第一。新增省级以上新产品新技术5个,位居全市乡镇第一。全县工业税收50强企业中,青伊湖占7家。新增开票超5亿元企业1家,总量达4家,数量在全市乡镇中位居首位。开票首超1亿元企业4家,总量16家,占全县7.58%。开票超2000万元企业6家,总量52家,占全县8.35%。完成千企千万技改竣工项目4个、企业上云14家、市级智能车间和绿色工厂各1家、股改项目1个、兼并重组项目1个,新增市级以上研发中心3个。科技成果转化项目3个,其中,重大科技成果转化项目全市乡镇唯一。“5321”工程指标完成绝对数全市乡镇第一。

【农业】 欢腾农业实现转型升级,完成省级试验新品种14个。籼粳杂交水稻新品种选育处于全市乃至全省前列;嘉优中科一号产量再次冠居全省,水稻高产栽培技术位居全市前列;沭优49获得全省稻米评比第一名,地方品牌的影响力进一步提升。落实耕地保护,强力清除6家违法用地。润益科技农业重大项目建成投产,当年实现工业开票超亿元。正翔饲料新上生物油生产线、邦农生物新上蚕蛹生产线,新的农业重大项目储备不断增多。

【镇村建设】 实施了西入口、荣吴转盘、后乡3个节点提升工程,开展了湖潼线、北湖路、龙青线沿线弱电、绿化、路灯、道旗、外立面系统化改造,过境形象全面提升。迎曦公园新增产业雕塑,补植2棵大树,创成江苏最美乡村健身公园。工业路实现全线改造,早上八点半街区正式营业。农房改善全面收工,后乡正式摘取“全国文明村”称号。赵集村、蔷薇村、马场村、戚庄村、下坊分场创成美丽乡村,美丽乡村占据半壁江山。环保投入再创历史新高,垤庄污水处理厂运营,成为全县唯一拥有工业、生活两个污水处理厂的乡镇,马场村创成省生态文明村。强化防盗网、弱电、铁皮房等拆违治乱,顺利通过省级创文检查。全镇19条62千米县乡生态河道全面建成,滥洪河故道、韩信河建成省级示范项目。

【社会治理】 青伊湖镇强化村书记、驻村干部、信访条线责任,深入推进基层治理,配齐12名村(居)法律顾问,11个村居获“江苏省民主法治示范村”称号,创成了宿迁市法治乡镇。成立全市首家慈善分会,启动幸福家园建设,首家推进积分管理,培育谢大春、张扣才等市级以上好人4人,群众身边模范人物达到12人,“好人群像”受到主流媒体关注。强化源头治理,累计接待来访群众182人次,化解疑难案件18件。

【基层党建】 青伊湖镇建成后乡新型社区党群服务中心,新建荣吴村党建广场,所有村(居)党群服务中心均达到规范化标准。提升镇非公企业党建“四个中心”,建设口头庄战役纪念馆,建成集展览馆、乡情馆于一体的多功能新时代文明实践所,党建阵地成为乡村一道亮丽风景。抓好镇村换届选举工作，新村干村书记占比50%，异地交流40%，村支“两委”平均年龄大幅下降、学历明显提升，活力显著增强。组织好党员基本活动，获“宿迁市党员冬训工作先进单位”荣誉称号。坚持“规范、规矩、程序、标准”文化，出台村居规范运行6章45条和财务管理22条，从严治党“最后一千米”制度体系落到实处。

（周重阳）

## 桑墟镇

【概况】 桑墟镇位于沭阳县域北部，地处宿迁、连云港、徐州、沭阳、东海、新沂三市三县结合部，245省道穿境而过，沭新河、古泊河航道直达连云港港口，水陆交通便利。桑墟镇为千年古镇，因位于桑墟湖畔而得名。2021年3月12日，沭阳县部分行政区划变更，撤销桑墟镇、茆圩乡，成立新的桑墟镇，以原桑墟镇、茆圩乡的行政区域为新的桑墟镇行政区域，全镇辖4个居委会、20个行政村，人口10.17万人，镇域面积125.29平方千米。工业方面，以木材加工享誉中外。农业方面，以榆叶梅、草莓培植闻名全国。历史文化方面，以厚丘古城、三台古井等引以为傲。创业文化方面，桑墟人民敢试敢闯、诚信创业、勇争一流的精神特质代代相传。2021年，全镇实现地区生产总值58.41亿元，完成财政总收入4.7亿元，实现居民人均可支配收入24071元。

【疫情防控】 2021年，桑墟镇严格落实“外防输入、内防反弹”防控措施，加强涉疫地区人员的排查管理。共排查和健康管控外出返乡人员4770人，开展公共场所疫情防控督查1245户次，推进全镇新冠疫苗接种197496人次。18周岁以上人员接种率达93.77%，12周岁以上人员接种率达97.27%，3～11周岁人员接种率达108.09%，加强针接种率达87.66%。

【工业】 桑墟镇发挥新型工业化在“四化”同步中的引领作用，从产业布局、产业规模和产业质态等方面加强工业支撑体系建设，刘寨工业园区、舒窑木地板产业园、乐器产业园等载体建设相继完成，形成了从单一建筑模板到生态板、木地板、乐器等多种产业结构多点开花、全面发展的新态势。2021年6月18日，桑墟镇举行2021年工业重大项目集中开工仪式。此次共有10个重大工业项目集中开工，总投资达15.15亿元，项目涵盖家居制造、地板制造、乐器制造、装备制造、纺织服装等产业。全镇共有工业企业530家，有开票实绩工业企业268家，其中开票2000万元以上工业企业122家、开票亿元以上工业企业37家，规模以上工业企业106家。2021年共招引亿元项目10个、协议投资39.3亿元。截至2021年底，完成206家散乱污企业关停取缔、119家企业提升改造、8家企业搬迁入园、182家企业兼并重组任务。2021年，全镇完成工业开票销售收入131.03亿元，同比增长64.77%，成为全市唯一突破百亿元的乡镇，在全县乡镇（街道）经济发展竞赛中位列第一等次（乡镇第二名），同时荣获财税、污染防治攻坚等工作先进单位。

【特色农业】“梅莓相遇”是桑墟镇一张亮眼的生态名片。2021年，该镇新增土地流转面积1355亩，草莓种植面积近1万亩、榆叶梅种植面积逾2万亩、花生种植面积2.8万亩。由本地企业家袁冬健先生投资5000万元建设星浪花卉网红直播基地，占地150亩，项目分两期建设，一期投入3000万元，建成自动化温室大棚3万平方米，主要培育盆栽花卉和水培花卉，预计年出盆栽花卉1000万盆，水培植物500万盆。该基地通过抖音、快手、拼多多、淘宝等网络平台直播销售，年平台成交量达500万单，该项目是村企联建项目，年可增加村集体收入30万元，实现产值1亿元，带动就业80余人，该项目壮大了以电商销售、直播带货等为收入来源的新农户群体，贡献了“花卉基地+农户”电商助农的桑墟经验。加大农业基础设施投入，升级交通路网，完善信息化支撑体系，打造厚邱、条河特色乡村，开辟集草莓采摘、榆叶梅观光、花卉直播、古

6月18日，桑墟镇举行工业重大项目开工仪式　　桑墟镇　供图

村旅游于一体的"桑墟一日游"路线，形成了"农旅融合"发展的桑墟样板。

【镇村建设】 2021年，全镇完成101条村庄道路硬化、87条道路黑色化提升建设工作，245省道、西湖路、舒条路等主干道安装路灯、道旗2800余盏，交通路网全面改善。新建平墩、张湾等标准化公厕9座，水冲式公厕40座，完成平墩、杨兴污水处理小微站及虹河、府苑小区污水管网工程。平墩、李圩等6个村民文化活动广场相继投入使用。完成西湖路、245省道、桑高路、虹河两侧外立面提升改造，打造提升了"十里老街"，完成245省道南入口、红万桑南入口、西湖路东西入口景观节点打造，镇区20亩生态停产场、儿童室外游乐场等便民场所先后投入使用。完成镇区老旧农贸市场、服饰市场、"美食一条街"整体搬迁，提升改造新惠民农贸市场，全面提升镇区形象。

【社会事业】 2021年，全镇完成城乡居民社保46826人，完成率达98.5%，新增低保122户199人，合计在册低保户1676户2996人，财政供养特困人员236人，2807位80岁以上老人享受尊老金，关爱留守儿童406名，发放临时救助资金145.62万元，富民创业贷款750万元，升级敬老院消防、供暖设备。制定《桑墟镇教育教学奖励实施方案》，提升改造茆圩中学操场、教室，新建茆圩小学师生报告厅，激发教师队伍教学热情，推动全镇教学质量迈上新台阶。2021年，全镇考上如东、怀文学生数达48人，位列全县乡镇第一；桑墟镇被授予"中国楹联文化镇""江苏省文明镇"称号，桑墟镇九年制学校被命名为"中国楹联教育基地"称号。

【基层党建】 通过抓基础，强阵地，打造"红色磁场"，持续筑牢全镇党建新高地。2021年全镇投入1000多万元改扩建一批党群服务中心。青坊社区党群服务中心、老庄社区党群服务中心千人大礼堂、大河西社区党建广场投入使用；平墩村、李圩村党群服务中心完成扩建。通过开展"五星支部"创建活动，完善村级党组织工作标准化规范化建设，开展述职评议会、党建观摩、视线传真巡查等活动，补短板、学经验、促提升。创新开展"一月一主题"党日活动，以"全覆盖、增活力、见实效"为基本原则，着力提升基层党组织建设标准化规范化水平。全镇各级党组织共开展"一月一主题"党日活动400余场次，吸引2万余名党员群众参与，进一步增强党员的政治意识、核心意识、大局意识和看齐意识。

（张　夷）

2021年9月，星浪花卉网红直播基地　　桑墟镇　供图

## 塘沟镇

【概况】 塘沟镇地处沭阳县东南部，距县城32千米，与淮安市涟水县隔河相望。2021年3月12日，沭阳县乡镇区划调整，撤销塘沟镇、周集乡，设立新的塘沟镇，以原塘沟镇、周集乡的行政区域为新的塘沟镇行政区域，调整后全镇行政区划面积101.73平方千米，辖2个居委会、18个行政村，总人口7.42万人。2021年，全镇实现地区生产总值12.93亿元，完成财政总收入6662万元。一般公共财政预算收入3782万元，同比增长18%，占全年目标任务的101.6%，实现居民人均可支配收入20098元。

【工业】 塘沟镇聚力招商引资，优化营商环境，出台《招商引资工作实施方案》，成立招商引资工作领导小组，组建2个专业招商局、11个招商引资协作组，制定招商引资优惠政策、宣传手册，并将其纳入村级考核。2021年，共签约永佳塑业、凯特汽车配件、腾嘉纺织、焕之达纺织、盛中纺织、珉崛医疗等工业项目6个，其中永佳塑业项目成功被市商务局认定为5亿元达标开工项目。

【农业】 塘沟镇依托329省道外连内畅优势，打造特色高效农业产业，逐步实现传统农业向高效农业转变。成功签约蔬菜种植、水产养殖、药材种植、食用菌种植、王林粮食储备库、畜禽养殖废弃物资源化利用等农业项目6个，实现农业发展新突破。塘沟镇严格落实耕种保护责任制，2021年顺利通过市自然资源局验收土地面积1556.77亩，已复垦土地面积1842.5亩，100%完成全年目标任务，位列全县前三。

【文化教育】 塘沟镇大力开展扶贫助学活动，省环保集团与塘沟镇开展“城乡结对，文明共建”活动，集团员工以自愿结对的方式，给予家庭困难的160名学生每人每年2000元资金支持，结对期为3年，每年32万元。江苏省科技镇长团沭阳团也倾情相助，个人出资帮助塘沟镇10户家庭的贫困学子，每年中秋、春节上门慰问。此外，塘沟镇携手振荣超市为考上本科院校的贫困学子送上慰问金以及生活物品，关心、关注、帮助学子完成学业。积极开展文化活动，全年组织基层业余文艺团队开展文艺展演80余场，创建塘沟镇周集书画创作基地，高标准举办“云相约•艺周乐”文艺演出，网络直播浏览量达12.58万人次。打造红色文化阵地，老艺人吴文效、王寿年积极传承苏北琴书、淮海戏等非遗文化，张培坤泥塑馆馆藏作品1500余件。

【基层党建】 积极探索新型社区党建发展思路，周楼新型社区建立“红黄蓝”关爱机制，周集新型社区拓宽“党建+”发展思维，塘沟镇4个新型社区实现自治良性运转。2021年镇离退休老干部党支部被评为“市示范离退休干部党支部”、周集社区被评为“全县先进基层党组织”。

【疫情防控】 抓好“排查”和“管控”常态化管理，先后召开新型冠状病毒感染的肺炎疫情防控会议共计50余次，对全镇16个小区、17个集中居住区、7个道路岔口安排人员值班，确保排查全覆盖、零遗漏。及时发布疫情防控最新动态，重要时段对标应急措施，公共场所一律做到“两必须三必查一提醒”。积极组织新冠肺炎疫苗接种工作，全年实现疫苗接种31575人。

（李　茹）

## 潼阳镇

【概况】 潼阳镇是沭阳县西北边沿重镇，历史悠久，交通便利，资源丰富，文化底蕴深厚。镇政府驻地阴平街是东汉阴平县故城，又是抗日民主政权潼阳县驻地。镇政府东距县城23千米，西距新沂市区26千米。205国道、新长铁路、京沪高速穿境而过，京沪高速镇东首留有出（入）口。全镇总面积100.69平方千米，辖13个行政村和2个社区，年末社会人口5.4万人。2021年，全镇实现地区生产总值17.20亿元，完成财政总收入5660万元，实现居民人均可支配收入22790元。

【工业】 2021年，潼阳镇14家企业开票销售收入超2000万元（新增5家），重点指标稳步推进，其中工业开票销售收入首次突破5亿元，完成5.21亿元，增幅38.67%；完成工业增值税1361万元，增幅34.73%。全镇秉承“项目为王”发展理念，立足京沪高速、205国道交通优势，抢抓“道口经济”发展机遇，画好“特色园区”规划蓝图，将工业集中区北扩西延，全力抓好招大引强工作。先后引进亿元项目5个，引资额达22.6亿元，引进县园区亿元项目1个，固定资产投资千万元以上项目33个。

【镇村建设】 潼阳镇围绕“一轴两河三线多节点”发展规划，亮化、优化、美化镇域环境。2021年，积极推进乡村道路升级，投资1600万元对农村道路提档升级，新安装路灯1100余盏，方便群众出行。投资800万元拆建涵闸4座，投资900万元新建农桥7座。投资100万元新建公共厕所6座，解决群众“方便”难题。完成潼阳小区和山羊安置区205户居民的选房以及道路、排水等配套工程。全镇常态化开展“五美庭院”创建工作，通过党建引领党员干部带头等方式督促群众自觉收拾庭院，将“五美庭院”创建转化为行动自觉。

【农业】 潼阳镇是传统农业大镇，主要发展以传统粮食种植为主，花木种植、果蔬种植为辅的发展模式，其中粮食种植面积7.5万亩、花木种植面积2万亩、瓜菜种植面积2万亩。“潼阳花生”“潼阳西瓜”是潼阳镇的特色农业产业，这两项均获“国家地理标志产品”认证。2021年，潼阳镇积极响应国家生猪恢复产能要求，引进投资1.2亿元牧原集团，已投产母猪成栏4000头。引进投资5000万元的美尚美现代农业有限公司，带动全镇苗木产业提档升级。投资1.22亿元实施后屯等9个村的高标准农田建设项目，共计5.3万亩，逐步完善农田水利等配套设施。

【民生事业】 2021年，潼阳镇累计为民办实事项目91件，总投资1.16亿元。扎实推进农房改善工作，科学制定方案，稳妥推进农房搬迁，投资9100万元新建潼阳小区、山羊小区。实施中小学校园“改薄”工程，投资846万元改善潼阳小学马岭教学点教学条件。投资3869万元在潼阳小学、潼阳初级中学建设综合楼、教学楼、学生宿舍等，改善了师生的工作和学习条件。潼阳镇荣获县“尊师重教先进集体”称号，中小学教育教学成绩连续多年位列乡镇第一。

（唐梓朝）

# 吴集镇

【概况】 吴集镇地处两市（宿迁、连云港）、三县（沭阳、灌云、灌南）交界处，位于沭阳县东北部，东与灌云县接壤，西和韩山镇隔河相望，南靠新沂河，北邻西圩乡，镇域面积76平方千米，耕地面积5.6万亩，下辖11个行政村，户籍人口4.8万人。2021年，全镇实现地区生产总值14.44亿元，完成财政总收入4946万元，实现居民人均可支配收入22780元。

【工业】 吴集镇牢固树立“项目为王”理念，头版头条抓招商，专门成立招商引资和营商环境领导小组，同时设立11个招商协作组专门负责招商工作，成功招引8个工业项目。其中2个亿元工业项目落户县经济技术开发区，拟投资1.2亿元的江苏优之选工艺品有限公司已落户县经济技术开发区；投资10亿元的征程电子有限公司已成功签约。此外，6个投资1000万元以上工业企业落户镇工业园区。2021年实现财政收入6000万元，工业开票收入6.5亿元，工业增值税1215万元，同比增长170%、45%、35%。

【农业】 吴集镇素有“粉丝蔬菜之乡”的美誉，农业是立镇之本，坚持把农业经济作为乡村振兴的重要抓手。在稳定粮食产量的基础上，聚力招引绿色农业项目，推进农业提质增效。范赵村蔬菜基地1500亩，江苏鸿丰生物科技有限公司先后被认定为“农业部水产健康养殖示范场”、江苏省农业产业化龙头企业。

【镇村建设】 2021年，吴集镇2018年启动的陶圩集中居住区项目顺利通过验收。2019年启动的塔桥集中居住区，农户喜迁新居，二期工程正全力建设。2020年启动的镇区幸福里小区13栋楼房已全部交付使用。对全镇30余处破损路面进行修缮，改善了群众的出行条件。通过“一线一点”打造，创新采用村级自筹和各村能人捐赠的方式，启动“乡村振兴点亮工程”，小路灯点亮大民心，全年安装路灯750盏，修建微型公园5个，卫生户厕改厕率达96.3%，村居环境得到显著改善。

2021年2月，吴集状元街亮化夜景　　吴集镇　供图

【平安建设】 在平安建设中，吴集镇不断树牢底线意识。重拳打击违法犯罪行为，深入开展“赌毒清零”工程，摧毁赌博窝点6个，行政拘留35人，刑事处罚6人，处理民事纠纷500余起，有力维护了全镇社会稳定。安全生产方面，组织召开各类安全生产会议18次，开展岗位培训130次，开展安全应急演练46次，排查、整改企业安全隐患548处，实现安全生产“零”事故目标。制定《沭阳县吴集镇突发事件总体应急预案》，建立健全应急体系，提高应对各种突发事件的能力。

【民生事业】 吴集镇对镇内多个小区共计2900余户居民的供水设备进行改造升级，率先在全县范围内解决了困扰乡镇多年的供水问题。投资60余万元，对30余处破损路面进行修缮，改善群众出行。把乡村旅游作为乡村振兴的亮丽名片，以重建富有生机与活力的乡村共同体为目标，突出“建设一处

2021年3月，吴集桃花墩公园　　吴集镇　供图

新园、改造一条古街、恢复一座老院”打造状元文化系列工程。阶段性实施桃花墩公园建设、状元街改造、刘綎院恢复工程，还原状元景观原有的古典风貌，建设特色鲜明的状元系列文化，打造乡村旅游的亮丽名片。

【空间治理】 吴集镇结合生态河道建设、污染防治、公共空间治理等三项重点工作，系统集成开展“六边”清洁行动。围绕打造村级“四河三路两田一庄台”示范带，对重点领域开展综合整治。全年疏浚河道44.2千米，清理垃圾37600吨，拆除乱搭乱建68处，并对收回的25000平方米公共空间进行整理，由村级统一进行对外发包，预计可增加村级集体经济收入60万元。

（胡　杰）

## 西圩乡

【概况】 西圩乡位于沭阳县东北角，离县城42千米，与连云港市灌云县接壤。乡域面积47.76平方千米，辖11个行政村，96个村民小组，户籍人口3.2万人。2021年，西圩乡实现地区生产总值9.86亿元，同比增长8.6%；完成财政总收入2867万元，同比增长59.6%。其中：一般公共财政预算收入1544万元，同比增长61.3%。

【工业】 2021年，西圩乡实现工业开票销售收入5.2亿元，同比增长54.8%。工业增值税1175万元，规模以上工业企业用电量396万千瓦时。新招引工业项目2个，分别为：投资6000万元的沭阳亿通纺织有限公司、投资6000万元的乾鼎五金制品有限公司，均已投产运行。新增开票销售超2000万元企业6家，新增股改企业1家，实施设备投资超千万元技改项目1个。

【农业】 加快土地流转，发展现代农业，支持农民就业创业，拓宽增收渠道。投资8000万元的三才牧原养猪场投产达效，投资6000万元的宿迁向航农牧有限公司养猪项目成功签约，沭阳达泰生物科技有限公司投资3000万元的生猪无害化处理项目成功签约。通过公共空间治理，清理收回并重新发包村集体土地293亩，实现入账金额48.79万元，11个村全年完成村集体经营性收入750万元，全部超额完成目标任务。投入980万元的前庄、后车、中陈高标准农田项目全部竣工并投入使用，覆盖耕地面积4200亩。

【社会事业】 2021年，西圩乡农房改善项目光明新村小区13栋电梯楼房448套住房全部完工，圆满完成选房工作，346户安置户选到满意的新房子。投入26万元铺设汉沟水泥路450米。投入50余万元在西吴大道、银杏路、葡萄沟路两侧安装路灯150余盏。以文明城市创建为契机，投入20万元对镇区破损道路和公共设施进行维修。投入18万元新购置垃圾车1台，加大生活垃圾清运力度，实现垃圾日产日清。打造主入口喷绘文化墙1300平方米、汉沟2200米沿街沿路花墙景观带。投入15万元新建2处增压泵站并配置增压设备，彻底解决河滨新村、西圩社区700余户老旧小区居民多年水压不足问题。投入151万元开展农村生态河道建设，全面提升水环境质量，疏浚中沟河道8条，完成土方12.8万立方米，12条生态河道全部通过市县验收。

【基层党建】 西圩乡深入开展“两在两同”建新功行动，与基层组织建设有机结合，创新开展建好支部、建强堡垒、建功立业“三建”活动。扎实开展基层党建“百日攻坚”行动，精准整顿西圩社区软弱涣散党组织，转变“两委”班子的工作作风。圆满完成村级党组织换届选举工作，4名新村干当选村党支部书记，23名新村干入选村支“两委”班子。加强基层阵地建设，全乡11个村党建阵地全部提档升级，西圩社区新党群服务中心、邱庄社区新会议室竣工并投入使用。

（刘　勇）

## 新河镇

【概况】 新河镇域面积48.6平方千米，辖10个行政村，居民10743户，人口4.6万人。全镇围绕“花木强镇、电商大镇、旅游重镇、文化名镇”发展定位，走出了一条花木、电商、旅游融合发展的生态富民新路径。先后获得“全国环境优美乡镇”“全国生态文明乡镇”“全国一村一品示范镇”“中国淘宝镇”“省旅游风情小镇”“全国乡村特色产业十亿元镇”等称号，周圈村获评全国“最美淘宝村”，双荡村获评“省文明村”。2021年，全镇实现地区生产总值33.05亿元，完成财政总收入7581万元，实现居民人均可支配收入25187元。“新河板栗”“新河黄杨”是当地特色农产品，已有500余年种植历史。

【招商引资】 2021年，新河镇招引入驻县经济技术开发区亿元项目1个，完成新增股改企业任务1个，实施设备投资超千万元技改项目1个，招引总部经济项目5家。农业方面，申报市农业产业富民项目1个，省级现代农业农产品加工能力提升项目2个。

【花木产业】 2021年，新河镇积极推进花木产业由苗木向鲜花、种植向园艺、绿色向彩色、地栽向盆栽、线下向线上、卖产品向卖风景“六个转型”工程建设，新增盆景、造型树、月季等高效花木基地3000

2021年10月，新河镇龙堰新型社区　　孙玉忠　摄

余亩，新增上规模的单品花木基地1500多亩，亩均增收2000元以上，新增干花、仿真花、绿雕、花木资材等企业20余家，带动就业2000人以上，居民人均可支配收入超过2.5万元。通过建立常态监管、快递管理、星级网店评比三项机制，花木电商步入正轨，花木产业规模化、特色化、品牌化发展进程不断加快。

【旅游产业】 新河镇围绕建成“旅游小镇”目标，周圈古栗林度假区、岔流河风光带等生态旅游景区建设工作有序开展。境内长11.5千米的特色旅游公路顺利建成，显著改善交通状况，加快旅游开发进程，促进花木与旅游产业融合发展。

【镇村建设】 2021年，新河镇完成双荡省特色田园乡村项目建设，包括农房外立面改造、景点建设及桥梁、雨污水管道、道路、公共厕所、微动力污水处理池等配套工程，已通过省级、市级初级验收。完成龙堰新型社区项目建设，共建房屋52栋285套，其中用于安置四类群体的暖心房9套，服务中心、居家养老等配套工程全部竣工。建成污水处理站5座，修建污水管道10.5千米。新配备垃圾桶120个、垃圾处理车5辆，有效提高垃圾清运频率。

（周东雪）

## 颜集镇

【概况】 颜集镇位于沭阳县最西部，距沭阳县城20千米，西与新沂市接壤，西南与宿豫区隔河相望，素有鸡鸣闻三县，一步跨两市之称，是千古美人虞姬的故里。全镇辖14个行政村，100个村民小组，1.2万农户，总人口6万人，镇域面积69.2平方千米，耕地面积5万亩。南临新沂河，北有岔流河，虞姬河横贯东西，镇村主干道和村际道路基本实现黑色化。颜集素以花木、板栗著称，是闻名全国的中国花木之乡、中国“淘宝镇”。花木面积达5万亩，板栗面积1000余亩，西部的百年古板栗林被定为2010年江苏省十大新发现之一。2021年，颜集镇实现地区生产总值30.05亿元，完成财政总收入5326万元；实现一般公共财政预算收入2777万元，税收占比95%，人均625元。在纳入乡镇经济发展竞赛5项考核指标中，有四项增幅超过100%，即：固定资产投资额3.37亿元，增幅180.48%；列统企业主营业务收入5.55亿元，增幅382.47%；新增列统企业6家，增幅500%；工业开票销售1.06亿元，增幅135.62%。

【招商引资】 全镇上下始终坚持“项目为王”的发展理念，主动担当招商责任，围绕招商目标，主攻招商重点区域，实行点对点招商，强化项目帮办，全面完成大项目招引和建设投产任务。2021年，引进的落户县开发区项目中：“中灿智能科技”被市发改局认定为5亿元新竣工项目；协议投资5亿元的江苏锦能纺织，通过市商务局认定为达新开工项目；协议投资5亿元的江苏昌品医疗科技立项备案，100万元保证金缴纳到位。落户镇工业园区项目中：新上规模以上企业沭阳腾达纺织有限公司，开始投产运行。

【花木电商】 2021年，颜集镇按照县委县政府部署，举全镇之力开展了一场花木电商品牌保卫战，首推“花木包裹随件张贴诚信标签”，得到中央电视台等媒体报道和肯定。首推的“网络电商诚信经营村规民约”，被中央网信办“学习强国”学习平台强国号予以推送，先后4次开展诚信电商评比活动，予以公开表彰，对评选出的诚信电商，采取网络直播、公众号等形式进行宣传表彰。积极招引农业大项目，成功签约投资5000万元的广州赋美农业有限公司，并完成土地流转、工商注册登记和图纸设计。挖掘各类资源，撬动民间力量，综合利用虞姬沟镇区段堤坡，打造精品盆景观光园，于10月开工建设。

【乡村振兴】 扎实推进镇村基础设施建设。在镇财政捉襟见肘的现实困难面前，积极拓展资金渠道，努力开源节流、举社会之力筹集资金，投入300余万元，铺设方圩中心路、怀明路等村际道路5条，共计3.6千米，铺设村庄道路12条，总长约5.12千米；修补破损路面3000平方米，加固、粉刷5座农桥围栏180余米，维修电力排灌站11座。加快虞溪新型社区建设工作。主动协调自然资源规划局、住建局等部门，完善招投标各项手续，做好开工建设前的各项准备，一期新型社区已开工建设。扎实抓好镇区管理。围绕乡村振兴的总体要求，以打造宜居宜业幸福颜集为目标，不断加大镇区管理力度，集中拆除乱搭乱建7处，整治乱堆乱放、乱停乱出摊位22处，拆除老化广告门头52家，更新补植绿化苗木5000万余株，更新垃圾桶150个，划定停车位200个，设置交通线3150米。进一步完善管理制度，探索街长负责制，抓好日常管理，严格督查检查，使镇区面貌焕然一新。抓好镇村环境整治。以“镇域内主要干道两侧无垃圾、沟渠河塘无白色漂浮物、田园村庄无乱堆乱放和乱搭乱建、沟渠路道无残垣断壁、村民庭院内外无杂物、墙壁及电线杆上无乱贴乱画”为目标，积极开展环境卫生综合整治，共投入镇村环境整治资金260.2万元，投入机械200多辆，出动劳力1.5万人次，清理垃圾1000多吨，拆除违章搭建35处，消灭卫生死角8处，清除乱贴乱画及低俗广告300处。撬动民间资金，分别在悦颜大桥北首镇区出口处两侧、在镇区东出口处，打造微型绿地公园，铺装草坪绿地，栽植高档绿化苗木。深入开展公共空间治理工作，新排查出集体资产项目55个，进平台交易43个，增加村集体经济收入182.52万元。

**【民生实事】** 持续巩固全面小康成果。聚焦“两不愁三保障”，结合农村危房排查登记工作，组织镇村干部深入开展大排查大走访活动，对低收入农户进行拉网式摸底排查，全镇排查出“边缘化”贫困户450户，已录入帮扶平台328户，新确定低收入户280户，全部实行建档管理，并落实相应的帮扶措施。强化问题整改，先后整改各类影响稳定脱贫的问题42件，修缮房屋5户，强化帮扶措施27项，有效防止出现新的返贫现象。健全社会保障。积极做好新冠肺炎疫苗接种工作，全年接种新冠疫苗32356人，接种率90.54%。进一步落实好党和国家的各项惠农政策，全镇新增领取尊老金86人。加强对留守儿童监护，成立村居监护小组，落实监护人责任，定期对225名留守儿童进行走访。对全镇946户低保户和新申请户进行入户调查，对其家庭的人员信息、就业状况、就医情况、生产、生活状况进行全面核查，做到应保尽保。

**【基层党建】** 深入开展党史学习教育活动。创新设立颜集红色英雄谱，空中讲堂，网上课堂等，得到省市媒体关注，相关创新做法被《新华日报》等省市级媒体刊发，堰下村成功创建县级党史学习教育示范点。《百年风华》专题片在省社科联党史学习教育学教片评选中获奖。认真组织中国共产党成立百年系列庆祝活动。在沭阳县“永远跟党走”——庆祝中国共产党成立100周年合唱音乐汇文艺会演中，颜集镇荣获一等奖。精心组织举办“颜集镇庆祝中国共产党成立100周年文艺汇演”，并进行全网直播，观看点击量达“10万+”，对“光荣在党50年”党员代表颁发纪念章，表彰了颜集好人、诚信电商、“五好文明家庭”等一批先进典型。收听收看庆祝中国共产党成立100周年大会，各支部在做好规定动作的同时，充分发挥积极性、主动性、创新性，通过党员集体宣誓、签名墙留影、为党庆生等形式开展一系列庆祝活动。对优秀共产党员、优秀党务工作者、先进基层党组织进行表彰，弘扬正能量、引领新风尚。扎实抓好基层党建阵地建设。结合公共空间治理，投资160余万元建成方圩党群服务中心并投入使用，配套建设党建广场1000平方米、绿地公园3000平方米，把党群服务中心建成基层党建主阵地，村民休闲健身的好去处。对沙湾村党群服务中心进行改造提升，达到规范标准，从抓队伍强班子，抓投入强阵地，抓制度立规矩三个方面着手，对沙湾村软弱涣散党组织进行整顿，有效增强了支部的凝聚力和战斗力。党建引领数字堰下打造。将数字堰下与党群服务中心融为一体，着力将数字堰下打造成沭阳党建的一张名片，各项工作已全面启动。积极实施党建创新课题。实施青蓝结对工程，为每名新入党的年轻同志确定一名老党员，“一对一”结成师徒对子，促进年轻党员尽快成长。试点积分管理，在理论学习、志愿服务等方面量化积分，教育引导入党申请人和入党积极分子达到思想和行动双入党。

**【社会治理】** 2021年，颜集镇有序推进社会治理各项创建创新工程。成功建成市级人情新风示范村居，堰下村大喇叭送祝福被中央人民广播电台等各级媒体报道，点击率达3亿次。注重发挥“她”力量，“巾帼调解团”成为社会治理的重要力量，被省电视台宣传报道，全市“无讼村居”现场会在颜集镇召开。2人获评“江苏好人”，在第六届沭阳好人、沭阳孝星评选中，三人成功入选，另有一人获提名奖。文明城市创建工作扎实开展。以新时代文明实践站为载体，探索以“四大渠道”引领文明新风尚，持续开展“大喇叭褒奖文明，大讲堂倡导文明，大舞台展示文明，大数据推送文明”四项活动。充分发动群众组建乡风文明引导团和“老表亲”劝导团两支民间队伍。评选五好文明家庭、最美婆媳、电商诚信经营户、最美志愿者、五美庭院等文明新风先进典型，通过榜样的力量推进思想道德建设，让文明新风和清风正气吹遍颜集大地。全面落实安全责任。扎实抓好安全生产各项措施的落实，层层签订安全生产责任状，将安全生产责任进行分解，落实到人，扎实推进隐患排查整改，实行闭环管理，全镇未发生有影响的安全事故。

（孙新文）

## 沂涛镇

【概况】 沂涛镇地处宿迁、淮安、连云港三市交界。全镇下辖22个村（居、场），拥有1个中心集镇、7个农村集市，镇域面积92.3平方千米，耕地面积8.5万亩，主产小麦、水稻、玉米和大豆。2021年，全镇户籍人口75053人，其中，城镇人口13900人，常住人口46414人。全年完成地区生产总值13.63亿元，同比增长5.4%；完成财政总收入1934万元，其中，税收收入1673万元，一般公共预算收入1130万元，税收占比70.7%；实现居民人均可支配收入22098元。

【招商引资】 2021年，沂涛镇共招引企业21个，其中亿元以上项目3个，千万元以上项目6个。其中总投资10亿元的沭阳景润新材有限公司，落户县经济技术开发区；总投资5.5亿元的江苏虞姬农业科技有限公司落户镇工业园区；总投资约1.2亿元的沭阳东龙金属科技有限公司，坐落原大江木业院内。全镇主导产业集聚度明显提升，逐步形成了以纺织服装、白酒食品、金属机械等为主的产业结构。

【工业】 2021年，沂涛镇解决了困扰经济发展多年的难题，虞姬神酒业和大江木业实现盘活重组，为全镇工业经济发展注入强大活力。同时，进一步鼓励加快镇域工业企业发展，帮助企业制定发展计划，外引、内培一样享受优惠政策，鼓励本土企业做大做强，着力培育规模企业。全年实现工业开票销售收入6.6亿元，同比增长23%。

【农业】 2021年，沂涛镇加快推进土地流转，不断优化农业结构。在沂涛、崔庄、东王庙等村流转土地约3200亩。成立种、养、加各类专业合作社22个，注册家庭农场77个。建立绿色稻米、水产养殖、畜禽养殖、花木果蔬等特色种养示范项目，不断拓展农民增收渠道，实现农业增效农民增收。

【党史学习教育】 沂涛镇深入开展党史学习教育，以学促行，全年开展各类党史学习教育宣传活动160余场，创建县级党史学习教育示范点1个，新建了“沂涛新歌”展厅，丰富了群众的精神文化生活。

【乡村振兴】 扶贫资产（包括厂房出租、光伏发电、投资入股）全年收益约95万元。为二圩、沂涛、崔庄3村各争取上级乡村振兴扶持资金100万元，为古屯、新沟、兴陶、王团庄4村各争取上级扶持壮大集体经济项目资金120万元，全镇所有村增加村集体经济收入近16万元/村。

【民生实事】 2021年，沂涛镇共实施为民办实事项目60余件，实施土地整理5000亩，疏浚河道100多条，先后对镇区自来水、雨污分流进行改造，新建6座三类水冲式公共厕所。对镇园区路、沂沈线、沂古线等道路进行维修、提档升级，对镇园区主干道进行全面提档升级，高标准安装路灯110盏，新安装标准垃圾箱400多个，园区新增花木1.3万株，改善了全镇环境面貌，提升了群众的满意度。

（姜爱国　罗　雷）

## 悦来镇

【概况】 悦来镇位于沭阳县最西部，西与宿豫区来龙镇接壤，距县城22千米，镇域面积88.5平方千米，耕地面积8.5万亩，为典型的农业大镇。全镇辖1个社区和11个行政村，共126个村民小组，户籍人口4.85万人。沭悦路、悦颜路贯通其中，北临新沂河、东临截水河、中有军屯河，水陆交通便利，是沭阳有名的黄花菜（又名金针菜）之乡。2021年，全镇实现地区生产总值9.91亿元，完成财政总收入7179万元，实现居民人均可支配收入20644元。

2021年12月，改造升级后的沭悦路　　悦来镇　供图

2021年12月，悦来镇美食步行街“烟火巷”　悦来镇　供图

【农业】 2021年，悦来镇共投资1000万元新建高标准农田4000亩，配套建设涵闸电站生产桥200余座，水泥路7千米，防渗渠4千米。全镇围绕“萱草忘忧、悦来悦好”发展理念，充分利用“悦来黄花菜”“黄花菜之乡”这两块金字招牌，新增黄花菜种植面积100余亩，以品牌带动农副产品的附加值。与南京农科院合作进行品种改良，推广种植优质稻米300余亩。积极培育龙头企业，农业龙头企业华源米业2021年在新四板上市。全镇新招引投资2.2亿元江苏来满仓食品有限公司项目，补齐冷链物流、冷冻加工等短板。依托现有的2家农业规模以上企业，实施品牌培育行动，积极帮助华源米业、苏丰米业等龙头企业进行技改升级，不断提高优质稻米、悦来黄花菜等特色农产品附加值。

【工业】 悦来镇坚持“工业强镇”不动摇，将新型工业化作为实现“四化”同步发展的“龙头”，共收集各类招商信息62条，招引百亿项目赛飞纺织签约落户县经开区，招引落户镇工业园区亿元项目3家，分别为投资3亿元的江苏来满仓食品有限公司、投资1.05亿元的海拉子杰新材料（江苏）有限公司、投资1.1亿元的江苏宇翔新材料科技有限公司。大力培育产业质态好的企业，帮助企业解决遇到的疫情防控、能耗“双控”、招工用工等难题，督导企业不断加大技改投入、进行智能化改造，尽快实现转型升级。2021年，全镇8家规上企业共投入资金6200万元进行技改升级，产业质态不断提升。玻璃产业龙头企业华新玻璃2021年在“新三板”挂牌上市，该企业年开票销售1.8亿元、年纳税900万元。

【基础设施建设】 2021年，悦来镇镇村道路全面提档升级，投入1300万元对沭悦路悦来镇区段进行提档升级，投入70余万元修建中学北侧道路，投入42万元维修破损道路3500平方米，投入130余万元完成道路黑色化1000平方米。结合宿连航道征地工作，完成工矿废弃地整理1300亩。投入700万元，新建高标准农田4000亩。

【精准扶贫】 悦来镇现有建档立卡低收入农户1050户1933人，全年共新申请低保68户94人，经调查符合新增20户36人，已按规定全部纳入低保。加强临时救济，及时帮助困难群众，共发放资金1.5万元临时救济19户困难群众。民政服务窗口共接待办理救济业务117件，发放各类临时救灾救济金23万元。积极推动残疾人康复工作，完成困难群体手术申报、残疾人康复等10例，受理残疾人证申报办理234件。

【生态建设】 2021年，悦来镇共整治完成低效企业1家，关停散乱污企业2家。完成“十必接”工程设计方案及招投标，工程建设有序推进。围绕“三清一改”整治内容，投入200万元，按照“户投放、组保洁、村收集、镇集中、县转运处理”的“五级”运作体系建立长效机制，全面清理村庄内外生活垃圾，镇域生活垃圾集中收运率达100%。聚力环保专项整治，对关停取缔8家“散乱污”企业进行“回头看”，杜绝“死灰复燃”。依托污染防治综合监管平台，强化线索查处办理累计接收案件线索45条，已全部查办到位。结合河长制工作，加强黑臭水体治理巡查河道240余人次，清理疏浚黑臭水体20条。

【民生实事】 悦来镇围绕镇区“三横四纵”网络，共投入160万元对沿街两侧外立面进行改造及四个出入口设计建设，打造农村特色亮点。修建中学北侧道路，有效缓解上下学期间镇区、校园周边交通压力。投入80万元着力打造“功能全、文化浓、服务优”美食步行街“烟火巷”。投入100万元进行四个停车场规划设计，全力破解镇区停车难、停车乱的问题，规范镇区大货车晚间停放秩序。投入资金42万元完成悦陇路破碎板块维修2200平方米、薛方路破碎板块维修1300平方米。投入1300万元对沭悦路悦来镇区段进行提档升级。增设镇内道路和桥梁警示标识52块，警示桩28根，新增桥梁信息牌28块。扎实推进“我为群众办实事”活动，全镇共分6批对

81条“我为群众办实事”项目清单进行公示并组织实施，其中镇实施8个，村（社区）实施73个。华新农房改善建设项目坚持“质量、安全、进度”六字标准，共新建157幢482户，党群服务中心、便民服务站、标准化公厕、污水处理站燃气、雨污水管网、燃气管网等公共设施已全部配套建设完成，小区基础设施不断完善，逐渐构筑共建共治共享的乡村治理新格局。

（耿进宁）

## 扎下镇

【概况】 扎下镇地处新沂河北岸，通过新沂河大桥与县城相连，是沭城“北大门”，下辖13个行政村（社区），户籍人口6.37万，镇域面积55.34平方千米，耕地面积3.5万亩。扎下镇坐拥京沪高速沭阳北出口，205国道、245省道、宿连航道贯穿全境，拥有国际花木城和花木大世界两大花木交易市场，是全县花木生产交易重要集散地。沭阳花木节、苏北万亩油菜花海、艺森园、春晓园、方武盆景、米大叔月季园等成为乡村旅游休闲好去处。全镇已形成木材、花木、电商、物流、旅游五大产业，先后荣获“中国淘宝镇”“国家森林乡村”“中国最美生态休闲旅游名镇”“江苏省电子商务示范镇”“江苏省苗木特色镇”等称号。荣获2021年度全县高质量发展综合考核、农业重大项目建设、乡村振兴、招商引资、财税、协同发展、污染防治攻坚等工作先进单位，荣获2021年度全市乡村振兴工作先进集体、2021年度全市生态文明建设工作先进集体。2021年，全镇实现地区生产总值33.94亿元，完成财政总收入1.77亿元，一般公共财政预算收入9913万元，税收占比92.5%，实现居民人均可支配收入24265元。

【工业】 2021年，扎下镇新增开票销售首超2000万以上企业8家、超亿元企业1家。全年实现工业开票销售收入27.23亿元，工业增值税8662万元，工业用电量3156万千瓦时。实现开票销售超亿元企业5家，分别为沭阳源之林木业制品厂3.92亿元、沭阳天地实业有限公司1.98亿元、沭阳县蓝琪木业制品厂1.87亿元、沭阳新天诚混凝土有限公司1.53亿元、宿迁市京沪木业有限公司1.25亿元。

【农业】 扎下镇全年共栽植树木4.8万余棵，杨树更新面积1800亩，建设农田林网400亩，成片林150亩。全年新增省级农业龙头企业1家、市级示范家庭农场1个、县级示范农民专业合作社1个及县级示范家庭农场10个。2021年，荣获全市乡村振兴工作先进集体和全县农业重大项目建设先进单位称号，镇农村工作局获得全县乡村振兴工作先进单位称号，并以举办方之一参与了第九届沭阳花木节。创建省绿化优质农产品基地，申请扎下黑松地标，扎下镇冯徐村获批“江苏省绿美乡村”。

【电商经济】 扎下镇电商依托沭阳国际花木城、花木大世界、艺森园等花木交易市场为重要载体，日均直播活动超400个，电商直播已成为扎下镇电商发展的新业态。2021年，辖区内13个行政村均为“中国淘宝村”，是全县第四个实现“淘宝村”全覆盖的乡镇。全年新增各类电商200余家，年交易额突破10亿元，主要涉及花木和图书交易，其中花木占80%以上，电商产业带动就业人口约6000人。全年共组织电商人员开展培训5次，组织参加市、县各类电商活动8次，受众达600多人。

【环境治理】 扎下镇全年共接收污染防治监管平台信息76条，所有线索均已办结，圆满完成各季度“散乱污”专项治理工作。常态化开展“263”专项行动，认真落实“河长制”，严厉打击非法采砂、非法洗砂行为，动真碰硬铲除“散乱污”，坚持主要领导靠前指挥，现场推动，坚决取缔“散乱污”砂石场、小化工等污染行业，对非法洗砂点依法强制拆除，坚决做到“两断三清”（断水、断电、清原料、清设备、清场地）。

【民生实事】 扎下镇坚持文化引领，因地制宜，建设多种文化设施，促进广大群众精神生活。在新沂河大桥北首建设近800米长的文化景墙，打造永久党史教育基地。以银山村党群服务中心为中心，建成2800平方米党建综合体。在花木大世界门口建设3000余平方米的社会主义核心价值观楹联广场。诸多文化设施为群众提供“茶余饭后”休闲娱乐好去处，促进邻里互动、文明新风，使广大干群在潜移默化中深受教育。常态化开展“五美庭院”“最美人物”“沭阳好人”等创评活动，弘扬“德”“孝”等优秀传统文化。2021年，全镇共评选表彰“作风之星”22名、“扎下好人、孝星”28名，“五美庭院”户116户。

【社会治理】 2021年，扎下镇处理阳光信访平台信访件37件，回访满意率100%。全镇疫情防控有序开展，首创“43工作法”，筑牢“三道防线”，夯实“五方联责”的防控机制，被推广至全县采用。全年先后开展了“综治宣传月”、防范电信网络诈骗、“百日攻坚行动”等宣传活动。充分发挥“大数据+铁脚板”作用，建立了38个网格居民微信群，入群居民数达2万人，用心用情用力帮助群众解决各种困难，解决服务群众“最后一米”问题，全面提升为民服务水平。

（蔡冰雪）

## 中国好人

**周桂官：2021年4月荣登中国好人榜“中国好人”、2021年10月当选第八届江苏省道德模范（敬业奉献类）**

**周桂官：担当教育扶贫使命　十年支教余热生辉**

周桂官，男，汉族，1949年10月生，中共党员，江苏省沭阳如东中学党委书记、校长。

从花甲到古稀，为了改变教育落后面貌，改变贫困家庭孩子的命运，周桂官和妻子樊志瑾支教沭阳已走过十个年头。这些年来，不断被刷新的是学校的“成绩单”，不断发生变化的是沭阳乃至宿迁的教育新貌，不断被提升的是沭阳如东中学的社会美誉度，而未曾改变的则是周桂官勇于担当教育扶贫使命的初心：“改变教育落后面貌，改变贫困家庭孩子的命运，是积德的善事，我无怨无悔，终身践行。”“教育扶贫是改变贫困之根本。办一所苏北最好的优质高中，助力贫困学子圆梦大学，造福百姓家庭千秋万代。”这是周桂官同志十年前受命赴沭阳办学不变的初心。

**忠诚担当，他义无反顾投身教育扶贫**

2009年12月底，时任南通市如东县政协督导员、县教育局党工委书记的周桂官刚刚办理了退休手续，此时如东县委、县政府的一个决定打破了他本该安逸的退休生活：带领支教教师团队去苏北沭阳县办学扶贫。尽管家人反对、子女担心、好友劝阻，作为共产党员的周桂官还是坚决服从组织决定：“我是一名共产党员，不能计较个人得失，沭阳需要我，我必须去。”2010年1月新校舍还在图纸上，7月就要招生开学，一切都必须从零开始。当时沭阳的教育生态和教育质量更令人担忧：2009年及之前数年，全县高考本科达线人数仅约1000人，连续四年没有学生考上清华大学、北京大学，被南京大学录取的也寥寥无几。作为一个拥有200万人口的大县，与周边县区相比，教育成为最不起眼的“小白点”。正因陷入“谷底”，教育的社会满意度不断降低。周桂官深深感到：办一所改变教育落后面貌的新学校、好学校，责任和压力比天大。

属牛的周桂官有种越是艰难越向前的担当情怀。为了让校舍工程及时交付，半年时间他跑坏了三双皮鞋，瘦了十多斤；为了组织一支优秀的支教教师队伍，他数十次往返于沭阳和如东，把工作做到了支教教师的家里；为了使新教师适应新学校，他把40名新教师送到省如东高中进行一个月的岗前培训；为了让第一届学生如期

报到，及时安排好学生的生活和学习，他和80位老师硬是靠着手提肩扛，把一件件生活用品送到学生公寓一间间宿舍里。

**大爱无言，他全心全意创办良心教育**

“学校办学理念必须鲜明。我们要办有良心的教育、负责任的教育，老百姓满意的教育。我们学校要对每一个学生负责，不让一个学生掉队”“要培养我们的学生成为有担当的人，做到对自己和家庭负责任，对他人和集体负责任，对国家和民族负责任，对世界和平与发展负责任”“我们要让学生在三年时间里做到低进中出、中进高出、高进优出，圆大学梦想，成国家栋梁。”周桂官努力将办学理念融入教育管理中，落实在教师的教育教学实践之中。

好老师是学生之福，遇到好老师是学生的幸运。十年来，周桂官把建设一支“特别能吃苦，特别肯钻研，特别善协作，特别讲奉献”的高素质教师队伍，作为教育扶贫办好学校的奠基工程，抓实抓紧抓出成效。建校之初的两年时间里，周桂官坚持每天听四节课，全面了解课堂教学情况。他提出“生为本、学为上”的教学理念，大力推行“基于问题解决的‘301515’课堂教学模式”，“逼”着老师们在课堂教学改革中迅速成长。他还通过推门听课制度，“逼”着老师们通过听课、评课、研课，打造活力课堂，提高课堂教学质量。他通过考学制度，“逼”着老师们与学生同做试卷，重新体验学生考试的感受，增强教学的针对性和有效性。他常说：“优秀是逼出来的，优秀是熬出来的。”十年时间，学校“逼”出来三名特级教师，三名教授级高级教师，三名宿迁市名师，两名全国模范教师，“熬”出了120多名市学科带头人和骨干教师，60多名教师在省、市优课等竞赛中获奖。一支政治方向坚定，业务素质精良，高素质的教师队伍成为沭阳如东中学持续高位发展的基石。

周桂官不仅重视教师的专业成长，更关心教师的学习生活和家庭。他为教师学历进修开绿灯，为青年教师的婚姻牵线搭桥当红娘，为生病教师寻医问药，关怀备至，他坚持为每位教师写生日贺卡，这些带着他祝福和希望的贺卡成为老师们的珍藏……他认为，将心比心，以真情换真心，才能千人同心干好教育扶贫之大事，才能让教师活得有尊严，有幸福感。2013年9月以来，他个人先后9次捐出沭阳县政府奖励给他个人的奖金1213万元，设立“周桂官教育奖励基金”，奖励在学校教书育人工作中做出突出贡献的优秀教师和优秀学生标兵。截至2020年，已有234人次教师和64位学生获此项奖金。

**辛勤耕耘，他不断收获累累硕果**

建校十年，周桂官与他的团队用责任和担当创建了一所让老百姓信任和满意的优质四星级高中。学校规模从2010年的879名学生，发展到今年5200名学生。一系列翔实的数据、生动的故事和显著的成绩诠释着“对每一位学生负责，不让一个学生掉队”的办学理念：八届应届文化类毕业生参加高考，近9000名学生考上本科高校，高考本一达线率、生均总分连续八年位居宿迁市第一，连年获宿迁市政府颁发的“宿迁市普通高中教育质量特等奖”，62名学生高考成绩达清华北大录取线，24名学生进入清华北大深造，方伟、周翔、郁月、蒋政分别获2013届、2017届、2020届宿迁市高考文理科第一名。数百名学生在省市各类学科竞赛中获奖，39名学生在高中加入了中国共产党，一批批“人格健康、基础扎实、特长明显、勇于担当”的优秀学子脱颖而出。

十年来，周桂官将大爱洒向每一个学生。学校没有一个学生因为家贫而辍学。他特别关爱无依无靠的孤儿，每逢春节前夕，他都亲手为他们发压岁钱，勉励他们好好学习，懂感恩、求上进、勇担当，如今已有25位孤儿学生圆梦大学。硕士毕业现已在浙江卫视工作的孤儿何光旭回忆当年高中读书时的情形，动情地说：我清楚地记得进校初的那个暴风骤雨的夜晚，年过花甲的周校长直立在大雨中，指挥着老师们打开了所有的车灯，照亮我们回宿舍的路，那灯光不仅让我感到温暖，更让我看清了走向未来的方向。高二（14）班的蒋明明在教师节写给校长的祝福语中说：我来自贫困家庭，感谢您给我减免了伙食费。虽然我考到学校时成绩不太好，基础很差，但我相信您的关心就是我的动力和信心，我一定会进步。

周桂官用自己的担当情怀和人格魅力影响着全校师生。2015年教师节，校学生会主席代表全校72个班级学生将一张签着72个班长名字的“最帅校长”奖状授予周桂官。“几十年来，我获过不少奖，但最让我感动的还是学生们颁发的这张奖状。因为从这个奖状中，我悟出了做校长的真谛，教育扶贫的价值。”十年的风风雨雨，十年的砥砺前行，十年的坚毅执着，十年的发展变化，周桂官带领他的团队成功探索出改变贫困地区教育落后面貌的扶贫支教的实践样本，并形成了强烈的“鲶鱼效应”，助推沭阳乃至宿迁市教育质量的显著提升。

2012年5月3日上午，全国政协副主席李金华到沭阳如东中学视察，在了解学校迅速发展取得的可喜成绩后，高度赞扬了两地领导具有前瞻性和创造性的教育扶贫决策。他形象地说，教育扶贫就是把如东的“老母鸡”抱到沭阳来下金蛋，通过这种办学模式，有效实现了优质教育资源的共建共享，对推进宿迁乃至苏北教育又好又快的发展具有积极意义。2017年1

月11日，江苏省委书记李强同志到沭阳调研时，对沭阳如东两县教育合作模式给予了充分肯定，《新华日报》专题报道了沭阳依靠两县合作实现教育脱贫的成功经验。2015年周桂官被宿迁市政府授予“宿迁市感动教育十佳人物”荣誉称号，2016宿迁市政府授予其“宿迁市荣誉市民”称号，2019年宿迁市委教育工作领导小组授予其“领军校长”荣誉称号，2020年被宿迁市政府聘为教育顾问，2020年12月荣登江苏好人榜，2021年4月荣登中国好人榜，2021年10月当选第八届江苏省道德模范。

## 江苏好人

2021年，沭阳县共有4人获评“江苏好人”。

### 【见义勇为类】“江苏好人”范学路、范学娇：跳入三米多深河水救出3名儿童的兄弟俩

范学路

范学娇

范学路，男，1980年生；范学娇，男，1985年生，二人均为沭阳县颜集镇个体经营户。

2021年2月14日中午12点左右，3个孩子在虞姬河畔玩耍时不慎落水。由于穿着羽绒服，他们没有立即下沉，一边在河中挣扎，一边大声呼救。住在附近的范学路、范学娇兄弟俩听到呼救声后，先后从河堤上直奔而下，翻过近两米高的隔离墙，飞快穿过河闸、到达河边，跳入3米多深的河水中救援，往返几次，终于将3个孩子都救上岸。2021年2月，范学路、范学娇荣登江苏好人榜。

### 【孝老爱亲类】“江苏好人”宁华芹：18年如一日照顾瘫痪哥哥的好妹妹

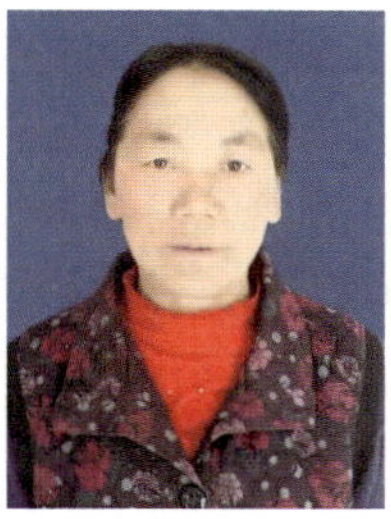

宁华芹，女，1960年5月生，宿迁市沭阳县章集街道店东村村民，父母离世后，她主动承担起照顾患有小儿麻痹症瘫痪在床的哥哥。18年来，她不离不弃、悉心照料，用自己的实际行动书写着不平凡的人生故事，宁华芹一家先后被授予“全国五好家庭”“江苏省最美家庭”等荣誉称号。

“大哥，我来帮你穿衣服，早饭已经做好了，给你洗过脸后就端过来。”每天清晨，家住宿迁市沭阳县章集街道店东村的宁华芹都这样和哥哥交流着，不知不觉间，她已经悉心照顾瘫痪在床的哥哥18年。无微不至的照料，宁华芹也赢得了广大村民们的绝口称赞。

#### 妹妹将瘫痪哥哥接回家

今年70岁的宁维才是宿迁市沭阳县章集街道黄仓庄村村民，10岁那年不幸得了小儿麻痹症，大脑萎缩，瘫痪在床已经60年，全身只有右手能动，在妹妹宁华芹照顾之前一直由年迈的父亲宁开河照顾。

1985年，刚嫁到章集街道店东村的宁华芹就给丈夫王立猛试探性地出了一个考题：“我哥哥瘫痪在床，父母百年之后，哥哥怎么办？”王立猛不假思索地回答，“他生活不能自理，绝不能让他孤苦伶仃，我们必须把他接回来，好好服侍他、照顾他。”宁华芹看到丈夫豁达的态度，是既高兴又满足。

2003年，宁华芹的母亲不幸患上脑血栓，行动不便，父亲宁开河无法照顾好两位病人，从那时候起，宁华芹就每天骑自行车奔波于婆家、娘家，悉心照顾母亲和瘫痪在床的哥哥。2009年，宁华芹母亲因脑血栓去世，2011年，父亲又突然离世，如何照顾好哥哥成为摆在她面前的最大难题。宁华芹再次征求丈夫意见，丈夫王立猛没有丝毫犹豫，决定把哥哥接回自己家里照顾，并立即收拾准备了一个房间。那一刻，宁华芹被丈夫感动得当场热泪盈眶，他感恩自己有一个通情达理的好丈夫。

“妹妹把我接回家，当时我很高兴。但也很忧虑，妹夫一家真的能让我长期住下去吗？”宁维才说，他曾经暗自流泪，担心给妹妹一家增添太多负担。“转眼间10年过去了，妹夫一家人不但没有感到厌烦，还时常为我能吃能喝、少生病而感到高兴。”宁维才时刻感恩着自己有一个待人若己的好妹夫。

#### 用自己的累换哥哥的甜

哥哥因大脑萎缩，不但无法自己进食，大小便还经常失禁。但瘫痪这么久，他从来没有患过褥疮，这都是宁华芹悉心照顾的结果。每天早晨6点，宁华芹便起床料理家务，帮哥哥换掉脏床单，并帮他擦身、穿衣、洗漱、喂饭。从外面干活回来，她还经常给哥哥房间熏蒸、消毒，防止外面的细菌传染给哥哥。在她的悉心照料下，哥哥的身上一直干净清爽，精神状态也很好，村民们谈到宁华芹，纷纷竖起大拇指。

#### 是温暖亲情也是道义责任

每天早晨的清洗、睡前的看望、无数次的全身按摩……已过花甲之年的宁华芹仍然每天劳碌地照顾着哥哥。但她认为自己还很年轻，因为她要继续照顾哥哥，必须继续“年轻”着，她说：“这是我义不容辞的责任。”

让宁华芹感到欣慰的是，她的儿子非常懂事，经常帮助自己照顾舅舅。宁华芹说：“只要我有一口

气，我就要把哥哥照顾好。如果我哪天身体不行了，就把这个任务交给儿子。”

人间自有真情在，莫问尘寰几度秋。宁华芹一家以德为先、以善为念，接续举起爱心的火炬，照亮了社会、绚丽了亲情。2021年，宁华芹被评为“宿迁好人”，7月，宁华芹荣登江苏好人榜。

### 【敬业奉献类】“江苏好人”

### 谢大春：从“农民工”到“大工匠”的石英专家

谢大春，男，1962年11月生，中共党员，中国工会十七大代表，国家一级高级技师、国家一级创新工程师、国际注册高级项目管理师，军民两用技术与产品技术专家，江苏鑫亿鼎石英科技股份有限公司技术总监。从事石英行业相关工作27年来，他发明专利和实用新型专利73项，5项技术填补国内空白，使石英砂纯度提高到99.9999%，打破了国内电子级石英砂只能从国外进口的“卡脖子”难题。先后荣获“全国五一劳动奖章”“全国技术能手”“全国优秀农民工”“中国行业十大科技创新突出贡献人物”“‘十三五’创新中国功勋科学家”“江苏好人”“江苏最美科技工作者”“江苏省十佳文明职工”“江苏省劳动模范”“江苏省五一劳动奖章”“江苏大工匠”“江苏省十佳科技创新楷模”“江苏省科技创新杰出人物”“江苏省科技创新优秀人才”等荣誉，享受国务院政府特殊津贴。

**砥砺前行，“农民工”变身科研专家**

1982年，20岁的谢大春高考失利，回家务农。1995年3月，谢大春以电工身份进入一家生产石英制品的乡镇企业，开启了他的技术创新之路。参加工作以来，他拥有发明专利和实用新型专利73项，5项技术填补国内行业空白，产品被广泛应用于半导体、电工电子、太阳能、电光源、光通信、医用器材、环保设备、航空航天、国防军工等高新技术领域。2007年，中科院半导体所实验室第三届主任陈诺夫找到谢大春，请他帮助研制卫星发射试验用的某种玻璃器皿。谢大春深知此项研发有关国家荣誉和形象，每一个细节都不能有疏忽，他根据工艺要求，调整石英砂原料生产流程，并对设备进行技术改造，经过多次试验，终于研究生产出合格产品。目前在我国卫星领域运用的这一项零配件，都是源自谢大春的研发。

**锐意进取，“土专家”打破国外垄断**

2020年，谢大春了解到国内生产的石英砂最高纯度可达到99.99%，只能应用到汽车车灯、鱼缸里的加热棒等民用领域，而要想应用到芯片、半导体、光纤光缆以及航空航天领域，纯度至少要达到99.999%，只能从国外高价进口。“受制于人”的感觉让谢大春落下一个“心病”：一定要把纯度从“4个9”提升到“5个9”，甚至更高。在石英砂提纯工艺中，需要使用“冷爆”处理，国内很多技术团队都卡在了“冷爆”这一关上。谢大春经过12次的设备改进和无数次地试验，水温严格控制在35℃左右的正负5℃之间，利用这温度差达到了冷爆效果，使石英砂纯度提高到了99.9999%，石英砂“6个9”的纯度填补了国内空白，打破了国内电子级石英砂只能从国外进口的“卡脖子”难题。

**苦心钻研，“大工匠”创造非凡业绩**

20多年来，谢大春一直坚守在生产制造一线，利用休息时间搞研究，累计加班50000多小时。无论是日常深夜还是节假日，他都会在实验室里琢磨工艺工序和设备改进。通过不懈努力，谢大春创新研发不断结出硕果：改用新型自动温控的智能焙烤炉取代老式焙烤炉；高纯石英砂烘干由“一步法”改为“二步法”，同时加强对烘干炉的保温；使用新型节能脱羟炉与真空脱羟炉取代老式脱羟炉；推广使用变频调速器进行自动调速；激光控制器对连熔炉实行自动控制等，都获得了国家专利。

成功将生产石英产品的连熔炉由6个电极臂改成9个电极臂，同时加上结构改造和保温材料的应用，产品数量和质量由此得到进一步提升，并节约15%的电能，其中三项获得国家发明专利和实用新型专利。他一手创新的“电子级石英砂国产化制备技术”环保指标位于国际前列，当年为企业新增销售6100万元，新增利润1403万元。

在他的带领下，20多年来企业先后有300多人成长为石英制造行业的技术骨干。如今，谢大春已成为石英行业的技术专家，多项专利填补国内空白，实现从“农民工”到“大工匠”的华丽转变。2021年11月，谢大春荣登江苏好人榜。

## 宿迁好人

2021年，沭阳县宁华芹、张扣才、叶敬标、张伟、庄金周5人获评“宿迁好人”。

### 张扣才：义务“补路”60载，无私奉献惠乡里

张扣才，男，1944年6月生，沭阳县青伊湖镇王场村村民。77岁的张扣才干瘦瘦貌不惊人，但王场村没有人不认识他，因为他已经为乡邻义务修补村道60年了。

从土路到砂礓路，再到现在的水泥路、柏油路，张扣才每天在路上“巡查”，看见坑洼的地方就停下来，从车上拿出工具修修补补，酷暑寒冬也风雨无阻。他的善行影响了身边一大批人，水泥店老板、大学生村官、种粮大户、王场村的乡亲们、青伊湖的广大志愿者……大家看到了搭把手，捐钱捐物，出人出力，水泥和黄砂最低价给他，甚至可以用几块碎木板来交换。在他的影响下，许多年轻人跟着老张一道修桥补路，为家乡的发展添砖加瓦。2019年，张扣才家庭被授予“宿迁市最美家庭”荣誉称号。2021年，张扣才被授予“宿迁好人”荣誉称号。

### 叶敬标：坚守乡村42载的基层放映员

叶敬标，男，1957年生，江苏省宿迁市沭阳县青伊湖镇蔷薇分场职工。1979年初，叶敬标被分配到国营青伊湖农场从事电影放映工作，一干就是20年。随着互联网时代的到来，电影行业迎来低谷，当地的电影院也相继倒闭，作为一名基层放映员，叶敬标曾迷茫失落过，但他没有放弃，转而担任了一名乡村流动放映员。22年来，他拉着近百斤重的放映设备，走村串乡、年复一年，用上万部电影，把党的声音和先进文化送到千家万户，照亮了广大乡亲的心田。他的事迹先后被“学习强国”学习平台、“中国江苏网”“新华报业网”“人民资讯公众号”等多家媒体平台报道。2021年，叶敬标被授予“宿迁好人”荣誉称号。

### 张伟、庄金周：跳入冰冷河水联手营救祖孙四人的“热心市民”

张伟

庄金周

张伟，男，汉族，1984年10月出生，宿迁市沭阳县桑墟镇城管中队副队长。庄金周，男，汉族，1991年2月出生，宿迁市沭阳县桑墟镇桑墟社区居民。2021年12月12日上午10时50分左右，一辆载有祖孙四人的红色小轿车因操作不当，掉入沭阳县桑墟镇4米多深的虹河内。短短一两分钟，轿车就被水流冲出十多米远，车头已经全部没入水里。千钧一发之际，好心人张伟和庄金周不顾个人安危，毫不犹豫地先后纵身跳入冰冷的河水中联手施救，经过十多分钟的紧张救援，最终把命悬一线的祖孙三代四人全部成功救上了岸。这场让人感温暖的“生死营救”先后被中央电视台《新闻直播间》《正点财经》栏目，江苏电视台《零距离》以及“速新闻”“宿迁发布”等各级媒体报道。张伟、庄金周荣获2021年“沭阳好人”“宿迁好人”荣誉称号。

## 宿迁市“最美人物”

2021年，沭阳县周桂官、梁永显、王德法3人获评宿迁市“最美人物”。

### 梁永显：群众的“主心骨”致富的“引路人”

梁永显是宿迁市第四届、第五

届人大代表，先后荣获宿迁市十大创业之星、宿迁市十大杰出青年、沭阳县双强型书记等。现任沭阳县桑墟镇副镇长。近年来，梁永显坚持开拓创新，真抓实干，带领群众逐步走向富裕；他用无私的情怀给每一名需要关心的群众带来温暖和慰藉，在他的带领下，青伊湖镇后乡村经济持续向好发展。

履职尽责解民忧，勇创经济强村。曾经的后乡村，村级企业几乎为零，且负债累累，一度是“贫穷”“落后”的代名词。梁永显说初任后乡村党支部书记时，他既感到光荣，又感到任务艰巨，当时只想一心干好工作，还清债务，让后乡村人民过上好日子。俗话说：要想富先修路。担任村书记不久，梁永显就带着村“两委”积极争取资金铺路修路，慢慢的村里交通环境得到了改善，后乡村也率先在全市范围内实现了硬化道路组组通、户户通、田间通。路通了，村民“走出去”了，资金也“引进来”了，后乡村迎来了新的发展。以前，村民思想保守，仅靠种地谋生，收入很少，梁永显就想，能不能通过土地流转的方式，让村民手中闲置的土地也能产生效益，说干就干，于是他带着村“两委”做起了村民工作。刚开始，很多村民不理解，坚决不同意，梁永显就带着村干部挨家挨户地做思想工作，给他们讲党和政府的好政策，消除他们的疑虑，最后全村2040亩土地一次性流转成功。资金有了、土地有了，后乡村里建起了占地5万平方米的标准化厂房8栋，村民们的创业条件更好了，村集体收入也上来了。

人大代表作榜样，引领群众致富。在创业路上，村民们一直畏手畏脚不敢行动，梁永显就带头做给百姓看。2009年他自筹资金创办了青盛木业有限公司，吸纳其他村干部入股，公司盈利按股分成，现在还有6人继续入股，且每年5月1日准时按月息3.5分红。在后乡村“两委”的带动下和鼓励下，村民们陆陆续续创办了5家大型木业公司，解决了周边镇、村2000余人的就业问题，带动了本村100余家旋板厂发展。公司有的员工家庭特别困难，村里就想出了一个办法，通过免息借款、帮扶资金等方式提供帮助。2014年到2017年之间，在青盛木业的带领下，全村规模企业累计捐助困难群众和教育资金达500多万元，2021年疫情期间，后乡村96名党员累计捐赠特殊党费4.254万元。

一心为民办实事，改善农房居住。环境也是生产力，在抓村经济发展的同时，梁永显对人居环境改造工作也一直没放松，他盯紧村集中居住区的建设工作。后乡村规划建设农房改善项目（清香苑）房屋共742套，为多层电梯洋房。其中2019年8月以来一期新建374套，建筑面积5.569万平方米，投资约9500万元。农房改善工作，梁永显要求村“两委”成员把政策给老百姓讲到位，让老百姓能够按照自己的实际需求选择是否需要安置，对于需要安置的农户，梁永显提出务必尽快签订合同，让老百姓早日住进新家园。后乡村曾创下三天签下380户拆迁协议、10天拆迁并复垦380户宅基地的好成绩，也因此，被大家称为“后乡速度”。

### 王德法：生命因自强而精彩

王德法，男，1963年4月20日出生，现任沭阳县庙头镇政府新闻报道员。30多年来，他用残疾的腿跑遍了全镇的每个村庄角落；30多年来他用手中的笔热情地讴歌了农村的新人新事新风尚；30多年来，他发表了6000多件新闻作品，先后90多篇作品获省、市、县的各类奖项。先后10多次被县委宣传部评为先进个人，连续六年被宿迁市委宣传部、《宿迁日报》评为优秀通信员，2005年被评为宿迁市残疾人自强模范，2009年被评为江苏省金鹰自强不息残疾人，2011年被评为沭阳县十大优秀社工人才，2012年被评为宿迁“十一五”残疾人工作先进个人。2014年、2019年被表彰为全县新闻宣传工作先进个人，2020年5月被评为全市抗疫优秀乡贤、2020年7月被省人社厅、省残联表彰为全省自强模范，2021年被评为宿迁市“最美人物”。

王德法在3岁那一年，患上了小儿麻痹症，高中毕业后，因为身体原因未能进入大学读书，但是他不愿虚度光阴。工作之余，他阅读了大量的中外名著，并开始进行文学创作，但是投出的稿件大多石沉大海，一次，镇里组织了一项文化活动，文化站长便对他说，你喜欢写作，不妨把这项活动报道一下。他动笔写了一篇不到200字的稿件，竟然被电台和报纸采用了，他非常高兴，从此他便走上了新闻写作之路。

1987年，他被镇党委安排到党委办从事新闻报道工作，新闻报道员在镇里事务最多，报刊收发、来人接待、送发通知、撰写材料，何况他是一个残疾人，但是他克服了自身以及家庭生活中的一切困难，全身心投入到新闻报道工作中去。

作为一名乡镇的新闻报道员。他常说，新闻贵在新，所以发现新闻就要抢。有一次他在和该镇后圩村支部书记闲谈中得知新来的党委书记在该村访贫问苦时，听说一个农民家中只剩10多斤玉米，却还积极参加水利会战，党委书记感动地流下了热泪。王德法听说后，迅速联想到中央十三届六中全会《关于密切党与群众联系》的精神，敏锐地感觉到这是一位人民公仆对自己工作没有做好的内疚之情，于是他冒着小雨骑车来到15里外的后圩村进行采访。采访结束时，雨还没有停，村支书留他吃饭等雨停再走，可他为了赶稿子，推起车子就走，泥泞的土路上车子推不动，他折了一根树枝，推几步就停下来拨一下淤塞的泥土。衣服被泥水湿透了，人也淋感冒了，他筋疲力尽地回到家中，顾不得休息，连夜写成通信《党委书记的泪》。第二天天亮便发出，很快就在《淮阴日报》头版头条位置加评论刊出，收到了较好的宣传效果。

他坚持做到眼勤、嘴勤、耳勤、腿勤、手勤。1990年11月份，他听说唐庄村18名党员主动请缨修电站，为集体节省1万多元。他连续三次到村里采访都找不到人，但是他不泄气，第四次终于找到了村支书和几名党员，并和他们进行了座谈，采写成通信发往《新华日报》，发出一周时间便被《新华日报》二版头条位置以醒目的大标题《这里的村民都为党员请功》发表。

30多年来，他白天上班忙公务下村采访，晚上回家写稿件，夜深人静的时候，正是写作的好时机。无论风霜雨雪，还是酷暑严寒，他都坚持学习和写作，很少有痛痛快快休息的日子。他的右腿残疾，坐久了双腿麻木，他便起来活动活动，然后继续写。

他经常要求自己，作为一名新闻报道员要具有正义感，敢为人民的利益鼓与呼。1993年，省委扶贫工作组帮助庙头镇后圩村办起了一个木材加工厂，可是第一次送货到靖江，尽管在家时已经办理了各种手续，但是路上仍然被多次拦车罚款，致使300千米路走了三天才到。他听后非常气愤，将情况整理后发往《淮阴日报》《新华日报》，后来《新华日报》在读者来信栏以《淮阴境内关卡多，路难行》为题予以报道，引起了省市县有关部门的重视，原淮阴市工商局局长亲自带人登门道歉，撤销了一些关卡，处理了乱罚款的人，退回了罚款，驾驶员们感慨地说：咱们土记者的笔真管用。

在2020年的新冠疫情防控中，王德法不怕吃苦，冲锋在前，主动参加疫情防控点的值勤，同时做好防控政策宣传和群众的思想工作。在值勤点一站就是几个小时，等别人换班的时候，他的双腿已经麻木，基本上迈不动步子了。

他常说，一个人身体残疾并不算什么，只要他拥有一颗积极向上的心，就可以同样为社会作出他应有的贡献。他采写的通信《自强，生命因你而精彩》被《宿迁日报》头版半个版面予以刊登，此稿被市评为二等奖。2013年他的征文作品被中国残疾人杂志评为全国三等奖，2014年3月，他在宿迁市残联举办的征文竞赛中获得一等奖，他的散文被省残联评为二等奖，书法作品被省残联和省书法家协会评为优秀作品。2011年10月20日沭阳县电视台以《笔写青春》专题报道了他的事迹，2014年5月份《宿迁日报》以《生命，因奉献而精彩》、《宿迁晚报》以《王委员的动人故事》、2020年9月《宿迁日报》、“宿迁速新闻”以《生命因自强而精彩》为题报道了王德法自强不息，爱岗敬业的先进事迹，受到广泛好评。

（县委宣传部 胡响林）

# 先进集体

## 2021年沭阳县获全国先进集体称号一览表

表20

| 获奖单位 | 荣誉称号 | 授予单位 | 授予时间 |
|---|---|---|---|
| 沭阳县 | 中国楹联文化县 | 中国楹联学会 | 2021.12 |
| 沭阳县 | 2021年度全国“返家乡”社会实践重点开展县 | 共青团中央 | 2021.12 |
| 沭阳县财政局 | 国务院大督查通报激励表彰 | 国务院办公厅 | 2021.04 |
| 沭阳经济技术开发区 | 国家“十四五”重点支持的县城产业转型升级示范园区 | 国家发展和改革委员会等四部委 | 2021.06 |
| 沭阳县公安局 | 2020年度公安移动应用创新专项工作优秀成果一等奖 | 公安部 | 2021.01 |
| 沭阳县人民检察院 | “青少年维权岗” | 共青团中央 | 2021.07 |
| 沭阳县教育体育局 | 2017—2020年度全国群众体育先进单位 | 国家体育总局 | 2021.08 |
| 沭阳县自然资源和规划局 | 2021年度全国七五普法先进集体 | 自然资源部 | 2021.05 |
| 沭阳县工商联 | 2021年调查点工作先进基层单位 | 全国工商联 | 2021.12 |
| 沭阳县文化市场综合执法大队 | 查处重大侵权盗版案件有功单位 | 国家版权局 | 2021.09 |
| 潼阳镇 | 潼阳花生国家地理标志农产品 | 农业农村部 | 2021.12 |
| 沭阳县新河镇花木协会 | 全国“四好”商会 | 全国工商联 | 2021.01 |
| 颜集镇 | 2021年全国乡村特色产业十亿元镇 | 农业农村部 | 2021.10 |
| 新河镇 | 2021年全国乡村特色产业十亿元镇 | 农业农村部 | 2021.10 |
| 庙头镇 | 2021年全国乡村特色产业十亿元镇 | 农业农村部 | 2021.10 |
| 庙头镇聚贤村 | 2021年全国乡村特色产业亿元村 | 农业农村部 | 2021.10 |
| 桑墟镇条河村 | 第六届全国文明村镇 | 中央文明委 | 2021.11 |
| 青伊湖镇后乡村 | 第六届全国文明村镇 | 中央文明委 | 2021.11 |
| 钱集镇槽坊村 | 第二批全国乡村治理示范村镇 | 中央农办等六部委 | 2021.10 |
| 耿圩乡肉产业园 | 入选《全国农村创业园区（基地）目录》 | 农业农村部办公厅 | 2021.11 |

## 2021年沭阳县获省级先进集体称号一览表

表21

| 获奖单位 | 荣誉称号 | 授予单位 | 授予时间 |
|---|---|---|---|
| 沭阳县 | 沭阳县2020年度养老保险工作获省政府督查激励 | 江苏省人民政府 | 2021.05 |
| 沭阳县 | 江苏省文明城市 | 江苏省文明委 | 2021.01 |
| 沭阳县水利局 | 全省防汛抗洪工作先进集体 | 中共江苏省委<br>江苏省人民政府 | 2021.05 |
| 沭阳县财政局 | 省政府大督查激励表彰 | 江苏省政府办公厅 | 2021.05 |
| 沭阳县财政局 | 全省财政重点工作绩效考核县（市）第一名 | 江苏省财政厅 | 2021.02 |
| 沭阳县财政局 | 全省财政系统先进集体 | 江苏省人社厅<br>江苏省财政厅 | 2021.01 |
| 沭阳县财政局 | 2020—2021年度全省社会保险基金预算绩效管理工作考核先进地区二等奖 | 江苏省财政厅 | 2021.12 |
| 沭阳县财政局 | 2020年度全省法治财政标准化管理优秀单位和连续三年以上先进单位 | 江苏省财政厅 | 2021.09 |
| 沭阳县财政局 | 2021年国有企业经营效益月报先进单位 | 江苏省财政厅 | 2021.12 |
| 沭阳县财政局 | 2020度绩效管理工作优秀县（市） | 江苏省财政厅 | 2021.10 |
| 沭阳经济技术开发区 | 江苏纺织服装创新示范产业园 | 江苏省服装协会<br>江苏省纺织工业协会 | 2021.05 |
| 沭阳经济技术开发区 | 中国（江苏）自由贸易试验区联动创新发展区 | 江苏省自贸办 | 2021.05 |
| 沭阳经济技术开发区 | 第四批大众创业万众创新示范基地 | 江苏省发改委 | 2021.10 |
| 沭阳县人民检察院 | 2020年度全省检察机关信息工作先进单位 | 江苏省人民检察院 | 2021.01 |
| 沭阳县人民检察院 | 节水型机关 | 江苏省水利厅 | 2021.08 |
| 沭阳县检察院第四检察部 | 全省关心下一代工作优秀集体 | 江苏省关心下一代工作委员会 | 2021.09 |
| 沭阳县检察院第四检察部 | 江苏省巾帼文明岗 | 江苏省妇女联合会 | 2021.12 |
| 沭阳县软件产业园 | 2020—2021年度江苏省电子商务示范基地 | 江苏省商务厅 | 2021.06 |
| 沭阳县软件产业园 | 省级跨境电商产业园 | 江苏省商务厅 | 2021.11 |
| 沭阳法院审管办 | 全省法院新闻舆论工作先进集体 | 江苏省高级人民法院 | 2021.05 |
| 沭阳县总商会人民调解委员会 | 江苏省优秀商会调解组织 | 江苏省司法厅<br>江苏省工商联 | 2021.06 |
| 沭阳县马厂赵大庄村 | 江苏省红石榴家园 | 江苏省民宗委 | 2021.12 |
| 江苏省沭阳高级中学 | 2019—2021年度省文明校园 | 江苏省文明委 | 2021.12 |
| 沭阳县农业农村局 | 乡村振兴实绩考核县级年度重点任务完成第一等次 | 中共江苏省委农村工作领导小组 | 2021.01 |
| 省委驻沭阳县帮扶工作队 | 全省脱贫攻坚暨对口帮扶支援合作先进集体 | 中共江苏省委<br>江苏省人民政府 | 2021.11 |
| 沭阳县农业农村局 | 全省脱贫攻坚暨对口帮扶支援合作先进集体 | 中共江苏省委<br>江苏省人民政府 | 2021.11 |
| 沭阳县教育局 | 全省脱贫攻坚暨对口帮扶支援合作先进集体 | 中共江苏省委<br>江苏省人民政府 | 2021.11 |
| 钱集镇效佐社区 | 全省脱贫攻坚暨对口帮扶支援合作先进集体 | 中共江苏省委<br>江苏省人民政府 | 2021.11 |
| 沭阳县农业农村局 | 全省农民教育培训工作先进集体 | 江苏省农业广播电视学校 | 2021.12 |
| 沭阳县农业农村局 | 2020年度生猪饲养前十名 | 江苏省农业农村厅 | 2021.04 |
| 沭阳县应急管理局 | 2021年江苏省“安全生产月”活动先进单位 | 省安委办 | 2021.12 |

续表21

| 获奖单位 | 荣誉称号 | 授予单位 | 授予时间 |
|---|---|---|---|
| 沭阳县苏州路消防救援站援豫抗洪战斗班 | 最强战斗班组 | 江苏省消防救援总队 | 2021.7 |
| 江苏省宿迁经贸高等职业技术学校 | 江苏省教科研工作先进集体 | 江苏省教育科学研究院 | 2021.01 |
| 沭阳如东中学 | 江苏省文明校园 | 江苏省精神文明建设指导委员会 | 2021.12 |
| 沭阳如东中学 | 江苏省教育系统先进集体 | 江苏省人力资源和社会保障厅<br>江苏省教育厅 | 2021.09 |
| 沭阳如东中学 | 空军招飞工作先进单位 | 东部战区空军政治工作部江苏省高等学校招生委员会 | 2021.10 |
| 沭阳县文化馆 | 江苏省最美公共文化空间 | 江苏省文旅厅 | 2021.08 |
| 沭阳蓝天救援队 | 河南省防汛救灾优秀志愿服务组织 | 河南省文明委<br>中国志愿服务联合会 | 2021.11 |
| 高墟镇 | 省级耕地保护激励单位 | 江苏省自然资源厅 | 2021.09 |
| 韩山镇 | 江苏省村镇建设档案管理工作先进单位 | 江苏省住房城乡建设厅 | 2021.01 |
| 梦溪街道 | 江苏省全国第七次人口普查工作先进集体 | 江苏省人普办<br>江苏省统计局 | 2021.11 |
| 新河镇 | 江苏省全国第七次人口普查工作优秀集体 | 江苏省人普办<br>江苏省统计局 | 2021.11 |
| 新河镇党委 | 江苏省优秀网络评论员 | 中共江苏省委网信办 | 2021.12 |
| 新河镇双荡村 | 江苏省文明村 | 江苏省精神文明建设指导委员会 | 2021.10 |

## 2021年度全县高质量发展综合考核先进集体

### 一、综合考核先进单位

（一）乡镇（街道）（第一等次10个）

沭城街道、青伊湖镇、桑墟镇、胡集镇、十字街道、耿圩镇、庙头镇、李恒镇、高墟镇、扎下镇

（二）县级机关单位（第一等次27个）

县委办公室、县委组织部、县纪委监委机关（县委巡察办）、县委统战部、县人大常委会办公室、县检察院、县妇联、团县委、县法院；县政府办公室、县科学技术局、县人力资源和社会保障局、县发展和改革局、县财政局、县城市管理局、县审计局、县工业和信息化局、县市场监督管理局；县税务局、沭阳农村商业银行、邮政公司沭阳分公司、人民银行沭阳支行、国家统计局沭阳调查队、县消防救援大队、县烟草局、县供电公司、财保公司沭阳支公司

（三）园区（第一等次）

沭阳经济技术开发区

### 二、"单项工作"光荣榜

（一）招商引资工作先进单位（共16个）

沭阳经济技术开发区、青伊湖镇、胡集镇、沭城街道、章集街道、扎下镇、高墟镇、县政府办公室、县委办公室、县委组织部、县科学技术局、县纪委监委机关、县妇联、县住房和城乡建设局、县发展和改革局、县自然资源和规划局

（二）改革创新工作先进单位（共10个）

县检察院：构建未成年人公益诉讼权益保护机制

县发展和改革局：推进返乡入乡创业工作机制建设，打造兴业乐业沭阳

县委办公室、县农业农村局：国家级"互联网+"农产品出村进城工程试点

县政府办公室、县财政局：构建"一体两翼三到位"财政财务资产管理机制，促进县域综合债务率连续保持在绿色等级

县委组织部：聚焦急难愁 支部进小区

县纪委监委机关：构建作风建设"三小"整治机制

县委政法委、县法院：创新推动"无讼村居"建设

沭阳经济技术开发区：探索分级推进企业高质量发展机制

县卫生健康局：探索"555"疫情联防联保联控机制

县行政审批局：打造"沭事速办"政务服务新品牌

（三）农业重大项目建设工作先进单位（共10个）

钱集镇、耿圩镇、高墟镇、胡集镇、新河镇、刘集镇、吴集镇、塘沟镇、章集街道、李恒镇

（四）乡村振兴工作先进单位（共12个）

贤官镇、胡集镇、耿圩镇、扎下镇、钱集镇、高墟镇、沂涛镇、庙头镇、青伊湖镇、陇集镇、颜集镇、韩山镇

（五）财税工作先进单位（共10个）

桑墟镇、高墟镇、青伊湖镇、悦来镇、潼阳镇、西圩乡、马厂镇、钱集镇、扎下镇、李恒镇

（六）策应扶持工作先进单位（共10个）

县人力资源和社会保障局、县医疗保障局、县发展和改革局、县卫生健康局、县自然资源和规划局、县农业农村局、县委组织部、县住房和城乡建设局、县教育局、县民政局

（七）污染防治攻坚工作先进单位（共10个）

沭阳经济技术开发区、桑墟镇、扎下镇、贤官镇、青伊湖镇、李恒镇、县水利局、县住房和城乡建设局、县城市管理局、县公安局

（八）社会稳定工作先进单位（共10个）

吴集镇、悦来镇、七雄街道、新河镇、塘沟镇、十字街道、龙庙镇、华冲镇、梦溪街道、县公安局

（九）党建工作先进单位（共10个）

南湖街道、吴集镇、扎下镇、青伊湖镇、桑墟镇、新河镇、沭城街道、县财政局、县妇联、县人力资源和社会保障局

（十）优化营商环境工作先进单位（共10个）

县委组织部（人才办）、县纪委监委机关（营商环境监督中心）、县行政审批局、县市场监督管理局、县财政局、县自然资源和规划局、县法院、县税务局、县民政局、县商务局

**三、推进高质量发展突出贡献单位（共6个）**

沭阳经济技术开发区、县财政局、县发展和改革局、县人力资源和社会保障局、县工业和信息化局、县供电公司

# 先进个人

### 2021年沭阳县获全国先进个人称号一览表

表22

| 姓名 | 单位 | 荣誉称号 | 授予单位 | 授予时间 |
|---|---|---|---|---|
| 周铭敏 | 县卫健局 | 全国脱贫攻坚先进个人 | 中共中央、国务院 | 2021.02 |
| 范以环 | 县人民政府 | 全国群众体育先进个人 | 国家体育总局 | 2021.09 |
| 马向荣 | 县委组织部 | 全国老干部工作先进个人 | 中共中央组织部<br>人力资源社会保障部 | 2021.12 |
| 胡道亮 | 新河镇 | 东京残奥会男子花剑团体赛金牌 | 国际奥委会 | 2021.08 |
| 荣　静 | 华　冲 | 东京残奥会女子花剑团体赛金牌 | 国际奥委会 | 2021.08 |
| 宋广超 | 县检察院 | 全国检察宣传先进个人 | 检察日报社 | 2021.11 |
| 李亚汉 | 县公安局 | 全国年度“平安之星” | 中央政法委 | 2021.01 |
| 徐一彪 | 县邮政分公司 | “重温党史百年，传承红色基因”微课评选活动三等奖 | 中国邮政集团有限公司 | 2021.12 |
| 周桂官 | 沭阳如东中学 | “中国好人榜”敬业奉献候选人 | 中央文明办 | 2021.04 |
| 宁华芹 | 东小店乡店东村 | 全国五好家庭 | 全国妇联 | 2021.01 |
| 单继震 | 县文广旅局 | 查处重大侵权盗版案件有功个人 | 国家版权局 | 2021.09 |
| 仲　琳 | 县文广旅局 | 查处重大侵权盗版案件有功个人 | 国家版权局 | 2021.09 |
| 廖忠文 | 县文广旅局 | 查处重大侵权盗版案件有功个人 | 国家版权局 | 2021.09 |
| 舒茂森 | 县文广旅局 | 查处重大侵权盗版案件有功个人 | 国家版权局 | 2021.09 |
| 孙秀军 | 县文广旅局 | 查处重大侵权盗版案件有功个人 | 国家版权局 | 2021.09 |

## 2021年沭阳县获省级先进个人称号一览表

表23

| 姓名 | 单位 | 荣誉称号 | 授予单位 | 授予时间 |
|---|---|---|---|---|
| 宋延飞 | 县水利局 | 全省防汛抗洪工作先进个人 | 中共江苏省委<br>江苏省人民政府 | 2021.05 |
| 杨新宇 | 县水利局 | 全省防汛抗洪工作先进个人 | 中共江苏省委<br>江苏省人民政府 | 2021.05 |
| 毛　杰 | 塘沟镇史洼村 | 全省脱贫攻坚暨对口帮扶支援合作先进个人 | 中共江苏省委<br>江苏省人民政府 | 2021.11 |
| 严晓玲 | 县扶贫办 | 全省脱贫攻坚暨对口帮扶支援合作先进个人 | 中共江苏省委<br>江苏省人民政府 | 2021.11 |
| 袁广建 | 县委办 | 全省脱贫攻坚暨对口帮扶支援合作先进个人 | 中共江苏省委<br>江苏省人民政府 | 2021.11 |
| 徐卫星 | 县医保局 | 全省脱贫攻坚暨对口帮扶支援合作先进个人 | 中共江苏省委<br>江苏省人民政府 | 2021.11 |
| 叶树林 | 县科技局 | 首届江苏省科技创新发展奖先进个人 | 江苏省人民政府 | 2011.07 |
| 葛恒平 | 新河镇党委 | 江苏省优秀党务工作者 | 中共江苏省委 | 2021.07 |
| 周桂官 | 沭阳如东中学 | 江苏省优秀共产党员 | 中共江苏省委 | 2021.06 |
| 朱庭云 | 鸿葳服饰（沭阳）有限公司 | 江苏省劳动模范 | 中共江苏省委<br>江苏省人民政府 | 2021.04 |
| 毛广建 | 中国电信沭阳分公司 | 江苏省劳动模范 | 中共江苏省委<br>江苏省人民政府 | 2021.04 |
| 江艳林 | 瑞声科技（沭阳）有限公司 | 江苏省劳动模范 | 中共江苏省委<br>江苏省人民政府 | 2021.04 |
| 董志敏 | 沭阳县邮政分公司 | 江苏省劳动模范 | 中共江苏省委<br>江苏省人民政府 | 2021.04 |
| 李　敏 | 新河镇春生村 | 江苏省劳动模范 | 中共江苏省委<br>江苏省人民政府 | 2021.04 |
| 严帮银 | 沭阳华润燃气有限公司 | 江苏省劳动模范 | 中共江苏省委<br>江苏省人民政府 | 2021.04 |
| 王兆成 | 沭阳县卫生健康局 | 江苏省先进工作者 | 中共江苏省委<br>江苏省人民政府 | 2021.04 |
| 陈　宇 | 沭阳县公安局巡特警大队 | 江苏省先进工作者 | 中共江苏省委<br>江苏省人民政府 | 2021.04 |
| 冯　刚 | 沭阳县人武部 | 优秀党务工作者 | 江苏省军区党委 | 2021.07 |
| 周桂官 | 沭阳如东中学 | 江苏省道德模范 | 江苏省文明委 | 2021.10 |
| 张立峰 | 沭阳如东中学 | 空军招飞工作先进个人 | 东部战区空军政治工作部<br>江苏省高等学校招生委员会 | 2021.10 |
| 江　艳 | 沭阳县应急管理局 | 应急管理新闻宣传暨“学报用刊”先进个人 | 江苏省应急管理厅 | 2021.11 |
| 乙增武 | 沭阳县人民检察院 | 2020年度全省检察机关信息工作先进个人 | 江苏省人民检察院 | 2021.01 |
| 刘蒙阴 | 沭阳县人民检察院 | 全省优秀法治巡讲员 | 江苏省人民检察院 | 2021.04 |
| 乙福康 | 沭阳县人民检察院 | 全省民事检察优秀办案能手 | 江苏省人民检察院 | 2021.05 |
| 徐海涛 | 沭阳县人民检察院 | 守正有为检察人 | 江苏省人民检察院 | 2021.06 |
| 周苗苗 | 沭阳县人民检察院 | 全省检察机关新进书记员培训班“优秀学员” | 江苏省人民检察院 | 2021.06 |
| 汤巧茹 | 沭阳县人民检察院 | 全省行政检察业务能手 | 江苏省人民检察院 | 2021.07 |
| 傅学斌 | 沭阳县人民检察院 | 全省网信工作先进个人 | 江苏省人民检察院 | 2021.12 |

续表23

| 姓名 | 单位 | 荣誉称号 | 授予单位 | 授予时间 |
|---|---|---|---|---|
| 王永涛 | 沭阳县邮政公司 | 2020十佳优秀投递员 | 中国邮政集团有限公司江苏省分公司 | 2021.04 |
| 徐婷婷 | 沭阳县邮政公司 | 2020十佳优秀支局长 | 中国邮政集团有限公司江苏省分公司 | 2021.04 |
| 胡道军 | 江苏省沭阳高级中学 | 江苏省教育系统先进个人（优秀教师） | 江苏省教育厅 | 2021.09 |
| 朱漫丽 | 江苏省沭阳高级中学 | 江苏省“最美中学教师” | 江苏省教育厅<br>江苏省文明办 | 2021.10 |
| 周立宇 | 沭阳县怀文中学 | 江苏省教育系统先进个人（优秀教师） | 江苏省教育厅 | 2021.09 |
| 黄喜凤 | 沭阳县农业农村局 | 动物疫病信息报送工作先进个人 | 江苏省动物疫病预防控制中心 | 2021.02 |
| 周　伟 | 沭阳县气象局 | 2020年观测网络业务质量先进个人 | 江苏省气象局 | 2021.03 |
| 杨应响 | 梦溪街道 | 第七次人口普查先进个人 | 江苏省人普办<br>江苏省统计局 | 2021.11 |
| 张成军 | 章集街道 | 第七次人口普查先进个人 | 江苏省人普办<br>江苏省统计局 | 2021.11 |
| 张小兰 | 章集街道 | 第七次人口普查先进个人 | 江苏省人普办<br>江苏省统计局 | 2021.11 |
| 沈达兵 | 章集街道 | 第七次人口普查先进个人 | 江苏省人普办<br>江苏省统计局 | 2021.11 |
| 赵登亚 | 章集街道 | 优秀通信员 | 美丽江苏网 | 2021.12 |
| 谢大春 | 青伊湖镇江苏鑫亿鼎石英科技股份有限公司 | 江苏“最美科技工作者” | 中共江苏省委宣传部 | 2021.10 |
| 徐　建 | 塘沟镇塘东村 | 江苏省“百名示范”村（社区）书记 | 中共江苏省委组织部 | 2021.06 |
| 徐锦如 | 塘沟镇 | 江苏省“全省关心下一代工作优秀个人” | 江苏省关工委<br>江苏省文明办 | 2021.09 |
| 宁华芹 | 章集街道店东村 | 江苏好人 | 江苏省文明办 | 2021.07 |
| 郇亚兰 | 沭阳铁甲志愿者协会 | 河南省防汛救灾优秀志愿者 | 河南省文明委<br>中国志愿服务联合会 | 2021.11 |
| 冯建奇 | 沭阳县苏州路消防救援站 | 优秀共产党员 | 江苏省消防救援总队 | 2021.06 |

## 2021年沭阳县获评高级专业技术职称人员一览表

表24

| 序号 | 单　位 | 姓　名 | 资格名称 |
|---|---|---|---|
| 1 | 沭阳县中医院 | 刘爱民 | 主任技师 |
| 2 | 沭阳县中医院 | 孙　营 | 副主任医师 |
| 3 | 沭阳县中医院 | 程颖飞 | 主任中医师 |
| 4 | 沭阳县中医院 | 陈荣荣 | 副主任医师 |
| 5 | 沭阳县中医院 | 张海龙 | 副主任医师 |
| 6 | 沭阳县中医院 | 许怀刚 | 副主任医师 |
| 7 | 沭阳县中医院 | 王　利 | 副主任中医师 |
| 8 | 沭阳县中医院 | 刘　红 | 副主任医师 |
| 9 | 沭阳县中医院 | 吴沭城 | 副主任医师 |
| 10 | 沭阳县中医院 | 周东亚 | 副主任医师 |

续表24

| 序号 | 单 位 | 姓 名 | 资格名称 |
|---|---|---|---|
| 11 | 沭阳县中医院 | 吴永伦 | 副主任医师 |
| 12 | 沭阳县中医院 | 杨国辉 | 副主任中医师 |
| 13 | 沭阳县中医院 | 李 强 | 主任医师 |
| 14 | 沭阳县中医院 | 张银銮 | 副主任医师 |
| 15 | 沭阳县中医院 | 王玉井 | 副主任医师 |
| 16 | 沭阳县中医院 | 孔贯祥 | 副主任医师 |
| 17 | 沭阳县中医院 | 仲超祥 | 主任中医师 |
| 18 | 沭阳县中医院 | 吴志兵 | 副主任中医师 |
| 19 | 沭阳县中医院 | 刘 生 | 副主任医师 |
| 20 | 沭阳县中医院 | 陈大伟 | 副主任医师 |
| 21 | 沭阳县中医院 | 卢 静 | 副主任医师 |
| 22 | 沭阳县中医院 | 王 静 | 副主任医师 |
| 23 | 沭阳县中医院 | 邵云飞 | 副主任医师 |
| 24 | 沭阳县中医院 | 任家利 | 副主任医师 |
| 25 | 沭阳县中医院 | 耿 旭 | 副主任医师 |
| 26 | 沭阳县中医院 | 李小玉 | 副主任医师 |
| 27 | 沭阳县中医院 | 王学永 | 副主任医师 |
| 28 | 沭阳县中医院 | 赵常英 | 副主任中药师 |
| 29 | 沭阳县中医院 | 周倩茹 | 副主任医师 |
| 30 | 沭阳医院 | 庄朝辉 | 主任医师 |
| 31 | 沭阳医院 | 尹倩倩 | 副主任医师 |
| 32 | 沭阳医院 | 吴 静 | 副主任医师 |
| 33 | 沭阳医院 | 金 月 | 副主任中医师 |
| 34 | 沭阳医院 | 蒋伯刚 | 主任中医师 |
| 35 | 沭阳医院 | 司进枚 | 副主任医师 |
| 36 | 沭阳医院 | 胡 婷 | 副主任医师 |
| 37 | 沭阳医院 | 汤井双 | 主任医师 |
| 38 | 沭阳医院 | 周效旺 | 副主任医师 |
| 39 | 沭阳医院 | 张招娣 | 副主任医师 |
| 40 | 沭阳医院 | 蒋 浩 | 副主任医师 |
| 41 | 沭阳医院 | 柳菊芬 | 副主任技师 |
| 42 | 沭阳医院 | 鲍 利 | 副主任医师 |
| 43 | 沭阳医院 | 胡荣杉 | 主任药师 |
| 44 | 沭阳医院 | 王 涛 | 副主任技师 |
| 45 | 沭阳医院 | 葛志娟 | 主任医师 |
| 46 | 沭阳医院 | 张松英 | 主任中医师 |
| 47 | 沭阳医院 | 王 勤 | 副主任医师 |
| 48 | 沭阳医院 | 方徐生 | 主任医师 |
| 49 | 沭阳医院 | 王利花 | 副主任医师 |
| 50 | 沭阳医院 | 张成亮 | 主任医师 |
| 51 | 沭阳医院 | 严明月 | 副主任医师 |

续表24

| 序号 | 单　位 | 姓　名 | 资格名称 |
|---|---|---|---|
| 52 | 沭阳医院 | 张大威 | 副主任医师 |
| 53 | 沭阳医院 | 汤茂刚 | 主任医师 |
| 54 | 沭阳医院 | 王元伟 | 主任医师 |
| 55 | 沭阳医院 | 王湘臻 | 副主任医师 |
| 56 | 沭阳医院 | 李　伟 | 副主任医师 |
| 57 | 沭阳医院 | 史爱红 | 副主任医师 |
| 58 | 沭阳医院 | 王　磊 | 副主任医师 |
| 59 | 沭阳中山医院 | 田文宁 | 副主任药师 |
| 60 | 沭阳中山医院 | 张苏蒙 | 副主任药师 |
| 61 | 沭阳中山医院 | 庄梦君 | 副主任医师 |
| 62 | 沭阳耳鼻喉医院 | 谢晓晗 | 副主任医师 |
| 63 | 沭阳广济医院 | 华松梅 | 副主任医师 |
| 64 | 沭阳铭和康复医院 | 赵　军 | 副主任中医师 |
| 65 | 沭阳铭和医院 | 王清莲 | 副主任医师 |
| 66 | 沭阳铭和医院 | 刘晓峰 | 副主任医师 |
| 67 | 沭阳铭和医院 | 葛　磊 | 副主任医师 |
| 68 | 沭阳铭和医院 | 武智利 | 副主任医师 |
| 69 | 沭阳铭和医院 | 葛　燚 | 主任医师 |
| 70 | 沭阳铭和医院 | 方　娟 | 副主任医师 |
| 71 | 沭阳铭和医院 | 李金春 | 副主任医师 |
| 72 | 沭阳铭和医院 | 陆中华 | 副主任中医师 |
| 73 | 沭阳铭和医院 | 夏　晴 | 主任医师 |
| 74 | 沭阳南关医院（沭阳县传染病防治院） | 王兴巧 | 副主任医师 |
| 75 | 沭阳南关医院（沭阳县传染病防治院） | 周苏娟 | 副主任医师 |
| 76 | 沭阳南关医院（沭阳县传染病防治院） | 李统虎 | 主任医师 |
| 77 | 沭阳南关医院（沭阳县传染病防治院） | 仲海平 | 副主任医师 |
| 78 | 沭阳南关医院（沭阳县传染病防治院） | 贯雯雯 | 副主任医师 |
| 79 | 沭阳仁慈医院 | 郇海霞 | 副主任医师 |
| 80 | 沭阳仁慈医院 | 周　平 | 副主任技师 |
| 81 | 沭阳仁慈医院 | 张建波 | 副主任医师 |
| 82 | 沭阳仁慈医院 | 周艳娣 | 副主任医师 |
| 83 | 沭阳仁慈医院 | 路珊珊 | 副主任技师 |
| 84 | 沭阳仁慈医院 | 杨　峰 | 副主任技师 |
| 85 | 沭阳仁慈医院 | 王怀斌 | 主任医师 |
| 86 | 沭阳仁慈医院 | 朱玉喜 | 副主任医师 |
| 87 | 沭阳仁慈医院 | 张永江 | 副主任医师 |
| 88 | 沭阳仁慈医院 | 刘长华 | 副主任医师 |
| 89 | 沭阳仁慈医院 | 张新华 | 副主任医师 |
| 90 | 沭阳仁慈医院 | 舒银敏 | 副主任医师 |
| 91 | 沭阳微悦医疗美容门诊部 | 张　静 | 副主任医师 |
| 92 | 沭阳维康医院 | 张建能 | 主任中医师 |
| 93 | 沭阳县第三人民医院 | 周　艳 | 副主任医师 |

续表24

| 序号 | 单　位 | 姓　名 | 资格名称 |
|---|---|---|---|
| 94 | 沭阳县第三人民医院（沭阳县脑科医院） | 郇卫洲 | 副主任医师 |
| 95 | 沭阳县儿童医院 | 张　锦 | 副主任药师 |
| 96 | 沭阳县妇幼保健院 | 唐艳艳 | 副主任医师 |
| 97 | 沭阳县妇幼保健院 | 徐国强 | 副主任医师 |
| 98 | 沭阳县妇幼保健院 | 徐子军 | 副主任医师 |
| 99 | 沭阳县妇幼保健院 | 陈文梅 | 主任医师 |
| 100 | 沭阳县妇幼保健院 | 孙增军 | 副主任中医师 |
| 101 | 沭阳县妇幼保健院 | 蔡　艳 | 副主任中医师 |
| 102 | 沭阳县疾病预防控制中心 | 周美荣 | 副主任技师 |
| 103 | 沭阳县疾病预防控制中心 | 杜新艳 | 副主任医师 |
| 104 | 沭阳县陇集镇孟玉村卫生室 | 刘玉龙 | 副主任中医师 |
| 105 | 沭阳中西医结合医院 | 秦　凯 | 副主任药师 |
| 106 | 沭阳中西医结合医院（原扎下医院） | 王　峰 | 副主任中医师 |
| 107 | 沭阳中兴医院 | 李玉娟 | 副主任医师 |
| 108 | 沭阳中兴医院 | 陈尚米 | 副主任医师 |
| 109 | 沭阳中兴医院 | 闫　军 | 主任医师 |
| 110 | 沭阳中兴医院 | 谢春雷 | 副主任医师 |
| 111 | 沭阳中兴医院 | 邱芸芸 | 副主任医师 |
| 112 | 沭阳中兴医院 | 鲍恩年 | 副主任医师 |
| 113 | 沭阳中兴医院 | 潘加国 | 副主任中医师 |
| 114 | 沭阳中兴医院 | 李小芳 | 副主任中医师 |
| 115 | 沭阳中兴医院 | 杨旭东 | 主任医师 |
| 116 | 沭阳中兴医院 | 丁红霞 | 副主任医师 |
| 117 | 沭阳如东中学 | 张　杨 | 中小学高级教师 |
| 118 | 沭阳如东中学 | 徐晓祥 | 中小学高级教师 |
| 119 | 江苏省沭阳高级中学 | 刁永能 | 中小学高级教师 |
| 120 | 江苏省沭阳高级中学 | 张　林 | 中小学高级教师 |
| 121 | 沭阳县建陵高级中学 | 姜　培 | 中小学高级教师 |
| 122 | 沭阳华冲高级中学 | 丁永星 | 中小学高级教师 |
| 123 | 沭阳县教师发展中心 | 赵东梅 | 中小学高级教师 |
| 124 | 沭阳县潼阳中学 | 邱志红 | 中小学高级教师 |
| 125 | 沭阳梦溪中学 | 姜祖亮 | 中小学高级教师 |
| 126 | 沭阳梦溪中学 | 葛志明 | 中小学高级教师 |
| 127 | 沭阳县修远中学 | 汤茂伟 | 中小学高级教师 |
| 128 | 沭阳安博银河学校 | 曹宗娅 | 中小学高级教师 |
| 129 | 沭阳安博银河学校 | 祁春梅 | 中小学高级教师 |
| 130 | 沭阳县怀文小学 | 胡春丽 | 中小学高级教师 |
| 131 | 沭阳如东中学 | 李树栋 | 中小学高级教师 |
| 132 | 沭阳县建陵高级中学 | 杨恒顺 | 中小学高级教师 |
| 133 | 沭阳华冲高级中学 | 陆成雷 | 中小学高级教师 |
| 134 | 沭阳县修远中学 | 李成龙 | 中小学高级教师 |
| 135 | 沭阳县广宇学校 | 葛恒良 | 中小学高级教师 |

续表24

| 序号 | 单位 | 姓名 | 资格名称 |
|---|---|---|---|
| 136 | 沭阳南洋学校 | 李　建 | 中小学高级教师 |
| 137 | 沭阳如东中学 | 韩　敏 | 中小学高级教师 |
| 138 | 沭阳如东中学 | 卢莹莹 | 中小学高级教师 |
| 139 | 江苏省沭阳高级中学 | 严　峰 | 中小学高级教师 |
| 140 | 江苏省沭阳高级中学 | 章齐志 | 中小学高级教师 |
| 141 | 沭阳县建陵高级中学 | 殷　雨 | 中小学高级教师 |
| 142 | 沭阳县潼阳中学 | 朱明丽 | 中小学高级教师 |
| 143 | 沭阳县潼阳中学 | 徐增礼 | 中小学高级教师 |
| 144 | 沭阳县修远中学 | 孙宜瑾 | 中小学高级教师 |
| 145 | 沭阳南洋学校 | 赵大勇 | 中小学高级教师 |
| 146 | 沭阳梦溪中学 | 周海芳 | 中小学高级教师 |
| 147 | 江苏省沭阳高级中学 | 胡方扬 | 中小学高级教师 |
| 148 | 沭阳华冲高级中学 | 王　琦 | 中小学高级教师 |
| 149 | 沭阳梦溪中学 | 苗　琰 | 中小学高级教师 |
| 150 | 沭阳梦溪中学 | 刘冠军 | 中小学高级教师 |
| 151 | 沭阳如东中学 | 葛亚杰 | 中小学高级教师 |
| 152 | 江苏省沭阳高级中学 | 陈金宝 | 中小学高级教师 |
| 153 | 沭阳县正德中学 | 毛欢欢 | 中小学高级教师 |
| 154 | 沭阳如东中学 | 杨卫华 | 中小学高级教师 |
| 155 | 江苏省沭阳高级中学 | 孙劲松 | 中小学高级教师 |
| 156 | 沭阳县正德中学 | 徐　刚 | 中小学高级教师 |
| 157 | 江苏省沭阳高级中学 | 蒋　艳 | 中小学高级教师 |
| 158 | 沭阳县潼阳中学 | 吴传怀 | 中小学高级教师 |
| 159 | 沭阳县修远中学 | 胡道权 | 中小学高级教师 |
| 160 | 沭阳县正德中学 | 刘志敏 | 中小学高级教师 |
| 161 | 沭阳县建陵高级中学 | 张　旭 | 中小学高级教师 |
| 162 | 沭阳县教师发展中心 | 叶敬宝 | 中小学高级教师 |
| 163 | 沭阳县修远中学 | 陈　霞 | 中小学高级教师 |
| 164 | 沭阳县正德中学 | 薛明森 | 中小学高级教师 |
| 165 | 沭阳如东中学 | 茆小利 | 中小学高级教师 |
| 166 | 沭阳县建陵高级中学 | 李　平 | 中小学高级教师 |
| 167 | 江苏省沭阳高级中学 | 涂　静 | 中小学高级教师 |
| 168 | 沭阳县教师发展中心 | 万　敏 | 中小学高级教师 |
| 169 | 沭阳县怀文小学 | 蒋玉芹 | 中小学高级教师 |
| 170 | 沭阳如东中学 | 王　闯 | 中小学高级教师 |
| 171 | 沭阳县正德中学 | 马银成 | 中小学高级教师 |
| 172 | 沭阳梦溪中学 | 周正鑫 | 中小学高级教师 |
| 173 | 沭阳县修远中学 | 王义江 | 中小学高级教师 |
| 174 | 沭阳县修远中学 | 张如进 | 中小学高级教师 |
| 175 | 沭阳梦溪中学 | 霍中能 | 中小学高级教师 |
| 176 | 沭阳县实验幼儿园 | 薛　雷 | 幼儿园高级教师 |
| 177 | 沭阳县实验幼儿园 | 范道红 | 幼儿园高级教师 |

（县人社局　林　杰）

# 在跨越赶超新征程中展现沭阳担当

彭 伟

党的十九届六中全会是在重要历史关头召开的一次具有重大历史意义的会议。全会审议通过的《决议》，提出了“两个确立”“五大历史意义”“十个坚持”等一系列新论述，是我们以史为鉴、开创未来，实现中华民族伟大复兴的行动指南。作为“一线总指挥”，我们要把深刻领会党的十九届六中全会精神的重大意义，与学习贯彻习近平新时代中国特色社会主义思想结合起来，与学习贯彻习近平总书记赋予江苏“争当表率、争做示范、走在前列”光荣使命结合起来，统一思想、统一意志、统一行动，全面落实“六个显著提升”要求和“多作贡献”奋进追求，汇聚起推进共同富裕、推动高质量发展的强大动力。

党的百年奋斗取得了彪炳史册的伟大成就，必须在对党忠诚中筑牢信仰之基。深刻领会“两个确立”重大意义。在新时代新征程上，我们要深刻领会党的十九届六中全会提出的“两个确立”的决定性意义，不断增强政治判断力、政治领悟力、政治执行力，毫不动摇忠诚核心、看齐核心、紧跟核心、维护核心，坚定不移沿着习近平总书记指引的方向前进，真正把“四个意识”“四个自信”“两个维护”落实到履职尽责全过程。充分学习“十个坚持”宝贵经验。在开启全面建设社会主义现代化国家新征程上，我们将充分学习党百年奋斗的重大成就、历史意义、理论成果、宝贵经验，从中汲取智慧营养，坚定历史自信，坚决不讲任何条件，坚决不打任何折扣，举全县之力把沭阳打造成为最讲党性、最讲政治、最讲忠诚、最讲担当的地方。始终牢记共产党人初心使命。中国共产党人的初心和使命，就是为中国人民谋幸福，为中华民族谋复兴。我们将牢记“中国共产党是什么、要干什么”这个“根本问题”，牢记习近平总书记赋予江苏的使命，按照省委、市委对沭阳发展的期盼要求，保持永不懈怠的精神状态和一往无前的奋斗姿态，主动扛起习近平总书记赋予江苏的“争当表率、争做示范、走在前列”光荣使命，在高质量发展的道路上奋勇争先、彰显初心，为全省在率先实现社会主义现代化上走在前列多作贡献、展现担当。

党的百年奋斗吹响了接续奋斗的响亮号角，必须在埋头苦干中多作贡献。以斗争精神赶好“时代大考”。党的百年奋斗史，就是一部可歌可泣的不懈斗争史，百年奋斗的经验之一就是敢于斗争。我们将勇担大县之责，展现大县作为，坚持敢于斗争，增强斗争本领，全面落实中央和省委、市委决策部署，以更远的视野谋划发展、以更高的站位推进工作，创先进、争一流，奋力答好新时代赶考路上的“时代答卷”。以实际行动彰显“为民情怀”。三个历史《决议》跨越百年，始终坚持的是人民至上的立场。奋进新征程，我们始终坚持人民至上，用心用情用力抓好教育、文化、医疗等公共服务，着力解决人民群众“急难愁盼”问题，努力让全县人民过上更加幸福美好的生活。以底线思维确保“安全稳定”。习近平总书记多次强调要坚持底线思维，我们要深刻领会，统筹发展与安全，统筹疫情防控与经济社会发展，扛起“保一方平安、促一方发展”政治责任，努力提升本质安全水平，积极创建省级安全发展示范城市，全力织密织牢疫情防控安全网，真正做到“两手抓”“两手硬”。以奔跑姿态成就“沭阳事业”。我们要深刻领会“十个坚持”历史经验，牢记“空谈误国、实干兴邦”，在埋头苦干中加快建设苏北工业强县、区域副中心城市、全国花木电商连接点，在带动周边、服务周边、辐射周边上多作贡献，推动沭阳各项事业发展再攀新高。党的百年奋斗形成了自我革命的优良传统，必须在全面从严治党中锤炼品格。要弘扬伟大建党精神。一百年来，中国共产党之所以能够由小到大、由弱到强，团结和带领中国人民不断创造历史伟业，是因为在伟大革命的过程中形成并不断弘扬坚持真理、坚守理想，践行初心、担当使命，不怕牺牲、英勇斗争，对党忠诚、不负人民的伟大建党精神，构建起中国共产党人的精神谱系，锤炼出鲜明的政治品格。展望未来，我们要继续弘扬光荣传统、赓续红色血脉，永远把伟大建党精神继承下去、发扬光大。要纵深推进管党治党。党的十八大以来，习近平总书记以马克思主义政治家的雄韬伟略为全党举旗定向，以“得罪千百人、不负十四亿”的责任担当，全面从严管党治党，党在革命性锻造中焕发出新的强大生机活力。我们要始终坚持“严”的主基调，构建一体推进不敢腐不能腐不想腐的有效机制，巩固拓展反腐败斗争的压倒性胜利。要驰而不息强化作风。把作风建设作为推进发展的先手棋、当头炮，全面落实中央八项规定精神，积极践行“三真三实”作风，大力倡导“规范、规矩、程序、标准”文化，将制度建设贯穿高质量发展始终、贯穿工作全过程，以过硬作风为开启现代化建设保驾护航。

（作者为沭阳县委书记）

（载于2021年12月28日《新华日报》）

# 开启苏北第一县现代化建设新征程

## ——访沭阳县委书记　彭　伟

“势头好、质态优、动力足、亮点多”，这是市委书记王昊8月10日到沭阳调研时给予的评价。作为全市最大的经济板块，市第五次党代会以来，沭阳始终坚持以新思想定向领航，在全市跨越发展的浪潮中取得了历史性突破。

从勇当“五个排头兵”，到“展现大县担当，全面领跑争第一”，再到“苏北工业第一县、主要经济指标苏北全面领先、市域首位”，市第五次党代会以来，沭阳为全市经济社会发展作出了十分重要的贡献。站在新的历史起点上，沭阳将如何扛起责任、抢抓机遇，继续为全市经济社会发展打头阵、当先锋？9月16日下午，县委书记彭伟接受了速新闻记者的采访。现在，就让我们一起去听一听。

“我们将扛起大县担当，二次创业整装再出发，勇当排头兵，以奔跑姿态开启苏北第一县现代化建设新征程。”彭伟表示，沭阳县将立足市域首位，坚持“总量大的指标冲刺‘三分天下有其一’，增速快的指标冲刺‘全市第一’”，即确保年内招商引资投资额、工业销售收入、工业增值税3项指标全市占比达到三分之一，高质量考核全市第一；力争苏北全面领先，积极建设苏北工业第一县、苏北教育第一县、苏北最美县城、苏北最美乡村，努力在发展速度、发展质态、发展动力、发展活力上实现苏北领先；锚定追赶目标，摆脱传统的苏北意识，跳出县级思维，敢于与强的比、与快的赛，尽快实现“GDP追溧阳、经开区冲进全国百强，县域经济综合竞争力跻身全国50强”目标。

工业兴市，产业强市。市委五届十三次全会指出“充分发挥好工业化的引领和带动作用”，王昊到沭阳县调研时再次强调“四化”同步工业化是引领和支撑，勉励沭阳县“做强苏北工业第一县”，沭阳县将如何扛起责任、抢抓机遇、加快推进“苏北工业第一县”建设？

“我县拥有苏北唯一落户县级城市的国家级经开区，主要工业指标稳居苏北前列，连续6年入选全国工业百强县，打造苏北工业第一县，我们有实力、有底气。”彭伟说，沭阳县将紧扣“124”工作思路，即建设苏北工业第一县，坚持内培外引双轮驱动，扩总量、引增量、优存量、提质量“四量齐进”，在全县掀起大抓招商、大抓工业火热氛围，确保年内招商引资投资额、工业销售收入、工业增值税3项指标全市占比达到三分之一，三年内实现千亿级开发区、千亿级产业、千亿级乡镇板块、千个规上工业企业“四千”目标。

目标笃定，使命必达。当前沭阳县正以抓铁有痕、踏石留印的韧劲和干劲全力建设“苏北工业第一县”。沭阳县积极完善“1218”招商机制，提出每3天落地一个亿元项目，年内招引亿元以上项目120个，其中，10亿元以上项目25个、百亿级项目3个。“脱皮掉肉”建项目。建立“单月看工业、双月看城建、季度看农业”观摩推进机制，成立县重大项目推进办公室，推动形成聚焦项目、服务项目积极氛围。2021年1至8月份，沭阳县新签约10亿元以上项目占全市29.7%。重中之重强链条。聚焦“6+3+X”产业体系和15条重点产业链，每条产业链由两名县级领导挂钩推进，加快建设34个列市重大产业链项目。全力以赴优载体。构建完善“234”园区体系，昆沭高新园冲刺省特色园区，沭阳经开区积极建设全省唯一国家产业转型升级示范园区。设立6亿元专项资金，支撑贤官镇、高墟镇、马厂镇3个小城市成长为县城以外的产业发展承载地、生产要素集聚地、公共服务新高地。大力发展胡集镇等4个乡镇道口经济，示范引领乡镇走出一条带动性强、贡献率高、综合效益好的新型区域经济发展新路子。

当前，市委对沭阳县建设“副中心城市”定位越来越清晰，要求也越来越高。“我们将按照市委要求，抢抓入选苏北唯一县级Ⅱ型大城市机遇，积极推动城镇化建设由外延拓展型向内涵提升型转变，不断提升对外影响力辐射力。”彭伟说，沭阳县将突出规划引领，提升城市能级。按照高于县城、对标副中心城市的要求，形成起点高、定位准、层级明、覆盖全的城市规划体系，为城市搭建好成长坐标。突出功能完善，增强城市辐射力。重点建设区域经济中心，大力建设公共服务中心，加快建设区域交通中心，努力建设区域消费中心。突出花园城市建设，精塑城市特质。厚植花木优势，重点打造沭阳植物园、华东花木大世界、淮沭河省级水利风景区，努力将城市建成全县花木产业的展示窗口。突出精细管理，丰富城市内涵。强化城市免打扰理念，着力打造一批精品街、示范路、样板区，让城市清爽简洁。积极创建全国文明城市，持续提升城市文明水平。

以更高的站位谋划工作、以更远的视野推进落实。彭伟表示，沭阳县将以一流目标激发一流干劲、以一流干劲创造一流业绩，奋力开启苏北第一县现代化建设新征程，在服务市域高质量发展中开新局、作贡献。

## 后记：“最大经济板块”扛起最强担当

充满现代化气息的城区，日新月异的经开区，生机勃勃的广袤田野……走进沭阳县，记者感受到这个大县不仅体现在县域面积大、人口规模大上，更体现在经济总量大、产业规模强的发展成效上。

过去的五年，沭阳县经济社会发展可圈可点，作为全市最大的经济板块，沭阳县始终坚持以新思想定向领航，扛起“争当表率、争做示范、走在前列”的使命担当，一步一个脚印推动经济社会发展持续走在全市前列，于去年成为苏北首个GDP迈入千亿级的县城。

站在承前启后、继往开来的新起点上，市委对沭阳县提出争当“五个排头兵”的要求，沭阳县委提出“二次创业整装再出发，全面领先勇当排头兵”，巩固和发展来之不易的成果，推动县域高质量发展再上新台阶，努力锻造“苏北第一县”，高远又务实的发展目标充分展现了沭阳县的大县担当。

当前，沭阳县把“为全市全省作出更大贡献”摆在突出位置，下定更大的决心、采取更实的措施，推动经济社会更好更快发展。围绕打造“苏北工业第一县”目标，沭阳县自我加压，坚持重兵会战，加快工业突破，有效激活了二次创业强劲引擎。与此同时，沭阳县还努力跳出县城思维，主动融入市域“1129+N”城镇空间体系，按照区域副中心城市的标准抓紧完善规划体系，做强城市功能，完善基础设施配套，做美城市环境，全力打造美丽宜居城市，人民的幸福感越来越强。

以“实现苏北全面领先”为奋斗目标，沭阳县努力以更高目标牵引、更大力度推进，努力实现发展速度、发展质态、发展动力、发展活力苏北领先，为全市“走在苏北前列、快于全省平均、领先区域发展、赶超全国梯队”作出更多贡献。

（载于2021年9月23日《宿迁日报》）

# 传智专修学院：积极探索现代职业教育发展之路

在全面建设社会主义现代化国家新征程中，职业教育前途广阔、大有可为。职业教育的创办初衷不仅要保障就业，更要满足专业对口就业和高质量就业。

传智专修学院以高质量专业对口就业为目标导向，积极探索职业教育改革发展方向，致力于培养人工智能、大数据、智能制造、软件、互联网、区块链等数字化专业人才，以及数据分析、网络营销、新媒体等数字化应用人才，走出一条职业教育改革创新之路。

## 双证书人才培养　助推高质量就业

2017年，经江苏省宿迁市教育局批准，传智专修学院成立。学院采用“申请入学，自主选拔”的招生模式，学生入学时和学校签订协议，可以选择先上学后交学费。

学生需要专业对口高质量就业，企业需要能满足岗位所需的专业人才。传智专修学院采用“学历+技能”双证书人才培养模式，即学生通过学校的综合技能考核后，学校为其颁发技能认定证书。

随着数字化转型不断深入，人工智能、大数据、云计算等技术迅猛发展，数字化转型不仅依靠技术改革，更需要数字化人才将专业能力同步赋能企业。为助力各行业加速实现数字化转型，传智专修学院特开设Java大数据应用开发、Python全栈应用开发、数字媒体艺术三大专业方向。

### 工作式学习　产教融合落地

成立至今，传智专修学院探索出“工作式学习”产教融合模式，学生经过三年系统的理论、项目和相关技能学习后，第四年直接进入到与学校有合作的1200余家企业中边工作边学习。

在“工作式学习”之前，学校会为学生提供全程个性化工作指导，包括前期就业指导、中期模拟面试考核、后期全程陪伴面试等，学生在“工作式学习”期间，学校会有专门的技术辅导团队及时给予指导和帮助。通过“工作式学习”模式，学生对知识的运用能力更强，同时也积累了一定的工作经验。

### 项目驱动式教学　培养数字化人才

针对企业对IT开发类人才的需求，传智专修学院的课程研发部门通过对市场相关职位进行评估筛选，整理出行业需求技能，以此进行基础课和专业课的设计，构建以企业用人需求为导向的特色课程体系。

学院将“项目实战式”教学融入课堂，通过分组实战模拟企业项目真实开发过程。让学生通过做项目，熟练运用课堂学习的各类专业知识，锻炼实战能力，提升与人交流合作的能力，在拥有良好理论基础的同时提升专业水平，并持续提升自主学习能力。

传智专修学院与华为、北京大数据研究院等企业、机构达成项目课程共建合作，共同推出项目实战课程和特色课程。目前，学院教研部门已经开发了涉及电商、金融、物流、教育、旅游、医疗健康等30多个行业的80多种课程，涵盖了未来软件工程师所需要的项目技术内容，让学生在项目实战中提升能力。

### 探索育人模式　升级新型师徒制

学院严格选拔授课老师，并通过优化筛选、考核及在岗能力提升体系，不断提高教学质量。

除授课老师以外，学校还为班级配备学业和生活导师。授课老师对“项目驱动式教学”、学生系统学习企业前沿技术、理解及掌握知识点负责，学业导师对学生学业及就业负责，生活导师对学生的身心素养进行关注和指引，形成一个教辅团队，实现各司其职的“三师”育人方式。

此外，学校还推行“学徒制”办学模式，通过联合4000余名具有独立开发和技术团队管理经验的一线IT从业者，为学生提供一人一师或一人多师的师徒匹配机制。师傅们会在学生遇到技术难题时给予解答，同时对学生的沟通表达能力进行指导，对工作所需的技术要点进行点拨，以此摸索出一套“新型师徒制”职教模式。

以“探索教育本源，开辟教育新生态”为愿景，传智专修学院将持续提高培养高素质数字化人才水平，不断深化改革创新高质量数字化人才培养模式，积极探索现代职业教育发展之路。

（载于2021年06月02日《人民日报》第8版）

## 村里开了直播课
### （决胜全面小康·小家看小康）

在江苏沭阳县，花木种植是个大产业。这里的农民不仅种植技术高，产品在网上的销路也很好。

网上销路好，能有啥妙招？走进县里的花卉园瞧一瞧，收拾花盆、翻理植土、修剪枝丫，一切工作都和别的花卉园差不多。一转身，却是手机支架、话筒麦克、摄影大灯，像是进了小型演播室。

这是沭阳县大沈庄村直播老师赵紫萱的工作室，此刻她正捧着一盆花，热情地介绍植培新品种。

### 入门

赵紫萱今年24岁，2014年她考上大学，从家乡到了南京，学的是金融专业。

年纪轻轻的她做过培训师、汽车4S店销售员、房产中介等多份兼职，可到了毕业，身边的同学都很好奇，为什么紫萱不想留在城市里，而是选了去乡村？

快毕业那会儿，赵紫萱接到了父亲一个电话。父

赵紫萱在打理花卉

亲告诉紫萱，现在月季和干花的利润一年比一年低，自己刚发现了一种名叫铁线莲的花卉，利润高，要是没什么事情就回来帮帮忙。

铁线莲是什么？带着好奇的心态，赵紫萱背上挎包，坐上了回家的大巴。到了家中，还没坐下，就被父亲带到了大棚里。

紫色的花瓣，中间开着小白蕊，像是做工精巧的小灯笼。第一眼看到铁线莲，赵紫萱就爱上了这种植物。不如留下来，把自己学到的销售知识用到卖花上，也让大家看看铁线莲有多漂亮。赵紫萱向父亲表达了想回家乡发展的想法，父亲大力支持："女儿能回来一起干，一家人在一起，这样最好！"可心里却有点担心，"紫萱从小没养过花，在大城市生活久了，孩子还愿意过乡村生活吗？"

"你养花，我来卖。"但紫萱一口应承下来，"我在南京那会儿，人家都是视频看车、VR看房，咱们也可以直播卖花。"

## 试播

走进赵紫萱的工作室，小小的房间被书籍和铁线莲盆栽占了大半，1米见方的书桌上，堆满了花卉养护的相关书籍，《铁线莲栽培12月计划》《铁线莲完美搭配》……

做一名带货主播，要足够了解产品特点。第一次直播前，赵紫萱花了两个月系统学习了铁线莲培育的相关知识，将上百种铁线莲的特点熟记于心。

本以为直播会一帆风顺，可让赵紫萱没想到的是，第一次试播就"翻了车"。

"这个……书里说……不好意思我没有真正养过……"面对着网友们的一个个问题，赵紫萱被迫匆匆下播，沉默了许久都没缓过神，她知道第一次直播搞砸了。

做直播销售时遇到的困难远比想象的多，虽然提前做了很多功课，但面对镜头的紧张感，依然让这个新人主播手足无措。网友的留言让赵紫萱恍然大悟："既然大家说自己只会纸上谈兵，那我就种一种铁线莲。"

自己上手种植之后发现果然大不一样，花盆更换、枝丫修剪、肥料配比都有讲究。经过摸索，赵紫萱把自己亲手培育的铁线莲摆上了直播货架。

功夫不负有心人，准备工作得到了回报。2019年3月，赵紫萱将铁线莲正式介绍给直播间的花友们，"这是什么品种，蛮好看的呀。""小姑娘，有这种好花早拿出来多好呀。""这种花贵不贵呀，能养多久？"看着不断增长的在线人数，全家人脸上也绽开了花。

赵紫萱在直播中讲解护花知识，解答花友提问，关注下单情况，从早上一直忙到深夜。夜里12点，全家人都围坐在电脑旁，等待着最后的结果，销售额最终停留在68530元。

"一天就能挣这么多！太厉害了，你教教大家咋直播呗。"妈妈赵红霞兴奋地说。

## 开课

花卉园里的一间空房子里，坐着三十几名学员。"谁来说说电商直播的几大要素是什么？"赵紫萱站在讲台上给大家讲解电商直播相关知识，时不时地抛出问题，活跃课堂气氛。

"自从上次直播之后，前来讨教铁线莲种植知识的人也越来越多，每次说上个三两句总觉得不过瘾，我想把所有问题掰开了揉碎了讲给大家。"紫萱心里一合计，不如就办一个铁线莲直播培训班，授课地点就放到自家大棚里。"我的学生大多数是全职妈妈和想尝试电商直播的乡亲，我希望能把自己积累的知识都告诉他们。"赵紫萱说。

"别看萱萱个头不高，平时讲话慢声细语，当起老师却好像换了一个人。"不少学员说赵老师对大家要求严格，从铁线莲的品种到种植养护知识，赵紫萱都要求学员们一字不落地记下。赵紫萱坚信只有真正懂铁线莲的人，才能够将铁线莲卖好，"学习种植养护铁线莲本来就不是简单的事，要学好就要一丝不苟。"

在赵紫萱的严格要求下，大家的直播带货能力都有了提升，现在她家周边几个花卉园的铁线莲常常供不应求。

创业两年，直播时长5000多小时，销售铁线莲80多万盆。赵紫萱现在成立了自己的直播传媒公司，先后培养了20多名网络带货主播，这些学员大多从事与花卉苗木相关的销售工作。赵紫萱说："我有一个梦想，就是让乡亲们都学会直播，让大家的日子越过越好。"

（本报记者白光迪）

（载于2021年06月22日《人民日报》第4版）

# 沭阳：高质量谱写现代化建设新篇章

## 大项目推动工业经济升级版

今年，江苏省沭阳县围绕打造苏北工业第一县目标定位，牢固树立“大抓工业、大抓招商、大抓项目”的鲜明导向，始终把招商引资作为重要工程，成立18个招商引资协作组，每个协作组由相关部门牵头负责。在沭阳，每月都有签约仪式，每季度都有集中开工，形成人人参与招商、人人服务招商的浓厚氛围。截至10月，沭阳县招引10亿元项目26个、50亿元项目3个、百亿元级项目2个，开、竣工10亿元项目分别为17个、9个。

一大批好项目正集聚发展潜力。2020年12月3日，桐昆集团投资的150亿元项目正式落户沭阳。建成投产后，预计可实现年销售收入约300亿元、年纳税约10亿元。

沭阳县大力实施“小微企业进规模、规模企业冲亿元、亿元企业上台阶”三大计划，今年新增10亿元以上销售企业3家、规模以上工业企业159家，工业销售收入首次突破千亿元大关。

## 科技创新赋能工业强县

今年，沭阳县全面实施创新驱动发展战略，通过加强实地调研走访、科技业务培训、创新平台建设、科技型企业引培等措施，积极落实优惠政策，精准服务企业创新需求，不断集聚人才、资金、技术等科技创新资源，充分调动企业科技创新积极性，不断提升企业自主创新能力，全县科技创新能力得到显著提升。

在对全县规模以上企业、科技型企业、高新技术企业等进行实地走访调研的基础上，沭阳对企业研发活动开展、研发机构建设、人才引进、研发费用会计科目设立、企业科技创新需求等情况进行摸底排查，加大科技政策宣传力度，多角度、全方位宣传科技创新奖补政策、研发费用加计扣除税收优惠政策等，推动各项科技惠企政策落地落实，激励和引导企业加大研发投入，增强创新能力。健全科技创新协同联动机制，共同研究、协同推进科技创新优惠政策落实。

沭阳积极邀请高校院所专家来沭阳开展各类产学研对接活动，今年前三季度，累计开展产学研对接会26场次，签订校地、校企合作协议151项；先后为企业引进人才60余人。

## 优化营商环境服务项目发展

近年来，沭阳县深入推进“放管服”改革，沭阳大力优化营商环境，在推进项目建设、服务产业发展、促进企业减负等方面出实招、聚合力，以优质高效服务擦亮营商环境新名片，赢得市场主体、客商、群众的认可和好评。

为更好服务群众，沭阳县创新“沭事速办”政务服务新机制，将“掌上办”“上门办”“立即办”“码上办”的审批事项有效整合，不断推动政务服务高质量发展，切实让企业和群众好办事、能办事、办成事，不断增强企业和群众的获得感和满意度。

（沭　宣）

（载于2021年11月29日《人民日报》第12版）

# 党史学习教育引领沭阳开启现代化建设新篇章

铭记历史，才能烛照未来。3月15日，江苏省沭阳县召开党史学习教育动员会，坚持以新思想为指导，动员全县上下坚决始终贯彻“学史明理、学史增信、学史崇德、学史力行”的目标要求，切实做到学党史、悟思想、办实事、开新局，奋力谱写“强富美高”新沭阳建设的现代化篇章。

历史是最好的老师，党的历史是最生动、最有说服力的教科书。在沭阳这座“红色小城”的历史上，一代代共产党人自强不息、艰苦奋斗，用拼搏和实干创造了人间奇迹、谱写了壮丽诗篇。

沭阳革命烈士吴苓生是宿迁地区第一位中共党员，因叛徒出卖被捕后，经受种种酷刑，始终未吐露党的秘密；1930年2月，中共沭阳县委成立后，领导人民积极投身土地革命和民族抗战；新中国成立后，这里“一穷二白”，在党的领导下，沭阳人民奋起直追搞建设、抓改革、谋发展，1955年在全国县、乡中率先制定

"全面发展规划"，90年代唱响"沂涛新歌"，从省级经济贫困县变身成为全国百强县。

"沭阳作为革命老区，有着丰富的红色资源、光荣的革命传统，开展党史学习教育，不仅要学在实处，更要走在前列。"沭阳县委书记卞建军在动员会上说。

卞建军提出，一要学党史、悟思想，坚持学史明理、学史增信、学史崇德、学史力行，在总结党的历史经验中夯实思想之基。通过党史学习教育，强化理论思维、历史思维，进一步坚定信仰、信念，并把学习效果见诸行动，不断提高把握大局大势、应对风险挑战、推进实际工作的能力水平。

二要学党史、办实事，坚持以人民为中心，站稳人民立场，走好群众路线，在赓续党的精神血脉中扎牢群众之根、恪守为民之心。把开展党史学习教育与改善民生结合起来，全力抓好兜底性民生、基础性民生、普惠性民生，深入开展"我为群众办实事"实践活动，加快构建民生领域的现代治理体系，持续提升人民群众的幸福指数。

三要学党史、开新局，坚持把学习教育的成果转化为加快实现"经济总量江北争第一、改革创新全省创一流"的硬实举措，转化为建设"四化"同步集成改革先行区的硬实举措，转化为全面从严治党的硬实举措，在坚持党的优良传统中勇担历史之责、弘扬实干之风。

"奋斗百年路，启航新征程。沭阳将以此次会议为契机，统一思想，立即行动，从严从实抓好党史学习教育各项任务，凝聚建设'强富美高'新沭阳的强大动力。"沭阳县委副书记、县长彭伟说。

（倪亚琼　顾严明　史良涧）

（载于2021年3月17日《新华财经》）

# 27.3万人返乡入乡，"打工沭阳"变身"创业沭阳"

位于江苏北部的沭阳县，曾是劳务输出大县，高峰时期外出务工人员达40余万人。"近年来，沭阳在国家和省市一揽子返乡入乡创业惠民政策的支持下，抢抓'大众创业、万众创新'的时代机遇，营造创业氛围，优化创业环境，吸引27.3万人返乡入乡创业，使'打工沭阳'加速向'创业沭阳'转变。"沭阳县委书记彭伟说。

## 产业支撑让创业者有奔头

沭阳是全国闻名的花木之乡。近年来，该县立足花木产业，积极打造全国花木电商连接点，推动苗木向鲜花、种植向园艺、绿色向彩色、地栽向盆栽、线下向线上、卖产品向卖风景"六个转型"，目前全县花木销售额突破300亿元，集聚各类活跃网店4.5万家，拉动32万本地人创业就业。

新河镇春生村"90后"李敏，因幼时的一场车祸失去了左臂，大学毕业后就业一度受挫。家乡蓬勃发展的花木电商让李敏看到了希望，她决定回乡创业。"记得当时镇里的领导了解我的情况后，专门安排我参加了县里组织的电商知识培训，并帮我申请了免抵押的小额创业贷款，帮我迈出了创业的第一步。"李敏说。

近年来，沭阳围绕建设工业强县目标，依托国家级经开区、昆沭高新园和23个乡镇工业集聚区，大力发展工业经济，培育规上工业企业800个、国家级高新技术企业120个，提供30万个就业岗位。

## 政策"大礼包"让创业者有底气

围绕创业就业需求，沭阳"量身定制"了覆盖不同主体和全过程的政策"大礼包"，让返乡入乡创业者长本事、有底气。

针对早期创业者缺经验、缺技能、缺资金等情况，沭阳依托淘宝大学、农广校、职业教育、人社部门职业技能培训等载体开展订单式培训，培养了8200名产业带头人、3.3万名农业经纪人、2.9万名乡土人才；设立全民创业风险扶持资金、创业就业贷款担保资金，创新推出"电商贷"，今年以来，发放创业就业扶持资金1.3亿元、电商贷1.65亿元、创业担保贷款7.6亿元。

"省委驻沭阳县乡村振兴帮促工作队的资金扶持

沭阳经济技术开发区为创业者提供了强有力的创业载体　　丁华明　摄

让我们顺利建成投产。”钱集镇返乡创业者毛广川说，他投资8000万元创办安迪智能科技有限公司，主要为国家电网及航空航天企业定制生产精密齿轮及齿轮箱，预计年产值可达6000万元，带动当地50人就业。

### 优质服务让创业者有激情

“家乡优越的营商环境深深吸引了我，尤其是政府高效热情的帮办服务，坚定了我回乡创业的决心。”塘沟镇“80后”葛志伟大学毕业后一直在外从事制造业研发工作。2018年，受到家乡创业氛围影响，他回到家乡创办江苏通强智能装备有限公司。短短3年时间，企业年销售额达2亿元，用工180余人。

沭阳县委副书记、代县长王瑞介绍，近年来，该县深入推进“放管服”改革，不断优化营商环境，创新“沭事速办”政务服务新机制，推出引资单位亲情帮办、开发区专业帮办等新举措，以优质高效服务赢得返乡入乡创业者口碑，激发更多创业激情。

（朱成林）

（载于2021年12月6日《新华社》）

## 沭阳县：暖冬“微心愿”

“感谢叔叔阿姨们的爱心，我们一定会好好学习，用优异的成绩来回报社会的关心，在生活中也会做一个有爱心的人，把爱心持续不断地传递下去，去帮助更多需要帮助的人。”在七雄街道“暖冬行动”现场，七雄初级中学初一（1）班的王同学感激地说。

为解决农村困境儿童的实际困难，帮助他们健康成长，12月28日，在共青团沭阳县委和红十字会的指导下，沭阳县和顺志愿者协会联合七雄街道团工委开展“我为群众办实事”实践活动，在七雄街道初级中学举行了“暖冬行动微心愿圆梦”活动，32名小朋友收到了过冬棉服、学习用品等爱心物资，在寒冷的冬天为孩子们带来了暖暖的春意。

“点亮微心愿助力微梦想”关爱圆梦项目是由共青团沭阳县委联合红十字会发起的一个爱心公益项目，主要为农村困境儿童发放生活用品和学习用品。党史学习教育开展以来，团县委和红十字会已走进20多个乡镇街道，共为2000余名留守儿童圆梦“微心愿”。活动前期，七雄团工委和七雄初级中学组织工作人员对困难学生家庭进行了入户摸底排查和沟通交流，详细整理出了一份“微心愿”清单，并通过沭阳县和顺志愿者协会的帮助组织爱心企业和爱心人士进行认领。社会各界爱心人士纷纷为孩子们送上了“大礼包”，这个“大礼包”不仅有羽绒服、鞋子、羽毛球拍、手表等“微心愿”物品，还包含耳捂、口罩、保温杯、文具等生活学习用品，不但为学习加油，还为冬季保暖和疫情防控鼓劲，让孩子们过一个温暖又安全的冬天。

“看到孩子们脸上开心的笑容，我很开心，感到我们的辛苦是值得的。我们将继续用慈善心传递温暖、用公益心传递希望，让孩子们的冬天不再寒冷，学习更安心”，沭阳县和顺志愿者协会会长周天杰说道。爱心人士代表、双条河新村干张浩也表示要吸引更多家人朋友加入到慈善活动中来，为社会和谐、乡村振兴贡献自己的一份力量。

七雄街道组织委员范盼盼表示，七雄街道还将继续发挥党员的先锋引领作用，持续开展爱心圆梦活动，吸引更多的爱心人士参与到公益活动中来，帮助孩子们解决实际的生活困难，让孩子们在社会爱心帮助下健康快乐地成长，让社会充满爱的正能量。

（杨大权　冯维维　陈良宇）

（载于2021年12月30日《新华社》）

## 江苏沭阳：建设重大项目　打造果蔬产业“地域名片”

初秋时节，阳光灿烂、微风拂面，郁郁葱葱的田野昭示着丰收的希望。8月25日上午，在江苏省宿迁市沭阳县钱集镇境内205国道西侧茂华生态农业科技示范园，一栋栋高大连体式钢架大棚耀眼夺目。在一栋钢架大棚内，一行行排列有序的火龙果藤蔓，有的开着淡黄色花瓣，有的缀着红红的果子，几名游客正在采摘火龙果。

目前，茂华生态农业科技示范园已投资2500万元，建钢架大棚15万平方米，主要种植火龙果、柑橘、葡萄等，高峰期用工200多人，人均月工资三四千元。

“要立足产业发展，突出稳产保供，促进富民增收，完善‘互联网+三农’沭阳模式，推进‘企村联建’，培育更多‘乡村工厂’，积极打造乡村‘半日工作圈’，帮助农民实现‘家门’就业。”沭阳县委书记彭伟说。

果蔬产业是沭阳县农业特色产业之一，围绕农业高质量发展和乡村振兴，该县把果蔬产业优化升级作为“我为群众办实事”的民生工程和民心工程，立足高质量、绿色发展，推动果蔬产业重大项目建设，着力打造果蔬产业“升级版”。

在沭阳县胡集镇黄庄村蔬菜基地玻璃温室内，几位村民正在给刚移栽不久的一垄垄西红柿苗浇灌生根剂。今年54岁的于士香说，在这里做工的都是黄庄村和邻村的村民，每个人一个月能赚4000多元。在一旁查看棚内智能监控系统运行情况的技术员肖龙之介绍，该基地是沭阳县农业农村局利用江苏省级财政专项资金建设的农业物联网技术应用示范项目，建有种植环境监测、视频监控、远程控制、大屏数据展示系统，技术人员通过智能化手段实时掌握大棚内外空气、土壤温湿度、光照强度等，科学管理大棚内的蔬菜。

据了解，2020年沭阳县成功入选全国县域数字农业农村发展先进县、全国“互联网+”农产品出村进城工程试点县，2020省级数字乡村试点县。为推进数字农业发展，今年沭阳县新建果蔬产业等13个农业物联网技术示范点，为农业基地搭建农业物联网平台，提高农业信息化、智能化水平。

“基地总投资8000万元，新建15万平方米玻璃温室、日光温室、宽体大棚，2万立方米冷库，1000平方米分拣中心等设施，形成集种植、冷藏、包装、物流配送为一体的区域性果蔬基地，年产果蔬3万吨，年产值3500余万元，年利润1000余万元。”黄庄村蔬菜基地负责人朱涌介绍，基地每年交纳土地租金50万元，项目建成以来已为黄庄村增加集体经济收入65万元。

在胡集镇胡南社区，远远望去一片连体式钢架温室大棚煞是壮观。胡集镇农村工作局负责人杨生瑞介绍，这是盐城、浙江、山东客商联合投资建设的胡集镇葡萄基地，总投资6000万元，占地面积30万平方米，主要种植红提、车厘子等中高档水果，套种西瓜、青椒、甘蓝等时令果蔬，是胡集镇又一个标志性农业重大项目。

在连栋大棚的地上，还残留着西瓜采收过的痕迹，十几名工人正在一行行葡萄植株之间整地、清理残留的西瓜藤和杂草。“今年600多亩大棚套种西瓜，一亩地产量6000到8000斤，上市价格在1.5元到1.8元，眼下正着手套种有机花菜、长豆角和大白菜。”负责人吴国海说，有300亩左右栽植早的葡萄，明年就能挂果，栽植迟的葡萄到后年挂果，这期间主要通过套种增加收入，用工80多人，人均月工资3000多元。

胡集镇常务副镇长王建介绍，该镇突出农业重大项目建设，以黄庄村设施蔬菜、胡南社区设施葡萄基地为龙头，以晨露蔬菜合作社和胡集镇果蔬种植大户为纽带，采取“基地+合作社+农户”的形式，打造新开河南1万亩标准化果蔬生产基地，目前已发展到3000余亩，带动千余人就业创业，人均年收入超过5万元。

今年，沭阳县成功创建江苏省级农产品质量安全县。围绕打造果蔬产业“升级版”，沭阳县坚持以重大项目为牵引，推动标准化果蔬产业提质增效，建立健全标准化果蔬生产监测网络和质量安全追溯体系，建设果蔬园艺产业优势区，推进构建果蔬产业链。目前，沭阳县果蔬复种面积54.35万亩，年产量200多万吨，先后建成投资超千万元果蔬重大项目9个；创建江苏省级蔬菜园艺作物标准园56个；建成9个特色果蔬规模生产基地；新建1个以果蔬为主仓储配送冷藏保鲜农产品40万吨以上的现代物流中心。

“为实现果蔬产业提档升级，我们积极创建‘国字号’果蔬品牌，对获得‘二品一标’品牌农产品认证主体进行奖补，打造一批具有沭阳特色的‘地域名片’。”沭阳县农业农村局局长朱冰说，目前该县拥有果蔬等绿色食品11个、绿色食品企业6个，“潼阳西瓜”获得国家农产品地理标志登记认证，6个果蔬产品在江苏省优质产品推介会上被评为金、银奖，有11个果蔬等产品被授权使用“宿有千香”农产品区域公用品牌，年销售额6000多万元。

（吕述谡　朱彦东　王小润）

（载于2021年8月31日“学习强国”学习平台）

# 江苏沭阳：政务公开体验区打通服务群众“最后一千米”

近日，江苏省宿迁市沭阳县贤官镇刘女士来到该镇政务服务大厅办事，发现大厅一角多了一个新的区域——政务公开体验区。在体验区内，既可以查阅政府信息，提交信息公开申请，还能办理政务服务事项，这让刘女士非常开心，“以后再也不用多跑腿去办事啦！”

贤官镇的政务公开体验区只是沭阳县基层政务公开体验区推进过程中的一个缩影。党史学习教育中，沭阳县结合“我为群众办实事”实践活动，全力推进基层政务公开体验区建设，打通政务公开“最后一千米”。乡镇、街道的群众只需要在家门口点点触屏、扫扫码、翻翻资料、动动鼠标就能查阅、申请想要的信息，办理相应的政务服务。

扎实的硬件设施基础是基层政务公开体验区推进的重要因素。在沭阳各乡镇、街道的政务公开体验区，统一配备了电脑、触摸查询一体机，提供政府信息查询、网上咨询等政务公开服务。同时，政务公开体验区还配备自助查询办理终端，为群众提供办事指南和办理进度查询等服务。

不但如此，沭阳还为群众提供优质的政务服务体验。政务公开体验区内安排专业人员指导，提供咨询服务，对群众的问答做好解释引导工作，还能帮助群众查找、申请、打印、复印等。群众只需“跑一趟腿”，就能获得一次高效优质的政务服务体验，办事更便捷。

（吕述谡　仲芳芳）

（载于2021年11月19日“学习强国”学习平台）

# 江苏沭阳：返乡“归雁”　描绘乡村振兴新画卷

“我们公司主要生产幕墙铝单板等新型建材，用于建筑装修行业。”在位于江苏省宿迁市沭阳县十字街道的江苏凯尔氟新材料有限公司，负责人陈德满自豪地介绍，该公司填补了地方新型建材品种的空白。陈德满是一名返乡创业企业家，创办的江苏凯尔氟新材料有限公司年可实现产值1亿元、纳税300万元，用工100余人。

随着乡村振兴战略全面推进，返乡入乡创业就业规模持续扩大。作为全国知名的花木之乡，沭阳县依托产业资源优势，坚持创新发展理念，吸引人才返乡入乡创业，大力发展花木经济，走出了一条“既富又安且美”的乡村振兴之路。

## “花木+电商”模式让创业有特色

在互联网大潮中，众多沭阳返乡创业的“候鸟”们找寻到了机遇，而“花木+电商”正是沭阳特有的创业模式。

邦东绿化有限公司由沭阳县颜集镇堰下村青年赵威在淘宝网上注册经营。赵威高中毕业后曾在浙江杭州务工，发现家乡很多青年人通过网络创业实现致富后，他毅然辞去原有工作，返回家乡颜集镇，创办了属于自己的网店。赵威的网店以观赏性绿植、盆栽为主打产品，年销售额120余万元。除了严格规范自身经营行为外，赵威积极响应堰下村“两委”号召，帮助身边10余名青年投身网络创业，开办网店。今年6月，赵威被颜集镇人民政府评为“电商诚信经营户”。

据介绍，沭阳县共有4.5万家活跃网店，16个“中国淘宝镇”、104个“中国淘宝村”，平均1秒就有15.8件快递从这里发往全国各地。半数以上网店由返乡入乡农民工、大中专毕业生、退役军人创办，沭阳县被评为首批全国电子商务进农村示范县。

## 旧木材循环利用让创业有激情

砰砰砰……位于沭阳县七雄街道的俊驰木业有限公司厂区内发出阵阵敲打声，十几名工人正在处理废旧木材里的铁钉。

别看敲拔钉子的工作不起眼，却成就了一方大产业。据俊驰木业有限公司负责人陈德卫介绍，公司主要是利用废旧板材二次加工成电缆盘，用于亨通光电等电缆企业产品配套出口。陈德卫前几年也是一名打工者，在苏州一家电缆企业工作，他从每天接触的电缆盘里发现了创业商机，于是返回家乡，结合沭阳木材加工的传统产业优势，成为众多返乡游子激情创业的一个典型。

在七雄街道，像陈德卫这样通过废旧板材加工电缆盘的企业有10多家，产业规模超过4亿元，带动就业人员上千人。

## “一二三产”高度融合让创业有动能

面对返乡“候鸟”多如潮涌，如何提高“归雁”创业的成功率？沭阳县加快“一二三产”高度融合发展，让返乡创业者配套全、竞争强、效益好。

据了解，沭阳县大力发展上下游配套产品，形成苗木、干花、盆景、鲜花、多肉和家庭园艺六大产业板块，着力打造园艺、干花、盆景、乡村休闲旅游等品牌，实现“一二三产”高度融合。相继建成全国最大的干花生产基地、全国最大的园艺电商集聚区、全国唯一的中国盆景培训基地，构建“县有园区、镇有集中区、村有网点”的三级物流体系，规划建设“一正七副”综合物流节点，建成省级示范物流园区，入驻物流企业5000多家，建成全省首个快递物流小镇、首家“乡镇快递园区”、首条“村级快递一条街”，打通农产品进城和工业产品下乡的“最后一千米”。

沭阳县以深入推进返乡入乡创业为契机，加快苗木向鲜花、种植向园艺、绿色向彩色、卖产品向卖风景“四个转型”，持续扩大花木经济影响力和辐射力，让更多的创业者在家门口自由创业、成功创业、幸福创业。

（吕述谡　桑　姗　丁华明）

（载于2021年12月17日“学习强国”学习平台）

# 江苏沭阳：培育壮大供销合作社　助力乡村振兴

“家门口的供销合作社里产品很丰富，想买的都能买到。”在江苏省宿迁市沭阳县陇集镇墩前社区，84岁的高根年老人每天都要到社区的供销合作社日用品购销中心转一圈。在沭阳，全县供销合作社培育壮大工程的实施正惠及广大乡村群众，也助推着乡村振兴事业的发展。

今年以来，沭阳县创新实施全县供销合作社培育壮大工程，在促进城乡融合、共同富裕、质量兴农、绿色生态发展、乡村文化兴盛、乡村善治中发挥了重要作用，取得良好的经济效益和社会效益。

“各位老铁，我们这里有李恒青皮草鸡蛋、吴集粉丝、庙头千张，稍后我将带您逐一了解沭阳名优特农产品的特点……”在供销e家沭阳电子商务运营服务中心，工作人员正在通过网络直播展示销售土特产品。该中心总建筑面积1.6万平方米，分运营服务中心、电商产业园及乡镇村网点三个部分，初步形成“一园三中心五项服务”的格局。电商产业园年电商交易额超过1.6亿元，其中农产品销售额突破8000万元。通过产销对接，带动万亩稻虾共作基地2个，千亩藕虾共作基地4个，帮助1800余户农民增收致富。

实施基层组织建设工程，是提升基层供销合作社运营服务能力的重要举措。沭阳围绕基层供销合作社改造升级、农民专业合作社及其联合社发展、村综合服务社建设，健全基层组织体系，推进“三体两强”示范社建设、“农综社”试点、薄弱基层社改造。在不断壮大农民专业合作社及其联合社的同时，做实村综合服务社，打通为农服务“最后一千米”。

“我们中心主要为家庭农场和农户提供种植养殖技术、加工、信息咨询、销售等系列服务。”在陇集现代农业服务中心，负责人凌其兵介绍，目前该中心服务2家公司、3个专业合作社、23个家庭农场，联系服务农户750户，托管流转土地11140亩。

在沭阳，随着农业社会化服务惠农工程的实施，基层供销合作社为农服务实力正不断壮大。沭阳县结合“我为群众办实事”实践活动，强化县联合社资源统筹，创建县有运营中心、乡镇有服务平台、村有服务站点的“三级”县域惠农服务网络。科学启用农机作业、智能配肥、肥药统一配供、统防统治、烘干仓储、加工销售等功能，为各类新型主体和小农户提供耕、种、管、收、储、加、销等全过程或部分环节的农业社会化服务。

今年7月，沭阳县汇燊蔬菜种植专业合作社被中华全国供销合作总社评为2020年度供销合作社系统农民专业合作社示范社。该合作社拥有各类成员122个，其中农民成员110个，主要从事绿色优质的水稻栽培与种植，发展自己的“三枝园”大米品牌，提升农产品品质，增加农民社员收入。目前，合作社流转托管土地2000亩，年销售收入3000万元，返利117万元，助农增收276万元。

沭阳县通过实施项目兴社工程，增强基层供销社发展动力。重点围绕县级农业社会化服务运营中心、乡镇农业社会化服务平台、现代智慧农产品批发市场、农产品展示展销、仓储保鲜、冷链物流设施、日用品超市建设改造等项目进行招商，吸引系统内和系统外企业参与投资，参加项目建设合作经营，提升社有企业的综合服务能力。

与此同时，沭阳县还实施农产品产销对接工程，激发基层供销社流通活力。沭阳县供销合作总社统筹系统内外资源，加快构建布局合理、带动力强的农产品流通市场体系。整合当地农产品资源，拓展销售渠道，打造线下经营实体，采取线上线下相结合的方式，帮助经营主体及小农户创收。

当下，沭阳正紧紧围绕为农服务职能，聚焦重点领域，党建引领村社共建，结合“我为群众办实事”实践活动，把供销合作社发展与乡村振兴紧密相连在一起，相互依托、共同发展，以党建带村建、用社建助村建，不断助推农村发展迈上新台阶。

（吕述谡　赵杉杉）

（载于2021年12月20日“学习强国”学习平台）

# 江苏沭阳：百大项目开竣工喜迎建党100周年

6月26日，江苏省沭阳县举行“百大项目开竣工喜迎建党100周年”系列活动，全县重点工业项目集中开工、全县重点工业项目集中竣工仪式、全县重点基础设施项目集中开工仪式、湾河御景小区交钥匙仪式、全县重点基础设施项目集中竣工仪式暨重庆南路通车仪式。

夏日的沭阳，一批批大项目、好项目集中开工、竣工，这既是经济社会高质量发展的成果展示，更是对中国共产党成立100周年的献礼。

活动当天61个工业项目集中开工、竣工。其中，集中竣工的25个项目，总投资224亿元，单体投资规模都在5亿元以上，其中超10亿元项目13个、外资注册项目3个，主要涉及纺织服装、机电装备、健康医疗、新材料等产业。

在刚刚竣工的江苏苏弘新材料开发有限公司，生产秩序井然。该项目投资10亿元，主营高端食品级金属包装材料、新能源电池钢壳和金属镀铬板热覆膜等产品。项目全部建成投产后，年可实现销售20亿元。

“项目是推动经济发展的生命线，也是支撑高质量发展的动力源。”沭阳县县委书记、县长彭伟说。

今年以来，沭阳牢固树立“大抓工业、大抓招商、大抓项目”的鲜明导向，调整招商机制，明确招商任务，6月11日，该县专门召开全县招商引资大会，组织和动员全县上下以创业意志、拼抢姿态吹响招商引资“冲锋号”，奋力打造招商新格局，一大批好项目、大项目相继落户沭阳，为推动全县工业经济高质量发展注入新动能。

当天，集中开工的36个重点工业项目总投资近500亿元，涵盖了高端纺织、新材料、装备制造、轮胎制造等多个产业领域，呈现出体量大、质态优、效益好的特点。

开“工”没有回头箭，发展没有“休止符”。沭阳持续擦亮帮办服务“金字招牌”，进一步改进工作作风、提升服务效能，全力营造“一切为项目着想、一切为项目铺路、一切为项目出力”的良好氛围，真正把工地当阵地、现场当考场、进度当尺度，全力以赴推动项目建设。项目投资方和施工方调精兵、派强将、集要素、抓工期，在保证施工安全和工程质量的前提下，争分夺秒，大干快上，推动项目早竣工、早投产、早见效，加快形成新的经济增长点。

当下，沭阳全县上下正在以此次项目集中开工为新的起点，激发翻篇归零的豪情壮志，全身心投入到“激情战盛夏，大干拼招商”竞赛活动中去，全力推动更多更好项目落地生根、开花结果。

（记者　张伟伟　通信员　吕述谡　叶春艳）

（载于2021年6月27日《中国县域经济报》）

# 江苏沭阳：重点基础设施项目提升群众福祉

6月26日，江苏省沭阳县举行全县重点基础设施项目集中开工仪式和全县重点基础设施项目集中竣工仪式暨重庆南路通车仪式，以及湾河御景小区交钥匙仪式，这也是该县“百大项目开竣工•喜迎建党100周年”的系列活动。

近年来，沭阳县坚持“完善功能、改善民生，丰富内涵、彰显特色”工作导向，从大多数群众最需要、最关切的方面入手，编排实施了一大批打基础、补短板、强特色的重点基础设施项目，棚户区改造、公园建设、步道建设、城市增绿、街区改造、小区出新、商圈打造、水体整治、雨污分流等工程受到了市民广泛好评。

当天，倍受市民关注的重庆南路改造工程正式竣工通车。重庆南路改造工程，北起苏州路，南至松江路，长约4.5千米，总投资1.2亿元。道路宽41.5米，双向四车道。项目从2020年9月开工，用时10个月。项目通车后，将极大地缓解城区南北方向主干道通行压力，有利于各个版块加快融合发展。

沭阳集中竣工的重点基础设施项目共14个，总投资20.67亿元。其中，道路畅通类工程3个，即重庆南路改造工程、苏州路下穿新长铁路工程和北京路下穿新长铁路工程，总投资5.7亿元；生态修复类工程1个，即城北公园改造工程，总投资1.87亿元；民生幸福类工程3个，即古城丽居小区、湾河御景小区和沭阳县韩山人民医院，总投资7.66亿元；功能设施优化类工程7个，主要包括沭河船闸拆建、供电科研服务中心等，总投资5.44亿元。

在当天举行的湾河御景小区交钥匙仪式上，居民代表曹成斌、姜红梅分别从县委书记、县长彭伟手中接过了新居的钥匙。湾河御景小区占地面积214.09亩，总建筑面积约36.6万平方米，总投资约13.5亿元。共建设30栋住宅（含17栋16层，13栋11层）计2126套房源，1栋社区服务中心及2个地下车库。项目分三个标段建设，其中，二标段约22万平方米、1206套住宅房源，现已上房1190套；三标段建筑面积约15万平方米、计910套住宅房源，预计今年年底交付使用。

棚户区改造工作是重大的民生工程、安居工程。近年来，沭阳始终高度重视棚户区改造工作，三年来，全县共完成棚户区改造1.15万户、105.32万平方米，实现保障棚改居民3.5万人。其中，2021年，全县棚改计划启动15个项目、约30万平方米。同时，为了保障棚改户“拆有所居”，近年来，沭阳县高标准建设了湾河御景、湾河丽居、古城丽居、龙汪丽居、桃园丽居、流虹雅居、官田丽居等7个安置小区建设工程，总投资约90亿元。

“全县重点基础设施项目建设，是建设区域副中心城市的关键举措，是学党史办实事的具体行动，也是回应社会关切的现实需要，更是打基础、利长远、促发展的重要抓手。”沭阳县县委书记、县长彭伟说。

开工只是开始，竣工才是关键。当下，沭阳各相关责任单位正严格按照县委、县政府排定的项目计划，一丝不苟当好“操盘手”“施工队”“保障员”，全力以赴推进各类项目建设，努力打造经得起时间检验、经得起群众评判的优质工程、精品工程。

（记者　张伟伟　通信员　吕述谡　叶春艳）

（载于2021年6月27日《中国县域经济报》）

# 江苏沭阳：大项目推动“颜色经济”做大做强

人民网宿迁8月19日电“自项目签约到县领导帮助办好企业U盾，前后不到一个月时间，这样的帮办速度以前从未遇到过。”8月18日，在位于江苏宿迁沭阳县陇集镇的华东花木大世界产业园，财务负责人胡华球感慨地说，有这样热心诚心的帮办，在沭阳投资一百个放心。

胡华球的经历，是沭阳县重视农业农村重大项目建设、开展“我为群众办实事”实实在在的行动缩影。今年以来，沭阳县围绕乡村振兴，瞄准建设“苏北最美乡村”目标，按照省农业农村重大项目现场推进会部署要求，着力打好农业农村重大项目建设“攻坚战”。

该县结合本地农业主导产业和特色产业，围绕花木优势产业集群，强链补链农业项目，推动“颜色经济”做大做强。强化各项要素保障，优化投资营商环境，是沭阳县招大引强、推进农业农村重大项目落地见效的重点着墨之处。沭阳县委书记彭伟表示，沭阳将始终坚持“规范、规矩、程序、标准”，有诺必践、有困必帮，全力打造“投资顺心、服务贴心、创业安心、发展放心、生活舒心”“五心”营商环境，确保农业农村重大项目无障碍落地、高质量推进。

为实现农业农村重大项目快招引、快落地、快竣工、快达效“四快”目标，沭阳县成立农业农村重大项目推进办公室，建立项目推进联席会议制度，统筹重点农业重大项目推进工作，同时建立重大项目领导挂钩联系机制，围绕党史学习教育“我为群众办实事”实践活动，强化对农业农村重大项目帮办服务，实行“五个一”帮办服务机制，即一个项目、一名领导牵头、一套班子服务、一个部门负责、一套管理方案，及时协调解决项目推进中的困难和问题，确保农业农村重大项目引进来、服务好、留得住、早达效。

“这个项目计划总投资2.6亿元，建设高标准玻璃温室大棚8万平方米，项目建成投产后，可长期吸纳本地劳动力及电商等500余人就业，有效增加村集体经济收入，帮助农民增收致富。”8月18日，沭阳县耿圩镇兰花基地负责人乔闯介绍，基地主要种植蝴蝶兰、国兰、文心兰等高档兰花类花卉，是集兰花研究、种苗生产、种植示范、兰花产品加工、农业风光、休闲度假、市场交易、兰花文化教育等于一体的兰花产业化示范园区。

据沭阳县农业农村局相关负责人介绍，耿圩镇兰花基地是省级农业农村重大项目示范项目，从项目开工到投产，负责挂钩服务该项目的县委分管农业农村工作的副书记张莉萍先后2次到项目现场调研会办，及时解决项目区清障问题，并协调县级专项资金用于项目区的清障补偿，使该项目顺利建设。

稳步推进农业重大项目建设是实现农业高质量发展中的重要一环。今年以来，沭阳县紧紧扭住项目建设这个“牛鼻子”，铆定招引培育建设一批质态高、形象好、带动力强的农业农村重大项目，为助推乡村振兴提供产业支撑。县里将农业重大项目建设列入乡镇高质量发展目标考核。同时，县项目办对农业农村重大项目建设实行周调度、月通报、季观摩，强化在建项目动态跟踪，紧盯项目建设时间节点，督促项目建设主体加快工程建设，确保高质量、高标准完成项目建设，切实提高招引项目转化率。

由香港客商计划投资约30亿元在沭阳建设的“华东花木大世界”，是集花木、盆景、赏石、宠物等生产销售、特色名品盆景花木培育与展示、人才教育培养、交流展览、休闲观光、综合服务等功能为一体的综合性、大规模、高档次、全功能、现代化盆景花木产业项目。该项目今年7月中旬正式签约落户沭阳县陇集镇，牵头招引该项目的沭阳县副县长邓衍明第一时间了解客商需求，主动推荐省委驻沭阳乡村振兴帮促工作队后方单位江苏银行，为该项目提供金融帮办服务，并促成江苏银行沭阳支行和陇集镇成立工作专班，全程为投资企业开户等“跑腿帮办”，保证了项目按计划开工建设。“该项目建成后将有力推动沭阳花木产业转型，促进沭阳花木产业品牌发展进入3.0时代，成为沭阳国家现代农业产业园的龙头企业和标志性工程、全县乡村振兴富民产业的典范。”沭阳县委农办主任、县农业农村局局长朱冰说。

据了解，今年以来沭阳县已签约农业农村重大项目65个，协议投资总额65.66亿元；新开工农业农村重大项目47个，固定资产投资52.41亿元。其中已竣工项目16个，完成固定资产投资总额13.26亿元。

(吕述谡　朱彦东　卢立标　黄启源)

(载于2021年8月19日人民网)

# 江苏沭阳：花木经济再添“彩”产业迈入“3.0”时代

时至中秋，漫步江苏省沭阳县陇集镇，道路两侧各类花木色彩斑斓，将大地勾勒成一幅美丽的图画。距离陇集镇40千米的张圩乡，数百亩粉黛乱子草竞相盛开，犹如一片粉色的海洋，游客们慕名前来观景拍照，不亦乐乎。

从单一的花木种植，到花木电商的蓬勃发展，再到花木经济频频添“彩”。如今，在“花木之乡”沭阳，当地已建成200多个规模花木园艺产业基地，形成了规模庞大、结构合理、产品多元的产业体系。当下正在举办的沭阳花木节，也已成为全域展示、全面展示花木之乡靓丽风采的重要平台。

从2002年至今，沭阳花木节已经走过20年。“我们坚持‘稳面、提质、增效’总体方向，加快推动由苗木向鲜花、种植向园艺、绿色向彩色、地栽向盆栽、线下向线上、卖产品向卖风景‘六个转型’，花木产业迈入品牌发展‘3.0时代’。”沭阳县委书记彭伟说。

## 诚信是花木经济底色

“从我这里卖出去的每一棵花木，客户有任何问题，都能直接拨打监督电话反映。”9月27日下午3时，走进颜集镇堰下村方庄组，花木经营户赵威正在给售出的月季种苗打包，熟练地在包裹上贴上沭阳县花木电商监督曝光标签。“只有诚信经营，才能长久发展。‘春雷行动’是一次对不良商户的大清理，对诚信经营的商户也是一种保护。”赵威说。

今年年初，沭阳县创新在花木电商中推广使用“诚信标签”，在花木种苗快递包裹上进行张贴。标签上标注着沭阳县市场监督管理局、沭阳县自然资源和规划局、沭阳县公安局等职能部门监督电话，以及曝光平台的二维码。赵威所说的“春雷行动”，是一场始于4月下旬的“执法风暴”。近半年过去了，这项行动持续净化沭阳花木市场，剑指各类违法违规行为，让不良花木种苗商家无处遁形，营造绿色健康的市场环境。截至8月底，沭阳县已累计立案查处花木种苗领域违法违规案件108件。

伴随着“春雷行动”的进行，沭阳县花木种苗电商整治工作群也建立起来。

“今日，县市场监督管理局、自然资源和规划局、邮政管理局分别组织执法人员对重点乡镇快递网点、电商户花木种苗快递包裹使用诚信标签情况进行抽查。”“请邮政管理局对昨天接收未贴诚信标签包裹的两家快递公司依法依规予以处罚。”……

每天，在沭阳县花木种苗电商整治工作群里，全县花木种苗领域整治工作联席会会议成员单位及时发布整治方面的动态消息。这项工作的牵头人是沭阳县委常委、宣传部长姜若鸣，他表示，全县县直相关职能部门以及各属地乡镇严格按照县委、县政府的部署要求，坚持以案开路，强化诚信引领，注重基础规范，保持整治声势，持续规范花木种苗经营秩序，取得了阶段性成效。

沭阳花木种苗电商主体数量大、分布散，相关职能部门在加大线下监管的同时，也积极推动线上整治突破。沭阳县市场监督管理局相关负责人介绍，该局通过与江苏省网络交易监测管理系统主动对接，现已建立电商主体信息台账28000余条，为精准监管打牢基础。

## 做大做强“彩色经济”

由香港客商计划投资约30亿元的“华东花木大世界”，是目前沭阳县单体投资超10亿元的农业重大项目。该项目建成后将有力推动沭阳花木产业“六个转型”，促进沭阳花木产业品牌发展进入3.0时代。

“目前项目计划总投资2.6亿元，建设高标准玻璃温室大棚8万平方米，项目建成投产后可长期吸纳本地劳动力及电商等500余人就业，有效增加村集体经济收入，帮助农民增收致富。”沭阳县耿圩镇兰花基地负责人乔闯说，该基地主要种植蝴蝶兰、国兰、文心兰等高档兰花类花卉，是集兰花研究、种苗生产、种植示范、兰花产品加工、农业风光、休闲度假、市场交易、兰花文化教育等于一体的兰花产业化示范园区。

积极培育各类市场主体，提升南花北卉集散地辐射力，在沭阳，国家特色农产品优势区效应正得到进一步彰显。当前，沭阳县围绕乡村振兴，瞄准建设“苏北最美乡村”目标，结合本地农业主导产业和特色产业，围绕花木优势产业集群，强链补链农业项目，推动花木经济做大做强。一大批质态高、形象好、带动力强的农业农村重大项目，已成为助推乡村振兴的重要产业支撑。

沭阳县农业农村局局长朱冰介绍，沭阳目前建有中国沭阳国际花木城、沭阳花木大世界、周圈盆景市场、新河花木电商示范街、新河花木电商采购基地等10余个大型花木集散市场及中心；拥有省内首家上市花木企业——苏北花卉以及三叶园林、苏太花木、金海棠花木、挚信花卉、震泰园林、呈祥花卉等一批大型花木种植企业。

近年来，沭阳花木获评省特色农产品优势区，成功创建全国唯一的以花卉苗木为主导产业的国家级现代农业产业园，花卉直播销售额占全国1/3，获评以花木、绿植为主的全国“互联网+”农产品出村进城试点县。

## 返乡创业有声有色

日前，国家发改委下发《关于推广支持农民工等人员返乡创业试点经验的通知》（以下简称《通知》），沭阳县大力发展“花木电商”的经验在全国范围内进行推广。近年来，沭阳依托丰富的花木资源优势，坚持创新发展理念，吸引人才返乡入乡创业，大力发展花木经济，走出了一条“既富又安且美”的乡村振兴之路。

在沭阳县扎下镇顺河村菓玩叔无花果种植基地，老板史长坚正给即将发售的种苗贴“身份”标签。树种、品种、苗木种类、苗龄、原产地，连同销售者名称、地址、电话等，在标签上一一标注。

2008年，20岁的史长坚退伍返乡，一直找不到发展的方向。“想着自己生在花乡，古话说靠山吃山靠水吃水，我发现果树盆栽有很好的发展前景，便下定决心开始做这个行业。”史长坚说。

搞经营一定要诚信，诚信才是事业之本。史长坚坚持做到每一棵树苗都是自己用心栽培，每一个品种都由自己引进和筛选。他的诚信赢来了越来越多的客户，也让基地得到了扩展，2017年8月史长坚创办了30余亩无花果苗培植基地。

史长坚说，作为一名退伍士兵，他的创业史离不开政府扶持。县发改局局长乔德素介绍，截至目前，沭阳县吸引花木生产核心区70%以上的大学毕业生选择返乡创业，2.1万非沭阳籍人员集聚沭阳创业就业；与淘宝、沃彩园艺发展有限公司三方合作建立“淘宝沭阳直播基地”；实施“远程网店”工程，让农民“触网”，将手机变身“新农具”、直播变成“新农活”，直播带货已成为沭阳花木销售的新时尚。

2020年，沭阳实现花木销售额约220亿元，其中花木电商销售额约110亿元。今年1至7月，实现销售160亿元，其中花木电商销售额约85亿元。沭阳县委副书记、代县长王瑞表示，沭阳县正以深入推进返乡入乡创业为契机，持续扩大花木经济影响力和辐射力，“我们拥有种植面积3000亩以上的龙头企业20多家，产业年销售额超200亿元，从业人员达35万人。”

（黄启源）

（载于2021年10月1日人民网）

# 江苏沭阳：校车实现村村通　家长孩子乐心中

编者按：建党百年，所为在民。党的十九大报告指出，“中国共产党人的初心和使命，就是为中国人民谋幸福，为中华民族谋复兴。”人民群众生产生活当中的心疙瘩、疑难事，特别是一些社会共性难题的解决，直接关乎百姓福祉，也关乎基层社会治理。初心所系，枝叶关情。为此，人民网江苏频道推出“民生百事践初心”栏目，以兹记录江苏各地以务实姿态办好民生百事的时代担当。

每天清晨、傍晚，醒目的橘黄色校车行驶在江苏省沭阳县的城乡道路上，车内不时传出阵阵孩子的笑声，成为了一道亮丽的风景线。

“我们根据学生需求和乡村道路安全实际情况，开展校车服务进村工程，将校车服务逐步由原来的定站定点接送学生，延伸至进村入组接送学生，既为孩子提供了安全上下学交通便利，也免去了家长们的接送麻烦。”沭阳县副县长范以环说。

10月12日傍晚，桑墟九年制学校6年级8班的王中翊准时回到家中，他家住在桑墟镇新顺河19组，距离学校最远，大约10千米。“原来在村小上课，不用接送。后来到镇里上课，距离就变得远了，幸亏校车直接开到家门口了。”王中翊的爷爷说。

近年来，为解决城乡发展不均衡的矛盾，优化教育资源，作为江苏人口第一大县的沭阳大力开展中小学布局调整工作，对生源不足、设施设备简陋的乡镇学校进行了布局调整。并校虽然有效优化了教育资源，但是衍生了“上学难”的新问题。

如何解决“上学难”？推进校车服务进村工程是关键。沭阳县教育局安全办主任孙德明表示，沭阳全县现有取得校车标牌校车301辆，依照“政府主导、部门监管、社会参与、公司运作、学校配合”的经营模式，服务86所中小学、幼儿园的2.8万余名中小学生（幼儿）接送工作。“校车的开通运营保证了学生上下学交通安全，优化了教育资源，盘活了乡村师资，为农村学生到中心学校享受优质教育资源提供了便捷服务，乡镇学子在家门口也能享受一流教育资源。”

沭阳县校车全面进村入组，开启了乡村孩子崭新的上学路。与此同时，校车的安管服务更加显得尤为重要。

以桑墟九年制学校为例，该校9台校车开进全镇24个行政村，解决了1100名学生上下学难问题。桑墟九年制学校副校长韩德全介绍，在安全管理方面，学校特别加强了对学生的乘坐安全宣传。学校还与学生家长签订安全责任书，并要求跟车老师和司机认真履行岗位职责，把安全放在第一位。每天早晨由家长就近将孩子送到各停靠点，下午由跟车老师将学生送到家长手中，完善交接手续。

10月12日下午5时，在桑墟九年制小学舒窑教学点，停放的几辆校车启动预热，44岁的驾驶员张小朴和同事正加紧打扫车内卫生。虽然有着驾龄16年，开校车也有几年，但他每次开校车时依然非常谨慎：“不疲劳驾驶，遵纪守法，每天做好出车前的车辆检查，确保车况良好，平稳安全，确保学生安全上下学，这是我们每个校车司机的底线要求。驾驶校车责任重大，我们不敢有丝毫松懈。”

在沭阳，每一辆校车上必须配备一名跟车老师，跟车老师一般由熟悉该条线路的教师担任。校车每天接送学生时，跟车老师都会认真核对每一名上车学生的名字，并提醒监督学生们系好安全带。同时，校车统一监控平台全面监测全县所有学生乘车安全情况以及乘车动态，只要车辆在运行，跟车老师就不下班，只要车上有学生，后台就有监控。

沭阳县汽车运输有限公司办公室主任周云雷表示，早在几年前，沭阳就专门制定了有关校车安全管理的“五条禁令”和“五不出门”制度，“五条禁令”即严禁学校安排无校车通行证车辆接送学生；严禁无校车准驾证的人员驾驶校车；严禁校车超员、超速行驶和驾驶员疲劳、带病、酒后驾驶；严禁私自改装校车、随意变更驾驶人及行驶路线；严禁校车在雾、雨、雪等恶劣天气下使用或将校车他用。“五不出门”指的则是校车车况不良不出校；校车超员不出校；驾驶员资质不合格不出校；校车证件不全不出校；管护教师未到位不出校。

此外，沭阳县还设立了校车管理工作办公室，由县教育局、安监局、公安局、交通局等职能单位组成，统筹协调全县校车安全管理工作，重点抓好校车安全管理督查，通过综合治理实现全县校车的安全运行。

（黄启源）

（载于2021年10月29日人民网）

# 宿迁“四化”同步集成改革之路的沭阳实践

花木、碧水、沃土相融一体——这是紧邻新沂河北岸的宿迁市沭阳县扎下镇的独特景观。扎下镇是沭阳花木生产流通重要集散地，坐拥京沪高速沭阳北出口，205国道、324省道、宿连航道贯穿全境，庞大的人流、物流、信息流在此交汇，地方社会经济飞速发展。

特殊的地理位置，给扎下人带来发展机遇和红利。村村都是“淘宝村”的扎下镇，不仅成为年轻人可以“回得去的家乡”，也给全镇6万多名农民带来了新的机遇。

今年9月，江苏省委、省政府出台《关于支持宿迁“四化”同步集成改革推进现代化建设的意见》。这是在开启全面建设社会主义现代化国家新征程的节点上，江苏省委、省政府首个专门针对一个设区市出台的指导性、支持性文件。“四化”同步集成改革示范区建设是一个关于如何推动新型工业化、信息化、城镇化、农业现代化互动同步、有机衔接的大命题。当前，宿迁正把示范区建设作为推动高质量发展的总牵引、加速迈向现代化的总抓手，努力走出一条具有宿迁特色的现代化之路。

## “我们的生活和城里没差别”

时下，在扎下镇顺河村菓玩叔无花果种植基地，数十亩无花果苗正在落叶，迎来了长达三四个月的休眠期。销售进入了一年当中的淡季，直播销售也暂时停了下来。难得的闲暇时光，老板史长坚没给自己放假，果苗的日常管理不能停，他每隔几天要给果苗浇水一次。

2008年，20岁的史长坚退伍返乡，一直找不到发展的方向。“想着自己生在花乡，古话说靠山吃山靠水吃水，我发现果树盆栽有很好的发展前景，便下定决心开始做这个行业。”随后几年，史长坚用心筛选果苗品种，用心栽培每一棵果苗。

2017年8月，史长坚创办了30余亩无花果苗培植基地。去年，基地纯利润超500万元。勤劳致富的他，先后在县城购买了三套商品房，并在老家盖了一栋三层楼房。“家里集成灶、智能冰箱、热水器、5G网络等一应俱全，我觉得生活和城市没什么差别。”史长坚说。

与户外花木种植不同，史长坚培育的盆栽无花果是种在营养杯内的，杯子里配好无花果生长所需的营养土。整个生长周期，无花果对水需求量大，因此他又在大棚内安装了吊喷，每到夏季果苗生长旺季时，每天浇灌一次水。

为了节水也为让大棚更加智能化，史长坚计划对现有大棚进行改造。“我准备在每个大棚加装4个搅膜器，根据天气来调节雨水量，下雨天可以把棚布卷起来，让雨水来浇灌果苗。如果不下雨时，照常用吊喷浇灌果苗。”他盘算着。

当史长坚的无花果苗进入销售淡季时，距无花果种植基地两千米之外的吴沭阳，正和七八名工人在直播基地紧张有序地忙碌着。随着天气转冷，他的花木销售迎来了旺季。

26岁的吴沭阳原先在沭阳一家事业单位上班，每个月收入几千元。几年前，他听从朋友的建议，毅然回到家乡扎下镇银山村，建起了上千平方米的直播基地，从事花木电商销售。眼下，直播基地主打的罗汉松、地柏等品种，每天大约可销售五六十件，一盆经过修剪后的罗汉松可以卖几千元。经过3年发展，2020年，吴沭阳的直播基地纯利润达到近300万元，还带动十几位老乡就业。

## 二次创业整装再出发

在沭阳，越来越多的人通过花木种植和花木电商增收致富。吴沭阳所在的银山村种植了红叶石兰、冬青、黄杨等花木。该村从事电商销售的家庭有200多户。村里闲不住的老人，每天插插小花，收入就有几十元到一百多元不等。年轻力壮的人，搬运花木，挖花、栽花，一天收入好几百元。还有一部分村民选择到村子附近的沭阳循环经济产业园工作，每月工资五六千元。

银山村居民王根华在循环经济产业园里的大山木制品厂务工，一个月收入5500元左右。“家里老房子拆迁后，我们安置在晏湾小区，这个新房我当时只掏了几万元差价。”王根华和父母住在这里，在他看来，新房各方面环境比以前好了不少，“有健身休闲场所，还能就近购物看病，甭提多方便了。”

从2013年开始，银山村开始实行拆迁集中居住。曾经的破旧瓦房不见了，取而代之的是焕然一新的楼房。家里买了小轿车，新能源车也多了起来，直达县城的公交车在小区门口设有公交站台，极大方便了群众出行。“条件好了，年轻人的心也留住了，这几年返乡就业创业的年轻人越来越多。”银山村党支部书记吕新见说。

“扎下镇拥有沭阳花木大世界和中国沭阳国际花木城两大花木交易集散市场，每年一届的花木节，全国各地的嘉宾与游客齐聚于此，共赴一场与‘花木’的盛会。此外，我们镇上有一件快递街，全镇几乎所有快递通过这里运往全国各地。”扎下镇压党委书记相如斌介绍。

不只是扎下，“花木+电商”所带动的“四化”同步效应在整个沭阳展现出来。“我们将扛起大县担当，坚持‘四化’同步发展路径，二次创业整装再出发，尽快实现‘GDP追溧阳、经开区进全国百强、县域经济综合竞争力跻身全国50强’目标，在服务市域高质量发展中作出更多贡献。”沭阳县委书记彭伟表示。

（黄启源）

（载于2021年12月1日人民网）

# 由“高原”走向“高峰”：江苏沭阳打造千亿级纺织产业集群

“到2023年，沭阳纺织产业年可实现开票销售300亿元，将引领全县纺织服装产业由‘高原’走向‘高峰’，2025年将达千亿级。”31日，2021江苏纺织服装产业集群（园区）发展大会在江苏省沭阳县举行，沭阳县委常委、沭阳经开区党工委副书记、管委会副主任石敬峰在作推介时称，目前，该县汇集众多知名纺织企业，建成多个国家级生产基地，纺织产业开票销售连续三年增长30%以上，总量一直位居苏北前列，成为江苏最年轻的产业集群。

据了解，纺织服装是沭阳工业发展的特色主导产业，新中国成立后，纺织产业在沭阳风光无限，益民织布厂、麻纺厂、针织厂等企业产销两旺，“丰满格布”荣获全国好产品称号，沭阳县服装厂被命名为江苏省“大庆式企业”。进入新世纪，纺织产业跟随该县工业经济一起迎来了黄金发展期，一大批质态好、前景好的亿元纺织项目纷纷入驻，形成了较为完整的产业链条，目前全县拥有高端纺织企业558家、规上企业180家，年产值超过200亿元，是江苏最年轻的纺织服装产业集群。

当天上午，在沭阳家纺特色产业园规划区，江苏恒能家纺新材料有限公司万余平方米的生产车间内，近500台各式织机一字排开，气势恢宏，机杼声不绝于耳。

公司负责人介绍，该项目计划总投资30亿元，引进先进的加弹机、提花机、剑杆织机、喷气织机、喷水织机以及印花染整设备等，主要生产加弹丝、窗帘布、沙发布、墙布等家纺面料。“项目规划分四期建设，项目全面建成投产后，年可产各类高档家纺面料15亿米、年产值50亿元、年纳税超2亿元、用工5000人，将成为苏北地区规模较大的家纺用品生产基地。”

沭阳县委书记彭伟介绍，对沭阳来说，一部纺织史就是催人奋进的奋斗史。“面对新冠疫情的严峻考验和复杂多变的国际形势，沭阳纺织服装企业及时转产，全力做好口罩、医用防护服、消毒湿巾及相关原辅材料的生产保障工作，为夺取‘双胜利’贡献了纺织力量。”彭伟说，后疫情时代，沭阳将坚持以补链延链强链为主攻方向，150亿级桐昆集团沭阳项目开工建设，50亿级凯瑞博科技、常沭新材料，1.5亿美元洲际纺织等一批上下游项目相继签约，纺织产业呈现出跨越发展的喜人态势。

大会现场，江苏凯瑞博纺织科技有限公司、江苏常沭新材料科技有限公司等7家纺织企业与沭阳县达成项目签约，签约金额达160余亿元人民币及3亿美元。

（刘　林）

（载于2021年5月31日《中国新闻网》）

# 沭阳抬高标准绘制高质量发展新蓝图

2020年，沭阳县地区生产总值历史性迈上1000亿元台阶，达1011.2亿元，比上年增长4.3%，是“十二五”末的1.6倍，位居苏北县市第一；实现一般公共预算收入51亿元，比上年增长6.5%。

“十三五”时期，沭阳经济发展始终保持稳中有进态势。特别是去年，在大战大考中县域高质量发展再攀新高，“全国百强县”荣誉增至13个，农村电商获国务院大督查通报表彰，财政管理、交通建设、金融生态、创业创新、扶贫开发五项工作获省政府大督查通报表彰。

“十四五”时期，是沭阳全面建设现代化关键期、产业转型升级攻坚期、创新动能培育窗口期、城乡深度融合加速期。县委书记卞建军表示，沭阳将落实“走在苏北前列、快于全省平均、领先区域发展、赶超全国梯队”基本思路，抬高标准推进县域高质量发展。

## 激发动能　大项目推进大发展

在位于贤官镇的沭阳亚森同汇实业有限公司，年产40万立方米中（高）密度纤维板的生产线高效运行。该项目由江苏汇鸿国际集团与沭阳民营企业家共同投资兴建，一期投资9.1亿元，全套引进国际一线品牌设备，建成后预计年产值可达15亿元，可完全实现生产自动化、智能化、精益化和绿色化。近年来，沭阳全县上下树牢“项目为王”理念，做到一切围绕项目转、一切围绕项目干，努力以项目大推进来推动经济社会大发展。“十三五”末，全县机电装备、家居制造、纺织服装三大主导产业规模分别达360亿、270亿和180亿元。

随着“521”工程圆满收官，兼并重组、技术改造、股改上市、成果转化、规模发展“五大提升行动”成效显著，5年新增开票超10亿元企业7家、超100亿元企业1家。全社会研发投入占GDP比重由2015年的1.4%提升至2.13%。

## 提升能级　好项目集聚发展潜力

去年12月5日，全国最大涤纶长丝织造企业桐昆集团投资的150亿元项目落户沭阳，这是沭阳去年引进的第二个超百亿元项目，投产后，可实现年销售收入约300亿元、年纳税约10亿元。

发展要数量，更要质量。去年11月18日，在沭阳县昆沭高新技术产业园重大项目开工现场，吉山会津汽车部件、精至医用材料等10个项目集中开工，总投资达30.1亿元，涉及医药健康、精密制造等高新技术产业。这些增后劲、强支撑、惠民生、利长远的重大项目开工建设，为沭阳县域高质量发展注入新动能。去年，沭阳实现工业开票销售收入942.9亿元，工业入库增值税24.36亿元，工业用电量40.78亿千瓦时，总量分别位居苏北第三、第一、第二位。

一批支撑发展的主导产业不断壮大。三次产业结构由2015年的13.0:46.5:40.5调整到去年的10.6:40.6:48.8。初步形成三大百亿级产业集群，家居制造产业成为全省最大木材产业集群，纺织服装产业产能位居苏北县（市）前列。

### 畅通动脉　服务业繁荣城市经济

在沭阳县南部城区的苏奥电商产业园，502家电商企业和卖家已入驻，带动就业4000余人，年销售超千万的有12家。去年，该园电子商务交易额22.57亿元，成功获批省级现代服务业集聚示范区。

近年来，沭阳县围绕服务业最有活力定位，全力推进现代服务业高质量发展。通过实施服务业重点项目“提速”、重点企业“登高”、重点集聚区“倍增”三大计划，目前全县共有省级现代服务业集聚示范区3家、市级服务业集聚区3家、省级生产性服务业领军企业3家、市级生产性服务业示范企业4家。现代服务业稳中提质，“十三五”期间服务业占比提升6.6个百分点。物流、电商等新兴产业发展迅猛，电商销售突破300亿元大关，快递发货量超过3.6亿件。2020年，全县实现服务业增加值493亿元，占GDP比重48.8%，比“十二五”末提高7.3个百分点。

综合实力持续增强，沭阳居民生活水平持续改善，“十三五”末，居民人均可支配收入达26071元，其间年均增长8.3%。

高质量成绩单的背后，是沭阳干群“拼”“争”精神的体现。沭阳县县长彭伟表示，沭阳将拿出开局就是决战、起跑就是冲刺的气势，按下快进键、跑出加速度，不仅要做单打冠军，也要争当全能冠军，争取不但GDP是苏北第一，各项主要经济指标都要争当苏北排头兵。

当下，沭阳正全力打好工业突破“攻坚战”、城市建设“整体战”、花木产业“提升战”三大战役，在争先领先中开启全面建设现代化新征程。

（通信员　吕述谡　叶春艳）

（载于2021年2月8日《新华日报》头版）

## 沭阳乡镇工业成为乡村振兴“硬支撑”

隆冬时节，走进沭阳县李恒镇徐庙社区，只见一幢幢漂亮的新房错落有致，350户村民正陆续搬新家。“有电梯、采光好、面积大，左盼右盼，终于可以搬进来过年了！”社区居民徐守友欣喜地说。

在小区周围，镇里按照“出门有公园、步行能上班”的新生活模式，投入480万元规划建设了面积83亩的徐庙水系公园；建有几家重点工业企业，方便搬迁农户就近就业；还将投入350万元，打造景观河带、景观绿化并进行道路提档升级等。“这两年，镇里在村组道路亮化、绿化、硬化等基础设施方面的投入已达1000万元，这都建立在镇经济壮大的基础上。”李恒镇党委书记梁洪卫说，全镇新上马16个亿元以上工业项目，带来上千个就业岗位，工业开票额从2017年的2.79亿元跳跃式增长到去年的32.66亿元。“这些项目不仅带动就业能力强，而且质态都不错。”

如今在沭阳，“高、精、尖”项目落户乡镇已不是啥稀罕事。在位于贤官镇的亚森同汇实业有限公司，6万多平方米的车间里只有6名技术人员在智控中心远程操控。“所有设备都是行业内顶尖的，我们努力打造最优秀团队、制造最优质产品。”公司负责人孙强介绍说，项目全面投产后，年可实现产值15亿元、纳税6000万元。

正是这样一批高质态项目，撑起了沭阳乡镇工业发展高速度。资料显示，去年全县乡镇工业企业实现开票销售440多亿元，占据了全县工业经济的近“半壁江山”，其中开票销售超5亿元的有24家、超10亿元的有12家。沭阳县委书记卞建军分析认为，乡村振兴关键在于产业兴旺，其中乡镇工业起着重要支撑作用，乡镇工业发展了，农业强、农村美、农民富的新农村蓝图便可早日变为现实。

红墙白瓦、亭台楼阁、小桥流水……这是沭阳县庙头镇聚贤村仲楼特色田园乡村呈现的美景。今年55岁的村民蔡子亮在外打了半辈子的工，今年1月初回来后，每天总要到村里转转。看着美丽的村庄环境，他心情愉悦，“我打工走南闯北跑了不少地方，新农村建得有咱村这样漂亮的，还真不多！”

“新楼峰起，宛若城郭，设施齐备，园圃雅秀……”这是青伊湖镇后乡社区清香苑小区的建区题记。社区书记张虎介绍说，全社区共有劳动力1600人，基本都在当地企业务工，外出的只有36人，去年人均可支配收入达2.5万元。小区一期374套房已交付，二期368套今年年中可交付。政府还投入千万元配套“五通八有十到位”设施，并在小区旁建了健身公园、迎曦公园等。“村内已形成‘医、学、住、行、娱’一体化居住生活圈，全村692户村民今年都能过上城里人生活！”

“三年全县改善4.3万户农房任务顺利完成，在全市财政投入最多、建设体量最大、搬迁农户最多。”沭阳县县长彭伟说，“无工不强”，只有镇村工业发展了，“三农”发展才有强支撑，乡村才能更加焕发生机活力、实现繁荣兴盛。

桑墟镇的榆叶梅产业2019年底被农业农村部认定为“国家农产品地理标志登记产品”。在该镇榆叶梅协会会长徐高贵看来，这个“地理标志”是“政府帮出来的”。桑墟镇党委书记徐旭告诉记者，镇里工业实力在全县位于前列，考虑到榆叶梅在当地有着很好的产业基础和市场前景，于是从“工业反哺农业、夯实农业产业根基”出发，下力气为榆叶梅产业发展提品质、塑品牌、拓市场，将榆叶梅变成真正的“富民梅”。不到两年时间，榆叶梅产业成为桑墟镇高效农业支柱产业，种植面积从4000亩增至现在的2万多亩，有种植户4000余户、经纪人180多人，全镇榆叶梅产业年产值达4亿元。

这几年在沭阳，“高墟大米”“沭阳地柏”“沭阳月季”“潼阳西瓜”等农产品也都荣获国家级认证，颜集镇、耿圩镇、陇集镇分别获得“电商小镇”“多肉小镇”“多彩小镇”等称号。另有3镇1村分别获评全国乡村特色产业十亿元镇、亿元村。乡村旅游打造初具雏形，韩山风景区、苏北最大油菜花海成为旅游打卡地，胡家花园创成3A级风景区。

（徐明泽　孙旭辉）

（载于2021年2月24日《新华日报》头版）

# 沭阳：让农业强农村美农民富成花乡标识

清明时节，位于新河镇的沭阳县枫皇园艺场内，15名工人忙着打磨、雕刻、装饰，精心制作着仿真树。这个由90后小伙子张乔兴办的简易工厂，每月网上销售额达180多万元。

坚持农业农村优先发展，沭阳以实施乡村振兴战略为统领，全力推动农业强、农村美、农民富，交出一份亮丽出彩、振奋人心的“三农”答卷。

走进花乡新河镇，随处可感受到“家家有项目、户户搞经营、人人有钱赚”的浓厚创业氛围。新河连续6年获评“中国淘宝镇”，已发展各类花木网店1.1万家，成立花木、电商、种子、快递、干花等行业协会。全镇3500多人通过直播销售花木，带动从业人员2.5万人。

“我们紧紧抓住乡村振兴战略实施机遇，推动各乡镇结合自身区位条件和产业特色等因素，走好农业产业转型升级之路，推进生态特色农业的规模化生产、品牌化打造，有效带动区域特色农业发展，带动更多群众增收致富。”沭阳县委书记卞建军说，作为人口大县，沭阳有责任走出乡村振兴新路，让农业强、农村美、农民富成为花乡鲜明标识。

陇集镇引进面积达3134亩的俄乐岗彩色苗木基地，瞄准全球市场培育槭树、彩叶豆梨、栎树等高端品种，抢占市场制高点；北丁集农民乔闯瞄准家庭园艺，建起蝴蝶兰基地，春节期间售出15万株，毛利达20%……沭阳“中国花木之乡”品牌越擦越亮，规模化种植让广大农村添绿又增金。

花木电商蓬勃发展吸引着众多游子“凤还巢”。2015年，大学毕业的乔江辞去山东一家国企的稳定工作返乡创业，在网上卖起仿真花，生意红红火火。在新河镇，70%以上的大学生毕业后选择返乡创业。

“互联网+花木”让年轻人在乡村实现梦想，带动周边更多村民就业和致富，也让环境变得更美、农民获得感自豪感更强。“花的世界、草的海洋、树的故乡、鸟的天堂、旅游观光的好场所。”新河镇花农张杰兆这样描述家乡。

“每户只花几万元，住进别墅百平方。装修美丽时尚派，前有豪门后有窗。房顶都有太阳能，院内樟树好乘凉。地下暗道排污水，门前绿化百花香。排楼门前水泥路，条条路边有灯光。”农民蒋友业自编的“快板书”，生动描述陇集镇农房改善后的新面貌。

总投资1.4亿元、占地280亩的墩前小区，是沭阳重点打造的市级示范项目。在村子原址重建的新小区，建成房屋983套，特别设置20套暖心房，“五保户”等困难群众可免费拎包入住。

69岁的宋佃平是墩前社区第一个响应拆迁的村民，老房130平方米，今年春节前入住近140平方米的新房。他一算，拆迁补偿款减去购房款，还余下2万元。

农房改善，还要留住乡愁。为此，墩前社区建成“墩前老宅”农房改善主题村情馆。从窝棚到草房、从草房到瓦房、从瓦房到楼房，一段段文字叙述、一个个老物件展示，将墩前不同时期的农房状态形象呈现。

2018年以来，沭阳完成农房改善4.3万户。在高质量推进去年重点结转项目的基础上，今年该县将再改善农房5000户，并同步完善公共服务、配建产业项目，推动更多城市元素向乡村集聚，努力让农民过上现代城镇生活。

新沂河是沭阳境内一条主要河流，“沂河北木材加工，沂河南机械加工”，这句话在当地流传很广。为发挥原有乡镇工业基础较好优势，给乡村振兴提供重要经济支撑，沭阳全面布局，围绕贤官、桑墟、高墟、马厂、胡集等重点乡镇，不断提升工业集中区承载能力，推动乡镇工业加速转型升级。沭阳县县长彭伟说，只有镇村工业发展了，“三农”发展才有强支撑，乡村才能更加焕发生机活力、实现繁荣兴盛。

从新沂河大桥下来往北8.5千米就是成和木业制品厂，这个由当地人胡兴亚创办的木材厂，去年实现产值2亿元，吸引周边100多名农民进厂就业。

马厂镇机械加工业历史悠久，现有金牛机械有限公司、泰和机械厂等机械加工企业26家，其中规上企业4家。去年，全镇机械加工类企业实现销售收入9.32亿元、税收4050万元。36岁的邱加伍是金牛机械有限公司的车间主任，2015年从无锡回到马厂工作。他说：“月工资5000多元，老婆孩子都在身边，这才是我想要的生活。”

李恒镇路灯产业，是李恒人“无中生有”硬闯出的产业。去年，由本地企业家徐学刚兴办的江苏新时代照明有限公司，实现销售收入1.09亿元。今年以来，工人们加班加点生产3000根智能化路灯准备销往中东地区，预计公司全年销售收入将超2亿元。

1—2月，沭阳乡镇实现工业开票销售111.69亿元、同比增长32.23%；工业增值税3.91亿元、增长48.73%。一季度，全县省级以上农业龙头企业销售收入增长5%，休闲农业综合收入增长3%，农村电子商务销售收入增长110%。全县农村居民人均可支配收入预计达7250元，增长约7.5%。

（朱文军　徐睿翔　孙　巡）

（载于2021年4月24日《新华日报》头版）

# 沭阳外向型经济逆势飘红

新年伊始，在位于沭阳县经济技术开发区的江苏豪悦实业有限公司内，工人们正在紧张有序地生产。该公司是一家集妇、幼、成人个人卫生健康护理用品研发、制造、销售为一体的国家高新技术企业，已形成四大品牌系列产品。在自有品牌战略上，豪悦国际化路线初见成效，SunnyBaby、hopegirl等外贸品牌产品，已畅销欧洲、中东、南亚、非洲市场多年，合作客商100多位，建立了较稳定的国际市场格局，年销售额3.5亿元。

数据表明，2020年，沭阳完成进出口总额预计115000万美元，占目标任务（90000万美元）的127.78%，其中出口110000万美元，进口5000万美元。与去年同期相比分别增长28.24%、29.45%、6.45%。进出口总额排名全市第一。

面对严峻的疫情和复杂的国际经济环境，沭阳外贸何以逆势飘红？

“新冠疫情是对企业的考验，同时也是对县域经济‘免疫力’的一次大考。越是这个时候，越要坚定信心，善于化危为机，渡过暂时的困难，必将迎来美好的明天。”沭阳县委书记卞建军一语破的。

在新冠肺炎疫情常态化防控中，沭阳牢牢把握“稳外贸”的工作主线，全力帮助外贸企业复工复产。该县采取跟踪指导等方式，指导外贸企业在做好疫情防控基础上，有序推进企业复工复产。同时，持续帮助企业协调人社、交通、税务、海关等部门，促进企业员工尽快复岗、生产正常运行、货物运输畅通、实现快速退税等，全力把耽搁的时间抢回来、把遭受的损失补回来。

江苏苏讯新材料科技有限公司是一家专注于食品级金属新材料开发、生产的国家高新技术企业，专注于高端马口铁材料的研发与生产，至今已拥有40多项专利技术。该公司围绕做大做强传统产品、开拓国际市场、开发新产品的战略在推进。去年，该公司全年销售12.3亿元，同比增长23%，产品全部出口。

同时，沭阳创新贸易方式，鼓励企业尝试“外贸+网”新业态、组织外贸企业加入阿里巴巴国际站。目前，该县已有新鹰工艺品沭阳有限公司、协恒卫生用品有限公司、赛迪工艺品有限公司等35家企业与阿里巴巴国际站签订会员服务合同，开拓跨境电商的领域。

为了让更多的企业走出去，沭阳县加大扶持力度，通过帮助企业申报中小企业国际市场开拓资金、争取摊位、组织企业参展等形式，力促企业走出国门，把产品推向国际市场。沭阳积极配合广交会及省交易团工作安排，上半年组织22家外贸企业参加第127届网上广交会，并圆满收官。组织8家外贸企业报名参加第30届线上华交会。下半年组织21家企业参加第128届广交会。宣传省商务厅2020年贸易促进计划的线上国际展会，鼓励企业尽可能利用国际和国内、线上和线下等多种展会平台，多元化开拓市场。

去年，沭阳预计新增外资企业10家，协议注册资本16418万美元，预计实际使用外资14891万美元，同比增长37.7%，超额完成全年目标任务。位于沭阳县李恒镇的沭阳艺百年文体有限公司由沭阳本土企业家胡晓耀投资1.1亿元兴建，是一家集工艺美术品、礼仪用品研发、制造、销售于一体的制造企业。该项目于2020年3月签约，4月开工建设，11月竣工投产，产品主要出口欧美等国家，年产值超1亿元。

组织企业线上参展，开拓新市场新订单，搭建银企对接合作平台，帮助企业降低经营成本……事实上，这些工程的启动意味着一个崭新时代的到来，沭阳县以大企业大集团为龙头，以产业链条上各企业之间协作编织而成的块状经济为“雁阵”，加速了向国际化方向的飞翔，这无疑是内源性增长的块状经济寻求外源性动力的一个标志性信号。

与沭阳外贸强力突围相互呼应的是，沭阳县域经济高质量发展的良好态势，2020年，该县实现一般公共预算收入51亿元，总量稳居苏北县市前列。进出口总额增长28.17%，工业利用外资连续三年位居全市第一；先后荣获13项“全国百强县”称号。

（吕述谡　朱雨婷　丁华明）

（载于2021年1月10日《宿迁日报》头版）

# 宿迁沭阳：“新农路”助力“新农人”
# “农村公路+电商”打开致富新路子

隆冬时节，位于宿迁沭阳县扎新路一侧的沭阳国际花木城内，前来选购花木的客户络绎不绝，电商们则忙着接单发货，“淡季不淡”，让花农们赚得盆满钵满。扎新路沿线，布满了大大小小的花木基地和花木公司，聚集了大型花木交易市场1处、综合电商产业园1处、装载点3处，俨然一个超级花木大市场。

宿迁沭阳是全国闻名的花木之乡，全县拥有花木种植面积60万亩，占全省四分之一、全国二十分之一。近年来，沭阳坚持以花木产业为依托，探索形成“互联网+‘三农’”沭阳电商模式，努力实现“农民富、农业强、农村美”。

经过多年的发展，沭阳花木产业逐渐壮大，随之而来的是对交通的需求也越来越高。为打通支撑沭阳县电商产业发展的快速通道，加大交通精准扶贫力度，近年来，沭阳县不断加强农村公路基础设施建设，先后实施了花卉基地循环路、扎新路改扩建工程、红万桑公路改造工程、李庄线二圩至周集段改造工程、官塘线七雄至章集段建设工程、老205国道钱集段改造工程等交通重点工程项目，有效促进了沭阳县“农村公路+电商”融合模式的发展。

扎新路连接沭阳县扎下、新河、颜集等花木主产镇，是串联新河镇与新河镇电子商务快递园的主要道路。但是随着花木产业的发展，原有道路远远无法满足群众生产需求。为服务花木主产区和农村电商发展，解决交通运输瓶颈，沭阳县投资1.91亿元对全长6.9千米的新河镇扎新路进行拓宽改造，完善了县道路网结构，极大方便了沿线群众的生产、生活，推动了沿线乡镇的花木产业、电子商务、快递业的快速发展。

在农路的推动下，新河镇大力实施花木“四转”工程，现已建成千万元以上投资高效农业项目18个、百亩以上高效花木基地56个，高效花木总面积达2.6万亩，占全镇面积的62%以上，形成盆景、造型树、干花、月季、种子等10大特色花木产业，实现“一村一品”特色化、差别化发展。

农路的发展，也直接带动了沭阳花木的“蛙跳”发展，从以往的新河、颜集、庙头、扎下等镇，发展为全县全面发展。沭阳花木也实现由苗木向鲜花、种植向园艺、绿色向彩色、卖产品向卖风景转型。

“隔河千里路，欲渡讨无船”，这话沭阳耿圩镇人多半知道。河是新沂河，曾经，它把耿圩与全国淘宝镇——新河、颜集隔开。近二三十年，看着新河、颜集农民种花木、开网店，一排排小楼盖起来，家家门前停小汽车，耿圩人着急，一条河隔断了耿圩人的向往。抵达彼岸，桥必不可少。4年前，S245沭阳段新沂河特大桥通车，耿圩与新河、颜集跨河“握手”，制约物流运输的瓶颈彻底打破。耿圩镇从名不见经传一跃成为全国闻名的“多肉小镇”。多肉培植园、电商中心及龙头企业苏台花卉板块，吸纳带动数千人创业就业。

沭阳不断加大对通往重要产业节点的农村公路建设方面的资金扶持。近4年，全县农村公路提档升级和危桥改造总投资约7.57亿元，其中县财政及乡镇配套资金总计约4.51亿元，占比约59.5%。乡乡通油路，村村通公路。出门有公交，致富多条路。“村村通”打通了客运物流服务的“最后一千米”，也催生了沭阳“农村公路+电商”新模式。“手机是新农具、直播是新农活、网红是新农人”，在沭阳已成为新时尚。

截至目前，沭阳县拥有各类活跃网商4.5万家，物流企业282家，网点390个，快递企业19家、快递网点290个，物流快递从业人员近万人；全县15个乡镇获评“中国淘宝镇”，84个村居获评“中国淘宝村”。全国80%以上多肉产品从沭阳走入千家万户，花卉直播销售额占全国三分之一，平均每秒有11.5件快递从沭阳发往世界各地。

（吕述谡　荣　松）

（载于2021年1月24日《宿迁日报》第2版）

## 解码宿迁改革创新力量·沭阳篇

# 全国第七！花木电商“优等生”的背后

新春伊始，一个好消息传来：“2021中国县域电商竞争力百强榜”正式出炉，沭阳位列全国第七！

作为曾经的全省扶贫开发重点县，沭阳是如何一跃成为全国花木电商“优等生”？近日，记者走进沭阳，在档案中探寻花木发展的历程，在田野上捕捉乡村振兴的密码，寻找沭阳花木产业发展中的创新力量。

“沭阳花卉栽培历史悠久，据考，明朝嘉靖年间，新河进士胡琏在周圈栽树种花。自此，花卉在新河、颜集一带繁衍。早期，花卉大都分散种植，美化庭院环境，成片花园还不多，仅有新河周圈花园、吕氏花园等。1980年，县林业站在新河建立第一个花圃，随之，全县多地相继发展花卉苗木产业。1984年，总面积达0.8万亩。”翻开《沭阳年鉴》，有关沭阳花木产业的发展清晰可见。

据《沭阳年鉴》记载，1983年后，沭阳花木开启“南引北销”的模式。引进了热带、亚热带名贵花卉品种，如茶花、盆栽、广玉兰等，经沭阳本地耐寒培育，然后再销往西北和东北高寒地带。1985年，沭阳花农靠出售花木成为万元户的多达150家，成为乡村致富路上的先锋。

时间进入20世纪90年代，沭阳开始调整产业结构，围绕市场需求扩大花木种植面积。与此同时，根据全国城乡绿化对花木需求的变化，沭阳不断创新，优化品种结构，扩大精品、名品比重，紧跟时代发展步伐。

“我的父母也是较早开始做花木生意的那批人，早期，他们都是推着独轮车赶集卖花，后来，出现了花木经纪人，再到这些年，大家开始在网上卖花，花木的效益越来越好！”30多岁的胡苏鲁是土生土长的新河人。他简短的话语，在一定程度上，描述了这里花木产业的发展历程。

早在2000年，当互联网还没有被广泛应用之时，沭阳就出现了电商的雏形。当时，有一些花农利用百度贴吧、网络论坛等推销自己种植的花木。后来，互联网化学效应极度催化，从无到有，从有到多，淘宝、网店，一些烙着时代印迹、新鲜的名词从沭阳广袤的田野上“长”了出来。在这里，日出而作、日落而息的生产方式和生活方式悄然改变。就连日常见面打招呼，不少花农都以“亲”相称。

创新引领发展。2002年，沭阳县成功举办了首届中国·沭阳花木节，盛况空前，影响深远。截至2020年，沭阳已经举办了八届花木节。沭阳利用传统花木产业的资源优势，转型发展电子商务，摸索出一条农村电商的新思路。

目前，全县拥有各类活跃花木盆景网商4.5万余家、15个“中国淘宝镇”、84个“中国淘宝村”。目前，沭阳花木种植面积达60万亩，约占江苏全省四分之一、全国二十分之一，2020年花木产业年销售额220亿元，从业人员达32万人。陇集蝴蝶兰、耿圩多肉、庙头月季、章集鲜切花、扎下黑松、新河干花基地……在沭阳，200多个规模花木园艺产业基地，形成了规模庞大、结构合理、产品多元的产业体系。

网络一直深刻地改变着这里。而这里，也因一群又一群敢第一个吃“螃蟹”人的奋斗而改变着。

2009年，沭阳县颜集镇堰下村赵苏杭大学毕业后回到了家乡。赵苏杭结合所学的园林绿化专业，承包了30亩土地，种植、培育苗木。很快，其苗圃基地就进入了发展快车道，在当地也有了名气。

但如何拓展花木的销售渠道成为赵苏杭思考的问题。就在这时，网络创业的风吹到了赵苏杭的耳畔。他买来一大堆网络创业书籍，常常是从早学到晚。随之，他开设了淘宝店、天猫旗舰店、京东旗舰店、拼多多店铺……此后，赵苏杭还帮助很多年轻人开起了网店，带着大家走出了一条花香四溢的“网路”致富之路。

在沭阳，像赵苏杭这样的花农还有很多，他们爱学习、爱探索，用好时代的网络，用鼠标连通世界，让手机变成新农具。在乡村振兴的征程中，沭阳花木产业，不仅让乡村成为年轻人可以“回得去”的家乡，也给生于斯长于斯以及来此创业的人带来了新的机遇。

夜幕之下，暗香涌动。在潺潺的新沂河北岸，黑夜有着不一样的遇见。

“各位老铁，大家好！欢迎来到我们的直播间，我是主播李勇。今天，我们给大家准备了很多精货，喜欢的粉丝请关注，点亮爱心。现在，大家跟着我的镜头一起来看看！”每晚8点多，在扎下镇李长美盆景园，青年李勇几乎都会在100多平方米的直播间内，向粉丝直播精致好看的红枫、黑松、地柏……

2021年春节期间，记者在李长美盆景园看到，李勇的母亲和父亲，还有一群花农，都在忙着囤货，做松树盆景，为新一年的奋斗做好充分准备。一根铝丝，上下缠绕，不一会，一盆精致的盆景雏形就出来了。李家几代人都从事花木产业，从早期传统销售到网络销售、从地栽到盆景，从风景到“钱”景，李家人的奋斗里有着沭阳花木产业发展清晰可寻的足迹。

电商产业已经成为沭阳崛起的朝阳产业，沭阳先后出台《关于推进电商扶贫工作的实施意见》等多个扶持性文件，从补贴奖励、市场准入、仓储用房、技术培训、人才补贴等18个方面给予扶持，现金奖励最高达50万元。

近年来，沭阳还探索形成“党委政府规划产业链、龙头企业构建产业链、花木电商完善产业链、农民全面融入产业链”的创建新路径。这一路径也是沭阳农业农村领域改革创新的成果之一，为乡村振兴注入了不竭的动力。

“沭阳农村电商的快速发展，有力地推动了脱贫攻坚和小康建设，深刻地改变了沭阳的乡村格局，实现了‘五个倍增’。”沭阳县委书记卞建军说。

产业规模实现了倍增：全县花木种植面积从2001年的4万亩发展到今天的60万亩，增加了15倍。花木年销售额从2001年的5亿元到2020年的220亿元，增加了44倍。

农民收入实现了倍增：从事花木电商农户，人均纯收入达4.5万元，是全县农民人均纯收入的3倍。

资产价值实现了倍增：在新河、颜集等花木种植区，由于花木电商产业的发展，拉高了当地房屋和土地等固定资产的价值，以新河为例，当地每年的房屋租金和土地流转费用，分别是全县其他区域的5倍、4倍。

从业年龄实现了倍增：在10年前，从事农村电商的还会是20来岁的年轻人，而现在农村电商从业人员的年龄层次已经从20岁延伸到60岁，甚至个别70，80岁的老人也开起了网店。

农村活力实现了倍增：由于看到了农村广阔的发展前景，沭阳县大量外出务工者和大学毕业的年轻人回乡创业，从事农产品网络销售，同时，很多外地或县城的人才也流入乡村，开辟新的发展空间。乡村发展呈现出生机勃勃的景象。

一粒种子可以带来一方产业，一个产业能够创造无数个奇迹。在乡村振兴的路上，这一粒来自花乡沭阳的“种子”，一定会绽放出更多的时代传奇。

（杨　芹　吕述谡　倪亚琼）

（载于2021年3月2日《宿迁日报》）

“立足新起点奋斗再出发”全媒体新闻行动系列报道

# 沭阳：二次创业整装再出发全面领先勇当排头兵

蓝图催人奋进，责任重于泰山。

沭阳，经过25年矢志追梦、不懈奋斗的“一次创业”，完成了脱贫攻坚，建成了高水平全面小康，实现了从全省“洼地”到经济总量苏北第一的历史性跨越。

在历史交接的新阶段，面对时代赋予的新使命、难得宝贵的新机遇、区域竞争的新态势，沭阳县委确立了新的发展目标——二次创业整装再出发，全面领先勇当排头兵！

破题起势、破冰开局。未来，沭阳将在更高水平、更高层次的赛道上，以奔跑者的姿态，闯出一条符合自身实际的发展新路，在加快“二次创业”中拼出一条“二次腾飞”的振兴之路。

## 聚焦工业经济<br>不断镌刻沭阳新的“历史坐标”

先进的数控机床、高光机、走心机……9月16日，记者走进沭阳经开区，在沭阳瑞泰精密科技项目生产车间，目光所及，皆是先进的生产设备。工作人员穿梭在车间，用专业技术、现代化设备制造出多种通信系统相关组件、新型电子元器件……

这是瑞声科技控股有限公司在沭阳投资的第四个项目。截至今年6月份，该项目累计完成投资28亿元，实现部分投产；项目全部达产后，预计年销售收入30亿元。届时，瑞声科技控股有限公司在沭阳投资项目年销售收入将超过100亿元。

放眼沭阳，像这样在沭阳扎根生长的企业数不胜数。近年来，沭阳不断优化产业结构，工业经济引擎更加强劲，百亿级投资项目、百亿级销售企业实现零的突破，连续六年入选“全国工业百强县”，获评“全省推进高质量发展先进县”等。

“沭阳始终坚持把高质量发展作为‘主旋律’‘最强音’，把工业突破作为第一抓手，一大批重大项目开工建设、一大批优势产业蓬勃发展，积蓄了沭阳未来发展的先发优势。实践证明，只有坚持高质量发展不动摇，高举‘工业强县、产业兴县’大旗不动摇，沭阳的发展空间才能越来越大、发展道路才能越走越宽，才能在加速崛起的新征程中不断镌刻沭阳新的‘历史坐标’。”沭阳县委书记彭伟说。

目前，沭阳家居制造产业成为全省最大木材产业集群，纺织服装产业产能位居苏北前列，机电装备产业占据全市“半壁江山”，工业入库增值税、工业用电量、工业销售收入总量分别位居苏北县市第一、第二、第三位，昆山沭阳高新技术产业园在全省排名攀升至第五位，沭阳经开区成为全省唯一的国家级产业转型升级示范园区。

未来，沭阳将继续高举“工业强县、产业兴县”大旗，坚持内培外引双轮驱动。坚持把招商引资作为“一号工程”，以优质增量带动工业大突破。大力实施“小微企业进规模、规模企业冲亿元、亿元企业上台阶”三大计划，精准滴灌、梯队培养，着力构建“百亿航母引领、十亿龙头跟进、亿元企业支撑”的产业格局。立足“6+3+X”制造业产业体系，重点推动高端纺织、机电装备、绿色家居三大主导产业转型升级，推进产业迈上中高端。不断优化园区载体，全力打造园区发展“升级版”。

目前，我市出台《宿迁市小城市建设发展三年行动计划(2021—2023)》，其中涉及沭阳县马厂镇、贤官镇、高墟镇。对此，沭阳作出了全面部署，支持三镇成长为县城以外的产业发展承载地、生产要素集聚地、公共服务新高地。同时，大力发展胡集镇、扎下镇、潼阳镇、十字街道的“道口经济”，资源向道口倾斜、项目到道口落户，打造京沪高速沿线耀眼的“四颗明珠”，示范引领乡镇走出一条带动性强、贡献率高、综合效益好的新型区域经济发展新路子。

## 聚焦民生实事<br>让群众在共建共享中增强获得感

“我们始终坚持把人民至上作为出发点和落脚点，聚焦关键小事、办好民生大事，让群众在共建共享中增强获得感。实实在在的民生变化，不仅提升了群众的幸福指数，更密切了党群干群关系，汇聚起奋力前行的磅礴力量。”彭伟说。

蓝天白云，琅琅书声。9月16日上午，在秋日阳光中，沭阳县东兴小学新校区的小学生们走出教室，在环境优美的校园中快乐玩耍。该校是沭阳“十校联建”项目之一，像这样设施一流、环境优雅、教学条件优质的学校，真正提升了人民群众的满意度。

民有所盼，施政所向。过去五年，沭阳教育品牌更加响亮。教育经费投入增长35.1%，新（改）建学校12所，新增学位3.67万个，补充优质教师2000余名，在全省率先实施教育扶贫，获评“全国义务教育发展基本均衡县”；围绕“立德树人”教育的根本任务，锚定“苏北教育第一县”目标定位，坚持教育优先优质发展，纵深推动义务教育均衡化、城乡教育一体化、教育发展现代化；深化“名校、名师、名生”工程，创建更多有特色的名校、发展更多有特质的名师、培育更多有特长的名生，努力让“三名工程”成为该县教育品牌的独特优势；按照“小规模、高密度”原则，高质量推动学校建设，不断改善城乡办学条件，努力实现“最安全的地方是学校、最漂亮的建筑是校舍、最美的环境是校园”。

“这里就是老沭河健身公园，公园集景色观光、休闲娱乐、运动健身为一体，公园双向环接10千米，南北健身步道全线贯通，为不同年龄段群众提供舒适的健身休闲空间，提高市民生活品质。”徜徉在景色怡人的老沭河健身公园，沭阳县住建局园林绿化服务中心主任张晖介绍道。

“出门见绿，300米见园。”这是沭阳群众的真实感受。近年来，沭阳扎实推进生态修复、城市修补，切实提升城市舒适度、便捷度；持续推进“增花、增绿、增彩”，围绕“一路一树、一路一景”栽植乡土树种，推动“四季常青、三季有花”向“月月有花、季季有景”转变，全力争创省级生态园林城市；启动建设一批民生园林，将沭阳植物园打造成苏北最美民生园林，建成老沭河、内沭河、外沭河沿线30千米无障碍环形步道，为市民提供更多亲近自然的空间，真正提升市民的幸福感和获得感。

就业是最大的民生。沭阳常态化开展就业“春风行动”，鼓励支持返乡人员、退役军人、高校毕业生等群体投身创业，实现零就业家庭动态清零，实现城镇新增就业4万人；健全公共就业服务体系，积极创建省级和谐劳动关系综合试验区，深化和谐劳动关系治理标准化建设；落实富民创业担保贷款贴息、创业财政补贴等政策，加大初创实体支持力度，鼓励城乡劳动者自主创业，引导在外人员返乡投资创业，创建省级创业示范基地2个以上、省级优秀创业项目10个以上。

## 聚力乡村振兴<br>打造新时代"鱼米之乡"沭阳样板

连续13年获评"全国超级产粮大县"；花木产业获评"省特色农产品优势区"，成功创建国家现代农业产业园，花卉直播销售额占全国总量的三分之一；获评全国"互联网+"农产品出村进城试点县……在乡村振兴的征途上，沭阳取得的一项项成绩璀璨夺目。

秋风起，稻谷香。近日，在沭阳县钱集镇东营村稻虾种养基地，"越光"水稻开机收割，拉开了全县秋收的序幕。近年来，该县聚焦稳产保供，坚决维护国家粮食安全。目前，该县粮食播种面积稳定在278万亩以上，进一步巩固了"江苏粮食第一县"的地位。

乡村振兴，产业发展是关键。近年来，沭阳推动巩固拓展脱贫攻坚成果与乡村振兴有效衔接，推动村（社）资产增量、增质、增效，完善"互联网+'三农'"沭阳模式，推进"企村联建"，培育更多"乡村工厂"，积极打造乡村"半日工作圈"，帮助农民实现"家门口就业"。

时至金秋，作为一场全国性花木行业的盛会——2021第九届沭阳花木节即将开幕。花卉园艺展、精品盆景展、主题景观展……一场令人期待的"花事"，即将呈现在四方来客的面前。本届花木节期间，还将举办金秋经贸招商推介会，邀请各地工业、农业企业客商参加，共话商机、共谋发展。

近年来，沭阳将花木产业作为推动乡村一二三产业融合发展的主抓手，进一步彰显花乡特色、擦亮花木名片。坚持"稳面、提质、增效"总体方向，做大做强"颜色经济"，加快推动由苗木向鲜花、种植向园艺、绿色向彩色、地栽向盆栽、线下向线上、卖产品向卖风景"六个转型"，带动花木产业向价值链高端攀升，花木产业迈入品牌发展的"3.0时代"。

九月的沭阳大地，有丰收的田园，有白墙褐瓦的新农房，有欣欣向荣的乡村工业，还有带着村民走向远方的乡村致富路……一幅幅美丽乡村新画卷，一处处静坐庭院、闲看落花的田园景象，成为沭阳乡村振兴最生动的现实注解。

"今后五年，沭阳将以'实现苏北全面领先'作为奋斗目标，全力打造'苏北工业第一县''苏北教育第一县''苏北最美县城''苏北最美乡村'，努力创造出无愧于时代、无愧于使命的光辉业绩，为全市'走在苏北前列、快于全省平均、领先区域发展、赶超全国梯队'作出更多贡献！"彭伟说。

（李尚程　杨　芹　张　云　郑绪军　吕述谡　倪亚琮）

（载于2021年9月23日《宿迁日报》A03版）

### 吹响大干快上"冲锋号"　跑出项目引建"加速度"

## 沭阳基本实现"每三天落户一个亿元项目"

10月31日上午，沭阳县第四季度工业项目集中开工仪式在胡集镇道口经济产业园举行。此次集中开工的项目共24个，总投资163.3亿元，涵盖了高端纺织、机电装备、绿色家居、新材料、健康医疗等多个产业领域，呈现出体量大、质态优、效益好的特点，对做强主导产业，优化产业机构、提升产业能级具有十分重要的意义。

"区域竞争说到底是工业的竞争、是大项目的比拼。"10月29日，沭阳县委书记彭伟在"大干100天　冲刺保全年"三季度全县经济指标运行调度会上强调，全县上下要快字当头、好字为先，千方百计推进工业大突破，进一步加快"引"的节奏、提高"落"的实效、强化"优"的服务，通过聚焦关键、聚力攻坚加快项目建设。

今年以来，沭阳紧紧围绕建设苏北工业第一县的决策部署，牢固树立"项目为王"理念，以"1218"招商机制为抓手，以"234"园区体系为依托，全力以赴招项目、千方百计上项目、凝心聚力建项目，持续掀起招商引资的工作热潮，成功引进了一批体量大、质态优的工业大项目，项目引建前稳后快。

数据显示，今年1—9月份，基本实现"每三天落户一个亿元项目"，新开工10亿元项目14个、新竣工8个，总量全市第一，招商引资、"5321"工程、制造业投资增速、高技术产业投资占固定资产投资比重等指标排名全市第一。特别是6月下旬以来，招引亿元以上项目27个，接连突破2个百亿级项目，累计实现协议投资额353.6亿元，占1-9月份协议总投资额的45.9%。

"项目是扩大有效投资、稳定经济发展的根本保障，也是左右高质量考核的关键所在。"沭阳县委副书记、代县长王瑞要求，全县各乡镇、各部门要始终把项目作为经济工作的重中之重，一着不让抓项目、稳投资、增动能，努力以重大项目建设挺起高质量发展“脊梁”。

栽好产业“树”，形成一片“林”，一批有竞争力、影响力的优势产业集群强势崛起，沭阳才能真正走上高质量发展之路。据了解，在此次集中开工的工业项目中，落户沭阳经开区的项目有8个，总投资96.6亿元，分别为投资50亿元的科泽光电材料，投资10亿元的凯恒安防科技、泛亚橡塑二期、自然鸟生物科技等项目；落户道口经济产业园项目16个，总投资66.7亿元，为投资10亿元的中沪建材等项目。

项目连着投资，连着产业，关乎发展。进入第四季度，全年发展也进入最后的冲刺阶段，全县经济能否收出一个漂亮的“豹尾”，项目建设的成效将成为一个至关重要的决定性因素。为全力推进这些项目又好又快建设，当前，沭阳全县上下已全面吹响冲锋号，正以必胜的信心、过硬的举措、务实的作风，进一步突出重点、聚焦聚力、狠抓落实，推进项目落实落地、按期投产达产，奋力实现“十四五”开局之年圆满收官。

（叶春艳　韩　敏　徐　盼）

（载于2021年11月1日《宿迁日报》头版）

### “乡村振兴县区行”系列报道

## 提升资产帮扶质效　“四化”管理助力沭阳乡村振兴

2021年6月6日，宿迁市乡村振兴局正式挂牌成立，标志着宿迁在高质量完成脱贫攻坚历史使命后，“三农”工作重心从脱贫攻坚转移到全面推进乡村振兴战略上来。

站在新的历史节点上，如何实现巩固拓展脱贫攻坚成果同乡村振兴的有效衔接？即日起宿迁日报推出“乡村振兴县区行”系列报道，详细介绍各地促进乡村振兴的特色做法和典型经验，敬请关注。

初冬时节，天气寒冷。可走进沭阳县章集街道大沈庄菊花基地，这里却暖意融融，鲜花怒放，工人们正忙着采摘。大沈庄菊花基地是该县省精准扶贫帮扶资金项目，投入财政扶贫资金194.57万元，建设连栋温控大棚1万平方米。大沈庄鲜花种植专业合作社引进国外菊花品种60余种，年产鲜切花100万支，年销售额达150万元。该合作社还将种植技术分享给附近村民，社区的菊花基地“版图”越来越大，如今已经有1000多亩，年产菊花2000多万枝。

据沭阳县乡村振兴局副局长严晓玲介绍，像大沈庄菊花基地这样的花木温室大棚，该县共有52万平方米。他们以帮促项目为抓手，坚持“资金管理专业化、项目管理规范化、资产管理制度化、绩效管理目标化”，形成具有沭阳特色的帮促项目资金管理体系，为乡村振兴插上腾飞的翅膀。

### 资金管理专业化<br>织牢帮促资金监管安全网

资金管理，首先在制度上扎牢篱笆。该县出台系列规范性文件，强化帮促资金使用负面清单管理，明确帮促资金的管理职责、拨付条件、拨付程序等，把资金安排使用“装进制度的笼子”。

其次，在资金专户监管上堵塞漏洞。在县乡两级分别设立帮促资金专户，落实专人管理，统一会计科目，对帮促资金及其收益进行专户存储、专账核算。

同时，还要对资金动态监管防范风险。充分利用帮促信息系统、财政帮促资金动态监控平台，对帮促项目进展滞后、资金拨付不及时的乡镇进行预警提醒；动态填报每一笔资金的投向、支付等情况，确保资金流向信息的实时公开。

最后，对资金限期回收守住底线。按照《沭阳县财政专项帮促资金限期回收制度》，对终止项目资金、效益低下项目资金、支付进度异常缓慢资金，及时查实原因，依规将风险资金、结余资金收回县财政专户，重新统筹安排使用。

### 项目管理规范化<br>打造帮促项目推进体系

“长短结合”，谋好规划。围绕产业规划及资源禀赋，结合群众自身特点、发展能力，兼顾近期能增收、长远有发展，重点谋划符合产业发展方向、群众参与度高、增收有保障的项目，不断提升项目建设与群众需求的“适配度”。

“层层把关”，编好项目库。严格把好村级申报、乡镇初审、县级评审、领导小组审定四道关口，确保项目库编报上下结合、合法合规。

“健康体检”，推进实施。坚持扶贫项目“周报告、月会办”制度，及时解决项目实施过程中遇到的问题。

全面落实项目“健康体检”制度，由乡村振兴局、财政、审计、纪检监察等部门对帮促项目事前、事中和事后开展不定期监管与督查巡查，并请司法部门对重点关注项目开展法律体检，确保帮促项目实施和资金使用规范。

“公开公正”，接受监督。在县级网站、项目所属乡镇、村居及项目现场，对项目执行情况开展公示公告，接受社会各方监督，推进阳光化操作。

## 资产管理制度化
## 确保帮促资产安全高效

沭阳县青伊湖镇扶贫产业园共建设4栋厂房面积约40000平方米，使用扶贫资金2782.26万元。投资5000万元的江苏冠源阻燃材料科技有限公司，每年上缴租金55万元。走进车间，分选、烘干、拼板、热压、砂光、开槽、贴面、裁边、打包……只见工人们正在紧张工作中。公司生产的环保阻燃新材料，直接供给知名木地板企业。目前该企业正常用工80多人，大多是居住在周边的村民，正常工资6000元至8000元，有的甚至拿到万元。“家门口就业，上个月我工资领了一万多元，这样的帮促车间，成了我们致富门路。”家住青伊湖镇的孙亮喜不自禁道。

针对这样的帮促厂房，该县首先对资产登记摸清底数。对“十二五”以来所有帮促资产进行全面盘点，建立县、乡、村三级资产台账，并对所有帮促资产设置帮促资产标识牌，统一logo标记。并确权管理分清权属，对所有帮促项目形成的资产进行确权，统一颁发帮促资产权属登记证书。全县共办理68本不动产权证书，颁发2504本扶贫资产权属登记证书，全县“十二五”以来形成的6.38亿元帮促资产全部确权到村。

此外，还明确职责规范运营。帮促资产维护、运营、管理原则上由实施主体负责，实施主体采取直接经营、委托经营、投资入股、租赁经营等方式选择运营主体，本着“谁使用、谁维护”的原则落实维护主体。对光伏电站等专业性较强的帮促资产，通过购买服务方式委托第三方机构运维。对收益提醒督促跟进，对所有帮促资产收益建立台账，落实帮促资产收益“月提醒”管理制度，月初对到期收益，提醒乡镇及时收取，月末核对收益到账情况，确保帮促资产收益及时足额归集到扶贫资金专户。

最后是对帮促资产定期进行折旧核算，其中，经营性资产按月提取折旧，每月计提一次。对待处置的帮促资产，乡村振兴局会同财政等相关部门，按照单位申请、资产评估、公开拍卖等程序，确保资产处置规范合理、不留争议。目前，已清理处置帮促资产6个，挽回经济损失28万元。

## 绩效管理目标化
## 引领帮促项目高效运行

项目竣工后，乡村振兴部门会同资金使用单位对帮扶资金使用情况开展绩效自评，对照项目立项时设置的绩效目标，评估绩效目标完成情况，对未完成绩效目标的项目，逐一分析原因，限期整改。

同时，他们通过政府购买服务方式引入第三方评价机构，从受益对象满意度、资金支付进度、资金使用规范、项目实施成本与产出、项目效益等方面进行绩效评价，检验乡村振兴成效、强化监督管理，保证财政专项帮促资金管理使用的安全性、规范性和有效性。

此外，他们还牵头组织资金安排分配、监督管理、使用效益等方面开展绩效考核，并随机开展现场核查，既做足绩效评价规定动作，又做好自选动作，推动绩效考核走深走实。

今年11月4—5日，全省帮扶项目资产后续管理工作现场推进会在沭阳召开。“沭阳在产业就业帮扶、互联网电商扶贫、集体经济发展、扶贫产业园建设、项目管理、资产管理等方面，创新工作举措，积累了宝贵经验，培育了许多样板。”江苏省乡村振兴局副局长刘文俊高度评价了沭阳帮扶项目资产管理工作。

严晓玲介绍，资产资金“四化”管理为沭阳经济薄弱村和低收入农户脱贫增收添砖加瓦，成效卓著。“十三五”期间，该县建设花木温室大棚52万平方米，帮助4000多名低收入人口就地就业，带动5000多户低收入农户创业致富；在乡镇建设扶贫车间46万平方米，帮助2500余名低收入人口实现家门口就业，收益分红5570多万元；在资源禀赋薄弱村建设光伏电站63座；在城镇商贸区及产业园区购买三产商业用房23445平方米，年均租金与物业收入980万元；打造特色产业配套电商，帮助3000余户低收入农户脱贫。

“我们始终将资产收益帮扶作为巩固拓展脱贫攻坚成果同乡村振兴衔接的重要举措。在脱贫攻坚中立下汗马功劳的帮促项目，也必将在沭阳乡村振兴中大放异彩！”严晓玲说。

（王荣军）

（载于2021年11月16日《宿迁日报》A3版）

# “百亿桑墟”是如何炼成的?

立冬当日，沭阳县桑墟镇传来好消息：今年1—10月，该镇实现工业开票销售收入104.22亿元，成为全市第一个工业开票销售收入破百亿的乡镇。

桑墟镇一直是沭阳县的工业强镇，工业经济有一定的基础。今年年初，该镇在谋划全年工作时，曾立下“军令状”：确保工业开票销售收入破百亿。

说时容易践时难。2020年，桑墟镇工业开票销售收入82亿元，想要今年实现破百亿目标，全年必须要保持22%以上的增速，这绝不是轻轻松松、敲锣打鼓就能实现的。

桑墟镇党委书记徐旭坦言，在国内外经济形势复杂多变、新冠肺炎疫情影响尚未完全消退、产业转型“阵痛期”没有结束的情况下，提出破百亿的目标，桑墟镇虽然有一定的底气，但更多的是压力。

不畏浮云遮望眼，越是艰险越向前。乘着宿迁“四化”同步集成改革示范区建设的东风，桑墟镇用心作答“破百亿”考卷，用力书写新型工业化新篇章，提前两个月交出了高分答卷。

## 从“沿路经济”转向“园区经济”

在桑墟镇工业园，团团圆圆板材生产车间里热火朝天。今年这家企业开票销售收入已突破3亿元，同比增长494.26%；纳税超过1000万元，同比增长464.38%。

“基本上就是‘拎包入住’，企业在这里享受到了齐全的配套设施和优质的帮办服务，让我们后顾无忧。”谈及企业快速壮大的“秘诀”，团团圆圆板材董事长陈浩脸上满是笑意。

团团圆圆板材原本是一家工业规划区外的小企业，年销售收入不到3000万元。去年入园发展后，新上技术先进生产线，企业的产能、税收和开票收入全部实现了翻倍增长，成长为桑墟镇入园的示范企业。

布局分散，是桑墟木材加工产业的短板之一。早期该镇企业基本上都是沿路分布，布局凌乱而分散，基础设施重复建设，企业间缺少配套协作，无法形成规模经济、发挥集聚效应。

做强工业载体，凝聚发展动能。在推动木材加工企业转型升级过程中，桑墟镇把工业集中区建设作为重中之重，集中财力建好园区内道路、供电、供热供气、污水管网等配套设施，不断做强工业支撑体系。

“充分发挥园区的集聚带动效应，逐步引导规上企业入园发展、集聚发展，让更多企业获得更好支撑，加快推动‘沿路经济’向‘园区经济’转变。”桑墟镇党委副书记、镇长宋听松介绍说。

目前，桑墟镇工业园、茆圩和睦工业园已初具规模。今年以来，桑墟镇已有8家规模企业相继迁入工业集中区，木材加工产业集聚化水平有效提升。

## 从“低门槛”迈向“高端化”

科技创新是企业发展的不竭动力，也是转型升级的题中之义。

产业技术门槛低、产品层次不高，一直是桑墟木材加工产业发展中难以回避的短板。缺什么就补什么，哪里弱就强哪里。桑墟镇“对症下药”，通过“一类一策、一企一案”分类实施，不断提升企业智能化水平和产品的科技含量。

“坚决淘汰企业落后工艺技术装备和低端产能，强力推进技术改造，鼓励企业‘二次创业’按照高标准、高质量、高效益的标准扶持打造龙头企业，引领产业转型升级。”宋听松说。

金森源木业就是桑墟镇的龙头企业之一。该企业响应政府转型升级号召，今年投入3000万元对生产设备进行升级改造，新上全自动流水线12条、国内先进的40层压机8台，生产效率和产品质量都大幅提升。

设备更新后，该企业转型生产高档覆膜建筑模板，产品全部出口，供不应求，订单已经排到了明年初。“我们今年转型做高端，上了日本的LVL，获得了澳大利亚的认证，今年出口销售额已经增加了1亿多元，明年的目标是再增加3亿元。”金森源木业董事长庞树贵信心满满。

金森源的“蝶变”是桑墟企业谋求转型升级、创新发展的缩影。今年，桑墟镇拿出“真金白银”，通过产业发展扶持、发放创业创新资金、降低供气价格等方式，加大对规上企业的扶持培育力度，为企业创新转型提供强大推力。

按照全市木材加工企业转型升级“四个一批”要求，该镇确定的119家改造提升类企业，目前已经完成109家，产品科技含量不断提升，产业质态加速优化。

## 从“小而散”走向“大而强”

在推动工业企业集聚、创新发展的同时，桑墟镇也一直在坚持做大工业经济“总盘子”。

桑墟镇的一项调研显示，木材加工企业在疫情期间和国际市场发生变化时波动很大，抗风险能力相对较弱。该镇深入分析后认为：“产业规模偏小、产业链偏短是症结所在。”

项目的体量和质量决定产业层次和发展后劲，招大培强才是产业做大做强的“不二法门”，桑墟镇深谙其道并付诸行动。

牵住项目的“牛鼻子”，桑墟镇始终牢固树立“项目为王”理念，全员拼抢项目、全面聚焦项目、全心服务项目，一批好项目、优质项目相继落户。

6月18日，桑墟镇举行2021年工业重大项目集中开工仪式，10个重大工业项目集中开工，总投资额达15.15亿元，项目涵盖家居制造、地板制造、乐器制造、装备制造、纺织服装等产业。

博通乐器就是今年桑墟镇新招引的亿元项目之一。目前，该企业厂房装修已经完工，正在安装生产设备，预计今年底投产。“投产后，将带动80人就业，年销售额超亿元，可实现年税收500万元以上。”博通乐器负责人丁耀彬说。

今年1—10月，已有7个亿元项目在桑墟镇陆续“安家”。伴随着一个个优质项目的落地，桑墟木材加工产业的“筋骨”越来越强健，抵御市场风浪的能力稳步提升。

“计划招引亿元以上项目50个，培育年产值过亿元项目50个，通过这两个‘50’的叠加，到2024年底实现工业开票销售收入400亿元。”徐旭描绘着未来三年桑墟的产业图景。

当前，宿迁“四化”同步集成改革的鼓点正酣，推进新型工业化是实现“四化”同步发展的关键，也是动力引领。桑墟的实践，正是宿迁探索新型工业化道路的生动写照。

为者常成，行者常至。徐旭表示，作为全市的工业重镇，桑墟镇将以工业开票销售破百亿为新起点，“二次创业”整装再出发，全面领先勇当“排头兵”，以更强的紧迫感、更大的责任感，继续做强项目载体、做大工业规模、做优产业质态，为“四化”同步集成改革示范区建设探索“桑墟经验”、贡献“桑墟力量”。

（魏欢庆　葛志敏）

（载于2021年11月20日《宿迁日报》头版）

坚持法治、自治、德治相结合，探索电商诚信体系“沭阳路径”——

# “源头治理”厚植电商“诚信基因”

撕扯胶带的“滋滋”声，敲击键盘的“滴答”声，物流车辆的马达声……深冬，走进沭阳县扎下镇沙巷村，各种声音交织成一曲冬日“交响乐”，仿佛在传递着花农的喜悦。

“脱胎换骨，焕然一新！”沙巷村党支部书记沙向阳这样形容沭阳电商产业的大变化。

沙向阳的感受，在统计数据中可以得到印证：截至目前，依法查处失信电商，21人被采取刑事强制措施；电商线上销售额突破250亿元，同比增长9.2%；发出的快件每百万单投诉保持在个位数……

变化源于诚信经营。

沭阳县花木种植面积达60万亩，约占全省四分之一，从业人员超30万人，花木电商产业成为乡村振兴的强劲“助推器”。但是伴随着电商产业的兴起，电商失信现象也随之而来。

习近平总书记强调指出，加强政务诚信、个人诚信体系和电子商务领域诚信建设，是社会信用体系建设的重要内容。

“电商诚信体系建设，不仅关系着广大消费者的切身利益和沭阳花木产业的健康发展，也是优化营商环境、建设诚信沭阳的应有之义，必须要抓细抓长，抓出成效。”沭阳县委书记彭伟说。

欲流之远者，必浚其泉源。坚持从源头抓起，努力重构电商生态，沭阳县在花木电商行业刮起了一场诚信风暴，探索出了一条法治、自治、德治相结合的电商诚信体系建设“沭阳路径”。

## 法治震慑，从“逃避监管”到“不敢失信”

近日，沭阳县制定完成《沭阳县防范治理电商销售假劣花木种苗实施意见》，即将出台实施。目前在省内乃至国内，政府专门出台规范电商经营、维护电商诚信的文件尚不多见。

“法律意识淡薄，逃避监管容易，违法成本不高，是电商失信行为出现的主要原因。”沭阳县市场监督管理局副局长黄国安说。

追本溯源，才能找准发力点。

沭阳县分析发现，失信电商基本都有一个特点：

无证经营。“打一枪换一个地方，在各大平台拥有不同‘马甲’，游离在监管之外。”沭阳县自然资源和规划局副局长李寒梅介绍说。

线上搜网店、查网页，线下摸主体、建台账，沭阳对花木种苗经营户“逐一过堂”，全年办证10298本，基本实现了花木种苗经营户办证全覆盖，为从源头遏制电商失信打下了基础。

一手抓规范，一手抓严打。

犯罪嫌疑人方某等人用黄杨苗冒充九里香花苗，在某平台上进行销售，涉嫌诈骗被依法采取刑事强制措施；

犯罪嫌疑人周某用普通葡萄苗冒充阳光玫瑰葡萄苗在网上销售，给种植户造成经济损失，被依法采取刑事强制措施；

……

今年4月以来，在花木种苗市场专项整治“春雷行动”中，沭阳县相关职能部门联合执法，线上线下共同发力，依法严查、严管、严处电商违规违法经营行为。

截至目前，该县已累计立案查处花木种苗领域违法违规案件100件，在全社会形成了打击违法电商的震慑力。

在工作推进中，沭阳县发现，快递企业跨区揽件，也有可能为失信电商逃避监管提供“温床”。

“有些电商不在本地发货，涉假花木种苗通过跨区揽件流入外方，增加了查处难度。”沭阳邮政管理局局长周峰说。

对快递企业跨区揽件等违法行为，沭阳县采取最严厉的措施依法打击，今年已经对8家跨区揽件快递企业作出处罚，堵住了寄递环节漏洞，从快递源头守住了花木种苗品质底线。

不信不立，不诚不行。通过不断健全完善制度和强有力的执法监管，诚信经营、守法经营的理念正逐步融入沭阳电商的血脉。

## 自治凝力，从“与我无关”到“共管共治”

“同意！”8月31日，沭阳县颜集镇堰下村召开党群议事会，大家一致表决通过《诚信经营村规民约》，这是该县首次以村规民约形式对电商经营行为作出规定。

“电商诚信体系建设，关键要调动群众的积极性。”沭阳县委常委、宣传部部长姜若鸣认为，与法律法规的“硬约束力”不同，村规民约是全体村民认可的“公约”，能让村民通过“公约”形式直接参与到电商诚信体系建设之中。

“自觉申领电商营业执照和花木种苗经营许可证”“自觉抵制虚假或使人误解的商业宣传，自觉提供真实、准确的商品信息”……《诚信经营村规民约》的每一条规定都直指问题，给电商戴上了“紧箍咒”。

沭阳县颜集镇堰下村党总支书记、村委会主任李彦春表示，“出台村规民约，就是要通过村民自治来规范、引导网络电商诚信经营，让失信电商彻底失去生存土壤，像过街的老鼠一样人人喊打。”

“只有诚信经营，才能行稳致远。”目前，沭阳县已经有97个花木电商经营乡镇和村居制定了自己的村规民约，借助村规民约的“软约束力”，花木电商依法守规意识显著提升。

基层党员干部，也是推进电商诚信体系建设的重要力量。

沭阳县出台相关规定，在货源管控、无证经营以及张贴“诚信标签”等方面明确属地干部职责，同时还为花木重点乡镇每个村居选派驻村工作组组长，真正把责任压实在一线。

“有没有贴‘诚信标签’？”25日下午，沭阳县庙头镇聚贤村党支部书记陈星星和平时一样，到村里的快递点随机检查快件。“如果因没贴标签导致不诚信行为发生，县里会公开曝光。”陈星星说，“若被多次曝光，村党支部书记和驻村工作组组长还会被纪委监委问责。”

“诚信标签”是沭阳推进花木电商诚信体系建设的首创性举措。标签上签注着沭阳县相关职能部门的监督电话以及投诉平台二维码，从“失信”源头对商户进行监督。

以诚经营，以信兴业。每件快递都要贴“诚信标签”，已经成为沭阳电商的固定动作和习惯。目前“诚信标签”已随快件发放3亿多张，小小标签在强化监督的同时，也把沭阳的诚信理念传递到了全国。“原以为‘诚信标签’推广后电商投诉量会上升，但恰恰相反的是投诉量反而大幅下降。”沭阳县委网信办专职副主任章彦艳介绍说。

加强行业自律，是沭阳强化电商自治的另一招。据统计，沭阳县有各类活跃电商近5万家，一直以来，小微电商分散化、运营成本高、组织化程度低等问题如影随形。

如何破解？成立行业协会，抱团取暖，互相监督，共同发展。9月，沭阳县网络电商互助联合会正式成立，目前联合会已吸纳会员单位千余家。

诚信经营是加入联合会的必要条件。联合会将诚信生态体系建设作为重要内容写入章程，在业内建立不良诚信行为黑名单机制，今年已初步筛查出66家诚信网店和28家不诚信网店。

“通过开展日常交流、召开行业峰会、守法诚信企业授牌等活动，质量至上、守信至上的理念正逐步深入人心。”沭阳县网络电商互助联合会会长胡道中介绍说。

## 德治滋养，从“要我诚信”到“我要诚信”

“现在大家都卖真货、好货，客单价提升了，营业额比去年增长了20%左右。”在沭阳县新河镇新槐村，淘宝店主刘茹一边打包快件，一边聊起了电商行业新变化。

“村里每天都来检查，联合会也经常组织宣讲活动，现在根本没有人卖假货，大家都以诚信为荣，以失信为耻。”刘茹说。

“电商之所以失信，问题在表面，根子在思想。”姜若鸣说。“法治是硬约束，若要在更高层面规范电商，必须要借助道德的柔性力量。”

种树者必培其根，种德者必养其心。在探索电商诚信体系建设中，如何强化德治，从根源上破除失信现象，一直是沭阳县思考的问题。

今年9月，相关职能部门在检查中发现新河镇周圈村一家电商售假种苗，接报后姜若鸣带着工作人员赶到了现场。

“只有诚信经营，花木产业才能长久。”“造假售假，不但自己受到处罚，还有可能砸了别人的饭碗。”“花木之乡的‘金字招牌’，需要大家一起去维护”……

在上百名村民的围观中，姜若鸣现场即兴来了一场诚信电商“公开课”。

“被查处的失信电商，村里都要在大喇叭上广播，十里八村都知道了。”新河镇诚信电商工作负责人岳贯清坦言，“且不说违法成本有多高，都是乡里乡亲的，被曝光了哪个脸上能挂得住？”

“点点名姓，不留情面。”对失信电商，沭阳县坚持发现一个，查处一个，曝光一个。在公开曝光负面案例的同时，该县也大力选树正面典型，引导电商向上向善，诚信经营。

在县级层面，沭阳县今年相继评选“花木诚信电商”40家、“花木诚信企业”20家；新镇镇、颜集镇、庙头镇等花木电商重点乡镇也定期评定“十佳诚信电商”“电商诚信经营户”“诚信花木供货商”，在全社会营造崇尚诚信的浓厚氛围。

值得一提的是，沭阳县还探索对诚信电商实施联动惩戒，由县信用办牵头，联合相关职能部门对电商从业人员实施信用监管，构建起“一处失信、处处受限”的信用监督、警示和惩戒体系。

“只要被依法认定为失信人员，将面临限制获取政府财政性资金、补贴，限制评优评先、限制享受绿色通道办理等各类联动惩戒措施。”沭阳县发改局局长、信用办主任乔德素说。

无信不立，无诚不久。在先进典型的诚信引领和熏陶下，沭阳电商已经从“要我诚信”彻底转变为“我要诚信”。

“诚信建设只有起点，没有终点。”沭阳县委副书记、代县长王瑞表示，将继续创新工作举措，持续推动电商诚信体系建设取得更大成效，真正让诚信基因融入花乡人民的血脉之中，把诚信沭阳的品牌擦得更亮。

（魏欢庆　柏志勇　吕述谡）

（载于2021年12月28日《宿迁日报》头版）

# 沭阳县县级领导班子成员名录

（2021 年 1 月—12 月）

## 中共沭阳县委

书　　记　卞建军（5 月止）

　　　　　彭　伟（5 月任）

副 书 记　彭　伟（5 月止）

　　　　　王　瑞（6 月任）

　　　　　周　铸（5 月止）

　　　　　杨世伟（挂职）

　　　　　孙维东（挂职）

　　　　　张莉萍（女，5 月任）

常　　委　张莉萍（女）

　　　　　朱　浩（7 月止）

　　　　　石敬峰

　　　　　冯　刚

　　　　　寇建东

　　　　　王昭文

　　　　　姜若鸣

　　　　　李东阳

　　　　　段全猛（7 月任）

　　　　　王明新（7 月任）

## 沭阳县人大常委会

主　　任　刘瑞春

副书记、副主任　张　彬

副 书 记　周　铸（6 月任，12 月止）

副 主 任　刘　明（9 月止）

　　　　　王雪梅（女）

　　　　　朱少建（1 月任）

党组成员　孙其泉（7 月任）

## 沭阳县人民政府

县　　长　彭　伟（6 月止）

　　　　　王　瑞（代，6 月任）

副 县 长　张莉萍（女，常务，5 月止）

　　　　　石敬峰（5 月任常务）

段全猛（7月任）

谢红梅（女，7月止）

孙其泉（7月止）

许尔斌（7月止）

季如干（7月止）

邓衍明（挂职）

范以环

沈　杰（挂职，7月止）

胡　捷

周　杰（挂职）

张　岩（7月任）

徐光良（7月任）

原宪萍（7月任）

刘　程（7月任）

## 政协沭阳县委员会

主　　席　丁晓平（女）

党组副书记　寇建东

副 主 席　唐军玉

杨光生

陆启兵（不驻会，7月止）

戚昌青（驻会）

党组成员　季如干（7月任）

## 沭阳县人民法院

院　　长　崔永峰

## 沭阳县人民检察院

检 察 长　张海涛

# 文 献

## 二次创业整装再出发 全面领先勇当排头兵 以奔跑姿态开启苏北第一县现代化建设新征程

### ——在中国共产党沭阳县第十三次代表大会上的报告

彭 伟

（2021年7月25日）

同志们：

这次大会的主要任务是，高举习近平新时代中国特色社会主义思想伟大旗帜，深入贯彻习近平总书记“七一”重要讲话和视察江苏重要讲话指示精神，全面落实省委、市委决策部署，回顾总结县第十二次党代会以来主要工作，明确今后五年经济社会高质量发展和党的建设目标任务，选举产生县第十三届委员会和纪律检查委员会，动员全县各级党组织和广大党员干部群众，二次创业整装再出发，全面领先勇当排头兵，以奔跑姿态开启苏北第一县现代化建设新征程！

现在，我代表县第十二届委员会向大会作报告，请予审议。

### 过去五年的工作回顾

县第十二次党代会以来，在中央和省委、市委的坚强领导下，我们始终坚持以新思想定向领航，扛起“争当表率、争做示范、走在前列”的使命担当，紧扣“六个高质量发展”要求，解放思想、真抓实干、攻坚克难，圆满完成县第十二次党代会确定的各项目标任务，县域高质量发展迈上了新的台阶，为全面建设现代化奠定了坚实基础。

五年来，我们担使命、勇争先，综合实力显著增强。全县GDP突破千亿元大关，位居全国百强县第34位，获评“全省推进高质量发展先进县”，近三年来，11个“全国百强县”荣誉花落沭阳，17项工作获得国务院、省政府大督查表扬奖励。打赢打好“三大攻坚战”，生态环境质量稳定向好，政府综合债务率持续保持在绿色等级区间，特别是面对全省低收入人口、经济薄弱村数量最多、占比最大的艰巨任务，尽锐出战、精准施策，提前一年摘掉省级重点帮扶县的帽子，与全国人民一道昂首迈入全面建设现代化新征程，我县作为全省两个县（市、区）代表之一，在“全省庆祝中国共产党成立100周年座谈会暨‘两优一先’表彰会议”上作交流发言，在社会各界引起强烈反响，成为建成高水平全面小康的重要标志。

五年来，我们明大势、促转型，产业结构不断优化。工业经济引擎更加强劲，百亿级投资项目、百亿级销售企业实现零的突破，成功承办首次在县级举办的全省重大产业项目建设观摩推进会。家居制造产业成为全省最大木材产业集群，纺织服装产业产能位居苏北前列，机电装备产业占据全市“半壁江山”，工业入库增值税、工业用电量、工业销售收入总量分别位居苏北县市第一、第二、第三位，昆沭高新园全省排名攀升至第五位，经开区成为全省唯一的国家级产业转型升级示范园区。构建“一特双强”农业产业体系，连续13年获评“全国超级产粮大县”，沭阳花木获评省特色农产品优势区，成功创建国家现代农业产业园，花卉直播销售额占全国三分之一，获评全国“互联网+”农产品出村进城试点县，苏北第一县“颜色经济”获得央视点赞。现代服务业蓬勃发展，三产增加值占GDP比重提高8.3个百分点。

五年来，我们强定力、转动能，创新活力持续释放。全社会研发投入占GDP比重提升至2.13%。创新要素加速集聚，引进院士1人、国家级人才专家25人，拥有全市唯一国家级企业技术中心、国家级科技企业孵化器、中国工业大奖，国家级高新技术企业全市占比25.2%，传智播客成为首家A股上市的本土企业。创新环境持续优化，高质量发展综合考核办法、招商引资工作机制更加科学高效，“不见面审批”事项排名全省第一，政务诚信评价位列全省县区类第一等次，成功上榜“全国营商环境百强县”。

五年来，我们提内涵、塑特色，城乡融合成效明显。坚持“完善功能、改善民生，丰富内涵、彰显特色”

工作导向，成功创建国家卫生县城，入选全国县城新型城镇化建设示范县、全国文明城市提名城市，撤县设市工作取得实质性进展。“城市免打扰”建管理念深入人心，城市治理与服务亮点纷呈，打造了老沭河健身公园、南山公园等一批民生园林，实现了深圳路等55条道路“一路一景”，南京路等街区旧貌换新颜，东关大街等夜景亮化成为网红打卡地，花园城市美好蓝图徐徐展开、翩翩走来。瞄准快进快出，淮沭新高铁纳入国家级规划，京沪高速扩容改建、宿连高速、宿连航道等大通道工程开工建设，苏北首条县级城区快速路部分通车。歌曲《虞姬》、淮海戏《胖婶当官》荣获省“五个一工程”奖，获批全国唯一“中国淮海戏之乡”。花卉苗木、稻米果蔬等特色产业引领发展、扮靓花乡，乡镇布局进一步优化，农房改善圆满完成，建成省特色田园乡村3个，获评全国文明村4个、省级文明乡镇5个，荣获“全国村庄清洁行动先进县”。

五年来，我们抓重点、补短板，民生实事彰显温度。教育品牌更加响亮，教育经费投入增长35.1%，新（改）建学校12所，新增学位3.67万个，补充优质教师2000余名，在全省率先实施教育扶贫，中考成绩持续领跑全市，高考成绩从高原跃上全省高峰，获评全国义务教育发展基本均衡县。居民收入稳步增长，2020年全体居民人均可支配收入2.6万元，年均增长8.4%。实施老旧小区改造146个、棚户区改造1.6万套，城乡居民喝上了“同网同源”自来水，全市率先获评“四好农村路”省级示范县，获评国家级健康促进县，连续三年获评省土地执法模范县，连续12年获评“省平安县”称号。

五年来，我们讲政治、重引领，党的建设坚强有力。“两学一做”学习教育、“不忘初心、牢记使命”主题教育实现常态化制度化，党史学习教育扎实推进，意识形态工作抓实抓严，县委理论学习中心组获评全省县以上党委（党组）理论学习中心组示范点。“四事工作法”“待下干部管理库”激发干事创业激情，得到省委主要领导批示肯定。“省委巡视反馈意见”“省纪委专责监督意见”整改落实高质量完成，县委巡察实现全覆盖，风清气正政治生态不断巩固提升。涉农村（社）党组织书记专职化管理全面实现，党群服务中心功能持续增强，“广场夜谈质询会”获评“省基层社会治理创新成果奖”，马厂赵大庄村被表彰为省民族团结进步模范集体。疫情防控有力有效，全省首批进入低风险地区。积极应对新沂河历史最高水位的严峻汛情，成功夺取防汛抗洪斗争的全面胜利。进一步加强对人大、政府、政协工作的领导，积极推进法院、检察院公正司法，各自的职能作用得到充分发挥；重视加强人民武装工作，积极推动统战、对台、双拥、群团、老干部、机构编制、民族宗教等工作，各项事业取得了新的进步。

各位代表、同志们，过去的五年，是沭阳发展史上综合实力提升最快、人民群众得到实惠最多的时期之一。五年的奋斗，为今后发展打下了坚实基础；五年的实践，为继续前行积累了宝贵财富。回顾这不平凡的五年，我们之所以能够经受住复杂局面的考验、取得来之不易的成绩，得益于上级党委、政府的正确领导，得益于历届县委打下的良好基础，得益于各民主党派、工商联、各人民团体、各界人士、各方朋友的亲密合作，得益于全县广大干部群众的团结一心、奋力拼搏。在此，我代表县委，向所有关心和支持沭阳发展的各位领导、各位同志、各位朋友，表示衷心的感谢和崇高的敬意！

五年上下同心，攻坚克难，取得的成绩令人鼓舞、催人奋进，积累的经验弥足珍贵、值得坚持。回首五年历程，我们深深地体会到：必须始终坚持党建引领，做到风清气正、凝心聚力。我们始终坚持党要管党、从严治党，教育引导广大党员干部严守政治纪律和政治规矩，积极践行“三真三实”作风，大力倡导“规范、规矩、程序、标准”文化，阳光行政、依法从政成为沭阳干部的鲜明特质。实践证明，只有将政治建设摆在首位，全面从严治党落在实处，才能形成风清气正的政治生态，催生昂扬向上的创业激情。必须始终坚持工业强县，做到保持定力、加速转型。我们始终坚持把高质量发展作为主旋律、最强音，把工业突破作为第一抓手，一大批重大项目开工建设、一大批优势产业蓬勃发展，积蓄了沭阳未来发展的先发优势。实践证明，只有坚持高质量发展不动摇，高举“工业强县、产业兴县”大旗不动摇，沭阳的发展空间才会越来越大，发展道路才会越走越宽，才能在加速崛起的征程中不断镌刻下新的“历史坐标”。必须始终坚持改革创新，做到知难而进、勇于开拓。我们始终坚持把改革创新作为根本动力、关键一招，坚持问题导向，在债务管理、安全生产、疫情防控、城市治理等领域推出了一批创新举措，创造了多项全市第一、全省率先、全国先进，敢于创新、勇于负责成为全县党员干部的鲜明特质。实践证明，只要敢于担当尽责，工作快人一拍，就能牢牢抓住发展主动权，积蓄发展新优势，赢得发展加速度。必须始终坚持人民至上，做到民有所盼、施政所向。我们始终坚持把人民至上作为出发点和落脚点，聚焦关键小事，办好民生大事，让群众在共建共享中增强获得感。实实在在的民生变化，不仅提升了群众的幸福指数，更密切了党群干群关系，汇聚起奋力前行的磅礴力量。实践证明，只有坚持以人民为中心的发展思想，才能更好地聚民心、汇民智，形成人人共创发展、人人共享成果、人人共建和谐的大好局面。

成绩是事业试金石，问题是创业磨刀石。在肯定成绩的同时，我们也清醒地看到发展中存在的问题：整体发展还不充分，部分指标均量仍处于全省平均线以下，经济外向度不高，发展质量和效益有待提升；产业结构不尽合理，工业支撑不牢，服务业发展不快；城乡融合存在短板弱项，城市辐射力不强；争先创优精气神有所弱化，能力作风与发展要求还不相适应。对此，我们将高度重视，并在今后的工作中切实加以解决。

## 今后五年的指导思想和奋斗目标

在市委、市政府的坚强领导下，在一届又一届县委的共同努力下，沭阳创造了一个瞩目辉煌的昨天，拥有着一个正在崛起的今天，也必将迎来一个充满希望的明天。站在承前启后、继往开来的新起点上，按照市委对沭阳争当“五个排头兵”的要求，县委提出“二次创业整装再出发，全面领先勇当排头兵”，就是巩固和发展来之不易的成果，推动县域高质量发展再上新台阶。这是我们共产党人的使命担当，也是我县加快发展的内在愿望，更是新的历史条件下的必然选择，恰逢其势、正当其时。

历史交接的新阶段迫切需要我们二次创业。在历史前进的逻辑中前进、在时代发展的潮流中发展，才能在新的征程中领跑在前、在百舸争流中勇立潮头。沭阳，经过25年矢志追梦、不懈奋斗的“一次创业”，完成了脱贫攻坚，建成了高水平全面小康，实现了从全省“洼地”到经济总量苏北第一的历史性跨越。二次创业就是在实现高水平全面小康的基础上，开启全面建设社会主义现代化新征程，实现苏北全面领先。处在“十四五”开局之年、“两个一百年”奋斗目标历史交汇期，我们面临的时代不同、目标不同、标准不同、要求不同，亟需我们始终保持继往开来、开创新局的昂扬锐气，破题起势、破冰开局，在更高水平、更高层次的赛道上奋力奔跑，把担负的事业不断推向前进，闯出一条符合自身实际的发展新路，拼出一条再次腾飞的振兴之路。

时代肩负的新使命迫切需要我们二次创业。市委赋予沭阳争当“对党忠诚、跨越赶超、改革创新、民生改善、担当实干”“五个排头兵”的新使命，这是我们当前及今后一段时期谋划工作的基本定位，也是推进工作的行动指南。沭阳历来就有争先创优的良好传统，从1997年“两年赶宿豫，三年超宿豫”，到2002年“宿迁大发展，沭阳争第一”，再到2006年“三分总量有其一，跻身苏北前三强”，取得了有目共睹的成绩。一切过往，皆为序章，面对市委赋予的新使命，我们决不能躺在功劳簿上睡大觉，必须以“归零”“重启”的心态再出发、再攀高，以新使命激发新动力，以新动力创造新业绩，翻篇归零再出发、二次创业谱新篇，在更高起点上创造新的更大辉煌，切实以沭阳之为、沭阳之位勇担时代重任、答好时代问卷。

难得宝贵的新机遇迫切需要我们二次创业。实践证明，沭阳干群善抓机遇、勇开新局，京沪高速曾经作为“全市第一条高速”横贯沭阳南北，牵引了我县快速发展；市委三次提出“学沭阳”的号召，助推了我县跨越发展，GDP从2005年突破100亿元到2013年突破500亿元，再到如今迈上千亿台阶，每一个发展奇迹的背后都离不开与机遇的牵手相拥。历史总是惊人的相似，又一轮新的机遇摆在我们面前，在“双循环”新发展格局的大背景下，淮沭新高铁纳入国家级规划，即将融入南北“大通道”，迎来“高铁时代”。特别是市委将沭阳定位为副中心城市，让我们拥有了其他兄弟县区无法比拟的发展机遇。抓住机遇就是抓住发展的翅膀。面对这些交织叠加的机遇，我们必须牢牢把握、紧紧抓住，重整行装再出发，把政策优势变成发展优势，把战略机遇转为发展成果，在应对各种变化变局中创造新的更大机遇，在加快“二次创业”中实现“二次腾飞”。

区域竞争的新态势迫切需要我们二次创业。当前，县域竞争已经从过去单纯比拼规模大小、增速快慢、总量高低，日益升级为综合实力、创新能力、城市能级、环境品质、文明程度等方面的全面较量。省委要求，“要跳出地方看地方，进一步摆脱‘地级市思维’和传统的‘苏北意识’”。市委要求，“2023年GDP追溧阳”。我们不能满足于当“宿迁领头羊”，也不能止步于“苏北争第一”，要跳出一时一地的局限，摒弃“苏北意识”、跨过“长江天堑”，必须开启二次创业，敢于否定、敢于突破，在全省乃至全国的更大范围内确定发展标杆、更大格局中找到特色定位，同最强的比、跟最快的赛、向最高的攀，以更大眼界、更大手笔勾勒沭阳发展蓝图，创造更多“宿迁领先、苏北率先、全省争先”的新成果。

今后五年的指导思想是，坚持以习近平新时代中国特色社会主义思想为指导，全面贯彻落实十九大和十九届二中、三中、四中、五中全会精神，深入落实习近平总书记“七一”重要讲话和视察江苏重要讲话指示精神，践行“争当表率、争做示范、走在前列”重大使命，准确把握新发展阶段，深入贯彻新发展理念，主动融入新发展格局，以推动高质量发展为主题，以满足人民日益增长的美好生活需要为根本目的，统筹发展和安全，建设“四化”同步集成改革先行区沭阳样板，二次创业整装再出发，全面领先勇当排头兵，以奔跑姿态开启苏北第一县现代化建设新征程。今后五年的奋斗目标是“实现苏北全面领先”，将沭阳打造成苏北工业第一县、苏北教育第一县、苏北最美县城、苏北最美乡村，以更高目标牵引、更大力度推进，真正实现发展速度、发展质态、发展动力、发展活力苏北领先，为全市“走在苏北前列、快于全省平均、领先区域发展、赶超全国梯队”作出更多贡献。

——总体实力实现新跨越。“十四五”期间，主要指标的总量均量、质量效益加速提升，GDP总量跻身全国30强，人均GDP年均增速高于全省、全市平均水平，城乡居民收入增速快于经济增长。

——产业发展跃上新台阶。三产结构进一步优化，工业入库增值税、工业销售收入、工业用电量苏北第一，高新技术产业产值占比提高至35%，“234”园区载体成为苏北创新创业高地，苏北工业第一县优势更加明显，京沪沿线重要工业基地地位更加凸显。

——城乡建设取得新进展。坚持“完善功能、改善民生，丰富内涵、彰显特色”工作导向，以全国县城新型城镇化建设示范县为契机，加快由花园城市向“花园中的城市”、由最大县城向副中心城市跃升，获评全国文明城市，建成苏北最美县城。以全国花木电商连接点为支撑，推动一二三产融合，打造新时代鱼米之乡沭阳样板，建成村强、景美、民富、人和的苏北最美乡村。

——民生保障获得新改善。创新创业氛围更加浓厚，全体居民人均可支配收入年均增长7%。“医教水住行”等基本公共服务均等化水平稳步提高，城乡基本社会保险覆盖率明显提升。推进基本公共教育均衡化，建设高素质专业化教师队伍，普惠幼儿园覆盖率达90%以上，义务教育巩固率达100%，新增省四星级高中2所、省高品质示范高中1所以上，教育公平、普惠、均衡化水平不断提升，“苏北教育第一县”品牌持续打响。

——党的建设得到新加强。坚持和加强党的全面领导，推进党的政治建设、思想建设、组织建设、作风建设、纪律建设，把制度建设贯穿其中，推动基层党组织全面过硬，坚持严管与厚爱相结合，推动全面从严治党向纵深发展，实现政治生态海晏河清。

## 今后五年的主要任务和举措

蓝图已经绘就，目标已经明确，号角已经吹响，今后五年大有可为、大有作为。全县上下要抓住机遇、聚焦重点、扛起责任，再创一个辉煌五年。

一、坚持重兵会战，加快工业突破，激活二次创业强劲引擎。高举“工业强县、产业兴县”大旗，坚持内培外引双轮驱动，到2025年，工业用电量、工业销售收入、工业入库增值税三项指标总量位居苏北县市第一。

一要招大引强，增强爆发力。坚持把招商引资作为“一号工程”，以优质增量带动工业大突破。聚焦百亿级项目，瞄准锁定中字头、国字号等行业龙头企业，力争每年引进百亿级项目2个以上。聚焦产业链培育，从传统的“十面合围”变为“精准出击”，着力招引一批具有“链主”地位的头部企业，增强产业链控制力。聚焦新兴产业，常态化举行高层次人才创新创业大赛，重点引进人工智能、数字经济、新材料等产业，进一步提高产业层次。

二要培优育强，增强竞争力。大力实施“小微企业进规模、规模企业冲亿元、亿元企业上台阶”三大计划，精准滴灌、梯队培养，着力构建“百亿航母引领、十亿龙头跟进、亿元企业支撑”产业格局。实行“四个一”项目推进机制，加快建设桐昆集团沭阳项目、天能北方总部项目、利东华科技等百亿级投资项目，努力打造沭阳工业新地标。以“亩产论英雄、质效配资源”为导向，实施差别化的资源配置和政策支持，“十四五”末工业销售超百亿元企业3家以上、超50亿元企业4家以上。坚持“引进来”和“走出去”并重，工业实际利用外资持续领跑全市。积极推进工业企业上市，引导企业培育自主创新品牌，持续提升企业发展质态和核心竞争力。

三要强链延链，增强集聚力。立足“6+3+X”制造业产业体系，科学绘制产业链发展图谱，全力攻坚、集中突破产业链缺失环节和薄弱领域，鼓励引导产业链上下游企业“隔墙配套”“园内配套”，不断增强产业链发展韧性，高端纺织、机电装备等4条重点产业链工业投资每年增长30%以上。重点推动高端纺织、机电装备、绿色家居三大主导产业转型升级，推进产业迈上中高端，“十四五”期间分别实现产值1000亿元、600亿元、500亿元。积极培育电子信息、新能源材料、健康医疗等三大战略性新兴产业，着力推动产业项目集聚化、链式化、规模化、品牌化发展。

四要拓园提质，增强承载力。不断优化“234”园区载体，全力打造园区建设升级版。经开区要紧扣“二次创业、二次腾飞”要求，围绕“项目招引”“项目建设”两大主题，有序推进拓园发展，建好工业突破主战场、转型升级主阵地，确保2023年冲进全国百强，创成国家级知识产权示范区、国家级产业转型升级示范区。昆沭高新园要促进昆、沭两地产业链双向联动融合，建成以高新技术产业为引领的省级特色园区。高标准规划建设临港工业园、生态板材产业园、机械制造产业园，2023年工业销售收入分别达到260亿元、150亿元、100亿元，支撑3个小城市成长为县城以外的产业发展承载地、生产要素集聚地、公共服务新高地。大力发展胡集、扎下、潼阳、十字等4个乡镇道口经济，资源往道口倾斜、项目去道口落户，打造成京沪高速沿线4颗亮丽耀眼的明珠，示范引领乡镇走出一条带动性强、贡献率高、综合效益好的新型区域经济发展新路子。

二、坚持以人为本，建设花园城市，打造二次创业活力载体。坚持“完善功能、改善民生，丰富内涵、彰显特色”工作导向，积极推动由外延拓展型向内涵提升型转变，建设苏北最美县城，全力打造徐淮连宿城市群重要支点。

一要突出规划引领，提升城市能级。坚持规划先行，统筹考虑城市可持续发展，科学制定国土空间规划和控制性详规，为城市发展提供科学支撑和依据。坚持高标准定位、高起点规划，围绕城市空间结构、功能分布、基础设施等，精心编制专项规划，提前谋划高铁新区，形成起点高、定位准、层级明、覆盖全的城市规划体系。坚持西向发展，加快建设以宿连高速为主的交通轴，以324省道和宿连航道为主的产业轴，以新沂河、淮沭新河、柴米河为主的生态轴，积极构建支点功能，建成图书交易、花木交易、快递物流、职业教育等区域中心，进一步提升城市集聚力和辐射力，打造“副中心城市”。

二要突出功能完善，精塑城市特质。扎实推进生态修复、城市修补，着力完善居住、游息、交通三大功能，切实提升城市舒适度、便捷度。坚持“房住不炒”理念，合理调控土地供应节奏，统筹推进棚户区改造、定销房建设、老旧小区改造，既满足刚性需求，也满足改善性需求。持续推进“增花、增绿、增彩”，围绕“一路一树、一路一景”栽植乡土树种，推动“四季常青、三季有花”向“月月有花、季季有景”转变，全力争创省级生态园林城市。按照“出门见绿、300米见园”标准，启动建设一批民生园林，将沭阳植物园打造成苏北最美民生园林，建成老沭河、内沭河、外沭河30千米无障碍环形步道，为市民提供更多亲近自然的空间和机会。积极构建“外联内畅”的综合立体交通体系，打造“五纵五横两铁一航两点”外联通道，城区快速内环全线贯通，京沪高速扩容改建、宿连高速、宿连航道基本建成投用，加快推进淮沭新高铁建设，尽快迈入“高铁时代”。

三要树立经营理念，繁荣城市经济。发挥城市作为经济发展“火车头”拉动作用，围绕提升商圈档次、适应消费需求、发展夜间经济三个重点，促进各种业态蓬勃兴起，全面加速人气、商气、财气集聚。依托老城区、东城区、南城区商圈，打造一批精品商业街区，积极招引高端商贸服务、餐饮酒店、文化休闲、时尚健身等业态进驻，持续拉动体验消费、节假日消费、休闲消费，全力提升服务业载体品位和档次。抢抓培育新型消费示范城市机遇，聚集“食、游、购、娱、体、展”等夜间消费活动，打造“有特色、有温度，接地气、聚人气”夜间消费场所，吸引更多市民从家庭客厅到城市客厅。大力发展新兴服务业，着力引进数据软件、文化创意、现代金融等新业态，有效打通经济运行“动脉”。

四要突出精细管理，丰富城市内涵。健全“大城管”管理机制，整合现有城市管理资源，从单一管理变为综合管理，从粗放式管理变为精细化管理，逐步实现对城市的“科学、严格、精细、长效”管理。强化“城市免打扰”建管理念，紧盯建筑立面、杆线管网、广告亮化、停车管理、夜景照明等方面，着力打造一批精品街、示范路、样板区，让城市清爽简洁。坚持历史传承与城市发展和谐共生，注重延续历史文脉，保护城市肌理，并体现到城区道路、居民小区、公园绿地命名等具体细节上，让沉睡的历史文化资源“活”起来、“火”起来。大力推进文明城市创建“八大提升专项行动”，以过硬成绩摘取含金量最高、竞争力最强的“国字号”城市品牌。常态开展“聚焦急难愁·支部进小区”活动，优化做好社区服务的急事、着力化解综合执法的难事、加快破解物业管理的愁事，创造更多可感可知的身边变化，提高群众认同感和满意度。

三、坚持民生导向，提升生活品质，增进二次创业幸福指数。江山就是人民，人民就是江山。各级党员干部必须抓住人民群众最关心最直接最现实的利益问题，从细微处入手，从身边事做起，全力办好民生实事，带领人民群众不断创造美好生活。

一要提升获得感，多渠道促进灵活就业。就业是最大的民生。常态化开展就业“春风行动”，鼓励支持返乡人员、退役军人、高校毕业生等群体投身创业，实现零就业家庭动态清零，实现城镇新增就业4万人。健全公共就业服务体系，积极创建省级和谐劳动关系综合试验区，深化和谐劳动关系治理标准化建设。落实富民创业担保贷款贴息、创业财政补贴等政策，加大初创实体支持力度，鼓励城乡劳动者自主创业，引导在外人员返乡投资创业，创建省级创业示范基地2个以上、省级优秀创业项目10个以上。

二要提升幸福感，高质量改善公共服务。围绕“立德树人”根本任务，锚定“苏北教育第一县”目标定位，坚持教育优先优质发展，纵深推动义务教育均衡化、城乡教育一体化、教育发展现代化。深化“名校、名师、名生”工程，创建更多有特色的名校、发展更多有特质的名师、培育更多有特长的名生，努力让“三名工程”成为沭阳教育品牌的独特优势。按照“小规模、高密度”原则，高质量推动学校建设，不断改善城乡办学条件，努力实现最安全的地方是学校、最漂亮的建筑是校舍、最美的环境是校园。提优医疗卫生服务，常态抓好新冠疫情防控，完善县乡村三级医疗卫生服务体系建设，健全分级诊疗制度，不断满足群众日益增长的多层次就医需求。大力发展养老服务，按照“一核两保四进六化”的总体思路，推动完善居家为基础、社区为依托、机构为补充、医养相结合的养老服务体系，真正做到老有所养、老有宜养。

三要提升安全感，全方位推进社会治理。坚决扛起“保一方平安、促一方发展”政治责任，深化平安沭阳建设，科学运用信访溯源机制，不断提升社会治理现代化水平。深入推进依法治县，组织实施“八五”普法，健全依法决策机制，积极创建省级法治政府示范县。深入推进安全生产三年专项整治行动，严格落实“牵头部门先进一步、涉及部门各进一步”原则，完善“三级三员联防联动”机制，努力提升本质安全水平，积极创建省级安全发展示范城市。

四要提升认同感，多元化推进文化供给。深入挖掘和传承历史文化基因，重点做好以淮海戏为代表的非遗保护和开发，真正让文化资源“串”起来、“活”起来。浓墨重彩打造全国书法之乡、淮海戏之乡、楹联之乡等特色文化标识，努力形成具有全国影响的文化品牌。深入实施文化惠民工程，加快建立“设施完善、覆盖城乡、发展均衡、服务便捷”的现代公共文化服务体系，不断满足人民群众日益增长的精神文化需求。加大对文艺精品的引导扶持力度，加强重大主题、现实题材作品的创作，力争推出一批弘扬主旋律、展现地方特色的原创文艺精品。

四、坚持城乡融合，彰显花乡特色，夯实二次创业深厚基础。全面推进乡村振兴，促进一二三产业融合，打造新时代鱼米之乡沭阳样板，展示苏北最美乡村魅力。

一要凸显发展美。突出稳产保供，坚决维护国家粮食安全，粮食播种面积稳定在278万亩以上，巩固“江苏粮食第一县”地位。建设“一群四链”，补强农产品精深加工短板，推动由卖原字号向卖制成品转变，把增值收益更多留在县内。建强发展载体，深度挖掘3个小城市的优势和特质，在全市率先建成产业“特而强”、功能“聚而合”、形态“精而美”、制度“活而新”的小城市。支持重点工业乡镇发展，打造一批工业销售收入百亿级乡镇。促进富民增收，推动巩固拓展脱贫攻坚成果同乡村振兴有效衔接，推动村（社）资产增量、增质、增效，完善“互联网+‘三农’”沭阳模式，推进“企村联建”，培育更多“乡村工厂”，积极打造乡村“半日工作圈”，帮助农民实现“家门口”就业。

二要展示环境美。以“洁化”擦亮洁净底色，以“彩化”勾勒美丽风景，扮靓乡村整体风貌，提升特色视觉体验，打造宜居宜业的幸福家园。突出生态化丰富旅游业态，充分发挥“农旅”“文旅”“商旅”等产业优势，高规格办好沭阳花木节，打响“花木之乡精品游”品牌。突出景观化提升道路环境，围绕主要交通干道，加快建设大地景观、田园景观、旅游景观，建成一批宿迁版“宁杭公路”。突出精细化塑造镇村风貌，启动新一轮农村人居环境整治提升行动，健全完善农村公共服务运行维护机制，保持村庄环境长治久洁、宜居宜人。突出常态化涵养文明乡风，引导村民讲卫生、树新风、除陋习，让文明生活方式成为农民内在的自觉要求。

三要厚植特色美。将花木产业作为推动乡村一二三产业融合发展的主抓手，进一步彰显花乡特色、唱响花木名片。坚持“稳面、提质、增效”总体方向，做大做强“颜色经济”，加快推动由苗木向鲜花、种植向园艺、绿色向彩色、地栽向盆栽、线下向线上、卖产品向卖风景“六个转型”，带动花木生产向价值链高端攀升，花木产业迈入品牌发展“3.0时代”。高标准建设华东花木大世界，大力提升国家现代农业产业园承载能力，创成国家农业现代化示范区。积极培育各类市场主体，提升南花北卉集散地辐射力，创成国家特色农产品优势区。

五、坚持两山理念，推动绿色发展，厚植二次创业生态底色。坚持生态优先、绿色发展，实现经济生态化、生态经济化，进一步擦亮全国“两山”发展百强县品牌。

一要创亮点，打好污染防治攻坚战。按照“巩固成果、全面排查、彻底整治、长效管理”要求，让天蓝水清土净成为最好名片。提升蓝天保卫战，严格执行污染物排放总量控制，建立健全污染源排放清单，确保$PM_{2.5}$浓度、空气优良天数比例“双达标”“双提升”。攻坚碧水保卫战，压实“河长”“断面长”责任，落实“一河一策”水质提升方案，严格管控农业面源污染，国省考断面水质稳定达标，确保群众饮水安全。打好净土保卫战，积极推进生活垃圾分类处置，建立健全土壤污染责任追溯制度，保障土壤环境安全。

二要抓重点，打好生态治理阻击战。着眼长远、立足当前，做好“加减乘除”四篇文章，不断满足群众优美生态环境需要。做好生态保护加法，大力推进国土绿化行动，高标准规划建设淮沭河省级水利风景区、环城生态区，着力建设生态屏障。做好生态治理减法，加快补齐生态治理设施短板，重点做好乡镇污水处理厂及农村污水处理设施运维管理，从源头提升污水治理水平。做好信息赋能乘法，完善生态环境感知监测监控网络，加快实现环境监管科学化、精细化。做好旧有理念除法，处理好发展与保护、长远与当前的关系，全面落实“三线一单”管控要求，以长牙齿的制度保护生态环境。

三要破难点，打好低碳发展主动战。全面落实“碳达峰”“碳中和”要求，实施碳排放总量和强度“双控”策略，不断完善低碳创新发展体系。深入开展“退低进优”工程，依法从严控制高耗能、高排放行业，推进绿色产品、绿色工厂、绿色园区和绿色供应链等绿色制造体系建设，确保单位GDP能耗、单位GDP用水量持续下降。加强生态文明宣传教育，积极倡导绿色生活方式和消费模式，深入开展全民节能行动和绿色创建系列活动，切实让绿色低碳生活方式成为新时尚。

六、坚持守正创新，突出四化同步，释放二次创业澎湃动能。坚持创新第一动力，全力促进新动能成长、传统动能提升，加快由要素驱动向创新驱动转变，推动创新创业大潮持续涌动。

一要激活主体，提升创新质效。实施创新驱动和人才强县两大战略，加快形成以创新为引领的经济体系和发展模式，努力建设“创新城市”。构建多层次创新体系，吸引更多创新要素向沭阳汇聚，全社会研发投入占GDP比重提升至2.5%，全力建设国家知识产权强县工程示范县。积极培育创新主体，以“5321”工程为抓手，加快培育创新型领军企业，支持中小微企业创新，力争“十四五”期间新增国家高新技术企业全市占比提升5个百分点。

二要培植后劲，做强创新引擎。协同推进数字产业化和产业数字化转型，有选择地培育发展“大数据+”、工业互联网、5G等数字产业，提升产业链的稳定性和竞争力。支持企业创建智能工厂、智能车间，加快机器换人、设备换芯、生产换线，努力让企业插上信息化翅膀。抢抓全国“互联网+”农产品出村进城工程试点县机遇，输出农村电商赋能乡村振兴的“沭阳样板”，高起点建成省数字农业示范地区。提高数字政府建设水平，对接省市打通职能部门数据壁垒，实现电子政务外网县乡村三级全覆盖，做到数据多跑路、群众少跑腿。加快建设智慧城市，实现实时监测、精准服务和精细化管理，提高社会治理智能化水平。

三要培优环境，提升创新浓度。打造全省最优营商环境，探索以承诺制为核心、信用管理为抓手的极简审批，完善政商交往正负面清单，打响“沭事速办”品牌，最大程度为企业“松绑助力”。系统谋划“四化同步”集成改革，突出发展急需、基层急盼，出台一批接地气、有实效的制度机制，努力为县域发展“添彩助力”。充分发挥市场在资源配置中的决定性作用，帮助企业畅通“供应链”到“消费链”等各个环节，努力为工业突破“加油助力”。严格执行政府债务和预算管理制度，提高财政专项资金使用效益，切实为现代化建设“保障助力”。

## 坚持和加强党的全面领导

事业成败，关键在党、关键在人。初心易得，始终难守。贯彻落实新时代党的建设总要求，不断提高党的建设质量，凝聚磅礴力量，为二次创业新征程提供坚强保证。

一要突出政治建设，把稳正确航向。坚持正确的政治方向，是做好一切工作的首要前提。坚持以新思想培根铸魂、定向领航，学深悟透总书记“七一”重要讲话精神，持续增强“政治三力”，始终在思想上政治上行动上同以习近平同志为核心的党中央保持高度一致。深入开展党史学习教育，挖掘红色资源、传承红色基因，真正让学史明理、学史增信、学史崇德、学史力行成为思想自觉和行动自觉。坚持党管意识形态，充分认识意识形态工作极端重要性，牢牢把握领导权主动权。充分发挥各级党委（党组）理论学习中心组学习带领带动作用，深入开展“三会一课”，及时跟进学习总书记最新重要讲话精神，真正做到常学常新、常悟常进，不断增强“四个意识”、坚定“四个自信”、做到“两个维护”。发挥统战优势，着力完善“大统战”工作格局，不断增强党的政治领导力、思想引领力、群众组织力、社会号召力。

二要加强组织建设，筑牢战斗堡垒。党的力量来自组织。扎实做好县乡党委换届“后半篇文章”，确保换出新气象、换出战斗力。提升“真本领”，科学精准开展干部教育培训，持续提升党员干部“七种能力”，全力推动高质量发展快人一步、高人一筹。培养“接班人”，深入开展新入职年轻干部“三基两好”行动，突出训练磨炼、精准考察识别，大胆选拔使用、加快培养储备一批政治优良、堪当重任的“沭水栋才”，确保党的事业薪火相传、长盛不衰。育好“领头雁”，常态化实现涉农村（社）党组织书记专职化管理全覆盖，构建“四化四强”村干部培养链，推动村（社）党组织书记始终保持锐意进取、开拓创新的精气神和埋头苦干、真抓实干的原动力。建强“主阵地”，科学完善村（社）党群服务中心服务功能，构建覆盖广泛、集约高效的城市社区党群服务中心，推动“两新”党组织有形有效覆盖，努力打造成服务群众、引导群众、凝聚群众的坚强战斗堡垒。

三要锻造过硬作风，点燃创业激情。作风建设永远在路上，永远没有休止符。充分认清深化作风建设是当好排头兵、开启二次创业的必然要求，坚决反对“八个有”，以党风正带动政风强、民风顺。扎实推进作风建设集中整治活动，以踏石留印、抓铁有痕的力度，剑指庸懒散、推让躲，为二次创业保驾护航。持续深化形式主义、官僚主义集中整治，坚持纠“四风”与树“新风”并举，不断巩固拓展作风建设成效。大力弘扬“三真三实”作风，倡导“规范、规矩、程序、标准”文化，在实干中创实绩、比高低、论英雄。保持与时俱进的精神状态，敢于破旧立新，在解放思想中统一思想，扫清创业路上一切思想障碍。保持激情跨越的昂扬斗志，敢于开拓进取，大胆去闯、放手去试，争第一、创唯一，用奋斗书写幸福。保持务实担当的工作态度，闻令而动、雷厉风行，少说不能办、多想怎么办，一步一个脚印把事业推向前进。

四要深化反腐倡廉，优化政治生态。打铁必须自身硬。压实党风廉政“一岗双责”职责，牵住“牛鼻子”、使出“硬招子”，以永远在路上的警醒推动全面从严治党向纵深发展。始终保持惩腐高压态势，以案破题推进“三不”机制，紧扣无禁区、全覆盖、零容忍，严肃查处一批“口碑极差、民愤极大、反映极多、危害极重”的违纪违法案件，进一步巩固发展反腐败斗争压倒性胜利。深化家风课堂教育，注重家庭、家教、家风，加快形成“安于工资生活、乐于家庭生活、勤于读书生活”健康方式。始终突出政治巡察定位，谋划推进新一届县委巡察，强化专项巡察，突出巡察整改成效，推动社会风气更加清爽、人民群众更加满意。

五要强化统筹协调，做到总揽全局。县委是我们党执政兴国的“一线指挥部”，发挥着总揽全局、协调各方的领导作用。坚持以上率下，县委常委自觉做到“六个表率”，为全县上下立起标杆，充分发挥从一个人、到一班人、到一层人、到一群人的示范带动作用。严肃党内政治生活，严格执行民主集中制，用好批评与自我批评的武器，不断增强党内政治生活的政治性、原则性、战斗性。严格执行请示报告制度，作出重大决策、处理重要问题时，该请示的必须请示、该报告的必须报告，确保各项工作始终沿着正确方向推进。加强对同级人大、政府、政协和法院、检察院的领导，健全沟通协调机制。加强和改进党对工会、共青团、妇联等群团组织的领导，推动群团改革取得实质性进展。健全和落实党管武装制度，深化双拥共建，巩固和发展军政军民团结。

同志们，沭阳的发展站在了新的历史起点上，蓝图催人奋进，责任重于泰山。让我们紧密团结在以习近平同志为核心的党中央周围，高举中国特色社会主义伟大旗帜，二次创业整装再出发，全面领先勇当排头兵，努力创造出无愧于时代、无愧于使命的光辉业绩，以奔跑姿态开启苏北第一县现代化建设新征程！

# 矢志工业突破　聚力五大提升<br>以优异成绩迎接党的二十大胜利召开

## ——彭伟同志在县委十三届三次全体会议上的讲话

（2022年1月9日）

同志们：

这次全会的主要任务是，坚持以习近平新时代中国特色社会主义思想为指导，深入贯彻党的十九大和十九届历次全会、中央经济工作会议精神以及习近平总书记对江苏工作重要指示精神，认真落实省、市系列会议精神，紧扣县第十三次党代会要求，回顾总结去年工作，科学研判当前形势，全面部署今年任务，动员全县上下矢志工业突破、聚力五大提升，以优异成绩迎接党的二十大胜利召开！

下面，根据县委常委会讨论的精神，我讲五个方面意见。

一、保持奔跑姿态，难中求进、克难争先，顺利开启现代化建设新征程。过去的2021年，全县上下坚定扛起“争当表率、争做示范、走在前列”光荣使命，坚持稳中求进工作总基调，全面落实“四化”同步集成改革示范区建设相关要求，统筹疫情防控和经济社会发展，统筹发展和安全，埋头苦干、开拓创新，实现了“十四五”和现代化建设的良好开局，我县作为两个县（市）代表之一在全省“七一”座谈会上作了交流发言，在全国返乡入乡创业会议上作为唯一代表进行了典型发言，引领创业就业相关做法全国推广，充分展现了全县高水平全面小康建设、推进高质量发展的生动实践。

一是强统领、转作风，党的建设坚强有力。紧扣建党百年主题，深入开展党史学习教育，创新开展“个十百千万”系列活动，“百大项目开竣工”“万人合唱颂党恩”等活动获得央视报道，爱党爱国情怀激荡人心、浸润人心。跟进学习总书记最新重要讲话指示精神，专题学习庆祝中国共产党成立100周年大会重要讲话和十九届六中全会精神，真正把拥护“两个确立”转化为“两个维护”的思想自觉、政治自觉、行动自觉。圆满完成乡镇布局优化，高质量完成县乡党委、乡镇人大政府和村支“两委”换届，圆满完成民主党派换届工作。扎实做好乡村换届“后半篇文章”，4名村书记进入事业编，22名村书记分别入选全省“百名示范”“千名领先”村书记，数量全市最多。牢固树立大抓基层导向，打造“红磁场”升级版，扎实开展“支部进小区”活动，创新小板凳嚓呱会、小院子议事会、小广场座谈会，基层党组织政治功能和组织力得到全面增强，中央电视台《新闻直播间》聚焦报道了我县典型做法。县委常委带头做到“六个表率”，表明了“向我看齐”的鲜明态度，为期3个月的作风建设集中整治活动压实推进，12家部门工作人员自觉设立手机“廉政彩铃”，主动接受监督提醒，“规范、规矩、程序、标准”成为党员干部行为指南，行政案件败诉率低于全市平均水平，民事行政案件万人起诉率全市最低。深入推进“四化”同步集成改革，获评全国县域数字农业农村发展先进县，“一体两翼三到位”财政财务资产管理机制等相关做法获得省委吴书记批示肯定。

二是建机制、增活力，经济运行快中提质。优化高质量考核办法、健全招商引资“1218”工作机制、构建乡镇竞赛评价办法、建立“单月看工业、双月看城建、季度看农业”观摩推进机制，激发了全县上下比学赶超、大干快上的昂扬斗志，在经济下行的大形势下，我县逐渐形成了精致的小环境。综合实力更强，GDP总量预计达到1140亿元，连续两年位居苏北第一，一般公共预算收入达到62亿元、增长21.6%，历史性成为“总量苏北第一、增速全省第一”的“双料冠军”，为跨越发展奠定了坚实基础。发展质量更高，三次产业结构不断优化，二产占比稳步提高。投资拉动作用明显，工业投资快速增长，固投占比达到65%、同比提高了6个百分点，高技术产业投资占比达到11.9%、提高了3.9个百分点，全社会研发投入占GDP比重2%、提高了0.36个百分点，传智播客成为首家A股上市的本土企业，财政管理、产业发展等6项工作获得国务院、省政府大督查表扬激励，获得综合实力、工业经济等9个全国“百强县”称号。未来底气更足，全县单体开票销售收入超2000万元企业869家、同比净增125家，单体开票销售收入超亿元企业198家、同比净增40家；其中，单体开票销售收入超10亿元14家、首超10亿元的2家，单体开票销售收入超20亿元6家、首超20亿元的1家，单体开票销售收入首超50亿元的1家，为工业经济未来强劲发展奠定了坚实基础。

三是提质量、扩总量，工业经济高歌猛进。坚持“工业强县、产业兴县”不动摇，用好看家本领，外引内培双轮驱动，工业经济主体地位不断巩固。主要指标持续攀升，工业开票销售收入达到1225亿元，历史性迈上千亿级台阶，首次进入苏北前两位。实现工业增值税33.16亿元，总量稳居苏北第一，进入全省前十，较前一年快速攀升5位。工业开票销售收入、工业增值税分别占全市29.9%、41.86%，分别比前一年提高1.82个、6.26个百分点，工业经济在全市扛起了大县担当。项目引建势头强劲，每3天落地1个亿元项目，亿元以上项目协议投资额增长34.19%，接连突破百亿级项目2个、50亿元以上项目5个、10亿元以上项目32个，招商引资、“四新”项目考核全市“双第一”。百亿级列省重大产业项目实现零的突破，桐昆集团沭阳项目从签约到开工仅仅用了4个月时间，超额完成年度投资任务，天能四期当年开工、当年实现部分投产，创造了项目建设“沭阳速度”。动能转换全面提速，新增国家高新技术企业23家、省四星级以上上云企业31家、省工业互联网标杆工厂1家、省级智能车间2家，数量均为全市第一。“6+3+X”规模以上工业总产值达到843亿元，同比增长29%，主导产业贡献率持续攀升。园区内涵不断提升，建立健全“234”园区发展体系，“一区多园”发展格局初步形成。经开区获评全省唯一国家重点支持的产业转型升级示范园区，落户项目规模越来越大，全年新落户亿元项目102个，占全县84.2%。昆沭高新园进入省特色园区候选名单，位居首位。3个小城市区域工业园全部纳入“一区多园”管理体系，项目承载能力不断提升，4个道口乡镇工业集聚区启动建设，16个项目集中开工，乡镇工业新增长极加快形成。

四是强功能、塑品质，城市建设内外兼修。跳出县级思维，按照“是县又高于县”标准，副中心城市建设步伐加快，成功纳入Ⅱ型大城市培育范围。快进快出交通能力不断提升，新淮铁路纳入国家规划，前期工作实质性启动，宿连高速、宿连航道、京沪高速扩容改建等重点交通工程开工建设，329省道、重庆南路建成通车，苏北首条县级城区快速路部分通车，新建改建农村道路85千米，随着苏北智慧物流中心启动建设，正加速成长为苏北快递物流中心，货运周转量、客运量均为全市第一，快递发件量全省县级城市第四、苏北第一。花园城市特色魅力不断彰显，华东花木大世界、全民义务植树基地紧锣密鼓推进，城北公园改造完成，从原来的70亩拓展至180亩，旧貌换新颜，成为网红打卡地，老沭河健身步道获评“2021江苏最美跑步线路”，重庆南路、珠江路等4项城市道路绿化景观顺利完工，新建改建公共绿地面积35万平方米，人均公园绿地面积增加至12平方米，城区绿化覆盖率上升至43.8%，城区新植2.98万平方米草本花，58万株鲜花扮靓城市重要节点，节日氛围营造获得《人民日报》《新闻联播》接连点赞，南部城区淮海戏旅游休闲街区入选首批省级旅游休闲街区培育单位。韩山风景区获批国家AAA级，全县AAA级景区累计达到4家，花乡沭阳逐渐成为旅游目的地，全年接待游客562.8万人次、实现旅游收入51.1亿元，分别增长43.24%、42.74%。城市精细化治理能力不断增强，依法拆除立柱等违规构造物，再现最美天际线。78个小区物业实现市场化运营，街道由“办物业”向“管物业”转变，涉及小区投诉量下降15.3%、满意率上升32.6%。人行道改造提升、节日氛围营造、路灯亮化、老旧小区改造赢得群众点赞，先立规矩、再提文明，文明城市年度测评有望进入全省同序列城市前10名，距离全国文明城市更近一步。

五是抓重点、夯基础，乡村振兴亮点纷呈。“苏北最美乡村”建设步伐加快，全域乡村振兴梯次推进。产业优势更加明显，坚决扛牢“粮食安全”政治责任，粮食种植面积、总产连续3年全省第一，粮食产量实现“十八连丰”，连续14年获评“全国超级产粮大县”。围绕“控面积、提质量、塑品牌”思路，持续推动花木产业“六个转型”，常态化开展花木种苗领域“春雷行动”“冬季攻势”，立案查处21人，发放诚信标签3亿余张，“买好花、信沭阳”诚信品牌更加响亮，花木电商销售额占全国三分之一，沭阳农村电商案例入选联合国数字农业报告，中央电视台以“苏北第一县的‘颜色经济’”为题专题报道了我县花木电商发展成效。项目建设不断提速，科学规划“花乡绿道、振兴大道、五彩美道”，“五朵金花”“十颗明珠”等项目串点成线、连线成面，79个重点农业项目加快推进，农业项目建设考核进入省市前列。镇村发展亮点纷呈，高标准规划建设3个小城市，学校、道路、居民小区、园区配套等设施已进入全面实施阶段，正在由“镇”向“城”华丽转变。创成国家卫生乡镇1个、省卫生乡镇2个、省卫生村17个，成功创建省级特色田园乡村2个，美丽宜居乡村59个。农民住房条件改善工作获得全市唯一省政府大督查表扬激励，住房条件改善工作“后半篇文章”扎实推进，乡镇工业“半壁江山”地位更加巩固，桑墟工业开票销售收入突破百亿元大关，贤官、李恒、青伊湖工业开票销售收入突破60亿元，新河、颜集、庙头获评“全国乡村特色产业十亿元镇”，庙头聚贤村获评“全国乡村特色产业亿元村”，乡村发展亮点越来越多。生态治理扎实有效，大气质量实现“双提升”，$PM_{2.5}$浓度为有监测数据以来最好水平；“河长制”“断面长制”压实推进，柴米河上游水质自动监测站、古泊善后河沿线水质自动监测站等工程建成投用，国省考断面稳步向好。

六是重投入、惠民生，公共服务普惠共享。围绕“服务周边、优于周边”理念，全力打造区域公共服务高地，民生支出占比达87.3%，创历史新高，民生蛋糕越做越大。创新创业活力持续迸发，回引返乡入乡创业10万人，吸引县外2.4万人前来“蹭流量”“搭便车”，全县新增个体工商户2.9万户，占全市29.8%，私营企业1.77万户，占全市42.08%。教育教学质量持续攀升，中考高考成绩持续领跑，本科达线率72.1%，比前一年提升3.7个百分点，一本达线2234人、占全市39%，600分以上200人、占全市40%，考取清华北大10人，高中教育质量从高原跃上全省高峰，沭中、如东双双跻身全省高考前50强，5所学校启动建设，将有效解决学位供给结构性矛盾。医疗卫生水平不断提升，疫情防控工作研判准、行动早，在全市率先开展疫情防控应急演练、率先设立疫情防控物资采购专项资金、率先利用体育场馆建设疫苗集中接种点，全市疫苗接种工作现场会在我县成功召开，疫情防控始终处于稳定可控阶段。优质医疗资源越来越多，县妇幼保健院获评省妇幼健康重点学科建设单位，在全省排名进入前五位，韩山人民医院创成省农村区域医疗卫生中心，县第一人民医院与省级医院达成合作意向，有望实现“不出县”享受省级优质医疗资源。文化沭阳建设成效明显，公共文化投入不断加大，480个文明实践站、30个文明实践所投入使用，县博物馆、文化馆入选省“最美公共文化空间”，获评中国楹联文化县。全市首部院线级影片《摄影师·青年吴印咸》，在我县举行全国首映礼。平安沭阳建设扎实推进，夺取防汛抗洪斗争全面胜利，安全生产实现事故起数、死亡人数“双下降”，赴省访批次、人次实现大幅度“双下降”，社会治安满意度、政法队伍满意度全市第一。

一年来，我们有效巩固提升了高水平全面小康成果，成功迈出了现代化建设坚实一步，良好的局面来之不易。回顾2021年工作，我们有三点深刻感受，一是更高的目标追求，激发了勇攀高峰的雄心壮志。本着“跳一跳够得着”的思路，县第十三次党代会吹响了二次创业号角，科学提出“苏北全面领先”奋斗目标，从思想理念、格局视野到工作实践，全方面、全领域拉高标杆、超高对接，勇于挑战更高、更快、更强的目标。正是有了更高的目标定位，全县上下走出安于现状、按部就班的舒适区，跳起来摸高、跑起来冲刺，在复杂多变的宏观形势下，圆满完成全年目标任务，GDP、一般公共预算收入、工业开票销售收入等多项指标开始领跑苏北、进入全省前列。二是更优的机制制度，树起了勇攀高峰的鲜明导向。面对区域竞争日益激烈、要素制约日益加剧的发展态势，县委着眼长远发展，加强制度设计，优化高质量发展考核机制，完善了“一区多园”体系，制定了乡镇经济发展竞赛办法，优化“1218”招商机制，一把尺子量到底、一个舞台比高低，把党员干部逼向工作一线，在工作一线培养检验干部，同时，全面落实“三项机制”，为想干事、敢干事的干部撑腰鼓劲。三是更严实的作风，强化了勇攀高峰的有力保障。针对党员干部精气神滑坡、闯劲不足等问题，在全县深入开展“争当排头兵·我们怎么办”大学习大讨论活动，开展为期3个月的作风建设集中整治，深入查纠“六种类型干部”“十个方面问题”，有效解决“上热中温下冷”问题，全县上下心无旁骛抓落实、不等不靠抓落实、提高本领抓落实，用干部的“实干指数”换取县域“发展指数”、群众“幸福指数”，党风政风为之一新，风清气正的政治生态得到进一步巩固提升。

在充分肯定成绩的同时，我们也清醒地认识到，一是经济总量不大，虽然GDP、一般公共预算收入等多项指标总量位于苏北第一，但是一些均量指标不占优势，比如，人均GDP位于苏北16位，全体居民人均可支配收入位于苏北13位。二是产业质态不优，我县平均规上工业增加值率低于全市平均水平。三是消费支撑作用不强，与区域副中心城市定位相比，我县城区能级量级明显不足，对外影响力偏弱，教育等民生领域还存在公共服务结构性矛盾，消费中心地位尚未形成，难以满足高端化、个性化、多样化消费需求，本地消费人群外流，对周边消费群体缺乏吸引力，导致消费拉动不足。四是政治生态建设有待提升，一些市管干部、县管干部因严重违纪违法问题被查处，反腐败斗争形势依然严峻复杂。个别党员干部精气神滑坡，专业能力、责任意识、进取精神都需要进一步提升。这些问题，在今后工作中，将采取有效措施，切实加以改进和解决。

二、扛起时代责任，稳中求进、进中求稳，继续开创现代化建设新局面。县第十三次党代会吹响了“二次创业”号角，全县上下着眼长远，擘画发展蓝图，明确了目标方向，沭阳发展的路径更加清晰、基础更为坚实、优势日益彰显，迈上更高层次、更大能级的发展平台，正朝着率先基本实现现代化的目标奋力前行。在这个极其关键的节点，我们必须审时度势、科学研判，充分认清宏观大势、正确把握当前发展的阶段性特征，保持清醒头脑、迎接更大挑战，以辩证思维看待形势发展变化，认真思考“怎么办”，全力做好“必答题”，努力把沭阳的现代化事业不断推向前进。

一是面对“稳字当头、稳中求进”的总基调，我们怎么办？面对需求收缩、供给冲击、预期转弱“三重压力”，中央重申了“以经济建设为中心是党的基本路线”观点，强调“适度超前开展基础设施投资”“政策发力适当靠前”，传递出了大投资、大建设的强烈信号。发展既是经济工作，也是政治任务。我们要把握好时、度、效的统一，坚定不移扩投资、育主体、优民生、守底线，大力开展工业突破年、项目攻坚年、营商环境提升年活动，在起势之时落子布局、在定局之刻抢先成势，用发展增量对冲损失减量，努力把项目建设“窗口期”变为发展“黄金期”、跨越“蝶变期”。

二是面对“多作贡献、跨越赶超”的时代责任，我们怎么办？省委要求“苏北跨越赶超”，市委提出“多作贡献”，这是沭阳必须扛起的时代责任。虽然二次创业势头强劲、高歌猛进，但是与先进地区相比，还存在“能级差”“速度差”。我们要围绕“稳”的要求和“进”的目标，找准“沭阳定位”，从全国、全省、苏北和全市四个维度系统谋划今年工作定位，确保在全国实现百强县排名进位，在全省实现一般公共预算收入增幅等部分优势指标巩固提升，在苏北实现主要经济指标全面领先，在全市实现主要经济指标占比不断提升。

三是面对“不进则退、慢进亦退”的竞争态势，我们怎么办？当前，发展压力日益凸显，区域竞争加速升级，今年势必是极具挑战的一年，也必将是沭阳跨越赶超的关键一年。复杂多变的经济形势，加快发展的紧迫任务，是对工作作风和精神状态的考验。我们要进一步深化作风建设成效，强化“以实干开路、用速度争先、靠作风攻坚”的排头兵精神，始终保持奔跑姿态，两步并作一步迈，高歌猛进，以一流目标激发一流干劲、以一流干劲创造一流业绩。

2022年工作指导思想是：坚持以习近平新时代中国特色社会主义思想为指导，全面贯彻党的十九大和十九届历次全会精神，深入贯彻习近平总书记“七一”重要讲话和对江苏工作系列重要讲话指示精神，弘扬伟大建党精神，紧扣“强富美高”总目标，扛起“争当表率、争做示范、走在前列”光荣使命。完整、准确、全面贯彻新发展理念，坚持稳字当头、稳中求进工作总基调，矢志工业突破、聚力五大提升，扎实开展工业突破年、项目攻坚年、营商环境提升年活动，不断开创县域高质量发展新局面，以优异成绩迎接党的二十大胜利召开。

2022年的预期目标是：GDP增长8.5%、力争达到9.5%，一般公共预算收入增长12%、力争达到13%，固定资产投资增长12%、力争达到13%，全体居民人均可支配收入与GDP同步增长。

三、矢志工业突破，埋头苦干、跨越赶超，全力做强现代化建设主引擎。沭阳靠工业起步，更要靠工业走向未来，实现既定的奋斗目标，必须围绕工业经济高质量发展优化思路、落实举措，举全县之力、集全县之智、汇全县要素，坚持项目招引、项目建设双轮驱动，提升制造业核心竞争力，2022年工业经济发展目标是，工业投资增长17%、力争达到17.5%，二产增加值占比提高1.5个百分点左右，争创全省制造业高质量发展示范区培育地区。

一要一刻不松抓招商，在增量带动上求突破。把招商引资作为“一号工程”，持续优化“1218”招商机制，健全招商项目信息统筹、共享机制，推动形成“协作组大统筹、园区主战场、部门乡镇当先锋”的招商格局，做到“周周有活动、月月有推介、季季有签约”。强化招大引强，绘制“招商地图”，建立“目标企业库”，以精准出击冲抵疫情影响，努力招引一批投资规模大、科技含量高、带动性强、产业融合度高的项目，要在每3天落地一个亿元项目基础上，全年招引亿元项目力争突破130个、50亿级项目10个以上。经开区要勇挑重担，重点突破10亿元以上项目，全年招引项目到位资金占全县60%以上。强化招急引缺，围绕6+3+X制造业体系和15条重点产业链，急需突破一批引领产业集聚、提升产业规模、带动产业升级的“链主”企业，引领产业赋能升级，加快向专业化和价值链高端延伸。依托桐昆恒阳化纤等“链主”企业，着力引进关键环节企业和上下游配套企业，重点招引配套缺位项目，连接断点、畅通产业循环，提升配套协作能力，降低企业生产经营成本。强化招才引新，精心举办第四届创新创业大赛，打造高端人才集聚平台，瞄准新兴产业，大力招引信息技术、数字经济、新材料等产业，力争引进一批高水平创新创业团队，着力构建现代化经济体系新支撑。

二要一心一意育项目，在提质增效上求突破。今天的项目是明天的产出，要以一个个大项目、好项目为实体经济高质量发展增添动能、增强后劲，每4.5天建成一个亿元项目，全年建成亿元以上项目80个，工业投资突破300亿元以上。推动在建项目“提速”，围绕“签约抓开工、开工抓竣工、竣工抓投产”，全面聚焦大项目、全力攻坚大项目，当年招引项目开工率达到60%以上，招商引资、四新项目考核持续领跑全市。保姆式推进列省列市重大产业项目，专人跟进、专班负责，全链条发力、全周期提速，桐昆集团沭阳项目五月份部分投产，天能四期全面投产。推动存量项目“提质”，强化“亩产论英雄、质效配资源”导向，通过正向激励和反向倒逼措施，着力构建“百亿航母引领、十亿龙头跟进、亿元企业支撑”产业格局，培育首次开票销售超亿元企业30家、超十亿级企业3家。围绕“5321”工程、“两化”融合、“小升高”计划，大力培育一批雏鹰企业、瞪羚企业，打造一批单项冠军、隐形冠军企业，新认定国家高新技术企业50家以上、专精特新企业12个。大力实施企业上市“凤凰计划”，完善上市企业培育后备库，加大政策扶持力度，工业企业上市确保实现零的突破。推动产业链项目“提效”，围绕“6+3+X”现代制造业先进体系和15条重点产业链，强化项目固链、龙头引链、政策稳链、金融活链、人才兴链，加快打通“堵点”、连接“断点”，加强“隔墙配套”“园内配套”，培育壮大一批地标性优势产业链，力争机电装备产业产值达到310亿元以上，高端纺织服装产业产值达300亿元以上、2025年成长为苏北首个县级千亿级产业集群。突出数字赋能，以数字产业化布局未来产业，大力发展智能经济、流量经济、数字经济，以产业数字化提升传统产业，建设三星级上云企业180家，为工业经济高质量发展插上“数字化”翅膀。

三要一如既往强园区，在壮大实力上求突破。围绕“一区多园”发展要求，着力完善“234”园区建设体系，不断提升园区承载能力、产业集聚能力和综合实力。经开区要锚定工业经济主战场发展定位，抓住全县工业发展突飞猛进的大好机遇，持续不断下功夫，向更高层级跃升，集聚产业龙头、做强产业集群，综合实力冲进全国百强，全年工业开票销售收入达到800亿元。昆沭高新园要抢抓全省“全产业链分工协作、优势互补、协同发展”机遇，发挥南北共建优势，更好承接产业链转移，年内创成省特色园区。3个小城市工业园、4个道口工业集聚区要大力提升道路、管网、绿化、污水处理等基础设施配套水平，年内建成标准化厂房240万平方米。

四要一丝不苟优服务，在营商环境上求突破。积极响应“政策发力适度靠前”要求，研究出台《推动工业经济高质量发展的实施意见》《做好新形势下就业创业工作的实施意见》，用真金白银壮大市场主体，真正做到县权之内可以奖的奖到位，可以补的补到位，可以减的减到位，可以免的免到位，可以帮的帮到位，切实降低创业成本。定期邀请企业家餐叙，建立重点企业信息直通车制度，打造“一窗办理、一流服务”政务环境，确保各类投资主体在沭投资安心、创业顺心。围绕“不让项目等地、不让资金等项目、不让项目等手续”要求，探索“交地即开工”审批服务，努力让沭阳成为投资福地、创业乐土。围绕“审批事项最少、办事效率最高、运营成本最低、政府服务最优”目标，深入推进“不见面审批”，开展“减证便民”行动，做到线上“一网通办”和线下“一窗受理”，让群众“好办事、少跑腿”。统筹要素保障，做到“要素跟着项目走”，土地指标要做到“地等项目”，金融要做到“银行追着项目跑”，用工要做到“企业生产不缺人”，努力构建与企业落户相配套的人、地、钱、指标等保障体系。探索实行土地分级管理，以亩产论英雄为导向，对投产两年以上企业，每年按照亩均开票、亩均税收、单位能耗、科技创新、安全环保等指标进行综合评价、科学分类，实行差别化培育措施，大力推进“腾笼换鸟”，全年盘活低效用地1万亩。牢固树立底线思维，坚持“用户思维、客户体验”，全面优化政务环境、市场环境、法治环境和诚信环境，破除凡事都要“打招呼”“找熟人”的陋习，打造“办事情靠制度不靠人情，解决问题靠法治不靠关系”的良好社会环境，真正让法治成为沭阳发展核心竞争力的重要标志。

四、聚力五大提升，大干快上、蓄势赋能，全力培育现代化建设新优势。抢抓“适度超前开展基础设施投资”的“窗口期”，千方百计加大投入，重中之重扩大政府投入，因势利导撬动社会投入，以大投入支撑大建设，大建大美、精建精美，提升品质、增强辐射，努力实现核心竞争力、民生获得感全面提升。

一要建设副中心，提升城市品质。围绕“区域副中心城市”定位，注重发挥城市中心价值创造功能，提升区域经济和人口承载力，更加突出“完善功能、改善民生，丰富内涵、彰显特色”工作理念，塑造开放包容、人文厚重的城市气质，彰显花木之乡、花园城市特质，加快建设“大美沭阳”。突出大规划，做好“借脑”“借智”文章，更高水平统筹布局生产、生活、生态“三生”空间，形成起点高、定位准、层级明、覆盖全的城市规划体系，为城市高质量发展明确最佳路径。坚持西向发展，高水平谋划建设高铁新城，进一步增强与中心城市的空间对接，加快建设以宿连高速为主的交通轴，以324省道和宿连航道为主的产业轴，以新沂河、淮沭新河、柴米河为主的生态轴，积极融入半小时经济圈。突出大交通，围绕打造“一带一路”陆海联运通道重要节点、苏北地区交通次枢纽城市定位，重点保障宿连高速、宿连航道、京沪高速扩容改建等重点项目，争取新淮铁路开工建设，启动宿连航道二期、宿连高速二期和新长铁路电气化改造建设，加快推进快速路二期等24项市政道路工程，大力提升快进快出交通能力。突出大更新，启动老城“减法”行动，纾解老城区功能，恢复老地名，更新老旧基础设施，保留老城记忆，让老城区更加通透、更具人文魅力、更有乡情乡愁。启动棚户区改造50万平方米，建设11个定销商品房小区，保障刚性需求。突出大花园，立足花乡优势，努力打造苏北乃至华东地区富有魅力、宜居宜游的花园城市。建设花园中的城市，更大力度推进“增花、增绿、增彩、增园”，重点建设华东花木大世界、全民义务植树基地，扎实推进老城区拆违建绿、见缝插绿，积极构建郊野公园、主题公园、社区公园、口袋公园等从大到小、梯次完备的城市花园体系，形成绿廊、绿轴、绿带、绿道等多层次绿地景观。突出大生态，全面落实“碳达峰”“碳中和”要求，以压倒性思维推进生态治理，持续打好蓝天、碧水、净土保卫战，确保$PM_{2.5}$浓度、空气优良天数比例“双达标”，国省考断面水质稳定达标，全力打造绿水绕城、绿道环城、绿意满城的花园城市。要重点推进水生态建设工程，完成西南片区水系沟通等16项工程，让水流起来、清起来、活起来。大力倡导绿色生活方式和消费模式，营造人人参与绿色节能良好氛围，真正让绿色发展、低碳生活理念铭于心、践于行。突出大城管，建设精致管理城市，强化城市免打扰理念，把刚性治理和柔性管理结合起来，在“一人一车”“一言一行”“一花一草”“一砖一木”等细微处精心打磨，为群众营造舒适的生活环境。“先立规矩、再提文明”思路，加快全国文明城市创建，做到环境优美、功能完善、品位现代、文化彰显、管理精致，实现文明创建共建共享、可知可感。突出大消费，立足保就业保民生大背景，把消费作为重要抓手，推动现有商圈升级，培育中高端消费场所，规划建设新的消费场所，在南部城区规划建设南湖印象商业街区、在老城区规划建设老西关古街，大力改造南京西路等老旧商业街区，让老街区焕发新活力。发展夜经济，围绕“品、购、赏、游、健、养”等夜间消费元素，增强书吧、酒吧、咖啡吧、康体健身、城市小剧场等高品质夜间消费场馆聚合效应，让城市更有烟火气、更有民生情怀，打响“沭阳八点半·繁华花乡夜”夜经济品牌。

二要促进乡村振兴，提升花乡魅力。坚持典型引路，抓两头、带中间，全力打造“两个片区”“三条示范带”“五朵金花”“十颗明珠”，加快建设“最美乡村”，努力打造新时代鱼米之乡。建设“两个片区”。依托国家级现代农业产业园，多措并举，多点突破，推动一二三产融合发展，以产业兴旺助推宜居宜业、农民富裕富足，全力打造乡村振兴示范区。坚持提质不扩面，在严禁扩大花木生产面积、不新增花木种植项目的基础上，推动花木产业由苗木向鲜花、种植向园艺、绿色向彩色、地栽向盆栽、线下向线上、卖产品向卖风景“六个转型”，提升质态、提升效益，加快建设全国花木电商连接点。净化产业环境，注重源头治理、系统治理、综合治理，常态化开展“春雷行动”“冬季攻势”，以打开路、以案促治，做到诚信标签“一单一贴”，持续擦亮“买好花、信沭阳”品牌。强化花木品牌建设，培育一批国家地理标志农产品，提升沭派盆景影响力，推动花木产业进入品牌发展时代。高标准组织沭阳第十届花木节活动，按照“全域展示、全面展示”总体目标，结合花木产业、经济发展、社会事业、城市建设等立体式展示，提高节庆消费“热度”，聚集人气商气，积极打造全省乃至全国有影响的乡村振兴示范区。全力建设重点帮促片区，以衔接为抓手，加快从扶贫片区到帮促片区的华丽转身，做到“四个不摘”，强化造血功能，促进村集体增收，努力实现整体面貌提升。精心筹办省委扶贫30年纪念活动，积极展示沭阳由脱贫攻坚到乡村振兴的历程，激励全县上下持续奔跑、继续领跑。打造“三条示范带”。在324、245、344、326省道沿线，积极布局以花木产业、板材加工产业、高效农业为特色的产业廊，加快打造花乡绿道、振兴大道、五彩美道三条示范带，实现景观跟着业态走、业态跟着市场走，让每一条示范带都成为乡村全面振兴的缩影。产业是示范带建设的重要支撑，要整合项目、资金等资源在三条示范带周边集中布点，有效聚合三条示范带范围内花木、木材、稻米、果蔬等优势产业。加快建设17.5万亩高标准农田，打造一批“吨粮田”“示范田”，不断夯实“全省粮食第一县”地位，守牢粮食安全底线。打造“特色亮点”，围绕“培育重点、打造样板、串点成带、辐射带动、示范引领”原则，精心打造颜集堰下、新河周圈等“五朵金花”、蝴蝶谷等“十颗明珠”，把原有散落在乡村的精品和亮点串点成线，勾勒出乡村振兴新颜值。高起点、高品位将3个小城市打造成为县城之外的重要产业发展承载地、生产要素集聚地、公共服务新高地，推动乡村全域振兴。

三要激励创新创业，提升发展活力。全面落实“政策发力适当靠前”最新要求，积极打造政策洼地、创业高地。培育创新创业主体。坚定不移推进大众创业、万众创新，鼓励和引导在外务工创业人员、大学毕业生、退伍军人、农村能人等群体依托花木等产业资源，投身创业大潮，全年新增个体工商户2.6万户左右、私营企业1.5万户左右。开展订单式免费培训，大力培养产业带头人、农业经纪人、乡土人才，发放“盆景技师”“沭阳花匠”和“沭阳大工匠”等荣誉证书，努力让各类群体免费长本领、创业有底气。高质量举办第四届创新创业大赛，才聚沭水、圆梦花乡，助推产业优化升级，厚植高质量发展新动能。建强创新创业载体。建设科技谷、直播大厦、花木大厦、党员教育基地等载体，吸引专业人才、汇聚专业资源，树立行业标杆、增强虹吸效应，吸引各类人才聚集创业，做到创业者拎包入驻、低成本创业，努力打造苏北创新创业地标。建设一批商、旅、文、体、农等产业融合发展项目，积极培育观光旅游、休闲农业、户外运动等新业态，延长消费链条，放大消费效能。优化创新创业生态。坚持创新与创业、线上与线下、孵化与投资有机结合，积极构建众创、众包、众筹、众扶“四众”平台，打造科创中心等综合众创空间，创新工场、创业咖啡、创意坊等特色众创空间，充分释放创新创业能量。大力培育企业家精神和创客文化，优化创新创业生态，积极营造有利于大众创业、万众创新的浓厚氛围。

四要推动共建共享，提升服务能力。坚持以人民为中心的发展思想，努力解决群众最关心最直接最现实的利益问题，编排实施“18类100项民生实事”，把群众最关切最烦心的事，一件一件解决好，做好群众“贴心人”。大力建设教育强县，深入推进名校、名师、名生“三名”工程，开工建设学校6所，当年新增6080个学位，支持沭阳中学、沭阳如东高中创建省高品质示范高中，重点培养一批省特级教师、正高级教师，积极创建“省义务教育优质均衡发展县”。高规格举办沭阳中学建校一百周年系列活动，讲述百年春华秋实，继承厚重精神财富。优化医疗资源供给，积极引进省内知名医院来沭合作办医，县第一人民医院投入运行，马厂区域医疗中心完成提档升级，构建更加完善的县乡村三级医疗卫生服务体系。建设文化沭阳，浓墨重彩打造书法之乡、楹联之乡以及全国淮海戏之乡等特色文化标识，鼓励创作一批彰显花乡特色的精品力作，构建“设施完善、覆盖城乡、发展均衡、服务便捷”的现代公共文化服务体系，创建“最美公共文化空间”2个以上。高质量推进“一老一小”关爱工作，创新养老“3+1+N”的护养体系，加快建设区域性养老服务中心，鼓励社会力量参与养老服务，加大对农村留守儿童、困境儿童关爱保护力度，进一步提升儿童福利保障水平。深入实施全民参保计划，扎实开展社会保险“幸福行动”，加大社保扶贫兜底保障力度，推动全县符合参保条件的低收入人口参保登记、保费代缴和待遇发放实现全覆盖，重点保障困境群众正常生活水平。

五要建设平安沭阳，提升治理能力。紧紧围绕为党的二十大创造安全稳定政治社会环境这一主线，全力消除各类风险隐患、全面净化社会治安环境，坚决守牢安全发展底线，建设水平更高、品质更优、群众更认可的平安沭阳。毫不放松抓好疫情防控，坚持“外防输入、内防反弹”方针和动态，坚持守土有责、守土尽责，落实“四早”措施，紧盯重点场所、重点人头，落细落实疫情防控各项措施，坚决防止“针尖大窟窿透过斗大风”。围绕“始终保持在岗、始终保持激活状态”的要求，优化工作专班，完善工作预案，常态开展应急演练，做到平战结合、平战转化，深入开展疫苗接种工作，确保继续保持“零感染”的良好局面。全力以赴抓好安全生产，坚持“源头防控比亡羊补牢更重要”理念，更高起点、更高标准推进“三年大灶”，立足26个专班开展安全生产大排查大整治，全面落实工业企业安全生产风险报告制度，打好长效提升和严格执法的“组合拳”，坚决防范遏制重特大事故发生，2022年要创成省级安全发展示范城市。坚持“牵头部门先进一步、涉及部门各进一步”原则，建立健全监管行业领域内企业安全生产“黑名单”制度，持续巩固省级食品安全示范县的创建成果，不断提升安全生产的监管执法效率与水平。善作善成抓好社会治理，完善党建统领全要素网格，推动党员干部常态化下沉小区开展工作，人在网中走，事在格中办，大事小情不出网格，积极打造党建品牌。推进法治沭阳建设，提升省级以上“民主法治示范村”建成率，全力争创“省级法治政府建设示范县”“全国平安建设先进县”。完善信访“421”机制，集中攻坚化解信访积案，统筹推进“三级三方评议”、信访“溯源”，高质量完成党的二十大、北京冬奥会、亚运会等重大活动的信访工作，争创“全国信访工作示范县”。

五、强化党建统领，干字为要、合字聚力，夯实现代化建设有力保障。全面贯彻落实新时代党的建设总要求，一以贯之推进全面从严治党，不断提升党总揽全局、协调各方的能力水平，真正把组织活力转化为发展活力，把党建优势转化为发展动能。

一要突出政治建设，永葆初心本色。站在“两个一百年”的历史节点，面对“两个大局”的交织激荡，全县上下要牢记“国之大者”、践行“两个确立”，把“两个维护”贯彻落实到现代化建设的各领域全过程，始终在思想上政治上行动上同以习近平同志为核心的党中央保持高度一致。持续巩固深化党史学习教育，传承和发扬革命老区的优良传统，着力引导全县广大干群坚定信念跟党走、担当务实开新局。要充分发挥党委（党组）理论学习中心组示范带动作用，推进学习制度化、规范化建设，用好用活党员统一活动日、学习强国等平台载体，跟进学习习近平总书记最新重要讲话指示精神，真正做到真学真信真用，永葆对党忠诚的初心本色。强化意识形态阵地监管，充分发挥统一战线联系广泛的优势，不断唱响主旋律、壮大正能量、画好同心圆。

二要突出基层基础，推动全面过硬。深入开展基层党建三年行动计划，推动基层党建全领域提升、全方位过硬。牢固树立大抓基层鲜明导向，建立各领域党组织书记抓基层党建工作正反两份责任清单，出台基层党组织规范运行等一系列导则，推动基层党组织制度化、规范化运行。重点打造“红磁场”升级版，深化“聚焦急难愁·支部进小区”活动，推动新型农村社区党建、“两新”党建实现有形有效覆盖，提升基层党组织政治功能和组织力。着力构建党建统领基层社会治理体系，探索抓党建促乡村振兴有效路径，把党的政治优势、组织优势转化为治理发展效能。牢固树立党建品牌理念，积极创建切合基层需要、党员群众认可的党建品牌，全面统合资源，找准突破点和着力点，建成一批有根基、接地气、叫得响的党建品牌。推动年轻干部培养常态化制度化，努力造就一批可堪大用、能担重任的“沭水栋才”。着力提升村（社区）干部能力素质，完善鼓励激励机制，着力打造一支政治过硬、素质过硬、能力过硬、作风过硬的“领头雁”队伍，最大限度激发干事创业昂扬斗志。树牢“凭实绩用干部”鲜明导向，将工作成效、考核结果与干部任用紧密衔接，真正让优秀者优先、有为者有位、吃苦者吃香。对不作为、乱作为的干部要提醒警示，督促整改；对依旧“我行我素”的干部，坚决从位子上调下来，作出“下”的处理。

三要突出作风建设，保持奔跑激情。深入践行“三真三实”，坚持“规范、规矩、程序、标准”，坚决查处违反中央八项规定精神、破坏营商环境、“四风”问题，注重标本兼治，加快建章立制，常态长效做好问题整改“后半篇文章”，严防“四风”问题反弹回潮，让新风正气充盈花乡大地。涵养深厚为民情怀，始终把群众安危冷暖、“急难愁盼”融于血脉、见诸行动，着力解决群众反映强烈的突出问题，以点点滴滴、实实在在的行动增强群众获得感，让群众对美好生活的向往照进现实。始终保持强烈的对标对表意识，进一步激发“干就干最好、争就争第一”的昂扬斗志，锤炼能争第一的真本领，敢与强者比、敢向高处攀、敢跟快的赛，推动各项工作百尺竿头更进一步。

四要突出反腐倡廉，净化政治生态。深化“严”的主基调，持续推进正风肃纪反腐，紧盯自然资源和规划、住房和建设、卫健、金融、国资等重点领域，集中精力查处一批有影响、有震慑的严重违纪违法案件，力争解决一个问题、总结一类规律、治理一个领域。强化监督保障执行，不断加强对党的纪律执行情况以及县委重大决策、重点工作的全程监督，坚决查处有令不行、有禁不止行为。全面提升巡察质效，探索建立政治监督“巡后评议、动态完善”制度，重点抓好巡察“回头看”和问题整改，不断彰显巡察利剑作用。一体推进“三不”机制，坚持以案破题、以案促改、以案促治、以案为鉴，严肃查处“雅贿”“影子股东”等隐性腐败、新型腐败行为，积极引导广大党员干部守好权力边界、抵住外界诱惑、跳出人情羁绊，强化家风建设，让清正廉洁成为花乡大地的厚重底色。

同志们，万里征程风正劲，千钧重任再扬帆。让我们更加紧密地团结在以习近平同志为核心的党中央周围，坚持以新思想定向领航，持续奔跑、埋头苦干、跨越赶超，奋力谱写“强富美高”新沭阳现代化篇章，以优异成绩迎接党的二十大胜利召开！

# 政府工作报告

## ——2022年1月12日在沭阳县第十八届人民代表大会第一次会议上

代县长　王　瑞

各位代表：

现在，我代表沭阳县人民政府向大会报告工作，请予审议，并请各位政协委员和列席人员提出意见。

### 本届政府工作回顾

县十七届人大一次会议以来的五年，是沭阳发展史上极不平凡的五年。面对复杂严峻的宏观环境和新冠肺炎疫情的严重冲击，我们坚持以习近平新时代中国特色社会主义思想为指导，深入贯彻党的十九大和十九届历次全会精神，坚决落实上级党委政府决策部署，在县委的坚强领导下，在县人大、政协的监督支持下，团结和依靠全县人民，坚持稳中求进工作总基调，坚持以新发展理念引领高质量发展，统筹疫情防控和经济社会发展，统筹发展和安全，高水平全面建成小康社会，赢得“十四五”良好开局，第十七届政府工作圆满收官，胜利踏上社会主义现代化建设新征程。回首过去的五年，一项项刷新的纪录跑出了沭阳速度，GDP历史性跨上千亿台阶，预计达到1140亿元，攀升至全国县（市）第34位、苏北第1位；工业开票销售突破千亿元大关，达到1225亿元，五年翻了一番，在苏北率先实现“双千”目标；一般公共预算收入增幅跃居全省县（市）第一、总量重回苏北第一，达到62亿元；全体居民人均可支配收入稳居全市三县之首，城乡收入比由1.71倍缩小至1.57倍。一个个高光的时刻展现了沭阳风采，苏北唯一在全省庆祝中国共产党成立100周年座谈会上作典型发言，连续两年在全国返乡入乡创业会议上作经验交流，成功承办首次在县级召开的全省重大项目建设观摩推进会，财政工作连续两年获得全省县（市）第一，脱贫攻坚等17项工作受到国务院或省政府大督查激励表扬，先后入榜综合实力等15个“全国百强县”，累计获评全国新型城镇化建设示范县等135个国字头荣誉。一次次重磅的突破彰显了沭阳实力，投资超百亿工业项目、A股上市企业、销售超百亿企业接连实现零的突破；现代农业产业园跻身“国家队”，沭阳成为苏北唯一既有国家级经开区、又有国家现代农业产业园的县份；淮沭新铁路前期工作全面启动，期盼已久的“高铁时代”即将来临；京沪高速扩建、宿连高速、宿连航道等重大项目加快建设；花乡学子中走出第一位省理科状元。一幕幕动人的场景诠释了沭阳精神，200万沭阳人民同舟共济、守望相助，谱写了花乡抗疫赞歌；3万干群星夜上堤、严防死守，连续三年保障超历史洪峰平安过境；全县上下响应号召、重整行装，吹响了二次创业集结号……众多花乡儿女用生命守护生命、用平凡铸就不凡，先后涌现“中国好人”“江苏好人”25人，省级以上道德模范、劳动模范131人，创历史之最。

**五年来，我们坚持做大量级、提升能级，综合实力节节攀升**

工业经济规模不断壮大。2021年实现规上工业增加值230亿元、工业税收43.1亿元，均位居苏北县（市）第一；实现工业用电量48.3亿千瓦时，位居苏北第二。绿色家居成为全省最大木材产业集群，高端纺织在苏北率先形成全产业链，机电装备产值占据全市“半壁江山”。经开区成为全省唯一国家级产业转型升级示范园区，昆沭高新园进入全省前五。乡镇工业开票销售突破600亿元，超过全县一半，领先苏北16个县（市），桑墟成为全市首个破百亿乡镇，贤官、李恒、青伊湖全部超过60亿元。

特色农业体系加快构建。粮食生产“十八连丰”，建成高标准农田142.7万亩，粮食种植面积和总产量全省第一，连续十四年获评“全国超级产粮大县”。花木产业年销售额突破200亿元，“沭阳花木”入选省特色农产品优势区，花木节举办至第九届，苏北第一县的“颜色经济”多次被央视点赞。新培育国家和省级农业龙头企业20家，获批“高墟大米”“潼阳花生”等4个国家农产品地理标志，“两品一标”农产品达到94个，创成省农产品质量安全县。

现代服务业水平快速提升。社会消费品零售总额保持年均两位数增长，成功入选首批“全国服务业百强县”、名列第38位。各类活跃网商超过5万家，年交易额突破300亿元，去年平均每秒14.4件快递发往世界各地，荣登“中国县域电商竞争力百强榜”第7位。实现省级重点文化产业园区零的突破（图书城），万达广场、荣誉酒店等56个重点项目陆续建成，百盟物流园成为全市首个民营5A级物流园区，韩山风景区获评3A级景区，胡家花园、吴印咸故居传承历史记忆。

科技创新能力显著增强。研发经费支出占GDP比重由2016年的1.5%提升至2%，国家高新技术企业达到142家，获批省级“三个中心”80个，建成全市唯一的国家级企业技术中心。引进国家级人才专家27人，完成高科技成果转化275项，荣获省科学技术奖4项，顺利通过“国家知识产权强县工程试点县”验收。高创园先后获批省级科技企业孵化器和众创空间，新增2家国家专精特新“小巨人”企业。

**五年来，我们坚持城乡统筹、一体推进，发展面貌日新月异**

城市颜值愈加亮丽。高分获评省优秀管理城市，成功入选全国文明城市提名城市。新增公园绿地85.8万平方米，老沭河健身步道获评“江苏最美跑步线路”，“新”城北公园惊艳亮相，南山公园、艽园“变废为宝”，八一路、深圳路等55条道路实现“一路一景”，旧貌换新颜。完成165.5万平方米棚户区改造，24个老旧小区焕发新活力，小区物业完成市场化转型，一批长期困扰群众的“闹心房”问题得到解决。“1+3”节日氛围营造刷爆“朋友圈”，12个城市文化年轮保护项目彰显底蕴。

镇村面貌持续改善。完成全县镇村布局规划编制。建设农村新型社区54个，4.9万户农民住房条件得到根本改善。农村生活垃圾集中收运率100%，苏北首家获评全国村庄清洁行动先进县。农村公共空间治理收回资源资产面积23.6万亩、78.4万平方米，带动村均增收51.9万元。累计获评全国重点镇、国家卫生乡镇、省级文明乡镇11个，建成全国文明村、省特色田园乡村、美丽宜居乡村179个。

基础配套大幅提升。财政累计投入194亿元，实施重点基础设施项目148个。329省道、新沂河大桥、重庆南路等72条道路、桥梁建成通车，城区快速路、苏州路西延跨淮沭新河大桥等7项重大交通工程加快建设，获批“四好农村路”省级示范县，城乡公交完成一体化改造。庙头水厂三期、梦溪水厂三期建成投用，农村供水管网到村普及率达到100%。10座110千伏及以上变电站建成投用，供电可靠性达99.9%。城镇5G信号基本覆盖。

**五年来，我们坚持以人为本、人民至上，民生福祉不断增强**

疫情防控有力有效。县、乡、村、组四级防控网络全面构建，疫苗接种336.4万剂次、基本覆盖全域人群，创新“555”联防联保联控机制获全省推广，“外防输入、内防反弹”的常态化防控措施严而又实，持续保持无“疫”状态。改建医疗收治场所11个，高标准设置隔离场所17个，核酸日均采样检测能力超过84万人次，医疗救治、流调溯源、应急响应能力位居全市前列。106名医护人员上演“最美逆行”，彰显了硬核担当和大爱情怀。

保障体系健全完善。累计新登记个体工商户10.3万户、私营企业5.8万户，带动就业14.6万人。城乡居民基本医疗和养老保险参保率分别达到98%、98.1%。城乡低保提标至每人每月620元，困境儿童、残疾人保障范围持续扩大，发放特困人员供养经费1.3亿元。创新实施“一老一小”关爱机制，84个AAA级以上居家养老服务中心建成运营，农村社区居家养老服务实现全覆盖。

公共服务提档升级。财政累计投入420亿元，实施重点民生实事项目516个。新建扩建东兴小学等12所学校，实施531个农村学校“改薄”工程，创成省优质幼儿园96所，清理取缔302所“无证园”，获评全国义务教育发展基本均衡县，考取清华、北大人数连续保持在全省第一方阵。沭阳医院创成三级乙等综合性医院，县中医院通过JCI国际认证，370家村居卫生室提档升级，获评国家健康促进县。《虞姬》等4部作品获得省“五个一工程”奖、“五星工程奖”，《摄影师·青年吴印咸》成为全市首部在全国院线上映的影片，先后获评“中国淮海戏之乡”“中国楹联文化县”。

社会大局和谐稳定。网格规范达标率100%，“广场夜谈质询会”获省“基层社会治理创新成果奖”。扫黑除恶专项斗争纵深推进，创新实施“421”信访工作机制，连续13年获评“省平安县”。“一年小灶”“三年大灶”接续推进，“三级三员联防联动”安全生产工作机制获得省委主要领导批示肯定，木材产业转型升级成效明显，生产安全事故起数和死亡人数连续三年“双下降”，创成省食品安全示范县。信用沭阳建设深入推进，“三苗”领域整治成效显著，政务诚信评价位列全省县区类第一等次。

**五年来，我们坚持精准施策、补短强弱，三大战役圆满收官**

脱贫攻坚战取得全面胜利。23万建档立卡低收入人口年均收入超过6000元，59个经济薄弱村村均收入超过50万元。累计投入5亿元实施精准扶贫项目6343个，建成扶贫产业园51个，“两不愁三保障”脱贫巩固率达100%，脱贫致富奔小康与乡村振兴有机衔接。282个片区整体帮扶项目落地见效，产业扶贫、教育扶贫、医疗扶贫斩断“穷根”。

污染防治攻坚战坚决有力。蓝天、碧水、净土“三大保卫战”取得阶段性成效，各项交办问题即时销号。完成2420项大气污染治理工程，削减煤炭消费总量6万吨，$PM_{2.5}$年均浓度下降至37.6微克/立方米，创五年最好水平。“河长制”“断面长制”严格落实，建成乡镇污水处理厂19座、村级污水处理站243座，国省考断面水质稳步提升。循环经济产业园取消化工园区定位，遗留污染地块得到有效管控和修复。

防范化解重大风险攻坚战成效显著。创新“1+2+N”处非工作模式，建立入驻金融企业审批“六必查”机制，金融生态环境综合评估从2016年的全省末位提升至全省第22位、上升47位。“一体两翼三到位”财政财务资产管理机制等相关做法获得省委主要领导批示肯定，创新“1369”债务管控机制，成为全省首个村级零债务县，政府综合债务率持续保持在绿色等级区间。

**五年来，我们坚持锐意改革、开放创新，发展活力持续迸发**

多领域改革扎实推进。县乡机构改革和乡镇布局优化调整圆满完成，9项国家级、19项省级和6项市级改革创新项目加快实施。“放管服”改革持续发力，“一件事”“不见面”改革全面推开，招标不见面率省内率先达100%，群众办事时间平均缩减70%。109项县级行政审批权限赋权经开区，353项审批服务和权力事项下放乡镇（街道），县政务服务中心晋升国家级政务服务标准化试点单位。累计为市场主体减税降费33.6亿元。

多元化创新亮点纷呈。探索形成“互联网+‘三农’”沭阳电商模式，手机变成“新农具”、直播变成“新农活”、数据变成“新农资”、网红变成“新农民”。建成全省首个快递物流小镇、首家乡镇快递园区、首条村级快递一条街，“农村公路+电商”融合发展模式获全国推广。创新“供应链+金融”“信贷+保险”等融资模式，投放全省首笔“苏科贷”，出具水稻“收入保险”全省第一单。

多方位开放持续深化。与“一带一路”沿线39个国家建立贸易往来，新增外资企业28家，经开区获批中国（江苏）自贸试验区联动创新发展区。创新“1+6”跨境电商全链条孵化服务模式，集聚跨境电商企业35家，县软件园获评省级跨境电子商务产业园。先后与塞尔维亚丘普里亚市缔结友好城市，与德国宾根市建立友好交流合作关系。

过去的五年，在推动经济社会发展过程中，政府系统坚持不懈加强自身建设，政治建设更加有力。自觉践行、忠诚捍卫“两个确立”，不断增强“四个意识”、坚定“四个自信”、做到“两个维护”，始终把学习习近平新时代中国特色社会主义思想摆在最突出位置，始终在思想上政治上行动上同以习近平同志为核心的党中央保持高度一致。法治建设更加规范。健全完善县长办公会、县政府常务会等议事决策制度，主动接受人大、政协监督，重大行政决策、行政协议合法性审查率100%，法治财政标准化管理工作全省“十一连冠”，连续三年获评省土地执法模范县。作风建设更加深入。严格落实中央八项规定精神，积极践行“三真三实”要求，驰而不息纠治“四风”，坚决抓好巡视巡察审计发现问题整改，研究出台30余项制度规范，不断锤炼忠诚干净担当、勤政廉政善政的干部队伍，始终保持清正廉洁的政府形象。

与此同时，妇女、儿童、工会、供销、红十字、统计、税务、民宗、人防、消防、双拥、气象、保险等各项事业实现新进展。

各位代表，刚刚过去的2021年，县第十三次党代会胜利召开，描绘了沭阳未来发展的美好蓝图，发出了“二次创业、全面领先”的动员令，全县上下闻令而动、大干快上，精准应对疫情、洪涝、能耗双控和要素制约等多重挑战，以奔跑姿态开启了苏北第一县现代化建设新征程。这一年，经济运行低开高走、高中趋稳、稳中有进、整体向好，继上年度GDP跨上千亿台阶后，工业开票销售、一般公共预算收入双双实现新突破，主要经济指标完成华丽转身、居于省市前列。这一年，省委、市委明确提出支持沭阳建设“区域副中心城市”，3个小城市建设全面破题，苏北最大县级文化馆建成投用，华东花木大世界启动建设，苏北乃至华东地区富有魅力、宜居宜游花园城市正在成为现实。这一年，民生改善更加可观可感，杭州路高中、智慧路初中等5所学校启动建设，县妇幼保健院晋升二级甲等，韩山人民医院创成省农村区域医疗卫生中心，16个农房改善项目全面竣工，城市地砖破损、路灯不亮等问题得到有效治理，赢得了群众充分认可。这一年，全县上下隆重庆祝党的百年华诞，党史学习教育全面激发爱党爱国热情，政府系统始终同人民想在一起、干在一起，风雨同舟、同甘共苦，集结起万众一心，熔铸成沭阳力量，为奋进新征程、建功新时代奠定了坚实基础。

各位代表，五年的成就催人奋进，五年的经验弥足珍贵。我们深切体会到：必须坚持党的全面领导。五年来，我们之所以能够保持总体平稳、稳中有进的发展态势，最根本原因就是始终以新思想定向领航。实践证明，只要胸怀“两个大局”，心系“国之大者”，把党对一切工作的领导贯彻到政府工作各方面，就一定能推动沭阳各项事业破浪前行、行稳致远。必须坚持高质量发展。五年来，我们始终把高质量发展作为导向，大抓工业、大抓招商、大抓项目，县域经济实力和综合竞争力大幅度增强。实践证明，只要牢牢扭住经济建设这个中心，科学把握新发展阶段，深入践行新发展理念，就一定能走出一条具有沭阳特色的高质量发展之路。必须坚持深化改革创新。五年来，我们在债务管理、安全生产、疫情防控、城市治理等重点领域推动了一系列改革创新，充分激发了内生发展动力。实践证明，只要坚持创新引领、改革攻坚、开放升级，就一定能为县域经济稳健发展破解瓶颈、赢得先机。必须坚持以人民为中心。五年来，我们始终聚焦教育、医疗、住房等人民群众关心的“急难愁盼”，在改善民生中赢得民心、集中民智、汇聚民力。实践证明，只要永葆为民初心，办好民生实事，增进民生福祉，就一定能凝聚人民群众的磅礴之力、非凡之智，沭阳的各项工作就一定能无往不胜。必须坚持同心同向同行。五年来，我们始终政企同心、干群同向、上下同行，顶住了经济下行、转型升级的压力，经受住了疫情防控、防汛抗洪的大战大考。实践证明，只要全县上下以团结为旗帜、以事业为信念，心往一处想、劲往一处使，就没有越不过的山、跨不过的坎，就一定能汇聚奋进新征程的强大力量！

各位代表！过去五年取得的成绩，是新思想科学指引的结果，是上级党委政府和县委坚强领导的结果，是县人大、政协监督支持的结果，是全县干群团结奋进的结果。在此，我谨代表县人民政府，向奋战在各行各业的全县人民，向各位人大代表、政协委员，向各民主党派、工商联、无党派人士，向各人民团体、各界人士、离退休老同志，向武警官兵、人民警察、民兵预备役人员，向所有关心支持参与沭阳发展的县内外朋友，表示崇高敬意和衷心感谢！

总结成绩的同时，我们也清醒地看到存在的不足和问题：加快发展的要素空间制约更加突出；人均经济总量不大；产业质态不优，转型升级任务繁重；城市精细化治理还要狠下功夫；城乡差距客观存在；交通教育医疗、生态环境和生产安全等公共服务与群众期盼还有差距；“三苗”领域诚信体系尚未完全建立；政府系统党风廉政建设任重道远，等等。对这些问题，我们一定高度重视，在今后工作中切实加以解决。

## 今后五年政府工作思路和奋斗目标

各位代表，本次会议将选举产生新一届县人民政府。新一届政府履职的五年，是我国迈向新征程、江苏担当三大光荣使命、宿迁全面推进“四化”同步集成改革、沭阳加快建设区域副中心城市的关键时期，我们必须准确识变应变求变，在新的赶考路上牢牢把握发展主动权，奋力走好社会主义现代化建设新征程。奋进新征程，必须彻底跳出县城思维。县只是行政等级、不是发展能级，我们绝不能让“县城思维”禁锢住思想，要坚决破除层级决定论、区位框定论、资源限定论、环境影响论，在更大时空格局中审视谋划沭阳发展，跳出全市看沭阳，站在苏北看沭阳，面向全省、全国看沭阳，进一步明晰“坐标系”、聚焦“路线图”、对标“任务书”，真正以思想破冰引领发展突围。奋进新征程，必须更加突出“项目为王”。无论是脱贫攻坚、全面小康，还是洼地崛起、弯道超车，项目建设始终是我们制胜的不二法宝。当前，党中央提出“稳字当头、稳中求进”，“稳”要有“压舱石”，“进”要靠“大块头”，我们必须坚定不移、持之以恒地把抓项目作为头版头条、一号工程，一切盯着项目干、一切围绕项目转，努力以项目的“顶天立地”“铺天盖地”带来发展的“日新月异”。奋进新征程，必须始终坚持领跑信心。回首过去，沭阳从“全省倒数”到“苏北第一”，一路高歌、一路赶超，从来都是信心满满。当前沭阳已经进入新一轮快速发展的黄金期，正在以奔跑姿态推动二次创业，我们必须更加坚定领跑的信心，要站得更高、望得更远，在“稳”的基础上，不断扩大“领”的优势，全力加快“跑”的速度，让“快”成为发展的主基调和新常态，在新征程中始终领跑在前。奋进新征程，必须全面锻造沭阳品牌。在日趋激烈的县域竞争中，唯有特色是不可复制、不可替代的优势。沭阳在推动高质量发展中积累了一定经济基础，在应对风险挑战中积累了不少有效做法，在改革创新中积累了许多成功经验，我们必须毫不动摇走好特色发展之路，鼓励支持各领域围绕特色、挖掘特色、创造特色，靠特色出彩、以特色取胜，把“沭阳品牌”擦得更亮。

今后五年政府工作的指导思想是：坚持以习近平新时代中国特色社会主义思想为指导，深入贯彻习近平总书记对江苏工作重要指示精神和党中央重大决策部署，按照省委省政府、市委市政府和县委工作要求，认真落实省、市、县党代会精神，弘扬伟大建党精神，坚持稳中求进工作总基调，完整、准确、全面贯彻新发展理念，加快融入新发展格局，坚持改革创新，以推动高质量发展为主题，以深化供给侧结构性改革为主线，统筹疫情防控和经济社会发展，统筹发展和安全，继续做好“六稳”“六保”工作，抢抓“四化”同步集成改革示范区建设机遇，坚定“苏北工业强县、苏北教育强县、苏北最美县城、苏北最美乡村”发展目标，为全市“走在苏北前列、快于全省平均、领先区域发展、赶超全国梯队”作出更多贡献，全方位打造苏北全面领先的区域副中心城市。

今后五年政府工作的奋斗目标是：到2026年，GDP突破1800亿元、一般公共预算收入超过100亿元、社会消费品零售总额达到500亿元，固定资产投资年均增长10%以上，城乡居民收入增幅快于经济增长。县域综合实力在全国排名年年有进位，优势项目和指标在全省保持领先，主要经济指标在苏北全面领跑，持续当好全市高质量发展领头羊。

一、做大主导产业，做优园区平台，让苏北工业强县的基础更加稳固，高质量建成区域性的先进制造业强县。全面融入长三角产业布局，实施“123”产业集群培育计划，力争每年招引超百亿项目1个以上、培育工业开票销售超百亿载体1个以上、主板上市企业1家以上，到2026年基本建成链条完备的“3+3+X”主导产业体系，形成1个超千亿、2个超五百亿、3个超百亿的产业集群。分类推进“234”园区体系建设，三年再造一个经开区，全国综合排名进百强；昆沭高新园创成省高新区；构建以3个小城市和4个道口为重点的乡镇工业园区新布局。大力实施“456”战略，到2024年实现千亿级开发区、千亿级产业、千亿级乡镇板块、千个规上工业企业“四千”目标，到2026年规上工业总产值突破2800亿元、规上工业企业达到1500家。

二、聚力品质提升，突出全域大美，让苏北最美县城的魅力更加绽放，高质量建成区域性的城乡融合发展示范县。深入实施“大县大城”战略，推动花园城市向“花园中的城市”、全国最大县城向区域副中心城市跃升，加快建设Ⅱ型大城市。全力推进城市更新，彻底解决城市内涝，争创省级生态园林城市，高标准创成全国文明城市。以“乡村公共空间治理+”擎动乡村振兴，高质量打造“两个片区”“三条示范带”“五朵金花”“十颗明珠”，实现美丽宜居乡村全覆盖，努力打造新时代鱼米之乡沭阳样板。到2025年，力争淮沭新铁路建成通车，连宿蚌铁路纳入国家规划，沭阳全面进入“高铁时代”；宿连高速、宿连航道建成投入使用，城区快速路全线贯通。

三、坚持共享发展，持续惠民富民，让实现共同富裕的路径更加清晰，高质量建成区域性的民生幸福标杆县。财政安排民生支出占一般公共预算支出80%以上并逐年提高。全面推进幸福沭阳建设，解决好“一收一保”“一医一教”“一老一小”等群众最关心最期待最牵挂的问题，民生保障和共同富裕水平位居苏北前列。大力实施富民工程，推动更加充分更高质量就业创业，着力缩小城乡间、区域间收入差距。深入推进“学在沭阳”战略，新建中小学20所左右，省沭中和沭阳如东中学争创省高品质示范高中，全方位建成苏北教育高地。全力推进健康沭阳建设，建立健全与长三角三甲医院合作长效机制，支持沭阳医院、县中医院创建三甲医院，推动县第一人民医院创建二甲医院。不断完善覆盖全民的社会保障体系，建立健全大社会救助模式。

四、致力“四化”同步，攻坚集成改革，让示范区建设主战场的地位更加凸显，高质量建成区域性的改革创新先行县。主动扛起推动“四化”同步集成改革重任，聚焦区域副中心城市建设，围绕工业化引领、城镇化支撑、农业现代化保障和信息化赋能的“四化”协同机制，深入推进政策、资源等七项系统集成和九大改革举措探索，努力形成更多沭阳方案和经验，积极为县域“四化”同步发展提供样板。大力实施创新驱动战略，加快实现人才、平台等创新要素无障碍集聚，培育高新技术企业300家以上，科技创新综合实力保持苏北前列，创成国家知识产权强县建设示范县、省创新型示范县，到2026年研发经费支出占GDP比重达到2.5%。

五、坚定绿色转型，修复生态肌理，让“花木之乡”的底色更加亮丽，高质量建成区域性的绿色发展模范县。放大全国“两山”发展百强县品牌效应，推动美丽沭阳建设取得阶段性成果，到2026年，全县$PM_{2.5}$平均浓度下降到30微克/立方米以下，国省考断面水质优Ⅲ比例达到90%以上，空气优良天数比率稳中有升。坚决落实碳达峰碳中和战略，加快推进产业结构和生活方式绿色低碳转型。深入挖掘“虞姬故里、花乡沭阳”生态特色，加快“一核一区一圈三板块”建设，全力打造生态旅游目的地，到2026年全县森林覆盖率达到26.6%、绿化覆盖率达到44.8%。

六、强化智慧赋能，发动全员参与，让安全稳定和谐的局面更加巩固，高质量建成区域性的社会治理样板县。聚焦聚力社会治理“六创六提升”工程，着力打造具有沭阳特色的县域治理品牌。深入开展“八五”普法，全面打造法治政府、法治社会，创成省级法治政府建设示范县。深入推进“平安网格”“万村善治”工程，构建“一网管全域”高效协同治理模式，加快社会治安防控体系现代化建设，推动平安沭阳建设走在全省前列。慎终如始抓好疫情防控。健全安全生产和防灾减灾救灾机制，创成省级安全发展示范城市。构建覆盖城乡的新时代文明实践体系和诚信体系，完善多元化矛盾纠纷化解机制，实现“无讼村居”全覆盖。

## 2022年主要工作安排

今年是新一届政府履职的起始之年，也是“十四五”的关键之年，更是党的二十大召开之年。做好政府各项工作，责任重大，意义深远。我们将坚持稳字当头、稳中求进总基调，矢志工业突破、聚力五大提升，扎实开展工业突破年、项目攻坚年、营商环境提升年活动，不断开创县域高质量发展新局面，为全省、全市多作贡献，以优异成绩迎接党的二十大胜利召开。

全年经济社会发展的主要预期目标是：GDP增长8.5%，一般公共预算收入增长12%，固定资产投资增长12%，全体居民人均可支配收入与GDP同步增长。

围绕上述目标，重点做好九个方面工作：

一、持之以恒改革开放，全面增强跨越赶超新动能。坚持不懈深化改革、扩大开放，在改革创新中凝聚发展动力、集聚发展资源、开拓发展空间。

激活改革创新基因。牢固树立沭阳“以改革而兴、因创新而名”的实践认知，大力弘扬“春到上塘”“沂涛新歌”等首创精神，让改革创新的春潮持续激荡在沭阳大地。坚定推动改革再出发，加强改革工作总体谋划，找准找实与省委、省政府《支持意见》的契合点，把握“符合上级精神、有利沭阳发展、顺应群众意愿”原则，在先行先试中加快形成一批有影响的沭阳经验，努力打造“创沭阳”改革品牌。

深化关键领域改革。聚焦“四化”同步集成改革，完成“区域副中心城市”路径研究，努力争取一批专项支持政策。拓展农村产权制度改革成果，探索集体土地入市交易和宅基地有偿使用有偿退出机制，完善农业保险保障体系。启动首批行业综合许可一证化改革，实现“一件事”服务“7×24小时”不打烊，让更多事项“全城通办、就近能办、异地可办”。深化工业企业全生命周期审批、工程建设审批等重点领域改革，坚决消除各类隐性壁垒。深入推进国企三年改革行动。

拓展开放合作空间。深度融入“一带一路”、长江经济带、长三角区域一体化等重大战略，推动经开区自贸联动创新发展区建设取得实质性进展。积极发展跨境电商，全年新增外商投资企业16家，实现到账外资1.5亿美元。全力保障京沪高速扩建、宿连高速、宿连航道等工程加快建设，积极推进淮沭新铁路、临盐高速沭阳段、盐洛高速北延段前期工作，加快打造“承南启北、通江达海”的交通网络。创新与昆山合作机制，更加突出产业合作，积极拓展科技、教育、文化等方面交流。

二、毫不动摇外引内培，加快构筑工业发展新优势。大力开展“工业突破年”活动，坚持培大育强与转型升级并重、投资拉动与创新驱动并举，争创全省制造业高质量发展示范区培育地区。

打好招商“主动仗”，持续增强发展后劲。加速“3+3+X”产业体系和15条重点产业链与全市、全省、长三角产业深度对接，坚持和完善“1218”招商体系，持续开展“招商突击月”活动，做到周周有活动、月月有签约、季季有开工，每3天落户1个亿元项目。紧盯先进制造业和战略性新兴产业，瞄准“链主”类头部企业，精准招引科技含量高、产业关联度高、投入产出比高的优质项目，引进超10亿元项目35个以上、超50亿元项目10个以上、超百亿元项目2个以上。完善“四个一”帮办服务机制，强化重大项目建设要素保障和全周期服务，确保项目落得下建得快长得好。

做足培育“大文章”，加速推动产业转型。以“5321”工程为引领，深入实施“百亿引航、十亿升级、小微成长”行动，精准化、个性化制定培育政策，新培育工业开票销售超2000万元企业100家以上、超亿元企业30家以上、超10亿元企业3家以上。大力实施“产业强链”三年行动计划，充分发挥链主企业引领带动吸附作用，制定完善15条重点产业链图谱，“一链一策”推动强链、延链、控链、补链、畅链，力争新增“链主”企业8家以上、瞪羚企业10家以上、市级以上专精特新企业12家以上，“3+3”主导产业达到千亿规模。

下好数字“先手棋”，大力推进科技赋能。实施科创载体提升行动，启动纺织产业技术研究院和智能提花机联创中心建设，创建省创新型示范县。抓好科技型企业招引和高新技术企业培育，新增国家高新技术企业50家以上、科技型中小企业320家以上。深入实施“龙头智造、千企上云、万企联网”工程，促进数字经济与实体经济深度融合，利用互联网对传统产业进行全方位全链条改造，引导和推动企业加快研发设计、设备工艺、生产制造、营销服务等环节智能化数字化转型，新增三星级以上“上云”企业70家，创建市级工业互联网标杆工厂3家以上、市级智能车间10个以上。深化人才引领服务发展“五联五强”行动，引进高层次人才30人以上，获批省“双创人才”和市“领军计划人才”15人以上。

建强园区“主阵地”，全面提升承载能力。经开区更加突出工业经济主战场地位，实施转型升级三年行动，全年招引亿元以上项目100个、盘活土地6000亩以上，加快打造县城产业转型升级示范园区。昆沭高新园全面深化启动区建设，年内创成省级特色园区。3个小城市抓住“一区多园”管理机遇，4个道口工业园以创建县级工业园为目标，年内建成标准化厂房240万平方米以上，尽快成为产业发展新的增长极。

三、坚定不移扩大投入，有效激活经济增长新引擎。充分发挥有效投资在稳增长、调结构中的关键作用，深入开展“项目攻坚年”活动，确保全年固定资产投资达到410亿元。

深挖投资潜力。抢抓国家扩大投资窗口期，精准聚焦政府债券和中央、省最新投资政策，全力争取一批“国字号”“省字号”新兴投资项目或资金落户沭阳。鼓励和引导民间投资参与市政、交通、生态环境、社会事业等补短板项目建设，全面激发民间投资活力，民间投资占全社会投资比重稳定在70%以上。加强政府投资项目储备库建设，适度超前布局建设基础设施，优先支持科技创新、产业转型、民生保障等领域项目投资，谋划推进一批“两新一重”项目建设，形成滚动开发的投资新格局。

加速投资落地。突出基建投资先导性，加快推进交通、园林等10大类105个重点基础设施项目建设，年内完成投资200亿元以上。突出产业投资带动性，加快推进75个列省列市重大产业项目建设，年内完成投资477.6亿元，桐昆一期试生产，天能四期全面投产。突出民生投资普惠性，聚焦“医教水住行、法访文保收”，扎实推进18类100项为民办实事项目建设，年内完成民生投资120亿元以上。突出房地产投资支撑性，坚持“房住不炒”定位，加大国内优秀房企引进力度，年内完成房地产开发投资100亿元以上。实施建筑业振兴计划，力争产值突破220亿元。

做优投资环境。开展“营商环境提升年”活动，加快打造“沭最好”营商环境品牌，更大力度支持实体经济发展。认真落实新的减税降费各项政策，拿出更多“合身”“解渴”“有感”的助企纾困措施，该免的免到位、该减的减到位、该缓的缓到位。探索“交地即施工”审批服务，有效降低水电气热等要素价格。常态化开展政银企对接活动，新增制造业贷款15亿元以上，力争工业企业上市实现零的突破。建立政企“面对面”机制，定期召开企业家座谈会，让企业声音“听得到”、意见“看得到”、诉求“办得到”。

四、培育壮大市场主体，持续释放就业创业新活力。突出政府引导和帮扶作用，进一步推进创业带动就业，全年新增个体工商户2.6万户左右、私营企业1.5万户左右。

发挥花木电商牵引力。深入推进国家现代农业产业园建设，加速花木产业“六个转型”，建成华东花木大世界一期工程，高质量办好第十届沭阳花木节，花木产业年销售额突破260亿元。抢抓全国“互联网+”农产品出村进城工程试点县机遇，探索建设农村电商全要素服务平台，引导更多花农“上网”致富，努力打造农村电商赋能乡村振兴的“沭阳样板”，花木网络销售额增长18%以上。规范发展直播电商、直播拍卖等新零售业态，培训各类电商人才1500人以上，新增花木直播电商500家以上。

放大城市消费支撑力。落实好扩大内需战略，精心策划“沭阳消费”四季系列主题活动，积极打造区域性消费中心，社会消费品零售总额增长10%以上。抢抓培育新型消费示范城市机遇，引导发展首店经济、首发经济等新模式，持续培育壮大医疗健康、养老托育、苗木花卉等群众需求较大的消费热点，释放居民消费潜力。打响“沭阳八点半·繁华花乡夜”夜经济品牌，重点建设一批夜间经济集聚区，培育一批网红店、夫妻档等小微商业群体。

激发富民增收内生力。强化就业优先导向，全力打造“乐业沭阳”返乡创业就业服务品牌，让共同富裕的道路越走越宽广。常态化开展“春风行动”，建立“三位一体”供需对接平台，新增城镇就业9000人以上，“零就业”家庭动态清零。探索建设省级人力资源服务产业园，加强政策支持和技能培训，扶持创业2000人以上，完成各类技能培训1万人次以上。精心筹办省委驻沭帮扶30周年纪念活动，完善低收入人口增收和重点帮促村发展长效机制，加强低收入群体精准识别帮扶，持续巩固脱贫攻坚成果。

五、持续提升建管水平，充分彰显花园城市新形象。紧扣“区域副中心城市”定位，完善功能、改善民生，丰富内涵、彰显特色，打造环境优美、人文醇美、建设精美“三美与共”的大美沭阳。

以更大格局规划城市空间。主动融入市域“1129+N”城镇空间体系，高水平编制实施新一轮国土空间规划，推动城市“精明增长”。抓好老城区北向优化，实施城区北入口形象提升等项目，让老城焕发新活力。推动高铁新城西向融合，谋划“高铁+新城”站城一体发展，着力打造生态新区。加速南城区构建支点功能，规划建设100万平方米苏北智慧物流中心、苏北最大邮政邮件处理中心。推动东城区向东延伸，承载经开区拓园扩容，致力打造产城融合示范区。高标准打造3个小城市，加快“6个中心”建设，加速形成连接城乡、承上启下的区域枢纽。

以更高标准推进城市更新。持续推进“增花、增绿、增彩、增园”，实施全民义务植树基地建设、南湖公园提升改造等11项园林绿化工程，新建9个口袋公园、2个主题公园，完成城区节点绿化美化彩化提升，让市民出门即见绿、转角遇见美。加快城区快速路二期、常州路等24条市政道路新建改建，高标准改造人民东路、光荣路等4条老旧街区，打通珠江路、苏州路等7条城区断头路，进一步畅通“大动脉”、优化“微循环”。统筹推动棚户区、老旧小区以及其他老旧建筑更新改造，加快11个定销房小区建设，加大遗留问题小区处置力度，积极推进城区易涝点改造，加速推动“住有所居”向“住有宜居”迈进。

以更优管理争创文明城市。纵深推进全国文明城市创建，加快实施城市公共空间治理三年行动，下足微治理的绣花功夫，打造“规范、干净、有序、安全、文明”的精致管理城市。构建“大城管”工作格局，打造智慧城管、智慧停车等11个系统平台，建立基础设施“微修复”和城市管理“快响应”机制，加快实现“一屏观全城、一网管全城、一端惠全城”。完善物业服务企业星级信用评定体系，深入推进“综合执法进小区”，重拳整治私搭乱建、毁绿占绿、小区“飞线”等顽疾，创建市级以上红色物业示范点4个。启动装潢垃圾处置场建设，建成省级垃圾分类达标小区40个。

六、全力推进乡村振兴，生动展现农业农村新面貌。扎实有序推进乡村发展、乡村建设、乡村治理，加快打造村强、民富、景美、人和的新时代鱼米之乡。

做强现代农业。围绕“一群四链”建设，引进三产融合型项目30个以上、竣工30个以上，力争综合产值突破300亿元。严守耕地红线，新建17.5万亩高产稳产“吨粮田”，高质量建成小麦、水稻种子生产基地1.9万亩，稳住群众的“米袋子”“菜篮子”，保障粮食和重要农副产品供给安全。实施农业品牌提升行动，“桑墟草莓”“扎下黑松”创建国家农产品地理标志，新增“宿有千香”授权品牌产品3个以上。培育市级以上农业产业化龙头企业4家，打造示范家庭农场40个、示范社15个。

做美特色镇村。启动乡村国土空间规划编制，做好“多规合一”实用性村庄规划，推动连片开发、组团发展。深入推进“三生”空间融合治理，统筹启动新一轮农村人居环境整治行动，创建2个省级特色田园乡村，打造21个美丽宜居乡村。加快打造“两个片区”“三条示范带”“五朵金花”“十颗明珠”，完成120千米“美丽农村路”建设，努力展现沭阳秀美的大地景观、田园景观和产业景观。接续实施新一轮农房改善三年行动计划，衔接做好“后半篇”文章，年内新搬迁改善农户5500户。

做好基础配套。加快推进267、344、324等省道建设，维修改建农村道路60千米、桥梁18座，实施农村公路生命安全防护工程300千米，争创国家级“四好农村路”示范县。实施古泊河沿线控制闸工程，积极推进柴米河、北六塘河、岔流新开河等骨干河道治理，启动乡镇洪涝灾害薄弱环节提升工程。建设城乡公交智能调度中心，多措并举推动公交优先，争创省级城乡公交一体化达标县、农村物流达标县。启动庙头水厂四期扩建工程，新增供水能力6万吨/天。加快电力通信网建设，新建、改造10千伏架空线路500千米，新开通5G基站200个以上。

七、用心用情改善民生，竭力满足人民生活新期盼。始终坚持以人民为中心的发展思想，既尽力而为、又量力而行，切实解决好民生突出问题，不断满足人民群众对美好生活的向往。

提升服务水平，让群众上学就医更舒心。实施教育强县三年行动计划，建成杭州路高中等5所学校，启动温州路初中等6所学校建设，全年新增幼儿园、中小学学位6000个以上，办好省沭中建校100周年系列活动。深入落实“双减”政策，实现“5+2”课后服务义务教育学校全覆盖，争创省义务教育优质均衡发展县。持续优化公共卫生服务体系，推动县第一人民医院与省内知名医院合作办医投入运行，完成马厂区域医疗中心提档升级，启动县妇幼保健院提标改造，创成甲级村卫生室4个以上。通过国家卫生城市复审，新增国家、省卫生乡镇5个。

织密保障网络，让群众基本生活更有底。新增企业职工养老、工伤和失业保险参保5000人以上，城乡基本养老和失业保险参保率超过99%。抓好社会福利、慈善事业、优抚保障等工作，精准落实社保帮扶“三个100%”，兜牢困难群体生活底线。加大医保惠民力度，住院政策范围内个人自付比例降低9个百分点，异地就医门诊费用直接结算率大幅提升。健全普惠型“一老一小”关爱机制，新建3个区域性养老服务中心，重残养老服务中心投入使用，支持社区、新建小区发展普惠托育服务。优化退役军人安置和服务保障，争取蝉联省级双拥模范县。

繁荣文化事业，让群众精神食粮更富足。大力开展文化惠民工程，建成智慧广电乡镇3个，开展各类文化惠民活动800场以上。新建工人文化宫、青少年宫、妇女儿童活动中心，整体改造青少年广场，开放省内最大县级图书馆，打造“最美公共文化空间”2个以上，实现文化大院乡镇全覆盖。办好“吴印咸摄影艺术双年展”，争创“中国摄影之乡”。打造“书香沭阳”全民阅读品牌，做好“紫藤文艺奖”评选，争取获得省“五星工程奖”2项。推进文化产业园区建设，文化产业增加值占GDP比重提升至6.5%以上。

八、更加注重绿色转型，不断取得生态建设新成效。积极践行“绿水青山就是金山银山”理念，以最坚决的态度、最有力的措施、最严格的要求解决突出环境问题。

在治污上攻坚，加快实现天蓝水清土净。扎实开展大气污染防治，常态推进VOCs、工地扬尘、餐饮油烟等专项治理，$PM_{2.5}$浓度、空气质量优良率达省考标准。推行“流域化”“网格化”治水模式，启动城南、城东污水处理厂三期工程，完成尾水导流工程，实施工业污水处理厂提标改造，基本完成城区雨污分流和乡镇污水管网“十必接”，完善镇村污水处理厂运维机制，国省考断面和饮用水源地水质稳定达标。完成土壤污染状况调查，创新畜禽养殖和农业面源污染治理模式，严厉打击非法储运固废、危废行为。

从源头处发力，全面加强生态保护修复。严格落实“三线一单”管控要求和生态补偿政策，加强空间管制、总量管控和环境准入。完善生态文明建设目标评价考核制度，压紧压实部门、属地、企业三方责任，认真落实河长、断面长、点位长、林长“四长”工作机制。推进“智慧环保”建设，织密大气和水环境自动监测网络，以“零容忍”态度严厉打击各类环境违法行为。启动环城生态区打造，建成生态河道100条210千米，成片造林3500亩，创建省级绿美村庄8个以上。

向绿色化转型，坚定走好低碳发展之路。建立项目高质量引进联合评审机制，坚决遏制“两高”项目盲目发展。做好减污降碳工作，有序实施能耗“双控”，年内节能标准煤1万吨以上。大力推进绿色化生产，实施工业企业资源集约利用综合评价，鼓励企业节能减排、电能替代、清洁生产，创建国家级绿色示范工厂、省级绿色工厂、绿色供应链3个以上。倡导和践行简约适度、绿色低碳的生活方式，积极推广新能源汽车、绿色建筑和建材。

九、创新创优社会治理，全力开创安全稳定新局面。推动高质量发展和高水平安全良性互动，加速县域治理体系和治理能力现代化。

深化社会治理创新。完善“网格员+调解员+N”创新举措，持续开展网格居民微信群扩面提质行动。深入开展“八五”普法，推进行政复议规范化建设，争创省级法治政府建设示范县。以“一网管全域”为统领，建立全县风险防控中心，加快推进新一代“雪亮”技防等工程建设，公众安全感保持在98%以上。纵深推进信访问题“三专”行动，完善“421”信访工作机制，争创全国信访工作示范县。深入推进“无讼村居”创建、“聚焦急难愁·支部进小区”等活动，发挥乡贤诉前调解作用，实现矛盾早发现早化解。

严守公共安全底线。压实“四方责任”，落实“四早要求”，织密织牢“外防输入、内防反弹”防控网，健全完善平战结合的重大疫情防控救治体系，进一步提升疫情防控能力。聚焦“1+2+10”纵深推进安全生产专项整治三年行动，建成安全教育体验馆，创成省级安全发展示范城市。完成县级应急指挥中心改造，新建改建专职消防站8个，建设燃气监管平台，全面提升防灾减灾抗灾救灾能力。启动国家级食品安全示范县创建，保护好群众“舌尖上的安全”。

加强重大风险防范。深入开展社会稳定风险评估，完善风险预警和防控机制，牢牢守住不发生区域性系统性风险的底线。推动隐性债务降规模、降成本、降风险，政府综合债务率保持绿色区间。始终保持打击非法金融高压态势，金融生态环境综合评估全省排名持续提升。规范国有企业经营管理和对外投资担保，严格执行“三重一大”集体决策制度，切实防范重大行政风险。完善舆情风险评估和应急处置机制，营造稳定清朗的网络空间。

### 加强政府自身建设

伟大时代赋予伟大使命，全新征程更要全新作为。新一届政府将以赤诚之心对待人民，以赶考之心对待发展，以敬畏之心对待权力，大兴调查研究之风、狠抓落实之风、勤政为民之风，在新征程中不断适应新要求、总结新经验、应对新挑战，努力打造公正公平、充满活力、务实高效、勤政廉洁的人民满意政府。

坚持讲政治守规矩，牢铸忠诚之魂。深刻领悟“两个确立”的决定性意义和实践要求，永葆绝对忠诚的政治本色，不断增强“四个意识”、坚定“四个自信”、做到“两个维护”、提高“政治三力”，任何时候、任何情况下都站得稳靠得住信得过。坚持把党的全面领导贯穿政府工作全过程，对党中央的决策部署闻令而动、令行禁止，对上级党委政府和县委的工作要求坚决落实、不打折扣。

坚持勤学习强素质，夯实能力之基。始终把能力建设摆在突出位置，引导政府系统党员干部加强思想淬炼、政治历练、实践锻炼、专业训练，自觉增强“八个本领”、锤炼“五个过硬”、提高“七种能力”。大力推进学习型政府建设，坚持集中学法、集体学习等制度，不断拓展新视野、学习新知识、掌握新本领，全面提高政府系统干事创业的能力和成效。

坚持促改革争先进，践行担当之举。把改革创新精神贯彻到政府工作各个环节，以思想观念的“开放”，引领行动的“突围”，助推发展的“跨越”，推动政府各项工作领跑领先、出新出彩。坚持以经济建设为中心，营造比学赶超氛围，点燃干事创业激情，让“想干事会干事干成事”成为政府系统的鲜明特征，让“争先、领先，先人一步”“真干、快干，干到最好”在政府系统蔚然成风。

坚持抓落实提效能，永葆为民之心。把抓落实作为政府工作的生命线，对该办的事“事不过夜”“马上就办”，难办的事想尽办法办、攻坚克难办。时刻牢记“人民政府为人民”，想群众之所想、急群众之所急、解群众之所难，把群众“盼的事”变成政府“干的事”，用政府的万分努力换取群众的十分满意。自觉接受人大、政协、司法、舆论等各类监督，认真听取人民群众意见建议。

坚持转作风树形象，恪守廉洁之本。坚决贯彻中央八项规定精神，大力弘扬“三真三实”作风，坚持“规范、规矩、程序、标准”，坚决克服“多干多错、少干少错、不干不错”消极心态，力戒“文来文往”“群来群去”等形式主义、官僚主义现象。纵深推进政府系统党风廉政建设，坚决扎紧制度“笼子”、拉紧监管“尺子”、打响问责“板子”，树立为民务实清廉的政府形象。

各位代表，使命在肩，初心如磐；征途漫漫，惟有奋斗。更壮阔的征程已经开启，更伟大的胜利就在前方！让我们高举习近平新时代中国特色社会主义思想伟大旗帜，在上级党委政府和县委的坚强领导下，赶考新时代，奋进新征程，展现新作为，不断开创各项工作新局面，奋力谱写好“强富美高”新沭阳现代化建设新篇章，以优异成绩迎接党的二十大胜利召开！

# 百年梦圆达小康　二次创业再出发

## ——在全省“七一”座谈会上交流发言

中共沭阳县委

（2021年7月1日）

尊敬的娄书记、吴省长，各位领导，同志们：

今天上午，我们聆听了习近平总书记在庆祝中国共产党成立100周年大会上的重要讲话，热血沸腾、心潮澎湃，特别是总书记向全世界庄严宣布：我们实现了第一个百年奋斗目标，在中华大地上全面建成了小康社会。这是前无古人的伟大壮举，必将光耀千秋，彪炳史册。沭阳是全省第一人口大县，户籍人口198.8万，“十三五”期间低收入人口23.1万，是全省低收入人口最多的县份。按照总书记和党中央的要求，在省委、省政府坚强领导下，我们负重拼搏、克难奋进，圆满完成脱贫攻坚任务，摘掉了省级重点帮扶县的帽子，和全国、全省人民一道，昂首迈入全面建设社会主义现代化的新征程。

一是实现了“全省洼地”向“苏北第一”的跨越，全面小康的经济基础更加坚实。沭阳的发展曾长期处于全省“谷底”，经过多年接续奋斗，2020年全县GDP迈上千亿台阶，跃居苏北首位。近年来，我们始终坚持把工业经济作为支撑小康建设的主导经济，紧扣重点产业链，强化内培外引，工业销售收入、入库增值税、用电量稳居苏北前列。坚持一、二、三产融合发展，打造新时代“鱼米之乡”，小麦总产量稳居全省第一，建成全国唯一以花木为主导产业的国家现代农业产业园，泥土里长出的美丽产业让我们坚信绿水青山就是金山银山。依托全市城镇体系格局，着力推进副中心城市建设，建成全国最大县城，形成全国知名花木集散地、图书集散地、照明灯具集聚区。

二是实现了“基本温饱”向“美好生活”的跨越，全面小康的幸福指数节节攀升。三年累计改善农房4.3万户，在整个区域内财政投入最多、建设体量最大、农户搬迁最快、百姓得惠最实，赢得了群众的良好口碑。始终把教育作为最大公约数，持续加大教育投入，不断改善办学条件，近三年每年新增初高中学位4000个以上，高考成绩多年稳居全省第一方阵，实现了从“有学上”到“上好学”的嬗变。深入开展脱贫攻坚，“十三五”期间累计投入31.5亿元实施产业扶贫，投入30.1亿元持续强化“病残孤老灾”兜底保障，其中每年投入1.2亿元不让1名学生因贫辍学，坚决斩断贫困代际传递，摘掉“穷帽子”、挖掉“穷根子”，五年来全县低收入人口收入增长138.1%、经济薄弱村集体收入增长了9倍，群众切身感受到了党和政府的温暖。

三是实现了“安于现状”向“创业创新”的跨越，全面小康的活力充分迸发。依托60万亩花木、40万亩农副产品、6.2万平方米图书市场等资源禀赋，持续深化“大数据+”产业链建设，为传统产业插上了信息化的翅膀，集聚了4.5万余家活跃网店，在沭阳“手机成为新农具、直播成为新农活、网红成为新农民、数据成为新农资”，其中花木产业吸引了30余万从业者，去年交易额达到220亿元，每秒有15.8件快递发往世界各地。扎实推进“三真三实”作风提优行动，全县1935个基层党组织、6.6万名党员冲在小康建设、脱贫攻坚最前沿，探索建立农民集中居住后党建工作新模式，率先启动村书记专职化管理试点，精心打造党群满意的“红磁场”，赋予了全面小康建设的新动能。

百年梦圆达小康，二次创业再出发。肩负着实现第二个百年奋斗目标的使命担当，我们将牢记总书记嘱托，坚决扛起“争当表率、争做示范、走在前列”重大使命，以一流目标激发一流干劲，以一流干劲创造一流业绩，砥砺前行，孜孜不怠，加快建设“四化”同步集成改革示范区，奋力书写全面建设社会主义现代化的新篇章！

谢谢大家！

# 沭阳县人民政府关于变更部分行政区划的通知

## 沭政发〔2021〕8号

沭阳经济技术开发区管委会，各乡、镇人民政府，各街道办事处，县各办、局，县各直属单位，青伊湖农场：

根据《省政府关于同意变更宿迁市宿城区宿豫区和沭阳县部分行政区划的批复》（苏政复〔2021〕16号）以及《市政府关于变更宿城区宿豫区和沭阳县部分行政区划的通知》（宿政发〔2021〕17号）精神，现就变更我县部分行政区划通知如下：

（一）撤销章集街道、东小店乡，设立新的章集街道。以原章集街道、东小店乡的行政区域为新的章集街道行政区域，街道办事处驻章集居委会境内，办公地址为沭马路67号。

（二）撤销钱集镇、张圩乡，设立新的钱集镇。以原钱集镇、张圩乡的行政区域为新的钱集镇行政区域，镇人民政府驻钱集居委会境内，办公地址为府前路1号。

（三）撤销塘沟镇、周集乡，设立新的塘沟镇。以原塘沟镇、周集乡的行政区域为新的塘沟镇行政区域，镇人民政府驻塘沟居委会境内，办公地址为富强路2号。

（四）撤销韩山镇、官墩乡，设立新的韩山镇。以原韩山镇、官墩乡的行政区域为新的韩山镇行政区域，镇人民政府驻韩山居委会境内，办公地址为324省道2号。

（五）撤销桑墟镇、茆圩乡，设立新的桑墟镇。以原桑墟镇、茆圩乡的行政区域为新的桑墟镇行政区域，镇人民政府驻桑墟居委会境内，办公地址为西湖路300号。

（六）撤销李恒镇、汤涧镇，设立新的李恒镇。以原李恒镇、汤涧镇的行政区域为新的李恒镇行政区域，镇人民政府驻李恒居委会境内，办公地址为府前路2号。

（七）撤销高墟镇、湖东镇，设立新的高墟镇。以原高墟镇、湖东镇的行政区域为新的高墟镇行政区域，镇人民政府驻高墟居委会境内，办公地址为建设路10号。

（八）撤销耿圩镇、北丁集乡，设立新的耿圩镇。以原耿圩镇、北丁集乡的行政区域为新的耿圩镇行政区域，镇人民政府驻耿圩居委会境内，办公地址为沭悦路22号。

（九）撤销贤官镇、万匹乡，设立新的贤官镇。以原贤官镇、万匹乡的行政区域为新的贤官镇行政区域，镇人民政府驻赵集居委会境内，办公地址为秦安大道1号。

（十）将青伊湖农场划入青伊湖镇行政区域。

行政区划变更后，沭阳县辖23个镇、1个乡、6个街道。其中，章集街道行政区域面积97.22平方千米，人口7.44万人，管理11个居委会、10个村委会；钱集镇行政区域面积88.54平方千米，人口6.05万人，辖2个居委会、15个村委会；塘沟镇行政区域面积101.73平方千米，人口7.42万人，辖2个居委会、18个村委会；韩山镇行政区域面积121.62平方千米，人口8.03万人，辖3个居委会、20个村委会；桑墟镇行政区域面积125.29平方千米，人口10.17万人，辖4个居委会、20个村委会；李恒镇行政区域面积122.64平方千米，人口8.61万人，辖2个居委会、22个村委会；高墟镇行政区域面积124.68平方千米，人口8.39万人，辖2个居委会、20个村委会；耿圩镇行政区域面积109.37平方千米，人口6.98万人，辖2个居委会、18个村委会；贤官镇行政区域面积84.99平方千米，人口9.41万人，辖6个居委会、16个村委会；青伊湖镇行政区域面积71.19平方千米，人口5.4万人，辖1个居委会、11个村委会。

行政区划变更工作涉及面广、政策性强，社会敏感度高，相关部门要加强指导，认真履行职责，依法稳妥实施，确保社会稳定。

特此通知。

沭阳县人民政府

2021年3月12日

# 调查研究

## 沭阳县优化“四项机制”助推改革创新高质量发展

近年来，沭阳县坚持党建引领、系统思维、协同推进，通过建立健全“项目审议、部门协作、督查考核、宣传推广”四项机制，确保改革创新有路径、具体工作有落实、改革创新成效检验有标准。

**一、健全改革创新项目审议机制。**

一是把好立项关。对拟出台的改革实施方案，要求牵头单位会同协助单位做好前期调研和政策研究工作，把一般性举措、重复性举措、工作方法类举措剔除，将更多精力投放到有利于优化制度机制和原创性改革举措上，确保改革方案既契合上级政策，又能立足自主探索。2019年以来，审议的45项改革方案县委改革办均提前介入把关。二是把好质量关。加强对方案合法性和科学性审查，把握改革规律，不机械照搬照套上级文件、简单复制外地经验，加强对改革方案的关联性、系统性、可行性研究。对看得没那么准、但又必须取得突破的改革，既“投石问路”、又“摸着石头过河”，取得经验后再推开。近两年来，对拟上县委深改委会议审议的4份改革方案退回原单位重新完善。三是把好程序关。报县委深改委审议的文件，按照调研起草、征求部门意见、专项小组研究、报送改革办、提交县委深改委会议研究审议“五个环节”履行程序。重大改革方案提交深改委会议审议前，实行牵头单位、配合单位、法制部门、信访部门、改革办“五方联审”。2020年，审议的35份改革方案全部履行会前联审。

**二、健全改革创新部门协作机制。**

一是发挥县委改革办改革“参谋部”作用。全力当好县委改革的“助攻手”，对工作中遇到的困难和问题，能立即解决的立即解决，不能立即解决的及时协调专项小组解决，必要时报县委深改委研究解决。2020年以来，县委改革办牵头会办改革项目20余次，提请县委深改委协调解决4次。二是发挥牵头部门改革主力军作用。牵头部门作为改革攻坚的主要承担者，要求“一把手”围绕改革任务，靠前指挥、主动作为，对承担的改革任务及时进行分解。主动与协助单位沟通联络，研究解决改革中遇到的问题。三是发挥协助单位协作配合作用。要求各协助部门配合牵头部门及时研究解决改革中遇到的问题，协助做好改革方案的研究出台、执行落实等工作，始终把服务改革发展大局放在第一位。

**三、健全改革创新督查考核机制。**

一是完善督查体系。坚持“县领导督查重点项目、县委改革办督查牵头单位、专项小组督查成员单位、承办单位督查责任科室”的四级督查体系，通过电话提醒、会议表态发言、录入履责平台、年底目标考核扣分等方式压茬推进。2020年，全县承担的104个改革项目全部按序时完成。二是健全“督查”机制。按照一项改革、一名领导、一套班子、一个方案、一抓到底“五个一”项目化管理模式，制定上级试点、重点改革、自主创新、方案制定、方案落实“五张清单”，实行常态化、全方位、全过程督查。建立报告单、提醒单、交办单“三单”机制，防止改革举措大而化之、改革任务不具体不聚焦不配套。2020年以来，共开展例行督查14次、专项督查6次，发出“三单”130余份，印发《督查通报》15期。三是强化督查考核。围绕任务落实、工作实效、社会影响等方面制定考核细则。探索企业、群众满意度评价机制并纳入县考核细则，改革创新无实绩的，不得参加评先评优。

**四、健全改革创新宣传推广机制。**

加强宣传报道。县委改革办会同县新闻宣传部门，排定各相关部门的改革创新宣传计划，并将宣传报道纳入改革创新目标考核内容，倒逼各相关单位加强改革宣传工作。加强经验提炼。督促各责任部门及时总结本部门成熟的改革经验做法，挖掘更多可复制、可借鉴的“沭阳经验”，积极向县“两办”、上级主管部门、主流媒体以及内参平台推介，打响一批立得住、叫得响、有影响力的改革创新品牌。

（沭阳县委改革办供稿）

# 积极打造乡村振兴“云经济”

## ——沭阳县“互联网＋‘三农’”农村电商模式的探索与实践

随着花木产业的“热岛效应”逐年增强，沭阳县传承“沂涛精神”引领基层改革创新，抢抓全国电子商务进农村示范县、“互联网+”农产品出村进城工程试点县契机，以信息化赋能农业农村现代化，推动信息技术与农业生产、经营、管理、服务等深度融合，全力打造农村电商品牌发展“3.0时代”，实现了手机变身“新农具”、直播变成“新农活”、数据变成“新农资”、网红成为“新农民”。

抓产业转型升级，为农村电商发展储备强大动能。沭阳农村电商起步于花木产业，是从泥土里“刨”出来的电商集群，农村电商的快速发展，使越来越多的人才、资金、技术等要素流入农村，为农村电商高质量发展提供持续动力。大力实施“126”战略。近年来，以国家现代农业产业园为核心，全力建设一个花木主产区；沿宿迁大道、324省道建成特色产业廊道，沿淮沭河、新沂河建成78千米长、17.3万亩的生态廊道；以一二三产业融合发展为抓手，推动“苗木向鲜花、种植向园艺、绿色向彩色、地栽向盆栽、线下向线上、卖产品向卖风景”转型，让花农们率先触网。打造农产品区域公用品牌。成立花木研究所，建立中国盆景培训基地，开发、推广新品种、新技术。鼓励花木企业与南农大、南林大等科研院校开展产学研合作，已开发出3000余种多肉植物、微型盆栽花卉等家庭园艺类产品；鼓励种植经营大户申报注册商标，创办“新苑”知名商标、“农友”著名商标，“沭阳月季”“沭阳地柏”顺利通过国家地理标志商标认定，“高墟大米”“桑墟榆叶梅”“潼阳西瓜”获国家地理标志农产品。新增“两品一标”认证农产品63个。打造网络交易平台。定期举办“中国·沭阳花木节”，扩大对外交流，提升花木产业知名度。在花木节期间同步举办“网上花木节”，利用淘宝、京东、阿里1688等电商主流平台开设农产品专场。加强直播电商的培育，鼓励支持各类电商主体参与直播，2019年，全国首个花卉苗木淘宝直播基地落户沭阳、淘宝“花乡沭阳”馆成功上线运行。《2020淘宝直播新经济报告》显示，沭阳电商花卉直播销售额占全国花卉网上销售总额的三分之一，电商直播超100万场。2020年，全县共有互联网企业、活跃网店5万余家，其中农村电商3.7万家。2021年1—6月份，全县网络零售额预计259亿元，同比增长41%；快递业务量2.41亿件，平均每秒有15件快递从沭阳寄到全球各地，直接和间接带动从业人员达35万余人。

抓基础设施建设，让信息化助推农村电商发展。大力实施新基建框架体系建设，将5G网络向乡村延伸覆盖，引导农民实施网络创业。加强载体建设。充分发挥信息化全域赋能作用，加快实施“数字乡村建设”工程，将“互联网+”、物联网、人工智能、区块链等技术集成应用，与规模粮食生产、设施花卉、设施蔬菜、规模畜牧业等相结合，力争到2025年，全县建成5G基站2200个，5G网络实现县城、重点镇全覆盖，实施数字化改造提升重点项目50个以上。加快标准化电商供货基地、农业物联网基地、网红直播带货销售展示厅建设。目前，建成县级农村淘宝服务中心和淘宝特色馆、乡镇电子商务服务中心、村（居）淘宝服务站；建成“供销e家”电商运营服务中心，入驻企业40余家，“供销e家”乡村电商服务站点250个、50多个平台线上展示展销农产品。国家现代农业产业园大数据中心基本建成，建成县软件产业园、苏奥电商产业园2个省级电子商务龙头孵化基地，入驻电商企业380余家，其中有部分企业就是农村电商乔迁进城。完善物流体系。围绕对外提升辐射能力、对内打通毛细血管的目标，建设“县有园区、镇有集中区、村有网点”的三级物流体系，规划建设“一正七副”综合物流节点，入驻物流企业420余家，基本形成县内半日到达、省内当日到达、省外次日到达的高效配送网络。加快电商快递物流园、县级邮政集散中心、乡镇营揽中心、电商集聚中心建设。建成全省首个快递物流小镇、全省首家乡镇快递园区、全省首条村级快递一条街。规划建设宿迁邮政分拣中心，江苏百之盟网络科技有限公司获得首张网络货运经营许可证。构建配送体系。加强城乡一体化网络配送体系建设，打造公共服务平台，不断提高农村电商创业成功率。通过增设服务网点、增配车辆、加密投递频次等方式，全面解决“走出农村最初一千米”和“走进农村最后一千米”等制约农村电商发展的核心问题。目前，全县15家寄递企业布局营业网点300余个。

抓营商环境建设，让农村电商发展充满生机活力。实施电商诚信提升工程。制定电子商务领域诚信建设实施办法、网络市场监管专项行动等一系列文件，成立“三苗”领域整治工作领导小组办公室，引导电商企业诚信经营。开发农产品统一标识和植物品种防伪溯源系统，保证产品质量。组织“规范网络交易、净化网络环境”专项整治，开展线上“绿盾”行动、线下“春雷”行动，探索“政府先行赔付，再行追偿”等方式，与阿里集团达成“交易信息定期通报、交易纠纷协同处理、信用评定互相认可、优质商户政府背书”四项共识，在全国率先设立县级1000万元网络交易诚信基金，对网络交易纠纷给予“先行赔付”，打造“沭阳电商”诚信品牌。加大政策扶持力度。出台金融支持电子商务发展暂行办法、软件产业及电子商务优惠政策、电子商务（网络创业）发展“促七条”等20余份政策性文件，把做大做强做响“沭阳花木”产业、推进花木产业带动农村一二三产融合发展、强化花木产业载体支撑列入“十四五”规划，编制国家级电子商务进农村综合示范项目实施方案，每年设立2400万元以上创业发展基金用于对农村电子商务的扶持。通过政策赋能，以花木带动配套加工业和服务业实现“接二连三”产业链式发展，形成地方新的经济增长点。在县级层面成立电子商务发展领导小组、电子商务协会、跨境电商协会、网络创业者协会、花木电商协会、返乡人员创业服务中心，县商务局和县软件产业园统筹全县电子商务发展战略研究、机制创新及沟通协调工作。发挥示范引领作用。坚持党建引领，鼓励基层党员参与网络创业、从事电子商务，增加收入。推行“支部+电商”模式，把党员培养成电商、把电商发展成党员。据统计，全县首批从事“互联网+”创业的人群中，党员户和村干部家庭约占60%。2017年以来，累计将270名电商列入党员发展序列，将30名党员电商培养成“红色电商达人”，有效提升了农村电商发展活力。

目前，沭阳县先后荣获“全国首批电子商务进农村综合示范县”“全国返乡创业试点电商合作示范县”“电子商务促进乡村振兴十佳县域城市”等称号。2020年，县农村电商工作获国务院重大政策措施真抓实干督查激励表彰，被农业农村部评为“2020全国县域数字农业农村发展先进县”，跻身“中国县域电商竞争力百强榜”、名列全国第七位，获农产品电商“百强县”称号、位居全国首位。淘宝镇、淘宝村、省级农村电子商务示范村分别达15个、84个和10个，2020年电子商务业务收入达194.88亿元、同比增长11.36%，农村电商“云经济”，成为乡村振兴的“新引擎”。

（中共沭阳县委研究室）

# 关于颜集镇堰下村数字乡村建设的探索与思考

（2021年9月22日）

2020年11月，江苏省委网信办、省农业农村厅等单位联合印发《关于公布首批江苏省数字乡村试点地区名单的通知》，沭阳县被确定为改革试点地区之一。为纵深推进数字乡村试点建设，根据工作安排，县委研究室选取堰下村作为调研点，尝试探讨数字技术驱动村庄发展的内在机理，见微知著，能够为全县数字乡村建设提供借鉴参考。

## 一、堰下村基本情况

堰下村地处虞姬故里——颜集镇东部，村域面积4.74平方千米，耕地1805亩，全村17个村民小组1229户5604人。2020年村民年人均纯收入达3万元以上，村集体经济收入达74.22万元。2013年入选全国首批二十个淘宝村，先后荣获全国绿化千佳村、中国淘宝村、全国文明村、省电子商务示范村、省农村电子商务十强村、省民主法治示范村、省美丽乡村等荣誉称号。

自然条件有优势。颜集镇堰下村地处鲁南丘陵与江淮平原的过渡带，形成以混合土和淤土为主的地质条件，光照充足，雨量适中，适宜苗木驯化过渡。新沂河穿境而过，虞姬沟、岔流河在堰下交汇纵横，水资源较为丰富。家家种花、户户播绿的生产方式，让生活环境更生态自然。

花木产业有规模。堰下村早在清朝就有种植花木的传统，一个多世纪以来，该村农户致力于花木种植、修剪、园艺、销售、服务，以及开展合作社、互助社等创新探索，已形成人人懂种植、人人会销售的底蕴优势。截至2020年底，全村农户共承包村内外土地面积1.5万余亩种植花木，品种达2000多种，涵盖花卉、苗木、盆景、绿植等。

电商发展有成效。2020年，全村已有800多名青年创客和500多名苗木经纪人，注册在运营花木电商网店1300多个，拥有各类商标150个，130余人转为带货“网红”。顺丰、中通等16家快递物流企业入驻堰下村，2020年全村花木电商线上销售额达4.85亿元。

干部队伍有能力。堰下村党总支下辖堰下、荡涯两个支部，共有党员128名，2019年、2020年连续两年被沭阳县委表彰为五星级党支部。2021年选举产生以李彦春同志为书记的新一届党组织班子，班子平均年龄43.3岁，文化程度高中以上，能快速接受数字化新事物。

数字网络有基础。颜集镇堰下村移动、电信、有线电视等网络已经实现全覆盖，100~1000M的4G网络达户率在95%以上，可以满足当前电商产业发展需求。

**二、存在的问题分析**

数字乡村的核心是构建基于乡村空间为场景，以数字化驱动和赋能为手段的乡村数字经济“微循环”体系。堰下村对照建设数字乡村的目标任务，还存在一些问题，亟须予以解决。

一是基础设施薄弱。集中体现在：5G网络未覆盖，网络是数字乡村建设的基石，必须有前瞻的眼光对5G基站优先布局，数字化改造提升项目优先安排。路网不畅，虞姬大道路宽10米，为颜集镇连通镇外的主干线，目前道路两侧环境较差；诚信大道长2800米、宽8米，为镇村主干道，路面破损，存在安全隐患；村级主干道3条（花海路170米、花园路700米、中心路200米），路宽均5.5米，水泥路面破损，影响群众出行。管网不通，现有两座污水处理设施，因管线太长及前期质量问题，建成之后一直无法运行，处于瘫痪状态。此外，全村尚未接入天然气管网。杆线不整，电力、网络、通信等杆线竖立时没有统一规划，加之部分农户私拉乱接，“蜘蛛网络天际线”严重影响村容村貌。村部不靓，堰下村党群服务中心建设于十年前，建设标准低、外观陈旧，与数字乡村定位不协调。

二是人居环境较差。集中体现在：垃圾运维体系不健全，独特的花木电商产业，产生大量淘宝垃圾，而镇垃圾处理站对此类垃圾不予接收，只能另行处理；垃圾量大、路程远，运维不能满足生产生活需求。道路两侧环境标准低，道路两侧以简单绿化为主，档次低，环境不整洁；两侧农户门前风格不一，生产生活设施随意堆放。河道标准不高，虞姬沟、岔流河距离生态河道建设标准还有很大差距。乡级河道堰下中沟长约700米，居民生活污水直接排放，水质较差，且不与其他河道连通，治理难度较大等等，影响外来客商印象，导致对外界电商吸引力下降。

三是产业结构低端。集中体现在：缺乏大户引领，全村535户电商户注册1300余家网店，但多数小而散，年销售超100万的仅有90家，超千万的尚未突破，2021年1—8月份最大的电商户销售额仅为400万元。工具相对简单，各家电商开展网络销售、直播销售，局限于简单的电脑、手机，直播室多是简易布料作为背景，全村还没有一家功能配套较为齐全的直播室。质量参差不齐，自花木产业“春雷”行动开始后，堰下村快递物流单量降幅较大，侧面反映原先的行业标准准入条件低，监管不到位，影响产业健康发展。

四是财力水平低。集中体现在：村集体经济收入不高，堰下村2020年村集体收入为74.22万元，但其中树木销售等收入均为一次性收入，如土地租赁等可持续项目收入仅有19.32万元。土地流转租金高，堰下村土地附加值较高，沿路两侧土地每亩年租金高达5000~15000元，加之前期移苗等费用，流转成本高。

**三、工作思考及建议**

数字乡村试点建设是一项系统工程，县委研究室在正视工作实际短板基础上，从颜集镇堰下村的实际出发，对堰下村的数字乡村试点建设进行充分的调研探索和思考，同时充分借鉴全国其他地区试点先行经验，从产业数字化、生活数字化、管理数字化三个方面提出以下工作建议，供领导决策参考。

（一）数字赋能花木电商，实现产业数字化。着力推动数字向农业现代化全面赋能，推动产业形态由分散转向集聚，产业层次从中低端转向中高端，产业结构从规模转向高附加值。

促进花木产业规模化、智慧化。瞄准花木龙头企业，加大招商引资力度，以大带小、带散，以中高端产品逐步替代低端产品；充分利用数字技术发展农业生产“云服务”，加强与县花木协会、省农林科院的对接，努力实现花木专家为龙头大户提供远程监管服务。探索智慧大棚示范基地建设，通过运用信息化设备和智能控制硬件系统，实现自动灌溉、自动调温调湿调光、自动监测、自动施肥、自动喷药等功能。

促进网络经营规范化、个性化。邀请第三方对电商一条街进行规划提升，从外地面改造、庭院规划、直播室打造、产品展示台等全内容，打造精品工程。建设网红直播示范间，引导商户利用数字化手段提升销售技巧，提高销售效率；鼓励支持与知名电商平台、重点商贸流通企业合作，发展个性化定制、柔性化生产。加大对幸福花海等本地企业的政策扶持和培养，鼓励农户结盟规模发展，积极加入行业互助协会，继续推动网络电商诚信经营“村规民约”，保持行业监管高压态势，引导产业规范健康发展。

促进产业服务智能化、精准化。参照现代产业园智慧大屏模式，探索将堰下村1300余家网店接入终端，并能在大屏实时监控面上订单销售等情况，依据订单走向作市场分析并反馈，以利于农户抢占市场主动权。整合邮政、供销、快递公司等各类资源，综合考虑交通、人口分布等因素，以服务可触达为标准，合理优化村级电商服务站（点）布局，健全快递物流配送体系。积极运用数字化手段，引入自动分拣系统、自动配送系统，提档升级村级快递物流站点。

（二）数字赋能宜居空间，实现生活数字化。将数字技术全面应用推广，努力让群众实时感受到数字生活带来的改变。

一是助推人居环境更舒心。继续加强村域环境综合整治和公共空间治理，对主次道路进行维修改造、提档升级，实施污水处理设施数字化改造提升，全面消除黑臭水体。围绕虞姬路、老扎颜路建设一条示范景观路线，沿途绿化亮化统一风格、数字改造，打造一批景观小品、数字乡村展示点和网红打卡地。参照城区南京路墙体画艺，聘请高水平设计单位，用艺术墙画点缀生活空间、推介数字生活。

二是助推基础设施更精心。完善基站布点布局，积极争取5G基站建设和数字化改造提升项目，优先实现5G网络覆盖，电信网络、数字电视网络提速降费。开展多杆合一、多箱合一、多头合一工作，新基建与景观打造协调一致、相得益彰。高标准新建垃圾中转站，探索花木淘宝垃圾处理新机制，确保分类投放、日清日结。

三是助推民生服务更贴心。积极与资规局、供销总社、商务局对接，按照省定可扶持标准选址研究建设农贸市场，满足堰下早市交易需求。开办数字夜校、“云课堂”，提升电商农户的专业技能，努力实现电商经营户人人都是操盘手、个个都能成网红。

（三）数字赋能社会治理，实现管理数字化。充分运用现代科技手段，努力让管理更精准、治理更有效。

一是建设数字化管理服务平台。积极与第三方设计公司对接洽谈，整合农业农村、综治、金融、党建等资源接入，统筹建设数字乡村“智慧大脑”，实现一端管全村、一屏观全村、一码惠全村，做到对“三资”公开、生活服务、生态监督、宣传推介、党员管理等全方位数字化管理服务。

二是打造专业服务管理数字人才。积极邀请国内已开展数字乡村试点的“探路人”、省市专家来沭分享经验、传经送宝。选拔一批年龄轻、干劲足、数字思维能力强的新青年，通过公务员、党建指导员、新村干等渠道充实到乡村干部队伍中，提高运用数字化手段开展社会治理的水平，融管理于无形，融规范于自觉。

（课题组：中共沭阳县委研究室）

# 聚力城乡融合发展　共谱乡村振兴新曲

近年来，沭阳县聚力城乡融合发展，积极探索产业转型、示范引领、三治融合、资源配置综合发力，逐步走出一条符合沭阳特色的乡村振兴新路径。农村承包地确权登记颁证、农村人居环境整治工作分别受到中央农办、农业农村部表彰，乡村振兴工作被省委农村工作领导小组评为县级年度重点任务完成第一等次。

一、抓产业转型发展，形成层次鲜明、融合推进的发展格局。因地制宜、统筹布局发展城乡产业，加快产业转型升级，加速三产深度融合。

一是坚持工业强镇不动摇。研究出台《乡镇（街道）经济发展竞赛评价办法》，突出以工业突破引领乡镇经济再发展，以产业转型积蓄乡村振兴新动能。围绕3个小城市特色工业园区、4个道口经济产业园、1条家具制造产业带，统筹园区规划，做强工业经济，夯实乡镇工业“半壁江山”地位。今年1-9月份，30个乡镇（街道）实现工业开票销售467.30亿元，工业增值税18.22亿元，分别占全县总量的51.94%、66.51%。

二是推动农业结构上台阶。出台《生态高效农业重大项目（招商）考核推进细则》，重视上下衔接，聚焦“一群四链”，做大做强农业产业链条，全县2021年新增10家县级农业龙头企业。重点在稳粮食供给与抓花木转型上下功夫。粮食方面，突出稳产保供，实施农田增效，推动科技惠农，粮食播种面积稳定在278万亩以上，持续巩固“江苏粮食第一县”地位。2021年，沭阳夏粮生产实现“十八连丰”，连续14年获评“全国超级产粮大县”，钱集镇“越光”大米首次尝试种植就获得“粮满仓”。花木方面，以“稳面、提质、增效”为总方向，加快推动由苗木向鲜花、种植向园艺、绿色向彩色、地栽向盆栽、线下向线上、卖产品向卖风景“六个转型”，推动花木产业迈入品牌发展3.0时代。目前，已成功创建国家现代农业产业园，入选省特色农产品优势区，特别是华东花木大世界项目总投资达30亿元，将成为沭阳花木产业转型发展新的标杆。

三是促进产业融合创特色。持续深化数字赋能花木产业，扎实推进全国“互联网+”农产品出村进城工程试点县、省数字乡村试点县建设，不断完善寄递物流体系，持续开展“春雷行动”保持高压严打态势，累计立案查处花木种苗领域违法违规案件92件，采取刑事强制措施26人，移送起诉4人，努力营造“买好花，信沭阳”的大众口碑。2021年，“花木电商‘诚信标签’”、苏北第一县“颜色经济”等相继获得央视点赞，“互联网+花木”富民模式被国家发改委推广。因势利导发展农业旅游、生态旅游，继续高规格办好沭阳花木节，打响“花木之乡精品游”品牌。2021年“双节”期间，韩山风景区、沭阳国际花木城、古栗林旅游度假区再度成为家门口的“人从众”打卡地，3000余名县内外运动健儿、健身爱好者在西郊森林公园开跑，在花乡旅游公路上拥抱一路花香。

二、抓示范引领带动，形成特色发展、你追我赶的建设格局。坚持抓重点、塑特色，因地制宜、梯次发展，打造一批小城镇、特色村的示范样板，带动全县乡村“百花齐放”、城乡共同发展。

一是建设乡村振兴示范带，提升花木之乡“颜值内涵”。以324、245、326省道为发展轴，规划设计“花乡绿道”“振兴大道”“五彩美道”三条示范带，努力打造秀美的大地景观、田园景观和产业景观。同时，聚合三条示范带范围内的优势产业，形成“花木片区”“木材片区”“稻米片区”“果蔬片区”“畜禽片区”五个片区，让点上“盆景”变成面上“风景”。2021年下半年，重点推进“花乡绿道”示范带建设，并规划了沿线“十颗明珠”（10个农业产业或农房重点项目）、“五朵金花”（5个村庄重点项目），不断丰富示范带建设内容，更好彰显花乡特色。

二是迅速启动小城市建设，壮大城乡融合“增长极”。围绕产业特而强、功能聚而合、形态精而美、制度活而新的发展定位，按照高墟“大破大立”、贤官“改造提升”、马厂“补齐短板”进行针对性、高标准规划建设，把小城市打造成除县城之外3个重要的产业发展承载地、生产要素集聚地、公共服务新高地，确保2023年工业销售收入分别达到260亿元、150亿元、100亿元。目前，已成立小城市建设领导小组，并创新建立了县级领导挂钩联系、专班专干、大单位挂钩服务小城市、国有企业挂钩建设小城市等制度，集中全县力量快速推进小城市建设。同时，出台了小城市建设发展《三年行动计划》《实施意见》《支持政策》等文件，从财政、金融、机制等多个方面对小城市建设予以支持。当前，三个小城市总投资达10.26亿元的20个基础设施和工业园区提升项目正在全速推进，部分项目已展现初步形象。

三是建设生态宜居乡村，打造鱼米之乡“沭阳样板”。坚持“规划引领、政府引导、农民自愿、因地制宜”原则，打造新时代乡村农房面貌的样板，实施建设了54个农房改善项目，累计建设房屋2.07万套，已有34个项目实现竣工。健全周督查、月通报的推进机制，高标准推进65个美丽宜居村庄建设，保证2021年底全县美丽宜居乡村建成率超过55%，力争年内走在全市前列。在建成新河山荡、庙头聚贤、刘集郇河3个省特色田园乡村的基础上，再打造一批特色鲜明、生态宜居的苏北最美乡村“样板工程”。

三、抓公共服务供给，形成三治融合、协调均衡的共享格局。缩小城乡差距，是城乡融合发展推动共治共享的重要目标。为此，沭阳不断提升城乡基本公共服务水平，努力实现公共服务一体化。

一是强化党建引领，活力持续释放。探索以“五化”为抓手的党建引领乡村振兴新路径，基层党组织的战斗力、引领群众发展的能力水平得到持续提升。推动党群服务中心“六个规范化”建设，更好服务基层群众差异化需求，打造党员群众愿意来、能办事、离不开的“红磁场”，相关做法被《人民日报》《新华日报》等主流媒体报道。继续深化“强村三项”试点工作，高质量完成村（社）“两委”换届工作，村（社）干部队伍结构进一步优化，平均年龄降至37.8岁，大专以上学历占比提升至58.9%。

二是注重社会治理，乡风愈加文明。总结推广党群见面会、村级问政质询、广场夜谈、“六到村”工作法等基层创新举措，持续深化村级治理“四事工作法”，不断提升村级治理科学化水平。规范建设县乡村三级新时代文明实践平台，开展“老党员讲党史”“疫苗接种・志愿同行”“优质窗口”等各类志愿活动4000余场次。组织开展“文明乡镇、文明村（居）、文明家庭”系列评选活动，县级以上文明村占比达70.83%。组织开展“减少人群聚集・减轻人情负担，安全文明过大年”“拒绝‘升学宴’引领新风尚”等特色主题活动，深入推进移风易俗，倡导文明、健康、节俭生活方式。

三是补齐民生短板，服务更加均衡。投入18.66亿元，实施校安工程、农村“改薄”工程，获评全国义务教育发展基本均衡县。每年投入约1亿元，创新实施乡镇民营医院对接国家基药制度，平均处方值、次均住院费用分别下降38.37%、13.61%；科学构建“435”公立医疗体系，韩山人民医院、马厂人民医院正式运营。投入8.44亿元，实施区域供水、农村饮水安全、供水管网改造等工作，通村达户率均达100%，城乡居民喝上“同源同网同服务”的自来水。以创建省级“四好农村路”示范县为契机，改善城乡交通基础设施，提升公共交通服务水平，圆满完成城乡公交一体化改造，农村公交票价下降40%以上。

四、抓要素资源配置，形成定向发力、综合保障的供给格局。推动城乡融合发展，实现乡村振兴，关键在于改变农村要素单向流出格局，推动城乡要素平等交换、双向流动。对此，沭阳做好“钱、地、人”三篇文章。一是资金保障到位。制定了科学合理的财政支农政策，今年共预算安排农林水支出21.92亿元，同比增长17.6%。乡镇（街道）牢固树立“有财才有政”的理念，在依法依规前提下积极创收增收，不断壮大自身财政实力，为乡村振兴夯实资金保障。1—8月份财政收入超5000万元的乡镇（街道）有15个、超亿元的有7个。指导和帮助村一级创新举措、因村制宜，推动村级集体经济持续发展壮大，1—8月份，全县450个涉农村居累计实现集体经营性收入1.16亿元，村均实现集体经营性收入25.88万元。二是土地供应到位。加强对实施乡村振兴战略、改善农民群众住房条件、农村一二三产产业融合发展用地的支持，推动全面高质量发展。最大限度用好用活闲置土地、闲置标准化厂房等各类资源，通过市场行为出租、交易出去。三是人才支持到位。开展"返乡兴村新村干"选聘活动，累计招聘435人，全部大专以上学历。目前，全县每个涉农村居均动态保持4名新村干。加力推进乡土人才培育，已评选出领军型人才109名、中坚型人才457名。同时，对2.39万名乡土人才实行"建库管理""定制培养"，2021年以来，共开展针对性培训100余场次，乡土人才的技能水平和创业能力得到有效提升。选派261名专业人员担任"科技村长"，挂任村（社区）副书记或副主任，打通了技术助农"最后一千米"。

虽然沭阳在实施乡村振兴、推进城乡融合工作上进行了积极实践和有益探索，取得了阶段性成效，但相较于先进地区，农业农村领域短板依然明显。一是产业基础不牢固。主要是花木、果蔬、稻米等产业在精深加工、农旅融合、科技研发等方面拓展较少、挖掘不深，没有真正彰显自身特色。二是乡村建设不精致。农村人居环境整治面广量大、普遍开花，没有形成区域化的示范效应。农房项目建设数量全市最多，但精品工程不多。三是要素投入不充分。过度依赖财政专项资金，投入渠道有待拓宽，土地出让金、政府债务资金等用于乡村振兴的比例较低，由于缺乏有效激励机制，金融资本和社会资本进入农业农村的意愿不够强烈。四是农民增收不均匀。农民增收致富多以工资性收入为主，增长渠道的单一性限制了农民收入的增长速度。在花木产区，随着电商的发展，部分农民快速致富，农民之间贫富差距逐渐拉大。

下一步，沭阳将以推进"四化"同步集成改革示范区建设为契机，加快农业农村现代化步伐，努力在城乡融合的深度实践中探索打造乡村振兴的沭阳样板。

一是顺应城乡融合要求，完善城乡规划体系。坚持以精准规划引领城乡融合发展，建立健全"多规合一"、有机衔接的全域规划体系。持续推进"纳河入城、跨河发展"，尽快形成"两河三岸五片区"开放式空间结构。重点围绕3个小城市进行能级提升、产业培育，促进历史文脉、经济流向、绿色廊道、产业分布交互融合，形成主体功能明确、区块有机联动、资源配置优化、整体效能提升的城乡融合发展格局。建议对符合3个小城市产业规划的项目，优先纳入列市重大项目，优先予以审批帮办服务。

二是提升宜居宜业品质，优化城乡功能布局。强化区域间和城乡间功能统筹，进一步提升城乡基础设施互联互通水平，促进公共服务资源均衡配置，并探索城乡生态资源互补共享模式，加快构建均质分布、平等共享的城乡生活网络和景观协调、自然演替的城乡生态系统。大力提升社区服务能力，深入推进医联体、区域教育联盟建设，深化镇村便民服务中心标准化建设，培育引导社会组织进入乡村提供专业化精准化服务，打造15分钟社区生活服务圈。建议市第一人民医院等三级医院，加强对沭阳县公办医院的指导联系，从运营管理、远程医疗、专业人才等方面给予帮助。

三是推进全域景观改造，重塑新型城乡形态。加强农村外部风貌塑造和内部功能提升，统筹实施新一轮人居环境整治，打造"产城相融、花田交错、变幻多彩"的秀美大地景观。在"三生"空间治理上挖潜增效，盘活各类闲置用地，着力打造集约高效的生产空间、便利高效的生活空间、干净整洁的生态空间。当前，沭阳县正积极规划以324、326、245省道为轴，打造"花乡绿道""振兴大道""五彩美道"三条示范带。建议市政府能够在资金、政策上予以支持，帮助沭阳优化主干道环境，勾勒出苏北最美乡村的线条。

四是实施产业协同发展，构建特色产业格局。围绕创新链、供应链、价值链，持续推进产业跨界，加快建立融合发展的现代产业体系。当前，突出特色产业，加快"一带一群四链"的发展。对木材加工产业带，引导企业抱团发展、转型升级，致力打造江苏"木业高地"。对花木优势产业集群，以新河、庙头等老花区为核心，重点辐射耿圩、陇集等新花区，打造全国质态最好的花木产区。对优质稻米、果蔬制品等四条加工产业链，推动由卖"原字号"向卖"制成品"转变，把增值收益更多留在县内。建议提高对沭阳县农业重大项目、基础设施建设、村庄环境整治等工作的补助标准，以便沭阳加快乡村振兴推进步伐。

五是探索"三治"融合创新，优化农村社区治理。持续改善城乡公共服务供给体系的政策导向和运营效率，增强群众的获得感。以新型社区为载体，推动乡村面貌、自然环境等有形要素和文化特色、价值观念等无形要素深度融合、良性互动，加快构建自治组织、社会组织和新型农民等有机统一、协同配合的生活共同体，形成以党建为引领、自治为基础、法治为保证、德治为支撑的乡村治理体系。当前，重点是针对农房改善项目，探索建立全县相对统一的标准化社区组织架构，不断扩大党的组织覆盖和工作覆盖。建议市能够在党建引领基层治理上给予指导，帮助沭阳进一步做好农房改善社区中党员的管理和党组织的规范建设。

六是聚焦聚力改革创新，激发创新创业活力。实施乡村振兴战略，是关系农业农村的一场深刻变革，必须大力推进资本下乡、市民下乡和人才下乡，实现资源要素的集聚和人口知识结构的根本性改变。一方面，将鼓励社会力量和各类市场主体到乡镇投资兴业，引导各类人才到基层一线干事创业，推动人才、资金向农村流动，“十四五”期间要争取20%的沭阳籍大学生回乡创业。另一方面，统筹优化政府、企业、科研机构等各类技术资源向乡村集聚，发展多元化农业生产服务体系，重点是加强农民职业技能培训，培育一批技能农民、农业技术人员、乡土人才、乡村旅游从业人员和商品营销人员，带动农民融入产业链各环节，让农民分享产业链延伸增值收益。建议市出台专项政策，鼓励年轻人回乡就业，引导走出去的企业家回乡创业，并给予补贴优惠、产业扶持，以便他们扎根农村，带动村民增收致富。

（沭阳县委办、县委研究室供稿）

# 打造省级农路示范县　按下乡村振兴“快进键”

乡村要振兴，交通须先行。近年来，沭阳县紧紧围绕乡村振兴战略要求，以创建省级“四好农村路”示范县为契机，聚焦群众关心的“通”和“畅”问题，以改善城乡交通基础设施、提升公共交通服务水平为重点，推动城乡一体化发展，融合串联花木、旅游、电商等产业，畅通城乡经济“微循环”，为建设“苏北最美乡村”夯实交通基础、注入发展动能。

一、抓农村公路建设，为乡村振兴畅达“民生路”。一是以项目建设铺开畅达农路网。将农路建设列入重点基础设施建设项目，制定《全县农村公路提档升级实施意见》，通过提升一批、新建一批等措施，改善农村公路基础设施条件，便利农村群众日常生活出行，畅通农产品流通通道，助推乡村经济发展。至2021年10月，共实施农村公路提档升级工程1519千米，改造农村危桥162座，完成计划总投资17.63亿元，行政村双车道四级公路覆盖率达100%，三类及以上桥梁保持在95%以上，极大改善了农村公路的通行能力，实现了全县乡村道路交通的提档升级、连网成片。二是以环境整治打造靓丽农路网。2016年以来，结合美丽乡村建设，开展农村公路路域环境综合整治工作，在全省率先实行路长责任制，将责任压实到人，并设置路长牌亮明职责，接受群众监督。通过落实路长责任制，全县取缔马路市场35个、清除非标955块、拆除临时棚舍及非法搭接道口97处，沭阳路域环境面貌显著改观，省交通运输厅给予高度评价，要求“总结沭阳经验做法，印发各地学习借鉴，主动推动环境综合整治和农路养管工作”。三是以旅游景观绘就特色农路网。为在农路建设中进一步丰富百姓的精神生活，满足乡村人民高质量出行需求，沭阳县充分挖掘自然、人文景观特色，实施建设了主题为“花乡绿道”的旅游景观公路，服务全域旅游发展。按“道路畅通、路面平整、绿树成荫、环境优美”的标准，陆续推出红色党建路、旅游景观路、虞姬文化路、动漫主题路等特色旅游景观公路，“一路一景”“一路一特色”“一路一主题”生动勾勒出乡村振兴的美丽线条。2019年，被省政府认定为宿迁市唯一的省级“四好农村路示范县”。四是以工程管养保障安全农路网。在快速推进路网建设的同时，严把“四好农村路”工程质量，制定了《沭阳县农村公路建设质量管理办法》《沭阳县农村公路养护管理检查考核办法》等文件，明确建设、施工、监理、设计等单位职责及质量控制要点。按照省交通运输厅部署，稳步推进农村公路生命防护工程建设工作。至2021年10月，共实施农村公路安全生命防护工程1466千米，实现县道、乡道及通镇村公交线路的村道安全隐患治理率基本达到100%，大幅提升了农村公路通行安全水平。

二、抓城乡交通设施，为乡村振兴打通“双向道”。一是加快城乡公交融合一体化。成立县城乡公交一体化改造指挥部，通过深入调研、专题研究、科学决策、周密部署，最终确定由政府一次性出资，收购全县所有城乡公交车辆，对全县城乡公共交通资源重新配置，制定了《沭阳县城乡公交一体化改造实施方案》，并及时跟进了公交票价、线路优化、新运力投运等后续工作，沭阳迎来城乡公交服务一体化、均等化新阶段。二是构建全域公交服务大格局。通过城乡公交一体化改造，全县公交数量达到674辆，运营公交线路29条，运营总里程850.6千米，乡镇公交通达率和行政村公交覆盖率均达到100%，基本实现城乡公交一体化发展规划和线网编制“一张图”、辖区内城乡客运经营“一主体”、城乡公交智能信息服务系统“一张网”的“全域公交”服务体系。2020年，沭阳县城乡道路客运一体化发展水平被评为5A级。三是推动公共出行服务得民心。探索实行“票价低、密度高、服务好”运营模式，从票价、班次、站场、车辆等方面细化惠民措施，切实让群众享受到城乡公交一体化改造成果。票价方面，在城乡公交城区、街道实行1元票价，中间乡镇实行3元票价，终点站和偏远乡镇实行5元票价，与改造前平均票价相比，下降幅度在40%以上。班次方面，县公司统一管理、科学调度，并通过车辆短驳、线路延伸等方式，实现城乡公交无缝对接，城市公交运营班次缩短至8~12分钟，城乡公交运营班次缩短至13分钟。车辆方面，淘汰车况差、排放高的老旧燃油公交，新增安全、高效的新能源公交车辆，乘客安全感、舒适度大幅提升。

三、抓产业融合发展，为乡村振兴串联“资源点”。一是优化电商发展政策环境。出台《沭阳县“十三五”期间农村公路建管养运协调发展实施意见》《关于进一步推进物流降本增效促进实体经济发展的实施意见》等政策文件，着力深化“放管服”改革，进一步推进了全县物流降本增效，促进电商经济蓬勃发展，“农村公路+电商”沭阳模式获得群众一致点赞。二是促进花木产业“蛙跳”发展。先后实施花卉基地循环路、扎新路改扩建、红万桑公路改造等花木片区交通重点工程项目，打破了制约物流运输的基础设施瓶颈，畅通了对外交通“动脉血管”，打通了电商物流“最后一千米”，助力沭阳花木“买全球、卖全球”更便捷更高效。三是支撑寄递物流网络体系。依托于畅达的农村公路网，在关键节点建设寄递物流点，以点连线、连线成网，形成“网络化营揽中心+分片区处理中心+快件配送中心”格局。至2020年，县、乡、村三级邮政寄递物流网络体系初步形成，各类邮件通过农路网顺利发出、直达全球，有力支撑了县域产业特别是电商产业发展。四是拓宽“农村公路+产业”格局。随着县域旅游公路规划建设工作的开启，沭阳县创新编制《“农村公路+特色产业+乡村旅游+电商物流”融合发展的特色农路品牌建设标准》。目前已完成编制的前期研究及大纲的编制工作，随着特色农路品牌建设的打造，必将为乡村产业兴旺、共同富裕提供更加坚强有力的支撑，进一步推动农业农村高质量发展，绘就乡村振兴新蓝图。

（沭阳县交通运输局供稿）

# 基层党建“五化”共进引领乡村振兴

近年来，沭阳县贯彻落实习近平总书记推进乡村振兴重要思想，积极寻求基层党建与乡村振兴的结合点，探索以“五化”为抓手的党建引领乡村振兴新路径，不断提升基层党组织的凝聚力、战斗力，为乡村振兴战略的顺利实施提供坚强组织保障。

干部队伍专业化，配强充满朝气的领头人。一是选优配强乡镇领导班子。为27个乡镇（街道）配备具有过硬政治素质和丰富农村工作经验的党（工）委书记。乡镇党政正职干部中，全日制大学以上学历人数占比从25%提高到41.67%，35岁以下年轻干部人数占比从5.36%提高到14.58%；具有经济发展、社会治理、农业农村发展等专业背景的乡镇领导班子成员占比从32.1%提高到了40.4%。二是加强村干部队伍建设。2017年以来，为涉农乡镇（街道）选聘了四批次“返乡兴村新村干”，1740名35周岁以下、大专以上学历的新村干到村任职，每个涉农村（社区）动态保持有4名新村干在村工作，已有967名新村干由挂职转为正式任职，其中85人任村（社区）党组织书记。2021年换届后，全县调整了1287名不适合任职村干部，新一届村干部队大专及以上学历占比59.2%，平均年龄37.3岁，其中村（社区）书记大专以上学历占比60.4%，平均年龄42岁，信访举报较上次换届下降90.9%。三是探索党组织书记专职化管理。建立以“专职五级、晋档升级”为总体框架村书记专职化管理体系，将全县435名涉农村（社区）党组织书记全部纳入专职化管理，从日常管理、能进能出、教育培训、考核评价方面体现专业、职业特点，以工作实绩为依据晋档升级、评先评优、选拔优秀村书记进乡镇领导班子和事业单位。

组织建设标准化，建设坚强有力的红堡垒。一是推行管理考核标准化。实行党组织“标准+示范”工程，从基本组织、基本队伍、基本保障、基本活动、基本制度等方面，对党组织建设作出细化规定。发挥考核指挥棒作用，依据考核结果，每年按村党组织总数的10%、20%、30%评出五星级、四星级和三星级党组织。二是推行为民服务标准化。在落实“三会一课”、组织生活等制度的基础上，把改进服务作为提升群众满意度的有效途径，推行无休式、AB岗、一站式服务，定期开展广场舞比赛、红色影院、趣味运动会、关爱留守儿童、志愿服务等系列活动，满足基层群众各方面的不同需求。三是推行基本保障标准化。为每个村（社区）设立38万元村级运转经费、1万元基层党建专项经费，有效保障了基层运转。累计投入7000余万元，提档升级90个不达标的党群服务中心，建设25个村（社区）党建（远教）广场，补齐补强村级阵地硬件短板，打造群众愿意来、能办事、离不开的红磁场。

绿色发展融合化，健全富民强村的产业链。一是动员村干部领着群众致富。实施“支书领头调结构”等党建富民工程，带动广大党员群众投身农业结构调整。“十三五”期间，全县高效农业面积达90万亩（复种），建成生态型家庭农场集群16个，高效农业项目290个，为富民强村提供了坚实的产业基础。二是拥抱信息化实现创新发展。持续深化“大数据+”产业链建设，探索“支部+电商”党建富民新路径，把电商培养成党员、党员培养成电商、把党员电商培养成“红色电商达人”。建立“1+3”帮扶机制，全县现有3527名党员从事电商产业，成为全县3.7万家农村电商诚信经营、创新经营的核心力量。三是聚焦薄弱村追求共同富裕。深化“强村三项”试点工作，整合各类扶贫资金在贤官乡村振兴产业园建设标准化厂房，厂房建成后，相应的产权和收益归属于项目村所有，帮助经济薄弱村获得稳定可持续的集体经济收入。五年来全县低收入人口收入增长138.1%、经济薄弱村集体收入增长了9倍。

基层治理精细化，探索乡村善治的新路径。一方面，坚持党对农村工作的全面领导。推动村党组织书记通过法定程序兼任村委会主任、村集体经济组织负责人，村书记、村主任“一肩挑”达99.8%。完善村民自治机制，全面落实“四议两公开”，创新推行“四事工作法”，实现了群众的事情群众说了算、定下的事情大家监督干、疑惑的事情有人盯着看、村里的事情乡里帮着办。另一方面，探索加强新型农村社区党建工作。构建“实体+功能”双向融入式社区组织架构，按照“纵到底、横到边、全覆盖”的原则优化设置片区党小组，建立片区党小组长——党员楼片长——基层群众工作体系，推行“多元联商”治理模式，组建党员乡贤矛盾调解服务队、“五老”志愿服务队参与社区治理。开展“星级文明户”评选，党组织牵头制定评选办法，采取群众自荐、联名推荐、村民小组推荐，通过党员群众代表共同评议，结果经公示无异议后进行表彰挂牌，有效提高了社区群众自我管理、自我教育、自我提高积极性，培养群众“主人翁”意识。

优秀人才集聚化，打造乡村振兴的主力军。一是选拔培养扎根农村的乡土人才队伍。探索实施乡土人才“百千万”培养计划，设立5000万乡土人才专项发展资金，建库管理“三带”乡土人才3.2万人。全县乡土人才已创办、领办项目1000余个，带动农民就业创业6.3万余人。二是推广选派乐于奉献的科技村长队伍。从省内农业科研院所、县乡农技专业人才和本土选拔的乡土人才中，分2批选派261名“科技村长”到村挂职，为全县脱贫攻坚、推进乡村振兴提供坚强有力的人才支撑。三是对接引进科技助农的专家教授队伍。推行“万企联万村共走振兴路”行动，从省乡土人才、市千名拔尖人才、省“三区”人才中选取项目契合度高的人才与企业、村居结对联系。发挥技术指导作用，动员368名人才与村企联建项目结对共建。与高校、科研院所开展产学研合作，在企业成立“研究生工作站”、工程技术研究中心等研发载体，引进专家教授112名，为村企联建项目提供“点对点”“面对面”指导，打通人才助农“最后一千米”。

（沭阳县委组织部供稿）

# 统计资料

## 沭阳县2021年国民经济和社会发展情况统计公报

沭阳县统计局　国家统计局沭阳调查队

2022年4月18日

2021年，面对复杂严峻的宏观环境和新冠肺炎疫情的严重冲击，全县上下坚持以习近平新时代中国特色社会主义思想为指导，坚持稳中求进工作总基调，坚持以新发展理念引领高质量发展，统筹疫情防控和经济社会发展，高水平全面建成小康社会，赢得“十四五”良好开局，胜利踏上社会主义现代化建设新征程。

### 一、综合

经济总量连续两年苏北第一。初步核算，全年实现地区生产总值（GDP）1162.10亿元，比上年增长8.6%，经济总量连续两年位列苏北县（市）第一位。分产业看，第一产业增加值110.33亿元，增长2.1%；第二产业增加值492.04亿元，增长9.5%；第三产业增加值559.73亿元，增长9.2%；三次产业对GDP增长的贡献率分别为2.6%、45.1%、52.3%。人均地区生产总值69279元，按年平均汇率计算折合10738美元，首次突破1万美元。

产业结构持续优化。全县三次产业结构调整为9.5:42.3:48.2。与上年相比，第一产业增加值占GDP比重下降1.1个百分点，第二产业增加值占GDP比重提高1.7个百分点，第三产业增加值占GDP比重下降0.6个百分点。

### 二、农林牧渔业

农业生产平稳发展。全年实现农业总产值191.25亿元，比上年增长0.9%；实现农业增加值113.88亿元，比上年增长2.2%。农作物播种面积379.28万亩，下降0.46%。其中，粮食播种面积277.74万亩，下降0.04%；粮食总产量128.48万吨，下降0.04%。花木实现产值32.20亿元，下降2.3%。生猪出栏63.50万头，增长2.2%；年末生猪存栏41.65万头，比上年末下降11.3%；年末家禽出栏1314.55万只，比上年末下降36.8%；禽蛋产量1.42万吨，增长22.4%。

**2021年粮食播种面积和总产量一览表**

表25

| | 播种面积（万亩） | 增长（%） | 总产量（万吨） | 增长（%） |
|---|---|---|---|---|
| 合计 | 277.74 | −0.04 | 128.48 | −0.04 |
| 一、夏收粮食 | 140.63 | −0.13 | 54.59 | 0.07 |
| #小麦 | 140.63 | −0.13 | 54.59 | 0.07 |
| 二、秋收粮食 | 137.11 | 0.05 | 73.89 | −0.12 |
| #水稻 | 108.78 | −0.02 | 64.35 | 0.22 |
| 玉米 | 23.42 | 2.42 | 8.58 | 3.81 |

### 三、工业和建筑业

工业发展加速提质。年末规模以上工业企业695家，规模以上工业增加值比上年增长18.1%。实现规模以上工业总产值1009.36亿元，增长29.8%；实现工业用电量48.32亿千瓦时，增长18.5%，占全社会用电量的67.4%。

分企业规模看：全年实现规模以上工业企业营业收入996.80亿元，增长28.3%。其中，大中型企业为298.37亿元，增长16.7%；小微型企业为698.43亿元，增长33.9%。实现规模以上工业企业利润总额41.20亿元，增长38.9%。营业收入超亿元企业达到214家，比上年增加61家。

分主导产业看：在六大主导产业（机电装备、绿色食品、高端纺织、光伏新能源、绿色家居、新材料）中，全县共实现产值785.92亿元，增长31.0%，占规模以上工业总产值的77.9%。其中，机电装备业实现产值242.93亿元，增长21.1%；绿色食品业实现产值36.50亿元，增长23.4%；高端纺织业实现产值147.50亿元，增长29.5%；光伏新能源业实现产值0.66亿元，下降38.8%；绿色家居业实现产值305.06亿元，增长43.1%；新材料业实现产值53.27亿元，增长27.9%。

**规模以上工业企业主要产品产量**

表26

| | 单位 | 总产量 | 增长（%） |
|---|---|---|---|
| 大米 | 万吨 | 14.09 | 8.9 |
| 钢材 | 万吨 | 74.01 | 12.1 |
| 铜材 | 万吨 | 1.95 | 45.7 |
| 化学纤维 | 万吨 | 3.08 | 29.6 |
| 塑料制品 | 万吨 | 16.99 | −7.1 |
| 水泥 | 万吨 | 152.79 | −18.9 |
| 纱 | 万吨 | 12.33 | 28.3 |
| 布 | 万米 | 5625.00 | 56.6 |
| 针织服装 | 万件 | 3154.3 | 129.8 |
| 家具 | 万件 | 54.02 | 34.3 |
| 泵 | 万台 | 46.57 | 27.6 |
| 人造板 | 万立方米 | 974.88 | 33.0 |
| 胶合板 | 万立方米 | 732.45 | 37.2 |
| 人造板表面装饰板 | 万立方米 | 202.28 | 90.5 |
| 商品混凝土 | 万立方米 | 71.57 | 161.1 |
| 钢化玻璃 | 万平方米 | 38.89 | −51.3 |
| 铅酸蓄电池 | 万千伏安时 | 681.20 | 9.1 |

建筑业总体保持稳定。年末共有资质等级以上在库建筑企业134家，全年实现建筑业总产值114.82亿元，比上年增长3.0%；全年竣工产值50.50亿元，下降31.5%。建筑业企业房屋施工面积872.41万平方米，下降5.2%；竣工面积212.89万平方米，下降32.2%。

**四、固定资产投资和房地产业**

固定资产投资平稳增长。全年固定资产投资比上年增长8.4%。从投资结构看，第一产业投资下降23.9%，第二产业投资增长21.4%，第三产业投资下降12.8%。第二产业投资中，工业投资占全部投资比重为64.5%，增长21.4%；其中制造业投资增长22.0%；工业技术改造投资增长62.7%。

房地产市场平稳运行。全年房地产开发投资76.64亿元，比上年增长0.8%。全年商品房销售面积225.98万平方米，增长0.4%。其中，住宅销售面积210.62万平方米，增长18.6%。

**五、园区经济**

国开区规模不断攀升。年末国开区共承载各类项目885个，其中亿元以上项目277个；年末从业人员15.90万人。全年实现财政收入31.20亿元，增长4.7%；一般预算收入16.20亿元，增长4.5%；实际到账外资1.25亿美元，下降16.2%。年末规模以上工业企业256家。当年新增高技术企业11家，新增省级及以上研发机构13家，新增有效发明专利26件，新增智能车间、智能工厂、“专精特新”小巨人、三星级以上“上云”、工业企业电商应用数、登记入库科技型中小企业55个，新增领军人才2人。

昆沭园经济持续突破。年末落户工业项目167家，从业人员2.49万人。全年实现工业开票销售收入67.83亿元，一般公共预算收入8949万元，实际利用外资3500万美元，进出口总额2015.7万美元。招商成效显著，凯佰乐科技、索拉咪等9个项目通过评审，精至医疗、晖昊科技等6个项目开工开业。

软件产业园活力显现。年末软件产业园共有企业485家，在孵企业162家，从业人员2825人。全年实现业务总收入428.41亿元，其中软件与服务外包业主营业务收入44.75亿元，完成税收收入5.83亿元。园区新入驻科技型企业62家，新获批国家科技型中小企业43家，累计获评国家高新技术企业7家，获批宿迁市现代服务业示范企业5家，建有省级研发机构1家、市级研发机构14家，企业获得科技奖补资金270.73万元，增长32.0%。园区被省商务厅评为年度江苏省电子商务示范基地和省级跨境电子商务产业园。

**六、贸易流通**

消费市场复苏提速。全年实现社会消费品零售总额356.41亿元，比上年增长16.3%。限额以上单位实现社会消费品零售总额44.96亿元，增长20.9%；其中化妆品类增长174.4%，中西药品类增长134.2%，石油及制品类增长85.3%，粮油、食品类增长53.4%，日用品类增长16.1%，汽车类增长12.3%。

对外贸易进一步提升。年末全县共有进出口经营权企业1139家，其中当年新增进出口经营权企业119家。全年实现进出口总额13.63亿美元，增长11.7%；其中出口13.09亿美元，增长11.5%。年末累存外资企业98家，其中当年新增外资企业12家。全年实际到账外资11934万美元，增长8.4%。

**七、交通、邮电和旅游**

交通行业稳步发展。年末公路总里程3813.01千米，公路密度达165.93千米/百平方千米。公路旅客安全出行44.18万人，增长54.0%；公路货运量达6241.59万吨。全年实施交通基础设施项目97个，完成投资38.40亿元。淮沭新铁路正式列入规划，京沪高速沭阳段扩建工程、宿连高速沭阳段工程分别累计完成工程量的49.0%、34.0%。实施农村公路提档升级项目47个，共85千米，农村公路危桥改造18座，农村公路生命安全防护工程524.21千米。常态推进公路养护与路域环境整治，国省干线公路出动650个清扫机械台班，完成清扫里程约6.8万余千米，增设维修波形护栏6844米、修复增设标志牌454处、施划标线1.6万平方米、增设防眩板310个，沥青路面灌缝1.7万米，路面病害维修5.60万平方米，坑塘修补0.73万平方米，县道公路完成坑塘填补4150平方米。在全省先行先试开通沭阳至淮安、宿迁、泗阳高铁站便民车，被省厅明确为全省"高铁便民车"民生实事项目首个试点县；成功争创省交通厅2022年度农村物流达标县试点；县公路发展中心获得全市首张排污许可证。

邮政电信整体稳定。全年邮政业务总量8424万件，下降2%；完成邮政业务总收入4.41亿元，下降3%。电信业务总量12.08亿元，增长16.6%；电信业务收入11.89亿元，增长15.3%。年末固定电话用户7.06万户；城市住宅电话用户1.47万户，农村住宅电话用户3.46万户；移动电话用户163.25万户，国际互联网用户135.04万户。

旅游行业快速恢复。年末全县共有旅游景区8个，其中AA级旅游景区4个，韩山风景区获评AAA级景区。旅游从业人员数1171人。全年累计接待游客650万人次，增长46.3%；实现旅游收入53亿元，增长42.9%。

**八、财政和金融**

财政收入快速增长。全年完成财政总收入155.09亿元，增长12.9%。其中税务部门完成94.04亿元，增长23.8%；财政部门完成61.06亿元，下降0.7%。完成一般公共预算收入62.01亿元，增长21.6%，总量居苏北县（市）第一，增速全省县（市）第一。其中税收收入51.67亿元，增长22.5%；税收收入占一般公共预算收入的比重为83.3%，比上年提高0.7个百分点。

支出结构持续优化。全年完成财政总支出182.65亿元，下降4.3%。其中，一般公共财政预算支出138.00亿元，增长4.3%。一般公共财政预算支出中，一般公共服务支出9.47亿元，增长8.4%；教育支出24.65亿元，增长6.1%；科学技术支出3.60亿元，增长34.8%；文化体育与传媒支出3.85亿元，增长5.6%；社会保障和就业支出22.29亿元，下降2.3%；医疗卫生支出16.66亿元，增长13.2%；节能环保支出2.71亿元，增长46.1%；城乡社区支出10.25亿元，下降14.0%；农林水事务支出27.69亿元，增长4.7%；住房保障支出5.67亿元，增长15.6%。全年教育、社会保障和就业、医疗卫生、农林水事务、住房保障等五项民生支出合计96.95亿元，增长5.2%，占一般公共财政预算支出的比重为70.3%。

金融市场稳步发展。年末金融机构各项存款余额865.19亿元，比年初增加73.63亿元，增长9.3%；其中居民储蓄存款余额584.94亿元，比年初增加77.56亿元，增长15.3%。年末金融机构各项贷款余额875.69亿元，比年初增加111.92亿元，增长14.7%；其中住户贷款余额643.77亿元，比年初增加87.74亿元，增长15.8%。

**九、城市建设和环境保护**

城乡建设成效显著。城市路网结构进一步优化，重庆南路建成通车，快速路二期工程（温州路至S326段）、淮河大道南延等8项工程开工建设。城市绿化档次明显提升，重庆南路、珠江路等5项绿化工程完工，沭阳植物园、竹园等5项工程正在筹备；全年新建、改建公共绿地面积35万平方米，人均公园绿地面积增加至12平方米，城区绿化覆盖率上升至43.8%。村庄创建取得丰硕成果，年内成功创建美丽宜居乡村59个，年底美丽宜居乡村建成率达68.3%；刘集镇郇河村成功创建省级特色田园乡村。全年搬迁、改善5500户农户住房条件，新开工农房项目7个，竣工农房项目18个，农房改善工作获得省政府大督查表彰。提升建筑行业发展质态，创建省级标化工地12项、市级标化工地19项、"项羽杯"15项。增强城市综合承载能力，老沭河健身公园绿化工程、上海南路绿化工程、萧山路绿化工程以及虞姬公园管养工程获得2021年度"项羽杯"优质工程奖。

生态环境不断改善。开展重点基础设施项目，新沂河灾后应急治理工程、沭河船闸拆建工程完工，新沂河沿线水漫桥拆建、维修工程进行前期准备。加大河道清障力度，清理新沂河沿线颜集、新河、耿圩、扎下、沭城等乡镇境内网箱150个、高杆树木150亩、渔簖20处、拦河渔网6处、养殖棚舍2处、塑料大棚5000立方米。加大非法采砂整治力度，出动执法巡查人员2458人次，查处各类水事违法行为174起，打击非法采砂船只87条。建立河道长效管理机制，聘请县级河长制社会监督员62名、经开区企业河长8名、乡级社会监督员277名、民间河长480名、乡贤河长208名、企业河长120名，定期对河道管护情况进行监督和评价。推进农村生态河道建设，集中整治县级河道30条、乡级河道248条，累计建设农村生态河道287条。

生活环境更加宜居。$PM_{2.5}$浓度为37.6μg/m$^3$，空气质量优良天数比率79.5%。环保投资5.78亿元，新增分布式污水处理设施7座，每日可处理污水2.5万吨。建立"排污许可证+双随机+移动执法"的执法监管机制，全年共下达处罚决定书202件，累计处罚金额1783.04万元；涉嫌环境违法犯罪移送公安机关案件5件。

**十、社会事业、科技创新**

就业保障不断提升。成功举办线上直播"带"岗招聘会15期，线下"送岗位进村居"和"流动大篷车"系列招聘会92场，为197家重点企业推介岗位3.13万个，达成就业意向2.25万人。发放创业补贴366.9万元，稳岗补贴420万，社保补贴1665.7万元，办理富民创业担保贷款9996万元。

就业质量继续提高。打造"沭水优才"品牌，开展"产业引才"自主特色招聘活动25场次，引进人才4000人，其中博士硕士及"双一流"高校毕业生500

人、博士后1名。认定高级工以上技能人才60批次4520人。培养企业新型制学徒465人，开展就业技能培训9006人、创业培训1672人，创业带动就业1.2万人。

社会保障稳固加强。实施全民参保计划，全县职工养老、居民养老、工伤、失业参保分别达14.12万人、58.28万人、9.76万人、6.8万人。城乡居保基础养老金由每人每月160元提至173元，为建档立卡等困难群体代缴城乡居保费1067.43万元。推出不打烊社保自助服务，新建标准化“人社24h自助服务厅”2个、社银合作网点5个，实现人社业务自助查询、自助办理28项。受理劳动争议案件1620件，为劳动者追索工资、经济补偿、工伤待遇等5000万元。

创新活力持续迸发。万人发明专利拥有量3.41件/万人，增长5.2%；民营科技型企业总数2107家，增长10.0%。

**十一、人口和人民生活**

年末总户数50.55万户，户籍总人口198.36万人。其中，男性103.76万人，女性94.60万人，男女性别比为109.7:100。户籍人口中，0～17岁人口49.48万人，占24.9%；18～59岁人口114.7万人，占57.8%；60岁及以上人口34.18万人，占17.2%。全年出生人口1.62万人，出生率8.2‰；死亡人口1.12万人，死亡率5.7‰。年末常住人口167.92万人，其中城镇常住人口100.75万人，常住人口城镇化率60.0%，较上年提高1.1个百分点。

居民收入稳步提升。全体居民人均可支配收入28700元，增长10.1%。按收入来源分，工资性收入16500元，增长9.3%；经营净收入7321元，增长10.8%；财产净收入1039元，增长9.2%；转移净收入3840元，增长12.5%。按常住地分，城镇居民人均可支配收入34604元，增长9.4%；农村居民人均可支配收入21828元，增长10.6%。

消费能力不断增强。全体居民人均生活消费支出18399元，增长18.6%。其中，食品烟酒支出5635元，增长9.3%；衣着支出1344元，增长25.5%；居住支出3173元，增长25.7%；生活用品及服务支出1365元，增长29.4%；交通、通信支出2182元，增长30.8%；教育文化娱乐支出3134元，增长12.6%；医疗保健支出1191元，增长25.5%；其他用品及服务支出375元，增长23.8%。全体居民恩格尔系数30.6%。

城镇居民人均生活消费支出21622元，增长16.5%。其中，食品烟酒支出6538元，增长4.9%；衣着支出1727元，增长24.7%；居住支出3689元，增长25.0%；生活用品及服务支出1674元，增长28.2%；交通、通信支出2555元，增长30.7%；教育文化娱乐支出3776元，增长11.7%；医疗保健支出1172元，增长26.0%；其他用品及服务支出491元，增长19.8%。城镇居民恩格尔系数30.2%。

农村居民人均生活消费支出14648元，增长21.7%。其中，食品烟酒支出4585元，增长16.8%；衣着支出899元，增长25.7%；居住支出2573元，增长26.4%；生活用品及服务支出1005元，增长30.9%；交通、通信支出1747元，增长30.4%；教育文化娱乐支出2386元，增长13.3%；医疗保健支出1214元，增长24.9%；其他用品及服务支出239元，增长32.8%。农村居民恩格尔系数31.3%。

注：1.地区生产总值及各产业增加值为快报数，绝对数为现价，增速按可比价计算。

2.规模工业指全部国有及年主营收入2000万元以上的非国有工业企业，增速为同口径增速。

3.固定资产投资指500万元以上项目。

## 说 明

1.本索引按照主题分析法编制，按标引词第一个字汉语拼音字母顺序排列，同音字按声调排列，音调相同按下一个字排列。

2.图片专题、大事记未编入索引。

3.类目标题用5号黑体、分目标题用5号仿宋体标示，条目标题用5号方正书宋体标示。

4.索引标题后的数字表示页码。

5.本索引标引词，采用中心词或简称。

## D



## E



## F

## G



## H

**M**



**N**



**P**

## X



## Y